12가지 인생의 법칙

일러두기

1. 이 책에서 인용한 《성경》 구절은 대한성서공회 《성경전서》 개역개정 4판을 따랐습니다.
2. 대한민국 종교 인구 비율을 기준으로 가장 많은 사람이 속한 개신교 표기법과 명칭, 텍스트를 사용했습니다. 단, 《성경》의 표기보다 외래어 표기법에 따른 표기가 더 익숙한 경우 외래어 표기법을 따랐습니다.
3. 법칙 7에 인용한 〈지혜서〉는 개신교 《성경》에는 없는 경전으로, 한국천주교주교회의 《성경》 제2판을 따랐습니다.
4. 본문의 괄호 안 글 중 옮긴이가 독자들의 이해를 위해 덧붙인 글에는 (– 옮긴이)로 표시했습니다. (– 옮긴이) 표시가 없는 것은 원저자의 글입니다.

12가지 인생의 법칙

12 RULES FOR LIFE

· 혼돈의 해독제 ·

조던 B. 피터슨 지음

강주헌 옮김

차례

내가 쓴 책 《12가지 인생의 법칙》과 《질서 너머》가 세계 여러 나라에서 큰 호응을 얻었다. 그렇지만 대한민국보다 높은 관심을 보인 나라는 거의 없었다. 이런 반응이 기쁘면서도 한편으로는 의아하다는 생각이 들었다. 왜 이런 현상이 벌어졌을까? 나는 날이 갈수록 광기와 절망에 사로잡혀 가는 서양 사회의 미스터리를 파악하는 것만으로도 힘에 부치는 무지한 서양인에 불과하지만, 이 책에 대한 한국에서의 반응이 유독 뜨거운 데 놀랐기 때문에 그 이유에 대해 나름대로 생각해 보기로 했다.

한국은 기적처럼 빠른 속도로 현대화했다. 세계에서 가장 가난한 나라에 속하던 한국은 불과 수십 년 만에 경제적으로 가장 앞서 있는 서구 국가들과 어깨를 나란히 할 정도가 되었다. 한국보다 더 효율적으로 이런 업적을 세운 나라는 없었다. 이런 놀라운 성취는 전 세계적으로 다방면에 걸쳐 긍정적인 영향을 끼치고 있다. 급격한 사회 변화 속에서도 안정적인 체제를 유지하며 세계가 더 수준 높은 복지와 번영을 누리는 데 이바지했다. 한국 기업들 역시 여러 분야에서 세계 최고 수준의 활약을 펼치고 있다. 삼성전자 같은 기업이 극한의 신속함을 통해 매우 치열한 시장에서 애플과 경쟁하는 위치에 올라섰다는 것은 놀라운 일이다. 이는 결코 가벼운 성과가 아니다.

하지만 문제는 이런 기술과 습관, 사상의 현대화에는 반드시 적지 않은 대가가 따른다는 점이다. 서양 사회는 지난 400~500년에 걸쳐 사상과 산업의 혁명적인 변화를 겪으면서 믿음(신앙)과 전통이 물질적인 진보를 가능하게 해 주던 이성과 갑작스럽게 단절되었다. 이런 흐름은 독일의 위대한 철학자 프리드리히 니체가 '신의 죽음'을 선언하며 정점을 이루었다. 그는 이를 가장 타락한 범죄이자 피바다를 불러올지도 모를 행위들을 자극할 것이라고 우려했다. 비교 종교학의 대가 미르체아 엘리아데는 '신의 죽음'을 긴 역사적인 맥락에서 파악하고자 했다. 그는 유일신 종교에서 늘 이런 경향을 보여 왔다고 주장했다. 유일신 종교는 정신과 육체를 분리해서 파악하고 정신을 육체보다 더 우월한 것으로 여긴다. 정신과 이성의 분리는 필연적으로 신 혹은 신성을 차마 입에 올릴 수 없는 존재, 실체가 없는 존재, 어디에나 있는(무소부재의) 존재, 인간이 범접할 수 없고 가늠할 수도 없는 존재, 저 멀리 천상의 세계를 관장하는 눈에 보이지 않는 존재로 만든다. 이것이 바로 《성경》에서 말하는 '스스로 숨어 계시는 하나님(자신을 숨기시는 하나님)'이다. 이런 정신과 육체의 분리 혹은 신의 부재가 일반적으로 불신과 혼란, 목적 상실, 아노미(사회적 무질서), 허무주의, 냉소주의, 사회적 갈등, 도덕적 붕괴에 선행하거나, 동반하거나, 그것의 계기가 된다. 왜 그럴까? 아마도 신이 죽었을 때 심리적으로 또는 사회적으로 결속할 수 있는 게 아무것도 없기 때문이리라. 결속하는 것이 없다면 모든 게 무너져 내린다. 신이 천지를 창조하기 이전인 혼돈과 공허 또는 깊은 흑암으로 돌아간다. 모든 것이 붕괴되어 흘러내린다. 거인들과 괴물들이 다시 나타나 사라진 신의 자리를 차지하려 든다. 종말의 밤이 다가오는 것이다.

서구 사회에서는 이런 소멸과 혼돈의 과정이 400~500년 동안 여러 세대에 걸쳐서 일어났다. 하지만 오늘날 한국인들은 이 과정 전체를 목격했고 몸소 겪었다. 일본 역시 눈부신 경제 성장 속에서 혼란을 경험하며 이와 유사한 과정을 거쳤다. 경이로운 기술 발전, 극단적으로 전문화된 업무, 파편화된 도시 생활 등이 놀라운 경제 성장을 가능하게 해 주었지만, 그 결과 전통적인 관점으로는 파악할 수 없는 매우 다른 것들이 생겨났다. 전통적인 종교, 체제, 의식과의 단절은 물론이고, 할아버지, 할머니, 부모, 자식들 간의 단절, 과거와 현재 생활 방식의 간격이 감당할 수 없는 수준으로 벌어져 버린 것이다.

신이 죽었을 때 우리를 둘러싼 모든 것이 의문 상태에 빠진다. 신이 죽었다면 어디에서 삶의 목적을 찾을 수 있을까? 신이 죽었다면 초월적인 세계, 논리적으로만 감지할 수 있는 세상이 존재할까? 과학을 가능하게 해줄 물질세계의 기본 전제에 대한 믿음을 유지할 수 있을까? 남자와 여자의 다름이 존재할까? 결혼이라는 어려운 모험을 감행하고, 혹은 자녀 양육에 대한 책임을 져야 할 어떠한 효용이 있을까? 애초에 아이를 낳는 행위가 필요할까?

선진국 대부분에서 출산율이 곤두박질치고 있다. 거의 재앙에 가까울 정도다. 그중에서도 한국과 일본은 가장 압도적이다. 지구를 지켜야 한다고 주장하는 사람들은(지구의 신격화는 새로운 주장이 아니라 아주 오래된 종교적 신념이다. 이 경우 정확히 말하면 여신 숭배로, 가혹한 희생을 요구할 것이다) 지구에 이미 너무 많은 사람이 살고 있으므로 아이를 낳는 것은 바람직하지 않을 뿐 아니라, 용서할 수 없는 이기적인 행위라고 믿는다. 인류에 대한 이보다 더 병적인 태도는 상상하기 어렵다. 이런 믿음이 도덕적이라고 주장하는 사람들이 있다는 사실은 우리가 얼마나 전통에서 멀어졌는지를 증명하는 지표일 뿐이다.

무지한 자들이 무지한 자들을 인도한다면 결국 모두가 구렁텅이에 빠지고 말 것이다.

혼란하고 쾌락주의적인 시대 풍조에도 불구하고 결혼율은 급격히 감소했고, 결혼으로 이어질 확률이 큰 남녀 사이의 장기적인 관계 역시 줄었다. 반면 유아기에 머물며 분노를 조절하지 못하고, 자기 파괴적인 행위를 일삼는 사람은 늘었다.

이 시대 젊은이들이 얼마나 더 의기소침해져야만 이 문제가 해결될 수 있을까? 어떻게 해야 이들이 다시 건전한 관계를 맺고 유지하는 데 적극적으로 나설까?

남성적 활동을 모두 가부장적인 억압이나 세상의 평화를 훼손하는 약탈자의 행동으로 치부하는 문화에서는 이런 결과들을 필요하고도 바람직한 것으로 여길 것이다(이는 이집트의 이시스나 아르테미스 혹은 고대 여신들을 추종하던 자들이 행하던 자기 거세 행위와 본질적으로 유사하다).

나는 책에서 남성성이 본질적으로 긍정적이라고 감히 말한 바 있다. 물론 그 남성적 정신은 강제력, 충동, 힘에 대한 유혹으로 변질된 것과는 다르다. 따라서 독자들에게 더 책임감을 가져야 하고, 잠재적으로 위대하고 어려운 위업을 추구해야 하고, 그런 행위를 통해 자신을 비롯해 가족과 사회, 나아가 세상을 위해 더 가치 있는 존재가 되어야 한다고 주장했고, 그런 노력과 시도를 인정해 주어야 하고 장려하고 격려해 주어야 한다고 했다.

책임에 대한 요구와 가치 있는 삶을 위한 노력에 대한 격려는 의외로 많은 독자의 시선을 끌었다. 책을 출간한 이후 수만 명에게 편지를 받았고, 수만 명을 직접 만났다. 놀랍게도 그들 대부분은 젊은 남성이었다(모두가 젊은 남성인 것은 아니었다).

그들이 전해 준 메시지는 대체로 이런 내용이었다.

"길을 잃고 헤매고 있었습니다(살다 보면 누구나 길을 잃고 방황하는 때가 있다. 무절제함으로 인해, 혹은 어쩌다 냉소주의에 빠져서, 혹은 어떤 이데올로기에 지배를 당해, 혹은 규율을 따르려는 의지가 약해져서 인생의 방향을 잃기 때문이다). 그러다 정신을 차리고 방 청소부터 시작했습니다. 내 주변을 돌아보게 되었고, 나 자신과 주변 사람들에 대해 책임감을 갖게 되었고, 지하 세계에서 벗어나 가치 있는 목표를 갖게 되었습니다. 그러자 내 삶의 모든 것이 긍정적인 방향으로 변화되었습니다. 내 주변 사람들에게도 좋은 영향을 미쳤습니다."

내가 삶의 문제에 대한 원인과 해결책을 유대교나 기독교, 아브라함 계통의 관점으로 접근해서 한국인들의 문화적 배경과는 많이 달랐을 텐데도 이런 내용의 메시지를 많이 받았던 이유는 한국이 세계 어느 나라보다 빠르게 변화했기에 불안정한 정도가 더 심하기 때문이 아닐까 생각한다. 긍정적인 반응은 긍정적인 행동으로 이어지리라 믿는다. 성숙하고 솔직하고 용감하고 생산적이고 관대하고 자비로운 새로운 정신적 토대를 세우는 첫걸음을 뗀 것이다.

이러한 변화는 남성들 자신뿐 아니라, 부모나 동료, 여성들에게도 긍정적으로 다가갈 것이다. 갈등을 조장하는 선동적인 대중 담론들 때문에 여성들은 끊임없이, 열렬하게, 독선적으로, 남성이 되어야 한다고 강요받고 있다. 그런 주장이나 거짓말들이 여성들에게서 사랑의 기쁨, 충절의 가치, 양육과 봉사의 가치를 빼앗아 가고 있고, 남성들보다 오히려 더 분노하게 만들고 절망적으로 느끼게 하고 있다. 그로 인해 남성들의 관심 역시 도덕적인 근거를 찾는 것으로 방향이 바뀌었다.

내 책이 인생의 의미를 찾고, 진정으로 가치 있는 삶이 무엇인지 생각해 보고, 선조들의 정신과 재결합하는 데 필요한 논의를 촉발하는 데 조금이 나마 역할을 했다고 생각하니 감회가 깊다. 바로 여기에 우리의 생존이 달려 있기 때문이다. 마지막으로, 나와는 전혀 다른 문화권인 한국에서 내 책이 널리 읽혀서 영광스럽다. 나는 한국인과 한국 문화를 존경하고 있으며, 내가 한국 사회가 건강하게 발전하는 데 조금이라도 도움이 되는 역할을 할 수 있어서 기쁘게 생각한다.

Jordan B. Peterson

조던 B. 피터슨

이 책에는 짧은 역사와 긴 역사가 있다. 먼저 짧은 역사부터 시작해 보자.

2012년 나는 '쿼라(Quora)'라는 질의응답 사이트에 글을 기고하기 시작했다. 쿼라에서는 누구나 어떤 종류의 질문이든 할 수 있고, 누구라도 대답할 수 있다. 독자는 마음에 드는 대답에 '추천' 버튼을 누르고, 마음에 들지 않는 대답에 '비추천' 버튼을 누른다. 이런 과정을 통해 좋은 답글은 위로 올라가 사람들의 관심을 받고, 그렇지 않은 답글은 아래로 내려가 관심에서 멀어진다. 당시 나는 이 사이트가 매우 흥미로웠다. 무엇보다 누구라도 자유롭게 참여할 수 있는 무질서가 마음에 들었다. 흥미진진한 논쟁이 많았고, 하나의 질문에 무궁무진한 의견이 쏟아져 나오는 것을 지켜보는 재미도 있었다.

휴식을 취하거나 일하기 싫을 때 쿼라에 접속해 내가 답글을 달 만한 질문을 찾아 뒤적거리곤 했다. '행복과 만족의 차이는 무엇인가?', '나이 들수록 좋아지는 것은 무엇인가?', '어떻게 해야 더 의미 있는 삶을 살 수 있을까?' 등의 질문들에 대해 나름대로 진지하게 고민해 보고 조심스럽게 답글을 달았다.

쿼라에서는 내가 쓴 답글의 조회 수와 추천 수가 얼마나 되는지 쉽게 확인할 수 있다. 그걸 보면 내 설득 능력이 어느 정도이고 남들이 내 의견을 어떻게 생각하는지 대략 파악할 수 있다. 답변을 읽은 사람 중 소수만 추천 버튼을 누른다. '어떻게 해야 더 의미 있는 삶을 살 수 있을까?'라는 질문에 답글을 올린 지 5년이 지난 지금, 그 글을 읽은 사람은 얼마 되지 않는다(1만 4000회 조회, 113회 추천). '나이 들수록 좋아지는 것은 무엇인가?'라는 질문에 쓴 답글을 읽은 사람은 훨씬 더 적다. 조회 수는 7200회에 불과하고 추천은 고작 36회뿐이다.

얼마 후 나는 '누구나 알아야 할 가장 소중한 것은 무엇일까?'라는 질문에 답글을 올렸다. 삶의 귀감이 되는 법칙과 격언을 목록으로 만든 답글이었다. 진지한 것도 있지만 농담처럼 가벼운 것도 있었다. '고통마저도 감사하라', '싫어하는 것은 하지 말라', '어떤 것도 안갯속에 감추지 말라' 등등. 쿼라 독자들은 이 목록을 무척 좋아했다. 그들은 각자 의견을 보태며 내 글을 공유했다. '이 목록 인쇄해서 갖고 다님', '완전 대박! 쿼라에서 본 글 중 최고!'라는 식의 반응이었다. 지금 내가 교수로 있는 토론토 대학 학생들도 이 목록이 정말 마음에 든다며 용기를 북돋워 주었다. '누구나 알아야 할 가장 소중한 것은 무엇일까?'에 관한 내 답글은 12만 명이 읽고, 2300회 추천을 받았다. 쿼라에 올라온 약 60만 건의 질문 중 추천 수 2000회를 넘긴 답글은 수백 건에 불과하다. 일하기 싫을 때 시간을 보내던 사이트에서 0.1퍼센트에만 허락된 영광을 누린 것이다.

처음 '인생의 법칙' 목록을 쓸 때는 그런 폭발적인 반응을 전혀 예상하지 못했다. 그 글을 올린 전후로 몇 달 동안 60편 정도의 답글을 썼다. 다른 글을 쓸 때도 정성을 다했다. 쿼라 사람들 반응은 잔인할 정도로 솔직하다. 응답자는 모두 익명이고 전혀 사심이 없다. 그들은 편견 없이 자발적으로 의견을 낸다. 나는 왜 그 글만 유독 엄청난 성공을 거두었는지 생각해 보았다. 어쩌면 내가 제시한 인생의 법칙이 익숙한 것과 낯선 것 사이에서 적절한 균형을 유지한 덕분일 수도 있고, 그런 법칙에 함축된 의미에 독자들이 끌린 덕분일 수도 있다. 어쩌면 그냥 사람들이 그런 식의 목록을 좋아해서일 수도 있다.

그 일이 있기 몇 달 전, 그러니까 2012년 3월 나는 한 저작권 대리인으로부터 이메일을 한 통 받았다. 그녀는 내가 CBC(캐나다 방송 공사) 라디오 〈행복의 비밀〉이라는 프로그램에 출연해 행복이 삶의 목표가 되어서는 안 된다고 한 말을 인상 깊게 들었다고 했다. 나는 수십 년 전부터 20세기의 암울한 면을 다룬 책을 많이 읽었고, 특히 나치 독일과 소련에 관심이 많았다. 소련 강제 노동 수용소의 섬뜩한 현실을 치밀하게 기록한 알렉산드르 솔제니친은 "인간이 행복을 위해 창조되었다고 주장하는 이데올로기는 작업반장이 휘두르는 몽둥이로 한 대만 맞아도 사라질 한심한 이데올로기"라고 말한 적이 있다.¹ 삶이 위기에 처하면 어김없이 찾아오는 고통은 '행복한 삶을 위한 노력'을 비웃는다. 나는 그 라디오 프로그램에서 행복을 추구하는 것보다 더 깊은 의미를 지닌 무엇인가가 필요하다고 말했다. 그런 의미는 오래전부터 전해 오는 위대한 민담과 이야기에 꾸준히 등장하고, 행복보다는 고통을 맞닥뜨릴 때 나타나는 인간의 특징과 밀접한 관계가 있다고도 지적했다.

나는 1985년부터 1999년까지 하루에 3시간씩 규칙적으로 작업한 끝에 《의미의 지도 : 믿음의 구조(Maps of Meaning : The Architecture of Belief)》라는 책을 발표했다. 《12가지 인생의 법칙》을 쓰기 전까지 내가 쓴 유일한 책이었다. 그 책을 쓰면서부터 지금까지 나는 그 책의 일부를 강의 교재로 활용해 왔다. 처음에는 하버드 대학에서 강의했고, 지금은 토론토 대학에서 강의하고 있다. 2013년에는 동영상 공유 사이트 '유튜브'가 활성화되었는데, 때마침 내가 캐나다 공영 방송국 TVO(TVOntario)와 함께 만든 프로그램이 인기를 얻었다. 그래서 대학 강의와 일반인 대상 강연 영상을 유튜브에 올려 봤다. 시청자 수가 점점 늘어나더니 2016년 4월 즈음에는 누적 조회 수가 100만 뷰를 넘었다. 그 후로는 더 폭발적으로 증가했고, 이 글을 쓰고 있는 시점에는 1800만 뷰(한국어판이 출간된 시점에는 7400만 뷰를 넘었다—옮긴이)를 넘어섰다. 그 동영상들이 인기를 끈 이유는 강연이 훌륭해서가 아니라, 내가 어떤 정치적 논쟁에 휘말리면서 사람들의 큰 관심을 받았기 때문이다.

그 논란은 이 책과는 전혀 다른 이야기다. 아마 따로 책 한 권을 써야 할지도 모르겠다.

나는 《의미의 지도》에서, 과거의 위대한 신화와 종교 이야기, 특히 과거 구비 문학에서 파생된 이야기들은 사건 서술보다 도덕적인 내용 전달을 중요하게 여긴다고 주장했다. 세상은 어떤 모습으로 존재하는가에 대한 주제보다는, 인간은 어떻게 행동해야 하는가에 대한 주제를 주로 다루었다. 우리 조상은 세계를 사물들이 배열된 공간이 아니라 드라마 무대로 보았다. 나는 그 책에서 드라마적 세계를 구성하는 요소는 물질적인 것이 아니라 혼돈과 질서라고 생각하게 된 과정을 설명했다.

질서의 공간에서는 모든 사람이 사회적 규범에 대한 이해를 바탕으로 행동하므로 예측할 수 있고 협력적이다. 질서는 사회 구조가 잘 갖춰진 세계이고, 이미 탐험이 끝난 구역이자 친숙한 공간이다. 질서의 상태는 일반적으로 남성적인 상징이나 상상으로 그려진다. 질서는 현명한 왕과 폭군이 영원히 공존하는 상태다. 우리가 속한 사회가 구조적인 면과 억압적인 면을 동시에 지닌 것처럼 말이다.

반면에 혼돈(카오스)은 예상하지 못한 뜻밖의 사건이 벌어지는 공간이자 시간이다. 혼돈은 무척 사소한 형태로 나타난다. 예를 들어 잘 아는 사람들 모임에서 농담을 했는데 당황스러울 정도로 분위기가 차가워지는 경우를 생각해 보라. 또 갑자기 직장에서 해고를 당했거나 사랑하는 사람에게 배신을 당했을 때처럼 혼돈이 재앙적인 형태로 나타나는 예도 있다. 남성으로 상징되는 질서와 달리, 혼돈은 주로 여성적인 상징이나 상상으로 표현된다. 혼돈은 흔하고 익숙한 것들 사이에서 느닷없이 나타나는, 새롭고 종잡을 수 없는 것이다. 혼돈은 창조인 동시에 파괴이며, 새로운 것의 근원이자 죽은 것의 종착역이다(세련되게 다듬어진 문화와 달리, 자연에서는 죽음이 곧 탄생을 의미한다).

도교의 유명한 상징에 비유하면, 혼돈과 질서는 음과 양이며, 머리와 꼬리가 맞물린 두 마리의 뱀이다.* 질서는 흰색 수컷 뱀이고, 혼돈은 검은색 암컷 뱀이다. 흰색 바탕 안의 검은 점이나, 검은 바탕 안의 흰 점은 변화 가능성을 뜻한다. 전체적으로 안정된 상태가 되었다고 느끼는 순간, 미지의 것이 느닷없이 닥칠 가능성이 커진다. 반대로 모든 것을 상실한 듯한 순간에 새로운 질서가 재앙과 혼돈 속에서 나타날 수도 있다.

도교는 안정과 변화의 경계에서 의미를 찾아야 한다고 생각한다. 그 경계를 걷는다는 것은 삶의 길 위에 있다는 것이고, 신성한 중도(中道)를 유지한다는 뜻이다.

삶의 길을 걷는 것이 행복보다 훨씬 더 좋은 것이다.

---

* 일반적으로 음양의 상징은 다섯 부분으로 이루어진 태극도(太極圖)의 두 번째 부분에 해당한다. 태극도는 본래의 완전한 통일체를 뜻하는 동시에 실질적인 세계로의 다양한 분화를 뜻하는 도형이다. 음양에 대해서는 법칙 2에서 자세히 다룬다.

앞에서 언급한 저작권 대리인은 내가 CBC 라디오에서 한 이야기를 듣고 많은 생각을 하게 되었다며 일반 독자를 위해 책을 쓸 생각이 없느냐고 물었다. 첫 책《의미의 지도》는 무척 두껍고 난해한 책이라 좀 더 쉽게 다시 써 보려고 시도한 적이 있다. 하지만 그 일을 하기에는 마음의 준비가 아직 안 되어 있었고, 당연히 결과물도 영 신통치 않았다. 지금 생각해 보면 혼돈과 질서 사이에서 뭔가 새로운 것을 만들려고 노력해야 했는데, 그저 과거의 책과 그 책을 쓰던 때의 나를 모방하는 데 급급했던 것 같다. 나는 저작권 대리인에게, 내가 TVO의 〈빅 아이디어(Big Ideas)〉라는 프로그램에서 한 강연 중 네 편을 유튜브에서 찾아서 본 뒤 다시 이야기해 보자고 제안했다. 그녀가 그 영상을 보면 내가 일반 독자를 위해 어떤 책을 쓸 수 있을지 좀 더 구체적으로 이야기할 수 있으리라 생각했다.

몇 주 후 그녀에게서 다시 연락이 왔다. 강연 네 편을 모두 보고 그 내용을 동료와 논의해 보았다고 했다. 그녀는 전보다 관심이 훨씬 많아졌고, 이 프로젝트를 꼭 성사시키고 싶다고 말했다. 긍정적인 반응이었지만 마냥 좋지만은 않았다. 나는 조심스럽고 특이한 성격이라 사람들이 내 말에 긍정적으로 반응하면 오히려 주저하게 된다. 또 외부 단체로부터 강연해 달라는 요청을 받으면 머뭇거린다. 내가 가르치는 걸 학교 밖 사람들이 알면 대소동이 벌어질 거라고 생각하기 때문이다. 여러분도 이 책을 끝까지 읽어 보고 이런 걱정이 이해할 만한 것인지, 아니면 순전히 노파심에 불과한 것인지 판단해 보기 바란다.

그녀는 우리가 '즐겁게 살기' 위해 필요한 것에 관한 간단한 안내서를 써 달라고 부탁했다. 일단 '즐겁게 산다'라는 게 무엇을 뜻하는지는 논외로 하자. 나는 곧바로 쿼라에 올린 목록을 머릿속에 떠올렸다. 쿼라에 처음 답글을 올린 뒤 이런저런 새로운 생각을 덧붙여 여러 차례 수정을 한 터였다. 사람들은 새로운 생각에 대해서 긍정적인 반응을 보였다. 쿼라 목록과 저작권 대리인 아이디어는 통하는 면이 있었다. 나는 그녀에게 쿼라 목록을 보내 의견을 물었다. 그녀의 반응은 긍정적이었다.

그 무렵 옛 제자이자 친구인 소설가 그레그 허위츠가 새로운 책을 구상하고 있었다. 훗날 베스트셀러가 된 스릴러 소설 《고아 엑스(Orphan X)》였다. 허위츠도 내 법칙들이 좋다고 했다. 그가 쓴 소설의 여자 주인공 미아는 내 법칙들 중 사건의 전개 과정과 맞아떨어질 법한 법칙을 선택해 냉장고 문에 붙였다. 내 법칙들이 일반적인 사람들에게 호응을 얻었다는 막연한 추측을 뒷받침하는 증거였다. 나는 저작권 대리인에게 법칙을 말하고 그에 대해 짤막하게 설명하는 식으로 책을 쓰겠다고 했고, 그녀는 내 제안을 받아들였다. 하지만 본격적으로 책을 쓰기 시작하자 생각지 못한 문제가 생겼다. 각 법칙에 관해 내가 애초 생각한 것보다 말하고 싶은 게 훨씬 더 많았던 것이다. 결코 간단하고 짤막하게 끝낼 수 없었다.

내가 첫 책을 쓸 때 자료 조사를 위해 엄청난 시간을 쏟은 데에도 적잖은 원인이 있었다. 당시 나는 역사학과 신화, 신경 과학과 정신 분석학, 아동 심리학과 시학을 공부했고, 심지어 《성경》도 상당히 많은 부분을 다시 읽었다. 밀턴의 《실낙원》과 괴테의 《파우스트》, 단테의 《지옥 편》도 다시 읽고 꼼꼼히 분석했다. 좋든 싫든 나는 이 모든 것을 통합해 '냉전 시대의 핵 교착 상태'라는 복잡한 문제를 풀어 보려고 시도했다. 사람들이 세상이 파괴될지도 모르는 위험을 감수하면서까지 신념을 지키려 한다는 사실을 이해할 수 없었기 때문이다. 하지만 신념 체계를 공유할 때 사람들은 상대를 더 잘 이해할 수 있게 된다는 점에서, 신념 체계가 단순히 믿음만은 아니라는 사실을 알게 되었다.

가치관을 공유하는 사람들은 상대를 쉽게 예측할 수 있다. 그들은 상대의 기대와 요구에 부응하는 방향으로 행동한다. 상대에게 무엇을 기대해야 하는지 알기에 사이좋게 협력할 수 있고, 심지어 경쟁마저 평화롭게 할 수 있다. 공유된 신념 체계는 모든 사람을 단순한 잣대로 판단하게 만든다. 또한 서로를 잘 아는 사람들이 힘을 모아 세계를 길들이기에 세계도 단순해진다. 어쩌면 그들에게는 이런 체제를 지켜 단순함을 유지하는 것보다 중요한 것은 없을지도 모른다. 이런 체제가 위협받으면 중대한 근본이 흔들리기 때문이다.

사람들은 신념을 지키려고 싸우는 것이 아니다. 그들이 싸우는 진짜 이유는 믿음과 기대, 욕망 등이 서로 일치하기를 바라기 때문이다. 그리고 자기 기대와 사람들 행동이 일치하는 체제를 지키기 위해 싸운다. 그런 것들이 서로 일치해야 모두 생산적이고, 예측할 수 있으며, 평화롭게 살 수 있기 때문이다. 그래야 불확실성이 줄어들고, 불확실성 때문에 생기는 고통스러운 감정의 혼돈도 줄어든다.

굳게 믿은 연인에게 배신당한 사람이 있다고 해 보자. 둘 사이에 존재하던 신성한 사회적 계약이 깨진 것이다. 친밀한 관계일 때의 평화는 당사자들의 세심한 약속으로 만들어진다. 하지만 그 평화는 약해서 언제든 깨질 수 있다. 행동은 말보다 힘이 세다. 배신이라는 행위는 강력한 힘으로 평화를 파괴한다. 배신당한 사람은 자신과 배신자에 대한 혐오와 경멸, 죄책감과 불안감, 분노와 두려움 같은 끔찍한 감정에 사로잡힌다. 갈등은 피할 수 없고, 때로는 치명적인 결과로 이어지기도 한다. 공유된 신념 체계(동의를 바탕으로 만들어진 행위와 기대의 공유 체계)는 이런 강력한 감정을 통제하고 관리한다. 혼돈과 공포, 그리고 그로 인한 갈등과 다툼에서 우리를 구해 줄 무엇인가를 지키기 위해 싸우는 것은 당연하지 않은가.

신념 체계, 즉 문화 체계를 공유하면 구성원들이 안정적으로 상호 작용할 수 있다. 문화 체계는 다시 말해 가치 체계다. 수많은 가치 중에는 다른 것보다 더 중요하고 우선시되는 것들이 있다. 한마디로 가치에도 등급이 있다는 뜻이다. 가치 체계가 없으면 누구도 적절히 행동할 수 없을 뿐만 아니라, 제대로 인식하는 것도 불가능하다. 모든 행동과 인식은 목표를 바탕으로 이루어지는데, 타당한 목표는 필연적으로 가치를 기준으로 판단된다. 가치 체계가 없다면 목표를 판단할 기준이 사라져 행동과 인식이 무의미해진다.

목표는 주로 긍정적인 감정과 연결되어 있다. 우리는 나아지고 있다는 느낌 없이는 행복해지기 어렵다. 나아지고 있다는 개념에는 어떤 가치가 포함되어 있다. 삶에서 긍정적인 가치를 발견할 수 없다는 것은 심각한 문제다. 인간은 나약하고 죽음을 피할 수 없는 존재이자, 그 사실을 잘 아는 유일한 존재다. 그래서 인간은 고통과 불안에서 벗어날 수 없다. 인간이라는 '존재'에 내재한 고통을 견딜 수 있게 해 줄 무엇인가가 있어야 한다.* 즉 심원한 가치 체계에 내재한 삶의 의미를 찾아야 한다. 그렇지 않으면 존재에 대한 두려움이 가장 중요한 위치를 차지하게 되어 희망을 잃고 절망적인 허무주의의 유혹에 빠져들고 만다.

---

* 여기서 '존재'에 따옴표를 붙인 이유는 20세기 독일 철학자 하이데거의 영향 때문이다. 하이데거는 객관적으로 인식되는 존재자(넓은 의미의 사물)와 인간 경험의 총체라 할 수 있는 '존재'를 구분하려 애썼다. '존재'는 우리 각자가 주관적으로, 개인적으로, 개별적으로 경험하는 것이자, 남들과 함께 경험하는 것이기도 하다. 이처럼 '존재'에는 감정과 충동, 꿈과 상상과 계시뿐만 아니라 개인적인 생각과 인식도 포함된다. 또한 '존재'는 결국 행동을 통해 구체화한다. 따라서 '존재'의 속성은 우리의 결정과 선택의 결과로 결정되며, 각자의 자유 의지로 형성된다. 정리하자면 '존재'는 물질적이고 객관적인 것으로 쉽게 환원되는 것이 아니고, 하이데거가 오랜 세월 규정하려 애쓴 것처럼 그 자체의 의미로 규정할 필요가 있다.

그래서 가치가 없으면 의미도 없다. 하지만 가치 체계들은 자주 충돌한다. 따라서 우리는 영원히 진퇴양난에 놓인다. 내가 속한 집단의 믿음 체계가 사라지면 삶은 혼란스럽고 비참해서 견딜 수 없는 것이 된다. 집단의 믿음 체계는 필연적으로 다른 집단과의 충돌과 갈등을 불러일으킨다. 서구인들은 전통과 종교를 중심에 둔 문화에서 언제인가부터 점점 멀어졌다. 심지어 국가 중심 문화에서도 멀어졌다. 그 덕분에 집단 사이의 갈등 위험은 조금 줄었다. 하지만 절망적인 무의미의 포로가 될 위험은 점점 커지고 있다. 이것은 결코 발전이 아니다.

《의미의 지도》를 쓰는 동안 나는 우리에게 갈등을 감당할 여유가 없다는 걸 깨달았다. 20세기에 세계를 뒤흔든 엄청난 갈등은 인간이 감당할 만한 것이 아니었다. 게다가 지금은 파괴적인 기술의 위력이 지구를 통째로 날려 버릴 정도로 강력해졌다. 지금 전쟁이 나면 그 결과는 그야말로 세상의 종말이다. 그런데도 우리는 가치 체계와 신념 체계, 문화 체계를 결코 포기할 수 없다. 나는 이 까다로운 문제의 답을 찾으려고 몇 달 동안 씨름했다. 내가 아직 모르는 제3의 길이 있는 것일까?

그 무렵 어느 날 밤 꿈을 꾸었다. 내가 거대한 성당의 둥근 천장 바로 밑에 달린 샹들리에에 매달려 있는 꿈이었다. 바닥보다 훨씬 높은 곳이어서 사람들이 아득히 멀리 떨어져 조그맣게 보였다. 나와 벽의 거리는 어마어마하게 멀고 둥근 천장도 까마득해 보였다.

나는 임상 심리학자가 되는 과정에서 꿈을 자세히 관찰하는 법을 배웠다. 꿈은 이성이 접근한 적 없는 어두운 곳에 빛을 비추는 역할을 한다. 나는 기독교 교리도 상당히 연구했다(다른 종교 관련 연구는 다소 부족하지만, 부족함을 채우려고 노력하고 있다). 그래서 내가 아는 지식을 바탕으로 그 꿈의 의미를 이해해 보려고 했다.

꿈에 등장한 성당은 십자가 모양으로 지어졌고, 둥근 천장 아래 중심점은 십자가의 중심이었다. 십자가는 최악의 고통을 상징하는 동시에 죽음과 변화를 상징하며, 세상의 중심을 뜻하기도 했다. 나는 그곳에 매달려 있고 싶지 않았다. 그럭저럭 공중(상징적인 하늘)에서, 특색은 없지만 안전하고 익숙한 바닥으로 내려왔다. 어떻게 내려왔는지는 모르겠다. 그러고는 침실로 돌아가 다시 침대에 누웠다. 잠이라는 평화로운 무의식 세계로 돌아가고 싶었다. 그마저도 여전히 꿈속이었다. 하지만 긴장이 풀리자 몸이 이동하는 느낌이 들었다. 강력한 바람이 내 몸을 휘감으며 다시 성당으로 데려가 그 중심점 아래에 되돌려 놓을 듯한 태세였다. 피할 길이 없었다. 지독한 악몽이었다. 깜짝 놀라 잠에서 깼다. 내 뒤의 커튼이 불쑥 밀려와 베개를 뒤덮었다. 비몽사몽 중에 침대 발치를 물끄러미 바라보았다. 그 거대한 성당의 문이 보였다. 소스라치게 놀라 잠에서 완전히 깼다. 그제야 성당 문이 사라졌다.

그 꿈은 나를 '존재'의 중심에 두었고, 도망갈 방법은 없었다. 그 꿈의 의미를 파악하는 데 몇 달이 걸렸다. 그러는 동안 나는 과거의 위대한 이야기들이 다룬 주제에 대해 더욱 깊이 깨닫게 되었다. 그것은 바로 중심을 차지하는 것은 하나의 독립된 개체라는 사실이었다. X자 표시의 가운데 점처럼 중심은 십자가로 표시된다. 그 십자가에 존재하는 것은 고통과 변화다. 무엇보다 이 사실을 자발적으로 받아들여야 한다. 이렇게 할 때 집단과 집단의 원칙에 대한 맹목적 신봉을 극복하고 정반대 편에 있는 허무주의라는 함정을 피할 수 있다. 또한 개개인의 의식과 경험에서 충분한 의미를 발견하는 것도 가능하다.

어떻게 하면 갈등이란 끔찍한 딜레마에서 세상이 해방될 수 있을까? 그리고 그와 동시에 심리적이고 사회적인 해체에서 벗어날 수 있을까? 이 의문에 대해 내가 찾은 답은 '개인의 향상과 발전', 그리고 '누구나 자발적으로 존재의 부담을 어깨에 짊어지고 영웅의 길을 택하려는 의지'였다. 우리는 각자 자신의 삶에 대한 책임, 사회와 세계에 대한 책임을 짊어져야 한다. 우리 모두 진실을 말해야 하고, 황폐해지고 망가진 것을 고쳐야 하며, 낡고 고루한 것을 새롭게 바꾸어야 한다. 이렇게 할 때 세상을 망가뜨리고 더럽히는 고통을 줄일 수 있고, 또 그렇게 줄여 가야만 한다. 물론 쉽지 않다는 것을 알고 있다. 너무 큰 희생을 요구하는 것일 수도 있다. 그러나 그렇게 하지 않을 때 벌어질 일은 훨씬 더 끔찍하다. 권위주의적 신념이 가져올 공포, 붕괴된 국가가 일으킬 혼돈, 걷잡을 수 없는 자연계의 재앙, 삶의 목적이 없는 개인들의 존재론적 불안과 나약함 등이 지배하는 세상을 상상해 보라.

나는 수십 년 동안 이런 생각에 대해 연구하고 강의해 왔다. 또한 이런 생각과 관련된 이야기와 관념을 상당히 모아 왔다. 그렇다고 내 생각이 무조건 옳고 완전하다고 말하는 것은 아니다. '존재'는 개개인이 생각해 낼 수 있는 수준보다 훨씬 복잡하다. 내가 모든 것을 알고 있는 것도 아니다. 나는 단지 내가 알고 있는 것 중에서 최선을 제시할 뿐이다.

이 책은 그동안의 내 모든 연구와 사색에서 얻어 낸 결과물이다. 처음에 나는 쿼라에 올린 마흔 개의 답글로 얄팍한 책을 쓰려고 했다. 출판사인 '펭귄랜덤하우스 캐나다'도 그렇게 하라고 했다. 하지만 글을 쓰는 동안 나는 책의 법칙 수를 스물다섯 개로, 다시 열여섯 개로 줄였고, 최종적으로는 현재의 열두 개로 줄였다. 또한 편집자의 도움과 질책을 받아 가면서 꼬박

3년 동안 원고를 고쳤다. 앞에서 언급한 허위츠의 날카로운 비판도 큰 도움이 되었다.

'12가지 인생의 법칙 : 혼돈의 해독제'라는 제목을 결정하는 데도 무척 오랜 시간이 걸렸다. 많은 후보 중에서 이 제목을 선택한 이유는 무엇보다 단순함 때문이었다. 이 제목에는 원칙이 정리되지 않으면 카오스(혼돈)가 유혹한다는 뜻이 담겨 있다. 우리에게는 법칙과 기준, 가치가 필요하다. 우리는 마치 짐을 나르는 동물과 같다. 우리 인생이 살 만한 가치가 있고 우리가 존재하는 이유가 있다는 것을 증명하기 위해서라도 짐을 짊어져야 한다. 우리에게는 일상과 전통도 필요하다. 그런 것이 질서다. 하지만 질서도 지나치면 좋지 않다. 혼돈이 우리를 덮치고, 그 결과 우리가 혼돈에 매몰될 수 있기 때문이다. 우리는 좁고 곧은 길을 걸어야 한다. 이 책에서 언급하는 12가지 법칙은 '그곳'에 있기 위한 지침이다. '그곳'은 혼돈과 질서의 경계선 위에 있다. 그곳은 우리가 안정을 누리면서도 얼마든지 탐험과 변화, 수정과 협력을 시도할 수 있는 곳이다. 그곳은 우리의 삶, 그리고 삶에서 피할 수 없는 고통을 정당화하는 의미를 찾을 수 있는 곳이다.

우리가 올바르게 산다면, 부담스러운 자의식의 무게를 견뎌 낼 수 있을 것이다. 올바르게 산다면, 우리가 죽음을 피할 수 없는 유약한 존재라는 사실을 기꺼이 인정할 것이다. 원망으로 시작해서 시샘과 복수심과 파괴적 욕망을 차례로 자극하는 피해 의식에도 사로잡히지 않을 것이다. 올바르게 산다면, 우리가 불완전하고 무지한 존재라는 사실을 감추기 위해 전체주의적 이념에 의지할 필요도 없을 것이다. 올바르게 산다면, 지옥으로 향하는 모든 길을 피할 수 있을 것이다. 우리는 20세기에 진짜 지옥이 어떤 것인지를 생생히 목격하지 않았는가.

이 책에서 소개하는 12가지 법칙과 그에 관한 설명을 통해, 이미 알고 있는 것을 좀 더 깊이 이해할 수 있기를 바란다. 진정한 '존재'로서 영웅적 행위를 갈망하고 삶이 부과하는 책임을 기꺼이 지겠다는 의지가 있다면, 정말 의미 있는 삶을 살게 되리라 확신한다.

그리고 우리 모두 올바르게 산다면, 다 함께 번창할 것이다.

이 책을 읽어 내려갈 여러분 모두에게 행운이 함께하기를!

조던 B. 피터슨

어깨를 펴고 똑바로 서라

←━━━━━━━━━━━━━━━━━━━━━━━━━━━━━━━━━━━

바닷가재와 영역

바닷가재를 먹어 본 적이 없는 사람은 바닷가재에 별로 관심이 없을 것이다.[2] 하지만 바닷가재는 특유의 향긋한 맛만큼이나 연구해 볼 만한 가치가 있는 흥미로운 갑각류 동물이다.

바닷가재는 신경 구조가 단순하고 뇌 내 신경 세포인 뉴런이 커서 신경계를 쉽게 관찰할 수 있다. 이런 특징 덕분에 과학자들은 바닷가재의 신경 회로를 정확히 그려 낼 수 있었다. 그 결과 인간을 포함해 더 복잡한 동물들의 뇌와 행동, 구조와 기능을 파악하는 데 도움이 되었다. 바닷가재는 생각보다 인간과 공통점이 많다.

바닷가재는 바다 깊은 곳에 서식한다. 바닷가재 본거지 위에서 다른 바다 생물들의 학살과 죽음이 끝없이 이어지고, 그런 혼돈의 부산물이 바닥에 떨어져 내린다. 바닷가재는 자기 영역 안에서 먹잇감을 사냥하고, 먹을 만한 부스러기를 찾아 주변을 뒤적거린다. 바닷가재는 안전하게 지낼 수 있는 곳, 수렵과 채집을 편하게 할 수 있는 곳을 원한다. 바닷가재에게도 인간만큼이나 안락한 보금자리가 필요한 것이다.

그런데 이것이 문제다. 안전한 보금자리는 적고 그런 곳을 원하는 바닷가재는 많기 때문이다. 만약 바다 밑바닥에 사는 바닷가재 두 마리가 같은 시각에 같은 영역을 차지하고 같은 곳에서 살겠다고 하면 어떤 일이 벌어질까? 또 바닷가재 수백 마리가 가족을 먹여 살리겠다고 좁은 곳에서 얼마 안 되는 부스러기를 두고 다퉈야 한다면 어떻게 될까?

바닷가재뿐만 아니라 모든 피조물이 이런 문제에 부닥친다. 봄에 북쪽으로 날아오는 작은 새들도 치열하게 영역 다툼을 벌인다. 새들의 노랫소리는 아름답고 평화롭게 들리지만, 사실은 '이 영역의 주인은 나'라는 것을 사방에 알리는 위협의 함성이다. 맑고 고운 소리로 자신의 주권을 강력히 주장하는 작은 전사인 것이다.

굴뚝새를 예로 들어 보자. 갈색 깃털과 재빠른 움직임이 특징인 굴뚝새는 북아메리카에서 흔히 볼 수 있는 새다. 주로 곤충을 잡아먹고, 몸집은 주먹만 하지만 무척 활동적이다. 굴뚝새는 비바람을 피할 수 있는 안전한 곳에 둥지를 짓는다. 가까이에서 먹이를 구할 수 있고 짝을 찾기 쉬운 곳이라면 최상급이다. 그런 곳을 발견하면 경쟁자들에게 자기 영역에 얼씬도 하지 말라며 죽기 살기로 덤벼든다.

조류와 영역

열한 살 무렵 나는 아버지와 함께 굴뚝새 가족을 위해서 새집을 만들었다. 18세기 초 포장마차와 비슷한 모양이었는데, 앞쪽으로 동전 크기만 한 입구를 만들어 놓았다. 작은 굴뚝새에게는 더할 나위 없이 좋은 보금자리였지만, 몸집이 큰 새에게는 불편한 집이었다. 우리 이웃집에는 낡은 고무장화로 만든 새집이 있었다. 그것도 거의 비슷한 시기에 내가 만들어 나무에 걸어 둔 것이었다. 그 새집은 굴뚝새보다 몸집이 두세 배나 큰 개똥지빠귀가 너끈히 드나들 수 있을 만큼 입구가 넓었다. 우리 이웃은 그 새집에 새가 찾아오기를 손꼽아 기다렸다.

굴뚝새는 우리가 달아 둔 새집을 금세 찾아내 보금자리로 삼았다. 덕분에 이른 봄부터 굴뚝새의 아름다운 노랫소리를 들을 수 있었다. 그런데 포장마차 보금자리를 차지하자마자 앙증맞은 일을 벌이기 시작했다. 이웃집 고무장화 새집으로 작은 나뭇가지를 물어 나르기 시작한 것이다. 결국 고무장화 구멍을 나뭇가지로 빽빽하게 막아 버려 어떤 새도 들어갈 수 없게 되었다. 우리 이웃은 굴뚝새의 반칙을 좋아하지 않았지만, 달리 막을 방법이 없었다. 아버지는 "우리가 저 새집 나뭇가지를 다 치워도 굴뚝새가 다시 막아 버릴 거다"라고 말했다. 굴뚝새는 작고 귀여운 모습과 달리 무자비한 폭군이었다.

그 전해 겨울 나는 스키를 배운 후 처음으로 언덕 활강에 도전했다가 다리가 부러지는 중상을 당했다. 불행 중 다행으로 어리숙한 학생들을 위해 들어 놓은 학교 상해 보험 덕분에 상당한 보험금을 받았다. 그 돈으로 당시 최첨단 제품이던 카세트 녹음기를 샀다. 아버지는 내게 뒷마당에 앉아 굴뚝새 노랫소리를 녹음했다가 틀면 재미있는 광경을 보게 될 거라고 말했

다. 나는 화창한 봄날의 햇볕을 받으며 우렁차게 자기 영역을 알리는 굴뚝
새 노랫소리를 몇 분 동안 녹음했다. 그러고 나서 녹음된 소리를 재생하자
굴뚝새는 녹음기 근처를 빠르게 오락가락하더니 나와 녹음기를 폭격기처
럼 공격하기 시작했다. 참새의 3분의 1에 불과한 작은 몸집이지만 기세만
큼은 독수리나 다를 바 없었다. 굳이 녹음기를 틀지 않아도 굴뚝새의 그런
행동은 자주 목격됐다. 자기 집 근처 나무에 앉아 쉬는 새가 보이면 여지없
이 폭격기처럼 공격했다. 몸집이 더 큰 새들에게도 겁 없이 달려들었다.

굴뚝새와 바닷가재는 전혀 다르다. 바닷가재는 날지도 않고 나무에 앉아
노래하지도 않는다. 깃털로 덮인 굴뚝새에게는 딱딱한 껍데기가 없다. 물
속에서는 숨을 쉬지 못하고, 버터구이가 되지도 않는다. 하지만 굴뚝새와
바닷가재에게 중요한 공통점이 하나 있다. 다른 많은 동물처럼 지위와 영
역에 집착한다는 점이다. 노르웨이의 저명한 동물학자이자 비교 심리학자
인 토를레이프 셸데루프 에베는 1921년 농장에서 어슬렁거리는 흔한 닭
들의 세계에도 '모이를 쪼아 먹는 순서'가 있다는 것을 발견했다.[3]

닭들의 세계에서 서열은 생존이 걸린 문제다. 먹을 것이 부족한 경우에
는 더욱 그렇다. 아침마다 마당에 흩뿌려진 모이를 먼저 쪼아 먹을 권리를
가진 닭은 대장 닭이다. 그다음 이인자 무리나 권력 주변을 맴도는 최측근
닭들이 남은 모이를 먹는다. 그 후 세 번째 서열에 속한 닭들에게 차례가
온다. 이런 식으로 최하층을 차지하는 닭들, 깃털이 듬성듬성 빠져 후줄근
하게 보이는 닭들까지 순서가 내려온다.

도시 외곽에 거주하는 사람들처럼 닭들도 공동생활을 한다. 굴뚝새는 공
동생활을 하지 않지만 이런 새들의 세계에도 서열은 있다. 이 서열은 더 넓
고 더 좋은 영역을 차지하기 위한 다툼에서 드러난다. 가장 영리하고, 힘세

고, 건강하고, 운이 좋은 새가 최고의 자리를 차지하고 그 영역을 지킨다. 그런 자리를 차지한 새는 최고의 짝을 만나 건강한 새끼들을 낳을 가능성이 크다. 물론 그 새끼들 역시 더 많이 살아남아 번성할 확률이 높다. 비바람과 포식자로부터 안전하고 풍부한 식량에 쉽게 접근할 수 있는 영역을 차지하면 생존에 대한 스트레스도 적다. 이런 이유에서도 영역은 중요하다. 영역권과 사회적 지위는 밀접한 관계가 있다. 영역은 간혹 삶과 죽음의 문제가 되기도 한다.

전염성 조류 감염증이 계급화한 새들의 세계를 덮치면, 최하층에 속한 힘없고 스트레스를 받는 새들이 병들어 죽을 가능성이 가장 크다.[4] 인간 세계에 전염병이 돌 때도 마찬가지다. 빈곤층이 가장 먼저 위험에 노출되고 사망할 확률도 높다. 가난한 사람들은 암, 당뇨, 심장 질환 같은 비전염성 질병에도 취약하다. 부자는 가벼운 감기로 끝나지만, 빈곤층 노동자는 폐렴으로 죽는다.

영역이 중요하지만 좋은 영역은 항상 부족하다. 그래서 좋은 영역을 찾아야 하는 동물의 세계에서 충돌은 피할 수 없는 문제다. 충돌은 또 다른 문제로 이어진다. 패한 쪽에서 감당하기 어려운 비용을 유발하지 않으면서 승패가 결정되어야 한다는 점이다. 이 점이 특히 중요하다. 예컨대 두 마리의 새가 좋은 영역을 차지하려고 옥신각신한다고 해 보자. 둘의 다툼은 목숨을 건 싸움으로 발전할 수 있다. 이런 상황에서는 대체로 몸집이 큰 새가 승리하지만, 승자도 몸싸움 과정에서 치명적인 상처를 입을 수 있다. 그러면 싸움 구경을 하던 제3의 새가 잽싸게 끼어들어 상처를 입고 약해진 승리자를 손쉽게 제압한 뒤 그 자리를 차지할 수도 있다. 목숨을 걸고 싸운 새들이 이런 결과를 바라지는 않을 것이다.

바닷가재들의 영역 다툼

수만 년 동안 같은 공간에서 다른 동물들과 공존할 수밖에 없던 동물들은 피해 위험을 최소화하면서 지배권을 확립하기 위한 수법을 터득해 왔다. 예컨대 서열 싸움에서 패한 늑대는 등을 바닥에 대고 누워 승리자에게 목을 드러낸다. 이때 승리한 늑대는 아무 행동도 하지 않고 패자를 무시한다. 승리자가 된 늑대도 사냥하려면 협력자가 필요하기에 서열 싸움에서 패배한 적이라도 협력자로 받아들여야 한다.

이런 행동은 생명체 세계에서는 흔한 현상이다. 턱수염도마뱀들은 사회성이 뛰어나 서로 앞발을 흔들며 평화롭게 지내고 싶은 마음을 표현한다. 돌고래는 사냥하는 동안이나 흥분 상태가 지속되는 동안에는 특별한 음파를 내보내 경고함으로써 혹시 모를 충돌 가능성을 억제한다.

바다 밑바닥을 헤집고 다니는 바닷가재도 예외는 아니다.[5] 바닷가재 수십 마리를 잡아 한곳에 모아 놓으면 바닷가재가 서열을 결정하는 의식과 기법을 관찰할 수 있다. 바닷가재는 먼저 새로운 지역을 탐색한다. 세세한 지형을 파악해 피신처로 가장 적합한 곳을 찾아내기 위한 과정이다. 이런 식으로 바닷가재는 새로운 지역에 대해 많은 것을 학습하고 머릿속에 기억해 둔다. 보금자리 주변에서 서성대는 바닷가재를 자극하면 재빨리 보금자리로 돌아가 숨는다. 보금자리에서 멀리 떨어진 바닷가재를 자극하면 어떻게 될까? 가장 가까이 있는 피신처로 달아난다. 그 피신처는 과거에 확인하고 기억해 둔 곳이다.

바닷가재에게는 천적과 자연의 여러 위협으로부터 안전하게 휴식할 수 있는 은신처가 필요하다. 게다가 바닷가재는 성장하기 위해 탈각 과정을 거쳐야만 한다. 즉 단단한 껍데기를 벗어야 한다는 뜻이다. 새로운 껍데기가 만들어지는 동안 바닷가재의 부드러운 몸이 외부 환경에 아무런 보호 장치 없이 노출된다. 이때 바위 밑 틈새는 바닷가재에게 훌륭한 보금자리가 된다. 벗은 껍데기와 폐기물로 입구를 막을 수 있는 곳이라면 더할 나위 없이 좋다. 새로운 껍데기가 만들어질 때까지 바닷가재가 아늑하게 지낼 수 있기 때문이다. 하지만 어느 지역이든 최상급 보금자리는 극소수에 불과하다. 매우 드문 만큼 가치가 크다. 다른 모든 바닷가재도 그런 곳을 찾아 헤매기 때문이다.

좋은 은신처를 찾아 탐험하는 바닷가재들은 결국 서로 마주친다. 학자들은 외톨이로 자란 바닷가재도 다른 바닷가재와 마주쳤을 때 어떻게 행동해야 하는지를 본능적으로 알고 있다는 것을 발견했다.[6] 방어와 공격을 위한 복잡한 행동이 바닷가재의 신경계에 심겨 있다는 뜻이다. 바닷가재들은 권투 선수처럼 상대방 주변을 빙빙 돌기 시작한다. 집게발을 크게 벌려 앞뒤로 흔들면서 상대방 동태를 살핀다. 그러면서 눈 밑에 있는 분출 기관을 통해 상대에게 특별한 액체를 뿌린다. 그 액체에는 자신의 몸집과 성별, 건강과 감정을 상대에게 전달하는 화학 물질이 들어 있다.

때때로 바닷가재는 상대방 집게발이 자기 것보다 훨씬 크면 싸우지 않고 물러서기도 한다. 분출된 액체의 화학 물질 정보도 작고 약한 바닷가재를 물러서게 만든다. 압도적인 힘의 차이로 큰 충돌 없이 분쟁이 마무리되는 경우는 비교적 평화로운 1단계 분쟁이다.[7] 하지만 몸집과 능력이 엇비슷하거나 분출된 액체에 충분한 정보가 담겨 있지 않으면 2단계 분쟁으로 넘어간다. 한 녀석이 더듬이를 미친 듯이 휘젓고 집게발을 아래로 접으며 다가서면 상대는 잠시 뒤로 물러선다. 하지만 곧바로 앞으로 나아가며 반격을 시도하면 이번에는 선공을 날린 녀석이 뒤로 물러선다. 이런 실랑이를 서너 차례 반복하다가 둘 중 더 겁 많은 녀석이 꼬리를 휙 돌려 뒷걸음질로 자리를 뜬다. 도망친 녀석은 좀 더 약한 상대를 만나기를 바라며 다른 곳에서 행운을 시험한다. 만약 어느 쪽도 물러서지 않고 팽팽하게 대치할 경우 3단계 분쟁으로 넘어간다. 이번엔 진짜 전투가 벌어진다.

3단계 분쟁에서는 바닷가재들이 격분하여 포악하게 상대를 향해 진격한다. 집게발을 쭉 뻗고 전투를 시작하면서 상대를 뒤집으려고 시도한다. 뒤집힌 바닷가재는 자칫하면 치명적인 타격을 입을 수 있다는 생각에 대체로 싸움을 포기하고 전쟁터를 떠난다. 어느 쪽도 상대를 뒤집지 못하거나 뒤집힌 녀석이 싸움을 포기하지 않으면, 바닷가재의 충돌은 4단계 분쟁으로 넘어간다. 이 단계는 무척 위험하므로 함부로 시작할 만한 단계가 아니다. 적어도 한 녀석은, 어쩌면 두 녀석 모두 치명적인 상처를 입을 가능성이 크다. 두 바닷가재는 빠른 속도로 서로에게 접근한다. 집게발을 크게 벌리고 상대 다리나 더듬이 혹은 눈자루같이 튀어나온 부분이나 약한 부분을 움켜잡으려 한다. 상대방을 움켜잡는 데 성공하면 잽싸게 뒤로 물러서며 집게발로 그 기관을 뜯어내려 한다. 분쟁이 이 단계에 이르면 승자와 패자가 명확히 갈린다. 패자는 거의 살아남을 수 없다. 특히 패자가 승자 영역에서 빠져나오지 못하면 처절한 응징을 당하고 만다.

싸움에서 패배한 바닷가재는 더 싸우려 들지 않는다. 싸우는 동안 보여준 패기 넘치는 공격성은 사라지고, 다른 적은 물론 예전에 이겨 본 적하고도 싸우려 하지 않는다. 패배한 경쟁자는 자신감을 완전히 잃는다. 그런 상태가 며칠씩 지속되기도 한다. 특히 영역을 지배하던 바닷가재가 패배하면 그 바닷가재의 뇌 구조는 완전히 해체되어 약자에 적합한 새로운 뇌가 만들어진다.[8] 영역 지배자 시절의 뇌는 약자로 전락한 후의 상황을 감당할 수 없다. 따라서 실질적으로 완전한 해체와 재형성 과정을 거쳐야 한다. 사랑을 잃거나 직장 혹은 사업에서 큰 실패를 겪은 후 고통스러운 변화를 경험한 사람이라면, 영역의 지배자에서 패배자로 추락한 바닷가재의 상황을 이해할 수 있을 것이다.

패배와 승리의 신경 화학

뇌 화학(brain chemistry), 즉 신경 화학적 관점에서 패배한 바닷가재와 승리한 바닷가재는 크게 다르다. 이런 차이는 승리와 패배를 받아들이는 자세에서도 나타난다. 바닷가재가 자신만만한 모습인가 아니면 위축된 모습인가는 신경 세포의 교감을 조절하는 두 화학 물질인 세로토닌과 옥토파민 비율에 따라 결정된다. 승리하면 세로토닌 비율이 높아지고, 패배하면 옥토파민 비율이 높아진다.

세로토닌 수치가 높고 옥토파민 수치가 낮은 바닷가재는 자신감 넘치는 모습으로 으스대며 걷는다. 도전을 받아도 움츠리거나 물러서지 않는다. 실제로 세로토닌은 바닷가재의 몸을 유연하게 만든다. 유연한 바닷가재는 부속 기관들을 쭉 뻗어 더 크고 무섭게 보일 수 있다. 방금 싸움에 패한 바닷가재에게 세로토닌을 주입하면 팔다리를 쭉 뻗으며 다시 승자에게 덤벼들어 예전보다 더 오래, 더 치열하게 싸운다.[9] 우울증 환자에게 처방되는 약물인 선택적 세로토닌 재흡수 억제제(selective serotonin reuptake inhibitor)도 거의 똑같은 화학적 효과를 일으킨다. 대표적인 우울증 치료제 프로작이 바닷가재의 행동을 활성화하는 데에도 효과를 발휘했다.[10] 생명의 진화적 연관성을 보여 주는 놀라운 실험 결과다.

세로토닌 수치가 높고 옥토파민 수치가 낮다는 것은 승리한 바닷가재의 특징이다. 반대로 세로토닌 수치가 낮고 옥토파민 수치가 높은 바닷가재는 후줄근하고 무기력하고 위축된 모습을 보인다. 길모퉁이에서 어슬렁대다 시비가 붙을 낌새가 보이면 부리나케 도망칠 듯한 인상을 준다. 실제로 세로토닌과 옥토파민은 바닷가재가 달아나야 할 때 황급히 뒤로 물러서는 데 도움을 주는 꼬리 반응을 조절하기도 한다. 패배한 바닷가재는 아주 약한 자극으로도 그런 반응을 보인다. 전쟁터에서의 끔찍한 경험 때문에 외상 후 스트레스 장애에 시달리는 군인이나 장기간 학대를 경험한 아동에게 놀람 반사 실험을 해 보면 거의 똑같은 반응을 보인다.

세상은 원래 불평등하다

영역 다툼에서 패한 바닷가재가 용기를 되찾고 다시 싸움에 나설 때 승률은 어떻게 될까? 이들의 누적 기록을 통계적으로 분석해 보면 또다시 패할 가능성이 일반적인 예상보다 더 크다. 한마디로 승리를 거둔 상대가 다시 승리할 가능성이 더 크다는 뜻이다. 인간 사회가 그렇듯이 바닷가재 세계에서도 승자가 모든 것을 독식한다. 인간 사회에서는 상위 1퍼센트의 자산 총액이 하위 50퍼센트의 자산 총액과 비슷하다. 상위 85명의 부자가 하위 35억 명의 재산을 모두 합한 액수만큼 가지고 있다.[11]

이처럼 잔혹하고 야만적인 분배 원칙이 경제 영역에만 적용되는 것은 아니다. 예를 들어 창의성이 필요한 영역에도 그대로 적용된다. 주요 과학 논문 대부분은 소수 과학자가 발표하고, 극소수 음악인이 저작권료 대부분을 가져간다. 또한 몇 안 되는 작가의 책이 판매 부수의 대다수를 차지한다. 미국에서 매년 150만 종의 책이 출간되는데, 그중 10만 부 이상 팔리는 책은 500종에 불과하다.[12] 클래식 음악계 사정은 더 심하다. 요즘 오케스트라가 연주하는 곡 중 대다수는 단 4명의 작곡가, 즉 바흐, 베토벤, 모차르트, 차이콥스키 작품이다. 바흐는 1000편이 넘는 작품을 남겨 그가 남긴 모든 악보를 손으로 옮겨 쓰려면 수십 년이 걸릴 정도지만, 자주 연주되는 작품은 극히 일부다. 다른 세 작곡가도 크게 다르지 않다. 결국 무수히 많은 클래식 음악 작곡가 중 소수의 작곡가가 쓴 작품, 그중에서도 소수의 작품만이 전 세계 사람들이 즐겨 듣는 클래식 음악의 거의 전부를 차지한다.

이 원칙을 '프라이스의 법칙'(관련 업계 종사자 수의 제곱근에 해당하는 인원이 전체 생산성의 50퍼센트를 만들어 낸다는 내용. 예컨대 전체 종사자 수가 100명이라면 그중 10명이 전체 생산성의 50퍼센트를 담당한다 — 옮긴이)이라고도 하는데, 1963년 물리학자이자 과학사학자인 데릭 존 데 솔라 프라이스가 이 원칙이 과학에도 적용된다는 사실을 밝혀냈기 때문이다.[13] 세로축에는 사람의 수, 가로축에는 생산성이나 자원이 표시되는 L자 모양의 그래프로 표현된다. 이와 관련된 기본적인 원칙은 훨씬 오래전에 발견되었다. 20세기 초 이탈리아 경제학자이자 사회학자인 빌프레도 파레토는 부의 분배에 이런 원칙이 적용된다는 사실을 발견했다. 이를 '파레토 분포'라고 한다(이탈리아 전체 부의 80퍼센트를 전체 인구의 20퍼센트가 소유하는 부의 분배 구조에서 발견한 법칙으로, 80 대 20 법칙이라고도 한다 — 옮긴이). 실제로 이런 불평등한 분배 원칙은 정부 형태를 막론하고 지금까지 연구된 모든 사회에 적용되는 듯하다. 그뿐만 아니라 도시 인구(일부 도시에 인구가 집중), 천체의 질량(일부 물질이 대부분의 질량을 차지), 단어의 빈도(500단어가 커뮤니케이션의 90퍼센트 차지)에도 이 원칙은 적용된다. 이 원칙은 간혹 '마태의 원칙'이라고도 불리는데, 이는 예수 그리스도의 가장 가혹한 가르침이라 여겨지는 "무릇 있는 자는 받아 풍족하게 되고 없는 자는 그 있는 것까지 빼앗기리라"(《마태복음) 25장 29절)에서 유래한 것이다.

다시 신경질적인 바닷가재로 돌아가 보자. 바닷가재가 서로 상대를 시험하며, 누가 약자이고 누가 강자인지, 누가 널찍한 보금자리를 차지할지를 결정하는 데는 오랜 시간이 걸리지 않는다. 그 결과로 형성된 서열 관계는 무척 안정적이다. 서열 싸움에서 승패가 결정되면, 승자는 더듬이를 위협적으로 치켜세우고, 패자는 모래를 뻐끔뻐끔 내뿜으며 사라진다. 애초에 힘이 약한 바닷가재는 아예 서열 싸움에 끼어들지 않고 낮은 지위를 감수하는 대신 팔다리를 온전하게 지키는 쪽을 택한다. 반면에 좋은 보금자리를 차지하고 안전하게 휴식을 취하며 편하게 배를 채우는 최상위 바닷가재는 틈만 나면 영역에 대한 지배권을 과시한다. 매일 다른 바닷가재를 찾아다니며 보금자리에서 쫓아내는 심술을 부린다. 그럼으로써 자신이 대장이라는 사실을 확인시켜 준다.

모든 암컷을 독차지하는 우두머리 수컷

암컷 바닷가재도 산란과 양육 기간에는 치열하게 영역 다툼을 한다.[14] 하지만 그 전에 가장 강한 수컷을 찾아야 한다. 암컷 바닷가재는 우두머리 수컷을 한눈에 알아보고 본능적으로 그 수컷에게 구애 작전을 펼친다. 이는 탁월한 전략이다. 바닷가재뿐만 아니라 다른 동물의 암컷들도 이 전략을 사용한다. 그렇다고 암컷 바닷가재들이 최고의 수컷을 직접 찾아다니는 것은 아니다. 서열 싸움이 끝날 때까지 지켜보다 최후의 승자가 결정되면 그때 행동에 나선다. 이는 다른 기업들과의 경쟁을 통해 기업 가치가 결정되는 주식 시장과 비슷하다.

암컷들은 탈각 시기가 되어 껍데기가 부드러워지면 짝짓기에 관심을 둔다. 그때부터 우두머리 수컷의 보금자리 주변을 어슬렁거리며 특별한 향이 나는 유혹 물질을 내뿜는다. 우두머리 수컷은 강한 공격성으로 대장 자리에 올랐기에 암컷의 적극적인 구애에도 짜증을 내거나 난폭한 반응을 보인다. 게다가 몸집이 크고 건강하고 힘도 세기 때문에 조심스럽게 접근해야만 한다. 신경이 온통 싸움으로 가 있는 그의 관심을 짝짓기로 돌리는 것이 쉬운 일은 아니다. 그런데 유혹 물질에는 우두머리 수컷을 온순하게 만드는 성분이 들어 있다. 암컷 바닷가재가 계속 구애하면 우두머리 수컷의 반응도 점차 달라지고, 결국에는 우두머리 수컷이 암컷 바닷가재를 자신의 거처로 불러들인다. 이들의 로맨스는 세계적인 베스트셀러 《그레이의 50가지 그림자》 같은 소설이나 모든 사랑 이야기의 원형이라 할 수 있는 판타지 영화 〈미녀와 야수〉와 다를 바 없다.

사실 동물 세계에서도 물리적인 힘만으로 차지한 권력은 불안정하다. 네덜란드 동물학자 프란스 더 발은 역사적인 침팬지 연구를 통해 힘만으로는 권력을 오랫동안 유지하는 것이 불가능하다는 점을 밝혀냈다.[15] 침팬지 세계에서 장기 집권에 성공한 수컷들은 육체적인 역량 못지않게 세련되고 지적인 자질을 갖추고 있다. 아무리 강력한 우두머리라도 웬만한 수컷 두 놈이 힘을 합치면, 각자가 가진 힘의 4분의 3만으로도 무너뜨릴 수 있다. 그래서 정상에 오랫동안 머무는 수컷은 낮은 지위에 있는 수컷들과도 좋은 관계를 유지하며 도움을 주고받는다. 또한 집단 내의 암컷과 새끼들을 세심하게 배려하는 특징이 있다. 아기들에게 입을 맞추는 정치인들의 제스처는 그야말로 수백만 년의 전통을 자랑하는 수법이다. 하지만 바닷가재는 여전히 원시적이기 때문에 이런 기술이 필요 없다.

바닷가재 이야기가 도대체 인생 법칙과 무슨 상관이 있을까? 뭔가 인간 사회와 비슷한 느낌이 있다는 것 말고도 꽤 밀접한 관계가 있다. 첫째는 바 닷가재가 이런저런 모습으로 3억 5000만 년 넘게 이 땅에서 살고 있다는 사실이다.[16] 3억 5000만 년은 정말 긴 시간이다. 예를 들어 공룡은 6500만 년 전 멸종될 때까지 약 2억 년을 살았다. 지구에 등장한 지 30만 년밖에 되지 않은 인간에게 공룡이 살던 2억 년의 시간은 짐작할 수 없는 시간이 다. 하지만 이렇게 오래 산 공룡도 바닷가재에게는 한때 반짝했다가 사라 진 뜨내기에 불과하다. 아직 나무가 있지도 않던 3억 년 전 생명체의 뇌와 신경계는 아주 단순했다. 바닷가재는 지금도 그때의 신경계와 크게 다르지 않다. 그런데 그 단순한 뇌와 신경계에서도 사회적 지위와 계급에 대한 정 보를 처리하는 신경 화학이 작동하고 있었고, 지금까지 이어지고 있다. 이 는 다시 말해, 서열 구조가 생명체의 생존과 적응에 필수적이었다는 뜻이 다. 이 점이 이 글의 핵심이라 할 만큼 중요한 부분이다.

　마침내 사랑에 빠진 야수 앞에서 암컷 바닷가재는 껍데기를 벗고 가장 약한 상태가 된다. 그래야만 짝짓기를 할 수 있기 때문이다. 어느 순간이 되면 난폭하던 수컷도 다정한 연인이 되어 암컷을 향해 정액을 쏟아 낸다. 이들은 암컷 바닷가재 껍데기가 다시 단단해질 때까지 열흘에서 보름 정 도를 함께 지낸다(껍데기가 어떻게 단단해지는지는 아직 완전히 알려지지 않았다). 이 모든 일을 치른 후 암컷은 수정란을 잔뜩 품고 느긋한 발걸음으로 자신 의 원래 보금자리로 돌아간다. 그러면 주변에 있던 또 다른 암컷이 우두머 리 수컷을 유혹하기 시작하고 똑같은 과정이 되풀이된다. 우두머리 수컷은 최고의 사냥터를 독점하다시피 하고, 가장 안전한 보금자리를 차지할 뿐만 아니라, 위풍당당한 모습으로 모든 암컷의 구애를 받는다. 수컷 바닷가재 가 성공해야 할 이유는 분명해진다.

자연에 대한 몇 가지 오해

'진화는 보수적이다'라는 말은 생물학계에서 진리로 통한다. 진화는 자연이 이미 만들어 낸 것을 기초로 이루어진다는 뜻이다. 새로운 특성이 더해지고 과거의 특성이 조금 변할 수는 있지만, 대부분은 변하지 않고 그대로 남아 있다. 박쥐의 날개와 인간의 손, 고래의 지느러미는 골격 구조가 놀라울 정도로 비슷하다. 심지어 뼈의 수까지 똑같다. 진화는 아주 오래전에 이미 생리학의 기초를 완성해 놓은 것이다.

진화는 대체로 변이와 자연 선택을 통해 이루어진다. 변이(variation)는 유전자 조합과 무작위적 돌연변이 등 여러 원인으로 발생한다. 그래서 같은 종이라도 개체가 각기 다르다. 자연은 오랜 기간에 걸쳐 여러 개체 중 생존과 번식에 유리한 개체를 선택한다. 자연 선택설은 영겁의 시간 동안 생명체에게 일어난 연속적인 변형을 설명하는 것처럼 보인다. 그런데 가장 기본적인 개념에 대한 의문이 든다. '자연 선택(natural selection)'에서 '자연'은 정확히 무엇을 뜻하는 걸까? 또 동물들이 적응한다는 '환경(environment)'의 정확한 의미는 무엇일까? 자연과 환경에 대한 다양한 가정이 있지만, 가정은 검증을 거쳐야 한다. 마크 트웨인 말처럼 "우리가 뭘 몰라서 곤경에 빠지는 것이 아니라, 확실히 알고 있다면 곤경에 빠지지 않으리라는 착각 때문에 곤경에 빠지는 것"이다.

우선 '자연'을 어떤 본성을 지닌 것, 즉 정적인 것으로 가정해 볼 수 있다. 하지만 자연은 정적이지 않다. 깊이 생각하지 않아도 알 수 있는 사실이다. 자연은 정적인 동시에 역동적이다. 환경, 즉 선택하는 자연도 변한다. 도교의 핵심 개념인 음양은 이런 관계를 훌륭하게 도식화했다. 도교에서 존재(실재 혹은 현실)는 음과 양이라는, 대립하는 두 원리로 이루어진다. 음과 양은 서양어로 여성성과 남성성, 혹은 암컷과 수컷으로 번역된다. 그런데 정확히는 혼돈과 질서를 의미한다. 도교의 상징은 머리와 꼬리가 맞물린 두 마리 뱀을 감싸고 있는 원이다. 혼돈을 뜻하는 검은 뱀의 머리에는 흰 점이 있고, 질서를 뜻하는 흰 뱀의 머리에는 검은 점이 있다. 그렇게 표현된 이유는 혼돈과 질서가 언제나 나란히 존재하고, 서로 교체될 수 있기 때문이다. 확정된 것은 아무것도 없고, 따라서 변하지 않는 것도 없다. 태양의 순환조차 일정하지 않다. 혁명적 변화가 있으면 필연적으로 새로운 질서가 형성된다. 모든 죽음은 곧 형태의 변화를 의미한다.

자연이 정적이라는 생각은 심각한 오류를 낳는다. '자연 선택'이라고 할 때 선택이라는 용어에는 '적응성(fitness)'이란 개념이 포함되어 있다. 한마디로 '선택'된 것은 '적응성'이다. 적응성은 어떤 유기체가 자손을 남길 확률을 뜻한다. 자손을 남기면 시간의 흐름에 따라 유기체의 유전자가 자연스럽게 전파된다. 따라서 '적응성'에서 '적응'은 환경의 요구에 유기체의 자질을 맞춘다는 뜻이다. 환경의 요구를 정적인 개념으로 파악하면 자연이 변하지 않고 늘 같은 모습으로 있다고 생각하는 것이다. 그러면 진화는 어떤 목표 지점을 향해 일직선으로 나아가는 발전이 되고, 적응은 시간의 흐름에 따라 더욱더 완벽해지는 현상이 된다. 진화가 특정한 목표 지점을 향해 나아가는 것이라고 주장하며 인간을 진화의 정점에 둔 정향 진화설(evolutionary progress)은 자연을 정적인 것으로 생각하는 이론의 부산물이다. 이 이론은 자연 선택의 종착점이 고정되어 있으며 환경에 적응하는 능력이 조금씩 개선되면 결국 자연 선택의 종착점에 이르게 된다고 설명하는데, 이는 틀린 생각이다.

자연은 선택하는 행위자이지만 정적인 행위자는 아니다. 자연은 매번 다른 식으로 행동한다. 연주곡의 악보처럼 변화무쌍하다. 어쩌면 이 때문에 음악이 자연을 모방한다고 말하는 것일지도 모른다. 어떤 종에 유리한 환경이 바뀌면, 원래 환경에서 생존과 번식에 도움을 주던 특성도 달라진다. 따라서 자연 선택설은 생명체들이 자연이 설정한 특정한 목표에 자신을 정밀하게 맞추어 간다는 가설을 받아들이지 않는다. 오히려 생명체들이 자연과 함께 춤을 춘다고 말하는 편이 더 낫다. 그 춤이 목숨을 빼앗아 가는 치명적인 것일 수 있지만 말이다. 루이스 캐럴이 쓴 《거울 나라의 앨리스》에 등장하는 붉은 여왕은 앨리스에게 이렇게 말한다.

"내 왕국에서는 같은 자리에 있으려면 전속력으로 달려야만 한단다."

아무리 훌륭한 자질을 타고났다 해도 가만히 서 있는 자는 결코 승리할 수 없다.

자연의 역동성은 단순하지 않다. 어떤 것은 매우 빨리 변하는데, 그 안에는 아주 천천히 변하는 것이 들어 있는 경우도 있다(음악 역시 이런 현상을 자주 모방한다). 나뭇잎은 나무보다 빨리 변하고, 나무는 숲보다 빨리 변한다. 날씨는 기후보다 훨씬 변화무쌍하다. 그런데 변화가 이런 식으로 일어나는 데는 이유가 있다. 진화는 자연이 이미 만들어 놓은 것을 기초로 이루어진다는 진화의 보수성을 기억하는가? 예를 들어 팔의 형태가 팔뼈의 길이와 동시에 변한다거나 손의 형태가 손가락 기능과 동시에 변한다고 생각해 보라. 그렇게 되면 진화의 보수성이 작동하지 않을 것이다. 질서 속에도 혼돈이 있고, 혼돈 속에도 혼돈이 있다. 완벽해 보이는 질서 안에도 혼돈은 있다. 가장 강력한 질서는 가장 변하지 않는 질서일 것이다. 그렇다고 모두 쉽게 알아볼 수 있다는 뜻은 아니다. 나뭇잎을 보고 있으면 나무가 보이지 않고, 나무를 보고 있으면 숲이 잘 보이지 않는 것처럼 말이다. 항상 실재하지만 전혀 눈에 띄지 않을 수도 있다. 까마득한 옛날부터 생명체를 지배해 온 서열 관계 역시 그런 질서 중 하나다.

자연을 낭만적으로 생각하는 것도 잘못이다. 콘크리트 건물에 둘러싸여 부족함 없이 지내는 현대 도시인은 프랑스 인상주의 화가들의 풍경화에 등장하는 자연을 오염되지 않은 낙원이라 상상한다. 훨씬 이상적인 관점을 지닌 환경 보호 운동가들은 자연을 완벽한 조화와 균형을 갖춘 것으로 생각한다. 그래서 인간의 파괴와 약탈로부터 지켜야 한다고 주장한다. 안타깝게도 코끼리피부병(피부가 점점 두꺼워지는 병으로, 전 세계 1억 명 이상의 환자가 있다—옮긴이)과 그 병을 일으키는 사상충, 길이가 1미터나 되는 기생충인 메디나충, 매년 수백만 명이 감염되는 말라리아와 그 말라리아를 옮기는 학질모기, 기아를 촉발하는 가뭄, 수천만 명의 목숨을 앗아 간 흑사병, 전 세계 인류를 공포에 떨게 한 에이즈도 '환경'의 일부다. 그러므로 '자연은 순전히 아름다운 것'이란 환상에 빠져서는 안 된다. 재해나 역병 역시 자연의 일부다. 그런데도 우리가 주변을 개선하여 자식들을 보호하고, 도시와 교통 시설을 만들며, 식량과 전기를 생산하는 이유는 자연에 낙원 같은 곳이 분명히 존재하기 때문이다. 따라서 대자연이 우리를 멸종시키기로 작정하지 않았다면, 대자연의 섭리에 맞추어 살아가는 게 더 편할 것이다.

그렇다면 자연은 '문화적 인공물과 엄격히 구분되는 것'이라는 생각은 어떨까? 혼돈과 질서가 뒤엉킨 세계에서의 질서는 오래 지속될수록 더욱 더 '자연스럽게' 느껴진다. '자연'은 '선택하는 행위자'이기 때문이다. 그리고 어떤 특성이 오래 지속된다는 의미는 그것이 오랜 시간 선택을 받아 오고 생명체의 중요한 구성 요소가 되었다는 뜻이다. 그 특성이 물리적인지 생물학적인지, 아니면 사회적이고 문화적인지는 중요하지 않다. 다윈주의 관점에서 가장 중요한 것은 영속성이다.

그런데 서열 구조를 사회적 특성이나 문화적 특성으로 보는 것은 적절하지 않다. 어림잡아 5억 년 동안 존재해 온 생명체의 특징이기 때문이다. 그 정도 시간이라면 영원히 존재하는 것으로 보는 것이 옳다. 서열 구조는 자본주의도 아니고 공산주의도 아니다. 군산 복합체도 아니고 가부장제도 아니다. 이런 것들은 우연적이고 임의적인 문화적 인공물이며, 언제든 변할 수 있고 사라질 수 있다. 하지만 서열 구조는 인간이 만든 것이 아니다. 자연이 만들어 낸 영속적인 특성에 가깝다. 서열의 변화는 일시적인 현상이지만 그렇다고 서열 구조 자체가 사라지는 것은 아니다. 생명의 탄생 이후 '우리'는 아득히 먼 옛날부터 서열 구조 속에서 살아왔다. 피부와 손, 폐와 뼈를 갖기 전부터 서열을 두고 싸웠다. 서열 구조는 문화보다 자연에 더 가깝다. 지구에 나무가 등장하기 전에도 서열 구조는 있었다.

따라서 서열 구조 내에서 자신의 위치를 파악하는 뇌의 영역은 아주 오래전에 생성된, 뇌에서 가장 원초적인 부분이다.[17] 뇌는 인간의 지각과 가치, 정서와 생각, 행동을 조절하고, 의식과 무의식의 모든 면을 지배한다. 그래서 패배나 실패를 경험한 인간은 서열 싸움에서 진 바닷가재와 비슷하게 행동한다. 어깨가 처지고 고개를 숙인 채 걷는다. 자신감을 잃고 의기소침해지며 마음이 약해지고 불안함을 느낀다. 상황이 나아지지 않으면 만성적인 우울증으로 발전하기도 한다. 이렇게 활기 없고 소극적인 태도 때문에 강자들의 먹잇감으로 전락하기 쉽다. 인간과 바닷가재는 행동과 경험에서만 유사한 게 아니다. 기본적인 신경 화학도 여러 부분에서 똑같다.

바닷가재의 자세와 공격성에 영향을 미치는 신경 화학 물질 세로토닌부터 살펴보자. 서열이 낮은 바닷가재의 세로토닌 수치는 비교적 낮은 편이다. 서열이 낮은 인간 역시 그렇다. 세로토닌 수치는 패배할 때마다 더 낮아진다. 세로토닌 수치가 낮다는 것은 자신감이 없다는 뜻이고, 스트레스에 더 많이 노출된다는 뜻이다. 육체적으로도 더 힘들다. 서열 구조가 낮을수록 수시로 뜻하지 않은 사건에 휘말리기 때문이다. 당연히 그런 사건은 대부분 좋지 않은 일이다. 인간이나 갑각류나 세로토닌 수치가 낮으면 행복감이 떨어지고, 고통과 불안이 증가하며, 질병에 걸릴 위험도 커지고, 오래 살 확률이 낮다. 서열 구조 상위 집단은 세로토닌 수치가 높고, 질병과 고통을 겪을 확률이 낮으며, 수명도 길다. 절대 소득이나 음식물 섭취량 등 다른 변수가 같아도 서열과 세로토닌 수치에 따라 양상은 다르게 나타난다. 따라서 서열 구조의 중요성은 절대적이다.

지위에 따른 차이

생각과 감정이 감지하지 못하는 인간의 뇌 가장 깊숙한 곳에는 아주 원시적인 계산기가 하나 있다. 우리가 사회에서 어느 정도의 서열을 차지하고 있는지 정확히 추적하고 관찰하는 장치다. 서열 계산기가 우리 서열을 1단계부터 10단계까지로 평가한다고 해 보자. 만약 당신이 1단계에 있다면 최고로 성공한 사람이다.

당신이 남성이라면 으리으리한 집을 차지하고 최고급 음식을 마음껏 먹을 수 있을 것이다. 구성원은 당신의 환심을 사려고 경쟁할 것이고, 마음에 드는 배우자를 만날 확률도 높다. 또 우두머리 수컷 바닷가재처럼 당신 마음을 얻으려고 경쟁하는 매력적인 암컷들이 줄을 설 것이다.[18]

한편, 당신이 여성이라면 최상급 구혼자들, 예컨대 훤칠한 키에 떡 벌어진 체격을 지닌 남자, 혹은 창의적이고 믿음직하며 정직하고 너그러운 남자에게 접근할 수 있다. 지배적인 위치에 있는 남성과 마찬가지로, 상위권 여성도 현재의 지위를 유지하거나 더 높은 지위로 올라가기 위해 치열하고 무자비하게 경쟁한다. 여성은 폭력을 쓰는 경우는 드물지만 그 대신 경쟁자를 하찮은 존재로 만들 수 있는 다양한 언어적 속임수와 전략을 사용한다. 여성은 상대적으로 언어 기술에 능하다.

반면에 가장 밑바닥인 10단계에 속한 사람들은 남성이든 여성이든 마땅히 살 만한 곳이 없고, 있다 해도 누추하고 지저분하다. 굶지 않으면 다행이고, 먹더라도 형편없는 음식으로 허기를 달랠 뿐이다. 초췌한 몰골만큼 정신적으로도 피폐하다. 누구에게도 매력적이지 않아서 사랑하는 사람을 만날 기회가 없고, 있더라도 비슷한 처지에 놓인 사람들뿐이다. 몸이 약해서 병에 잘 걸리고, 노화도 빨리 찾아와 젊어서 죽을 가능성이 크다. 게다가 그의 죽음을 애도해 줄 사람도 별로 없다.[19] 돈이 생겨도 거의 도움이 되지 않는다. 돈을 어떻게 쓰는지 모르기 때문이다. 돈에 익숙하지 않은 사람이 돈을 제대로 쓰기란 매우 어려운 일이다. 오히려 돈 때문에 마약과 알코올, 도박 같은 위험한 유혹에 빠지기 쉽다. 오랫동안 쾌락을 박탈당한 상태로 지낸 사람에게 마약과 알코올은 더 큰 쾌락을 느끼게 해 주기 때문이다. 또 돈 때문에 약탈자와 사이코패스의 표적이 되기 쉽다. 그들은 사회의 최하층에 존재하는 사람들을 이용해 이익을 취한다. 서열 구조 최하층은 무섭고도 위험한 곳이다.

뇌에서 사회적 위치를 평가하는 기능을 담당하는 부분은 자신이 다른 사람들에게 어떤 대우를 받는지 관찰한다. 그렇게 수집한 증거를 근거로 뇌는 우리의 가치를 결정하고, 우리에게 지위를 부여한다. 동료들이 우리를 별 볼 일 없는 사람으로 여기면 세로토닌 분비가 줄어든다. 그러면 부정적인 감정을 일으키는 사건이나 환경에 신체적으로나 심리적으로 더욱 강하게 반응한다. 이런 상황에서는 빠른 반응이 필요하다. 최하층에서는 비상사태가 자주 일어난다. 따라서 어떤 상황에서든 생존할 준비가 되어 있어야 한다.

　육체적으로 민감하게 반응하고 항상 경계심을 유지하면 정신적 에너지와 체력이 빠르게 소모된다. 여기에서 말하는 민감한 반응은 흔히 '스트레스'라고 일컬어지는 것이다. 이는 심리적인 현상만을 뜻하는 것이 아니라, 부정적인 상황에서 비롯되는 제약에 대한 반사 작용을 의미하기도 한다. 최하층에 속한 사람의 뇌는 아주 사소한 사건도 최악의 사태로 이어질 수 있다고 가정한다. 게다가 주변에 좋은 친구가 별로 없어 모든 것을 혼자서 처리해야 한다. 따라서 최하층에 속한 사람은 언제 일어날지 모를 뜻밖의 사태에 대비해야 하고, 그것에 즉각적으로 반응하기 위해 미래를 위해 남겨 둬야 할 에너지까지 쓰게 된다. 무슨 일이 일어날지 모르는 상황에서는 되도록 모든 것을 할 준비가 되어 있어야 한다. 자동차에 앉아 가속 페달과 브레이크 페달을 동시에 힘껏 누르고 있는 상황과 다를 바 없다. 지나치면 모든 것이 망가지는 법이다. 따라서 이런 비상사태가 닥치면 뇌는 면역 체계까지 가동을 중지시키고 미래를 위해 남겨 둬야 할 에너지와 자원을 끌어다 쓰면서 현재의 위기를 모면하려 할 것이다. 이럴 때 사람은 충동적으로 행동하게 된다.[20] 예컨대 오래가지 않을 거라는 사실을 알면서도 이성의 유혹에 잘 넘어가거나, 수준 낮고 지저분하며 심지어 불법적인 쾌락에 선뜻 달려들 가능성이 크다. 쾌락의 기회가 드물기에 그런 기회가 생기면 일단 저지르고 본다. 그렇게 인생을 허무하게 낭비하고, 심지어 일찍 죽을 확률도 높아진다. 결국 비상사태에 대비해야 하는 환경은 인생 전체를 파멸

의 길로 이끈다.[21]

그러나 당신이 높은 지위에 있다면, 뇌 속의 계산기는 보금자리가 안전하고 편안하며 먹을 것도 많다는 것을 안다. 주변에 당신을 도와줄 능력 있는 사람이 많다는 것 역시 계산에 포함된다. 또한 당신에게 피해를 줄 사건이 일어날 확률이 낮으므로 웬만한 일은 대수롭지 않게 넘어간다. 변화를 위협이 아닌 기회로 여긴다. 세로토닌이 다량으로 분비된 덕분에 자신감 넘치고 차분한 모습을 보이며 허리를 곧게 펴고 당당한 자세를 취한다. 불안한 경계의 눈길을 거두고 여유롭게 행동한다. 현재 위치가 안전할수록 미래도 밝을 가능성이 크다. 따라서 장기적인 관점에서 생각하고, 더 나은 내일을 위한 계획에 집중한다. 좋은 기회가 많으므로 눈앞의 작은 이익을 위해 충동적으로 행동하지 않는다. 더 큰 만족을 위해 작은 만족을 참을 수도 있다. 신뢰할 수 있고 사려 깊은 시민으로 인정받을 수 있다.

뇌는 어떻게 망가지는가

그런데 때때로 뇌의 계산기가 제대로 작동하지 않을 수 있다. 수면과 식사가 불규칙할 때 계산 기능이 장애를 일으키는 경우가 많다. 불확실한 상황을 만나면 계산기가 혼란에 빠진다. 몸은 무수히 많은 부분이 연결되어 있어서 완벽하게 준비된 오케스트라처럼 유기적으로 작동해야 한다. 모든 부분이 각자의 역할을 제때 제대로 해내야 한다. 그렇지 않으면 소음과 혼란이 발생한다. 규칙적인 활동이 필요한 것도 이 때문이다. 우리가 매일 반복하는 일상적인 행위는 자동화되어야 한다. 안정되고 신뢰할 만한 습관으로 자리 잡혀야 한다는 뜻이다. 그래야 일상적인 행위에서 복잡성이 줄어들어 단순해지고 예측 가능성이 커진다. 이런 현상은 어린아이의 모습에서 분명히 확인할 수 있다. 식사와 수면을 일정한 시간에 하는 아이는 즐겁고 신나게 행동하지만, 수면과 식사 시간이 들쑥날쑥한 아이는 불평하고 짜증 내는 경우가 잦다.

그래서 내가 내담자를 만나 가장 먼저 하는 질문은 수면에 대한 것이다. 일반적으로 사람들이 잠을 깨는 시간에 일어나는지, 매일 비슷한 시간에 잠을 자는지 묻는다. '그렇지 않다'라고 대답하면, 같은 시간에 일어나는 습관부터 들이라고 충고한다. 매일 밤 같은 시간에 잠자리에 드는 것은 덜 중요하다. 하지만 같은 시간에 잠을 깨는 습관은 필요하다. 일상이 규칙적이지 않으면 불안증과 우울증도 잘 치료되지 않는다. 부정적인 감정을 조절하는 시스템은 적절히 반복되는 하루의 생체 리듬과 밀접한 관계가 있다.

두 번째로 아침을 챙겨 먹는지 묻는다. 나는 내담자에게 잠을 깨면 최대한 빨리 아침을 먹으라고 말한다. 지방과 단백질이 풍부한 식단이 좋다. 단순 탄수화물이나 당분이 많은 음식은 흡수가 빨라 혈당이 급격히 높아졌다가 뚝 떨어지기 때문에 멀리하는 편이 좋다. 특히 불안증과 우울증이 있는 사람은 기본적인 스트레스 지수가 높다. 공복 상태에서 복잡한 일이나 신체 활동을 하면 인슐린이 과도하게 분비된다. 인슐린은 혈당을 일정하게 유지해 주는 호르몬으로, 혈류 속에 인슐린이 증가하면 혈당을 완전히 빨아들인다. 그러면 저혈당 상태에 빠지면서 정신 생리학적으로 불안정한 상태가 된다.[22] 그런 상태가 온종일 지속된다. 이런 시스템 오작동은 잠을 자기 전까지는 정상으로 돌아가지 않는다. 나는 불안증에 시달리는 내담자가 일정한 수면 스케줄을 지키고 아침을 먹는 것만으로도 정상 범주로 돌아오는 경우를 많이 봤다.

다른 나쁜 습관도 뇌 속 계산기의 정확성을 떨어뜨릴 수 있다. 생물학적으로 완전히 밝혀지지 않은 원인 때문에 뇌 속 계산기가 망가질 때도 있다. 나쁜 습관 때문에 복잡한 양성 순환 고리(positive feedback loop : 출력이 입력을 늘리는 과정이 반복돼 출력과 입력이 점점 커지는 방향으로 진행되는 순환 작용 － 옮긴이)가 작동하면서 계산기 기능이 떨어지기도 한다. 양성 순환 고리는 마이크, 앰프, 스피커처럼 기본적으로 입력 탐지기, 증폭기, 출력 장치로 구성된다. 어떤 신호가 입력 탐지기(마이크)에 포착되어 증폭기(앰프)로 인해 확대된 형태로 전달(스피커)된다고 상상해 보자. 여기까지는 특별히 문제가 없다. 그런데 입력 탐지기가 이미 확대된 출력을 다시 탐지해서 증폭기로 보내고, 증폭기가 그것을 다시 증폭하고, 출력기가 전달하게 되면 문제가 생긴다. 이런 식으로 증폭이 무한 반복되면 상황이 통제할 수 없는 지경으로 악화하기 때문이다.

공연장 스피커에서 귀청이 찢어질 만큼 큰 소음이 나서 깜짝 놀란 경험이 대부분 있을 것이다. 이것이 바로 양성 순환 고리가 만들어 낸 현상이다. 마이크가 소리를 앰프에 전달하고 스피커가 그 소리를 내보낸다. 그런데 마이크가 스피커 가까이 있거나 소리가 너무 크면 그 소리가 다시 마이크에 포착되어 음향 장치를 통과하게 된다. 그러면 소리가 과도하게 증폭되고, 그런 상황이 계속되면 견디기 어려울 정도의 큰 소리가 나서 자칫하면 스피커가 망가질 수 있다.

인간의 삶에서도 이처럼 파괴적인 순환 작용이 빈번하게 일어난다. 이런 현상은 보통 정신 질환으로 분류되지만, 꼭 정신적인 문제와 관련이 있는 것은 아니다. 정신적인 것과는 전혀 상관없는 상황에서 일어나는 경우도 많다. 알코올이나 기분에 영향을 주는 약물에 중독되는 현상이 가장 대표적인 양성 순환 고리 과정이다. 가령 술을 즐기는 사람이 있다고 해 보자.

서너 잔을 마시면 혈중 알코올 농도가 증가해 기분이 좋아진다. 특히 알코올 의존증에 대한 유전적 요인이 있는 사람이라면 더욱 크게 영향을 받는다.[23] 문제는 기분 좋은 상태가 혈중 알코올 농도가 상승하는 동안에만 유지된다는 점이다. 그래서 좋은 기분을 유지하려면 술을 계속 마셔야 한다. 알코올 섭취가 중단되면 혈중 알코올 농도가 떨어지기 시작한다. 몸에 들어온 알코올은 분해 과정에서 다양한 독성 물질로 변한다. 또한 알코올 금단 증상도 시작된다. 술을 마시는 동안 억눌리던 불안한 기분이 술기운이 떨어지면 더 크게 느껴지기 때문이다. 숙취도 일종의 알코올 금단 증상이다. 금단 증상은 음주를 중단한 직후부터 시작된다. 훈훈한 기분을 유지하고 불쾌한 후유증을 피하고 싶다면, 집에 있는 술병을 다 비울 때까지, 혹은 술집이 문을 닫고 돈이 바닥날 때까지 술을 계속 마시면 된다.

술을 퍼마신 다음 날 지독한 숙취가 밀려온다. 이 정도에서 끝난다면 그나마 다행이다. 아침에 술을 몇 잔 더 마시면 숙취가 '치유'된다는 걸 알면 그때부터 진짜 문제가 시작된다. 물론 이런 식의 치유는 일시적으로 금단 증상을 약간 뒤로 미루는 것일 뿐이다. 숙취의 고통이 견디기 힘들 정도라면 단기적으로 쓸 수는 있다. 여하튼 어떤 사람이 과음한 다음 날 서너 잔을 다시 마셔 숙취를 치유한다면 그는 이미 알코올 의존증 환자다. 양성 순환 고리가 고착되면 약이 오히려 질병의 원인이 되는 경우가 많다. 알코올 의존증도 이런 조건에서, 즉 양성 순환 고리가 활성화한 상황에서 쉽게 나타날 수 있다.

광장 공포증 같은 불안 장애에 시달리는 사람들에게도 비슷한 현상이 나타난다. 광장 공포증 환자는 외출을 두려워한다. 광장 공포증도 양성 순환 고리의 결과물이다. 광장 공포증의 가장 큰 요인은 공황 발작이다. 광장 공포증은 타인에게 의존하는 삶을 살아온 중년 여성에게 특히 많이 나타나는 증상이다. 그들은 대체로 아버지에게 전적으로 의존하는 삶을 살다가 곧바로 권위주의적 성향의 연상 남편이나 남자 친구에게 의존하는 관계로 넘어간 경우가 많다. 독립된 존재로 살던 시간이 아주 짧거나 거의 없다.

이런 여성이 예상하지 못한 특별한 사건을 겪으면 몇 주 내에 광장 공포증이 나타난다. 예상하지 못한 사건의 가장 흔한 예는 심장 박동 수가 급격히 올라가는 등 갑작스러운 신체적 변화다. 폐경기 여성들에게서 특히 자주 일어나는데, 심리적인 반응에 영향을 미치는 호르몬의 균형이 깨지는 시기이기 때문이다. 심장 박동 수가 급격히 달라지면, 심장 마비에 대한 격정과 공개적인 장소에서 괴로워하는 모습을 보이는 것에 대한 걱정이 동시에 생긴다. 죽음과 사회적 굴욕은 인간이 느끼는 가장 기본적인 공포다. 특별한 사건의 다른 예로는 결혼 생활의 불화나 배우자의 질병 혹은 죽음이 있다. 또 친한 친구의 이혼이나 입원이 원인이 되기도 한다. 이런 사건들은 대체로 죽음과 사회적 평가에 대한 두려움을 크게 키운다.[24]

만약 예상하지 못한 사건으로 충격을 받았지만 아직 광장 공포증이 발현되지 않은 어떤 여인이 쇼핑센터에 갔다고 해 보자. 주차장에 빈자리가 없어 주차하기가 쉽지 않다. 그 때문에 스트레스는 더 심해진다. 불쾌한 일을 겪은 후 마음속에서 떠나지 않던 부정적인 생각이 수면 위로 떠오른다. 불안감이 밀려오고 심장 박동이 빨라진다. 그녀는 얕고 빠르게 가쁜 숨을 몰아쉬기 시작한다. 심장이 두근거리는 게 느껴지면서 심장 마비가 올지도 모른다고 걱정하기 시작한다. 불안감은 더욱 커진다. 그녀는 더욱더 얕게 호흡하는 까닭에 혈액 내 이산화탄소 수치가 높아진다. 두려움이 가중되며 심장 박동 수가 올라간다. 긴박한 상황을 인지하면서 그녀의 심장 박동 수는 더욱더 올라간다.

팍! 양성 순환 고리가 본격적으로 작동해 불안감이 공황(恐慌)으로 바뀌는 순간이다. 공황 상태는 엄청난 두려움으로 인한 극심한 위협에 대응하기 위해 설계된 다른 뇌 체계에 의해 통제된다. 그녀는 몸에 나타나는 징후에 압도되어 황급히 응급실로 향한다. 응급실에 도착했지만 불안감에 휩싸인 채 오랫동안 기다린 후에야 심장 기능을 검사받는다. 아무런 이상이 없다는 결과가 나왔음에도 그녀는 좀처럼 안정을 되찾지 못한다.

이처럼 거북한 경험이 완전한 광장 공포증으로 발전하려면 추가적인 순환 고리가 필요하다. 얼마 후 그녀에게 쇼핑센터에 가야 할 일이 생긴다. 지난번 쇼핑센터 주차장에서 있던 일이 떠오르자 갑자기 불안해지기 시작한다. 그래도 쇼핑센터로 향한다. 쇼핑센터가 가까워지자 심장이 두근거리는 게 뚜렷이 느껴진다. 뒤이어 불안과 걱정이 밀려온다. 공황 상태에 빠지지 않으려고 쇼핑센터 가는 것을 포기하고 집으로 돌아간다. 그러나 그녀 뇌 속의 불안 체계는 그녀가 쇼핑센터를 회피한 것으로 해석하고, 쇼핑센터 방문은 무척 위험한 짓이라고 결론짓는다. 우리의 불안 체계는 무척 실리적이어서, 우리가 멀리하고 회피하는 것은 위험한 것으로 간주한다. 그런 추정의 근거는 '우리가 회피했다'라는 사실이다.

따라서 쇼핑센터에는 '매우 위험한 곳'이란 꼬리표가 붙는다. 아니면, 그녀 자신에게 '쇼핑센터도 못 가는 연약한 존재'라는 꼬리표가 붙는다. 하지만 아직은 큰 문제가 아니다. 쇼핑할 곳은 다른 곳에도 있기 때문이다. 그러나 근처의 슈퍼마켓이 쇼핑센터와 비슷한 분위기여서 유사한 반응을 일으킨다면, 그곳에서도 금방 뒤돌아설 것이다. 그러면 그 슈퍼마켓도 같은 범주로 분류된다. 다음에는 길모퉁이 상점, 다음에는 버스와 택시와 지하철이 차례로 '가까이하기에는 너무 위험한 곳'으로 분류된다. 곧 모든 곳이 위험한 곳이 된다. 결국 그녀는 집마저 두려워하는 광장 공포증 환자가 되고, 집에서도 도망치고 싶어질 것이다. 하지만 집을 떠날 수는 없으므로 방에 처박혀 꼼짝도 하지 않는다. 불안감에서 비롯된 회피는 불안감을 일으키는 모든 것에서 멀어지게 만든다. 그로 인해 자아는 갈수록 작아지고, 위험한 세상은 점점 확대된다.

뇌와 몸과 사회는 상호 작용하며 양성 순환 고리에 휘말릴 수 있다. 예컨대 우울증을 앓는 사람이 자신을 쓸모없고 거추장스러운 존재, 슬픔에 짓눌려 힘겨워하는 존재로 느끼기 시작하면, 친구나 가족과의 접촉을 피한다. 그러면 더욱 고립되고 외로워지므로 쓸모없고 거추장스러운 존재라는 기분을 떨쳐 내기가 어렵다. 그 결과 외부와의 접촉을 더욱더 피하게 된다. 이런 식으로 우울증은 점점 심해져 간다. 매우 깊은 정신적 상처, 즉 정신적 외상을 겪었다면 그 상처가 축소되고 줄어들기보다는 더 크고 깊은 상처로 발전할 가능성이 크다. 유년기와 청소년기에 잔혹하게 학대받은 경험이 있는 사람들에게서 자주 확인되는 현상이다. 그들은 불안해지면 쉽게 냉정을 잃는다. 또한 도전과 반발로 오해받을지도 모른다는 걱정에 고개를 푹 숙이고 상대와 눈을 마주치지 않으려 한다.

학대에서 비롯된 상처(낮은 지위와 자신감 하락)는 학대가 끝난 후에도 지속될 수 있다.[25] 어렸을 때 괴롭힘을 당한 사람이 자라서 큰 성공을 거두어 상당히 높은 지위에 올랐다고 해 보자. 하지만 그는 성공의 기쁨을 제대로 누리지 못한다. 과거 암울한 현실에 적응하는 데 필요하던 생리적 반응이 이제는 역효과를 내기 때문이다. 그들은 습관적으로 자신을 나약한 사람으로 간주한다. 그로 인해 불필요하게 스트레스와 불안감에 시달린다. 방어적인 자세가 몸에 배어 어른들 세계에서도 따돌림과 괴롭힘의 대상이 되기 쉽다. 이 시기의 가해자들은 일반적인 기준에서 성공하지 못한 사람들이다. 과거의 학대가 남긴 심리적 상처 때문에 성인이 된 후에도 학대받을 가능성이 큰 것이다. 하지만 상식적으로 생각할 때 그들이 학대당할 이유는 없다. 다양한 교육과 경험을 통해 지적으로 성숙해졌고, 예전에 살던 곳에 살지 않으며, 객관적인 지위도 향상되었기 때문이다.

허리를 세우고 가슴을 펴야 하는 이유

피해자들이 괴롭힘을 당하는 이유 중 하나는 맞서 싸울 '힘'이 없기 때문이다. 상대보다 신체적으로 약한 사람들이 괴롭힘을 많이 당한다. 어린아이들이 겪는 괴롭힘의 가장 흔한 원인도 체격 차이다. 일곱 살짜리는 아무리 힘센 녀석이라도 열 살짜리를 이길 수 없다. 하지만 성인의 세계에서는 이런 힘의 차이가 사라진다. 체격이 어느 정도 비슷해진 이유도 있지만, 성인이 된 후 물리적인 위해를 가하는 사람은 엄한 처벌을 받기 때문이다(남녀의 차이는 예외인데, 일반적으로 남자가 여자보다 더 크고 힘이 세다).

그런데 괴롭힘을 당하는 가장 흔한 이유는 맞서 싸울 '생각'이 없기 때문이다. 이는 기질적으로 동정심이 많고 자기희생적인 사람에게서 주로 나타나는 현상이다. 특히 저항을 부정적으로 생각하는 사람, 혹은 가학적 성향을 지닌 사람을 맞닥뜨릴 때 그에 따른 고통을 묵묵히 받아들이는 사람 등이 이에 속한다. 잘 우는 아이일수록 괴롭힘을 당하는 일이 많은 것처럼 말이다.[26] 또 공격적인 행동은 무조건 잘못된 행동이라고 생각하는 사람들 역시 피해자가 될 가능성이 크다. 그들은 합당한 분노의 감정 역시 비도덕적이라 생각한다. 실제로 내가 만나 본 내담자 중 폭압적 성향이나 과도한 경쟁심에 예민하게 반응하는 사람들은 그런 성향과 관련된 모든 감정을 억누르는 경우가 많았다. 그런 사람은 대체로 화를 잘 내고 간섭이 심한 아버지 밑에서 성장했다. 심리 작용은 결코 일차원적으로 일어나지 않는다. 분노와 공격성은 잔혹 행위와 대혼란을 초래할 무서운 잠재력을 지니고 있다. 하지만 그와 동시에 갈등과 불확실성과 위험이 가득한 시기에도 억압에 맞서고 진실을 말하며 결연히 전진할 수 있는 원초적인 힘도 가지고 있다. 분노와 공격성의 장점과 단점은 이렇게 상쇄된다.

동정적이고 자기희생적인 성향이 강한 사람, 순진해서 남에게 쉽게 이용당하는 사람은 자신의 공격성을 엄격한 도덕적 잣대로 제한하기 때문에 자신을 지키는 데 필요한 정의로운 분노마저 표출하지 못한다. 예컨대 당신이 누군가를 물어뜯을 수 있다면, 물어뜯을 일은 일어나지 않는다. 공격성과 폭력성을 적절하게 사용할 수 있으면 공격 능력을 실제로 사용할 일은 오히려 줄어들기 때문이다. 부당한 일을 당했을 때 초기부터 단호히 거부하고 의사를 분명하게 밝히면 가해자는 심리적으로 위축되고 행동에도 제약을 받는다. 폭력성은 한번 나타나면 거침없이 확대되는 특성이 있다. 능력이 없고 힘이 부족해서 어쩔 수 없이 자신을 지키지 못하는 사람과 마찬가지로 적절한 반응을 보이지 않아서 자신의 영역을 지키지 못하는 사람역시 쉽게 착취 대상이 되기 마련이다.

착하고 순진한 사람들은 일반적으로 단순한 몇몇 격언을 생각과 행동의 지침으로 삼는다. 예컨대 '인간은 기본적으로 선하다', '진심으로 남을 해치려 하는 사람은 없다', '물리적인 힘을 앞세우는 것은 어떤 경우에도 옳지 않다' 등이다. 하지만 이런 격언들은 뼛속까지 악의적인 사람 앞에서 무참히 무너진다.[27] 게다가 애초부터 남을 해치려고 작정한 사람은 이처럼 순진하게 생각하는 사람을 먹잇감으로 삼는 데 능하기 때문에 이런 믿음은 자신을 괴롭혀 달라고 악마를 불러들이는 초대장이나 다름없다. 그런 상황에 부닥치면 '인간은 기본적으로 선하다'라는 유형의 격언은 바뀌어야 한다. 심리 상담 과정에서 만난 내담자들 중에는 선한 사람은 절대 화를 내면 안 된다고 생각하는 이가 많다. 그때마다 나는 그들이 억울한 피해자가 될 수밖에 없는 냉혹한 현실에 눈을 뜰 수 있도록 조치를 취한다.

괴롭힘을 당하는 걸 좋아하는 사람은 없다. 그러나 많은 사람이 주변의 괴롭힘을 꽤 오랜 시간 견뎌 낸다. 나는 그들이 느끼는 억울함은 다름 아닌 화가 난 상태라는 것을 알려 준다. 화가 난다는 것은 어떤 조치를 취해야 한다는 신호다. 행동으로 옮기지는 않더라도 말로라도 자신의 의사를 표현해야 한다. 다음 단계에서는 그런 행동이 개인적 차원에서는 물론이고 사회적 차원에서도 가해 행위 확대를 막는 방법의 하나라고 생각하도록 유도한다. 어떤 관료주의 체제든 그 안에는 수준 낮은 권위주의자가 많다. 그들은 오로지 자기의 권한을 과시하고 강화하려는 목적으로 쓸데없는 규제와 절차를 만들어 낸다. 그런 부당한 행동 때문에 주변 사람들은 고통을 받는다. 그런데 그런 부당함으로 인한 피해를 표현하면 그들의 병적인 권위 의식은 제한받는다. 이렇게 자신을 적극적으로 지키려는 개개인의 의지가 있을 때 우리 모두 타락한 사회의 피해자로 전락하는 것을 막을 수 있다.

착한 사람들은 자신도 화를 낼 수 있다는 사실을 알게 되면 큰 충격을 받는다. 때로는 그 충격에서 헤어나지 못하는 사람도 있다. 가장 대표적인 예가 외상 후 스트레스 장애를 겪는 마음 여린 신병들이다. 신병들은 자신에게 닥친 사건보다 본인이 행한 사건 때문에 불안 장애에 시달린다. 그들은 생사가 걸린 극단적인 전투 상황에서 괴물처럼 반응한 뒤 자신에게 그런 폭력성이 있었다는 사실을 깨닫고는 절망한다. 전혀 이상한 일이 아니다. 그들은 세상의 모든 가해자는 자신과는 완전히 다른 사람들이라 생각해 왔을 것이다. 또 그들은 자신에게 남을 억압하고 괴롭히는 능력이나 자신의 의사를 강력하게 주장할 능력이 있다는 사실을 전혀 의식하지 못했을 것이다. 내가 만난 내담자 중에는 악의적인 표정만 봐도 히스테리성 경련을 일으킬 만큼 심각한 공포에 오랫동안 시달려 온 사람들이 있었다. 그들은 대체로 과보호 가정, 즉 끔찍한 것은 전혀 허용되지 않고 모든 것이 멋진 동화 속 나라처럼 꾸며진 가정에서 자란 사람들이었다.

착하고 순진하던 사람이 현실의 냉혹함을 깨닫게 되면, 즉 자기 내면에 사악하고 극악무도한 씨앗이 있으며 자신도(적어도 잠재적으로는) 위험한 존재라는 사실을 깨닫게 되면, 스스로를 짓누르던 두려움이 줄어든다. 그와 동시에 자존감이 높아진다. 그때부터 억압에 저항하기 시작한다. 자신도 무서운 존재라서 저항하고 시련을 견뎌 낼 능력이 있다고 확신한다. 또한 자신도 무시무시한 괴물로 변해 마음속에 묻어 둔 원한을 파괴적인 욕망으로 바꿀 수 있다는 걸 알았기 때문에 어떤 억압에도 맞설 수 있고 당연히 맞서야 한다고 생각한다. 다시 한번 말하지만 대혼란과 파괴를 야기하는 능력과 원만하고 친화적인 인품은 다른 점이 거의 없다. 이것은 가장 이해하기 어려운 삶의 진실 중 하나다.

당신은 어쩌면 보잘것없고 변변하지 못한 삶을 살고 있을 수도 있고, 그렇지 않을 수도 있다. 지금까지 지질하게 살았다고 해서 남은 인생을 계속 그렇게 살 필요는 없다. 세상 모든 나쁜 습관을 다 가진 사람일 수도 있고, 그렇지 않은 사람일 수도 있다. 나쁜 자세를 타고났더라도, 집에서나 학교에서 구박받고 괴롭힘을 당했더라도 계속 그렇게 살 이유는 없다.[28] 상황은 끊임없이 바뀐다. 만약 당신이 싸움에서 진 바닷가재처럼 축 늘어진 자세로 다니면 사람들은 당신을 지위가 낮은 사람이라고 생각할 것이다. 인간과 갑각류가 모두 가지고 있는, 뇌 속 가장 깊숙한 곳의 서열 계산기도 당신의 서열 순위를 낮게 평가할 것이다. 그러면 뇌에서 나오는 세로토닌의 양이 줄어든다. 행복감이 떨어지고, 불안감과 슬픔은 커진다. 당당하게 자기 목소리를 내야 할 때 패배를 인정하고 뒤로 물러서게 된다. 좋은 사람들과 함께하고 최고의 기회를 얻으며 건강하고 매력적인 배우자를 만날 확률도 줄어든다. 미래에 대한 희망이 없어서 알코올을 남용할 가능성이 커지고, 심장 질환이나 암, 치매에 걸릴 가능성도 커진다. 어느 면으로 보나 좋은 결과로 이어지는 경우는 거의 없을 것이다.

상황이 끊임없이 바뀌듯 당신도 변할 수 있다. 앞서 말한 '양성 순환 고리'는 효과에 효과를 더하기에, 부정적인 방향으로 작용하면 파괴적인 역효과를 낳을 수 있지만, 그와 반대로 엄청난 성공의 원동력이 될 수도 있다.

'일단 하나를 얻는 데 성공했다면 더 많은 것을 얻을 것이다!'

이는 바로 프라이스의 법칙과 파레토 분포가 증명하는 또 하나의 희망적인 교훈이다. 개인적이고 주관적인 영역에서도 긍정적인 순환 고리가 작동할 수 있다. 몸짓 언어 변화에 따른 심리 변화가 대표적인 예다. 심리 실험 참가자에게 얼굴 근육을 한 번에 하나씩 움직여 슬픈 표정을 지어 달라고 요청하고 심리 상태를 확인하면, 그런 표정을 짓는 과정에서 더 슬퍼졌다고 대답한다. 반대로 얼굴 근육을 하나씩 움직여 행복한 표정을 지어 달라고 요청하고 심리 변화를 확인하면, 그런 표정을 짓는 과정에서 더 행복해졌다고 대답한다. 감정은 대체로 몸으로 표현되고, 그 표현 때문에 증폭되거나 줄어들 수 있다.[29]

몸짓 언어와 같은 양성 순환 고리는 개인적 영역을 넘어 사회적 영역에서도 일어날 수 있다. 자세가 나쁜 사람들은, 예를 들어 가슴을 웅크리고 고개를 숙인 채 다니는 이들은 주변 사람들에게 왜소하고 자신감 없는 것으로 보일 뿐 아니라 자신도 의기소침하고 무기력한 느낌이 들게 된다(이론적으로 이런 자세는 등 뒤에서의 공격을 대비하는 자세다). 문제는 주변 사람들 반응 때문에 무력감이 더욱 증폭된다는 것이다. 인간도 바닷가재처럼 자세와 겉모습으로 상대를 평가한다. 따라서 패배자의 자세를 하고 있으면 사람들도 당신을 패배자로 취급한다. 반대로 당신이 허리를 쭉 펴고 당당한 자세를 하고 있으면 사람들 역시 당신을 다르게 보고 그것에 맞게 대우한다. 이쯤에서 이런 반론이 나올 만하다.

'밑바닥은 분명히 있고, 밑바닥에 속한 사람들도 분명히 있다. 이런 위치에서 자세를 바꾸는 것만으로는 변화를 기대할 수 없다. 내가 만약 가장 밑바닥에 있는 사람인데 똑바로 서서 위압적인 모습을 보인다면, 나를 다시 끌어내리려는 사람들의 관심만 끌 뿐이다.'

충분히 일리가 있다. 그러나 어깨를 펴고 똑바로 선다는 것은 겉모습에만 관련된 법칙이 아니다. 우리는 몸뚱이로만 이루어진 존재가 아니라 정신적 존재이기도 하다. 몸을 똑바로 하라는 말에는 정신 역시 똑바로 하라는 요구가 들어 있다. '똑바로 선다'는 것은 '존재'의 부담을 자진해서 받아들인다는 뜻이다. 우리가 삶의 요구에 자발적으로 응답하면 신경계가 완전히 다른 식으로 반응한다. 예컨대 재앙 앞에서 얼어붙지 않고 적극적으로 도전한다. 만약 용을 만난다면 겁에 질려 움츠러드는 것이 아니라, 오히려 용이 모아 둔 황금을 찾아 나선다. 더 높은 서열을 차지하기 위해 당당하게 앞으로 나서고, 자신의 영역을 지키고 키우고 개선하려는 의지를 보인다.

이런 모든 변화가 물리적 재구성이나 개념적 재구성을 통해 현실적으로 또 상징적으로 구체화된다.

어깨를 펴고 똑바로 선다는 것은 두 눈을 크게 뜨고 삶의 엄중한 책임을 다하겠다는 의미다. 어깨를 펴고 똑바로 선다는 것은 혼돈을 질서로 바꾸기 위해 적극적으로 노력하겠다는 의지의 표현이다. 자신의 약점이 무엇인지 알고 그것을 기꺼이 받아들이며, 인간의 유한성과 죽음을 모르던 어린 시절의 낭만이 끝났음을 인정하겠다는 뜻이다. 또한 생산적이고 의미 있는 현실을 만들기 위해 어떠한 희생도 감수하겠다는 뜻이기도 하다(고대의 언어로 말하면, 하나님을 기쁘게 할 수 있다면 어떤 행동이라도 하겠다는 뜻이다).

어깨를 펴고 똑바로 선다는 것은 방주를 지어 홍수로부터 세상 사람들을 지키고, 폭정으로 고통받는 사람들을 이끌고 사막을 건너겠다는 의미다. 안락하고 편안한 집을 떠나겠다는 뜻이고, 과부와 어린아이를 무시하는 사람들에게 예언을 전하겠다는 의미다. 어깨를 펴고 똑바로 선다는 것은 옳은 것과 편한 것이 충돌하는 지점에서 십자가를 짊어지겠다는 뜻이다. 폭압적이고 엄격해서 죽은 것과 다름없는 질서를 원래의 출발점인 혼돈으로 되돌리겠다는 뜻이며, 그 결과로 닥치는 불확실함을 견뎌 냄으로써 궁극적으로 더 의미 있고 더 생산적이고 더 좋은 질서를 만들겠다는 의미다.

따라서 자세부터 반듯하게 바로잡아야 한다. 구부정하고 웅크린 자세를 당장 버려라. 당신 생각을 거침없이 말하라. 바라는 것이 있으면 그런 권리를 가진 사람처럼 당당하게 요구하라. 다른 사람들이 가진 권리만큼 나에게도 그런 권리가 있다고 생각하라. 허리를 쭉 펴고 정면을 보고 걸어라. 좀 건방지고 위험한 인물로 보여도 괜찮다. 세로토닌이 신경 회로를 타고 충분히 흐를 것이고, 그러면 두려움도 사라질 것이다.

그 결과 당신 자신은 물론 많은 사람이 당신을 유능한 실력자라고 생각하게 된다. 최소한 그 반대로 생각하지는 않을 것이다. 이런 긍정적인 반응 덕분에 불안감이 줄어들기 시작한다. 사람들이 주고받는 대화에서 그들의 사회적 지위를 짐작할 만한 단서를 찾아내기가 쉬운데, 당신의 대화 역시 어색하게 중단되는 일 없이 매끄럽게 이어지게 된다. 많은 사람과 좋은 관계를 맺고, 그들에게 긍정적인 인상을 남길 기회가 늘어난다. 그 결과 당신에게 좋은 일이 일어날 확률이 높아지고, 실제로 좋은 일이 생기면 자신감도 커진다.

자신감과 용기를 찾은 당신은 자신의 약점과 강점을 있는 그대로 받아들이고, 더 나은 사람이 되기 위해 좁고 험한 길이라도 마다하지 않을 것이다. 사랑하는 사람이 큰 병에 걸리거나 부모님이 돌아가시더라도 그 아픔을 견뎌 낼 수 있을 것이다. 절망의 늪에 빠진 사람들에게 용기와 힘을 북돋워 줄 수도 있을 것이다. 또 대담해진 당신은 삶이라는 항해를 새롭게 시작하고 당신에게 주어진 정의로운 운명의 길을 걸을 것이다. 이때 당신이 찾은 삶의 의미는 죽음이라는 절망 앞에서도 흔들리지 않을 것이다.

이제 당신은 삶에서 피할 수 없는 무거운 짐을 기꺼이 짊어지면서도 그 속에서 기쁨을 찾을 수 있을 것이다.

싸움에서 승리한 바닷가재를 기억하라. 바닷가재는 3억 5000만 년 동안 이어져 온 삶의 지혜를 알고 있다. 똑바로 서라! 가슴을 펴고!

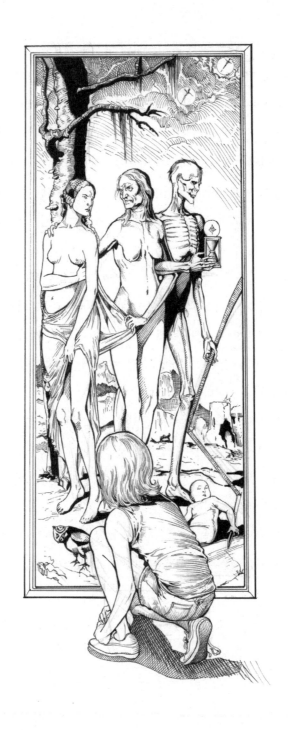

당신 자신을
도와줘야 할 사람처럼 대하라

←────────────────────────

왜 처방받은 약을 먹지 않는가?

100명이 똑같은 약을 처방받는다고 해 보자. 그러면 어떤 일이 생길까? 일단 3분의 1은 아예 약국에도 들르지 않는다.[30] 나머지 67명 중 절반은 약을 받아 가기는 하지만 제대로 복용하지 않는다. 복용량을 지키지도 않고 예정보다 일찍 약을 끊는다. 약을 전혀 먹지 않는 사람도 있다.

의사와 약사는 무심한 환자들을 탓한다. 자기들이 할 일은 말을 물가에 데려가는 것까지라는 것이다. 그런데 심리학자는 좀 다르다. 임상 심리학자는 내담자가 지시를 따르지 않았을 때 그 원인이 내담자가 아니라 본인에게 있다고 생각하도록 교육받는다. 그래서 내담자가 지킬 수 있는 처방과 지시를 내리고, 그 과정을 잘 따르고 있는지 감독하며, 좋은 결과가 나올 때까지 내담와 함께 계획을 세우고 후속 조치를 취하는 것 등을 모두 본인 책임으로 생각한다. 물론 심리학자는 소수의 내담자를 오랫동안 만나기에 수많은 환자를 진료하는 일반적인 의료인과는 상황이 다르다.

'아파서 병원에 온 사람들이 왜 약을 제대로 챙겨 먹지 않지? 도대체 무슨 생각인 거야? 병을 더 키우고 싶은가?'

의료인들은 이런 생각이 들어도 일일이 확인해 볼 여유가 없다.

그런데 진짜 심각한 상황이 있다는 게 문제다. 장기 이식을 받은 사람이 있다고 해 보자. 구체적으로 신장 이식 환자라고 해 보자. 장기 이식을 받으려면 기증자가 나타날 때까지 기약 없이 기다려야 한다. 사망할 때 장기를 기증하는 사람도 많지 않고, 살아 있는 동안 장기를 기증하는 사람은 더더욱 없다. 장기를 기증하려는 사람이 있더라도 환자의 체질과 맞아야 한다. 신장을 이식받기 전까지 환자는 오랫동안 신장 투석에 의존해야 한다. 투석은 환자의 피를 몸에서 뽑아내 기계로 노폐물을 거른 후 다시 몸에 투입하는 과정이다. 목숨을 살리는 기적의 치료법이지만 너무 번거롭다는 게 문제다. 환자 상태에 따라 일주일에 대여섯 번, 한 번에 대략 8시간이 걸린다. 환자의 부담을 줄이기 위해 투석하는 동안 수면 마취를 하기도 한다. 고된 치료법이라서 투석을 계속 받으려는 사람은 없다.

장기 이식을 할 때 가장 큰 합병증 중 하나는 거부 반응이다. 몸에 이식된 다른 사람의 기관을 이물질로 인식하는 현상이다. 생존을 위해 꼭 필요하지만 면역 체계는 그 기관을 공격해 파괴하려 한다. 이런 거부 반응을 예방하려면 면역 억제제를 복용해야 한다. 그런데 면역 억제제를 복용하면 면역 체계가 제 역할을 하지 못하기 때문에 감염증에 걸릴 확률이 높아진다. 환자 대부분은 이런 위험을 기꺼이 감수한다. 그런데 효과가 좋은 면역 억제제가 있어도 장기 이식 환자 중에는 거부 반응으로 고생하는 이가 많다. 약이 잘 듣지 않는 경우도 있지만 대부분은 환자가 약을 제대로 먹지 않기 때문이다. 사실인가 싶지만 그런 경우가 비일비재하다. 이식된 신장을 방치하는 건 자살행위나 다름없다. 투석은 결코 만만한 치료가 아니다. 장기 이식 수술을 받으려면 누군가 장기를 기증할 때까지 투석으로 버티며 오랫동안 기다려야 한다. 수술 과정도 까다롭고, 돈도 많이 든다. 그런데 약을 못 챙겨 먹어서 이 모든 것을 잃어야 할까? 도대체 이렇게 행동하는 이유가 뭘까? 어떻게 이런 어이없는 일이 자주 벌어지는 걸까?

물론 쉽게 답할 문제는 아니다. 장기 이식을 받은 환자는 대개 격리 생활을 해야 하고 쇠약한 몸 때문에 여러 건강 문제에 시달린다. 실업이나 가정 불화 같은 문제는 말할 것도 없다. 몸이 아프면 마음도 아프다. 심리적으로 무너진 상태라 판단력이 흐리고 우울증을 앓는 사람도 있다. 그래서 의사를 못 믿고 약의 중요성을 무시한다. 어쩌면 약값이 없어서 그러면 안 된다는 것을 알면서도 약을 쪼개서 먹는 것일 수도 있다.

이런 상황은 어떨까? 집에서 기르는 강아지가 아프다고 해 보자. 이때는 조금 다른 상황이 벌어진다. 당연히 강아지를 동물 병원에 데리고 갈 것이고, 수의사에게 처방전을 받을 것이다. 그러고는 강아지에게 약을 꼬박꼬박 챙겨 먹일 것이다. 실력 있는 수의사인지 고민도 할 것이다. 이렇듯 강아지를 자기 몸보다 더 아끼는 사람이 많다. 그런데 이는 강아지 처지에서도 썩 좋은 일은 아니다. 주인이 건강해야 강아지도 행복할 것 아닌가. 아무튼 강아지나 고양이, 혹은 흰담비나 앵무새, 도마뱀 등 동물을 기르는 사람 중에는 자신보다 동물을 더 끔찍이 챙기는 이가 많은 듯싶다. 얼마나 안타까운 일인가. 왜 이런 일이 일어날까? 자신보다 애완동물을 더 아끼는 특별한 이유가 있을까?

나는 《구약 성경》의 첫 번째 책인 〈창세기〉에서 이 질문에 대한 대답을 찾았다.

세계에서 가장 오래된 이야기

〈창세기〉 이야기는 중동에서 기원한 두 편의 창조 설화를 조합한 것처럼 보인다. 가장 오래된 이야기를 다루지만 기록 시기는 비교적 최근으로 알려진 〈제사장 문서〉(Priestly Code : 《구약 성경》 첫 다섯 권은 모세가 지은 것으로 알려져 있다. 그런데 18세기 독일 문헌 연구가들은 이 다섯 권을 여러 사람이 쓴 네 편의 문서 조합이라고 주장했다. 이것이 '문서 가설'이다. 〈제사장 문서〉는 문서 가설에서 가장 나중에 쓰였다고 주장되는 것으로, 이스라엘의 제도와 율법을 주로 다룬다 ─ 옮긴이)를 보면, 하나님은 말씀으로 우주를 창조한다. 하나님은 처음에 빛과 물과 땅이 있으라 말했고, 그 후에는 식물과 하늘이 있으라 말했다. 그 후에도 하나님은 역시 말씀으로 새와 들짐승과 물고기를 창조했다. 마지막으로 자신의 형상을 본떠 인간을 남자와 여자로 창조했다. 이것이 〈창세기〉 1장의 대략적인 내용이다.

〈창세기〉를 기록한 다른 하나는 기록 시기가 앞서는 〈야훼 문서〉(Jahwist Version : 기원전 9세기경에 쓰였다고 추정되는, 문서 가설에서 가장 오래된 문서다. 〈창세기〉 전반에 대한 내용이 들어 있다. 하나님을 '야훼'라고 표현하는 것이 특징이다. 'Jahwist'는 야훼의 독일어식 표기로, 영어권에서는 'YHWH'로 표기한다 ─ 옮긴이)다. 여기에는 아담과 하와(세부 내용은 조금 다르다), 카인과 아벨, 노아와 바벨탑 등에 관련된 이야기가 실려 있다. 〈창세기〉 2장부터 11장까지가 여기에 해당한다. 창조가 말에서 시작되었다는 것을 강조한 〈창세기〉 1장, 즉 〈제사장 문서〉를 이해하려면 오래전부터 전해지는 기본적인 가정을 먼저 살펴볼 필요가 있다. 형태와 내용에서 이 가정은 역사적으로 한참 나중에 탄생한 과학의 가정과 무척 다르다.

과학적 진리는 기껏해야 500년 전 베이컨, 데카르트, 뉴턴 등의 저작들을 통해 세상에 전해지기 시작했다. 그 이전 사람들은 세상을 과학의 관점으로 보지 않았다. 지금은 지나치게 과학적이고 지독히 물질주의적이어서 세상을 이해하는 다른 방식이 있다는 것을 이해하지 못한다. 그러나 먼 옛날, 문화의 기본적인 토대가 만들어지던 시절에 살던 사람들의 주 관심사는 객관적 진리가 아니라 생존이었다. 따라서 생존이라는 목표에 어울리는 방식으로 세상을 해석하려 했다.

과학적 세계관이 등장하기 전 현실 세계를 이해하는 방식은 매우 달랐다. 예컨대 '존재'를 사물의 공간이 아니라 행위의 공간으로 생각했다.[31] 쉽게 말해서 인생을 이야기나 연극과 유사한 것으로 생각했다는 뜻이다. 모든 사람이 늘 그것을 의식하며 살았기에 그런 이야기와 연극은 살아 있는 것이고 주관적인 경험이었다. 그것은 지금 우리가 삶과 의미에 관해 주고받는 대화나 소설가들이 작품에서 의미를 담아 서술하는 사건과 비슷한 것이었다. 이때 주관적인 경험의 대상에는 나무와 구름처럼 친숙하고 객관적인 존재도 포함되지만, 굶주림과 갈증, 고통은 물론이고 온갖 감정과 꿈 등도 포함된다(사실 이런 것들이 더 중요하다).

옛날의 연극 관점으로 보면 삶을 이루는 가장 기본적인 요소는 개인적 경험이다. 이를 공정하고 객관적으로 보기란 쉽지 않다. 현대의 물질주의

나 환원주의(복잡한 체계나 현상을 단순한 법칙이나 물질로 세분화하여 이해하려는 사고방식―옮긴이)를 동원해도 마찬가지다. 고통, 즉 주관적인 고통을 예로 들어 보자. 고통은 분명히 실재한다. 누구도 부정할 수 없는 사실이다. 모두 고통을 느낀다. 고통은 완벽하게 실재하는 것이다. 고통은 객관적으로 존재하는 다른 어떤 물질보다 의미가 크다. 이런 이유로 세계의 많은 문화권에서 '삶에는 반드시 고통이 따른다'라는 생각을 반박할 수 없는 진리로 받아들이는 것 같다.

'우리가 주관적으로 경험하는 것'은 물리적 세계에 대한 과학적 설명보다는 소설이나 영화에 더 가깝다. 따라서 '우리가 주관적으로 경험하는 것'은 개인적으로 경험하는 극적인 사건이다. 예컨대 아버지의 죽음은 오로지 당신만이 개인적으로 경험하는 비극이다. 병원 사망 확인서에 객관적으로 기록된 내용으로는 결코 설명할 수 없다. 첫사랑의 고통, 박살 난 희망, 자식의 성공으로 느끼는 기쁨 같은 것들도 주관적인 경험에 속한다.

인생의 경험을 구성하는 3가지 요소

과학의 세계에서는 물질을 분자, 원자, 쿼크라는 기본적인 구성 요소로 환원할 수 있다. 경험의 세계에도 3가지 원초적 구성 요소가 있다. 연극과 소설도 따지고 보면 이 요소들의 상호 작용이다. 그중 하나가 혼돈이고, 또 다른 하나는 질서, 마지막 하나는 혼돈과 질서를 중재하는 과정이다. 이 과정을 요즘 말로 하면 '의식(consciousness)'이라 할 수 있다. 우리는 혼돈과 질서에 영원히 예속된 까닭에 존재의 정당성에 의혹을 품고, 절망에 빠지며, 우리 자신을 제대로 돌보지 못한다. 혼돈과 질서를 중재하는 과정을 이해하는 것이 그런 예속에서 탈출할 수 있는 유일한 길이다.

혼돈은 미지의 영역이자 '탐험이 안 된 땅'이다. 혼돈은 모든 상태, 모든 생각, 모든 규율을 넘어 무한대로 끝없이 확대된다. 혼돈은 외국인이고, 낯선 사람이며, 경쟁 조직의 조직원이고, 한밤중 산길을 걸을 때 숲속에서 들리는 바스락거림이며, 침대 밑에 숨은 괴물이고, 어머니가 숨기고 있는 분노이며, 우리 아이들을 덮친 질병이다. 혼돈은 지독한 배신을 당했을 때 느끼는 절망과 공포다. 혼돈은 모든 것이 무너졌을 때 우리가 도착하는 곳이다. 꿈이 좌절되고, 직장에서 쫓겨나고, 사업이 망하고, 결혼 생활이 파국을 맞을 때 혼돈의 한가운데에 서 있는 우리 자신을 만난다. 혼돈은 동화와 신화에서 지하 세계다. 용과, 용이 지키는 황금이 영원히 공존하는 세계다. 지금 어디에 있는지 모르겠다면 혼돈 속에 갇혀 있는 것이고, 지금 뭘 하고 있는지 모르겠다면 혼돈 속에서 허우적거리는 것이다. 한마디로 혼돈은 우리가 알지 못하고 이해하지 못하는 모든 것과 모든 상황을 의미한다.

혼돈은 형태가 없는 잠재적 가능성이다. 〈창세기〉 1장의 하나님은 태초에 말씀으로 혼돈에서 질서를 끌어냈다. 하나님의 형상대로 창조된 인간 역시 혼돈 속에서 삶을 끊임없이 변하는 새로운 순간으로 만들어 낸다. 그래서 혼돈은 곧 자유, 무시무시한 자유다.

반면에 질서는 '탐험을 한 땅'이다. 지위와 신분, 권력에 따른 계급 구조가 수억 년 전부터 지배하던 영역이다. 질서는 사회 구조다. 인간은 사회 구조에 따라 적응하기에 그 구조는 생물학적 구조이기도 하다. 질서는 부족 사회이고 종교이며, 가정이고 국가다. 벽난로가 타오르고 아이들이 뛰노는 따뜻하고 안전한 거실이다. 국가의 깃발과 화폐의 가치, 우리가 발을 딛고 서 있는 바닥, 하루의 계획, 강력한 전통, 교실에 반듯하게 정돈된 책상들, 정시에 출발하는 기차, 달력과 시계 역시 질서다. 질서는 잘 차려입은 예복이고, 처음 만나는 사람을 대하는 정중한 태도이며, 우리 모두 조심 조심 걷고 있는 살얼음판이다. 질서는 세상의 움직임이 우리 예상과 기대에 들어맞는 곳이고, 모든 것이 우리가 원하는 대로 진행되는 곳이다. 그러나 확실성과 획일성, 순수성에 대한 집착이 커질 때 질서는 통제와 폭압의 형태로 나타나기도 한다.

질서 속에서는 모든 것이 확실하다. 질서가 지배하는 세계에서는 모든 것이 예정대로 진행되므로 새로운 것도, 충격적인 것도 없다. 질서의 세계에서는 모든 것이 신의 의도대로 움직인다. 우리는 그런 곳에서 지내기를 바란다. 익숙한 환경에서는 기분이 편안해진다. 질서의 세계에서는 장기적인 관점에서 생각할 수 있다. 모든 일이 순조롭게 돌아가 우리는 안정되고 차분한 마음으로 본래의 능력을 발휘할 수 있다. 우리가 지리적으로나 심리적으로 익숙한 공간을 벗어나려 하지 않는 이유도 이 때문이다. 익숙한 곳을 떠나야 하는 상황을 싫어하고 떠나더라도 어쩔 수 없이 떠나는 것이다.

질서의 세계에는 진실한 친구와 신뢰하는 동료가 있다. 그런 친구나 동료가 당신을 배신하거나 팔아넘기면, 밝은 빛으로 가득한 낮의 세계에서 혼돈과 절망으로 뒤덮인 어둠의 지하 세계로 굴러떨어진다. 업무 실적이 곤두박질치거나 일자리가 위태로울 때도 마찬가지다. 세금을 성실히 내면 질서의 세계에 있지만, 세무 조사를 받으면 혼돈에 빠진다. 세무 조사를 받느니 강도를 만나는 게 낫다는 말이 괜히 나온 말이 아니다. 뉴욕의 쌍둥이 건물이 무너지자 질서가 순식간에 혼돈으로 바뀌었다. 모두 혼란을 느꼈다. 공기마저 불확실해졌다. '무너진 것이 무엇이었는가?'는 잘못된 질문이었다. '아직 남아 있는 게 무엇인가?'라고 물어야 했다. 그것이 눈앞에 놓인 가장 중요한 문제였으니까.

우리가 단단한 얼음판 위에서 스케이트를 탄다면 질서의 세계에 있는 것이다. 얼음판이 깨지고 차가운 물 속에 빠지면 그때부터 혼돈이 시작된다. 질서는 J. R. R. 톨킨의 소설 《반지의 제왕》에서 호빗들이 사는 마을이다. 순진무구한 사람들도 평화롭게 일하고 안전하게 살 수 있다. 반면에 혼돈은 보물을 지키는 용 스마우그가 함락한 난쟁이들의 지하 왕국이다. 혼돈은 피노키오가 거대한 고래 몬스트로에게서 아버지를 구하기 위해 뛰어든 심해의 밑바닥이다. 한낱 나무 인형에게 어두운 심연으로 뛰어들어 아버지를 구하는 것은 너무 어려운 일이다. 하지만 피노키오가 진정으로 인간이 되기를 바란다면, 기만과 위선, 부당한 괴롭힘과 충동적인 쾌락, 전체주의적 예속의 유혹에서 벗어나기를 바란다면, 또 이 세상에서 자신이 존재하는 의미를 찾으려 한다면 반드시 거쳐야 할 과정이다.

질서는 안정된 결혼 생활이다. 질서는 과거의 전통과 미래에 대한 기대감으로 지탱된다. 미래에 대한 기대 역시 알게 모르게 전통에 기반을 둔다. 한편, 혼돈은 상대방의 배신을 알게 되었을 때 땅이 꺼지는 듯한 충격이다. 혼돈은 일상의 틀과 전통이 무너질 때 망치로 머리를 맞은 것 같은 느낌이다.

질서는 당신의 가치관대로 경험과 행동이 체계화되고 모든 것이 생각한 대로 진행되는 공간과 시간이다. 반면에 혼돈은 비극적인 사건이 느닷없이 터지거나 악랄한 누군가를 만났을 때 나타나는 새로운 공간과 시간이다. 심지어 가정 안에서도 얼마든지 일어날 수 있는 일이다. 늘 하던 익숙한 일을 하더라도 예상하지 못한 사건, 원하지 않은 일은 언제라도 생긴다. 그런 사건이 일어나면 혼돈과 질서의 영역이 뒤바뀐다. 겉으로 보기에 공간은 전혀 바뀌지 않았을 수도 있다. 우리는 공간뿐만 아니라 시간 속에서도 살아간다. 그래서 가장 오래되고 친숙한 장소에서도 우리를 놀라게 할 만한 것들이 반드시 나온다. 예컨대 당신이 오랫동안 아껴 사용한 차를 몰고 있다고 해 보자. 어느 순간이 되면 브레이크에 문제가 생길 수 있다. 늘 다니던 산책로를 걷고 있다고 해 보자. 이때 심장에 이상이 생긴다면 모든 것이 변한다. 순하기 이를 데 없던 개가 갑자기 공격할 수 있고, 믿어 마지않던 오랜 친구가 한순간에 배신자로 돌아설 수 있다. 오랫동안 진리로 여겨지던 생각이 새로운 의견 하나로 완전히 뒤집힐 수도 있다. 이런 일이 실제로 일어난다. 그리고 이런 일은 대체로 매우 심각하다.

혼돈이 나타나면 뇌가 즉각적으로 반응한다. 먼 옛날 우리 조상들이 나무에서 살 때부터 있던 시스템이 작동한다. 뱀들이 번개같이 공격할 때를 대비한 뇌의 반응 회로는 매우 단순하게 작동하고 빠르게 움직인다.[32] 즉각적인 몸의 반사 반응 이후에는 다소 복잡하고 느릿한 감정적 반응이 이어진다. 감정적 반응 후에는 생각하는 행위가 뒤따른다. 생각은 앞의 두 반응에 비해 차원이 높다. 초 단위와 분 단위를 넘어 몇 년 동안 이어질 수도 있다. 이 모든 반응이 어떤 의미에서는 본능적이다. 반응이 빠른 것일수록 더 원초적인 본능에 가깝다.

혼돈과 질서 : 인격체, 여성과 남성

혼돈과 질서는 삶의 경험을 이루는 핵심적인 요소이며, '존재'를 구성하는 가장 기본적인 부분이다. 그러나 혼돈과 질서는 사물이나 대상이 아니고, 그런 것으로 경험되지도 않는다. 사물과 대상은 객관적인 세계의 일부이며, 생명도 없고 영혼도 없다. 따라서 사물과 대상은 죽은 것이다. 하지만 혼돈과 질서는 그렇지 않다. 혼돈과 질서는 인격체(personality)로 인식되고 경험되며 이해되는 것이다. 우리 조상과 마찬가지로 현대인도 혼돈과 질서를 이렇게 인식하고 경험하며 이해하고 있지만, 그걸 의식하지 못하고 있다.

혼돈과 질서의 인격화 과정은 그것을 먼저 객관적으로(사물이나 대상으로) 이해하고, 그 후에 인격화가 이루어지는 방식으로 진행되지 않는다. 우리가 객관적인 실체를 먼저 지각하고 그 후에 의도와 목적을 추론하는 경우라면, 그런 순서가 가능할 것이다. 하지만 이런 선입견에도 불구하고, 지각은 그런 식으로 작동하지 않는다. 예컨대 어떤 사물을 연장으로 인식하는 행위는 그 사물을 대상으로 인식하는 순간에, 혹은 대상으로 인식하기도 전에 일어난다. 달리 말하면, 우리는 어떤 물건을 보자마자 그 물건이 무엇인지 알아챈다.[33] 따라서 어떤 사물을 독립된 인격체로 지각하는 행위도 그 사물을 대상으로 파악하기 전에 일어날 수 있다. 타인, 특히 살아 있는 생명체의 행동을 대할 때는 더욱 그렇다.[34] 심지어 생명이 없는 '객관적 세계'도 목적과 의도를 지닌 생명의 세계로 여기기도 한다. 그 이유는 심리학에서 말하는 '과민성 행위자 탐지 장치(hyperactive agency detector)'가 작동하기 때문이다.[35] 이 장치는 대상이 살아 있는지 죽었는지, 위협적인지 아닌지, 감정 상태가 어떤지 등을 직관적으로 알아채는 능력이다. 이 장치가 민감해지면 사물을 생명체로 여기거나 우연적인 패턴에서 구체적인 형상을 찾아낸다. 인간은 촘촘하게 엮여 있는 사회적 환경에서 진화해 왔다. 우리가 살아온 환경에서 가장 중요한 요소는 사물이나 대상, 혹은 환경이 아니라 바로 인격체였다는 뜻이다.

인간은 오랜 시간 진화하여 마침내 인격체를 인식하게 되었다. 그 인격체들은 우리 주변에 예측할 수 있는 형태로 항상 존재해 왔다. 의도와 목적이 분명한 아주 원초적인 계급 구조 형태로 말이다. 예를 들어, 그 인격체는 거의 10억 년 동안 수컷이나 암컷이었다. 10억 년이면 엄청나게 긴 시간이다. 생명체는 다세포 생물로 진화되기 전에 먼저 암수로 구분되었다. 당연히 포유동물도 나타났고, 포유동물은 새끼를 정성껏 보살피는 까닭에 지금도 5분의 1 정도가 살아남았다. 따라서 '부모'와 '자식'이란 범주는 약 2억 년 전에 생겨난 셈이다. 조류보다 먼저 존재했고, 꽃보다 먼저 이 땅에 터를 잡았다는 뜻이다. 10억 년만큼은 아니지만 2억 년도 분명히 무척 긴 시간이다. 암컷과 수컷, 부모와 자식으로 구분된 단위가 인간이 적응해 온 환경에서 중요한 역할로 자리 잡기에 충분한 시간이다. 이는 암컷과 수컷, 부모와 자식은 인간의 인식과 정서, 동기 부여에 깊이 내재한 자연적인 범주(natural category)라는 뜻이다.

뇌는 철저하게 사회적이다. 생존과 번식, 진화를 위해서 다른 피조물, 특히 다른 사람들의 존재는 필수적이었다. 그런 피조물들이 생활 환경이고, 그야말로 자연 서식지나 다름없었다. 다윈주의자들에게 자연은 '선택의 주체'였다. 자연은 현실 그 자체이고, 환경 그 자체였다. 이는 환경을 가장 근본적으로 정의한 것이다. 환경은 스스로 아무것도 하지 못하는 한낱 물질 덩어리가 결코 아니다. 우리가 살아남고 번식하려면 현실 세계와 맞부딪쳐야 한다. 그 현실 세계는 다름 아닌 다른 생명체 혹은 다른 사람들이다. 우리를 보는 그들의 시선, 그들이 속한 사회다.

수천 년 동안 인간의 뇌 용량은 꾸준히 증가했다. 지적 능력이 향상되면서 그에 따라 호기심도 커졌다. 따라서 가족과 집단 바깥에 존재하는 세계에 대한 궁금증을 조금씩 풀어 왔고, 결국에는 그 바깥 세계를 객관적인 세계로 개념화했다. '바깥'은 탐험하지 않은 물리적 영역만이 아니라, 현재의 이해 범위를 넘어서는 모든 것을 의미한다. '이해'는 '객관적인 설명'을 넘어 '처리하고 대처'하는 모든 행위를 포함한다.

그러나 우리 뇌는 오랫동안 다른 사람들을 분석하는 데 집중해 왔다. 그래서 처음에는 사회적 뇌에 내재한 범주들을 기준으로 미지의 세계와 혼돈의 세계, 인간이 아닌 것들의 세계를 인식하기 시작한 듯하다.[36] 그렇다고 '인류가 등장하기 전에 있던 생명체로부터 진화해 온 범주를 사용했다'라고 이해하는 것은 잘못이다. 인간의 정신은 인류보다 훨씬 오래됐고, 뇌에 내재된 범주 역시 인간이란 종보다 훨씬 앞서 있었다. 가장 기본적인 범주는 성별이다. 남성과 여성을 구분하는 범주는 번식 활동만큼 역사가 길다. 인간은 태곳적부터 남녀의 구조가 다르다는 점과 생명을 낳기 위해서 남녀가 함께해야 한다는 사실을 알았고, 그 관점에서 모든 것을 해석하기 시작한 듯하다.[37]

우리가 이미 알고 있는 세계를 뜻하는 질서는 상징적으로 남성성과 관련이 있다. 도교의 중요한 개념인 음양에서도 질서는 양(陽)과 연결된다. 그이유는 무엇일까? 인간과 유전적으로 가장 가깝고 행동 방식마저 비슷한 (논란의 여지가 있지만) 침팬지를 비롯해 대부분의 동물 사회가 그렇듯이, 인간 사회에서도 기본적인 계급 구조가 남성 중심적이기 때문인 것 같다. 남성은 과거나 지금이나 마을과 도시의 건설자이고, 기술자이며, 석공이고, 벽돌공이며, 중장비 운전자다.[38]

질서는 '하나님 아버지'로 상징된다. 그는 모든 인간의 행실을 낱낱이 기록하고 상과 벌을 결정하는 영원한 심판자다. 질서는 또한 평화를 지키는 경찰이며 군인이다. 정치 문화와 기업 환경, 그리고 그것을 지배하는 시스템이다. '세상은 원래 그래'라고 할 때 '세상'도 질서에 속한다. 신용 카드와 슈퍼마켓 계산대 앞에 늘어선 줄, 교실과 교대 근무, 교통 신호등, 매일 다니는 익숙한 출근길도 질서다. 그런데 질서가 너무 강해져 균형이 무너지면 끔찍하고 파괴적인 일이 벌어진다. 강제 이주와 집단 수용소, 다리를 뻗고 일사불란하게 행진하는 군인들처럼 영혼을 좀먹는 획일성은 균형을 잃은 질서의 부산물이다.

미지의 세계를 의미하는 혼돈은 상징적으로 여성성과 관련이 있다. 그 이유 중 하나는 우리가 지금 아는 모든 것이 원래는 미지의 세계에서 나온 것이기 때문이다. 모든 생명체가 어머니에게서 잉태된 것처럼 말이다. 따라서 혼돈은 모성(mater)이고, 기원이자 근본이며, 어머니이고, 모든 것을 만들어 낸 '물질이자 재료(materia)'다. 혼돈이 중요한 또 다른 이유는 생각과 의사소통의 주제이기 때문이다. 긍정적으로 보면, 혼돈은 가능성이고, 모든 사상의 근원이며, 잉태와 탄생을 주관하는 신비로운 왕국이다. 한편, 부정적 기운이 넘칠 때의 혼돈은 아무것도 보이지 않는 동굴 속 어둠이고, 도로변에서 일어난 사고다. 혼돈은 새끼를 보호하려는 어미 곰이다. 우리를 침입자로 여기고 갈기갈기 찢어 버린다.

영원한 여성성으로 상징되는 혼돈은 성 선택(sexual selection : 자웅 선택이라고도 하는 성 선택설은 다윈이 진화론의 자연 선택설을 보완하기 위해 제시한 이론이다. 동물의 암컷과 수컷 중 선택권을 가진 쪽이 특정한 형질을 지닌 상대방을 선택하게 됨으로써 그런 형질이 살아남아 진화한다는 것이 핵심 내용이다. 한동안 주목받지 못하다가 최근 이를 뒷받침하는 동물 연구가 다수 등장하면서 재조명받고 있다 ─옮긴이)에서 절대적인 영향력을 발휘한다. 인간과 가장 가까운 동물인 암컷 침팬지와는 달리, 인간 여성은 세심하게 배우자를 고른다.[39] 남성 대부분은 여성의 기준을 만족시키지 못한다. 소개팅 사이트에서 여성들이 등록된 남성의 85퍼센트를 평균 이하로 평가하는 이유가 여기에 있다.[40] 인류 역사를 통틀어 여성이 남성보다 두 배나 많은 것도 이 때문이다(이 땅에서 살던 모든 여성이 평균 1명의 자식을 낳았다고 가정해 보라. 그러면 남성의 절반은 2명의 자식을 두었고, 나머지 절반은 자식이 없었다는 결론이 나온다).[41] 결국 여성은 절반의 남성에게 '너는 안 돼!'라고 말하는 셈이다. 이런 상황은 남성을 혼돈에 빠트린다. 남성은 데이트를 거절당할 때마다 큰 충격을 받는다. 인간과 침팬지의 조상은 같다. 그런데 인간은 조상들과 매우 다르게 진화했고, 침팬지는 조상들과 크게 달라진 것이 없다. 그 이유도 바로 여성이 엄격하게 배우자를 골랐기 때문이다. 다른 어떤 진화적 요인보다 '너는 안 돼!'라고 거부하는 여성의 성향이 인간의 진화를 이끌었다. 그 덕분에 인간은 직립 보행을 하게 되었고, 큰 뇌를 갖게 되었으며, 창의적이고 근면해졌으며, 경쟁심과 공격성, 지배욕을 지닌 생명체로 진화할 수 있었다.[42] 자연은 여성의 입을 빌려 이렇게 말한다.

'이봐, 남자! 지금까지 너를 지켜봤는데, 너는 친구로는 괜찮은 사람이야. 그런데 지속적인 번식에 적합한 유전자는 없는 것 같아!'

가장 심원한 종교적 상징물들 역시 남성과 여성이라는 근본적인 대립 개념을 바탕으로 힘을 발한다.

유대교의 상징 '다윗의 별'에서 아래쪽을 향한 삼각형은 여성성, 위쪽을 향한 삼각형은 남성성을 상징한다.* 이 관계는 힌두교의 대표적 상징물 '요니와 링감'(요니는 산스크리트어로 '근원' 혹은 '자궁'을 의미하며 우주적 에너지 혹은 여성적 생명력을 뜻하는 샤크티와 그의 현신인 여신들을 상징한다. 링가라고도 하는

---

* 다섯 부분으로 이루어진 태극도가 우주의 기원을 표현한다는 점이 무척 흥미롭다. 태극도에 따르면, 우주는 어떤 것도 구분되지 않는 절대적인 것에서 시작해 먼저 음과 양(혼돈과 질서, 여성과 남성)으로 나뉘고, 다음에는 오행(나무, 불, 흙, 금속, 물)으로, 다음에는 우주 만물로 분화한다. 한편 다윗의 별(혼돈과 질서, 여성과 남성)에서도 똑같이 네 개의 기본적인 요소(불, 공기, 물, 흙)가 생겨나고, 이것들에서 그 밖의 모든 것이 생성된다. 힌두교에서도 다윗의 별과 매우 비슷한 모양의 육각성을 사용한다. 아래쪽을 향한 삼각형은 여성성을 상징하는 샤크티, 위쪽을 향한 삼각형은 남성성을 상징하는 시바를 의미한다. 두 삼각형은 산스크리트어로 각각 '옴(om)'과 '흐림(hrim)'으로 불린다. 문화권이 달라도 개념화가 비슷하다는 점을 확인할 수 있는 놀라운 예다.

링감은 힌두교 주신 중 하나인 시바의 상징으로, 원통형 기둥을 말한다. 산스크리트어로 '기호' 혹은 '상징'을 의미한다. 링감은 주로 중앙부에 위치하며, 항상 받침대 요니 위에 놓여 있다. 여성성을 상징하는 요니와 남성성을 상징하는 링감은 대체로 짝을 이루어 구성된다—옮긴이)에서도 마찬가지다. 힌두교의 상징물에서는 인간을 자극하고 유혹하는 오랜 숙적인 뱀들이 요니와 링감을 감싸고 있다. 특히 링감은 '나가'라는 뱀의 신들과 함께 묘사된다. 고대 이집트인들은 대지의 신 오시리스와 지하 세계의 여신 이시스를 꼬리가 묶인 쌍둥이 코브라로 묘사했다. 중국 신화에서 우주 만물의 질서(팔괘)를 창조한 복희와 인간을 창조한 여와는 뱀 모양의 꼬리로 서로를 감고 있는 모습으로 그려진다. 기독교의 상징물은 상대적으로 덜 추상적이고 인격체에 가깝다. 그러나 아기 예수를 품에 안은 성모 마리아를 묘사한 그림들과 십자가에서 내려진 그리스도의 시신을 무릎에 누이고 슬퍼하는 마리아를 표현한 '피에타'(이탈리아어로 '슬픔', '동정'이라는 뜻—옮긴이)는 여성과 남성이 합일된 이원성을 표현하며, 그리스도의 남녀추니(남자와 여자 생식기를 모두 가지고 있는 존재—옮긴이)에 대한 전통적인 주장을 반영하고 있다.[43]

끝으로 언급할 사실은 뇌 구조 역시 형태적 측면에서 이런 이원성을 반영하고 있다는 점이다. 뇌의 이원적 구조는 현실을 남성적인 것과 여성적인 것으로 구분하는 방식이 단순한 비유가 아니라 근본적인 현실일 수 있음을 뜻한다. 왜냐하면 뇌는 현실(진화론식으로 말하면 개념화된 현실)에 적응하는 과정을 통해 만들어졌기 때문이다.

러시아의 위대한 신경 심리학자 알렉산드르 루리아의 제자 엘코논 골드버그는 피질의 반구적 구조는 새로운 것(미지의 세계 혹은 혼돈)과 습관화(이미 알려진 세계 혹은 질서)의 근본적인 분할을 반영하는 것이라고 명료하게 주장했다.[44] 골드버그 연구에서는 앞서 소개한 세계의 이원적 구조를 반영하는 상징물들이 언급되지는 않았지만, 신경 심리학이라는 전혀 다른 분야의 연구에서 이런 이원적 구조가 확인되었다는 것은 그만큼 신뢰할 만하다는 뜻이다.[45]

우리는 이원적 구조를 이미 알고 있지만, 알고 있다는 사실을 모르고 있다. 하지만 이원적 구조도 이원적인 방식으로 설명하면 금세 이해된다. 혼돈과 질서, 지상 세계와 지하 세계라는 표현이 뜻하는 바는 누구나 알고 있으므로, 이 표현을 사용해 이원적 구조를 설명하면 된다. 우리에게는 친숙한 것에 숨어 있는 혼돈을 쉽게 감지해 낼 만한 능력이 있다. 그래서 애니메이션 〈피노키오〉, 〈잠자는 숲속의 공주〉, 〈라이언 킹〉, 〈인어 공주〉, 〈미녀와 야수〉 등과 같이 이미 알고 있는 세계와 미지의 세계, 지상 세계와 지하 세계가 끊임없이 중첩되며 만들어 내는 이상하고 초현실적인 이야기를 어렵지 않게 이해한다. 우리 모두 두 세계를 수없이 다녀왔다. 때로는 우연히, 때로는 의도적으로!

이처럼 주변 세계를 의식적으로 바라보면 많은 것이 맞아떨어지기 시작한다. 몸과 영혼을 알게 되면 지적 능력에 대해서도 자연스럽게 알게 되는 것과 유사하다. 그뿐만이 아니다. 이렇게 얻은 지식은 객관적 사실을 설명해 주기도 하지만 어떻게 행동해야 하는지도 알려 준다. '무엇'에 대해서 알게 되면 동시에 '어떻게' 행동해야 하는지도 알게 된다. 객관적인 사실에서 '의무'와 '책임'을 유추할 수 있다는 것이다. 예를 들어 도교의 태극도에서 나란히 배치된 음양은 혼돈과 질서가 '존재'의 기본적인 구성 요소라는 것을 알려 주는 상징이자 어떻게 행동해야 하는가를 알려 주는 상징이다. 도교에서 말하는 '삶의 길', 즉 '도(道)'는 쌍둥이 뱀 사이의 경계에 존재하는 것으로 표현된다. 도는 완전한 '존재'의 길이며, 예수 그리스도가 〈요한복음〉 14장 6절(내가 곧 길이요 진리요 생명이니)과 〈마태복음〉 7장 14절(생명으로 인도하는 문은 좁고 길이 협착하여 찾는 이가 적음이라)에서 언급한 길과 같은 것이다.

우리는 질서의 세계에 살고 있다. 그 질서의 세계는 혼돈으로 둘러싸여 있다. 우리는 이미 알려진 영역을 차지하고 있고, 그 영역은 미지의 영역으로 둘러싸여 있다. 혼돈과 질서라는 두 세계의 경계에 서 있을 때 삶의 의미를 찾을 수 있다. 진화론적 관점에서 보면, 우리는 물질적인 세계가 아니라 혼돈과 질서, 음과 양으로 구성된 의미의 세계에 적응되어 있다. 생명체가 살아가는 환경과 조건이 혼돈과 질서에 의해 끊임없이 만들어지기 때문이다.

근본적으로 다른 두 세계의 경계에 서 있으려면 균형을 유지해야 한다. 한 발은 질서와 안전의 세계에, 다른 발은 가능성과 성장, 모험의 세계에 디디고 서 있어야 한다. 어느 날 갑자기 삶이 새로운 의미로 다가올 때, 혹은 시간 가는 줄 모르고 무엇인가에 몰입할 때, 그 순간 바로 혼돈과 질서의 경계 한가운데에 서 있는 것이다. 그때의 느낌은 신경학과 진화론에 근거를 둔 본능적 자아의 반응이고, 가장 깊은 내면의 목소리다. 이런 느낌은 우리가 지금 발 딛고 있는 개인적·사회적·자연적 공간의 안정성을 유지하면서, 동시에 거주할 수 있으면서 생산적인 공간을 확장하는 것을 의미한다. 우리는 바로 그런 곳에 존재해야 한다. 더 나은 삶을 살기 위해서 결코 소홀히 할 수 없는 문제다. 좋은 음악을 들을 때를 생각해 보라. 좋은 음악은 어디서 들어 본 듯한 익숙한 음과 처음 들어 보는 생소한 음이 서로 조화롭게 중첩되며 음악 전체의 의미를 우리의 깊은 내면에서 솟아오르게 한다.

삶에서 벌어질 수 있는 모든 일은 혼돈과 질서의 상호 작용으로 이루어진다. 그래서 이 둘은 삶의 근본적인 구성 요소다. 우리가 어디에서 태어났든 알아보고 이용하고 예측할 수 있는 것들이 있는 반면, 전혀 알지 못하고 이해할 수 없는 것들도 있다. 우리가 누구든, 예컨대 아프리카 남서부 칼라하리 사막의 추장이든, 뉴욕 월스트리트 은행가이든 통제할 수 있는 것들이 있고, 그럴 수 없는 것들이 있다. 이런 이유에서 인간이라면 누구나 벗어날 수 없는 법칙 속에서 살아가고, 보편적인 이야기를 들었을 때 비슷한 감정을 느낀다.

결국 혼돈과 질서라는 현실의 근본적인 조건은 인간만이 아니라 살아 있는 생명체 모두에게 똑같이 적용된다. 살아 있는 생명체는 대부분 익숙하고 통제할 수 있는 곳에 살지만, 그 주변은 언제나 생명체를 위협하는 사물과 상황이 둘러싸고 있다.

질서만으로는 충분하지 않다. 상황은 끊임없이 변하고 한 번도 경험하지 못한 위협적인 상황이 수시로 닥치기 때문에 안전과 평안만을 추구할 수는 없다. 상황에 따라 바뀌어야만 한다. 혼돈이 때로 감당하기 힘든 변화를 몰고 올 수도 있다. 새로운 상황에 적응도 하기 전 한계치를 넘어서는 상황이 닥치면 버티는 것이 불가능하다. 따라서 한 발은 이미 잘 아는, 이해하고 통제할 수 있는 땅을 디디고, 다른 발은 잘 모르는, 탐험을 통해 알아 가야 할 땅을 디디고 있어야 한다. 그러면 삶의 위협 요소들을 안전하게 통제하는 동시에 경계심을 늦추지 않고 깨어 있을 만한 곳에 자리를 잡을 수 있다. 그곳은 우리가 완벽히 익혀야 할 새로운 것과 더 나은 자신을 만나게 해 줄 새로운 기회가 있는 곳이다. 그리고 무엇보다 삶의 의미를 찾을 수 있는 곳이다.

에덴동산

앞에서 언급했듯이 〈창세기〉에 수록된 이야기들은 다양한 출처에서 가져온 것이다. 혼돈에서 질서가 잉태하는 과정을 설명한 〈제사장 문서〉 이야기가 〈창세기〉 1장에 먼저 소개되고, 역사적으로 더 오래된 문헌인 〈야훼 문서〉 일부가 〈창세기〉 2장부터 소개된다. 〈야훼 문서〉는 하나님을 '야훼'(YHWH 혹은 Jahweh : '하나님'을 뜻하는 히브리어. 거룩한 신의 이름이기에 함부로 발음하는 것이 금지되었다. 모음이 없는 히브리어 특성 때문에 정확한 발음이 무엇이었는지에 대해서는 여러 설이 있다. 한국 개신교에서는 '여호와'로 표기한다─옮긴이)로 표기하기 때문에 붙은 이름이다. 여기에서는 아담과 하와 이야기를 포함해 〈제사장 문서〉에서 암시한 여섯 번째 날의 사건에 대해서도 자세히 설명한다. 일부 학자는 이야기 흐름은 여러 이야기를 한데 모은 후대의 편집자들이 세심하게 편집한 결과라고 말한다. 서로 다른 문화권 사람들이 모여서 이야기를 섞어 놓으면 시간이 지나면서 논리적인 모순들이 드러나거나 어색한 모양새를 띠기도 한다. 이런 부분들은 의식적이고 용기 있으며 일관성을 중요시하는 사람들을 불편하게 만든다.

〈야훼 문서〉의 창조 이야기에 따르면, 하나님은 에덴 혹은 파라다이스로 알려진 폐쇄된 공간을 먼저 창조했다('에덴'은 예수가 쓴 언어로 추정되는 아람어로 '물이 풍부한 곳'이란 뜻이고, '파라다이스'는 고대 이란어, 즉 아베스타어로 '벽으로 둘러싸인 보호 구역' 혹은 '동산'을 뜻한다). 하나님은 아담을 그곳에 두었고, 열매를 맺는 온갖 종류의 나무를 창조했다. 그중에 특히 두 나무가 두드러졌다. 하나는 생명의 나무이고, 다른 하나는 선악을 알게 하는 나무였다. 하나님은 아담에게 열매를 마음껏 먹어도 괜찮지만, 선악을 알게 하는 나무의 열매만은 절대 먹지 말라고 말했다. 그 후 하나님은 아담의 짝으로 하와를 창조했다.*

아담과 하와가 파라다이스에 처음 놓였을 때는 세상에 대한 의식도 없고 자의식도 없었다. 이 이야기에서 우리 인류 최초의 부모는 발가벗고 있었지만 부끄러워하지 않았을 뿐만 아니라, 그게 어떤 의미인지도 모른 것으로 나온다. 이 표현에 담긴 의미는 첫째, 인간이 발가벗은 몸을 부끄러워하는 건 지극히 자연스럽고 정상적이란 것이고(그렇지 않았다면 발가벗은 몸에 대해 어떤 언급도 없었을 것이다), 둘째 최초의 부모에게는 확실히 잘못이 있었다는 것이다. 예외가 있겠지만, 지금 시대에 공공장소에서 발가벗고도 부끄러워하지 않는 사람은 네 살 미만의 아이나 병적인 노출증 환자뿐이다. 실제로 관객으로 꽉 들어찬 무대에서 발가벗은 채 공연하는 꿈은 많은 사람에게 나타나는 악몽이다.

〈창세기〉 3장에는 뱀이 등장한다. 처음에 뱀은 다리가 있던 것으로 추정된다. 뱀이 에덴동산에 있던 이유는 알려진 바가 없다. 하나님이 뱀에게 에덴동산에서 지내도록 허락한 이유가 무엇일까? 나는 이 수수께끼를 풀려고 오랫동안 고민했는데, 인간의 모든 경험을 특징짓는 '질서와 혼돈'의 이분법을 부분적으로 반영한 것이 아닌가 생각한다. 파라다이스가 삶의 질서라면, 뱀은 혼돈의 역할을 맡은 것이다. 따라서 에덴동산의 뱀은 도교에서 우주 전체를 의미하는 음양의 상징에서 음의 부분을 차지한 검은 점과 같은 것이다. 모든 것이 차분하게 정돈된 세계에서 우리가 모르는 것, 혁명적인 것이 갑자기 나타날 가능성을 뜻한다.

---

* 다른 해석에서 하나님은 원래 남녀추니인 존재를 두 부분, 남성과 여성으로 나눈다. 이런 관점에서 생각하면, '제2의 아담'인 그리스도도 성 분할이 되기 전의 원초적 인간이 된다. 이 책을 착실하게 읽으면 이런 추론에 담긴 상징적인 의미를 충분히 이해할 수 있을 것이다.

하나님조차 폐쇄된 공간을 외부로부터 온전히 보호하는 게 불가능했던 것일까? 현실 세계는 필연적인 한계가 존재하고, 통제할 수 없는 초월적인 것으로 둘러싸여 있다. 그래서 현실 세계 바깥의 힘을 완벽하게 차단하는 것은 불가능하다. 혼돈은 항상 내부로 슬금슬금 들어온다. 가장 안전하다고 생각하는 곳에도 뱀은 숨어 있다. 인류가 처음 태어난 아프리카 낙원의 풀밭과 나무에는 아득히 먼 옛날부터 비열하고 악랄한 뱀이 살고 있었다.[46] 게오르기우스 성자(Georgius : 기독교 초기 순교자이자 14성인 중 한 사람. 그의 생애에 대해서는 알려진 바가 거의 없으나 중동의 작은 나라인 시레나에 출몰하는 용을 물리치고 기독교를 전파했다는 전설이 전해진다. 303년 로마 황제 디오클레티아누스에 의해 처형당했다. 영어 이름 'George'의 유래이기도 하다 — 옮긴이)가 나타나 상상도 할 수 없는 방법으로 그 모든 뱀을 모조리 잡아 없앴다고 해도 또 다른 무엇인가가 인간의 경쟁자로 등장했을 것이다. 제한적이고 자기중심적이며 배타적인 인간의 관점에서 보면 물리쳐야 할 적은 늘 존재한다. 아무튼 인간의 조상들, 부족들, 그 밖의 모든 집단 사이의 갈등과 전쟁은 끊이지 않았다.[47]

파충류든 인간이든 외부에서 우리를 호시탐탐 노리던 위협적인 존재를 모두 물리쳤더라도 안전해지는 것은 아니다. 지금 이 순간도 우리는 안전하지 않다. 적은 항상 우리 주변에 있고, 그 적이 바로 우리 자신일 수도 있다. 뱀은 우리 모두의 영혼 속에서 똬리를 틀고 있다. 그래서 영국의 위대한 지성 밀턴은 "에덴동산의 뱀은 사탄이자 악령 그 자체"라고 표현했다. 기독교에서는 일반적으로 이를 정설로 받아들인다. 뱀을 악의 상징으로 해석한 발상은 매우 기발하고 탁월했다. 이런 비유와 상징은 매우 중요하다. 이런 상상을 통해 추상적인 도덕 개념과 의미가 수천 년 동안 발전했다. 수

많은 사람이 선과 악이라는 개념을 이해하고 표현하는 데 엄청난 공을 들였다. 최악의 뱀은 영원히 사라지지 않을 인간의 악한 성향이다. 최악의 뱀은 심리적이고 영적이며, 개인적이고 내면적인 악이다. 벽을 아무리 높게 쳐도 뱀을 막을 수 없다. 어떤 외부의 적도 침입할 수 없는 성벽을 쌓을 수는 있지만, 적은 곧바로 내부에서 생겨난다. 러시아의 위대한 작가 알렉산드르 솔제니친이 말했듯이 선과 악을 구분하는 경계선은 모든 인간의 마음을 관통하고 있다.[48]

아무리 거대한 장벽을 쌓아도 영원히 예측할 수 있고 안전한 현실 세계를 만들지는 못한다. 모든 위협 요소를 꼼꼼하게 제거하더라도 그중 일부는 어느 순간 다시 생겨난다. 비유적으로 말하면, 뱀은 필연적으로 나타날 수밖에 없다. 아무리 근면하고 성실한 부모라도 자식을 완벽하게 보호할 수 없다. 지하실에 가둬 두고 마약과 알코올, 인터넷 포르노를 차단하더라도 불가능하다. 오히려 부모의 극단적인 과잉보호는 자식의 삶에 더 끔찍한 문젯거리가 된다. 프로이트의 오이디푸스 콤플렉스라는 악몽이 바로 이런 종류의 신경증이다.[49] 우리 품 안의 존재는 보호하는 것보다 강하게 키우는 편이 훨씬 낫다.

이 세상에 위험하고 불안한 모든 것, 도전 정신을 자극하는 흥미로운 모든 것을 영원히 제거할 수 있다고 해 보자. 그러면 그 즉시 또 다른 위험 요인이 나타난다. 바로 유치증(성인이 인지적으로나 정서적으로 어린이 상태에 머물러 있는 증상—옮긴이)과 절대적 무용성(absolute uselessness)이다. 시련과 위험 없이 모든 잠재력을 끌어낼 방법이 있을까? 얼마나 따분하고 못난 존재로 전락해야 아무에게도 관심받지 못하는 사람이 될까? 어쩌면 하나님은 아담과 하와라는 새로운 창조물이 뱀을 다스릴 수 있으리라 생각했고, 두 악중 인간이 그나마 덜 악할 것이라고 생각하지 않았을까? 이쯤에서 부모들에게 묻고 싶다. 자식을 안전하게 키우고 싶은가, 아니면 강하게 키우고 싶은가?

이유야 어찌 되었든 〈창세기〉 이야기는 에덴동산에 뱀이 살았고, 뱀은 '영악한' 동물이었다고 말한다. 눈에 잘 띄지 않고 교활하며 기만적이고 음흉한 짐승이었다. 뱀이 하와를 속였다고 해서 놀라울 것은 없다. 그런데 왜 아담이 아니고 하와였을까? 순전히 확률에 따른 결정일 수 있다. 통계적으로 아담이든 하와든 성공 확률은 50 대 50이다. 이 정도면 상당히 높은 승률이다. 하지만 그게 전부는 아니다. 옛 설화에서 아무 의미 없이 불필요하게 들어가 있는 부분은 없기 때문이다. 우연히 덧붙여진 것, 즉 이야기 전개에 별 도움을 주지 않는 부분은 구전 과정에서 사라진다. 그래서 러시아 극작가 체호프는 "1막에서 벽에 총이 걸려 있다면 2막에서는 그 총을 쏴야 한다. 그렇지 않으면 총을 벽에 걸어 둘 이유가 없다"라고 말했다.[50] 어쩌면 하와에게 뱀의 말을 들어야 할 이유가 있었을지도 모른다. 예컨대 뱀이 하와의 어린 자식들을 잡아먹으려 했을지도 모른다. 그래서 어느 때보다 평등화된 현대 인간 사회에서도 하와의 딸들이 더 방어적이고 자의식이 강하며 조심스럽고 예민한 것은 아닐까?[51]

뱀은 하와에게 금지된 열매를 먹으면 영원히 죽지 않을 거라고 말한다. 눈도 밝아질 것이고, 하나님처럼 선악을 구별할 수 있게 될 거라고 꼬드긴다. 하나님과 비슷해지는 것이 단지 그 능력뿐이라는 사실은 알려 주지 않는다. 음흉한 뱀이 진실을 말할 리는 없다. 인간 하와는 더 많은 것을 알고 싶은 욕심에 금지된 열매를 먹기로 한다. 팡! 하와는 순식간에 바뀌었다. 생전 처음으로 자신의 처지를 의식하게 되었다. 어쩌면 남의 눈을 의식하게 되었는지도 모른다.

명석한 의식을 갖게 된 여성이 몽매한 남자를 용납할 수는 없었다. 하와는 곧바로 금지된 열매를 아담과 함께 나누어 먹었다. 아담에게도 자의식이 생겼다. 작은 변화가 일어났다. 태초부터 남성의 자의식은 여성이 만들어 준 것이다. 남성이 맡은 일을 제대로 하지 못했을 때 여성은 남성을 거부하는 방식으로 남성의 자의식을 깨운다. 때로는 망신 주기 방식을 쓸 때도 있다. 출산이라는 원초적인 역할을 맡고 있는 여성이 이런 식으로 남성을 자극하는 것은 이상한 일이 아니다. 오히려 그렇게 하지 않는 것이 더 이상하다. 자극을 통해 남성의 자의식을 일깨우는 여성의 능력은 원시적이지만 여전히 강력한 자연의 힘이다.

이쯤에서 이런 궁금증이 생긴다. 도대체 뱀은 왜 하와의 눈을 뜨게 했을까? 인간으로서는 뱀의 표적이 되기 전에 먼저 뱀을 보는 게 중요하다. 그렇지 않으면 뱀에게 잡아먹힐지도 모른다. 특히 나무 위에 살던 인간의 먼 조상들처럼 작고 약한 존재라면 더더욱 그렇다. 캘리포니아 대학에서 인류학과 동물 행동학을 가르치는 린 이즈벨 교수는 인간은 모든 동물 중에서 가장 정확한 시력을 가지고 있는데, 이는 수천만 년 전부터 인간의 조상들과 함께 진화해 온 뱀을 미리 탐지하고 피하기 위해 강요된 적응이었다고 주장했다.[52] 어쩌면 이런 이유에서 뱀은 파라다이스라는 에덴동산에서 우리에게 하나님의 모습을 보게 해 준 피조물이면서도 인간의 원초적이고 영원한 적으로 여겨지는 것일지 모른다. 중세와 르네상스의 성화(聖畵)에서 어머니의 원형이자 완벽해진 하와로 여겨지는 성모 마리아가 아기 예수를 공중에 살짝 띄운 채 안고 있는 모습으로 그려진 이유도 이 때문인 것 같다. 호시탐탐 먹이를 노리는 뱀을 발로 꽉 누르고 아기를 뱀으로부터 최대한 멀리 떼어 놓으려는 것이다.[53] 흥미로운 점은 이뿐만이 아니다. 뱀이 하와에게 제안한 것은 열매였다. 색을 구분하는 능력 덕분에 우리는 먹기 좋게 익은 과일을 어렵지 않게 알아볼 수 있다. 따라서 색을 판단하는 능력은 일종의 적응이란 점에서, 열매는 시력의 변화와도 관계가 있다.[54]

우리의 원초적인 부모는 뱀의 유혹에 귀를 기울였다. 아담과 하와는 열매를 먹었고, 새로운 세계에 눈을 떴다. 그리고 어떤 깨달음을 얻었다. 하와가 처음에 그런 것처럼 이런 변화를 좋은 것으로 여길 수도 있다. 하지만 어설프게 아는 것보다는 아예 모르는 게 낫다. 아담과 하와는 고작 몇 가지 처참한 현실을 자각했을 뿐이다. 그중 첫 번째가 자신들이 발가벗고 있다는 사실이었다.

발가벗은 유인원

내 아들은 네 살 전에 이미 발가벗은 몸의 의미를 깨달았다. 그때부터 녀석은 항상 옷을 입고 지냈고, 화장실에 들어가서는 꼭 문을 닫았다. 옷을 입지 않고는 절대 사람들 앞에 나서지 않았다. 당시 나는 발가벗은 몸에 대한 의식이 아이의 성장과 무슨 관계가 있는지 도무지 이해할 수 없었다. 그저 내 아들이 스스로 생각하고 행동하는 줄로만 알았다. 발가벗은 몸은 부끄럽다는 의식이 본디 생겨난 것 같았다.

자신이 발가벗고 있다는 깨달음, 더 나아가 자신과 배우자가 발가벗고 있음을 깨닫는다는 것은 무슨 의미일까? 그것은 온갖 종류의 섬뜩한 것을 뜻한다. 이 장의 도입부에 사용된 삽화에 영감을 준 르네상스 시대의 화가 한스 발둥 그린의 적나라한 그림을 보면 등골이 오싹해진다. 발가벗었다는 것은 나약하고 상처 입기 쉬운 상태라는 것을 의미한다. 몸의 생김새와 건강 상태를 남들의 시선 속에 내맡기고 있다는 뜻이다. 발가벗었다는 것은 자연과 인간의 정글에서 어떤 보호도 받지 못하는 무방비 상태임을 뜻한다. 이런 이유에서 아담과 하와는 눈이 밝아진 직후 수치심을 느꼈다. 눈을 뜨자 그들 자신이 가장 먼저 눈에 들어왔다. 결함이 두드러져 보이고, 약점이 눈에 띄었다. 갑옷처럼 단단한 등판으로 연약한 복부를 보호하는 다른 포유동물과 달리, 아담과 하와는 직립 동물이었다. 몸에서 가장 약한 부분이 바깥으로 노출되어 있기 때문에 언제라도 최악의 상황이 닥칠 수 있었다. 아담과 하와는 무화과나무 잎으로 치마를 만들어 연약한 부분을 가리고, 자존심을 지켰다. 그러고는 어디론가 달려가 숨었다. 유약함을 깨닫고, 하나님 앞에 나설 자격이 없다고 느낀 것이다.

조금만 생각해 보면 누구나 그들의 감정에 공감할 수 있을 것이다. 아름다운 것은 추한 것을 부끄럽게 하고, 강한 것은 약한 것을 부끄럽게 한다. 죽음은 삶을 무색하게 만들고, 이상(理想)은 우리 모두를 부끄럽게 만든다. 따라서 우리는 그런 감정을 두려워하고 원망하며, 심지어 증오하기도 한다. 증오는 〈창세기〉에서 그 뒤에 소개된 카인과 아벨 이야기의 핵심 주제이기도 하다. 그런 감정이 밀려오면 어떻게 해야 할까? 아름다움과 건강함, 탁월함과 강함 등 이상적인 모든 것을 포기해야 할까? 포기는 좋은 해결책이 아니다. 포기는 수치심을 더 키우고, 자괴감까지 안겨 준다. 남의 눈을 의식하기 싫다고 나보다 잘난 사람이 모두 죽기를 바랄 수는 없지 않은가. 나는 수학 실력이 형편없다. 그렇다고 컴퓨터를 설계한 요한 폰 노이만 같은 천재들이 사라지기를 바라지는 않는다.

폰 노이만은 스무 살 때 수(數)의 개념을 재정립했다![55] 하나님, 우리에게 요한 폰 노이만을 내려 주셔서 감사합니다! 하나님, 우리에게 그레이스 켈리, 아니타 에크베리, 모니카 벨루치같이 아름다운 여인을 내려 주셔서 감사합니다! 나는 그런 사람들 앞에서 무가치함을 느낄 수 있어 오히려 다행이라고 생각한다. 그 정도는 목표와 성취와 꿈을 위해 치러야 하는 대가다. 그러나 아담과 하와가 몸을 가리고 숨은 것도 이상한 일은 아니다.

아담과 하와 이야기의 다음 전개는 코미디 같기도 하고 끔찍한 비극 같기도 하다. 그날 저녁, 시원한 바람이 불자 하나님은 산책하려고 동산으로 나왔다. 그러나 아담이 보이지 않았다. 항상 아담과 함께 산책하던 터라 이상한 생각이 들었다. 하나님은 자신에게 덤불을 꿰뚫어 볼 수 있는 능력이 있다는 것을 잊은 채 아담을 불렀다.

"아담아, 어디에 있느냐?"

아담이 곧바로 모습을 드러냈지만 형편없는 몰골이었다. 두려움에 벌벌 떨며 전전긍긍하는 배신자의 모습이었다. 우주의 창조주 하나님이 아담에게 어찌 된 일인지 물었다. 아담이 대답했다.

"하나님께서 동산을 거니시는 소리를 듣고 벗은 몸을 드러내기가 두려워 숨었습니다."

무슨 뜻일까? 연약하고 불안한 존재인 인간은 진실을 말하는 데 두려움을 느낀다. 혼돈과 질서 사이에서 균형을 잡고 운명을 받아들이는 데 겁을 먹는다. 달리 말하면, 인간은 하나님과 동행하는 걸 두려워한다. 칭찬할 만한 태도는 아니지만, 충분히 이해가 간다. 하나님은 심판의 아버지이지 않은가. 게다가 하나님의 기준은 무척 높다. 하나님을 기쁘게 하기란 결코 쉽지 않은 일이다.

"네가 벗은 몸이라고 누가 일러 주더냐? 내가 먹지 말라고 한 그 나무의 열매를 네가 먹었구나!"

하나님이 꾸짖자 아담은 불쌍한 표정을 지으며 핑곗거리를 찾았다. 그러고는 사랑하는 배우자이자 영혼의 친구, 하와를 일러바쳤다.

"하나님께서 저에게 짝지어 주신 여자가 그 나무의 열매를 따 주기에 먹었습니다."

애처로운 핑계지만 틀린 말은 아니었다. 최초의 여자 덕분에 최초의 남자는 자의식과 원망의 감정을 배웠다. 그리고 최초의 남자는 최초의 여자에게 책임을 돌렸고, 더 나아가 하나님에게도 책임을 물었다. 오늘날 여성에게 퇴짜를 맞은 남성의 기분 변화도 비슷하다. 초창기에는 좋아하는 사람 앞에 서면 주눅이 든다. 만약 그 여성이 자신의 유전자에 매력을 못 느낀다는 낌새를 느끼면 더더욱 그렇다. 결국 그녀의 마음을 얻지 못하면 하나님을 원망한다. 왜 그런 못된 여성을 만나게 했느냐고, 자신을 왜 이렇게 쓸모없는 존재로 태어나게 했느냐고 악담을 퍼붓는다. 마음에 깊은 상처를 입고 결국 복수를 결심하는 사람들도 있다. 복수는 어떤 이유에서든 비난받아 마땅한 짓이지만, 그 심정이 전혀 이해가 안 되는 것도 아니다. 어쨌든 하와도 책임을 뱀에게 전가했고, 놀랍게도 뱀이 사탄이었다는 게 밝혀진다. 따라서 하와의 실수를 이해하고 측은하게 여긴다. 하와는 최악의 악마에게 당한 것이었다. 그러나 아담은? 아담이 남을 탓한 것은 순전히 그의 자유 의지였다.

안타깝게도 최초의 인간에게나 뱀에게나 최악의 상황은 그것으로 끝나지 않았다. 먼저, 하나님은 뱀에게 저주를 내렸다.

"이제부터 죽는 날까지 다리 없이 배로 기어 다니고, 분노한 인간의 발에 밟히지 않을까 떨어야 하리라!"

다음으로 여자에게는 아기를 낳을 때 몹시 고생할 것이고, 무능한 데다 때로는 분노하는 남편에게 영원히 생물학적으로 지배당할 것이라고 저주했다. 어떤 의미가 담긴 저주일까? 정치적으로 해석하면, 하나님이 가부장적 폭군이란 뜻일 수 있다. 하지만 이런 식의 해석은 너무 단순하다. 그 이유가 무엇일까?

인간은 진화하면서 뇌 용량이 엄청나게 늘었다. 늘어난 뇌 용량 덕분에 자의식도 생겼다. 이때 태아 머리와 여성 골반 사이에 치열한 진화 경쟁이 벌어졌다.[56] 여성은 달리기가 불편할 정도로 골반을 넓혔고, 인간의 아기는 비슷한 몸집의 다른 포유동물과 비교하면 물렁물렁한 머리로 1년 이상 먼저 태어나게 진화했다.[57] 예나 지금이나 출산과 육아는 여성과 아기 모두에게 고통스러운 과정이다. 갓 태어난 아기는 태아나 다름없어 첫해에는 모든 것을 어머니에게 전적으로 의존한다. 그뿐 아니라 아기가 가진 고성능의 뇌를 제대로 써먹으려면 대략 18년(혹은 30년 이상) 정도는 훈련을 받아야만 한다. 여성이 감수해야 하는 출산의 고통이나 산모와 아기의 높은 사망 가능성은 또 다른 이야기다. 여성은 임신과 출산, 육아에 엄청난 대가를 치른다. 특히 초기 단계에서는 더욱 그렇다. 그래서 어쩔 수 없이 남성의 도움에 의존해야 하는 상황을 맞게 된다. 믿음직하지도 않고 잊을 만하면 사고를 치는 그런 남성들에게 말이다.

하나님은 눈을 뜬 하와에게 앞으로 닥칠 고난에 대해 알려 주었다. 아담과 그 후손까지도 만만치 않은 벌을 받았다. 하나님은 대략 이렇게 말했다.

"남자야, 너는 여자의 말에 넘어가 눈이 열리고 밝아졌다. 뱀과 열매와 사랑하는 여자가 허락한 밝은 시력 덕분에 너는 멀리, 심지어 먼 미래까지 내다볼 수 있게 되었다. 하지만 미래를 내다보는 사람은 재앙이 다가오는 것도 볼 수 있으므로, 만약의 사태에 대비할 수 있어야 할 것이다. 그렇게 하려면 미래를 위해 현재를 영원히 희생해야 하고, 안전을 위해 쾌락을 멀리해야 한다. 항상 열심히 일하고 노력해야 한다는 뜻이다. 힘들고 어려울 것이다. 네가 가시덤불과 엉겅퀴를 좋아하면 좋겠구나. 네 주변에 그런 것들이 잔뜩 자랄 테니까."

하나님은 저주의 말과 함께 아담과 하와를 파라다이스에서 추방한다. 따라서 최초의 남자와 여자는 의식이 없는 유아기의 동물 세계에서 쫓겨나 공포로 가득한 역사의 세계로 떨어진다. 게다가 하나님은 천사들에게 화염검을 주어 에덴동산의 정문을 지키게 했다. 아담과 하와가 에덴동산에 몰래 들어와 생명나무 열매를 먹지 못하게 하려는 조치였다. 인간의 눈으로 보면 하나님의 조치가 비열하고 옹졸해 보인다. 불쌍한 인간에게 그때 곧바로 영생을 주었으면 어땠을까? 《성경》에서 말하듯이, 인간의 영생이 어차피 하나님의 궁극적인 계획이라면? 하지만 누가 감히 하나님에게 의문을 제기할 수 있겠는가.

어쩌면 천국은 우리가 지어야 하는 것이고, 영생은 우리가 땀 흘려 얻어야 하는 것인지도 모른다.

이쯤에서 우리가 처음에 제기한 질문으로 돌아가 보자. 왜 아픈 강아지에게는 처방 약을 열심히 먹이지만 자신을 위해서는 그렇게 하지 않을까? 지금까지 인류가 남긴 가장 근원적인 경전에서 그에 대한 답을 찾아봤다. 아담의 후손만큼이나 발가벗고 추하고 방어적이고 비판적이고 무가치하고 비열한 존재가 있다면, 우리가 그 존재를 애지중지 보살펴야 할까? 만약 그 존재가 우리 자신이라면?

여기서 말한 인간의 어두운 면은 우리 자신에게는 물론이고 모든 인간에게 해당된다. 인간 본성에 대한 일반적인 분석의 결과일 뿐 특정한 대상에

국한된 것은 아니다. 우리가 꽤 나쁜 사람이라는 걸 다른 사람들도 알고 있다. 그런데 그들의 짐작보다 더 추악하고 연약하고 저질스럽다는 비밀을 아는 사람은 오직 자신뿐이다. 자신의 몸과 마음의 결함에 대해 자기보다 잘 아는 사람은 없다. 자기가 얼마나 한심하고 부끄러운 존재인지 본인보다 잘 아는 사람은 없다. 우리는 우리에게 좋은 것들을 거부함으로써 우리의 무능과 실패를 벌할 수 있다. 물론 착하고 순수하고 충직한 강아지는 우리의 보살핌을 받을 자격이 충분하다.

아직 이해가 되지 않는다면, 꼭 짚고 넘어갈 중요한 문제가 남아 있다. 질서와 혼돈, 생명과 죽음, 죄, 희망, 노동, 고통은 〈창세기〉의 주요 주제이고 인간이라면 누구나 짊어져야 할 숙명이지만, 이것이 전부는 아니다. 계속해서 대재앙과 비극적인 사건이 이어지고 그 시대를 살던 인간들은 고통스러운 깨달음을 하나 더 얻었다. 그때 사람들이나 지금 우리나 다를 건 없다. 우리가 다음으로 살펴봐야 할 것은 바로 도덕성이다.

선과 악

아담과 하와의 눈이 밝아진 후 알게 된 사실은 자신들이 발가벗은 상태라는 것과 앞으로 영원히 일을 해야 한다는 것만이 아니었다. 가장 중요한 깨달음은 '선과 악'에 대한 것이었다(뱀이 여자에게 이르되, 너희가 결코 죽지 아니하리라. 너희가 그것을 먹는 날에는 너희 눈이 밝아져 하나님과 같이 되어 선악을 알 줄 하나님이 아심이니라.-〈창세기〉 3장 4~5절). 선과 악을 알게 된다는 말은 무슨 뜻일까? 아담과 하와 이야기는 이미 할 만큼 했는데 아직도 중요한 메시지가 남아 있을까? 〈창세기〉 중에서도 아담과 하와 부분은 매우 짧아서 이야기 흐름을 보면, 동산과 열매, 뱀과 불순종, 성 역할과 발가벗은 몸 등 핵심 상징들이 선악의 개념과 관계가 있을 것이다. 나는 특히 마지막 '발가벗은 몸'에서 단서를 찾았다. 그 단서를 찾아내는 데 몇 년이 걸렸다.

개는 포식자다. 고양이도 마찬가지다. 개와 고양이는 원래 뭔가를 잡아 먹는 동물이다. 키우던 동물이 쥐나 새를 잡아먹는 장면은 귀엽거나 예쁜 것하고는 거리가 멀다. 그런데도 우리는 개와 고양이를 정성껏 보살피고, 녀석들이 아프면 약을 먹인다. 그 이유가 무엇일까? 개와 고양이는 포식자 지만, 그것은 녀석들의 본성일 뿐이다. 본성을 두고 녀석들에게 책임을 물을 수는 없다. 다른 동물을 잡아먹는 이유는 악해서가 아니라 배가 고프기 때문이다. 더구나 녀석들에게는 사리 판단 능력도, 창의력도, 자의식도 없다. 분별력, 창의력, 자의식은 인간의 잔인함을 끌어내는 특성이다.

그들을 악하다고 할 수 없는 이유는 무엇일까? 간단하다. 포식자들은 자신이 어떤 존재인지에 관한 생각이 없다. 근본적으로 나약하고 상처받기 쉬우며 고통과 죽음에 예속된 존재라는 걸 모른다. 그러나 인간은 어떻게, 어디에서, 왜 다칠 수 있는지를 정확히 알고 있다. 그것이 바로 자의식이 다. 인간은 자신이 죽음을 피할 수 없는 유한한 존재라는 걸 안다. 또 고통과 자괴감, 수치심과 두려움을 느끼며, 그 감정이 무엇인지도 안다. 고통을 주는 것이 무엇인지, 두려움과 괴로움이 어떻게 생기는지도 안다. 이 말은 곧 어떻게 하면 다른 사람들에게 고통을 줄 수 있는지도 정확히 알고 있다는 뜻이다. 우리는 또 어떤 경우에 발가벗기고, 발가벗긴 상태가 무엇을 의미하는지도 알고 있다. 이 역시 어떻게 하면 다른 사람을 발가벗길 수 있는지 알고 있다는 뜻이다.

인간은 의도적으로 다른 사람을 학대할 수 있다. 누군가의 약점을 알고 있다면 깊은 상처와 굴욕감을 안겨 줄 수도 있다. 이는 그야말로 교묘하고 가혹한 고문이다. 이런 행위는 포식자의 사냥보다 훨씬 더 악랄하다. 다른 사람을 의도적으로 괴롭힐 수 있다는 것을 알게 된 순간 자의식의 발달만큼이나 엄청난 변화가 생겼다. 그것은 현실 세계의 선과 악을 구분하는 첫 번째 지식이었고, 아직도 벗어나지 못한 인간의 두 번째 굴레였다. 이로써 인간으로 존재한다는 것 자체가 도덕적으로 노력해야 한다는 의미로 바뀌었다. 이 모든 것은 자의식이 정교하게 발달하면서 벌어진 일이다.

오로지 인간만이 랙(rack : 팔다리를 묶어 몸을 위아래로 찢는 고문 도구—옮긴이)과 아이언 메이든(iron maiden : 안쪽에 수십 개의 긴 못이 박힌 관에 사람을 넣어 고문하는 도구—옮긴이), 섬스크루(thumbscrew : 나사를 돌려 엄지손가락을 누르는 고문 도구—옮긴이) 같은 고문 도구를 생각해 냈다. 오로지 인간만이 순전히 고통을 위한 고통을 줄 수 있다. 순전히 고통을 위한 고통! 이보다 더 완벽하게 악을 표현할 수는 없을 것 같다. 동물에게는 그런 능력이 없다. 하지만 인간은 타인에게 고통을 가하는 일이라면 신에 버금가는 능력이 있다. 오늘날 지식계에서 원죄(原罪 : 인류의 시조 아담과 하와가 지은 죄로 인해 이후 모든 인간이 안고 태어나는 죄—옮긴이)라는 개념은 인기가 없지만, 인간이 얼마나 악해질 수 있는지를 보면 원죄를 인정하지 않을 수 없다. 진화는 자연의 법칙이기 때문에 인간이 잘못한 것은 없다고 할 수 있을까? 진화 과정에서 자발적으로 선택한 것이 전혀 없었다고 장담할 수 있을까? 개인적인 변화나 종교의 역사도 마찬가지다. 인간의 조상들은 짝짓기 상대를 자유 의지로 선택했다. 선택 기준은 무엇이었을까? 의식 수준이었을까? 자의식이었을까? 아니면 도덕적 지식이었을까? 인간 사회에 팽배한 실존적 죄책감을 누가 부인할 수 있겠는가. 그런 죄책감(태어날 때부터 타락한 존재였다는 느낌, 나쁜 짓을 할 수 있다는 느낌)이 없는 사람은 정신 질환자와 다를 바 없다는 지적을 누가 피할 수 있겠는가.

인간은 아무렇지도 않게 악행을 저지를 수 있는 특성이 있다. 이런 특성을 지닌 생명체는 인간이 유일하다. 옳지 않다는 걸 알면서도 일부러 나쁜 짓을 저지른다(물론 사고나 부주의 혹은 미필적 고의로 벌어지는 일도 있다). 이런 추악한 면을 생각해 보면 우리가 자신이나 다른 사람을 제대로 돌보지 못하는 게 이상한 일은 아니다. 심지어 인류 전체의 존재 가치에 의문을 품는 것도 당연한 일이다. 인간은 오래전부터 자신을 믿지 않았다. 거기에는 충분한 이유가 있었다. 수천 년 전 고대 메소포타미아에서는 인간이 '킨구'의 피로 만들어졌다고 믿었다. 킨구는 위대한 혼돈의 여신이 복수심과 증오심에 휩싸였을 때 낳은 가장 무시무시한 괴물이다(메소포타미아 고대 신화에 따르면 킨구를 낳은 이는 만물의 모신 티아마트로, 그녀는 킨구 외에도 수많은 신을 낳았다. 그 자손 중 하나인 마르두크가 그녀에게 도전하자 킨구를 보내 응징하려 했으나, 마르두크는 킨구를 죽이고 모신인 티아마트마저 죽였다. 마르두크는 킨구의 피를 섞은 진흙으로 인간을 빚었다).[58] 인간의 본성에 대해 이런 식으로 결론을 내린다면 어떻게 인간의 존재 가치에 관해 의문을 제기하지 않을 수 있겠는가. 인간이 이렇게 악하다면 병에 걸렸을 때 치료해서 살리는 것이 과연 도덕적으로 올바른가를 따져 봐야 하지 않겠는가. 각자의 어두운 본성에 대해서 당사자만큼 잘 아는 사람은 없다. 그렇다면 병에 걸렸을 때 당사자보다 치료에 더 전념할 사람이 또 있을까?

어쩌면 인간은 애초부터 존재하면 안 되는 무엇이었을지도 모른다. 세상에서 인간을 깨끗이 씻어 낼 수 있다면, 모든 존재와 의식이 도덕적으로 순수한 동물들의 야만적 상태로 되돌아갔을지 모른다. 이런 상황을 한 번도 바란 적이 없다고 말하는 사람이 있다면, 기억력이 나쁘거나 아직 자신의 가장 어두운 면을 만나 보지 못한 사람일 것이다.

그럼 우리는 무엇을 해야 할까?

신의 불꽃

〈창세기〉 1장에서 하나님은 신성한 진리의 말씀으로 세계를 창조했다. 우주가 창조되기 전의 혼돈으로부터 살기 좋고 질서 정연한 낙원을 만들어 냈다. 그 후 자신의 형상을 닮은 남자와 여자를 창조하고 그들에게 하나님처럼 혼돈으로부터 질서를 만들 수 있는 능력을 심어 주었다. 하나님은 무엇인가를 창조할 때마다 인류 최초의 부부를 포함해 눈앞에 이루어진 것들을 바라보며 "참 좋구나!"라고 말했다.

〈창세기〉 1장과 2~3장의 이야기는 가늠할 수 없을 만큼 심오한 내용을 담고 있다. 2~3장의 주제는 인간의 추락이다. 인간의 운명이 비극으로 짓눌리고 윤리적으로 일그러진 이유를 설명한다. 1장의 교훈은 진리의 말씀으로 만들어진 '존재'는 선한 존재라는 사실이다. 인간도 하나님과 이별하기 전에는 선했다. 이 선한 존재가 에덴동산에서의 추방, 카인의 아벨 살해, 대홍수와 바벨탑 저주 등의 사건을 겪으며 망가져 버렸다. 하지만 아직도 몰락하기 전 선하던 시절의 흔적이 남아 있다. 우리는 그때를 기억하고 있다. 예컨대 거의 모든 사람이 어린아이의 순수함, 신성하고 숭고한 것, 순진무구한 동물들, 장엄한 자연 경관, 훼손되지 않은 오래된 숲 등을 동경하고, 이런 것들에서 위안을 얻는다. 인간을 해충 취급하는 자칭 무신론적 환경주의자들도 예외는 아니다. 이들은 자연의 원래 상태를 낙원과 동일시하고 있는 것 같다. 하지만 지금 우리는 하나님이나 자연과 하나가 아니다. 다시는 그 상태로 돌아갈 수 없다.

최초의 남자와 여자는 늘 창조주와 함께 있었지만 눈이 열리지는 않은 상태였다. 주변에 대한 의식도 없고 자의식도 없었다. 어떤 면에서 보면 추방당한 이후의 인간보다 수준이 낮았다. 왜냐하면 그들의 선함은 타고난 것일 뿐 자유 의지로 노력해서 얻은 게 아니었기 때문이다. 그들은 어떤 선택도 하지 않고 선함을 얻었다. 하나님도 그걸 알고 있었다. 쉽게 얻은 선함이 노력해서 얻은 선함보다 더 좋다고 할 수 있을까? 의식의 탄생은 우주적으로도 중요한 현상이었다. 그 이전에 어떤 존재도 자신의 존재 이유와 가치에 대해 의식해 본 적이 없기 때문이다. 그런 식으로 생각해 보면 우주적 의미에서도 자유 의지는 매우 중요한 문제였을 것이다. 그런데 과연 이런 생각이 맞는다고 확신할 수 있을까? 어려운 문제지만 어렵다는 이유만으로 이런 의문을 외면하고 싶지는 않다. 따라서 이렇게 가정해 보자.

'자신의 존재 가치에 의심을 품고 괴로워하게 된 것은 자의식 때문이 아니다. 죽음과 추방에 대한 도덕적 깨달음 때문도 아니다. 오히려 우리가 연약하고 사악한 존재라는 사실을 알고 있음에도 불구하고 하나님과 동행하지 않으려는 거부감이 주된 원인이다.'

아담이 부끄러워하며 몸을 감춘 행위에서 이런 가정은 상당한 설득력이 있다.

추방 이후의 모든 사건(이스라엘의 역사, 선지자들, 그리스도의 재림)이 추방에서 비롯된 문제들의 대책, 즉 악에서 벗어나는 방법으로 제시된다는 점에서 《성경》 전체는 치밀하게 짜인 이야기책이라 할 수 있다. 예컨대 역사의 태동, 국가의 탄생, 병적인 자존심과 엄격함, 어긋난 상황을 바로잡으려한 위대한 도덕적 인물들과 메시아의 출현 등은 모두 하나님의 뜻에 따라 세상을 바로 세우려는 인간의 시도였다. 그렇다면 세상을 바로 세운다는 게 무슨 뜻일까?

놀랍게도 이 의문의 대답은 〈창세기〉 1장에 이미 함축되어 있다. 하나님의 형상대로 만들어졌으니 혼돈으로부터 좋은 것을 만들어 내야 한다는 뜻이다. 의식적으로, 자유 선택으로 그렇게 해야 한다는 뜻이다. T. S. 엘리엇이 정확히 지적했듯이, 후진이 곧 전진하는 길이다. 그러나 잠자기 위한 후진이 아니라, 옳은 선택을 통해 깨어 있는 존재가 되기 위한 후진이어야 한다.

우리는 탐험을 멈추지 않을 것이다.

우리가 모든 탐험을 끝내면

우리가 출발한 곳으로 되돌아오리라.

그때야 처음으로 그곳을 알게 되리라.

알 수는 없지만 기억하고 있는 그 문을 통하여

아직 발견되지 않은 마지막 땅이

바로 시작한 땅이었다는 것을.

세상에서 가장 긴 강의 수원지

숨긴 폭포가 떨어지는 소리

사과나무에서 속삭이는 아이들의 목소리

일부러 찾지 않아 알려지지 않았지만

들린다, 정적 속에서 희미하게 들린다.

바다에서 출렁이는 파도가 낮아질 때마다

지금 빨리, 여기에서, 지금, 항상……

혓바닥처럼 날름거리는 불꽃들이

왕관 모양으로 매듭지어질 때

불과 장미가 하나가 될 때,

완전한 단순함을 위한 조건이 갖추어지고

(모든 것을 희생해야 얻을 수 있는)

모두 괜찮아질 것이고,

모든 것이 괜찮아질 것이다.

-〈리틀 기딩〉*,《네 개의 사중주》중에서

자신을 제대로 보살피려면 먼저 자신을 존중해야 한다. 그러나 우리는 자신을 존중하지 않는다. 스스로 타락한 피조물이라는 걸 알기 때문이다. 우리가 진실하게 살고 진실을 말한다면, 우리는 다시 하나님과 동행할 수 있고 우리 자신과 타인과 세상을 존중할 수 있게 된다. 그래야 우리가 좋아하고 사랑하는 사람에게 하는 것처럼 자신을 대할 수 있다. 그래야 세상을 똑바로 세우려는 노력을 시작할 수 있고, 세상을 지옥이 아닌 천국으로 이끌 수 있다. 천국은 우리가 사랑하는 사람들과 함께 살았으면 하는 곳이지만, 지옥은 우리 모두 영원히 원망과 증오로 가득한 형벌을 받는 곳이다.

요즘 사람들과 비교하면, 2000여 년 전 기독교가 탄생한 지역의 사람들은 무척 야만적이었다. 어디에나 갈등과 충돌이 있었다. 어린아이를 포함해 산 사람을 제물로 바치는 악습은 고대 카르타고처럼 고도로 발달한 사회에서도 흔한 일이었다.[59] 로마의 원형 경기장에서는 수만 명이 모여 목숨

---

* 〈리틀 기딩(Little Gidding)〉은 시간과 미래, 인간성과 구원을 주제로 T. S. 엘리엇이 1942년에 발표한 연작시 《네 개의 사중주(Four Quartets)》의 네 번째 시다. 리틀 기딩은 런던에서 북쪽으로 120킬로미터 떨어진 곳에 있는 작은 마을로, 영국 성공회의 신앙 중심지다. T. S. 엘리엇은 1936년 이곳을 방문하여 시적 영감을 얻었다.

을 건 싸움을 구경했다. 유혈극은 다반사였다. 사회적으로 불안한 나라들을 제외하면 오늘날 선량한 시민이 살해당할 확률은 과거와 비교하면 매우 낮다.[60] 과거 사회에서 도덕적으로 가장 중요한 과제는 폭력적이고 충동적인 이기주의와 무한한 탐욕, 야만성을 통제하는 것이었다. 공격적이고 파괴적인 성향을 지닌 사람은 지금도 존재하지만, 그들도 그런 행동이 나쁘다는 걸 알기 때문에 그런 성향을 억제하려고 노력한다. 억제하지 못하면 사회적으로 큰 처벌을 받는다.

그런데 최근 들어 끔찍한 과거에도 없던 문제가 생겼다. 요즘 사람들은 인간은 오만하고 자기중심적이어서 항상 자신만을 위한다고 생각한다. 냉소주의가 널리 퍼져 있어 이런 생각은 거의 진실처럼 되어 버렸다. 하지만 모든 사람이 자기중심적인 것은 아니다. 오히려 정반대의 문제에 시달리는 사람이 더 많다. 그들은 자기혐오와 자기 경멸, 수치심과 자의식으로 괴로워한다. 자기도취에 빠져 존재 가치를 과장하기는커녕 오히려 자신을 깎아내리고 방치한다. 그들은 보살핌을 받을 만한 자격이 없다고 생각하는 것 같다. 결점과 부족함을 필요 이상으로 과장하고, 자신의 가치를 의심하며 부끄러워한다. 그러면서도 다른 사람들은 고통받으면 안 된다고 생각해서 그들을 돕는 데 발 벗고 나선다. 동물을 보살피고 배려하는 데도 정성을 다한다. 하지만 정작 자신은 제대로 돌보지 않는다.

서구 문화에서는 고결한 자기희생의 가치를 높이 평가한다. 최고의 자기희생을 몸소 실천한 선지자들을 따라야 한다고 가르친 기독교의 영향이 크다. 그래서 '남에게 대접받고자 하는 대로 남을 대접하라'라는 예수의 가르침(황금률)을 '타인을 위해 자신을 희생하라'라는 것으로 이해한다. 하지만 그것은 진실이 아니다. 그리스도의 죽음은 타인을 위해 자신을 희생한 사례가 아니라 유한성과 배신, 폭압을 의연히 받아들이는 모범적인 사례로 보는 게 더 타당하다. 다시 말하면, 자신과 남을 의식하게 된 비극에도 불구하고 하나님과 동행하는 방법이 있음을 보여 준 것이다. 하나님, 즉 최고 선을 위해 우리 자신을 희생한다는 것은 부당한 착취를 기꺼이 감내하라는 뜻이 아니다. 폭압과 착취를 용인할 수는 없다. 불의한 이들에게 괴롭힘을 당하는 게 미덕은 아니다. 그 불의한 사람이 당신 자신이라도 달라지는 것은 없다.

나는 스위스의 저명한 심층 심리학자 카를 융으로부터 '남에게 대접받고자 하는 대로 남을 대접하라'와 '네 이웃을 네 몸처럼 사랑하라'라는 가르침에 대한 2가지 중요한 교훈을 얻었다. 첫째는 두 가르침이 미덕과 아무런 상관이 없다는 것이고, 둘째는 두 가르침 모두 명령이나 지시가 아니라 '남'과 '나'의 관계를 설명하고 있다는 점이다. 예컨대 내 가족이나 친구, 연인을 대할 때 그들을 챙기는 것만큼이나 최선을 다해 나 자신을 챙겨야 한다는 것이다. 그들 역시 마찬가지다. 그렇게 하지 않는다면 나는 결국 노예가 되고, 상대는 폭군이 될 것이다. 그래서 좋을 것이 있는가? 어떤 관계에서나 양쪽 모두 강한 게 훨씬 낫다. 당신이 괴롭힘을 당하고 노예 취급을 당할 때 자신을 지키는 것과 비슷한 처지의 다른 사람을 위해 나서는 것에는 거의 차이가 없다. 융이 지적했듯이, 예수의 가르침에 담긴 의미는 서툴고 부족한 사람들을 용서하고 도와주는 것처럼 나약한 당신을 포용하고 사랑하라는 뜻이다.

하나님은 "너희가 친히 원수를 갚지 말고 …… 내가 보복하리라"(《로마서》 12장 19절, 〈신명기〉 32장 35절)라고 말했다. 이 철학에 따르면, 우리는 우리의 주인이 아니다. 우리에게는 자신을 고문하고 학대할 권리가 없다. 그 이유가 무엇일까? 우리 '존재'는 타인의 '존재'와 긴밀한 관계를 맺고 있어서 우리 자신에 대한 학대가 다른 사람에게 재앙적인 결과로 이어질 수도 있기 때문이다. 자살이 가장 극단적인 예다. 남은 사람들은 상실감에 빠지고 정신적 외상에 시달린다. 비유를 들자면, 신의 불꽃이 당신의 내면에 불타고 있으므로 당신의 주인은 당신이 아니고 하나님이다. 〈창세기〉에 따르면, 인간은 하나님의 형상대로 만들어졌다. 인간은 저해상도로 창조된 하나님이고, 신성이 없는 하나님이다. 인간도 말로써 혼돈에서 질서를 만들어 낼 수 있고, 질서에서 혼돈을 만들어 낼 수도 있다. 인간이 하나님과 완전히 똑같을 수는 없지만, 그렇다고 하찮은 존재는 결코 아니다.

나도 영혼이 캄캄한 구렁텅이에 빠져 인생의 암흑기를 힘겹게 보낸 시절이 있다. 그 시기를 이겨 낼 수 있던 것은 서로 친구가 되고 배우자와 자녀 및 부모가 사랑하며 맡은 일들을 성실하게 해내는 수많은 사람의 모습에 깊이 감동한 덕분이었다. 지금도 기억에 남는 사람이 있다. 그는 교통사고로 크게 다쳐 장애를 입은 상태였다. 지역 공공 기관에 일자리를 얻은 그는 몇 년 동안 한 동료와 나란히 앉아 일했다. 그 동료는 퇴행성 신경 질환을 앓는 장애인이었다. 두 사람은 작업대를 수선할 때마다 힘을 합쳐 각자의 부족한 부분을 채워 주었다. 나는 이처럼 매일같이 일어나는 영웅적인 행동이 예외적 현상이 아니라 일반적 법칙이라고 믿는다. 사람은 대부분 심각한 건강 문제를 한두 개씩 가지고도 불평 없이 맡은 바 일을 해내고 있다. 겉으로는 누가 봐도 삶의 황금기를 보내는 성공한 사람도 속으로는 심각한 위기를 겪는 가족 때문에 괴로워할 수도 있다. 우리는 자신과 가족 혹은 사회 속에서 그럭저럭 균형을 잡으며 어렵고 힘든 일을 꾸역꾸역 해낸다. 내 눈에는 이 모든 것이 경이롭게 보인다. 감사의 마음을 전하고 싶지만, 적절한 표현이 떠오르지 않을 뿐이다. 계획이 어긋나고 협력이 깨지는 수많은 이유가 있다. 그런 와중에도 상처 입은 사람들끼리 힘을 합쳐 뭔가를 해내는 일도 늘 벌어진다. 그들은 진심 어린 찬사와 존경을 받을 자격이 있다. 그들의 행위는 용기와 인내로 만든 기적이고, 지금 이 순간에도 멈추지 않고 계속되고 있다.

나는 상담을 받으러 온 사람들에게 자신과 주변 사람들을 믿으라고 말해 준다. 그래야 생산적인 일을 하고, 신중하게 행동하며, 주변 사람들에게 관심을 갖고 그들을 세심하게 배려할 수 있다. 많은 사람이 삶의 무게와 제약에 억눌려 힘겨워하면서도 올바르게 행동하고 자신의 한계를 넘어서는 게 놀랍기만 하다. 우리에게는 전기와 수돗물, 중앙난방, 무한에 가까운 계산력, 모든 사람이 먹고도 남을 충분한 식량이 있고, 심지어 사회와 자연의 운명을 고찰하는 능력도 있다. 정교하고 복잡한 기계 장치들이 우리를 추위와 굶주림, 가뭄으로부터 보호해 주지만 시간이 흐를수록 마모되고 망가져 제대로 작동하지 않게 된다. 기계가 말썽 없이 잘 돌아가려면 수시로 점검하고 꼼꼼하게 관리해야 한다. 사람도 마찬가지다. 관심을 두고 끊임없이 돌보고 보살펴야 한다. 어떤 사람들은 원한과 증오의 늪에 빠져 허우적대지만, 대부분은 고난과 실망, 상실과 부족함 속에서도 망가지지 않는다. 이것 역시 기적이라고 할 만하다.

인간이면 누구나 삶의 무게를 온몸으로 받아 내며 힘겨워한다. 모두 위로받을 만하다. 도덕적으로 나약하기 그지없고 국가의 폭정과 대자연의 약탈을 견뎌야 하는 인간이기에 더더욱 그렇다. 어떤 동물도 경험해 본 적 없고 이겨 낼 수도 없는 실존적 상황이다. 때로는 너무 가혹해서 하나님의 보살핌 없이는 견디기 어려울 때도 있다. 자의식 때문에 생기는 자기 경멸에는 위로와 연민이 적절한 치료 약이라는 데 어느 정도 동의하지만, 그것만으로는 부족하다. 자신과 인간 전체에 대한 혐오감을 가지기 전에 전통과 국가의 가치, 평범한 사람들이 힘을 모아 성취한 것들, 위대한 인물들의 엄청난 업적들을 먼저 돌아봐야 한다.

우리는 모두 존중받아 마땅하다. 당신도 존중받을 자격이 있다. 당신은 자신에게는 물론이고 다른 사람에게도 중요한 존재다. 당신은 도도한 역사의 흐름 속에서 중요한 역할을 맡고 있다. 따라서 자신을 소중하게 생각하며 보살펴야 한다. 당신이 사랑하는 누군가를 세심하게 배려하듯이, 당신 자신도 똑같이 챙겨야 한다. 당신이라는 '존재'를 존경받아 마땅한 사람으로 생각하는 습관을 들이는 것도 좋은 방법이다. 그러나 인간이라면 누구나 결점이 있다. 누구나 하나님의 영광을 누리기에는 부족하다. 그렇다고 자신과 주변 사람들을 함부로 대해도 괜찮다는 뜻은 아니다. 그렇다면 모두 평생 괴로운 시간을 보내야만 할 것이다. 우리가 자신을 하찮게 여기면 세상은 지금보다 훨씬 살기 힘든 곳으로 전락할 것이고, 모든 사람이 세상을 더 비관적으로 볼 것이다. 그것은 우리가 나아가야 할 방향이 분명히 아니다.

나 자신을 책임지고 도와줘야 할 사람처럼 대한다는 것은, 나에게 진정으로 좋은 것이 무엇인지를 찾는다는 뜻이다. '내가 원하는 것'을 '좋은 것'으로 착각하면 안 된다. 또한 '나를 행복하게 해 주는 것'도 좋은 것이 아니다. 아이가 원할 때마다 사탕을 주면 그 아이를 행복하게 해 줄 수 있다. 그렇다고 사탕이 아이에게 좋은 것은 아니다. '행복'은 결코 '좋은 것'과 동의어가 아니다. 사탕을 줬으면 어떻게든 아이가 이를 닦도록 해야 한다. 추운 겨울날 외출할 때는 아이가 불편하다고 싫어해도 외투를 입혀야 한다. 우

—— 법칙 2

리는 아이들이 도덕적이고 책임감 있는 어른으로 성장할 수 있게 도와야 한다. 또 항상 깨어 있는 존재로서 자신과 남을 배려하고, 정정당당하게 성공할 수 있도록 도와야 한다. 그런데 우리 자신을 위해서는 그렇게 하지 않을 이유가 있을까?

미래를 상상하며 이렇게 생각해 보자.

'나 자신을 제대로 보살핀다면 내 인생이 어떻게 달라질까? 어떤 일을 해야 과감하게 도전하고, 신나게 일하며, 세상에 도움을 주고, 기꺼이 책임을 지며, 보람을 느낄 수 있을까? 시간을 어떻게 써야 더 건강해지고 더 많이 배울 수 있을까?

지금 당신이 어디에 있는지 알아야 한다. 그래야 미래를 위한 계획을 세울 수 있다. 지금의 당신이 누구인지 정확히 알아야 한다. 그래야 한계를 극복할 방법을 찾을 수 있다. 또 당신이 어디로 가고 있는지도 알아야 한다. 그래야 삶에서 혼돈을 줄이고, 질서를 재정립하며, 세상에 대한 희망을 품을 수 있다.

또 당신이 나아갈 방향을 정해야 한다. 그래야 당신 자신을 다스릴 수 있고 결국에는 원망과 앙심과 잔혹성을 떨쳐 낼 수 있다. 당신만의 원칙을 명확히 세워야 한다. 그래야 당신을 부당하게 이용하려는 다른 사람들에게서 당신을 지킬 수 있고, 안전하게 일하며 삶을 즐길 수 있다. 꾸준히 심신을 단련하고, 자신과의 약속을 지켰을 때는 스스로에게 충분한 보상을 주어야 한다. 그래야 자신을 신뢰하고 동기를 부여할 수 있다. 자신을 어떻게 대해야 더 나은 사람이 될 수 있을지 생각하고 행동해야 한다. 세상이 더 살기 좋은 곳이 되면 좋겠지만, 천국은 저절로 오지 않는다. 천국을 앞당기려면 하나님이 에덴동산 앞에 세워 놓은 심판의 화염검과 죽은 천사들에게 맞설 용기가 필요하다.

목표와 방향의 힘은 얕볼 수 없다. 목표와 방향은 넘을 수 없을 것처럼 보이는 장애물도 넘을 수 있는 길로 바꿔 놓는다. 그리고 기회의 문을 열어 줄 강력한 힘을 가지고 있다. 우리는 더 강해져야 한다. 당신 자신부터 시작하라. 당신을 보살펴라. 당신이 누구인지 정확히 알아라. 더 나은 사람이 되어라. 목표를 정하고 그곳으로 향한 길을 걸어라. 19세기 독일의 위대한 철학자 니체는 "왜 살아야 하는지를 아는 사람, 삶의 의미를 아는 사람은 어떻게든 살아갈 수 있다"라고 하지 않았는가.[61]

위태롭게 흔들리며 지옥으로 추락하는 세상을 천국으로 옮겨 놓는 일에 당신 역할도 있다. 사람들에겐 은밀하고 개인적인 각자의 지옥이 있다. 먼저 당신의 지옥이 무엇인지 철저히 파악하면 그런 곳에 발을 들여놓지 않을 수 있다. 아니, 애초에 그런 지옥을 만들지 않을 수 있다. 당신의 삶을 바칠 수 있는 다른 길을 선택하라. 그러면 삶의 의미가 분명해진다. 힘겨운 삶을 사는 당신이 꼭 존재해야 하는 이유가 찾아진다. 또한 죄악으로 가득한 본성이 구원받는다. 에덴동산에서 하나님과 동행하는 법을 다시 배운 사람답게 부끄러운 자의식을 떨쳐 내고 자연스러운 자긍심과 당당한 자신감을 찾게 될 것이다.

당신 자신을 도와줘야 할 사람처럼 대하는 것, 당신이 가장 먼저 해야 할 일이다.

당신에게 최고의 모습을 기대하는
사람만 만나라

←─────────────────────────────

내가 살던 고향 마을

나는 사방으로 지평선이 보이는 대초원 한복판의 시골 마을에서 자랐다. 캐나다 중서부에 있는 앨버타주의 페어뷰라는 곳인데, 생긴 지는 고작 50년밖에 되지 않았다. 시골 마을답게 카우보이들이 드나드는 술집이 많았다. 중심 거리에는 허드슨베이 사가 운영하는 백화점이 있었는데 지금도 비버와 늑대, 코요테 가죽 따위를 사냥꾼들과 직접 거래한다. 당시 페어뷰에는 3000명 정도가 살고, 가장 가까운 도시는 600킬로미터 떨어진 곳에 있었다. 케이블 텔레비전과 비디오 게임, 인터넷은 당연히 없었다. 그러니 페어뷰에서 재미있게 살기란 쉬운 일이 아니었다. 특히 5개월이나 계속되는 겨울이 문제였다. 한낮에도 기온이 영하 40도를 밑돌고, 밤에는 훨씬 더 추웠다. 그런 겨울이 찾아오면 세상은 다른 곳이 된다.

우리 동네 술꾼 중에는 추위 때문에 삶을 일찍 마감한 사람이 많았다. 새벽 3시에 술에 떡이 되어 눈 더미에 쓰러진 채 얼어 죽는 것이다. 경험자로서 말하지만, 기온이 영하 40도 이하로 떨어지면 집 밖으로 나갈 생각은 접어야 한다. 밖에 나가 첫 숨을 들이마시는 순간, 차갑고 건조한 공기로 인해 폐가 얼어붙는 느낌이 든다. 속눈썹에 얼음이 맺혀 위아래 속눈썹이 달라붙는다. 샤워하고 머리카락을 제대로 말리지 않으면 전기에 감전된 귀신 머리카락처럼 뻣뻣하게 곤두선다. 어린아이들에게는 놀이터 철제 시설물에 절대 혀를 대지 말라고 말해 주어야 한다. 대는 순간 혀가 쇠에 붙어 버린다. 굴뚝에서 나오는 연기도 하늘로 올라가지 않고 눈으로 뒤덮인 옥상과 마당에 안개처럼 모인다. 자동차는 밤에도 시동을 켜 두어야 한다. 그렇지 않으면 기름이 얼어 시동이 걸리지 않는다. 철저히 대비해도 시동이 꺼지는 경우가 있다. 시동을 걸려고 애를 써도 달가닥거리는 소리만 나다가 꺼진다. 그럼 딱딱하게 곱은 손가락으로 볼트를 풀고 얼어붙은 배터리를 떼어 내 실내로 가져가야 한다. 따뜻한 방에 3~4시간 놓아두면 배터리 겉면에 물이 줄줄 흐른다. 배터리가 녹으면 그제야 시동이 걸린다. 자동차 뒷유리는 없다고 생각하는 게 낫다. 11월부터 뒷유리에 성에가 뒤덮여 이듬해 5월까지 사라지지 않는다. 성에를 긁어내도 금방 다시 생긴다. 성에를 긁어내느라 흠뻑 젖은 장갑만 얼어붙는다. 그러니 헛수고하지 말고 내버려 두는 게 낫다.

겨울 어느 날 밤늦게 친구 집에 가려다가 낭패를 겪은 적이 있다. 다른 친구가 운전하는 1970년식 닷지 챌린저 조수석에 앉아 있었는데, 수동 변속기가 고장이 나고 난방 장치도 작동하지 않았다. 앞이 보이지 않아 헝겊에 보드카를 적셔 운전석 앞 유리를 2시간 내내 닦아 냈다. 그렇다고 자동차를 멈출 수는 없었다. 멈출 만한 곳이 없었으니까.

페어뷰의 강추위는 집고양이에게도 고역이었다. 페어뷰 고양이들은 귀와 꼬리가 짧았다. 동상으로 끝부분을 잃었기 때문이다. 그래서 혹한을 견딜 수 있도록 진화한 북극여우를 닮았다. 어느 날 우리 집 고양이가 아무도 모르게 집 밖으로 나갔다. 한참 후에야 녀석이 사라졌다는 걸 알아채고는 찾으러 나갔다. 얼마 후 뒷문 시멘트 계단에 털이 얼어붙어 꼼짝 못하고 앉아 있는 녀석을 발견했다. 시멘트 계단에서 조심스럽게 떼어 낸 후 최대한 상처가 생기지 않게끔 노력했지만 자존심에는 큰 상처를 입었을 것이다. 페어뷰 고양이들이 겨울을 날 때 가장 조심해야 할 것은 자동차다. 페어뷰에서 달리는 자동차에 고양이가 치이는 사고는 거의 일어나지 않는다. 오히려 운전을 끝내고 막 주차된 자동차가 위험하다. 추위에 떨던 고양이는 아직 온기가 남아 있는 엔진룸에 들어가 몸을 녹이고 싶어 하기 때문이다. 고양이가 엔진룸에 있을 때 운전자가 시동을 걸면 어떻게 되겠는가. 온기를 찾는 고양이와 고속 회전하는 라디에이터 팬은 공존하기 어렵다는 정도로만 말해 두자.

우리 가족이 살던 곳은 위도가 높아 겨울밤이 유독 길고 어두웠다. 12월에는 아침 9시 30분이 되어야 해가 떴다. 그래서 학교에 갈 때는 한밤중처럼 어두웠고, 집에 돌아올 때는 이미 해가 질 무렵이라 밝지 않았다. 페어뷰에서는 젊은이들이 할 일이 별로 없었다. 여름에도 없고, 겨울에는 더더욱 없었다. 그래서 친구가 소중했다. 그 어떤 존재보다 소중했다.

내 친구 크리스 이야기

당시 나에게는 크리스라는 친구가 있었다. 크리스는 책을 즐겨 읽는 영리한 친구였다. 특히 나와 크리스는 둘 다 레이 브래드버리, 로버트 하인라인, 아서 클라크 등의 과학 소설을 좋아하던 터라 마음이 잘 통했다. 뭔가를 만드는 것도 좋아해서 전자 장치 꾸러미와 톱니 장치, 모터에 관심이 많았다. 크리스는 확실히 공학자 기질을 타고난 친구였다. 하지만 모든 장점이 가족 문제로 가려졌다. 그 문제가 정확히 무엇이었는지는 지금도 모른다. 아버지는 자상하고, 어머니는 친절하며, 누나들은 똑똑했다. 누나들은 문제가 없어 보였지만, 이상하게도 크리스는 누구에게도 보살핌을 받지 못하고 방치되다시피 했다. 그 때문인지 크리스는 아는 것도 많고 궁금한 것도 많은 아이였지만 항상 화난 표정으로 세상을 원망했다. 무엇보다 미래에 대한 희망이 없었다.

크리스가 몰던 1972년식 푸른색 포드 픽업트럭을 보면 그의 상태를 짐작할 수 있었다. 그 자동차는 동네에서도 유명했는데 바깥쪽 금속판마다 움푹 들어간 사고 흔적이 하나 이상은 있었다. 안쪽에도 그만큼의 찌그러진 흔적이 있었다. 바깥쪽에 상처를 남기는 사고가 날 때마다 크리스의 몸뚱이가 안쪽 어딘가에 부딪히며 남긴 흔적이었다. 트럭의 겉모습은 마치 허무주의 껍데기처럼 보였다. 범퍼에는 '조심! 조심! 조심!'이란 간절한 소망이 담긴 스티커가 붙어 있었다. 여기저기 찌그러진 흔적들 사이에 스티커가 붙어 있어서 보고 있으면 헛웃음이 나왔다. 크리스가 조심스럽게 운전하는 사람이 아니라는 걸 알기에 더 역설적이었다.

크리스가 사고를 낼 때마다 그의 아버지는 별말 없이 수리해 주었다. 심지어 다른 뭔가를 사 주기도 했다. 오토바이도 사 주고, 아이스크림 판매용

승합차도 사 주었다. 그런데 크리스는 오토바이를 좋아하지 않았고, 아이스크림을 팔지도 않았다. 게다가 아버지에 대한 불만과 서운함이 많았다. 그의 아버지에게는 지병이 있었는데 그걸 너무 늦게 알게 되어 건강이 좋지 않았다. 또래보다 많이 늙어 보이고 힘도 없어 보였다. 그래서 아들에게 충분한 관심을 기울일 수 없었고, 부자 관계도 서먹해진 게 아니었나 싶다.

크리스에게는 두 살 어린 에드라는 사촌이 있었다. 나는 에드를 무척 좋아했다. 훤칠한 키에 잘생기고 영리하기도 했다. 유머 감각도 있어서 그렇게 매력적일 수가 없었다. 누구나 열세 살 시절 에드를 보면 커서 뭐가 돼도 되겠다고 생각했을 것이다. 그러나 에드는 점점 내리막길을 걷다가 결국에는 낙오자로 변해 갔다. 크리스만큼 화를 내지는 않았지만 정신은 만만치 않게 혼란스러웠다. 에드가 망가진 이유는 질 나쁜 친구들 때문이라고 생각하는 사람들도 있었다. 그 친구들이 에드만큼 똑똑하지는 않았지만 그렇다고 에드보다 사고를 많이 치고 다니지도 않았다. 에드와 크리스는 언젠가부터 대마초에 손을 대기 시작했다. 상황이 나아질 리가 없었다.

나와 크리스, 에드는 다른 친구들과 함께 내 차와 크리스 차에 나눠 타고 여기저기를 계속 돌아다녔다. 기나긴 겨울밤의 지루함을 달래는 우리만의 놀이였다. 레일로드 애비뉴를 따라 마을 북쪽 끝에 있는 중심 거리를 들러 고등학교를 지나 서쪽으로 넘어가거나, 아니면 중심 거리에서 동쪽으로 가기도 했다. 이런 식으로 무작정 계속 돌아다녔다. 동네 운전이 지겨워지면 외곽으로 나갔다. 교외에는 면적이 78만 제곱킬로미터에 달하는 서부 대평원이 있었다. 프랑스와 독일 땅을 합친 것과 맞먹는 크기인데, 100여 년 전에 측량 기사들이 평원 전체에 격자무늬 표식을 설치해 놓았다. 북쪽으로 3킬로미터마다 자갈을 깔아 놓은 길이 동서로 끝없이 펼쳐져 있었다.

또 서쪽으로는 1.5킬로미터마다 남북으로 뻗은 자갈길이 있었다. 그래서 차를 몰고 달릴 길이 부족하다고 느낀 적은 한 번도 없다.

멋모르던 10대 시절

차를 타고 싸돌아다니지 않을 때는 파티에 갔다. 10대 후반 형들(혹은 음흉한 마음을 품은 늙은 청년들)이 가끔 친구들을 집으로 부를 때가 있었다. 그때마다 동네 말썽꾼들이 모여들어 깔끔하게 끝난 적이 거의 없다. 오자마자 행패를 부리는 사람, 술주정이 심한 사람, 이유 없이 시비를 거는 사람 등이 집을 난장판으로 만들었다. 뜻하지 않게 파티가 열리는 경우도 있었다. 밤에 차를 타고 돌아다니다 보면 거실 불은 켜져 있는데 차고는 비어 있는 집이 보일 때가 있었다. 집안 어른들이 멀리 외출해서 당분간 안 돌아오신다는 뜻이었다. 그런 집에 아는 사람이 살고 있으면 바로 파티가 시작되었다. 같이 차를 타고 다니는 친구 중에 그런 집을 기막히게 찾아내는 아이들이 있었다. 이런 즉흥 파티 역시 좋게 끝난 적은 거의 없다.

나는 이런 파티를 좋아하지 않았다. 기억에 남을 만한 추억도 없다. 파티장 분위기는 울적했다. 조명이 어두워서 답답하고, 음악 소리가 너무 커서 대화도 불가능했다. 어차피 할 말이 별로 없어서 그나마 다행이었다. 파티에는 동네를 대표하는 문제아 1~2명은 꼭 끼어 있었다. 모두 내일은 없다는 듯이 취하도록 마시고 구역질이 나도록 담배를 피웠다. 아무 목적도 없는 음울하고 무거운 분위기가 파티장을 지배했다. 시간 낭비라는 생각밖에 안 들었다. 늘 착하고 얌전하던 같은 반 친구가 술에 취해 총알이 든 엽총을 휘둘러 모두를 기겁하게 만든 사건도 있고, 훗날 내 아내가 된 여성이 누군가와 시비가 붙었는데 그 녀석이 칼을 가져와 그녀를 위협한 일도 있었다. 또 한번은 한 친구가 커다란 나무에 올라가 나뭇가지에 매달려 몸을 흔들다가 모닥불 바로 옆으로 떨어져 죽을 뻔한 일도 있었다. 그 친구 옆에는 정확히 1분 전에 똑같은 짓을 하다가 나무에서 떨어진 친구가 누워 있었다. 이런 일들 말고는 아무 일도 일어나지 않았다.

그들이 왜 그렇게 파티에 집착했는지는 아무도 모른다. 응원단장이 되고 싶었던 것일까? 고도(사뮈엘 베케트의 부조리극 《고도를 기다리며》에서 등장인물들이 기다리는 대상. 고도가 누구인지, 무엇 때문에 기다리는지, 언제 오는지는 밝혀지지 않는다―옮긴이)를 기다리던 것일까? 당연히 응원단장을 하고 싶었겠지만 안타깝게도 우리 마을에는 응원단이 없었다. 차라리 고도를 기다린 게 더 진실에 가깝다. 혈기 왕성한 젊은이들이 조금이라도 신나는 일이 있으면 물불 안 가리고 달려든 것이라고 생각할 수도 있다. 그런데 사실은 그렇지 않았다. 우리는 어렸지만 냉소적이고 염세적이었다. 주변 어른들이 토론 클럽이나 스포츠 동호회, 공군 훈련단을 만들어 아이들을 바람직한 방향으로 이끌어 보려고 했지만, 우리는 관심이 없었다. 그런 것들은 전혀 멋지지 않았다. 1960년대 말의 혁명가들은 젊은이들에게 '우주와 자신을 조율해 맞추고, 케케묵은 윤리와 관습을 버리고 새로운 것을 추구하며, 기성세대에서 벗어나 새로운 세계 건설에 동참하라'라고 조언했다. 그 이전 시대의 10대들이 어떻게 살았는지는 모르겠다. 1955년에는 10대가 동호회 활동을 열심히 하는 게 멋진 일이었을까? 내가 자란 1970년대는 전혀 아니었다. 우리는 기존의 관습을 버리고 새로운 것을 추구하기는 했지만, 우주의 흐름에 자신을 맞추는 일 따위에는 관심이 없었다.

나는 고향을 떠나 다른 곳에서 살고 싶었다. 나 혼자만의 바람은 아니었다. 페어뷰를 떠날 사람들은 열세 살쯤 되면 자신이 페어뷰를 떠나게 될 것이라는 걸 알게 된다. 나도 알고, 나와 같은 동네에서 함께 자란 내 아내도 알았다. 페어뷰를 떠난 친구나 남아 있는 친구나 모두 알고 있었다. 대학 진학을 염두에 둔 자녀가 있는 가정에서는 그런 이별을 자연스럽게 받아들였다. 그런데 자녀의 대학 진학을 반대하는 부모도 많았다. 돈 문제는 아니었다. 당시 대학 등록금은 비싸지도 않고, 앨버타주에는 일자리가 넘쳐흘렀다. 임금 수준도 높았다. 실제로 내가 1980년 합판 공장에서 일하며 번 돈이, 그 후로 20년 동안 이런저런 잡일을 하며 번 돈보다 많았다. 석유 자원이 풍부한 앨버타주에서 1970년대에 돈이 없어 대학에 못 간 학생은 없었다.

친구들의 엇갈린 운명

고등학생 때 친하게 지내던 친구들은 모두 중퇴했다. 대신 새로운 두 친구를 만났다. 두 친구는 페어뷰보다 훨씬 외진 '베어 캐니언'('곰 협곡이란 뜻 – 옮긴이)이라는 곳에서 전학을 왔다. 베어 캐니언에는 고등학교가 없어 페어뷰에서 하숙을 하며 학교에 다녔다. 둘은 꽤 괜찮은 친구였다. 야심이 넘치고 솔직하고 믿음직했다. 지적인 데다 유머도 넘쳤다. 나는 고등학교를 졸업하고 페어뷰에서 120킬로미터쯤 떨어진 그랜드 프레리 리저널 칼리지라는 학교에 입학했다. 한 친구는 내 룸메이트가 되고, 또 한 친구는 다른 지역 대학에 갔다. 그 친구들은 꿈도 크고 목표도 높았다. 내가 대학에 가기로 마음먹은 데는 그 친구들 영향이 꽤 컸다.

대학 생활은 평온하고 행복했다. 비슷한 생각을 지닌 학생들 모임을 찾아내 베어 캐니언 출신 친구와 함께 그 모임에 참석했다. 회원 모두 문학과 철학에 관심이 많았다. 학생회 운영에도 참여했다. 무도회 같은 크고 작은 행사를 기획해 학생회 역사상 처음으로 수익을 올리기도 했다. 하기야 대학생들에게 맥주를 팔았는데 어떻게 손해를 보겠는가. 신문도 발행했다. 소규모 수업에서 정치학, 생물학, 영문학 교수님들을 만났다. 신입생 시절을 돌아보면 그 수업들이 가장 기억에 남는다. 교수님들은 수업에 열심히 참여하는 우리를 예뻐했고, 그들 역시 열의를 가지고 우리를 가르쳤다. 하루하루 인생이 더 나아지는 느낌이 들었다.

나는 과거의 굴레를 떨쳐 낼 수 있었다. 시골 마을에서는 모두 서로에 대해 시시콜콜한 것까지 알고 지낸다. 꼬리에 깡통을 매달고 뛰는 개처럼, 과거의 흔적이 족쇄처럼 따라다닌다. 그 마을에 사는 한 과거에서 벗어나기란 불가능하다. 그 당시 인터넷이 없던 것은 그나마 다행이었지만, 마을 사람들 마음과 기억 속에는 모든 것이 지금도 고스란히 저장되어 있다.

고향을 떠나 본 사람은 알겠지만 처음에는 모든 것이 막연하고 혼란스럽다. 하지만 혼돈 속에는 항상 새로운 가능성이 꿈틀거린다. 환경은 낯설고 아는 사람도 없지만, 고리타분한 생각을 강요하는 사람도 없다. 고향을 떠난 사람은 낡은 틀을 박차고 나온 사람이다. 더 높은 목표를 향해 매진하는 주변 사람들에게서 좋은 영향을 받아 더 나은 인생을 살겠다는 각오를 다지게 된다. 나는 이런 변화를 자연스러운 성장 과정이라고 생각했다. 또 고향을 떠난 사람은 누구나 불사조 같은 불굴의 의지로 성공하고 꿈을 이루기 위해 노력하는 줄 알았다. 하지만 곧 모두 그렇지는 않다는 걸 깨달았다.

열여섯 살 때 나는 크리스와 함께 칼이란 친구를 데리고 페어뷰에서 가장 가까운 도시인 에드먼턴에 간 적이 있다. 에드먼턴은 인구가 60만 명으로, 캐나다에서도 다섯 번째로 인구가 많은 상당히 큰 도시다. 칼은 태어나서 한 번도 그런 도시에 가 본 적이 없었다. 그런 친구들이 워낙 많아서 특이한 일은 아니었다. 페어뷰에서 에드먼턴까지는 왕복 1300킬로미터에 달하는 긴 여정이었다. 나는 그 전에도 에드먼턴에 자주 다녔다. 주로 부모님을 따라다녔는데 혼자 다녀온 적도 많았다. 도시에 가면 아무도 나를 알아보지 않아서 좋았다. 무엇이든 새롭게 시작할 수 있을 것 같은 느낌도 좋고, 할 일 없이 답답하기만 한 시골 마을을 잠시나마 벗어날 수 있는 것도 좋았다. 그래서 두 친구를 꼬드겨 에드먼턴으로 갔던 것이다. 그런데 두 친구가 그 여행에서 얻고자 하는 것은 전혀 다른 종류였다. 크리스와 칼은 에드먼턴에 도착하자 대마초를 사야겠다고 떼를 썼다. 그래서 페어뷰와 크게 다르지 않은 에드먼턴 뒷골목을 돌아다니다가 마침내 은밀히 대마초를 파는 사람을 만났다. 우리는 호텔 방에 틀어박혀 술을 마시며 주말을 보냈다. 그렇게 먼 곳까지 여행을 갔는데 아무 데도 가지 않았다. 몇 년 후 에드먼턴에서 경험한 일에 비하면 이 정도는 아무것도 아니었다.

나는 에드먼턴에 있는 학교에서 석사 학위 과정을 밟았다. 간호사 공부를 하던 여동생과 함께 작은 아파트에 세를 얻어 살았다. 누이는 한곳에 오래 얽매이는 걸 못 견뎌 하는 사람이었다. 역시나 몇 년 뒤 누이는 노르웨이로 건너가 딸기 농사를 짓고, 아프리카에서 사파리 여행사를 운영했다. 또 악명 높은 투아레그족이 장악하고 있는 사하라 사막에서 트럭을 밀거래하고, 콩고에서는 어미 잃은 고릴라들을 돌보았다. 여하튼 우리가 당시에 세낸 아파트는 신축 건물에 전망도 훌륭했다. 정면에서는 노스서스캐처원강의 널찍한 계곡이 굽어보이고, 뒤쪽으로는 도시의 스카이라인이 펼쳐져 있었다. 충동적으로 야마하 피아노까지 사서 들여놓았다. 피아노 때문인지 아파트가 더 멋져 보였다.

그즈음 크리스의 사촌 동생 에드가 에드먼턴으로 이사했다는 소식을 들었다. 다행이라는 생각이 들었다. 어느 날 에드에게서 전화가 와서 그를 집으로 초대했다. 에드가 어떻게 지내는지 궁금했다. 어렸을 때 똘똘하던 만큼 지금도 잘 살고 있으면 좋겠다고 생각했다. 하지만 그를 만나자마자 헛된 기대라는 걸 깨달았다. 내 앞에 나타난 에드는 머리가 벗어지고 허리마저 구부정하게 굽어 나이보다 훨씬 늙어 보였다. 한눈에도 안 좋아 보였다. 기대하던 활기에 찬 젊은이의 모습은 전혀 찾아볼 수 없었다. 눈동자는 붉게 충혈되어 있었는데 상습적으로 대마초를 피우는 사람들에게서 흔히 나타나는 증상이었다. 그는 잔디 깎기나 정원 관리 일을 한다고 했다. 시간제로 일하는 대학생들에게는 나쁘지 않은 일이었지만 그것만으로 생계를 유지하기란 쉽지 않았다.

에드가 친구 한 사람을 데리고 왔다. 지금도 그 친구가 뚜렷이 기억난다. 그는 대마초에 취해 멍한 모습으로 서 있었다. 정신이 완전히 나간 상태였다. 다른 세상을 사는 사람 같았다. 마침 여동생도 집에 있었다. 에드와 아는 사이인 누이는 대마초에 취한 사람을 본 적이 있는지 별로 놀라는 기색을 보이지 않았다. 나는 에드가 그런 모습으로 나타난 게 불편했다. 에드가 자리에 앉자 그 친구도 옆에 앉았다. 그는 여기가 어디인지도 모르는 눈치였다. 기가 막히는 상황이었다. 에드도 대마초에 취해 있었지만 그래도 분위기를 파악할 정도의 정신은 남아 있었다. 우리는 맥주를 마셨다. 에드의 친구가 천장을 쳐다보며 "내 조각들이 천장에 붙어 있어요"라고 중얼거렸다. 그보다 더 적절한 표현은 없는 것 같았다.

나는 에드를 한쪽으로 데려가서 친구를 데리고 나가 달라고 점잖게 말했다. 그 친구를 데리고 온 건 잘못이라는 말도 덧붙였다. 에드는 고개를 끄덕이며 이해한다는 반응을 보였다. 그런데 그 때문에 일이 더 꼬였다. 한참 후 에드의 사촌 형 크리스가 분노를 담은 편지를 보내왔다. 나는 1999년 발표한 첫 책 《의미의 지도》에서 이 문제를 다루었다. 크리스는 편지에 "친구들이 있었다. 옛날에! 자기혐오의 고통을 아는 사람이라면 나의 자기혐오도 용서해 줄 수 있었겠지"라고 썼다.[62]

크리스와 칼과 에드는 왜 고향을 떠나지 못했을까? 고향을 떠나 새로운 친구를 사귀고 더 나은 삶을 살아 보려고 하지 않은 이유가 무엇일까? 왜 다른 선택을 하지 않았을까? 태어날 때부터 그런 한계를 안고 있었을까? 과거의 트라우마 때문일까? 결국 인간은 모두 다르다. 처한 상황도 다르고 운명도 다르다. 지능도 다르고 성격도 다르다. 그래서 뭔가를 빨리 배우는 능력이나 스스로 변화하려는 의지에서도 차이를 보인다. 능동적인 사람도 있고, 소극적인 사람도 있다. 불안에 시달리는 사람도 있고, 늘 차분한 사람도 있다. 사람은 제각기 다르지만 한 개인 안에도 서로 다른 면이 공존한다. 예컨대 성취 지향적인 사람들에게는 예외 없이 게으르고 나태한 자아가 있다. 이런 편차가 생각보다 훨씬 커서 어지간한 차이가 아니면 정상 범주로 간주한다. 하지만 정상적인 삶을 제약하며 방해하는 정신적이고 신체적인 질병도 있다. 눈에 띄어 치료할 수 있으면 다행이지만, 겉으로 전혀 드러나지 않는 경우도 있다.

크리스는 오랫동안 정신 나간 사람처럼 살다가 결국 30대에 정신 질환을 얻었다. 그로부터 오래지 않아 스스로 목숨을 끊고 말았다. 대마초가 정신병을 악화시킨 것일까? 대마초를 치료의 목적으로 쓴 건 아닐까? 미국 콜로라도주처럼 대마초가 합법인 지역에서는 의사가 진정제를 처방하는 사례가 줄었다고 한다.[63] 대마초가 정신병 진행을 늦췄을 가능성도 있다. 불안감을 키우는 대신 심신의 고통을 줄여 줬을지도 모른다. 오히려 그가 신봉하던 허무주의 철학이 그를 이 지경으로 만든 건 아닐까? 만약 그게 맞는다면 허무주의는 허약한 건강의 결과물이었을까, 아니면 삶의 무게를 회피하고 싶은 마음을 합리화하려는 시도였을까? 도대체 왜 크리스나 에드, 다른 페어뷰 친구들은 한결같이 인생에 도움이 되지 않는 사람들만 곁에 두었을까?

자신의 가치를 낮게 보는 사람들은 대체로 삶에 대한 책임을 외면하려고 한다. 이런 사람들은 늘 문제가 있는 사람들을 친구로 둔다. 과거에 그런 사람들에게 충분히 당해서 잘 알고 있는데도 그렇다. 그들은 스스로 좋은 삶을 누릴 자격이 없다고 생각하고 인생에 대해 아무 기대도 하지 않는다. 어쩌면 더 나은 삶을 위해 노력하는 게 싫을 수도 있다. 프로이트는 이런 현상을 '반복 강박(repetition compulsion)'이라 칭하며, 과거의 두려운 상황을 반복하려는 무의식적 충동으로 정의했다. 다른 대안이 없어서 그 두려움을 더 명확히 규정하고, 그 두려움을 더 적극적으로 지배하려는 충동이다. 우리는 가까이 있는 도구를 사용해 자신의 세계를 만들어 간다. 불완전한 도구는 불완전한 결과를 만든다. 불완전한 도구를 반복해 사용하면 결과는 더 엉망이 된다. 과거에서 배우지 못하는 사람은 실패를 반복하는 운명을 맞게 된다. 그런 면에서 '반복 강박'은 운명이나 무능함의 다른 말일 수도 있다. 혹은 특별한 목표와 의도를 가지고 배우기를 거부하는 것일 수도 있다.

쉬운 삶과 어려운 삶

인생에 도움이 되지 않는 사람을 친구로 선택하는 데는 여러 이유가 있다. 그중 하나가 누군가를 도와주려는 마음이다. 이는 특히 청년층에게서 많이 나타나는 현상으로, 중장년층에게서도 심심찮게 보인다. 지나치게 상냥하거나 순진하거나 충동적인 성향을 지닌 사람들이 이런 선택을 한다. '누군가의 나쁜 면이 아닌, 좋은 면을 보겠다는 것이 잘못된 일인가? 남을 도우려는 마음은 고귀한 미덕이다'라고 반박할 수도 있다. 그러나 실패하는 사람이 모두 피해자는 아니며, 말단에 있는 사람이라고 모두 승진을 바라는 것도 아니다. 물론 다수가 승진을 원하고 어떻게든 그 꿈을 이루려고 애쓴다. 그런데 자신의 고통을 무력하게 받아들이는 사람도 많다. 이들은 자신의 고통뿐 아니라 타인의 고통까지도 일부러 키워서 세상의 부당함에 대한 증거로 내세운다. 탄압받는 사람 중에도 억압자는 있게 마련이다. 단지 지위가 낮다고 해서 억압자 성향이 사라지는 것은 아니다. 순간순간 가장 쉬운 길을 택할 뿐이다. 하지만 장기적으로는 지옥으로 향하는 길이다.

가령 곤란한 상황에 놓인 사람이 있다고 해 보자. 그에게는 도움이 절실히 필요하고, 그 역시 간절히 도움을 바란다. 그런데 순수한 마음으로 도움을 바라는 사람과 도와주려는 사람을 이용하려는 사람을 가려내기는 쉽지 않다. 심지어 곤란한 상황에 놓인 사람 본인도 자신이 순수하게 도움을 원하는지, 아니면 도와주려는 사람을 이용하려는지 구분해 내기가 어렵다. 일을 벌이고 실패하고 용서받고, 또다시 일을 벌이고 실패하고 용서받고를 반복하는 사람들은 대체로 잘해 보려다 그런 것이니 이해해 달라고 말한다.

누군가를 구해 주려는 사람 상당수는 순진무구하거나 허영심과 나르시시즘(자기애)에 빠져 있거나 둘 중 하나다. 러시아의 대문호 도스토옙스키의 중편 소설 〈지하로부터의 수기〉에 이런 사람들 이야기가 자세히 그려져 있다. 이 소설은 "나는 병든 사람이다. …… 나는 악한 인간이다. 나는 매력이 없는 사람이다. 생각해 보니 간에 문제가 있는 것 같다"라는 유명한 구절로 시작된다. 혼돈과 절망이 가득한 지하 세계에서 비참하게 살지만 한없이 오만한 마음을 가진 지하 생활자의 고백이다. 그는 자신을 신랄하게 분석하지만, 1000가지 죄를 저질렀다고 고백하고는 고작 100가지 죄에 대한 죗값을 제멋대로 치르고는 자신이 구원받았다고 생각한다. 그리고 최악의 죄를 범하려고 한다. 지하 생활자는 불행하기 그지없는 거리의 매춘부 리자에게 도움의 손길을 내민다. 그는 그녀의 삶을 정상으로 되돌려 놓겠다고 약속하며 자신을 찾아오라고 한다. 그녀가 오기를 기다리며 그는 점점 자신이 구세주로 변해 가는 환상에 빠져든다.

하루가 지나고 또 하루가 지나고 마침내 사흘이 지났다. 그녀는 오지 않았다. 그래서 마음이 놓이기 시작했다. 9시 이후에는 유난히 몸도 가볍고 기분까지 흥겨워졌다. 때로는 달콤한 몽상에 빠져들었다. 리자가 집에 오고 내가 그녀에게 이런저런 말을 해 주면 그녀는 구원을 받는다. …… 나는 그녀를 가르치고 성장시킨다. 결국에는 그녀가 나를 사랑한다는 걸, 열렬히 사랑한다는 걸 내가 느낀다. 하지만 나는 아무것도 모르는 것처럼 행동한다. (무엇 때문에 시치미를 떼는지는 모르겠다. 아마 극적인 효과 때문이겠지.) 마침내 그녀는 당혹감에 휩싸여 아름다운 모습으로 전율하고 흐느끼며 내 발밑에 엎드려 내가 자기의 구세주라고, 나를 이 세상 무엇보다도 사랑한다고 말한다.

지하 생활자의 나르시시즘은 이런 환상으로 더욱 깊어졌다. 이런 환상이 리자를 오히려 더 어려운 상황으로 몰아넣었다. 지하 생활자가 진정으로 리자를 구원하려 했다면 상상을 뛰어넘는 헌신과 인내가 필요했다. 더구나 그는 끈기 있는 사람도 아니다. 무엇이든 신속하게 파악하고 성급하게 합리화한다. 마침내 리자는 그의 허름한 아파트를 찾아간다. 현재의 삶에서 탈출할 수 있기를 간절히 바라며 그와의 만남에 모든 것을 걸었다. 리자는 지하 생활자에게 현재의 삶에서 벗어나고 싶다고 말한다. 지하 생활자는 뭐라고 대답했을까?

"대체 뭐 하러 나를 찾아온 거야, 좀 말해 봐."
나는 숨을 헐떡이며, 논리적인 순서조차 무시한 채 말을 늘어놓기 시작했다. 모든 것을 한꺼번에, 단숨에 털어놓고 싶어서 어떤 말부터 꺼내야 할지는 신경 쓰지 않았다.
"왜 왔냐니까? 대답해 봐! 대답하라고!"
나는 거의 정신을 잃고 소리쳤다.
"네가 왜 왔는지 내가 말해 볼까, 이 아가씨야? 그때 내가 너한테 따뜻한 말을 해 주었기 때문이겠지. 그래서 괜히 마음이 몰랑몰랑해져 따뜻한 말을 또 듣고 싶어졌겠지. 하지만 똑똑히, 똑똑히 알아 둬. 난 그때 너를 갖고 놀았던 거야. 지금도 갖고 놀고 있는 거고. 왜 벌벌 떨고 그래? 맞아, 갖고 놀았던 거야! 너를 만나기 전에 내가 어떤 모임에서 심한 모욕을 당했거든. 그날 저녁 나보다 먼저 도착한 녀석들한테 말이야. 내가 그 집에 간 건 그 녀석들 중에 한 놈, 장교 놈을 두들겨 패려고 그랬던 거야. 그런데 그놈을 놓쳐 버리는 바람에 허탕을 쳤지. 누구한테라도 분을 풀고 싶었어. 그런데 때마침 네가 나타나더라고. 그래서 내 분을 퍼붓고 너를 갖고 놀았던 거야. 내가 모욕을 당했으니까 나도 누군가를 모욕하고 깔아뭉개고 싶었던 거야. 내가 걸레처럼 갈기갈기 찢어져서 나도 누군가에게 힘을 과시하고 싶었단 말이야. …… 사실 그랬던 건데, 너는 내가 너를 구원해 주려고 일부러 찾아온 것으로 생각했겠지. 안 그래? 그렇게 생각했지? 그렇게 생각한 거 아니야?"

그녀가 너무 당황해서 내가 한 말을 완전히 이해하지는 못했더라도 대강의 뜻은 확실히 파악했을 것으로 믿었다. 실제로 그랬다. 그녀는 백지장처럼 창백해지고 뭔가 할 말이 있는 듯 입술이 병적으로 일그러졌다. 그러더니 다리에 도끼라도 맞은 것처럼 의자에 풀썩 주저앉았다. 줄곧 입을 벌리고 눈을 멍하니 뜬 채 끔찍한 공포에 사로잡혀 온몸을 떨며 내 말을 들었다. 냉소주의, 내 말에 담긴 냉소주의가 그녀를 짓눌렀던 것이다.

지하 생활자의 과도한 자만심과 부주의하고 악의적인 성격은 리자의 마지막 희망마저 뭉개 버렸다. 지하 생활자는 이 사실을 잘 알고 있었다. 설상가상으로 그는 내면에 감추어진 알 수 없는 충동 때문에 리자의 희망을 박살 내겠다는 목표를 끝까지 밀고 나갔다. 이 역시 스스로 알고 있었다. 그러나 자신의 악행에 절망하는 악당은 영웅이 되지 못한다. 영웅은 단순히 악의가 없는 존재가 아니라, 뭔가 긍정적인 면을 가진 존재다.

'그리스도도 매춘부나 세금을 징수하는 세리처럼 미천한 이들과 친구가 되지 않았느냐. 남을 도우려고 애쓰는 사람의 마음을 어떻게 우리가 함부로 비난할 수 있는가'라고 반박할 사람도 있을 것이다. 그러나 그리스도는 완벽한 인간의 원형이었다. 우리는 평범한 인간에 불과하다. 누군가를 바로잡고 더 높은 곳으로 끌어올리려는 노력이 오히려 그를 실패의 나락으로 떨어뜨리는 결과를 낳을 수 있다. 예를 들어, 팀원들이 목표를 향해 일사불란하게 움직이는 탁월한 팀을 맡고 있는 리더가 있다고 해 보자. 팀원들은 하나같이 똑똑하고 창의적이고 단결력까지 강하다. 그런데 또 다른 팀에 조직에 적응하지 못하고 실적도 형편없는 직원이 있다. 리더는 그 문제의 직원이 탁월한 팀에서 일하다 보면 다른 팀원들의 영향을 받아 나아지리라 생각하고 그 직원을 탁월한 팀으로 이동시킨다. 어떤 결과가 빚어질까? 이런 문제를 연구한 심리학 논문이 많은데, 결론은 분명하다.[64] 문제의 직원이 자기 잘못을 깨닫고 훌륭한 직원으로 거듭났을까? 그런 일은 거의 없다. 오히려 팀 전체의 수준이 떨어진다. 새로 들어온 팀원은 냉소적이고 오만하며 신경증적인 성향을 버리지 못한다. 습관적으로 불평을 늘어놓고 책임을 떠넘기며 그나마 맡은 일도 제대로 하지 않는다. 중요한 회의에도 제대로 참석하지 않고, 회의 때 아무 말도 하지 않는다. 그의 잦은 실수로 일의 진행이 늦어지고, 다른 팀원이 그의 업무까지 해야 하는 경우도 많이 생긴다. 그 직원은 다른 팀원들과 똑같은 월급을 받는다. 그러면 열심히 일하는 팀원들에게 불만이 쌓이기 시작한다. '왜 내가 이 프로젝트 때문에 고생해야 해? 새로 들어온 팀원은 아무것도 안 하는데'라고 생각한다. 학교에서도 비슷한 일이 일어난다. 교사가 문제 아동을 비교적 착한 소년들 모임에 억지로 끼워 넣으면 모임의 안정성이 크게 떨어지고 비행 발생 비율이 올라간다.[65] 언제나 추락은 상승보다 훨씬 빠르고 쉽다.

지금 혹시 누군가를 구해 주려고 노력하고 있는가? 당신이 충분히 강하고 너그러우며 능력 있는 사람이라면, 옳은 일을 하겠다고 나섰을 수도 있다. 그런데 그런 행동이 당신의 동정심과 선의를 과시하고 주변 사람들 관심을 받으려는 마음에서 비롯된 것은 아닌지 돌아볼 필요가 있다. 아니면 당신의 강직한 성품이 단순히 운 좋게 타고난 것이 아님을 확신하고 싶어서 하는 행동일 수도 있다. 또 완전히 망가진 사람 곁에 있으면 도덕적으로 더 돋보일 수 있기에 하는 행동일 수도 있다.

당신의 그런 행동이 사실은 가장 어려운 선택이 아니라, 가장 쉬운 선택이었다고 가정해 보자.

예컨대 당신은 심각한 알코올 의존증에 빠져 있다. 결혼 생활이 순탄할리 없다. 당신은 나를 찾아와 이 문제에 대해 진지하게 이야기를 나눈다. 이 늪에서 벗어나기 위해 할 수 있는 모든 것을 해 보겠다고 다짐한다. 나역시 최선을 다해 당신을 돕기로 한다. 이것만으로도 노력하는 것처럼 보인다. 더 나아진 것처럼 느껴진다. 하지만 아직 멀었다. 문제를 근본적으로고치려면 당신과 나는 훨씬 더 어렵고 지난한 과정을 견뎌야 한다. 그뿐 아니라 당신 부부에게 아주 많은 것이 요구된다.

당신에게 간절히 도움을 청하는 사람이 그 지경에 이른 것은 사실 늘 쉬운 길만 걸었기 때문이 아닐까? 삶의 무게는 감당하기보다 피하는 것이 훨씬 쉽다. 아니라고 확신할 수 있는가? 착각이 아니라고 할 수 있는가? 연민보다 경멸이 상대에게 더 도움이 된다고 생각하지는 않는가?

어쩌면 당신에게는 누군가를 구하려는 계획이 애초부터 없었을지도 모른다. 그런데 왜 자꾸 인생에 도움이 안 되는 사람들과 관계를 맺을까? 그게 모두에게 좋은 결과를 가져오기 때문일까? 아니다. 그냥 더 쉬운 길이기 때문이다. 당신도 이미 그 사실을 알고 있고, 주변 사람들도 알고 있다. 당신과 주변 사람들은 일종의 암묵적인 계약으로 묶여 있다. 허무주의와실패, 고통의 길로 함께 나아가자는 내용의 계약이다. 당신들은 모두 현재를 위해 미래를 희생하기로 한 것이다. 하지만 아무도 이에 관해서는 이야기하지 않는다.

'더 쉬운 길로 가자. 앞뒤 생각할 것 없이 현재를 즐기자. 서로 아무것도

요구하지 말자. 그렇게 하면 아무 생각 없이 인생을 낭비할 수 있다.'

결국 이런 내용이지만 절대 입 밖으로 꺼내지 않는다. 하지만 당신이나 친구들이나 이대로 가면 어떤 결말을 맞을지 이미 알고 있다.

누군가를 도우려면 그 사람이 왜 곤경에 빠졌는지를 알아야 한다. 그 사람을 무작정 부당한 환경과 착취의 피해자라고 가정해서는 안 된다. 그런 가정은 맞을 때보다 틀릴 때가 훨씬 많다. 상담실을 찾아온 사람이나 일상에서 만나는 사람이나 내가 만나 본 많은 사람을 돌이켜 보면 곤경에 처하는 이유는 결코 단순하지 않다. 끔찍한 일을 당한 피해자라 해도 마찬가지다. 이런저런 이유로 사건이 터졌는데 피해자에게는 어떤 책임도 없다고 생각하는 것은 과거에 벌어진 사건뿐만 아니라 현재와 미래에도 그 피해자가 주체적인 인간이라는 것을 인정하지 않는다는 뜻이다. 이런 식의 생각은 피해자를 허수아비로 만들어 버린다.

누군가 지금보다 더 나은 삶을 거부한다면, 그 이유는 그 길이 어렵기 때문이다. 인간이라면 누구나 어려운 것을 하기 싫어한다. 가 보지 않은 길이기에 더 어려워 보인다. 그러나 막상 해 보면 어렵지 않을 수도 있다. 이렇게 생각해 보자. 실패하려면 어떻게 해야 하는지 모르는 사람이 있을까? 실패하는 방법은 배울 필요가 없다. 어떻게 해야 실패하는지 굳이 길게 설명하지 않아도 된다. 두려움과 증오, 중독, 쾌락, 배신, 기만도 마찬가지다. 마음대로 행동하는 데 공부가 필요할까? 범죄와 악행을 저지르는 데 수행이 필요할까? 나쁜 짓은 쉽다. 실패도 쉽다. 삶의 무게를 외면하는 것은 더 쉽다. 생각하지 않고, 행동하지 않고, 배려하지 않는 것도 쉽다. 오늘 할 일을 내일로 미루고, 미래를 포기하고, 당장의 싸구려 쾌락에 빠지는 것도 쉬운 선택이다. 인기 애니메이션 시리즈 〈심슨 가족〉의 아빠 호머 심슨은 보드카를 마요네즈 병에 따라 마시며 이렇게 말한다.

"미래의 호머가 해결해야 할 문제야. 아, 그 친구가 좀 불쌍하네."[66]

그러고는 바닥에 쓰러진다.

당신이 절망에 빠져 내게 도움을 요청했다고 해 보자. 당신의 고통 때문에 군이 내가 희생해야 할 이유는 무엇인가? 당신이 진정으로 변하지 않으면 어차피 파멸은 다가온다. 내가 희생한다 해도 그 시간을 조금 늦출 뿐이다. 인정하기는 싫겠지만, 어쩌면 당신은 스스로 망하든 말든 신경도 안 쓰는 것 아닌가? 그렇다면 내가 아무리 애를 써도 아무것도 바뀌지 않는다. 오히려 당신 때문에 나까지 위태로워질지도 모른다. 내가 망가져서 당신과 비슷한 처지가 되면 조금이나마 위로받을 수는 있겠지만, 그동안에도 당신이 추락하고 있다는 사실에는 변함이 없다. 당신이 나를 이런 식으로 이용하는 게 아니라는 걸 내가 어떻게 믿을까? 만약 내가 당신을 돕기로 했다면, 나 역시 의미 있는 길을 선택하는 게 두려운 것은 아닐까? 그래서 누가 봐도 가망 없는 당신을 책임지는 척하는 건 아닐까?

어쩌면 당신의 불행은 성공을 향해 나아가는 사람들에 대한 증오심으로 휘두르는 무기인지도 모른다. 그동안 당신은 허송세월하며 가라앉고만 있었으니까 잘나가는 사람들을 보면 화가 날 만하다. 어쩌면 당신의 불행은 나태함이나 실패, 죄악의 증거가 아니라 세상의 부당함을 증명하려는 발버둥일 수 있다. 고통으로 세상의 부당함을 입증하려는 게 목적인 사람들은 변할 생각을 하지 않는다. 그것이 의미 있는 삶을 사는 사람들에게 할 수 있는 유일한 복수라고 믿기 때문이다. 만약 당신이 이런 상황이라면, 어떻게 해야 당신의 친구가 될 수 있을까? 친구가 되는 게 과연 가능할까?

성공은 누구에게나 어렵다. 바르게 산다는 것은 더더욱 어렵다. 실패는 쉽다. 나쁜 습관들을 기르면 된다. 그리고 허송세월하며 복권 당첨을 기다리면 된다. 온갖 나쁜 습관으로 무장하고 시간을 죽이는 사람들의 운명은 뻔하다. 머지않아 실패의 쓴맛을 보게 될 것이다. 충분히 실현할 수 있던 꿈들은 사라지고, 원하지 않던 악몽이 현실로 다가온다. 인생이 무너져 내리지만 이제 돌이킬 방법은 없다. 자업자득이다. 자포자기 심정으로 남은 인생마저 허비해 버리고, 초췌한 모습으로 마지막 심판을 기다리게 된다.

희망이 없다고 말하는 것은 아니다. 도랑에 빠진 사람은 구할 수 있다. 그런데 낭떠러지 밑으로 떨어진 사람은 구하기 어렵다. 낭떠러지가 매우 깊은 경우도 많다. 그런 절벽 아래로 떨어진 사람에게 남아 있는 희망은 크지 않다.

만약 내가 불행한 당신을 도와주어야 한다면, 먼저 기다려야 한다. 당신이 진정으로 변화를 원할 때까지 말이다. 인간 중심의 심리학을 창시한 미국의 저명한 심리학자 칼 로저스는 도움을 구하는 사람이 개선을 원하지 않을 때는 치유적 관계를 시작하는 게 불가능하다고 주장했다.[67] 그는 설득만으로는 상대방을 바꿀 수 없다고 믿었다. 더 나아지겠다는 본인의 의지가 필수 조건이라는 것이다. 나 역시 비슷한 경험을 했다. 법원의 위임을 받아 정신 질환이 있는 재소자들을 상담해 왔는데, 그들은 대부분 내 도움을 원하지 않았다. 법원의 명령으로 어쩔 수 없이 상담에 임하기 때문에 효과가 전혀 없었다. 스스로 변하려는 의지가 없는 사람을 돕는다는 것은 한마디로 시간 낭비다.

만약 내가 당신과의 병적인 관계를 끊지 못하고 있다면 그건 우유부단하고 박약한 의지 때문일 것이다. 사실 이유가 무엇이든 상관없다. 어차피 당신을 계속 도우며 순교자라도 된 것처럼 스스로 위안을 얻을 것이다. 나는 나를 희생하며 기꺼이 남을 돕는다. 나는 분명히 선한 사람이다'라고 생각하며 뿌듯해할 것이다. 하지만 착각이다. 이런 식으로 남을 돕는 사람은 남들의 시선을 의식하는 것이다. 어려운 문제를 해결하겠다고 나서는 척하며 자신을 선한 사람처럼 꾸민다. 실상은 선하지도 않고, 실질적인 문제를 회피하는 것뿐이다.

물론 나는 당신과의 관계를 끊고 다른 방법을 찾을 수도 있다. 예를 들어 침착하게 행동하며 모범적인 모습으로 자연스럽게 당신을 좋은 길로 인도하는 방법도 있다.

그렇다고 오해는 하지 말았으면 한다. 지금까지 살펴본 내용이 도움이 필요한 사람을 외면하고 이기적인 야심만을 추구하는 게 좋다는 뜻은 결코 아니다. 그런 것과는 차원이 다른 이야기다.

당신은 분명 지금보다 더 나은 사람이 될 수 있다

예를 들어 가족에게 소개하기가 꺼려지는 친구가 1~2명 있다고 하자. 그런데 왜 그런 사람을 계속 친구로 두고 있을까? 대다수가 '의리' 때문이라고 말할 것이다. 의리는 우직함과는 다르다. 의리를 지킨다는 것은 상대방을 공정하고 정직하게 대하겠다는 약속이다. 우정은 상호 합의다. 하지만 도덕적으로 세상을 더 나쁘게 만들려는 사람을 지지할 의무는 없다. 오히려 도와주는 것이 그릇된 선택이다. 세상을 더 좋게 만들어 가려는 사람을 곁에 두어야 한다. 우리에게 유익한 사람하고만 관계를 맺는 것은 이기적인 행위가 아니라 바람직한 행위다. 우리는 그들 덕분에 좀 더 나은 사람이 될 수 있고, 그들도 성장하는 우리를 보고 좋은 영향을 받을 것이다. 건강하고 이상적인 인간관계란 이런 것이다. 그런 사람들을 곁에 두면 어떤 일이 일어날까?

당신의 원대한 목표를 지지하는 사람들이 곁에 있으면 함부로 행동하기가 어려워진다. 당신이 냉소적이고 파괴적인 모습을 보일 때 그들이 용납하지 않을 것이기 때문이다. 당신이 자신이나 주변 사람들에게 좋은 영향을 주는 선택을 하면 힘을 보태 줄 것이고, 그렇지 않을 때는 등을 돌릴 것이다. 따라서 사소한 선택이라도 신중하게 결정하고, 소임과 책임을 완수하기 위해 각오를 다질 것이다. 하지만 당신의 목표에 관심이 없는 사람들은 정반대로 행동한다. 담배를 힘들게 끊은 사람에게 담배를 권하고, 알코올 의존증에서 겨우 벗어난 사람에게 맥주를 권한다. 당신이 마침내 목표를 이루거나 어려운 일을 해내면 당신을 질투할 것이다. 더 도와주는 일도 없고 어떻게든 끌어내리려 할 것이다. 자신들의 업적이 더 크다고 말하며 당신의 성취를 깔아뭉갤 것이다. 어쩌면 당신의 의지와 진실함을 확인하려는 시험일 수도 있다. 그러나 당신이 긍정적으로 변화하면 상대적으로 그들의 흠결이 드러나기 때문에 당신을 어떻게든 물어뜯으려 할 확률이 높다.

위대한 결과는 운명을 건 도전에서 나오고, 모든 영웅은 심판의 순간에 탄생한다. 이탈리아 피렌체에는 미켈란젤로의 걸작 대리석 조각품 〈다비드상〉이 있다. 아무도 감히 싸우려 하지 않는 거인 골리앗에 맞서 작은 돌멩이를 쥐고 결의에 찬 눈빛으로 서 있는 〈다비드상〉은 관람객에게 이렇게 외치고 있는 듯하다.

'너는 지금의 너보다 더 나은 사람이 될 수 있다!'

골리앗이 40일 동안 싸움을 걸었을 때 아무도 그의 도발에 응하지 않았다. 마침내 다비드(다윗)가 골리앗과 싸우겠다고 했을 때 그의 형제들은 양이나 치라며 비아냥거렸다. 당신이 다비드처럼 불가능해 보이는 원대한 목표를 향해 나아갈 때 현재의 부족함과 미래의 가능성이 동시에 드러난다. 그리고 다비드의 형제들처럼 많은 사람이 당신 때문에 혼란에 빠질 것이다. 그들의 냉소주의와 게으름이 정당화될 수 없다는 걸 당신이 증명하기 때문이다. 그들은 카인이고, 당신은 아벨이다.

그들은 자신들의 삶이 망가진 이유가 세상의 잘못 때문이 아니라는 사실을 당신을 통해 알게 될 것이다. 삶의 무게를 감당하기 싫은 자신들의 잘못이라는 점을 그들도 부인할 수 없을 것이다.

선하고 건강한 사람들과 함께 지내는 일이 쉬울 것 같지만, 사실은 그렇지 않다. 오히려 문제 많고 질 나쁜 사람들과 지내는 것보다 더 어렵다. 몸과 마음이 모두 건강한 사람은 그야말로 이상적이다. 그런 사람과 가까이 지내려면 강인한 의지와 꾸준한 노력이 필요하다. 겸손해야 하고, 용기가 있어야 한다. 모든 걸 스스로 판단해야 하고, 조건 없는 동정과 연민도 경계해야 한다. 그런데도 나는 당신에게 이렇게 말해 주고 싶다.

당신에게 최고의 모습을 기대하는 사람만 만나라.

당신을 다른 사람과 비교하지 말고, 오직 어제의 당신하고만 비교하라

내면의 비평가

작은 시골 마을에 사는 사람들은 적어도 한두 분야에서 마을 최고의 전문가 대접을 받는다. 누구는 동네 공식 가수왕이고, 누구는 마을의 천하장사로 인정받는다. 옆집에는 상식 박사가, 뒷집에는 암산의 달인이, 앞집에는 축구 황제가 산다. 동네 영웅들은 각 분야의 승자가 되어 세로토닌 호르몬의 혜택을 충분히 누렸을 것이다. 저명한 인물들의 출신지 통계를 보면 작은 마을에서 자란 사람이 압도적으로 많다는 사실이 우연은 아니다.[68] 당신이 100만 명 중 한 사람 나올까 말까 한 재능을 가지고 있다 해도 1800만

명이 사는 뉴욕에 가면 당신 같은 사람이 20명이나 있는 셈이다. 현대인은 대부분 대도시에서 산다. 그뿐 아니라 온라인으로도 수억 명과 연결되어 있다. 그러다 보니 나보다 잘난 사람이 너무 많아 보인다.

당신이 어떤 분야에 소질이 있고 나름대로 내세울 만한 업적을 쌓았다고 해도 세상에는 더 대단한 사람이 수두룩하다. 농구를 아무리 잘하는 사람도 마이클 조던이나 르브론 제임스만큼은 아닐 것이다. 달리기가 아무리 빠른 사람도 우사인 볼트만큼 빠르지는 않다. 당신이 만든 요리를 온 가족이 맛있게 먹어도 인스타그램에는 더 맛있어 보이는 음식 사진이 널리고 널렸다. 인스타그램을 보면 타지도 않을 수십 대의 슈퍼카를 주차장에 세워 둔 사람도 있고, 초호화 요트를 타고 바다 위에서 파티를 벌이는 사람도 있으며, 자가용 비행기를 타고 여행을 다니는 사람도 있다. 숨 막힐 듯한 미모를 자랑하는 할리우드 배우도 새로운 스타가 등장하면 백설 공주를 시기하는 마녀가 된다. 당신은 어떤가? 하는 일은 재미도 의미도 없이 따분하기만 하고, 살림살이는 팍팍하고, 취향은 후지고, 몸매는 내세울 게 없다고 생각하지는 않는가? 또한 제아무리 캐나다 총리라도 미국 대통령 옆에서는 관심을 받을 수 없다.

우리 내면에는 우리를 잘 아는 비평가가 살고 있다. 그 존재는 큰 목소리로 자기주장을 펼치며 우리의 소소한 노력을 무자비하게 깎아내린다. 내면의 목소리를 억누르기는 어렵다. 객관적인 자기비판이 무조건 나쁜 것은 아니다. 실제로 우리 주변에는 감각 없는 예술가, 재능 없는 음악가, 이기적인 꼰대 관리자, 지루한 글만 쓰는 소설가, 실력 없는 교수가 넘쳐 난다. 질 나쁜 물건이라면 처박아 놓고 신경을 쓰지 않으면 그만인데, 사람은 그럴 수 있는 존재가 아니다. 알게 모르게 다른 사람들에게 큰 영향을 미친다. 연주자들 실력이 형편없다면 음악을 들을 때마다 고통스러울 것이다. 설계가 엉망인 건물은 자연재해에 속절없이 무너질 것이고, 안전 기준에 못 미치는 자동차는 언제 터질지 모르는 시한폭탄이나 다를 바 없다. 이해할 만한 기준을 넘어서지 못하면 실패라는 대가를 치러야 한다. 무능함은 늘 비참한 결과로 이어지기 때문에 무능함을 가려내는 기준은 필수적이다.

모두 비슷한 능력을 타고나서 비슷한 업적을 이루며 살면 좋겠지만, 현실에서 그런 일은 일어나지 않는다. 모든 인간은 평등하지만, 능력과 결과는 평등하지 않다. 극소수의 사람이 중요한 것 대부분을 창조한다. 승리자가 모든 것을 독식하지는 않지만 가장 많이 가져간다. 밑바닥의 삶은 황폐하다. 그곳에서 행복을 느끼는 사람은 많지 않다. 쉽게 병들고 사랑도 관심도 못 받는다. 그리고 의미 없는 삶을 살다가 생을 마감한다. 그런 처지에 놓이면 내면의 비판적 자아는 현실보다 더 비관적이고 절망적인 말을 쏟아낸다. 가혹한 자기비판으로부터 자기를 지키기 위해서는 의도적으로 현실을 외면하는 수밖에 없다.

'어차피 인생은 빈손으로 왔다가 빈손으로 가는 법이다. 죽으면 다 소용없다.'

한동안 사회 심리학자들은 정신 건강을 지키는 확실한 방법이라며 '긍정적 망상(positive illusion)'을 추천했다.[69] 긍정적인 망상은 한마디로 거짓말을 보호막으로 활용하라는 뜻이다. 세상이 너무 끔찍하고 무서운 곳이어서 망상만이 우리를 구원할 수 있다는 말이다. 이보다 더 암울하고 비참한 삶의 철학이 또 있을까?

그것보다 훨씬 바람직한 대안이 있다. 어떤 망상도 필요 없는 방법이다. 카드 게임을 하는데 패가 항상 불리하게 나온다면 그 게임은 조작일 가능성이 크다. 인생이라는 게임이 항상 불리하게 돌아간다면 나도 모르게 스스로 게임을 조작하고 있는 건지도 모른다. 내면의 비평가가 늘 당신의 노력과 삶의 가치를 깎아내린다면 그 목소리에 귀를 닫아야 한다. 어떤 상황에서도 부정적인 소리만 내뱉는 존재를 어떻게 신뢰할 수 있겠는가. 그건 지혜로운 충고가 아니라 쓸모없는 지껄임이다. '너보다 잘하는 사람이 훨씬 많아'라는 내면의 목소리는 허무주의의 상투적인 구호에 불과하다. 그럴 때 '그렇지, 모든 게 부질없는 짓이지'라고 반응하면 지는 것이다. '그러면 세상에 의미 있는 일이 뭐가 있냐?' 하고 화를 내야 한다. 매사에 부정적인 내면의 목소리는 더 나은 삶을 위한 따뜻한 독려가 아니라, 합리성으로 위장한 비열한 속임수에 불과하다.

인생이라는 게임

우리는 어떤 행동을 할 때마다 늘 좋고 나쁨에 대한 판단이 들어간다. 만약 지금 당신이 하는 행동이 다른 대안에 비해 더 좋다고 판단하지 않았다면 지금 그 행동을 하지 않았을 것이다. 가치 판단이 배제된 선택은 없다. 가치 판단은 모든 선택, 모든 행동의 전제 조건이다. 일단 어떤 행위를 선택하면 그에 대한 성공 여부를 판단하는 기준이 내면에서 자동으로 작동한다. 그 행위는 성공 기준을 넘어서거나 못 미치거나 둘 중 하나의 결과로 이어진다. 따라서 어떤 행위를 한다는 것은 정해진 목표가 있는 게임을 한다는 뜻이다. 모든 게임에는 성공과 실패 가능성이 공존한다. 성공과 실패에는 언제나 질적인 차이가 있다. 좋은 것과 나쁜 것에 차이가 없다면 아무것도 할 필요가 없다. 가치의 차이가 없으니 의미의 차이도 없다. 아무것도 나아지지 않는데 뭐 하러 애를 쓰겠는가. 의미는 더 좋은 것과 더 나쁜 것의 차이를 전제로 한다. 그럼 내면의 비판적인 목소리를 잠재우려면 어떻게 해야 할까? 내면의 목소리가 내뱉는 그럴듯한 말에 논리적 결함은 없을까?

'성공'과 '실패'라는 흑백 논리부터 살펴보자. 쉽게 말해 성공은 좋은 것이고, 실패는 나쁜 것이다. 성공과 실패의 관점으로만 보면 대안도 없고 중간 지대도 없다. 그런데 우리 삶은 두 잣대로만 보기에는 훨씬 복잡하다. 이런 일반화는 단순하고 세련되지 못해서 별 도움이 되지 않는다. 심지어 악의적인 의도가 숨어 있기도 하다. 일반화는 차이를 구분하지 않는다. 이 분법에서는 중요한 가치들의 미세한 차이가 완전히 지워진다. 정확하지도 않고 바람직하지도 않다. 생각을 어떻게 바꾸면 될까?

먼저, 성공과 실패는 단 한 번의 게임으로 결정되는 것이 아니다. 세상에는 수많은 게임이 있다. 내가 잘할 수 있는 좋은 게임이 수없이 많다. 좋은 게임이란 내 소질과 능력에 맞고, 나와 다른 사람들을 생산적인 방향으로 이끌며, 시간이 지날수록 나를 조금씩 성장시키는 게임이다. 예를 들어 변호사 일은 좋은 게임이다. 배관공·의사·목수·교사 일도 좋은 게임이다. 이처럼 세계에는 여러 유형의 게임이 있다. 만약 어떤 게임에서 성공하지 못하면 다른 게임에 도전하면 된다. 나의 장점과 약점, 내가 처한 상황을 고려해 더 나은 게임을 선택할 수도 있다. 게임을 바꿔도 효과가 없으면 아예 새로운 게임을 만들면 된다. 얼마 전 텔레비전 장기 자랑 프로그램에서 입에 테이프를 붙이고 오븐용 장갑을 낀 무언극 배우의 연기를 봤다. 어디서도 보지 못한 독창적인 움직임을 보여 주었다. 그는 그만의 게임을 만들어 내는 데 성공한 것처럼 보였다.

이미 당신은 하나 이상의 게임을 하고 있을 것이다. 직업이 있고, 친구와 가족이 있다. 진행하고 있는 프로젝트, 작업 중인 작품, 빠져 있는 운동이 있을 수도 있다. 참여하고 있는 게임에서 얼마나 잘하고 있는지에 대한 느낌이 있을 것이다. 어떤 게임은 잘하고 있고, 어떤 게임은 그럭저럭 중간 수준이며, 나머지 게임은 망하고 있다는 느낌이 든다면 정상이다. 대체로 인생의 게임들은 이런 식으로 진행된다. 그런데 '아니야, 나는 모든 게임에서 승리하고 있어!'라고 주장하는 사람도 있을 것이다. 모든 게임에서 승리한다는 말은 새로운 분야, 까다로운 분야에는 도전하지 않았다는 의미일 수 있다. 그렇다면 승리하고 있을지는 몰라도 성장하지는 않았을 것이다. 궁극적으로 성장이 가장 의미 있는 승리다. 시간이 오래 걸리는 게임에서의 승리보다 당장의 승리를 늘 우선시해야 할까? 위대한 것을 얻으려면 시간이 필요하다.

당신이 어떤 게임을 선택하든 그 게임만의 고유한 특성이 있다. 인생의 게임들은 사람마다 달라서 다른 사람과의 비교는 무의미하다. 혹시 나에게 없는 것은 유독 크게 보이고, 내가 가진 것은 한없이 초라해 보이는가? 피해 의식과 시기, 질투의 늪에서 당신을 구해 줄 생각 실험이 있다. 당신보다 훨씬 뛰어난 동료가 있다고 해 보자. 일도 잘하고, 유머 감각도 있으며, 외모도 훌륭한 친구다. 그런데 배우자가 바람을 피운다. 반면에, 당신은 다른 건 몰라도 결혼 생활만큼은 안정되고 행복하다. 누구의 인생이 더 나을까? 아니면 당신이 존경하는 유명인이 알고 보니 음주 운전을 밥 먹듯이 하고 주변 사람에게 막말을 일삼는 사람이라고 해 보자. 그의 삶이 진정으로 당신의 삶보다 나을까? 얻는 게 있으면 반드시 잃는 게 있기 때문에 모든 면에서 완벽한 인생을 사는 사람은 없다.

그런데도 여전히 내면의 비평가가 남들과의 비교를 시도하며 당신을 깎아내리려 한다면 비평 과정이 어떻게 진행되는지를 살펴보는 것도 도움이 될 것이다. 내면의 비평가는 먼저 특정한 비교 영역을 임의로 선택한다. 예를 들어 권력이나 명성이라는 영역을 선택한다고 해 보자. 다음 단계에서는 그 영역이 가장 중요한 것처럼 의미를 부풀린다. 그리고 마지막 단계에서 당신이 아는 그 영역 최고의 스타들과 당신을 비교한다. 거의 모든 세상 사람에게 불리한 비교이니 당연히 당신에게도 불리할 수밖에 없다. 최종 단계에서 더 나아가면 당신과 비교 대상 간의 격차가 불공평한 삶의 증거로 활용된다. 이런 과정을 통해 뭘 해 보기도 전에 의지가 꺾여 결국 아무것도 하지 않게 된다. 이런 식으로 자기를 평가하는 사람들을 너무 편하게 산다고 비난할 수는 없다. 지나치게 어려운 길만 걷는 것도 바람직하지 않기는 마찬가지다.

어린 나이에는 경험도 없고 개성이 뚜렷하지도 않다. 자신만의 가치관을 갖추기에는 지혜와 지식도 부족하다. 그래도 판단 기준은 필요하다. 기준이 없으면 갈 곳도 없고 할 일도 없으니까. 그래서 남들과의 비교를 통해 기준을 정한다. 나이가 들고 성숙해지면서 고유한 개성이 생긴다. 삶의 조건이 점점 개인화되고 다른 사람들과의 비교는 점점 무의미해진다. 때가 되면 아버지가 지배하는 집을 떠나 오롯이 내면의 혼돈과 맞서야 한다. 자기 인생은 자기가 책임져야 한다지만 그렇다고 아버지의 존재를 깡그리 무시할 필요는 없다. 그동안 고루하고 답답하다며 무시해 온 부모 세대 문화의 가치가 존재의 의미를 확인하고 충만한 삶을 사는 데 필요하다는 것을 깨닫게 되는 순간이 있다.

당신은 누구인가? 자신을 잘 안다고 생각하겠지만, 그렇지 않을 수도 있다. 당신은 당신 자신의 주인도 아니고 노예도 아니다. 자신에게 무엇을 명령해 본 적 있는가? 나라는 존재가 얼마나 말을 안 듣는지 잘 알 것이다.

남편이나 아내, 아들과 딸에게 복종을 강요할 수 없는 것과 같다. 또 내 의지와 상관없이 관심이 가는 분야가 있는가 하면, 아예 관심이 안 가는 분야도 있다. 의도적으로 관심을 가질 수는 있지만 그런 노력에는 한계가 있다. 적극적으로 참여하는 일이 있는가 하면, 정말 하기 싫은 일도 있다. 이런 것들을 일일이 예측하고 통제할 수 없는 걸 보면 자신을 잘 안다고 함부로 말하기 어렵다.

　인간에게는 본성이 있다. 잠시 억누를 수는 있지만 십중팔구 그 대가를 치러야 한다. 하기 싫은 일을 할 때의 스트레스를 생각해 보라. 일에 대한 욕구를 억지로 유지하는 게 얼마나 어려운가. 가치관이 다른 사람을 맞춰주는 일이 얼마나 어려운가. 하루 이틀도 아니고 내가 얼마나 희생하는지 몰라주고 늘 자기 입장만 내세우는 배우자에게 화가 나지 않는가? 그런데도 끓어오르는 속을 끝까지 억누르는 이유는 무엇인가? 당신이 진정으로 원하는 것이 무엇인지 확실히 알고 있는가? 가치 기준을 정하기 전에 자신을 더 잘 알아야 한다. 당신 자신을 처음 보는 사람처럼 여기고 객관적으로 돌아보는 것도 좋은 방법이다. 당신에게 소중한 것은 무엇인가? 무엇을 할 때 가장 즐거운가? 고된 일상 속에서도 지쳐 쓰러지지 않으려면 어떤 보상, 어느 정도의 여가가 필요한가? 하던 일을 다 때려치우고 인생을 놔 버리지 않으려면 무엇을 조심해야 할까? 매일 반복되는 일과를 마치고 집에 돌아가서 엉뚱한 대상에게 화풀이하는 사람도 있을 것이다. 혹은 소중한 시간이 하염없이 흘러가는 걸 무심하게 바라만 보는 사람도 있을 것이다. 아니면 가치 있고 생산적인 일을 하며 조금씩 성장하는 데 보람을 느끼는 사람도 있을 것이다. 진정으로 원하는 게 무엇인지 자신에게 물어본 적 있는가? 당신 자신과 정직하게 협상해 본 적 있는가? 혹시 자기를 노예 대하듯 하는 건 아닌가?

부모나 배우자 혹은 자식이 미워질 때가 언제인가? 그 이유는 무엇인가? 그 상황을 풀려면 어떻게 해야 하는지 고민해 봤는가? 친구나 직장 동료에게 바라는 것은 무엇인가? 그들에게 바라는 점을 생각해 보라는 말이 아니다. 다른 사람들이 당신에게 무엇을 바라는지, 그들에 대한 당신의 의무가 무엇인지에 대해 말하는 것이 아니다. 내가 감당해야 할 도덕적 행위의 본질을 스스로 생각해 보라는 말이다. 인간은 사회적 책임으로 연결된 촘촘한 관계망 속에서 살고 있기에 하기 싫어도 해야만 하는 임무가 있다. 그 임무를 완수할 책임이 있고, 그 책임을 다하기 위해 애써야 한다. 그렇다고 순종적이고 얌전한 강아지처럼 굴라는 말은 아니다. 그런 역할은 독재자가 노예들에게나 강요하는 것이다.

오히려 용감하게 위험을 감수해야 한다. 당당하게 진실을 말해야 한다. 생각을 분명히 밝히고, 당신의 삶이 옳다는 것을 증명해야 한다. 적어도 당신의 삶이 틀리지 않았다는 것을 확인해야 한다. 나라를 구하고 세상을 바꾸는 거창한 이야기가 아니다. 아주 사적이고 은밀한 부분까지 포함한 인생 전반에 관한 이야기다. 예를 들어 배우자에게 말하지 않은 비밀스러운 욕망이 있다면 솔직하게 이야기해 보라는 것이다. 그렇게 털어놓으면 그 욕망이 별로 음험하지 않다는 사실을 깨닫게 될 것이다. 오히려 그동안 느낀 두려움은 괜한 걱정이고 단지 도덕적인 척하려던 욕심에 불과했다는 점도 깨닫게 될 것이다. 인간은 진짜 원하는 것을 얻으면 방황을 멈추고 유혹에 흔들리지 않는다. 어두운 속내를 드러내면 배우자가 싫어할 것이라고 믿는가? 팜 파탈과 반(反)영웅이 왜 성적으로 매력적인지 생각해 보라.

당신은 남들에게 어떤 식으로 대접받고 싶은가? 당신은 사람들로부터 무엇을 얻으려고 하는가? 의무감과 책임감 때문에 당신이 참고 있는 것은 무엇인가? 사람들 앞에서 억지로 좋아하는 척하는 건 없는가? 마음속에 맺힌 응어리나 누군가에 대한 원망 같은 것은 없는가? 원망은 마음에 병이 있다는 것을 알려 주는 감정이다. 원망과 오만, 기만은 악마의 삼 형제다. 이 악마의 삼 형제보다 인생을 피폐하게 만드는 것은 없다. 마음에 원망이 남아 있는 경우는 둘 중 하나다. 첫째, 정신적으로 성숙하지 못해서 원망을 느끼는 경우가 있다. 이 경우에는 원망의 대상이나 내용을 입 밖으로 꺼내면 오히려 더 큰 화를 부른다. 둘째, 부당한 폭압을 당하고 있는 경우다. 이때는 자기 생각을 분명하게 밝히고 저항해야 한다. 도덕적 임무에 충실해야 한다는 뜻이다. 왜 그래야 할까? 침묵의 결과는 더 참혹하기 때문이다. 당장은 침묵으로 갈등을 피하는 게 편하기는 하다. 그러나 침묵은 결국 치명적인 결과를 낳는다. 목소리를 높여야 할 때 침묵하는 것은 거짓말을 하는 것과 같다. 폭압과 독재는 그런 거짓말을 먹고 자란다. 위험을 무릅쓰더라도 억압에 저항해야 하는 순간은 언제일까? 복수하고 싶은 마음이 생길 때, 삶이 망가지고 있다는 걸 느낄 때, 파괴와 파멸의 욕망이 상상력을 지배할 때, 그때가 바로 들고일어나야 할 때다.

수십 년 전, 심각한 강박 장애에 시달리는 남성이 나를 찾아왔다. 그는 자기 전에 잠옷들을 가지런히 줄 세우고 그중 하나를 고른다. 그러고는 베개를 푹신하게 부풀린 후 침대보를 반듯하게 맞춘다. 이 과정을 네댓 번 반복해야 한다. 그의 이야기를 다 듣고 내가 물었다.

"선생님 안에 사는 누군가 그런 행위를 계속 반복하고 있어요. 아마 그 존재가 원하는 게 있는 것 같습니다. 구체적으로 뭘 원하는지는 확실하지 않지만요. 그 사람에게 말할 기회를 한번 주는 게 어떨까요? 그 사람이 진짜로 원하는 게 뭘까요?"

"통제요."

"눈을 감고 그 사람이 원하는 걸 당신에게 말하도록 해 보세요. 무서워도 멈추지 마시고요. 생각하는 걸 전부 행동으로 옮겨야 하는 건 아니니까요."

그러자 그가 조심스럽게 입을 열었다.

"그 사람이 저더러 양아버지한테 가라고 하네요. 가서 멱살을 잡아 벽에 밀치고 쥐 잡듯이 흔들어 대라고 합니다."

그의 문제를 해소하려면 어쩌면 정말 양아버지의 멱살을 잡고 흔들어야 했을지도 모른다. 하지만 나는 좀 온화한 방법을 제시했다. 평화를 얻기 위해 우리가 어떤 대가를 치러야 하는지는 아무도 모른다. 반드시 해결해야만 하는 갈등이 있는데도 피하려고 한 적은 없는가? 그럴 때 어떤 행동을 하는가? 진실을 도저히 말할 수 없을 때 어떤 식으로 진실을 감추는가? 무엇을 속이는가?

갓난아이는 모든 것을 부모에게 의존한다. 건강하게 잘 자란 아이는 부모가 늘 곁에 있지 않아도 문제가 없다. 친구들을 사귀거나 혼자서 놀기도 한다. 부모와의 분리가 아이에게 썩 내키는 상황은 아니지만 그렇게 함으로써 얻는 게 훨씬 많다. 청소년으로 성장하면 그런 과정을 논리적 결론으로 받아들여야 한다. 다른 어른들처럼 부모를 떠나 독립된 개체가 되는 것이다. 사회의 일원이 됨으로써 어린 시절의 의존성을 벗어나게 된다. 성공적으로 사회의 일원이 되려면 남들과 다른 자신만의 개성과 소질을 발전시켜 나가야 한다.

다른 사람과 자신을 비교할 때는 늘 신중해야 한다. 우리는 성인이 된 순간부터 고유한 존재가 된다. 그리고 금전적인 문제, 인간관계 문제, 심리적인 문제 등 누구나 자기만의 문제와 씨름한다. 이런 문제는 각자가 살아온 삶으로 인해 빚어진 피할 수 없는 것들이다. 직업과 하는 일이 각자의 삶에 도움을 줄 수도 있고, 그렇지 않을 수도 있다. 어떤 경우든 우리 삶의 다른 부분들과 상호 작용하며 영향을 끼치는 것만은 분명하다. 그런 가운데 소중한 시간을 낭비하지 않으려면 어디에 얼마만큼의 시간을 투자할지를 결정해야 한다. 포기해야 할 것과 계속해야 할 것도 신중하게 결정해야 한다.

더 나은 미래를 위해 해야 할 일들

우리는 관심이 있는 대상에 눈길을 보내고 다가가서 살펴보고 만져 보고 소유한다. 인간은 시각적인 존재다. 무엇인가를 보려면 먼저 대상을 정해야 한다. 그래서 항상 뭔가를 목표로 삼아 눈길을 보낸다. 인간의 정신은 수렵과 채집에 길들어진 몸이라는 토대 위에 들어서 있다. 수렵은 표적을 정해서 돌멩이 같은 무기를 던져 맞히는 행위이고, 채집은 대상을 줍고 뜯는 행위다. 우리는 목표물을 향해 돌이나 창, 부메랑을 던지는 행위에 익숙하다. 둥근 링을 통과하도록 공을 던지고, 그물망을 향해 공을 때리며, 얼음판 위에 그려진 과녁으로 둥근 화강암 돌덩어리를 굴린다. 또 활과 권총, 소총과 로켓으로 표적을 향해 발사체를 쏘아 올린다. 던지고 쏘는 대상은 그것만이 아니다. 한턱을 쏘고, 질문을 던지고, 돈을 투자하고, 물량도 투하한다. 표적을 맞히거나 점수를 올리면 성공하고, 그렇지 못하면 실패하거나 죄를 짓는다. 흥미롭게도 영어의 '죄(sin)'라는 단어의 어원은 '과녁을 벗어나다'라는 뜻이다.[70] 목표가 없으면 우리는 항해할 수 없다. 이 땅에 사는 동안 우리는 끝없이 항해해야 한다.[71]

우리는 언제나 'A'라는 지점에 있고, 동시에 'B'라는 지점을 향해 움직이고 있다. 이때 'A'는 기준에 못 미치는 지점이고, 'B'는 지금보다 더 나은 지점이다. 우리 자신뿐 아니라 이 세상 역시 불충분한 상태로 보기 때문에 그 부족한 부분을 채우려고 늘 무엇인가를 시도한다. 필요한 것을 모두 갖추었더라도 더 나은 상황을 만들 수 있는 새로운 방법을 생각해 낸다. 만족은 잠시뿐이고 곧 호기심이 다시 발동한다. 현재는 부족하고 미래는 낫다는 생각, 이것이 인간의 일반적인 사고방식이다. 이런 식으로 미래를 보지 않으면 어떤 행동도 하지 않을 것이다. 그뿐 아니라, 현재 상황도 제대로 보지 못할 것이다. 무엇인가를 보려면 초점을 맞춰야 하고, 초점을 맞추려면 먼저 대상을 정해야 하기 때문이다.

따라서 본다는 것은 대상을 정했다는 것이다. 그 대상 중에는 지금 존재하지 않는 것들도 있다. 인간은 존재하지 않는 것을 보는 능력이 있다. 현재 상황을 개선하기 위한 새로운 방법을 머릿속에 그려 볼 수 있다. 새로운 가상의 세계가 눈앞에 펼쳐지면 우리가 미처 알지 못하던 문제가 드러나고 어떻게 풀어야 하는지도 보인다. 이런 상상을 통해 세상은 바뀌어 왔다. 엉망인 현재 상태를 미래에는 바로잡을 수 있다고 본 것이다. 그런데 이런 예지력과 창의력은 만성적인 불안과 불만을 유발한다는 단점이 있다. 우리는 늘 현재 상태를 목표와 비교한다. 목표는 너무 높거나 너무 낮거나 얼토당토않을 때가 많다. 그래서 목표를 이루지 못해 실망하거나 목표를 이루더라도 생각보다 못한 결과에 실망한다. 그럴 때도 다른 사람들 눈에는 잘 살고 있는 것처럼 보일 것이다. 우리가 충분한 성공과 가치를 이루어 내지 못한 현재의 삶을 깎아내리는 대신 더 나은 미래를 만들어 나가려면 어떻게 해야 할까? 실패한 인생, 쓸모없는 인생이라는 자책에서 벗어나 더 나은 미래를 만들어 가려면 어떻게 해야 할까?

가장 먼저 할 일은 자신에 대한 철저한 '점검'이다. 괜찮은 집을 구한다고 해 보자. 전문가들을 불러 집의 장단점을 알아본다. 특히 결함을 꼼꼼히 점검한다. 그렇게 작성된 결함 목록은 사실을 있는 그대로 반영한 것이어야 한다. 당신의 바람을 나열한 것이어서는 안 된다. 전문가들이 결함을 속속들이 밝히고 감추어진 하자까지 찾아내 나쁜 소식을 전해도 기분 나빠 해서는 안 된다. 오히려 고마워해야 한다. 그리고 결함이 단지 외형적인 문제인지, 아니면 구조적인 문제인지를 확인해야 한다. 뭔가를 바로잡으려면 결함의 근본적인 원인을 알아야 한다. 어설프게 고치려다가는 돈과 시간만 낭비하게 된다. 따라서 제대로 볼 줄 아는 전문가의 도움이 필요하다. 잘만 활용한다면 내면의 비평가가 이 역할에 제격이다. 내면의 비평가가 점검 작업에 큰 도움이 될 것이다. 내면의 비평가와 함께 마음속 집을 둘러보며 그가 하는 말에 귀를 기울여야 한다. 어쩌면 당신의 마음속 집은 허물어지기 일보 직전이라 대대적인 공사가 필요하다는 판정을 받을 수도 있다. 내면 비평가의 날카로운 지적에 주눅 들지 않고 마음의 집을 성공적으로 수리하려면 어떻게 해야 할까?

힌트를 하나 주자면, 미래는 과거와 비슷하다는 사실이다. 미래가 과거와 다른 점이 있다면, 과거는 고정되어 있고 미래는 얼마든지 변할 수 있다는 것이다. 어느 정도의 열의만 있으면 하루아침에도 바뀔 수 있다. 현재는 언제나 결함이 있다. 그러나 현재 상태는 별로 중요하지 않다. 정말 중요한 것은 나아가려는 방향이다. 행복은 산 정상에서 느끼는 잠깐의 만족이 아니라, 산을 오르는 길에서 느끼는 희망이다. 행복은 희망에서 나온다. 지금 걷는 길이 아무리 멀고 험해도 희망이 있다면 불행하지 않다.

내면의 비평가를 잘 활용하면 우리가 할 일을 친절하게 알려 줄 것이다.

자발적으로 어떤 원망도 없이 심지어 즐거운 마음으로 할 수 있는 일이다. 딱 하나만 고쳐서 엉망진창인 현재 상황을 바로잡을 수 있다면, 고치겠는가? 딱 하나만 바로잡으면 혼란스러운 인생의 질서를 회복할 수 있다고 하면, 당장 행동에 나서겠는가? 당신을 협상 상대라고 생각해 보자. 당신은 게으르고 까다롭고 불평불만이 많아서 어울리기 어려운 사람이다. 그런 사람은 설득이 잘 안 된다. 빈정대는 태도를 버리고 최대한 예의 바르고 상냥하게 접근해야 한다.

'죄송한데 고통을 조금이라도 줄여 보자는 겁니다. 제가 힘닿는 데까지 도와드리겠습니다.'

이렇게 진지하게 말해야 한다. 그 말을 들은 당신 역시 의심을 거두고 겸손하고 솔직하게 대꾸해야 한다.

'어떤 계획을 세우셨는지 궁금합니다. 제가 무엇을 하면 좋을까요? 관심과 성의를 보여 주셔서 감사합니다.'

그렇다고 해도 협상이 쉽게 진행되지는 않을 것이다.

마음 상태에 따라야겠지만 협상을 끝까지 밀고 나가야 한다. 협상하다 보면 의심이 들기도 한다. 하라는 대로 하면 점점 더 많은 것을 요구할 것만 같다. 그런 의심이 확신으로 변하면 마음에 상처를 입고 겨우 열린 마음의 문을 닫는다. 지금까지 힘겹게 진행해 온 것들도 내팽개쳐 버린다. 그런데 누가 그런 폭군과 함께 일하고 싶겠는가. 당신은 그런 사람들과 일하고 싶은가? 인생이 바라는 대로 흘러가지 않는 이유는 바로 이 때문이다. 당신은 시키는 일을 제대로 한 적이 없는 최악의 직원이자, 불가능한 업무만을 강요하는 최악의 사장인 셈이다. 하지만 당신은 이렇게 말해야 한다.

'우리 사이가 별로 좋지 않았다는 점 인정합니다. 사과드립니다. 앞으로 잘하겠습니다. 하다 보면 실수를 또 할 수도 있습니다. 하지만 당신의 지적과 충고를 듣고 배우겠습니다. 제가 도움을 요청한다고 해서 당신이 바로 도와주지는 않는다는 걸 이제 알았습니다. 당신이 도와주신 데 대한 보답으로 제가 줄 수 있는 건 없을까요? 당신이 설거지를 마치면 커피라도 한 잔하러 갈까요? 에스프레소 좋아하시잖아요. 에스프레소 어때요? 더블 샷으로 사 드릴게요. 또 원하는 게 있으면 편하게 말씀하세요.'

이런 마음가짐으로 접근해야 진정한 대화가 시작된다. 내면의 목소리가 입을 열어 말을 하기 시작한다. 어쩌면 오랫동안 방치된 마음속 어린아이의 목소리일 수도 있다.

'정말요? 정말 그렇게 해 주실 건가요? 설마 또 거짓말은 아니겠죠?'

이럴 때 조심해야 한다.

그 작은 목소리는 한 번 속아 봤기 때문에 두 번은 속지 않겠다고 경계한다. 최대한 신중하게 대답해야 한다.

'진심입니다. 제가 지금까지 잘못한 점 인정합니다. 저는 썩 좋은 사람은 아니었습니다. 지금부터라도 정신 차리고 제대로 해 보겠습니다. 약속합니다.'

작지만 세심한 친절도 큰 힘이 되고, 적절한 보상으로 의욕이 불타오른다. 내친김에 그가 하기로 한 설거지를 도와줄 수도 있다. 일단 설거지를 마쳤으면 약속대로 커피를 대접해야 한다. 커피도 좋고 영화도 좋고 맥주도 좋다. 다만 설거지가 끝났다고 욕실 청소를 시켜서는 안 된다. 그랬다가는 내면의 불쌍한 친구를 영영 다시 볼 수 없을지도 모른다.

내면의 문제가 어느 정도 정리됐으면 바깥으로 눈을 돌려 보자. 이번에도 내면의 전문가에게 의견을 물어볼 수 있다.

'다른 사람들과 잘 지내려면 어떻게 하면 좋을까요? 친구, 형제자매, 직장 상사, 동료들과 잘 지내고 싶어요. 늘 기분 좋게 일할 수 있도록 어지러운 주변도 깔끔하게 정리하고 싶고요. 거실, 책상, 부엌을 오늘 밤에 싹 정리해 놓으면 내일 아침 뿌듯한 마음으로 하루를 시작할 수 있을 것 같아요. 오랫동안 처박아 둔 것들은 다 버리고 싶어요. 옷장에서도, 그리고 제 마음속에서도.'

우리는 하루 동안 오백 번의 사소한 결정을 하고 그걸 행동으로 옮긴다. 오백 번의 결정과 행동이 모여 오늘 하루를 만들고, 내일도 모레도 그렇게 만들어진다. 그런 결정과 행동 중에 한두 개만이라도 좀 더 나은 걸 선택할 수는 없을까? 더 나은 결과를 목표로 삼을 수는 없을까? 좋고 나쁨에 대한 판단은 전적으로 나에게 달려 있다. 내일의 내가 어제의 나보다 조금이라도 나아진 면이 있다면, 그것으로 성공이다. 남을 의식할 필요는 없다. 오로지 나만의 기준으로 판단하면 된다. 오늘 어떤 선택을 해야 내일 좀 더 나은 내가 될 수 있을지 그 답은 나만이 알고 있다.

작은 목표를 세워라. 처음부터 거창한 목표를 세우면 아무것도 하지 못한다. 우리는 능력에 한계가 있고, 쉽고 편한 걸 좋아하며, 걸핏하면 자신과 남을 속이려 하고, 잘 안 되면 세상과 남을 탓하며, 어지간하면 책임을 지지 않으려 한다. 그러니 아주 작은 목표부터 시작해 보자.

'하루를 마무리할 때 아침보다 조금이라도 더 나아진 내가 되자!'

그러고는 이렇게 물어보라.

'그 목표를 위해 뭘 해야 할까? 내가 할 수 있는 것인가? 성공했을 때 어떤 보상으로 나를 격려해 줄까?'

서투르더라도 결심한 것들을 행동으로 옮겨 보라. 행동으로 옮겼으면 그에 대한 보상으로 따뜻한 커피라도 기분 좋게 마셔 보라. 내일도, 모레도, 또 다음 날에도 똑같이 해 보자. 그러면 비교의 기준점이 매일 아주 조금씩 올라간다. 이것으로 기적이 시작된다. 그런 날이 한 달, 두 달, 나아가 1년, 2년이 쌓이면 그야말로 엄청난 변화가 생긴다. 삶이 완전히 달라질 것이다. 그때가 되면 더 높고 가치 있는 목표에 눈길이 간다. 별이라도 딸 것 같은 자신감이 생긴다. 당신 눈을 가리던 장막이 걷히고 새로운 것이 보이기 시작할 것이다. 무엇을 목표로 하느냐에 따라 보이는 것이 달라지기 때문이다. 목표가 바뀌면 보이는 게 바뀐다. 다시 한번 강조할 가치가 있는 말이다. 목표가 바뀌면 보이는 게 바뀐다!

원하는 것이 바뀌면 보이는 것도 바뀐다

목표에 따라 보이는 게 달라진다는 것을 증명한 실험이 있다. 1997년 당시 하버드 대학 심리학과 대학원생이던 대니얼 사이먼스는 심리학 역사상 가장 유명한 실험을 통해 목표와 시각의 관련성을 입증했다.[72] 사이먼스는 '지속적인 부주의에 의한 맹시'(sustained inattentional blindness : 사물을 보고 있으면서도 인지하지 못하는 상태로 흔히 '부주의맹'으로 쓰인다—옮긴이)라는 심리 현상을 연구하며 몇 가지 실험을 설계했다. 먼저, 화면에 밀밭 사진을 띄우고 실험 참가자들에게 밀밭을 유심히 보라고 지시했다. 그들이 밀밭을 주시하는 동안 사진이 조금씩 바뀌었다. 밀밭 사이로 난 길이 서서히 희미하게 변한 것이다. 눈에 잘 들어오지 않는 좁은 오솔길이 아니라, 화면 3분의 1을 차지할 정도로 큰길이었다. 놀랍게도 실험 대상자 대부분이 그런 변화를 눈치채지 못했다.

그러자 사이먼스는 더 대담한 실험을 해 보기로 했다. 이것이 바로 그 유명한 '보이지 않는 고릴라' 실험이다. 실험 결과는 믿을 수 없을 만큼 충격적이었다. 사이먼스는 사전에 영상을 하나 만들었다. 한 팀에 3명씩 두 팀을 구성해 3 대 3 농구를 하는 영상이었다.[73] 두 팀은 엘리베이터 앞 좁은 공간에서 자기 팀원끼리 공을 주고받았다. 한 팀은 흰색 운동복을, 다른 팀은 검은색 운동복을 입었다. 두 팀은 멀찍이 떨어져 있지도 않고, 구분하기도 어렵지 않았다. 또한 6명이 화면을 꽉 채울 정도로 가까이 찍어서 표정도 분명히 확인할 수 있었다. 사이먼스는 그 영상을 참가자들에게 보여 주며 흰색 팀 팀원들이 공을 몇 번이나 주고받는지 세어 보라고 요구했다. 영상을 본 실험 참가자들은 대부분 15회라고 대답했다. 정답이었다. 많은 참가자가 정답을 맞혀서 만족해하는 표정을 지었다. 하지만 실험의 목적은 그게 아니었다. 사이먼스는 뿌듯해하는 참가자들에게 이렇게 물었다.

"그런데 고릴라를 봤습니까?"

장난하는 건가? 고릴라라니?

어리둥절해하는 실험 참가자들에게 사이먼스가 말했다.

"영상을 다시 한번 보시겠어요? 패스 횟수를 셀 필요는 없습니다."

1분도 지나지 않아 고릴라 분장을 한 사람이 나타나 가슴을 두드렸다. 고릴라만큼 큰 사람이 화면 정중앙에서 가슴을 두드리는데 알아채지 못하는 게 더 이상한 일이었다. 그러나 실험 참가자 절반가량이 영상을 처음 볼 때는 고릴라를 보지 못했다.

부주의맹에 대한 사이먼스의 실험이 하나 더 남았다. 이번에는 바텐더가 손님들을 대접하는 모습을 촬영한 영상이다. 중간에 바텐더가 뭔가를 가지러 주방으로 사라졌다가 돌아오는 장면을 보여 준다. 이번에도 실험 참가자 대부분은 이상한 부분을 발견하지 못했다. 원래 바텐더가 아닌 전혀 다른 사람이 나타났는데도 눈치채지 못한 것이다. '나라면 알아챘을 거야!'라고 생각하는가? 안타깝지만 당신도 예외는 아닐 것이다. 바텐더의 성별이나 피부색이 바뀌어도 알아채지 못할 것이다. 부주의맹은 인간의 특징 중하나이기 때문이다.

이런 현상이 일어나는 이유는 시각이 매우 복잡한 감각이기 때문이다. 시각은 정신 생리학적으로나 신경학적으로 엄청난 에너지가 필요한 감각이다. 망막은 안구의 가장 안쪽에 자리한 투명한 신경 조직이다. 망막이 빛을 받아 이를 전기 신호로 바꾸어 시신경을 통해 뇌로 전달한다. 여기에서 가장 중요한 역할을 담당하는 부분이 망막 한가운데에 있는 중심와(황반)다. 망막으로 들어온 빛은 중심와에서 초점을 맺는다. 중심와가 고해상도로 빛을 처리해 주는 덕분에 사물을 세밀하게 구별하고 얼굴과 형체 등을 인식할 수 있다.

시각 정보가 처리되는 과정을 간략하게 설명했지만, 자세히 살펴보면 훨씬 복잡하다. 중심와를 이루는 세포들이 시각 과정의 첫 단계를 처리하는 데만도 시각 피질에 있는 만 개의 세포가 관여한다.[74] 여기에서 다음 단계로 넘어가려면 만 개의 세포가 추가로 필요하다. 만약 망막 전체가 중심와로 되어 있다면 뇌가 지금보다 몇 배는 더 커졌을 것이고, 그랬다면 인간의 모습은 영화에 나오는 외계인을 닮았을 것이다. 따라서 뭔가를 보려면 대상을 선택하고 집중해야 한다. 인간의 시각이 감지하는 대부분은 주변적이고 해상도가 떨어진다. 중요한 것들만 중심와가 처리한다. 목표로 삼은 대상을 고해상도로 처리하는 데 시각 능력이 집중된다. 그 외의 다른 것들은 대부분 눈에 띄지 않고 사라진다.

관심 밖에 있던 뭔가가 얼굴을 불쑥 들이밀며 집중을 방해하면 그게 뭔지 보게 된다. 보이지 않는 것은 없는 것이나 마찬가지다. 사이먼스 실험에 참여한 사람들의 집중은 고릴라에 의해 깨지지 않았다. 고릴라가 현재 진행 중인 과제를 방해하지 않았기 때문이다. 참가자들이 공에 집중하는 동안 고릴라는 다른 배경과 다를 바 없었다. 집채만 한 덩치의 유인원이 나타나도 관심이 다른 데 있으면 보지 못한다. 우리는 이런 식으로 복잡하기 이를 데 없는 세계를 견뎌 낸다. 개인적인 관심사에만 집중하며 나머지는 무시한다. 목표를 이루는 데 도움이 되는 것에만 시선을 둔다. 그걸 방해하는 장애물은 눈에 들어오지만 그 밖의 것들은 보지 못한다. 우리와 관련 없는 것이 더 많아 보지 못하는 것이 많을 수밖에 없다. 우리가 가진 자원은 한정되어 있어서 세심하게 관리해야 한다. 본다는 것은 무척 어려운 일이다. 무엇을 볼 것인지 신중하게 선택하고, 나머지는 버려야 한다.

힌두교의 가장 오래된 경전이자 인도 문화의 기반이 되는 《베다》는 '인지된 세계는 겉모습이나 환영에 불과하다'라는 심오한 개념을 가르쳐 준다. 《베다》에서는 이를 '마야(maya)'라고 한다. 인간은 욕망 때문에 눈이 멀어 사물을 있는 그대로 파악하지 못한다는 것이다. 이것은 단순한 비유가 아니라, 그 자체로 진실이다. 우리 눈은 도구다. 우리가 원하는 것을 얻을 수 있도록 돕는다. 목표를 분명하게 보게 된 대가로 그 밖의 모든 것에 대한 시각을 잃었다. 일반적인 상황에서는 큰 문제가 안 된다. 우리는 늘 이런 식으로 원하는 것을 얻고 있다(물론 당장 눈앞에 있는 것에만 시선을 둔다면 더 가치 있는 목표를 보지 못할 수 있다는 문제가 있기는 하다).

그런데 우리가 위기에 빠졌을 때가 문제다. 삶이 생각대로 흘러가지 않을 때 그동안 보지 못하던 고릴라들이 여기저기서 튀어나오고, 해결해야 할 문제가 산더미처럼 쌓인다. 다행스러운 점은 바로 그 문제들 속에 해결의 실마리가 들어 있다는 것이다. 보지 못하던 것이 많았기 때문에 새로운 가능성을 발견할 기회도 많다는 뜻이다.

당신이 불행하다고 해 보자. 예를 들어, 정말 필요한 것을 얻지 못하고 있다. 그런데 그런 불행은 어쩌면 당신이 가장 갖고 싶어 하는 것 때문에 시작됐을지 모른다. 욕망 때문에 눈이 멀어 버린 것이다. 당신이 정말 필요로 하는 것은 정작 코앞에 있는데, 시선이 오로지 목표에만 가 있어 못 보는 것이다. 여기에서 생각해 봐야 할 점이 있다. 원하는 것을 얻으려면(원하는 것보다는 필요한 것을 얻는 게 훨씬 좋다) 반드시 대가를 치러야 한다는 사실이다. 하나를 얻으려면 무엇인가 다른 하나는 포기해야 한다는 말이다.

이렇게 생각해 보자. 당신은 당신만의 특별한 방식으로 세상을 본다. 당신은 여러 도구를 사용해 대부분을 걸러 내고 일부만을 받아들인다. 이런 도구들을 오랫동안 사용해 왔다. 이제는 습관이 되어 능숙하게 사용한다. 이 도구들은 단순한 비유가 아니다. 실제로 정신이 사용하는 도구들이다. 내면 깊숙한 곳에 자리하고 있어 은연중에 드러나는 무의식적인 가치 체계다. 이 도구들은 생물학적 구조의 한 부분으로 살아 있는 것이다. 쉽게 사라지거나 변형되거나 소멸되지 않는다. 익숙한 도구를 버리고 새로운 도구에 적응해야 할 때도 있다. 언덕길을 잘 오르려면 내려놓는 법을 알아야 한다는 것도 이 때문이다(꼭 이런 이유 때문만은 아니지만).

인생이 생각대로 풀리지 않으면 냉소적인 사람들이 자주 하는 말처럼 '어차피 인생은 다 망하게 돼 있어. 죽으면 끝이야'라고 생각한다. 하지만 위기를 맞아 패배주의에 빠지기 전에 '인생은 잘못이 없다. 문제는 나한테 있다'라고 생각해 보면 어떨까? 생각을 바꾸면 적어도 여러 선택지가 생긴다. 인생이 꼬이고 있다면 당신의 지식이 불충분하기 때문이지 삶 자체에는 문제가 없을 수도 있다. 당신의 가치 체계를 바꾸면 반전의 기회를 잡을 수도 있다. 어쩌면 당신이 원하는 것 때문에 다른 가능성을 못 보고 있는지도 모른다. 아니면 현재의 욕망이 너무 강해서 다른 것들이 전혀 눈에 들어오지 않는지도 모른다. 심지어 당신에게 꼭 필요한 것까지도.

예를 들어 일하고 있는 조직의 팀장이 되고 싶은 욕망이 있다고 해 보자. 그런데 현재 팀장은 그 자리에서 내려올 생각이 없고, 일을 잘해서 인정도 받고 있다. 이런 상황에서는 팀장이 되고 싶다는 욕망은 짜증과 불행과 혐오만 가져올 뿐이다. 이런 사실을 잘 알고 있는 당신은 다음과 같이 생각한다.

'난 지금 불행해. 하지만 팀장만 되면 이 불행은 금방 사라질 거야.'

여기에서 한 단계 더 나아가면 이렇게 생각한다.

'아니지. 내가 불행한 이유가 팀장이 되지 못해서야? 어쩌면 팀장 자리에 대한 욕심을 버리지 못해서 불행한 건 아닐까?'

생각이 여기까지 왔다고 당장 욕망을 떨쳐 버릴 수는 없다. 사람은 그렇게 쉽게 변하지 않는다. 더 깊이 파고들어야 한다. 당신이 인생에서 추구하는 것이 뭔지 근본적으로 생각해 봐야 한다.

따라서 당신은 이렇게 생각할 수 있다.

'이 짜증을 어떻게 하면 좋을까? 내 꿈을 무작정 포기할 수는 없어. 그러면 의욕이 사라져 버릴 것 같은데. 그렇다고 내가 가질 수 없는 자리를 계속 꿈꾸는 것도 의미 없는 일이잖아.'

이제 다른 길을 모색해 본다. 욕망을 채우고 야망을 이룰 수 있는, 그러면서도 마음속 응어리는 떨쳐 낼 수 있는 계획을 생각해 본다.

'계획을 바꿔야겠어. 내 인생이 더 나아지는 일이라면 무엇이든 해 보겠어. 지금 당장 시작할 수 있는 계획이면 좋겠어. 팀장이 되는 것 말고도 의미 있는 일은 많으니까. 계획을 잘 세우고 그대로 밀고 나가 봐야지!'

여기까지 왔으면 완전히 다른 길로 들어선 것이다. 과거에 이것만이 인생의 전부라고 믿은 꿈은 사실 협소하고 제한적인 것이었다. 거기에만 매달려 있다가 결국 불행에 빠졌다. 상황이 바뀌면 익숙한 것들과 헤어져야 한다. 어느 정도의 희생은 각오해야 한다. 그러면 과거의 야심 때문에 보이지 않던 새로운 세계가 열릴 것이다. 가능성으로 가득한 세계를 만나게 될 것이다. 지금보다 더 나은 세상에서 인생은 어떻게 바뀔까? 아니, 산다는 것의 의미는 도대체 뭘까? 좋은 인생 따로 있고, 나쁜 인생 따로 있단 말인가? 뭘 보고 '더 좋은 인생'이라고 할 수 있을까? 아직은 모른다. 하지만 당장은 몰라도 상관없다. '더 나은 삶'을 살아 보겠다고 결심하는 순간부터 서서히 깨닫기 시작할 것이다. 편견과 선입견으로 가려져 있던 것들도 모습을 드러낼 것이다. 그동안 보이지 않던 것들도 비로소 보이기 시작할 것이다. 그렇게 새로운 것들을 알아 가기 시작할 것이다.

하지만 삶이 나아지기를 간절히 원할 때에만 이런 노력도 효과를 발휘한다. 무의식적 지각 구조를 속일 수는 없다. 절대 불가능하다. 지각 구조는 당신의 의지대로 움직인다. 막연히 바라기만 해서는 아무것도 볼 수 없고, 배울 수 없다. 삶에 대한 태도를 바꾸고 활력을 되찾아 의미 있는 목표를 향해 나아가려면 처음부터 끝까지 다시 생각해야 한다. 자신의 마음을 구석구석 살펴보고, 어지러운 정신을 깨끗이 정리해야 한다. 더 좋은 삶은 책임질 것이 더 많아진다는 사실을 의미하기에 조심스럽게 접근해야 한다. 지금보다 더 큰 노력과 정성을 쏟아야 한다. 그래야만 부질없는 삶의 고통을 끝낼 수 있고, 오만과 기만, 원망의 굴레에서 벗어날 수 있다.

최선의 삶을 향한 당신의 열망이 커질수록 세상의 밝은 면들이 드러난다면 기분이 어떨까? 최선의 삶에 대해 더 많이 이해하고 알아 갈수록 더 많은 가능성과 장점을 발견하게 되면 어떤 일이 벌어질까? 그렇다고 바라기만 하면 원하는 걸 얻을 수 있다는 뜻은 아니다. 모든 것은 해석하기 나름일 뿐이고, 실재하는 것은 아무것도 없다는 말도 아니다. 세상은 나름의 구조와 한계를 지닌 채 여전히 그대로 존재한다. 세상이 흘러가는 대로 살면 우리는 세상의 도움을 받거나 세상에 배신을 당하거나 둘 중 하나의 결말을 보게 될 것이다. 그러나 당신이 세상과 함께 춤을 추려고 한다면 춤을 출 수 있다. 충분한 능력과 태도를 갖추었다면 세계를 이끌어 갈 수도 있다. 이것은 신학도 아니고, 신비주의도 아니다. 경험적 지식이다. 경험적 지식에는 마법적인 것이 없다. 이미 존재하는 의식의 작용에 불과하다. 우리는 보려고 하는 것만 본다. 그 밖의 대부분의 세계는 시야에서 사라진다. 다른 것을 보고자 한다면 우리 정신은 잠자고 있던 새로운 정보를 들고 나타날 것이다. '더 좋은 삶을 살고 싶다'라는 목표를 세우면 도움이 될 만한 새로운 정보를 알려 줄 것이다. 그 정보를 활용해 움직이고, 행동하고, 관찰하고, 발전할 수 있다. 이렇게 더 나은 사람이 되면 또 다른 목표, 더 높은 목표를 향해 전진하게 될 것이다.

'더 좋은 삶보다 더 좋은 것은 없을까? 그게 무엇이든 한번 해 보고 싶어.'

이런 과정을 통해 궁극적으로 한 차원 높은 완전한 현실 세계로 들어서게 된다. 그곳에서는 무엇에 집중하고, 무엇을 봐야 할까?

먼저, 인간의 욕망과 욕구에 대해 생각해 보자. 그것은 인간의 본성이다. 인간이라면 누구나 굶주림과 외로움, 갈증과 성욕, 공격성, 두려움과 고통을 느낀다. 이런 욕망과 욕구는 인간이 살아가는 데 꼭 필요한 기본 요소다. 아주 오랜 시간 인간을 지배해 온 원초적인 요소이고, 누구도 부인할 수 없는 보편적인 요소다. 이런 원초적인 욕구들을 잘 분류하고 정리해야 한다. 이 세상은 너무 복잡하고 현실적인 제약이 많은 공간이기 때문이다. 가지고 싶은 것을 다 가질 수 없는 이유가 무엇이겠는가. 사소한 것 하나도 마음대로 할 수 없는 이유가 무엇이겠는가. 하나의 욕망은 나의 다른 욕망과 충돌하고, 다른 사람의 욕망과 경쟁하며, 더 나아가 세계 전체의 욕망과 갈등을 일으킬 수 있기 때문이다. 우리가 무엇을 욕망하는지 알아내서 정리한 다음, 우선순위를 정하고 서열을 매겨야 한다. 이 과정에서 욕망이 세련되게 다듬어져 서로 충돌하지 않고 작동하게 된다. 다른 사람의 욕망이나 세계와도 조화를 이룬다. 이런 과정을 거치면 욕망은 질적인 상승을 거듭하고, 더 높은 가치를 향해 움직이며, 궁극적으로는 도덕성을 갖춘다. 이런 이유로 가치관과 도덕성은 우리가 얼마나 문명화되었는가를 보여 주는 지표다.

옳고 그름, 도덕성을 철학적으로 연구하는 학문이 윤리학이다. 윤리학은 더 좋은 선택이 무엇인지를 가르쳐 준다. 윤리학보다 더 긴 역사를 지닌 종교는 윤리학의 범위를 넘어선 심원한 영역을 다룬다. 종교는 옳고 그름만이 아니라 선악의 본질이 무엇인지를 모색한다. 어떤 의미로 보면 선악은 옳고 그름의 원형이다. 종교는 궁극적인 가치와 관계가 있다. 그래서 경험적으로 관찰하고 설명하고 반박하는 과학과는 다르다. 과학처럼 설명할 수 있는 분야가 아니다. 《성경》을 쓰고 편집한 사람들은 과학자가 아니었다. 어차피 그들은 과학자가 되고 싶어도 될 수 없었다. 《성경》이 기록될 무렵에는 과학적 관점과 방법론, 실험 등은 존재하지도 않았기 때문이다.

종교는 '올바른 행동'을 이야기한다. 철학적으로는 플라톤의 '선(善)'과 같은 개념이다. 종교인은 세계의 객관적 속성에 대한 개념 체계를 정립하는 사람들이 아니다(물론 그런 노력을 하는 종교인도 있다). 그들은 '선한 사람'이 되려고 애쓴다. 그들에게 '선'은 순종, 심지어 맹목적인 순종을 의미한다. 서구의 고전적 자유주의 계열에 속한 계몽주의자들은 이런 종교적 믿음에 반론을 제기했다. 그러나 순종은 적어도 출발점이라는 가치가 있다. 훈련과 교육을 받지 않은 사람은 어떤 목표도 세울 수 없다! 순종하며 배우지 않으면 우리는 무엇을 목표로 삼아야 할지도 모르고, 어찌어찌 훌륭한 목표를 세웠더라도 목표를 이루는 법을 모른다. 그리고 목표로 정할 것이 없다고 성급하게 결론을 내린다. 목표가 없으니 방향을 잃고 방황한다.

따라서 종교의 특성상 절대적인 진리를 강조하는 교조적인 요소는 필요하고 바람직하다. 종교가 내세우는 가치가 확고하지 않다면 종교를 가질 이유가 무엇이겠는가. 종교의 가치 체계가 더 높은 경지에 이르는 길을 제시하지 못한다면 무슨 도움이 되겠는가. 가치 체계를 내가 받아들일 수 없다면, 그래서 최고의 경지는 고사하고 출발점으로도 삼을 수 없다면 종교가 무슨 소용이 있겠는가. 이런 확고한 가치 체계가 없는 사람은 세 살짜리 아이나 다름없다. 매력도 없고, 잠재력도 없다. 그렇다고(다시 한번 말하지만) 순종으로 충분하다는 말은 아니다. 그러나 순종할 줄 아는 사람은, 다시 말해 제대로 훈련받은 사람은 적어도 잘 연마된 도구와 같다. '적어도'에 주목하자(그것을 훨씬 넘어설 수 있다는 뜻이다). 훈련이나 신념은 그 너머를 볼 수 있는 시각의 절대적인 영향을 받는다. 도구는 목적이 있어야 의미가 있다. 목적이 없다면 쓸데없는 도구다. 목적을 결정하는 것은 시각이다. 〈도마서〉《신약 성경》 27경에 포함되지 않은 외경으로, 예수의 어록 114구절을 담고 있다. 1945년 이집트의 나그함마디에서 발견되었다. 진위 및 기록 연대에 대한 여러 이

견이 있으나, 고고학적 가치만큼은 두루 인정받고 있다—옮긴이)에 기록된 예수 그리스도의 가르침은 바로 이런 의미를 담고 있다.

"아버지의 나라가 온 땅에 뿌려져 있지만 사람들은 그 나라를 보지 못한다."[75]

그렇다면 우리가 무엇을 보는지는 종교적 믿음의 영향을 받는다는 뜻일까? 그렇다! 종교적 믿음은 심지어 눈에 보이지 않는 것에도 영향을 미친다! '나는 무신론자입니다만' 하고 반박할 사람도 있을 것이다. 하지만 당신은 무신론자가 아니다(도스토옙스키의 걸작 《죄와 벌》은 이 주제를 깊이 있게 다룬다. 주인공 라스콜니코프는 고심 끝에 무신론을 받아들이기로 한 뒤 선의로 합리화한 살인을 저지르고 죄에 대한 대가를 치른다). 무신론자가 아니라고 하는 이유는 당신이 무신론자처럼 행동하지 않기 때문이다. 당신의 행동은 마음속 깊이 내재한 믿음을 가장 정확히 반영한다. 존재에 내재한 믿음은 의식적으로 알고 있는 것, 겉으로 드러난 성향, 표면적인 자기 인식 아래에 감추어진 믿음이다. 당신의 행동을 자세히 관찰하면 당신이 믿는다고 생각하는 것이 아닌, 실제로 믿고 있는 것이 무엇인지를 알 수 있다. 하지만 그 전에는 당신이 믿고 있는 게 뭔지 당신도 모른다. 당신이란 존재는 너무 복잡해서 당신 자신도 쉽게 이해할 수 있는 존재가 아니다.

당신이 실제로 믿는 게 무엇인지 아주 일부만 알아보려 해도 주의 깊게 관찰해야 하고, 교육과 성찰이 필요하며, 다른 사람들과의 커뮤니케이션도 거쳐야 한다. 당신이 가치를 매기는 모든 것은 상상조차 할 수 없는 오랜 세월 동안 개인적·문화적·생물학적 발전 과정을 거친 산물이다. 엄청나게 길고, 깊고, 심원한 과거가 당신이 원하는 것, 보는 것, 믿는 것 등에 어떻게 영향을 미쳤는지 당신은 이해하지 못한다. 또 인류의 조상이 수백만 년 동안 추구해 온 윤리적 목표와 그보다 훨씬 전 수십억 년을 이어 온 모든 생명체가 당신이 세계를 관찰하는 데 사용하는 모든 신경망을 어떻게 만들어 왔는지 당신은 절대 이해할 수 없다.

당신이 제대로 알고 있는 것은 없다.

얼마 전까지 당신에게 부주의맹이 있다는 것도 모르지 않았는가.

인간이 가진 믿음에 대한 지식 중 일부가 문서로 기록되어 왔다. 인간은 수만 년 동안, 어쩌면 수십만 년 동안 자신의 행동을 관찰했고, 그 관찰을 바탕으로 자신을 되돌아봤으며, 그런 반성에서 깨달은 것들을 뽑아 이야기로 만들었다. 이 모든 과정은 우리가 진짜로 믿는 것이 무엇인지 찾아내고 설명하려는 개인적인 혹은 집단적인 시도였다. 그렇게 형성된 지식의 일부는 각 문화권의 근본적인 깨달음을 전하는 《도덕경》, 《베다》, 《성경》 같은 고대 문헌에 압축되었다. 좋든 싫든 《성경》에 서구 문명의 근본이 담겨 있다는 사실에는 변함이 없다. 서구 문명의 토대를 이루는 선악, 도덕성, 가치관 등에 대한 내용이 담겨 있다. 《성경》이 어떻게 쓰이고 만들어졌는지는 아무도 모른다. 여러 시대에 걸쳐 수많은 사람이 쓰거나 편집한 여러 저작을 한데 모아 놓은 모음집이라는 것만 알려져 있을 뿐이다. 《성경》은 사실상 하늘에서 뚝 떨어진 책이나 다름없다. 수천 년 동안 수많은 사람의 입에서 입으로 전해져 온 이야기들을 선별해서 연대순으로 일관되게 정리할 수 있었다는 것은 그 자체로 경이로운 사건이기 때문이다. 《성경》은 인간의 집단적 상상력이 불가해한 힘에 이끌려 기나긴 시간 동안 깊은 심연에서 끌어올린 지혜의 보고다. 주의 깊게 꼼꼼히 파헤쳐 보면, 우리가 무엇을 믿고 어떻게 행동하는지, 그리고 어떻게 행동해야 하는지에 대한 근원적인 가르침을 발견하게 된다.

《구약 성경》의 하나님과 《신약 성경》의 하나님

드러난 대로만 보면 《구약 성경》의 하나님은 냉혹하고 비판적이며 예측할 수 없고 위험한 존재로 보인다. 논쟁의 여지가 있지만, 《성경》 연구자들이 《구약 성경》과 《신약 성경》의 차이를 강조하려는 의도로 이런 부분을 확대 해석한 것이 영향을 미쳤다. 《구약 성경》의 하나님을 믿고 따를 현대인은 없다는 말이 나왔을 정도다. 그러나 《구약 성경》의 하나님은 현대인이 그렇게 생각하건 말건 신경 쓰지 않는다. 당시 사람들이 어떻게 생각하는지도 개의치 않았다(사실, 《구약 성경》의 하나님은 얼마든지 타협할 수 있는 존재였다. 소돔과 고모라를 단죄하려는 하나님과 어떻게든 막아 보려는 아브라함의 대화가 대표적인 사례다). 이스라엘 백성이 올바른 길에서 벗어나면, 하나님의 명령을 거역하고 하나님과의 약속을 어기고 하나님이 내린 계명을 지키지 않으면, 반드시 가혹한 징벌이 뒤따랐다. 《구약 성경》의 하나님이 요구한 것을 제대로 실행하지 않으면, 당사자뿐만 아니라 당사자의 자녀와 그 자녀의 자녀까지도 큰 곤경에 빠졌다. 하나님의 요구가 터무니없는 경우에도 예외가 없었고, 하나님의 눈을 피해 도망을 가고 몸을 숨겨도 소용없었다.

《구약 성경》에 등장하는 하나님이 무자비한 모습으로 그려진 데는 이유가 있다. 《구약 성경》의 하나님을 만들어 낸 사람들, 혹은 그런 하나님에게 주목한 사람들은 현실주의자들이었다. 고대 이스라엘 사회의 구성원들은 부주의하게 잘못된 길로 들어서 방황하다가 몰살당하거나 노예가 되어 비참한 삶을 살았다. 때로는 이런 상황이 수백 년 동안 이어지기도 했다. 이런 현실이 합리적인가? 이런 현실이 정의로운가? 이런 현실이 공정한가? 《구약 성경》의 저자들은 매우 제한된 조건 아래에서 극도로 조심스럽게 이런 질문을 던지고 있는 것이다. 그들은 만물의 창조주 하나님은 모든 것을 알고 모든 능력을 지닌 전지전능한 존재이므로 하나님의 명령은 반드시 실행되어야 한다고 가정했다. 그들은 현명했다. 《구약 성경》의 하나님은 곧 자연의 힘이었다. 굶주린 사자가 합리적으로 행동할까? 정의롭고 공정하게 행동할까? 이것이 얼마나 어처구니없는 질문인가. 《구약 성경》의 이스라엘 민족과 그 조상들은 하나님을 하찮게 여길 만한 존재가 아니라는 것을 잘 알고 있었다. 하나님을 분노케 하면 무지막지한 지옥을 현실에서 경험하게 되리라는 것도 알고 있었다. 히틀러, 스탈린, 마오쩌둥이 불러일으킨 공포의 시대를 생생하게 기억하는 현대인들도 《구약 성경》의 이스라엘 민족과 비슷하게 생각하지 않을까?

한편, 《신약 성경》의 하나님은 《구약 성경》의 하나님과는 성격이 확연히 다르다. 〈요한 계시록〉에서는 인간의 교만함을 매섭게 나무라고 최후의 심판을 내리기도 한다. 하지만 대체로 자비롭고 인자한 아버지의 모습이다. 《신약 성경》의 하나님은 별로 바라는 게 없다. 오로지 최선을 다해 살라고만 할 뿐이다. 우리가 죄악에 빠져 살면 지옥에 보내겠지만, 기본적으로는 사랑의 하나님이다. 따라서 《신약 성경》의 세계는 낙천적이고 온기 가득한 아름다운 곳이지만 그만큼 신빙성이 떨어진다. 죽음과 파멸로 얼룩진 이 세상에서 누가 그런 이야기를 믿겠는가. 아우슈비츠 이후의 세계에서 한없이 선한 하나님이라는 존재를 어떻게 믿겠는가. 19세기 독일 철학자 니체는 《신약 성경》의 하나님을 서구 역사상 최악의 문학적 범죄로 규정했다. 그는 저서 《선악의 저편》에서 이렇게 말했다.[76]

신의 정의(正義)를 다룬 유대인의 《구약 성경》에는 인간과 사물과 언어가 방대한 규모로 담겨 있다. 그리스와 인도의 문학에는 그에 비견할 만한 것이 없을 정도다. 과거의 인간이 남긴 장엄한 자취에 공포와 경외를 느낀다. 따라서 고대 아시아를 생각하고, 아시아에서 돌출한 조그만 반도인 유럽을 생각할 때 서글픈 감정을 주체할 수 없다. …… 어떤 면에서 보든지 일종의 로코코적 취향을 풍기는《신약 성경》을《구약 성경》과 하나로 묶어 '위대한 책'인《성경》으로 만들어 버린 짓은 유럽 문학의 양심이 묵인한 가장 뻔뻔한 행위이며 '영혼에 대한 중범죄'일 것이다.

순진한 사람이 아니라면 이처럼 한없이 선하고 자비로운 존재가 사악한 세계를 지배한다는 사실을 믿을 수 있을까? 드러난 것만 놓고 보면 이해가 안 가는 상황이지만, 여기에는 놀라운 진실이 감춰져 있다. 본질을 꿰뚫어 보는 사람에게는 명백하게 보이는 진실이다.

이쯤에서 앞 상황으로 돌아가 보자. 팀장이 되겠다는 목표를 세운 바로 그 상황이다. 팀장이 물러날 생각이 없고 능력도 인정받고 있어서 당장 내가 팀장이 될 가능성은 없어 보인다. 그래서 팀장에 대한 시기심이 생겼다. 그 시기심 때문에 내가 살아가는 세계가 고통과 실망, 원망으로 가득한 공간이 되어 버렸다. 고통스러운 나날을 보내다가 어느 순간 정신을 차리고 불행이 어디에서 시작됐는지 곰곰이 생각해 본다. 불행에 대한 책임이 나에게 있음을 인정하고, 불행을 조금이라도 다스려 보겠다고 마음먹는다. 그러면서 새로운 세계에 눈을 뜬다. 더 좋은 것을 꿈꾼다. 옹졸한 생각을 버리고, 팀장에 대한 시기심을 거두고, 마음의 문을 연다. 세상이 어둡다고 짜증 내는 대신 작은 빛이 있음을 감사히 여긴다. 더 높은 자리가 아니라 더 나은 삶을 목표로 삼기로 한다.

여기서 중단하지 않는다. 더 나은 삶이라는 목표가 다른 사람의 삶을 불행하게 만들면 그 목표는 잘못된 것이다. 그래서 창의력을 발휘한다. 조금 더 어려운 게임을 해 보기로 한다. 당신만이 아니라 가족들까지도 더 좋은 삶을 살 수 있는 길을 택하기로 한다. 친구들, 심지어 그들 주변의 낯선 사람들까지도 더 좋은 삶을 살 수 있도록 하겠다고 다짐한다. 꼴 보기 싫은 사람들은 어떻게 하지? 그들도 여기에 포함해야 할까? 그들을 어떻게 해야 할지는 아직 감이 오지 않는다. 안타깝게도 당신은 적들을 어떻게 포용해야 하는지 모른다. 그런데 역사를 조금 배워서 적대감이 어떤 결과로 이어지는지는 알고 있다. 그래서 일단 꼴 보기 싫은 사람들도 잘 지내기를 빌어 본다. 그렇다고 마음이 완전히 정리된 것은 아니다.

이제 눈길이 향하는 방향이 바뀌기 시작한다. 알게 모르게 당신을 짓누르던 한계 너머로 시선을 돌린 것이다. 당신의 삶에 새로운 가능성이 나타나고, 그 가능성을 실현하기 위해 노력한다. 삶이 질적인 변화를 맞이한다. 당신은 더 깊이 생각하기 시작한다.

'더 나은 삶이란 뭘까? 나와 가족, 친구들, 심지어 적들까지 더 나은 삶을 살게 되었다면 그걸로 충분한 걸까? 그게 전부는 아닌 것 같아. 더 좋은 오늘을 만드는 것. 그게 정말 더 나은 삶을 산다는 것 아닐까? 그래서 오늘보다 더 나은 내일이 될 수 있게. 그렇게 다음 주, 내년, 10년 후가 지금보다 더 좋아지게. 100년 후, 1000년 후, 그리고 영원히 모든 것이 더 나아질 수 있게.'

'더 나은 삶'이란 삶의 조건이 보편적으로 향상된 모든 인간의 삶을 의미한다. 이런 생각 끝에 과감히 행동에 나선다. 앞으로 벌어질 일에 대해서도 이미 상황 파악을 끝냈다. 이제부터 독단적이고 무시무시한 능력을 지닌 《구약 성경》의 하나님을 자애로운 《신약 성경》의 하나님처럼 대하기로 결심한다. 두 하나님을 동일시한다는 것이 여러 면에서 불합리하다는 점을 모르는 것은 아니다. 하지만 이는 선한 마음과 선한 행동으로 존재 가치를 입증하겠다는 다짐의 표현이다. 인간만이 자신이 존재한다는 사실을 의식하고, 그 의미에 대해 질문을 던지며, 스스로 의미를 찾는다. 단순히 존재하는 모든 존재와 달리 인간만이 실존이다. 인간 스스로 의미를 찾지 않으면 이 세계와 자신의 삶에는 아무 의미도 남아 있지 않다. 따라서 스스로 존재 가치를 입증하겠다는, 이런 결정은 실존적 믿음의 선언이다. 또한 증오심과 그 증오심이 만들어 낼 모든 안 좋은 것에서 벗어나게 해 줄 믿음의 선언이다. 이런 결정을 통해 우리는 허무주의와 원한과 오만을 극복할 수 있다.

거짓임을 뻔히 아는데 억지로 믿을 수는 없다. 실존적 믿음은 의지로 가질 수 있는 믿음이 아니다. 마법을 바라는 유치한 믿음도 아니다. 그런 믿음은 무지의 산물이고, '의도적인 인식 회피'의 결과일 뿐이다. 그렇다면 실존적 믿음의 정체는 무엇일까? 실존적 믿음은 삶의 비극적 불합리성은 그와 똑같은 정도의 불합리함, 즉 본질적인 선을 향한 헌신으로 맞서야만 한다는 깨달음이다. 그러면서 감히 이룰 수 없을 것 같은 목표에 시선을 고정하고, 그것을 위해 기꺼이 모든 것을 희생하겠다는, 온 삶을 바치겠다는 결연한 의지다. 이제 비로소 당신은 이보다 더 훌륭한 삶의 목표는 없음을 알게 되었다. 그런데 이런 삶이 더할 나위 없이 바람직하다는 건 알겠는데, 솔직히 엄두가 나지 않는다. 어떻게 저 험난한 여정을 견딜 수 있을까?

가장 좋은 방법은 그런 것을 아예 생각하지 않는 것이다. 지금까지의 편협한 경험과 지식, 생각으로 새로운 믿음을 판단하지 말라는 뜻이다. 그렇다고 '멍청하게 행동하라'는 것은 아니다. 오히려 그 반대다. 눈치 보고, 계산하고, 음해하고, 속이고, 강요하고, 요구하고, 트집 잡고, 회피하고, 무시하고, 응징하는 따위의 수작을 그만두어야 한다는 뜻이다. 지금까지 잘 써 먹어 온 낡은 수법을 버려야 한다는 것이다. 한 번도 주목하지 않은 것에 주목하라는 말이다.

현재에 집중하라

정신을 똑바로 차리고 현재 내 주변을 둘러싼 물리적인 환경과 심리적인 환경에 집중하라. 당신을 짜증 나게 하는 게 뭔지, 신경 쓰이는 게 뭔지, 걱정거리가 뭔지 정확히 파악하라. 그리고 당신이 바로잡을 수 있는 것과 바로잡아야 할 것에 주목하라. 그런 것들을 손쉽게 찾는 세 개의 질문이 있다 (진지한 태도로 물어야만 정확한 답을 얻을 수 있다).

'이것이 지금 나를 짜증 나게 하는 것인가?'

'이것은 내가 바로잡을 수 있는 것인가?'

'정말 나는 이것을 바로잡을 의지가 있는가?'

이 질문 중 '아니요'라는 답이 하나라도 있으면 시선을 돌려야 한다. 목표를 낮춰도 좋다. 당신을 괴롭히는 것, 바로잡고 싶고 바로잡을 수 있는 것이 나올 때까지 찾아보고, 그것을 바로잡아라. 하루면 충분하다.

지금 책상 위에 봐야 할 서류가 산더미처럼 쌓여 있다고 해 보자. 계속 그 서류를 외면하고 있다. 출근해서 그쪽으로는 아예 눈도 돌리지 않는다. 거기에는 분명히 끔찍한 괴물들이 숨어 있을 것이다. 납세 신고서와 각종 청구서, 검토해야 할 자료들, 확답하기 어려운 요청 메일들이 당신을 잡아먹으려고 노리고 있다. 그러한 당신의 두려움을 정확히 파악하고, 그 두려움에 공감해 보라. 어쩌면 그 서류 더미 속에는 집채만 한 구렁이가 똬리를 틀고 있을지도 모른다. 그 구렁이에게 물릴 수도 있다. 어쩌면 머리 아홉 달린 히드라일지도 모른다. 머리 하나를 잘라 내면 일곱 개가 더 생겨난다.

이런 상황에 대처하려면 어떻게 해야 할까?

예컨대 이렇게 생각해 본다.

'저 서류 더미에 내가 꼭 처리해야 하는 게 있을까? 정신을 차리고 일부라도 꼼꼼히 살펴볼까? 20분이면 될까?'

그런데 아무리 빨리 봐도 20분 안에 끝내기는 어려워 보인다. 그러면 10분, 5분이라도 살펴보자. 그것도 싫으면 단 1분이라도 괜찮다. 아주 일부라도 들여다봤다는 것만으로 일단 성공이다. 전체는 부분의 합으로 이루어진다. 서류 더미 일부를 봤기 때문에 서류 더미 전체의 의미는 줄어든다. 그리고 그 어려운 일을 해낸 자신에게 보상을 준다. 와인을 곁들인 맛있는 저녁을 먹거나 푹신한 소파에 비스듬히 누워 책이나 영화를 보는 건 어떤가? 할 일을 끝낼 때마다 남편이나 아내에게 '잘했어요' 하고 칭찬해 달라고 해 보자. 그러면 더 일할 맛이 나지 않을까? 그들도 안 하던 칭찬을 갑자기 하려니 어색할 것이다. 그렇더라도 포기하지 말고 익숙해질 때까지 요청해 보자. 무엇이든 처음에는 서툴러도 자꾸 하다 보면 능숙해진다. 무슨 일을 하든 일할 맛이 나야 한다. 의욕을 높일 수 있는 자기만의 비결을 찾아야 한다. 함부로 '나는 동기 부여 따위는 필요 없는 사람이다'라고 단정 짓지 말라. 당신이 자신에 대해 잘 안다고 생각하는가? 당신은 우주에서 가장 복잡한 존재인 동시에, 누구나 다 하는 단순한 일도 하지 못하는 사람일 수 있다. 자신을 잘 안다고 자만하지 말라.

오늘 하루 할 일을 점검하는 시간을 가져 보자. 아침에 침대에 걸터앉아서 해도 좋고, 잠자리에 누워서 해도 상관없다. 자신에게 이것만큼은 오늘 꼭 끝내자 하고 부탁해 보자. 정중히 부탁하고 뭐라고 말하는지 귀 기울여 들어 보자. 너무 욕심내지 않고 꼼수를 부리지 않으면 아마 어지간한 부탁은 다 들어줄 것이다. 한동안 매일 이렇게 해 보자. 그리고 죽을 때까지 이 습관을 유지해 보자. 그러면 인생이 완전히 달라질 것이다. 스스로 이렇게 묻는 게 습관이 될 것이다.

'내 삶이 조금이라도 나아지려면 무엇을 할 수 있고, 무엇을 해야 할까?'

이때 '더 나은 삶'이 무엇인지 정해 놓고 자신에게 강요하지 말자. 나치, 소련, 중국의 역사를 봐서 알겠지만, 전체주의는 나쁘다. 한 나라뿐 아니라 자신에게도 해롭다. 높은 목표를 세우자. 하루하루 나아지는 삶에 집중하자. 진실을 배신하지 말고 최고의 선으로 향하는 길을 벗어나지 말자. 우리에겐 바로 세워야 할 세상의 질서가 있고, 지켜야 할 인생의 미덕이 있다. 우리에겐 이겨 내야 할 악이 있고, 극복해야 할 고통이 있다. 그리고 더 나아져야 할 우리 자신이 있다.

내가 아는 한 지금 언급한 내용은 서구 문명을 지배하는 규범 중에서 가장 정점에 있는 도덕률이다. 《신약 성경》의 핵심이라고 하는 예수 그리스도의 산상 수훈과도 일맥상통하는 도덕률이기도 하다. 이는 인류의 정신이 도덕률을 새롭게 이해하려는 시도다. '무엇을 하지 말라'는 금지와 십계명이라는 원초적인 도덕률에서 벗어난, 진정한 독립적 주체로서 긍정적인 비전을 분명하게 표현한 것이다. 단순히 극한의 자기 통제와 자기반성에 대한 내용이 아니라, 세상을 바로 세우겠다는 근원적인 욕망에 대한 내용이다. 죄를 짓지 않겠다는 수동적 표현이 아니라, 죄의 대척점에 있는 선을 추구하겠다는 적극적인 의지의 천명이다. 산상 수훈은 인간의 진정한 본성이 무엇인지, 그리고 인류가 무엇을 목표로 삼아야 할지에 대한 가르침이다.

'오늘에 집중하라!'

그래야 현재를 온전히 살 수 있고, 바로 눈앞에 놓인 그 일에 완전하게,

그리고 올바르게 힘을 쏟을 수 있다. 다만, 우리 내면을 환한 빛으로 채우겠다고 결심해야만, 그래서 세상을 환히 밝히겠다고, 그리고 내가 존재하는 이유를 찾겠다고 결심해야만 오늘에 집중할 수 있다. 희생해야 할 것은 그게 무엇이든 희생하겠다고, 그렇게 최고의 선을 추구하는 삶에 헌신하겠다고 결심해야만 오늘에 집중할 수 있다.

들의 백합화가 어떻게 자라는가 생각하여 보라.

수고도 아니하고 길쌈도 아니하느니라.

그러나 내가 너희에게 말하노니,

솔로몬의 모든 영광으로도 입은 것이 이 꽃 하나만 같지 못하였느니라.

오늘 있다가 내일 아궁이에 던져지는 들풀도 하나님이 이렇게 입히시거든

하물며 너희일까 보냐, 믿음이 작은 자들아.

그러므로 염려하여 이르기를,

무엇을 먹을까 무엇을 마실까 무엇을 입을까 하지 말라.

이는 다 이방인들이 구하는 것이라.

너희 하늘 아버지께서 이 모든 것이 너희에게 있어야 할 줄을 아시느니라.

너희는 먼저 그의 나라와 그의 의를 구하라.

그리하면 이 모든 것을 너희에게 더하시리라.

그러므로 내일 일을 위하여 염려하지 말라.

내일 일은 내일이 염려할 것이요, 한 날의 괴로움은 그날로 족하니라.

- 〈마태복음〉 6장 28~34절

깨달음은 여명이다. 깨달음을 얻은 사람은 폭군 역할을 벗어던지고 현재에 집중한다. 세상을 조작하지 않고 진실을 말한다. 순교자나 폭군의 역할을 중단하고 협상한다. 다른 사람의 삶이 내 삶보다 더 낫지 않다는 것을 알기에 이제는 누구도 시기하지 않는다. 목표를 낮추고 인내하는 법을 알기에 좌절하거나 실망하지도 않는다. 자신이 누구이고, 진정으로 원하는 것이 무엇이며, 무엇을 하고 싶어 하는지도 깨달아 간다. 그래서 자신 앞에 놓인 수많은 문제에 대한 본인만의 해법을 발견해 간다. 자신이 해야 할 중요한 일이 많기에 남들의 시선에 신경 쓰지 않고, 남들 일에 간섭도 하지 않는다.

가장 높은 목표를 세워라. 그리고 오늘에 집중하라.

이제 당신은 높은 곳을 향해 나아간다. 마음속에는 희망이 가득하다. 삶은 여전히 험하고 높은 산길이지만, 이제는 그 길을 걷는 법을 배웠다. 지금 곤경에 빠진 사람이라도 훗날 어떻게 될지 누가 알겠는가! 목적지에 잘 도착하는 것보다는 여행하는 동안 즐거운 것이 훨씬 더 낫지 않은가.

구하라. 그래야 너희가 받을 것이다. 문을 두드려라. 그래야 너희에게 문이 열릴 것이다. 간절히 구하고 있는 힘껏 두드려야 비로소 더 나은 삶의 기회를 얻는다. 우리 개개인의 삶이 조금씩 나아지면 이 세상도 살기 좋은 곳으로 변할 것이다.

다시 한번 말하지만, 현재의 다른 사람과 비교하지 말고 어제의 당신과 비교하라.

THE COMMON LAW

HERE THE COMMON LAW OF ENGLAND WAS ESTABLISHED
ON THIS CONTINENT WITH THE ARRIVAL OF THE FIRST
SETTLERS ON MAY 13,1607. THE FIRST CHARTER GRANTED
BY JAMES I TO THE VIRGINIA COMPANY IN 1606 DECLARED
THAT THE INHABITANTS OF THE COLONY "...SHALL HAVE
AND ENJOY ALL LIBERTIES, FRANCHISES AND IMMUNITIES...
AS IF THEY HAD BEEN ABIDING AND BORNE WITHIN THIS
OUR REALME OF ENGLANDE...". SINCE MAGNA CARTA THE
COMMON LAW HAS BEEN THE CORNERSTONE OF INDIVIDUAL
LIBERTIES, EVEN AS AGAINST THE CROWN. SUMMARIZED
LATER IN THE BILL OF RIGHTS ITS PRINCIPLES HAVE
INSPIRED THE DEVELOPMENT OF OUR SYSTEM OF FREEDOM
UNDER LAW, WHICH IS AT ONCE OUR DEAREST
POSSESSION AND PROUDEST ACHIEVEMENT.
PRESENTED BY THE VIRGINIA STATE BAR MAY 17,1959

✦ 관습법 ✦

1607년 5월 13일 첫 정착자들 도착과 함께 영국의 관습법이 이 대륙에 확립되었다. 제임스 1세가 버지니아 회사에 칙허한 첫 헌장은 "식민지 주민들은 잉글랜드 왕국에서 태어나고 거주하는 것처럼 모든 자유와 공민권과 면책권을 보유하고 향유한다"라고 선언했다. 마그나 카르타* 이후 관습법은 왕권에 저항하며 개인의 자유를 떠받치는 초석이었다. 훗날 권리장전으로** 이어진 관습법 정신은 우리의 자유 체제가 법의 테두리 안에서 발전하는 데 지대한 영향을 미쳤다. 이러한 자유 체제는 우리가 지금까지 이뤄 낸 최고의 성과이자 우리의 가장 소중한 보물이다.

– 버지니아주 대법원 행정처, 1959년 5월 17일

---

* 1215년 영국 존 왕이 귀족들의 강력한 요청에 따라 관습적으로 통용되던 귀족의 권리를 문서로 명시한 헌장. 왕의 권리를 제한하고 개인의 자유를 보호하는 중요한 사례로, 이후 영국 입헌 정치의 발판이 되었다.
** 1689년 제임스 2세를 왕위에서 몰아낸 명예혁명 이후 영국 의회의 역할과 권한을 명시한 법률. 이를 통해 왕권이 축소되고 입헌 군주제가 확립되었다. 미국 독립과 프랑스 대혁명에 영향을 미쳤다.

아이를 제대로 키우고 싶다면
처벌을 망설이거나 피하지 말라

제멋대로 행동하는 아이들과 내버려 두는 부모들

얼마 전 붐비는 공항에서 네 살배기 아이가 부모 뒤를 느릿느릿 따라가며 악을 쓰는 모습을 봤다. 그 아이는 거의 5초마다 괴성을 질러 댔다. 한계에 부딪혀 나오는 소리가 아니라 분명히 의도적으로 내는 소리였다. 나도 두 아이의 아버지여서 그런 정도는 구분할 수 있다. 그 아이는 관심을 끌려고 부모만이 아니라 주변 사람들까지 짜증 나게 했다. 원하는 것을 얻기 위한 올바른 방법이 아니었다. 부모는 아이에게 그것을 가르쳐 줘야 한다. 부모가 비행기를 오래 타서 너무 피곤하고 지쳤을 수도 있지 않겠느냐며 이해하고 넘어가려는 사람도 있을 것이다. 그러나 30초만 투자해도 아이의 투정을 즉시 멈출 수 있었다. 사려 깊은 부모라면 사랑하는 아이가 모르는 사람들에게 손가락질을 받게 내버려 두지 않을 것이다.

부부가 세 살배기 아이 뒤를 졸졸 따라다니며 진땀을 흘리는 모습을 본 적도 있다. 부모는 아이를 전혀 말리지 않았다. 그러다 아이가 위험한 짓을 하려 들자 아이를 안고 아무 행동도 하지 못하게 만들었다. 아이가 마음대로 행동하는 걸 내버려 두다가 갑자기 모든 자유를 빼앗아 버린 것이다. 부모가 '안 돼!'의 뜻을 제대로 알려 주지 않아서 그 아이에게는 '합리적인 한계'에 대한 개념이 없었다. 아이는 할 수 있는 것과 할 수 없는 것을 알아야 자율적으로 행동할 수 있다. '지나친 혼돈은 지나친 질서를 낳는다'라는 격언의 전형적인 사례다(물론 반대의 경우도 가능하다). 제멋대로 행동하는 아이 때문에 저녁 모임 자리가 엉망이 되는 경우도 여러 번 있었다. 어느 부부가 데려온 대여섯 살짜리 아이는 테이블에 놓인 빵을 모두 가져가 가운데만 파먹고 주변 어른들에게 무례한 장난을 치는 등 폭군처럼 휘젓고 다녔다. 하지만 부모는 당황한 표정으로 멍하니 지켜만 볼 뿐 제지하지 않았다. 당연히 모임 자리가 어수선해져 정상적인 대화가 불가능했다.

지금은 성인이 된 내 딸이 어린 시절 또래 남자아이에게 철제 장난감 트럭으로 얼굴을 얻어맞은 적이 있다. 1년 후 어느 자리에서 그 남자아이가 제 여동생을 유리 탁자 위로 세게 밀치는 걸 우연히 보게 되었다. 아이 어머니는 놀란 딸을 진정시키지는 않고 아들아이에게 그렇게 하지 말라고 살짝 주의를 주면서 칭찬하듯 등을 토닥거렸다. 아들을 황제로 키우고 싶어 하는 것 같았다. 아들을 이런 식으로 키우는 부모가 상당히 많다. 게임에 빠진 아들이 간식을 만들어 달라고 하면 군말 없이 만들어 준다. 그 소년의 아내가 될 사람이 시어머니를 미워할 이유가 이렇게 쌓여 간다. 여성 존중? 그런 것은 다른 집 아이들에게나 가르쳐야 할 가치이지 자신의 소중한 아들에게는 해당하지 않는다는 듯이 행동한다.

인도와 파키스탄, 중국 등 성별 선택 낙태가 성행하는 곳에서는 남아 선호 현상이 뚜렷하게 발견된다. '위키피디아'는 성별 선택을 위한 낙태의 원인으로 남아를 선호하는 '문화적 규범'을 꼽고 있다(여기에서 위키피디아를 인용하는 이유는 집단적으로 작성하고 편집한다는 특성상 대중의 생각을 알아볼 수 있기 때문이다). 하지만 남아를 선호하는 이유가 오로지 문화적 차이 때문만은 아니다. 심리학적·생물학적 요인도 무시할 수 없는 영향을 미친다. 진화의 논리에서는 아들과 딸 중 하나를 선택해야 한다면 아들을 선택하는 편이 유리하다. 진화에서는 유전자를 널리 퍼뜨리는 게 무엇보다 중요하기 때문이다. 그 이유가 무엇일까?

여성은 평생 8~9명의 자식을 낳을 수 있다. 홀로코스트 생존자 이타 슈바르츠는 15명의 자식을 낳았다. 2010년 아흔넷의 나이로 세상을 떠날 때 그녀의 직계 자손은 무려 2000명에 달했다.[77] 여성으로서는 이례적으로 많은 자손을 낳은 셈이다. 그런데 남성은 생물학적 특성상 많은 자손을 낳는 데 훨씬 더 유리하다. 영화배우 워런 비티나 농구 선수 월트 체임벌린 같은 사람들은 수천 명의 여성과 잠자리를 했다고 알려져 있다. 피임 수단이 없었다면 어마어마한 자손을 두었을 것이다. 실제로 과거 권력자 중에는 수많은 여성을 상대로 천문학적인 숫자의 자손을 남긴 사람이 많다. 청나라 태조 누르하치의 할아버지 기오창가는 중국의 북동 지역에 거주하는 150만 명의 부계 조상이다.[78] 또 중세 아일랜드와 스코틀랜드 지역을 지배했던 이 넬 왕조는 현재 아일랜드의 북서 지역과 미국에 사는 남성(아일랜드계 미국인) 300만 명의 조상이다.[79] 그러나 이들도 칭기즈 칸에 비하면 아무것도 아니다. 아시아 지역 대부분을 정복한 칭기즈 칸은 중앙아시아 남성 8퍼센트의 조상이다. 칭기즈 칸 이후 약 34세대가 흐른 지금 칭기즈 칸 후손은 남성만 1600만 명에 달한다.[80] 생물학적 관점에서 보면 남아를 선호하는 이유가 분명히 있다. 그렇다고 단지 생물학적 요인이 남아 선호의 직접적인 원인이라거나 문화적인 요인은 전혀 없다고 주장하는 것은 아니다.

아들에 대한 특별 대우의 장점도 있다. 특별 대우를 받고 자란 아들은 다방면으로 매력적이고 자신감 넘치는 어른으로 성장할 가능성이 크다. 정신분석학의 창시자 프로이트는 자신이 그런 경우라고 말했다.

"어머니의 특별한 사랑을 받으며 자란 남자는 평생 정복자가 된 듯한 느낌으로 산다. 그만큼 자신의 성공에 대한 믿음이 강하다. 이런 믿음이 실제 성공으로 이어지는 경우가 많다."[81]

완전히 틀린 말은 아니다. 하지만 '정복자의 느낌' 때문에 실제 정복자가 된다는 게 문제다. 칭기즈 칸의 어마어마한 번식력은 다른 사람들의 번식 기회를 박탈한 결과였다. 중국과 페르시아, 러시아, 헝가리 그 외 여러 지역의 남성 수백만 명이 목숨을 잃었다. 진화 생물학자 리처드 도킨스의 '이기적 유전자' 관점에서는 아들을 막무가내 정복자로 키우는 것이 나쁘지 않은 선택이다. 아이 유전자가 무수히 많은 후손에게 전파될 테니까. 그러나 유전자에는 좋을지 몰라도 정작 아들 본인은 어둡고 고통스러운 미래를 각오해야 한다. 매우 위험한 돌연변이로 변할 가능성이 크기 때문이다.

당연히 모든 부모가 아들을 선호하는 것은 아니다. 아들보다 딸을 선호하는 부모도 비슷하게 많다. 여기에서 말하고자 하는 것은 아들과 딸 문제가 아니다. 더 중요하고 본질적인 문제들이 있다. 성별이나 성격 혹은 상황에 상관없이 부모의 무의식적 증오(때로는 의식적일 때도 있다)가 자녀의 올바른 성장에 훨씬 큰 영향을 미친다는 점이다.

이웃집에 밥을 잘 안 먹는 다섯 살짜리 남자아이가 있었다. 애를 돌보는 사람이 있는데 큰 사고를 당해서 한동안 이웃들이 돌아가며 그 아이를 봐 주기로 했다. 우리 집에서 봐 주기로 한 날, 아이 어머니는 아이가 온종일 아무것도 먹지 않을 수도 있다며 "그래도 괜찮아요"라고 말했다. 하지만 우리 부부에게는 괜찮지 않았다. 아내는 어르고 달래며 어떻게든 그 아이에게 점심을 먹이려고 했다. 밥을 입에 넣으면 요란하게 칭찬해 주고, 거부하면 억지로 밀어 넣었다. 아내와 나, 우리 아이 둘, 그날 우리가 돌보기로 한 다른 집 아이 둘, 그 아이 등 총 7명이 식탁에 앉아 있었는데, 아내는 그 아이에게만 매달렸다. 숟가락을 들이밀고 끈기 있게 기다렸지만 그 아이는 머리를 앞뒤로 까닥거리기만 할 뿐 입을 열지 않았다.

아내는 포기하지 않았다. 아이가 어찌어찌 한 숟갈 입에 넣으면 머리를 쓰다듬으며 "아이고, 착하네" 하고 칭찬해 주었다. 아내는 정말 그 아이를 착하다고 생각했다. 귀여운 아이였지만 마음에 상처가 있어 보였다. 그렇게 10분쯤 지나 드디어 그 아이가 식사를 마쳤다. 우리 모두 그 아이의 식사 장면을 골똘히 지켜보았다. 그야말로 삶과 죽음의 드라마였다.

아내가 밥그릇을 들어 보이며 "이것 봐, 안 남기고 다 먹었네"라고 말했다. 우리 집에 처음 왔을 때 그 아이는 구석으로 가서는 어두운 표정으로 서 있었다. 얼굴을 찡그리는 습관이 있고, 다른 아이들과 잘 어울리지 못했다. 내가 간지럼을 태우며 장난을 걸어도 전혀 반응을 보이지 않았다. 그러던 아이가 아내의 칭찬에 갑자기 환한 미소를 지었다. 그 미소는 식탁에 앉아 있던 모두를 기쁘게 했다. 그로부터 20년이 지난 지금도 당시를 떠올리면 마음이 짠하다. 그 후로 그 아이는 온종일 강아지처럼 아내를 졸졸 따라 다녔다. 아내가 자리에 앉으면 쏜살같이 달려와 아내 무릎으로 뛰어들었다. 아내 품에 안겨 애정과 관심을 갈구했다. 제대로 사랑을 받지 못했던 것이다. 그날 늦게 아이 어머니가 왔다. 어쩌면 그 아이는 엄마가 너무 빨리 왔다고 아쉬워했을지도 모른다. 그녀는 우리 모두 모여 있는 거실로 들어왔다. 아들이 아내 무릎에 앉아 있는 걸 보고는 빈정거리는 말투로 말했다.

"오, 슈퍼맘이시네요."

그러고는 아들을 데리고 갔다. 아이의 밝은 모습을 오랜만에 봤음에도 그녀의 메마른 마음은 바뀌지 않았다. 그녀는 아들이 불행하다는 걸 전혀 모르고 있었다. 심지어 그녀는 심리학자였다. 한쪽 눈만 떠도 볼 수 있는 걸 보지 못한 것이다. 굳이 알고 싶지 않았기 때문에 보이지 않는 것이다.

부모의 시간은 얼마나 낭비되는가

나에게 상담을 받으러 오는 내담자 중에는 일상적인 가정사에 시달리는 사람이 많다. 일상적인 문제는 뚜렷한 사건으로 나타나는 것이 아니고 늘 일어나는 일이라서 사소하게 여기기 쉽다. 하지만 결코 사소하지 않다. 특별한 일이 없는 한 하루하루는 거의 비슷하게 돌아간다. 매일 일어나는 흔한 일이 우리 삶의 대부분을 차지한다. 어느 날, 아들 때문에 마음고생이 심한 아버지가 나를 찾아왔다. 밤마다 아들을 재우느라 난리를 겪는다고 했다. 매일 밤 45분 동안 벌어지는 의식 같은 일이라고 했다. 그래서 계산을 해 봤다. 하루에 45분씩 일주일이면 315분, 즉 대략 5시간이다. 한 달이면 20시간이고, 1년이면 240시간이다. 주당 노동 시간을 40시간이라고 치면 240시간은 1.5개월에 해당하는 시간이다.

그 내담자는 매년 1.5개월을 아무 소득도 없이 아들과 씨름하느라 낭비하고 있는 셈이었다. 아버지만 괴로워하는 게 아니라 아들 역시 아버지만큼 힘들어 했다. 아무리 착하고 너그러운 사람이라도 매년 1.5개월을 다투는 사람과 좋은 관계를 유지하기는 어렵다. 둘 사이에 원망이 쌓이기 마련이다. 시간을 불쾌하게 허비하느니 생산적이고 즐거운 활동을 하는 편이 훨씬 낫다. 도대체 왜 그런 상황이 벌어졌을까? 아들과 아버지, 둘 중 누구에게 잘못이 있을까? 성격 문제일까, 사회 책임일까? 어떻게 해야 이 문제를 해결할 수 있을까?

이런 문제의 책임이 어른에게 있다고 생각하는 사람이 많다. 부모나 사회의 잘못이라는 것이다. 그런 사람들이 자주 하는 말 중에 '나쁜 아이는 없다. 나쁜 부모만 있을 뿐이다'라는 말이 있다. 아이는 순수하다고 생각하는 사람들에게는 당연한 말이다. 어린아이 하면 떠오르는 귀엽고, 솔직하고, 사소한 것에 즐거워하고, 편견 없이 사랑할 줄 아는, 그런 특징들을 생각하면 모든 잘못이 어른에게 있는 것 같다. 그러나 이런 생각은 무척 순진하고 낭만적이며 위험하다. 유난히 까다로운 아이들도 분명히 있기에 그런 자녀를 둔 부모들을 일방적으로 매도하는 것이기도 하다. 그리고 인간의 타락을 무작정 사회 탓으로 돌리는 것은 옳지 않다. 이런 단순화는 제대로 따져 보지 않고 문제 해결을 미루는 것일 뿐이다. 사회 구성원은 타락하지 않았는데 사회가 부패했다면 그 부패는 도대체 어디에서 시작된 것일까? 또 그 부패는 어떻게 확산된 것일까? 모든 것이 사회 탓이라는 주장은 한쪽으로 치우친 이데올로기적 이론에 불과하다.

모든 문제의 원인이 부패한 사회에 있다고 가정하면, 개인적인 문제를 해결하기 위해서는 사회를 개혁해야 한다는 결론이 도출된다. 그런데 이것은 정말 큰 문제로 이어진다. 실제로 기존의 전통에 적응하지 못하는 소수를 포용해야 한다며 안정된 전통을 해체하려는 시도가 끊이지 않는다. 이런 식으로는 문제가 해결되지 않는다. 사회를 개혁한다고 개개인의 골칫거리가 사라지는 것은 아니다. 오히려 변화가 사회의 안정을 해쳐 더 큰 위험을 초래할 수 있다. 우리는 아주 오랜 시간에 걸쳐 함께 사는 법을 익혀 왔고, 점진적으로 조금씩 복잡한 사회를 체계화해 왔다. 그래서 우리 행위와 생각 중에는 정확히 어떤 이유에서 하는지 잘 모르는 것이 많다. 따라서 사회를 검증되지 않은 이론으로 뜯어고치려 들면 긍정적인 효과보다는 많은 문제를 양산할 가능성이 훨씬 더 크다. 실제로 문제를 해결하려던 개혁 조치들이 더 큰 문제를 만들어 낸 사례는 많다.

1960년대에 크게 완화된 이혼법을 생각해 보라. 이혼이 쉬워져서 모두 행복해졌는가? 어른들은 자유로워졌을지 몰라도 불안정한 삶에 내몰린 아이들은 어떻게 할 것인가? 우리 조상들이 현명하게 쌓아 놓은 벽 뒤에는 두려움과 공포가 도사리고 있다. 그 벽을 허물려면 위험을 각오해야 한다. 우리는 얇은 얼음판 위에서 스케이트를 타는 것과 같다. 그 살얼음판 아래의 차갑고 깊은 물 속에 무시무시한 괴물이 숨어 있다는 것도 모르는 채.

요즘의 부모는 자녀 세대를 어려워하는 것처럼 보인다. 그 이유가 뭘까? 앞서 말한 사회적 독재의 주동자 취급을 받으면서 규율과 질서와 전통을 지키는 수호자 역할은 인정받지 못하고 있기 때문이다. 1960년대에 청소년이던 그들은 그 시대의 강력한 그림자를 떨쳐 내지 못한 채 어두운 자의식 속에서 불편한 마음으로 살아가고 있다. 1960년대는 어른 세대를 깎아내리고 모든 권위를 불신하며 미성숙한 방종과 책임지는 자유를 구분하지 못하던 시대였다. 이런 시대의 영향으로 요즘 부모들은 자녀를 망칠지도 모른다는 걱정에 사로잡혀 자녀의 감정 변화에 너무 민감하게 반응한다. 그래도 그 반대의 경우보다는 낫지 않느냐고 반박할 수 있겠지만, 도덕적 잣대의 양극단에는 언제나 재앙이 도사리고 있다.

'순수한 아이'라는 허상

'모든 사람은 알든 모르든 자신에게 영향을 미친 철학자의 추종자'라는 말이 있다. 어린아이의 영혼은 본질적으로 순수하지만 문화와 사회 때문에 더럽혀졌다는 믿음은 18세기 프랑스 철학자 장 자크 루소의 영향이 크다.[82] 루소는 사회와 사유권이 인간에게 해악을 끼쳤다고 믿는 사람이었다. 그는 문명화하기 전의 인간은 온화하고 경이로운 존재였다고 주장했다. 그러면서도 자신은 아버지로서는 무능한 사람이라며 다섯 자녀를 고아원에 보내 버렸다. 루소가 말하는 '고결한 야만인'은 이상적인 존재였다. 피와 살을 지닌 현실적 존재가 아니라, 불순함을 제거한 원형적이고 종교적인 존재였다. '신성한 아이' 역시 영원히 상상 속에서만 존재한다. 그 신성한 아이는 가능성이 충만한 젊음이고, 갓 태어난 영웅이며, 정의로운 왕이 오래전에 잃어버린 아들이자, 결백하지만 죄인 취급을 받는 순례자다. 그 신성한 아이는 인간이 아직 낙원을 떠나기 전 시절의 불멸을 상징한다. 그 아이는 하나님과 동산을 함께 산책하던 흠잡을 데 없던 시절의 인간이다.

그러나 인간은 선함과 악함을 동시에 지닌 존재다. 어린아이도 어른만큼이나 어두운 면을 가지고 있다. 일반적으로 나이가 들면서 악한 면을 통제하는 법을 배운다. 더 친절해지고 양심적으로 변하며 정서적으로도 안정된다.[83] 약한 사람을 노골적으로 괴롭히는 현상은 학교 운동장에서는 자주 보이지만 성인 사회에서는 확연히 줄어든다.[84] 영국 소설가 윌리엄 골딩의

《파리 대왕》(1954년에 발표한 소설로, 제2차 세계 대전 당시 피란을 가던 소년들이 무인도에 고립되면서 점차 야만인이 되어 가는 과정을 그렸다. 1983년 노벨 문학상 수상작이기도 하다 ― 옮긴이)이 고전의 반열에 오른 이유도 인간의 어두운 면을 탁월하게 그려 냈기 때문이다.

인간의 어두운 면을 역사와 사회의 책임으로만 볼 수 없는 증거들이 있다. 영장류 동물학자 제인 구달은 1974년부터 침팬지 사회를 관찰하며 침팬지들도 의도적으로 동족을 살해한다는 사실을 밝혀냈다.[85] 그녀는 이 관찰의 인류학적 의미와 충격을 고려해 오랫동안 비밀로 묻어 두었다. 침팬지들이 자신과 접촉했기 때문에 비정상적으로 행동했을지도 모른다고 생각했다. 연구 결과를 발표했을 때도 믿지 않는 사람이 많았다. 하지만 곧 구달이 목격한 것이 특이한 현상이 아니라는 사실이 밝혀졌다.

그녀의 연구 결과를 짧게 요약하자면 이렇다. 그들은 '부족 전쟁'을 벌인다. 이때 침팬지의 잔인함은 상상을 초월한다. 완전히 성장한 침팬지는 인간보다 몸집은 작지만 힘은 두 배 정도 세다.[86] 구달이 연구한 침팬지들은 굵은 쇠줄과 쇠막대를 움켜쥐는 성향이 있었다.[87] 침팬지는 상대를 갈기갈기 찢어 죽일 힘을 가지고 있고, 실제로 그렇게 죽인다. 이에 대한 책임이 인간 사회와 인간 사회의 복잡한 시스템에 있다고 탓할 수는 없을 것이다.[88] 구달은 이렇게 말했다(사탄, 스니프, 조메오, 데, 피건, 골리앗은 구달이 오랫동안 관찰한 침팬지들 이름이다).

"종종 밤에 잠을 깨면 섬뜩한 그림들이 초대받지 않은 손님처럼 머릿속에 밀려들었다. 사탄이 스니프 턱 밑에 손바닥을 받치고 얼굴에 난 커다란 상처에서 뚝뚝 떨어지는 피를 받았다. …… 조메오는 데의 넓적다리에서 뜯어낸 살덩이를 갈기갈기 찢어 대고, 피건은 어린 시절 자신의 영웅이던 골리앗에게 반복해서 달려들어 때렸다. 골리앗은 심한 상처를 입고 부들부들 떨었다."[89]

주로 젊은 수컷 침팬지들이 작은 무리를 이뤄 영역을 감시한다. 낯선 침팬지(혹은 한때 같은 무리에 있다가 떨어져 나간 침팬지)를 만났는데 자신들이 수적으로 우위에 있다면 무자비하게 공격해 압살한다. 침팬지에게는 초자아(도덕적 태도, 양심, 금지, 죄의식 등을 담당하는 심리적 구조의 한 부분─옮긴이)가 없다. 역사를 돌이켜 보면 인간의 자제력도 과대평가되었는지 모른다는 생각이 든다. 중국 난징에서 시민들을 무자비하게 학살한 일본군의 만행을 고발한 아이리스 장의 역사서 《난징의 강간》처럼 충격적이고 끔찍한 책을 정독하면, 열정적인 낭만주의자도 환상에서 깨어날 수밖에 없다.[90] 당시 일본 육군이 생물학 무기를 연구하기 위해 비밀리에 운영하던 731부대에 대해서는 아예 언급하지 않는 편이 나을 것 같다. 그 부대에 대한 기록을 읽으려면 마음을 단단히 먹어야 한다.

수렵과 채집 시절의 인간은 소규모 공동체에서 지역 문화를 공유하며 살았지만 산업화한 도시 거주인보다 살인을 훨씬 더 많이 저질렀다. 현대 영국의 연간 살인율은 대략 10만 명당 1명꼴이다.[91] 미국은 영국보다 네댓 배 높고, 현대 국가 중 살인율이 가장 높은 온두라스는 영국보다 아흔 배가 높다. 그런데 시간이 흐르면서 사회가 커지고 체계가 잡힘에 따라 인간의 폭력성이 줄었음을 입증하는 객관적 증거가 많다. 미국의 인류학자 엘리자베스 마셜 토머스가 '무해한 사람들'이라고 다소 낭만적으로 묘사한 아프리카 칼라하리 사막의 '!쿵족'(!는 앞니 뒤쪽에 혀를 대고 똑딱하는 시계 소리와 비슷하게 발음하는 치경 흡착음을 표기하는 부호다─옮긴이) 부시먼의 경우[92] 연간 살인율은 10만 명당 40명에 달했다. 이 수치도 그나마 !쿵족이 국가 권력의 지배를 받으면서 30퍼센트 넘게 줄어든 것이다.[93] !쿵족의 사례는 복잡한 사회 구조가 인간의 폭력성을 오히려 완화시킨다는 증거 중 하나다. 공격성으로 유명한 브라질의 야노마미족은 연간 살인율이 10만 명당 300명에 이르는 것으로 알려져 있다. 그런데 최악의 사례는 따로 있다. 파푸아 뉴기니의 연간 살인율은 10만 명당 140~1000명에 달했다.[94] 하지만 이 부문 최고 기록은 캘리포니아의 토착 부족인 케이토족이 가지고 있다. 케이토족은 1840년 무렵 10만 명당 1450명이 폭력으로 사망했다.[95]

모든 인간이 그렇듯이 어린아이 역시 선하기만 한 존재는 아니다. 그래서 사회와 접촉하지 않고 혼자서는 온전하게 성장하지 못한다. 개들도 무리의 일원이 되려면 사회화 과정을 거쳐야 한다. 아이들은 개보다 훨씬 복잡한 존재다. 적절한 교육과 훈련, 사랑을 받지 못하면 잘못될 가능성이 커진다는 뜻이다. 인간의 폭력적 성향을 병든 사회 탓으로 돌리는 것은 잘못이다. 그렇다고 사회가 할 일은 없다고 생각하는 것도 잘못이다. 악한 행동을 억제하고 선한 행동을 장려하는 데 사회화 과정은 필수적이다. 그렇지 않으면 누구도 올바르게 성장할 수 없다. 아이들의 행동이 이를 증명한다. 아이들은 친구와 어른의 관심을 간절히 바란다. 아이들은 친구와 어른의 관심을 통해 공동체의 중요한 구성원이라는 믿음을 갖는다. 아이들이 제대로 성장하려면 주변 사람들의 관심이 반드시 있어야 한다.

관심을 받지 못하면 어린아이는 정신적·육체적 학대만큼 혹은 그 이상으로 스트레스를 받는다. 이런 피해는 무관심 때문에 발생하는 것이지 의도적으로 위해를 가하려고 해서 생기는 것은 아니다. 하지만 피해의 정도는 그에 못지않다. 게다가 오랜 시간 지속된다는 점에서 더 문제가 된다. 부모의 '자상한 무관심'으로 인해 아이가 규칙과 절제를 배우지 못하고 옳고 그름을 구분하지 못하면 가장 큰 피해를 보는 사람은 바로 어린아이 자신이다. 어린아이를 돌보는 사람이 아이와의 갈등과 충돌을 피하고자 잘못을 교정하지 않고 내버려 두면 아이가 궁극적으로 피해를 본다. 거리를 다니다 보면 어린 피해자들을 어렵지 않게 만나게 된다. 그들은 대체로 굼뜨고 산만하며 멍해 보이고 얼굴빛도 어둡다. 그들은 조각가의 손길을 기다리는 조각되지 않은 돌덩이와 같다.

이런 아이들은 또래들과 잘 어울리지 못한다. 함께 놀기에 좋은 상대가 아니기 때문이다. 성인도 사회성이 떨어지는 사람과 어울리는 걸 좋아하지 않는다(정작 당사자는 자신이 배척당한다는 사실을 잘 모른다). 나는 사회생활을 시작할 무렵 어린이집에서 일한 적이 있다. 관심을 못 받고 자란 아이들은 내 옆에 털썩 주저앉거나 드러누웠다. 내가 무엇을 하든 상관하지 않고 내 무릎 위로 뛰어들었다.

이런 행동은 어른에게 관심을 받으려는 욕망의 표현이다. 아이에게 어른의 관심이 필요하다는 점을 잘 알면서도 이런 일이 반복되면 기분이 상하는 것은 사실이다. 그런 아이들의 마음을 이해하지만 돌봐야 할 다른 아이들도 있어서 마냥 받아 줄 수는 없었다. 제대로 사회화되지 않은 아이와 관계를 설정하는 것은 조심스럽다. 부모의 방치로 인해 생기는 의존적 성향은 임시방편적이고 부적절할 수밖에 없다. 그런 의존을 받아 주려면 엄청난 시간과 자원이 필요하다. 그리고 무엇보다 그들의 응석을 받아 주는 것이 근본적인 해결책은 아니다. 실제로 내 경험은 어린이집에서 일하는 사람들이 흔히 겪는 것이다. 이런 상황에 놓이면 비용 편익 비율(cost-benefit ratio)이 훨씬 낮은 아이, 즉 돌보는 데 큰 수고가 들지 않는 아이에게 관심을 돌릴 가능성이 크다.

부모인가, 친구인가

체계도 없고 규제도 없는 양육은 항상 방치와 학대로 이어진다. 이는 어쩌면 의도된 것일 수 있다. 부모가 분명한 목적의식을 가지고 방치와 학대를 계획한 것일 수도 있다는 뜻이다. 요즘 부모들은 대체로 아이를 꾸짖거나 체벌하면 아이와 멀어질까 봐 두려워한다. 요즘 부모들은 자녀들과 친구가 되기를 바란다. 자녀와 친구가 될 수 있다면 자녀의 존경 따위는 기꺼이 포기한다. 그런데 과연 바람직한 생각일까? 자녀는 살면서 많은 친구를 사귄다. 하지만 부모는 평생 엄마와 아빠 둘뿐이다. 부모는 친구를 넘어서는 존재다. 자녀의 친구에 불과한 존재가 아니다. 친구의 권위는 잘못을 교정하는 데 한계가 있다. 따라서 부모라면 자녀가 순간적으로 쏟아 낸 분노와 증오를 견디는 법을 배워야 한다. 어린아이는 장기적인 영향을 이해하고 인지하는 능력이 제한적이기 때문에 질책을 받으면, 즉 교정 조치가 취해지면 즉각적으로 분노하는 경향이 있다. 부모는 사회와 자녀를 연결해 주는 역할을 하는 사람이다. 자녀가 다른 사람들과 의미 있고 생산적으로 교류할 수 있도록 가르쳐야 한다.

자녀 훈육은 책임이 따르는 행위다. 훈육은 잘못된 행위에 대한 분노가 아니고, 그릇된 행위에 대한 복수가 아니다. 공감과 장기적 판단을 세심하게 결합한 행위다. 적절한 훈육을 하려면 큰 노력이 필요하다. 자녀에게 세심한 주의를 기울이기는 쉽지 않다. 무엇이 잘못되었고, 무엇이 올바른지, 또 왜 그렇게 구분해야 하는지를 알아내기도 어렵다. 공정하고 올바른 훈육 전략을 세우기도 어렵고, 자녀 양육과 관련된 모든 사람과 그 전략을 공유하기도 어렵다. 그래서 자녀를 틀에 가두어서는 안 된다는 의견이 환영받게 되었는지도 모른다. 이런 견해가 퍼지면 아이들의 사회화에 대한 의무를 소홀히 하게 되고, 오히려 훈육이 아이들에게 해롭다고 합리화한다. 하지만 이런 생각은 아이를 파괴하는 자기기만 행위이므로 절대 용납해서는 안 된다. 잘못된 합리화는 이뿐만이 아니다.

아이들의 무한한 창의력이 어른들의 교육과 참견 때문에 제약받는다고 생각하는 사람이 많지만, 여러 연구 결과를 보면 이는 사실이 아니다. 극소수의 사례를 제외하고 일반적인 아이들의 창의력은 그렇게 대단하지 않다.[96] 그리고 엄격한 제약이 창의적인 성취를 방해하기는커녕 오히려 촉진한다는 사실도 밝혀졌다.[97] 법칙과 체계가 아이들을 파괴한다는 믿음에는, 충분히 기회를 주면 아이들 스스로 언제 밥을 먹고 무엇을 먹을지 훌륭히 선택할 수 있다는 의견이 짝으로 붙어 다닌다. 이런 생각은 근거 없는 추정이다. 아이에게 충분히 기회를 주면 햄버거와 프라이드치킨, 과자만 먹을 것이다. 피곤에 지쳐 쓰러질 때까지 밤새 부모와 실랑이를 벌일 것이다. 어린 침팬지가 성인 침팬지를 괴롭히는 것처럼 아이들도 집 안을 어슬렁대며 의도적으로 어른을 자극하며 짜증 나게 할 수 있다.[98] 침팬지와 아이는 어른들 반응을 보고 자유의 한계와 범위를 인식한다. 그 한계를 확인하는 시점에는 일시적으로 짜증을 내거나 불만을 가질 수 있다. 하지만 그 한계가 바로 아이들의 안전망이다.

딸이 세 살 무렵 나는 딸과 함께 놀이터에서 시간을 보내곤 했다. 딸은 주로 정글짐에 매달려 놀았다. 어느 날 말썽꾸러기로 유명한 딸아이 또래 친구도 정글짐에서 놀게 되었다. 딸이 매달린 철봉 위 칸에 있던 그 아이가 천천히 딸을 향해 다가갔다. 그 순간 그 아이와 내 눈이 마주쳤다. 아이는 나를 빤히 쳐다보며 딸의 손을 밟고 힘껏 누르기 시작했다. 그 아이는 그 행위의 의미를 잘 알고 있었다. 아이는 '아저씨, 내 일에 참견하지 말아요!'

라고 눈빛으로 말하고 있었다. 그 아이에게 어른은 하찮은 존재였다. 반항해도 어른이 자신을 건드리지 못하리란 걸 이미 알고 있었다. 부모가 아이를 그렇게 만든 것이다. 만약 내가 그 아이를 정글짐에서 끌어내려 모래밭에 내던졌으면 어땠을까? 아이의 미래를 위해서는 오히려 그렇게 하는 게 나았을 것이다.

당연히 그렇게 하지 않았다. 딸아이를 다른 곳으로 데려갔을 뿐이다. 그러나 아직도 내가 그렇게 했더라면 그 아이의 장래를 위해 더 좋았을 것이라는 생각에는 변함이 없다.

습관적으로 엄마 얼굴을 때리는 아기가 있다고 해 보자. 왜 그런 짓을 할까? 답은 분명하다. 엄마를 지배하기 위해서다. 나쁜 짓이 어디까지 허용되는지 확인하려는 것이다. 아이가 폭력적인 게 걱정되는가? 폭력은 당연한 것이다. 폭력은 인간의 본성에 가깝다고 할 수 있다. 오히려 이해하기 어려운 것은 평화다. 평화는 배우고 익히고 노력해서 얻어야 하는 것이기 때문이다.

사람들은 기본적인 심리학적 사안들을 거꾸로 생각하는 경향이 있다. 왜 사람들은 마약을 할까? 길게 설명할 필요가 없는 질문이다. 오히려 마약을 하지 않는 사람이 더 많은 이유를 생각해 봐야 한다. 왜 사람들은 불안증에 시달릴까? 이 질문도 굳이 설명할 필요가 없다. 삶의 조건으로 보면 불안하지 않은 게 이상한 일이다. 그런데도 차분하게 사는 사람이 더 많은 이유는 뭘까? 이것이 생각해 봐야 할 이상한 현상이다. 우리는 고통과 죽음을 피할 수 없는 한없이 나약한 존재다. 잘되기보다 잘못되기가 훨씬 쉽다. 이론적으로는 인간은 항상 두려움과 불안을 느껴야 한다. 그러나 대부분은 그렇지 않고 그럭저럭 잘 살아간다. 우울증, 게으름, 범죄에 대해서도 같은 식으로 생각해 볼 수 있다.

만약 내가 당신보다 압도적으로 힘이 세서 당신을 쉽게 제압할 수 있다면, 당신이 옆에 있든 말든 내 마음대로 행동할 수 있다. 호기심을 채우려고 당신을 괴롭힐 수도 있다. 당신에게 신경을 쓰지 않고도 당신을 내 손아귀 안에 둘 수 있다. 당신 장난감을 빼앗을 수도 있다. 어린아이는 상대를 때린다. 그 이유는 첫째, 공격성을 가지고 태어나기 때문이다. 사람마다 정도의 차이가 있을 뿐이다. 둘째는 공격이 욕망의 충족에 도움이 되기 때문이다. 공격성이 후천적으로 생기는 것이라는 생각은 틀렸다. 뱀에게는 공격하라고 가르칠 필요가 없다. 공격은 야수의 본능이다. 통계를 보면 세 살짜리 아이들이 인간 종족 중에서는 가장 폭력적이다.[99] 세 살배기 아이들은 발로 차고 주먹을 휘두르고 이로 깨문다. 다른 사람의 물건을 훔치기도 한다. 그것은 새로운 영역을 탐험하고, 분노와 좌절을 표현하며, 충동적인 욕망을 해소하는 행동이다. 그런데 그보다 더 중요한 이유는 허용되는 행동의 한계를 알아내려는 것이다. 그것 외에 어떤 방법으로 행동의 허용 범위를 알아낼 수 있겠는가. 세 살배기 유아는 어두컴컴한 낯선 곳을 탐색하는 사람처럼 경계를 찾아내려고 무작정 앞으로 덤벼들어 이런저런 실험을 한다. 그들이 생각하는 곳에 실제로 경계가 있는 경우는 거의 없다.

잘못된 행동을 지속적으로 교정해 주면 어린아이는 허용되는 공격의 한계를 알게 된다. 교정 조치가 없으면 호기심이 커져서 공격적인 모습을 자주 드러낸다. 상대를 때리고 물어뜯고 발로 차는 행위가 습관이 된다. 한계라는 신호가 분명하게 주어질 때까지 그런 행동은 계속된다. '내가 엄마를 얼마나 세게 때릴 수 있을까?' 하는 생각에 엄마가 나무랄 때까지 때린다. 교정은 빠르면 빠를수록 좋다. 교정은 다른 사람을 때리는 행위가 그다지 효과적인 사회적 전략이 아니라는 걸 깨우치는 데도 도움이 된다. 아이들은 스스로 충동을 억제하고 조절하는 법을 배우지 못한다. 잘못된 행동을 교정해 줘야 충동을 억제하는 법을 배운다. 그래야 여러 충동이 서로 부딪치는 일 없이 아이 마음속에 자리 잡는다. 사회에 나가서도 다른 사람들과 충돌을 피하고 공존하는 법을 깨닫게 된다. 이처럼 마음을 정리하고 체계화하는 것은 결코 단순한 문제가 아니다.

내 아들은 걸음마를 배우던 나이에 성미가 고약했다. 딸아이는 어렸을 때 내 눈빛만 보고도 꼼짝하지 못했는데, 아들에게는 그런 눈빛이 전혀 먹히지 않았다. 아내도 육아에 호락호락한 사람이 아니었는데 아들이 생후 9개월쯤 되었을 때는 좌절을 느꼈다. 특히 저녁을 먹일 때 가장 힘들어 했다. 아들놈은 매번 숟가락 주도권을 두고 아내와 전쟁을 치렀다. 그래서 우리 부부는 '배고프면 먹겠지' 생각하고 밥을 먹이는 데 힘을 빼지 않기로 했다. 그러자 아들놈은 서너 숟갈 뜨는 둥 마는 둥 하고 딴짓을 했다. 그릇에 음식을 담고 휘휘 젓거나 식탁 끄트머리에 일부러 음식을 떨어뜨리고 바닥으로 흘러내리는 걸 지켜봤다. 이런 짓도 크게 문제가 될 것은 없었다. 나름대로 뭔가를 탐구하기 위한 행동이었으니까. 문제는 다른 데 있었다. 아들 녀석은 밤이 되면 배가 고파서 잠들지 않고 떠나갈 듯 울어 댔다. 우리도 덩달아 잠을 깰 수밖에 없었다. 잠이 부족하니 짜증이 늘었다. 아들놈은 엄마를 힘들게 했고, 아내는 나에게 화풀이를 했다. 악순환의 연속이었다.

이렇게 괴로운 며칠을 보내고 더는 안 되겠다 싶어 전쟁을 치르기로 했다. 단 한 번의 전쟁으로 문제가 해결되리라고는 생각하지 않았다. 끈기 있는 어른만이 세 살배기를 물리칠 수 있다. '연륜과 속임수는 언제나 젊음과 능력을 이긴다'라는 속담도 있지 않은가. 세 살배기에게는 시간이 아주 천천히 흐른다. 나에게 30분이 아들에게는 일주일만큼이나 길다. 나는 승리를 확신했다. 녀석 앞에 밥그릇을 놓고 비장한 표정으로 아들과 눈을 맞췄다. 그야말로 서부 영화의 결투 장면 같았다. 숟가락으로 죽을 듬뿍 떠서 천천히 녀석의 입으로 가져갔다. 녀석은 놀이터에서 딸을 괴롭히던 그 말썽꾸러기와 똑같은 눈빛으로 나를 쳐다보았다. 그러고는 입술 끝을 감아 내리며 얼굴을 찌푸렸다. 한 숟가락도 입에 넣지 않겠다는 표시였다. 녀석이 얼굴을 이리저리 돌리며 거부했다. 나는 녀석 얼굴이 돌아가는 방향에 맞추어 숟가락을 들이밀었다. 그러면서 숟가락을 들지 않은 손으로 녀석의 가슴을 쿡 찔렀다. 일부러 화나게 하려고 생각해 둔 방법이었다. 처음에는 별 반응을 보이지 않았다. 그래서 반응이 나올 때까지 계속 찔렀다. 울음이 날 정도로 아프게 찌르지는 않았지만 그렇다고 완전히 무시할 정도의 세기도 아니었다. 열 번 정도 찔렀을까. 마침내 녀석이 입을 열었다. 소리를 지를 준비 동작이었다. 나는 그 틈에 숟가락을 입안으로 밀어 넣었다. 녀석이 완강히 저항하며 혀끝으로 음식을 밀어내려 해서 재빨리 숟가락으로 입을 붙잡았다. 음식이 조금 삐져나오긴 했지만 대부분은 배 속으로 잘 들어갔다. 첫판은 아빠의 승리였다. 나는 녀석의 얼굴을 쓰다듬으며 착한 아이라고 칭찬해 주었다.

누군가로부터 원하는 것을 얻었다면 어떤 식으로든 보상을 해야 한다. 그래야 원망이나 응어리가 남지 않는다. 그로부터 1시간 후 모든 것이 끝났다. 그 1시간 동안 아들은 분노를 폭발시키기도 하고 대성통곡을 하기도 했다. 아내는 보다 못해 식탁을 떠났다. 나도 엄청난 압박감을 견뎌야 했다. 그러나 아들 녀석은 결국 밥을 먹었고, 다 먹고 난 후에는 기진맥진해서 내 품에 안겨 쓰러졌다. 우리는 서로를 안고 잠깐 잠을 잤다. 그 후 녀석은 나를 전보다 훨씬 잘 따랐다.

　이런 이야기는 우리 아들만의 일이 아니었다. 얼마 후 우리는 몇몇 부부와 번갈아 가며 아기를 돌봐 주는 모임에 들어갔다. 모임에 속한 부부들이 돌아가면서 날을 정해 다른 집 아이들을 봐 주는 일종의 육아 품앗이였다. 다른 부부들은 그 시간에 약속을 잡거나 그동안 미뤄 둔 일을 한다. 맡기는 아이는 네 살 이하로 한다는 게 원칙이었다.

　우리 부부가 다섯 아이를 돌보기로 한 날이었다. 한 부부가 우리 집에 세 살짜리 남자아이를 데려왔다. 그 아이는 그때 처음 봤는데 세 살치고는 몸집이 상당히 컸다. 아이 아버지가 말했다.

　"애가 밤에 잠을 잘 안 자요. 침대에 눕혀도 금방 기어 나올 거예요. 그럴 때 엘모 비디오(어린이 프로그램 〈세서미 스트리트〉에 나오는 인형—옮긴이)를 틀어 주면 좋아합니다."

　나는 그의 말을 들으며 이렇게 생각했다.

　'아이가 제멋대로 고집을 부리는데 비디오를 보여 주라고? 그렇게는 못하지! 오늘 엘모 비디오를 틀 일은 없어.'

　더구나 나는 엘모의 생김새도 싫고 징징대는 성격도 싫었다. 인형극 거장 짐 헨슨 작품 중에서 가장 논란이 많은 캐릭터이기도 했다. 그러니 우리 집에서 칭얼대는 아이에게 엘모 비디오를 틀어 주는 것은 있을 수 없는 일이었다. 아이 아버지에게 내 생각을 말하지는 않았다. 그런 이야기를 나눌 만한 상황도 아니고, 무엇보다 그가 훈육의 중요성을 받아들일 준비가 되어 있지 않은 상황에서 육아 방식에 대해 왈가왈부할 수는 없는 노릇이었다.

　2시간 후 나와 아내는 아이들을 잠자리에 눕혔다. 다섯 아이 중 넷은 금세 잠이 들었다. 역시나 엘모 광팬만은 잠들지 않고 뒤척거렸다. 사방이 막힌 유아용 침대가 아니었다면 탈출했을 것이다. 그 아이는 답답했는지 곧 칭얼거리며 울어 댔다. 평소에 갈고닦은 교활한 수법이었다. 그렇게 짜증을 부려 다른 아이들까지 깨울 심산이었다. 나름대로 영리한 전략이었다. 역시나 다른 아이들이 하나둘 잠에서 깨어 울어 대기 시작했다. 첫 번째 대결에서는 그 아이가 승리를 거두었다. 나는 서둘러 침실로 달려가 묵직하고 단호한 목소리로 경고했다.

"누워라!"

아무 효과가 없었다. 다시 말했다.

"누워. 안 누우면 아저씨가 강제로 눕힐 거야."

세 살짜리 아이를 논리적으로 설득하기란 거의 불가능하다. 이렇게 막무가내로 떼를 쓰는 상황에서는 더욱 그렇다. 하지만 논리적인 설득은 사전경고 역할을 한다. 역시나 그 아이는 눕지 않았다. 오히려 울부짖으며 나에게 항복을 강요했다.

아이들은 늘 그렇게 행동한다. 그러면 부모는 겁을 먹는다. 아이를 울리면 마음에 상처를 입힐지도 모른다고 생각한다. 하지만 그런 경우는 매우 드물다. 아이가 우는 가장 흔한 이유는 분노 때문이다. 우는 아이의 안면 근육 움직임을 분석하면 분명히 확인된다.[100] 화가 나서 우는 아이와 두렵거나 슬퍼서 우는 아이는 안면 근육의 움직임이 전혀 다르다. 표정뿐 아니라 울음소리도 달라서 어렵지 않게 구분할 수 있다. 분노의 울음은 지배욕을 드러내는 행위다. 그것에 맞게 다루어야 한다. 나는 그 아이를 잠깐 들어 올렸다가 부드럽고 천천히, 하지만 단호하게 침대에 눕혔다. 아이는 곧바로 벌떡 일어섰다. 나는 다시 눕혔고, 아이는 또 몸을 일으켰다. 다시 눕혔고, 또 일어섰다. 그래서 다음번에는 눕히고 나서 손으로 슬쩍 눌렀다.

아이가 발버둥을 쳤지만 소용없었다. 열 배나 더 큰 나는 한 손으로도 그 아이를 충분히 다룰 수 있었다. 아이를 꾹 누른 채 "너는 착한 아이니까 울음을 그치렴" 하고 나지막이 말했다. 고무젖꼭지를 주고 등을 부드럽게 다독거려 주자 아이가 울음을 그치고 흥분을 가라앉혔다. 아이가 눈을 살그머니 감는 걸 확인하고 나도 손을 거두었다.

그런데 손을 떼자마자 아이가 벌떡 일어섰다. 한편으로 대단하다는 생각이 들었다. 놀라운 근성이었다. 나는 아이를 번쩍 들어 올렸다가 침대에 눕히며 말했다.

"누워!"

그러고는 다시 한번 등을 토닥여 주었다. 달래 준다는 느낌을 주려고 조심스럽고 부드럽게 다독거렸다. 그제야 아이도 지쳤는지 항복하겠다는 듯 눈을 감았다. 나는 서서히 일어나 조용히 문으로 향했다. 마지막으로 상태를 확인하려고 뒤돌아봤더니 아이가 일어나 있었다. 나는 손가락으로 아이를 가리키며 엄한 목소리로 말했다.

"누워라!"

녀석은 잽싸게 다시 누웠다. 한참 지켜보다가 조용히 문을 닫고 나왔다. 나는 그 아이가 좋았다. 그 아이도 나를 싫어하는 것 같지는 않았다. 어쨌든 그 후로 칭얼대는 소리는 들리지 않았다.

그날 저녁 늦게 아이 아버지가 돌아와 물었다.

"어땠어요?"

"좋았습니다. 별문제 없었어요. 지금 잘 자고 있습니다."

그는 나를 물끄러미 쳐다만 볼 뿐 말썽꾸러기 아들에게 무슨 일이 있었는지는 묻지 않았다. 나도 더 말하지 않았다.

—— 법칙 5

'돼지에게 진주를 던져 주지 말라'라는 옛말이 있다. 너무 심한 말이라고 생각할 사람도 있을 것이다. 그러나 잘 시간이 한참 지났는데도 아이를 재우지 않고 우스꽝스러운 인형극을 보여 주는 게 더 가혹하다.

훈육과 처벌

요즘 부모는 훈육과 처벌을 두려워한다. 엄격한 훈육자와 폭군이 별로 다르지 않은 것 같고, 처벌과 고문의 경계가 분명하지 않은 것도 사실이다. 훈육과 처벌에 불편함을 느끼는 것은 이해하지만, 그렇다고 아예 활용하지 않을 수는 없다. 둘 다 양육에 꼭 필요하다. 물론 훈육과 처벌은 신중히 접근해야 할 문제다. 좋은 방향으로 작용할 수도 있고 나쁜 방향으로 작용할 수도 있기 때문이다.

처벌이 아닌 보상을 통한 훈육이 불가능한 것은 아니다. 바람직한 행동을 장려하는 데 보상은 아주 효과적이다. 미국의 유명한 초기 행동 심리학자 버러스 프레드릭 스키너는 보상을 통한 접근법을 강력하게 지지했다. 그는 보상법으로 비둘기에게 탁구를 가르쳤다. 부리로 공을 쪼아 앞뒤로 굴리는 동작이었는데 비둘기들은 어리숙하지만 그럴듯하게 해냈다.[101] 심지어 비둘기에게 미사일 조종법까지 가르쳤다. 제2차 세계 대전 당시 미국 해군의 지원을 받아 비둘기에게 미사일 조종법을 훈련시키는 '비둘기 프로젝트'를 진행한 것이다.[102] 이 프로젝트는 전자 유도 시스템 발전으로 비둘기를 사용할 필요가 없어지면서 1953년 폐지되었다.

스키너는 훈련받은 동물들이 어떻게 행동하는지 관찰했다. 목표에 근접하는 행동을 해낸 동물에게는 즉각적으로 보상을 줬다. 하찮게 여길 정도로 작지도 않고 미래의 보상에 대한 관심이 사라질 정도로 크지도 않은 적절한 보상이었다. 이런 접근법은 어린아이에게도 적용할 수 있고 그 효과도 좋다. 걸음마를 겨우 뗀 아이가 식탁 차리는 걸 도와주고 싶어 한다고 해 보자. 아이가 그 일을 잘 해낼 수 있다면 아이는 큰 칭찬을 받을 것이고 자존감도 덩달아 높아질 것이다.

스키너 방법을 여기에 적용하려면, '식탁 차림'이란 목표 행동을 기본적인 구성 요소로 분해해야 한다. 그중 한 요소를 꼽자면 쟁반을 찬장에서 식탁까지 옮기는 일이다. 이것도 아이에게는 무척 복잡한 일이다. 걸음마를 배운 지도 몇 개월밖에 되지 않았다. 뒤뚱거리는 모습이 불안하다면 아이와 접시를 주고받는 훈련부터 시작할 수도 있다. 아이가 잘 해내면 칭찬과 함께 머리를 쓰다듬어 주는 것으로 보상을 준다. 훈련을 놀이처럼 할 수도 있다. 처음에는 왼쪽으로 접시를 넘겨주고, 다음에는 오른쪽으로 넘겨준다. 또 아이에게 접시를 건네주고 서너 걸음 뒤로 물러서면, 아이가 서너 걸음 걸어와서 접시를 주게 한다. 이런 식으로 아이는 접시 옮기기 달인으로 성장하게 된다.

스키너 방법을 잘 활용하면 무엇이든 가르칠 수 있다. 먼저 당신이 가르치고 싶은 것을 정한다. 다음에는 대상을 주의 깊게 관찰한다. 그리고 당신이 가르치려는 것과 비슷한 행동을 할 때마다 즉각적이고 적절한 보상을 준다. 예를 들어 속마음을 드러내지 않는 내성적인 딸이 있다고 해 보자. 딸과 편하게 말을 주고받는 사이가 되는 것이 당신의 목표다. 어느 날 저녁을 먹는데 딸이 학교에서 있던 일을 조금 이야기했다면, 이때가 바로 딸에게 주목해야 할 시간이다. 딸의 말에 관심을 두고 귀 기울인다는 것 자체가 보상이다. 딸이 앞으로 어떤 이야기라도 하기를 바란다면 스마트폰을 내려놓고 딸의 이야기에 귀를 기울여라! 부모의 개입으로 자녀가 행복해지면 좋은 품행을 형성하는 데 도움이 된다. 이는 자녀뿐만 아니라 남편과 부인, 동료와 부모 등 모든 인간관계에 해당하는 이야기다.

그런데 스키너는 현실주의자였다. 그는 적절한 보상을 준다는 게 굉장히 어려운 일이라는 점을 부인하지 않았다. 대상이 자발적으로 목표 행동을 할 때까지 관찰자는 한순간도 눈을 떼지 않고 끈기 있게 지켜봐야 한다. 기다림이 언제까지 계속되어야 할지 모른다는 큰 제약이 있다. 스키너는 대상 동물로 하여금 먹이 보상에 집착하게 하려고 동물을 굶겨 평상시 체중의 4분의 3 정도까지 떨어뜨렸다. 보상법의 단점은 이것만이 아니다. 실생활에 적용하는 데는 실험실보다 더 큰 제약이 있다.

긍정적인 감정뿐만 아니라 부정적인 감정에서 배우는 것도 많다. 인간은 어리석고 쉽게 상처 입는 존재라서 끊임없이 배워야 한다. 인간은 언제 죽을지 모르는 존재다. 죽음을 반기는 사람은 없다. 죽음이 좋은 것이라면 슬퍼할 일도, 두려워할 일도 없을 것이다. 죽음은 생각만 해도 기분이 나쁘다. 부정적인 감정은 불쾌한 기분을 자극함으로써 우리를 보호하는 역할을 한다. 손해를 보면 감정이 상하고 창피하고 화가 난다. 그래서 손해를 피하려고 애쓴다. 인간은 손해에 민감하게 반응한다. 실제로 비슷한 정도의 이익과 손해가 있을 때 이익으로 얻는 기쁨보다 손해로 인한 고통이 더 크다. 고통이 즐거움보다, 불안이 희망보다 우리에게 더 큰 영향을 미친다.

긍정적인 감정과 부정적인 감정은 각각 다른 면에서 긍정적인 효과가 있다. 만족(심리학 용어로는 포만)은 우리 행위가 적절했다는 걸 말해 주고, 희망(심리학 용어로는 유인 보상)은 바람직한 것이 진행되고 있다는 뜻이다. 고통은 그것을 일으키는 행동, 예를 들어 개인적인 피해나 사회적 소외(심리학에서는 외로움도 고통의 한 형태로 본다)로 이어지는 행동을 하지 않게 만든다. 불안은 마음을 상하게 하는 사람이나 불쾌한 장소를 피하게 한다. 애초에 고통이 생길 만한 일을 만들지 않는 것이다. 부정적인 감정과 긍정적인 감정은 서로 균형을 이루어야 하고, 상황 변화나 맥락에 따라 적절하게 판단해야 한다. 삶의 활력을 잃지 않고 건강한 정신을 유지하려면 이런 감정이 모두 필요하다. 그래서 아이를 가르칠 때도 부정적인 감정을 비롯해 아이들이 세상을 배우는 데 필요한 것을 빠짐없이 사용해야 한다.

　스키너는 보상은 바람직한 행위를 강화하는 수단이고, 위협과 처벌은 나쁜 행위를 중단시키는 수단이라는 것을 알았다. 부모와 사회의 간섭이 순수한 아이를 망친다는 믿음이 지배적인 요즘 같은 세상에서는 위협과 처벌의 효용성에 대한 논의 자체가 어렵다. 그런데 아이들이 배우지 않아도 되는 존재라면 인간의 성장 기간이 이처럼 길 필요가 없다. 아이는 자궁에서 나오는 순간부터 배울 준비가 되어 있다. 두려움과 고통에 노출된 아이는 왜소하고 연약한 존재다. 세상에 대해 아무것도 모른다. 가장 기본적인 걸음마를 배우는 데도 무수한 시련을 겪는다. 형제자매와 또래들, 비협조적이고 완고한 어른들을 상대하면서 경험할 수밖에 없는 실망과 좌절은 말할 것도 없다. 그래서 아이가 실패하지 않았으면 좋겠다, 아이가 두려움과 고통을 느끼지 않았으면 좋겠다고 바라는 것은 잘못된 것이다. 배워야 할 것들을 잘 배울 수 있도록 아이의 학습 능력을 길러 주는 것이 훨씬 현명하다.

　디즈니 애니메이션 〈잠자는 숲속의 공주〉에서 왕과 왕비는 오랜 기다림 끝에 공주 오로라를 얻는다. 그들은 공주를 세상에 알리기 위해 대대적인 세례식을 계획하고 갓 태어난 공주를 축복해 줄 사람을 빠짐없이 초대한다. 하지만 자연의 여왕 말레피센트는 초대하지 않는다. 말레피센트는 자연의 여왕으로 변장하고 있지만 '해로운'이라는 뜻의 이름이 암시하듯이 지하 세계의 여왕이다. 여기서 왕과 왕비는 부모의 과잉보호를 상징한다. 왕과 왕비는 소중한 딸의 주변 세계에서 부정적인 것을 완전히 제거하려 하지만 완벽하게 보호하지는 못한다. 오히려 과잉보호 때문에 공주는 더 위험한 상황에 놓이게 된다. 분노한 말레피센트가 공주가 열여섯 살이 되면 물레 바늘에 찔려 죽을 거라고 저주를 건 것이다. 물레는 운명의 수레바퀴를 상징하고, 찔림은 성장 과정의 고통을 암시한다.

다행히 착한 요정이 말레피센트의 저주를 죽음에서 깊은 잠으로 바꾸고 사랑하는 사람의 입맞춤이 공주를 깊은 잠에서 깨어나게 해 줄 것이라고 말한다. 공포에 질린 왕과 왕비는 전국의 물레를 모두 없애 버리고, 공주를 3명의 착한 요정에게 맡긴다. 요정들은 세상의 모든 위험 요소를 제거하려 애쓴다. 그 때문에 공주는 순진하고 미숙하며 유약한 상태에서 벗어나지 못한다. 오로라 공주는 열여섯 번째 생일이 얼마 안 남은 어느 날 숲에서 왕자를 만나 사랑에 빠진다. 요즘 작품들에 비해 이야기 흐름이 자연스럽지 않은 것은 사실이다. 어쨌든 공주는 생일을 맞아 부모의 성으로 돌아간다. 하지만 어렸을 때 부모님이 정해 놓은 다른 왕자와 결혼해야 한다는 사실을 알고는 크게 상심한다. 그때 말레피센트의 저주가 실현된다. 성안에서 차원 문이 열려 물레가 나타난 것이다. 오로라는 저주대로 물레 바늘에 찔리고 깊은 잠에 빠진다. 그리고 '잠자는 숲속의 공주'가 된다. 상징적으로 보면, 공주는 성인이 되는 게 두려워 깊은 잠(미성숙한 삶)을 선택한 것이다. 이와 비슷한 경우가 과잉보호 속에서 자란 아이들에게서 자주 목격된다. 그런 아이들은 오로라 공주처럼 실패나 실망, 적대감을 처음 경험했을 때 심리적으로 큰 타격을 입을 가능성이 크다. 그런 부정적인 감정에 대처하는 법을 배울 기회가 없었기 때문이다.

함께 어울리는 법을 배우지 못한 네 살배기 여자아이가 있다고 해 보자. 부모는 너무 너그러워서 아이가 이기적으로 행동해도 전혀 나무라지 않는다. 그런 부모의 태도는 사실 관대한 게 아니라 무관심한 것이다. 그래서 딸의 행동에 주목하지 않고, 딸에게 문제가 있다는 것을 인정하지 않으며, 올바른 행동을 가르치지도 않는다. 딸이 친구나 형제들 사이에서 문제를 일으키면 화가 나지만 괜찮은 척하고 넘어간다. 그러나 실제로는 전혀 괜찮지 않다. 부모는 나중에 아무런 관계도 없는 일로 딸을 혼내며 그동안 쌓인 불만을 터트린다. 딸은 상처를 입고 혼란에 빠진다. 그 일을 통해 배우는 것도 없다. 그래도 집 안에서 일어난 문제는 그나마 수습할 수 있다. 더 큰 문제는 딸이 친구를 사귈 때 생긴다. 사회적 교감 능력이 부족해서 친구를 사귀는 게 쉽지 않다. 협동심이 없어서 또래들에게 따돌림을 당하기 쉽다. 또래들은 부모처럼 관대하지 않다. 딸이 계속 제멋대로 굴면 또래들은 금세 다른 친구를 찾아 나선다. 또래 부모들마저 딸을 따뜻하게 대해 주지 않는다. 결국 딸은 또래 집단에 끼지 못하고 외톨이가 된다. 이런 상황이 계속되면 불안, 우울, 원망이 쌓인다. 결국 사회적으로 교감하는 삶을 포기하고 깊은 잠을 바라게 된다.

훈육 책임을 등한시하는 부모는 올바른 양육에 필요한 갈등을 피하고 싶어 한다. 잠깐 악당이 되기 싫어서 자녀를 영원한 고통의 구덩이로 밀어 넣는다. 사회는 어떤 엄한 부모보다 비판적이고 매정하다. 어떤 매정한 부모보다 훨씬 더 아프게 때리고 가혹하게 처벌한다. 당신 자녀의 훈육은 당신이 맡아야 한다. 그렇지 않으면 그 책임을 냉혹하고 무정한 세상에 떠넘기는 것이다. 사랑을 핑계로 훈육 책임을 회피하는 것은 비겁한 직무 유기다.

어떤 부모들은 '왜 자녀가 부모의 독단적 명령에 따라야 하는가?'라며 이의를 제기한다. 실제로 최근 등장한 '정치적 공정함'(political correctness : 성별, 인종, 민족 등에 대해 편견이 담긴 표현을 쓰지 말자는 사회 운동-옮긴이)의 주제에는 성인의 생각을 아이에게 가르치는 행위를 성차별, 인종 차별과 유사한 억압의 하나로 간주하는 내용이 있기도 하다. 정치적 공정함을 주장하는 이들은 이런 행위를 '성인 중심주의'라는 이름으로 비판한다.[103] 성인의 권위에 의문을 제기할 때는 생각해 봐야 할 것이 많다. 그 의문에 담긴 속뜻도 철저히 파헤쳐 봐야 한다. 반대 의견의 타당성을 인정하려면 먼저 그 의견이 전제로 하는 것들을 살펴봐야 한다. 어떤 의도를 가지고 제기한 반론인지도 따져 봐야 한다. 비판 없이 수용하기에는 너무 위험한 생각이 많기 때문이다. 그러면 앞에서 언급한 반대 의견을 자세히 분석해 보자.

우선, 왜 자녀는 부모의 독선적인 명령을 따라야 하는가? 모든 아이가 어른의 말을 따라야 하는 이유는 간단하다. 어른이 완벽한 존재는 아니지만, 모든 아이는 어른의 보살핌에 전적으로 의존하기 때문이다. 그래서 아이도 어른의 사랑과 관심을 받을 수 있게끔 행동하는 게 유리하다. 무엇보다 가장 이상적인 방법은 어른들로부터 최상의 관심을 유도하면서, 동시에 현재 상태와 미래의 발전에 도움이 될 만한 행동을 하는 것이다. 기준이 상당히 높지만 아이는 이를 통해 최고의 혜택을 얻는다. 아이들이 그 기준에 부합하는 행동을 할 만한 충분한 이유가 된다.

모든 아이는 시민 사회의 기대에 부응하는 법을 배워야 한다. 그렇다고 사회의 요구를 무조건 수용해야 한다는 뜻은 아니다. 자녀가 집 밖 세상에서 성공하는 데 도움이 될 만한 행동을 하면 부모가 반드시 보상해야 한다는 뜻이다. 집 밖 세상에서 불행과 실패로 이어질 만한 행동을 하면 망설이지 말고 단호하게 혼내라는 뜻이다. 하지만 앞서 스키너 사례에서도 이야기한 것처럼 보상과 처벌의 타이밍을 잡는 게 쉽지 않다. 그 기회를 제때 정확하게 포착하는 게 무엇보다 중요하다. 다섯 살이 될 때까지 올바로 행동하는 법을 배우지 못하면 친구를 사귀는 데 평생 어려움을 겪는다. 많은 연구를 통해 증명된 사실이다. 다섯 살 이후의 사회화는 또래 집단에서 이루어진다. 그 무렵부터 부모의 영향력이 차츰 감소하므로 그 전에 잘 교육해야 한다. 또래들에게 소외당하면 사회화가 늦어져 점점 뒤처질 가능성이 크다. 어린 시절에 친구를 잘 사귀지 못한 아이는 성인이 되어서 우울증에 시달리거나 반사회적인 성향을 보이거나 외톨이가 되는 경우가 많다. 어떤 부모가 이런 상황을 바라겠는가. 개인의 정신 건강은 공동체에 얼마나 순조롭게 진입했는가에 큰 영향을 받는다. 사회적인 사람이 되는 것, 도덕적으로 생각하고 행동하는 것은 이처럼 개인의 삶에 실질적인 영향을 미친다. 우리를 아끼고 사랑하는 사람이라면 우리가 방황할 때 어떻게든 도와주려고 하지 않을까? 그런 사람들이 주변에 많으면 인생이 좀 더 풍요로워지지 않을까? 우리 아이들이 외톨이로 사는 것보다 좋은 사람들과 함께 사는 게 더 좋지 않을까?

어른 혹은 사회의 요구가 모두 독선적이라는 주장 역시 틀렸다. 나라 구실을 못하는 전체주의 국가에서나 할 수 있는 말이다. 문명화한 개방 사회는 구성원 모두의 이익을 목적으로 하는 사회 계약에 의해 구성된다. 최소한의 목표는 구성원들이 폭력 없이 공존하는 것이다. 아무리 엄격한 규칙 체계도 마냥 독선적일 수는 없다. 반발을 감당할 수 없기 때문이다. 사회가 생산적이고 친사회적인 행위에 적절하게 보상하지 않는다면, 강압적이고 불공정한 자원 배분을 강요한다면, 도둑질과 착취를 용인한다면, 평화를 오래 유지할 수 없다. 계급 구조가 능력이 아닌 힘에 기반을 두고 있다면 그 사회는 쉽게 붕괴된다. 인간 사회보다 훨씬 단순한 침팬지의 계급 구조도 크게 다르지 않다는 점을 고려하면, 적절한 보상을 통한 사회화는 본질적이고 생물학적인 진실이라는 사실을 확인할 수 있다.[104] 어른과 아이의 관계는 사회와 구성원 관계와 같다. 전적으로 독선적인 요구는 강한 저항에 부딪히고, 정당한 요구는 아이와 부모 모두에게 이익이 된다.

사회화가 안 된 아이는 원만한 삶을 살기가 쉽지 않다. 부모는 자녀의 사회화를 도와야 한다. 보상을 통해 도울 수 있는 부분이 있고, 보상으로는 해결이 안 되는 부분이 있다. 처벌과 위협이 필요한가 하는 것은 너무 당연한 사안이라 질문 대상이 아니다. 언제, 어떻게 사용해야 하는가를 물어야 한다. 하지만 사람마다 기질이 모두 달라 쉽게 답할 수 있는 문제는 아니다. 사근사근한 성격의 아이는 상대를 즐겁게 해 주고 싶어 하지만, 갈등을 두려워하고 의존적인 성향이 있다. 한편 강인하고 독립적인 성격의 아이는 도전적이고 반항적이며 마음대로 하려는 성향이 있다. 규칙과 질서에 잘 적응하는 아이가 있는 반면, 최소한의 통제도 못 견뎌 하는 아이도 있다. 상상력과 창의력이 뛰어난 아이가 있는가 하면, 사실적인 것을 중시하고 보수적인 성향을 띠는 아이도 있다. 생물학적 요인에 영향을 받는 이런 성향은 사회적 요인에 의해서는 거의 변하지 않는다. 이런 큰 편차에도 불구하고 사회적 통제 기법들을 적절하게 사용하면 모두 혜택을 누릴 수 있다는 점은 참 다행스러운 일이다.

필요한 최소한의 힘

13세기 영국의 신학자 오컴은 '무엇인가를 설명할 때 꼭 필요한 것 이상을 가정해서는 안 된다'라는 견해를 제시했다. 이것이 유명한 '오컴의 면도날

(Occam's razor)'이다. 가장 단순한 가정이 진실에 더 가깝다는 생각이다. 윤리와 법에도 오컴의 면도날이 적용된다. 규칙은 되도록 적을수록 좋고 단순할수록 효율적이다. 규칙이 너무 많으면 나쁜 규칙들 때문에 좋은 규칙을 준수하려는 마음마저 사라진다. 규칙이 많으면 아이나 훈육하는 사람 모두 쉽게 지치고 불만이 많아진다.

가장 중요한 최소한의 규칙만 남겨라. 그리고 규칙을 어겼을 때 어떻게 할지를 생각해 보라. 언제 어느 상황에나 적용되는 규칙을 만들기는 쉽지 않다. 하지만 삶에 유익한 규범은 영국의 관습법(영국은 다른 나라와 달리 문서로 만들어진 헌법이 없다. 수백 년에 걸쳐 법률 체계가 형성되어 특별히 헌법을 명문화할 계기가 없었기 때문이다. 따라서 판례나 판사의 판단이 중요한 역할을 하며, 법으로 금지하지 않는 범위에서 개인의 자유를 유연하게 인정한다—옮긴이)에 이미 다 들어 있다. 서구 문명의 가장 위대한 유산 중 하나인 영국 관습법을 분석해 보면 또 하나의 유익한 원칙을 찾는 데 도움을 얻을 수 있다.

영국 관습법은 개인의 권리를 보장한다. 다만 합리적인 범위 안에서 실행되어야 한다. 누군가 당신 집에 무단으로 침입했다고 해 보자. 당신에게는 총알이 든 권총이 있고, 생명과 재산을 지킬 권리가 있다. 하지만 무작정 총을 쏠 수는 없다. 권리를 실행하는 데에도 거쳐야 할 단계가 있다. 침입자가 만취한 이웃 사람이라면 어떻게 하겠는가? 그때도 방아쇠를 당길 것인가? 전혀 모르는 낯선 사람이라 해도 함부로 쏠 수 없다. 방아쇠를 당기기 전에 먼저 경고를 해야 한다.

"꼼짝 마. 총이 있어. 움직이면 쏠 거야!"

이렇게 협박해도 침입자가 물러서지 않으면 경고 사격을 하고, 경고 사격을 했는데도 침입자가 다가오면 조준 사격을 한다. 그때도 치명적인 부위를 피해 다리를 겨냥해야 한다(법적 판단에 관한 이야기는 아니니 오해하지 않기를 바란다). 이 예의 핵심은 꼭 필요한 조치를 취하되, 가장 최소한의 힘만 쓰라는 것이다.

잘 만들어진 실천 원칙은 복잡하고 심각한 상황에서도 적절하게 대처할 수 있게 해 준다. 그것이 바로 필수적인 최소한의 힘을 사용해서 얻을 수 있는 효과다. 정리하자면 가장 중요한 훈육 원칙은 두 개다. 첫째, 중요한 최소한의 규칙만 남겨라. 둘째, 그 규칙을 적용할 때 최소한의 힘만 사용하라.

첫째 원칙에서 말하는 중요한 규칙이란 대체 무엇일까? 참고할 만한 규칙 몇 가지를 정리했다. 자기방어가 아닌 경우에는 물어뜯거나 때리거나 발로 차지 마라. 다른 아이들을 괴롭히지 말고 위협하지 마라. 그래야 교도소에 가지 않는다. 음식을 먹을 때는 감사하는 마음으로 예절 바르게 먹어라. 그래야 즐거운 마음으로 너를 식사에 초대할 것이다. 친구들과 나누고 공유하는 법을 배워라. 그래야 다른 아이들이 너와 함께 놀려고 할 것이다. 어른이 말할 때는 귀담아들어라. 그래야 어른이 너를 싫어하지 않고, 너에게 뭔가를 가르쳐 주려 할 것이다. 잘 시간이 되면 조용히 잠자리에 들어라. 그래야 부모가 너를 귀찮게 여기지 않을 것이다. 가족과 친척을 함부로 대하지 마라. 그들과 함께함으로써 다른 사람과 함께 살아가는 방법을 배울 수 있다. 다른 사람에게 좋은 일이 생기면 함께 즐거워해라. 그래야 재미있는 일에 초대받을 수 있다. 너와 함께하면 누구나 즐거워하도록 행동해라. 그래야 모두 너와 함께하고 싶어 한다. 이런 규칙들을 알고 실천하는 아이는 어디에서나 환영받을 것이다.

둘째 원칙도 첫째 원칙만큼 중요하다. 그런데 최소한의 필요한 힘은 어떻게 알 수 있을까? 최소한의 간섭부터 시작해 이런저런 실험을 통해 직접 답을 구해 가야 할 것이다. 어떤 아이는 부모의 눈빛만으로도 돌처럼 굳어 버리고, 어떤 아이는 단호한 말 한마디에도 온몸이 얼어붙는다. 회초리를 찾는 척만 해도 민감하게 반응하는 아이도 있다. 이런 전략은 식당 같은 공공 장소에서 특히 유용하다. 신속하고 조용하고 효과적으로 시행할 수 있다. 관심을 끌려고 울부짖는 아이는 누구에게도 환영받지 못한다. 식당에서 여기저기 돌아다니며 사람들의 식사를 방해하는 아이는 부모 얼굴에 먹칠을 하는 것이다. 아이와 부모 모두에게 좋지 않다. 아이는 집에서 통한 규칙이 새로운 장소에서도 통하는지 알아보려고 공공장소에서 짓궂은 행동을 하는 경우가 많다. 네 살 이하 아이들을 말로 타이르기란 거의 불가능하다.

우리 부부는 아이들이 어렸을 때 식당 예절을 가르치는 데 신경을 많이 썼다. 다행히 아이들이 잘 따라 줘 식당에 가면 얌전히 앉아 밥을 먹었다. 하지만 그런 상태를 오랫동안 유지하지는 못했다. 45분쯤 지나면 아이들은 들썩이기 시작했다. 식당을 떠나야 할 때라는 신호였다. 그러면 우리 부부는 곧 일어서곤 했다. 주변에서 식사하던 손님들은 우리 아이들에게 착하다고 칭찬을 했다. 물론 아이들이 항상 예의 바르게 행동한 것은 아니었다. 하지만 대체로 올바르게 행동했다. 어른들은 아이들의 예의 바른 태도에 늘 긍정적으로 반응해 주었다. 그것은 우리 아이들에게도 좋은 영향을 미쳤다. 아이들은 예의 바른 행동에 대한 사람들의 반응을 보고 자연스럽게 예의 바른 행동이 좋은 것이라고 생각하게 되었다. 주변 사람들의 호의적인 반응이 그들에게는 보상인 셈이었다.

첫딸 미카일라를 얻은 직후 겪은 일이다. 우리 부부는 딸아이를 접이식 유모차에 태우고 우리가 살던 몬트리올의 노동자 계급 동네를 산책하곤 했다. 형편이 넉넉하지 않고 험한 일을 하는 사람들이 사는 동네였다. 그런데 거의 모든 사람이 딸아이를 보면 가던 길을 멈추고 유모차로 다가와 미소를 지어 보였다. 그들은 딸에게 상냥한 목소리로 속삭이고 웃으면서 장난스러운 표정을 지어 보이곤 했다. 평범한 사람들이 갓난아이에게 보이는 반응을 보면 인간의 본성을 다시금 생각하게 된다. 누구나 사랑받는 아이가 될 수 있다. 부모가 자녀를 원칙대로 세심하게 가르치기만 한다면. 올바른 훈육을 위해서는 보상과 처벌을 제대로 알고 실행해야 한다. 특히 처벌을 망설이거나 피해서는 안 된다.

자녀와 올바른 관계를 형성하려면 아이가 훈육을 위한 개입에 어떻게 반응하는지 알아야 한다. 그래야 효과적으로 개입할 수 있다. 그런데 처벌의 단점을 강조하는 여러 속설이 있다. '체벌은 어떤 이유로도 용납해서는 안된다', '아이를 때리는 것은 아이에게 폭력을 가르치는 것과 같다' 등의 말들 때문에 처벌을 망설이는 것도 사실이다. 과연 이런 속설들이 맞는 말인지 하나씩 따져 보자. 먼저 '체벌은 어떤 이유로도 용납해서는 안 된다'라는 주장을 보자. 첫째, 도둑질이나 폭력 같은 잘못된 행위는 제재해야 한다는 데 많은 사람이 공감한다. 잘못의 경중을 따지지 않고 무조건 처벌을 하지 않는 것은 더 큰 문제로 이어지게 마련이다. 둘째, 처벌을 반대하는 사람들은 폭력적인 체벌만을 떠올리지만 그 외에도 여러 형태의 심리적·신체적 제재 수단이 있다. 인간은 자유를 박탈당하면 신체적 고통과 비슷한 정도의 고통을 느낀다. 사회적으로 격리시키는 '타임아웃(생각하는 의자, 생각의 방)' 처벌도 비슷한 고통을 준다. 신경 생물학적으로도 이런 사실이 확인된다. 세 종류의 처벌(체벌, 자유 박탈, 사회적 격리)에 뇌는 똑같은 영역에서 반응을 보이고, 같은 종류의 약물로 완화된다.[105] 교도소에 가두는 것은 폭력을 사용하지는 않지만 신체적 처벌에 속한다. 특히 독방에 가두는 것은 매우 강력한 신체적 처벌이다. 셋째, 사태의 악화를 막기 위해서 신속하고 확실하게 제재해야 하는 행동들이 있다. 예를 들어 전기 콘센트에 포크를 꽂으려고 하는 아이가 있다면 어떻게 해야 할까? 차가 붐비는 마트 주차장에서 이리저리 뛰어다니는 아이는 어떻게 다루어야 할까? 간단하다. 어떻게든 가장 빠르고 확실하게 아이의 행동을 중단시켜야 한다. 안 그러면 상상하기 싫은 일이 일어난다. 주차장이나 콘센트는 너무 분명한 예지만, 사회적 영역에서도 이런 식의 접근법은 유효하다. 이것이 바로 처벌이 필요한 네 번째 이유다. 잘못된 행동에 대한 처벌은 나이 들수록 점점 가혹해진다. 다섯 살까지 사회화가 제대로 되지 않은 아이는 청소년기와 청년기에 사회의 처벌을 받을 확률이 압도적으로 높다. 사회화가 쉽지 않은 다섯 살짜리 아이들에게는 징조가 있다. 세 살쯤에 과도하게 공격적인 성향을 보인다. 그런 아이들은 발로 차고 주먹을 휘두르며 물어뜯고 장난감을 훔치는 경우가 또래보다 더 많았다는 통계가 있다. 남아는 약 5퍼센트가 이런 성향을 띠고, 여아는 그 비율이 낮다.[106] 결국 '체벌은 어떤 이유로도 용납해서는 안 된다'라는 주장은 10대의 악마도 한때 순박한 아기 천사였다는 망상을 조장할 뿐이다. 자녀가 기질적으로 공격적인 성향을 띠는데도 바로잡지 않는 것은 자녀의 장래에 어떤 도움도 주지 않는다.

'체벌은 어떤 이유로도 용납해서는 안 된다'라는 이론을 지지한다면 '안 된다'라는 말로 모든 나쁜 행동을 제지할 수 있다고 가정하는 것이다. 이것이 다섯 번째 이유다. 추근대는 남성에게 여성의 '노(no)'라는 말이 효력을 발휘하는 이유는 그녀가 사회적 규범과 법, 그리고 공권력으로부터 보호받고 있기 때문이다. 부모가 과자에 집착하는 아이에게 '안 돼'라는 말로 제지할 수 있는 이유는 아이보다 힘이나 덩치, 지능, 경험 등 모든 면에서 우월하기 때문이다. 결국 '안 돼'라고 하는 말은 '네가 그 행동을 멈추지 않으면 네게 매우 안 좋은 일이 생길 것이다'라는 뜻을 담고 있다. 그렇지 않으면 '안 돼'는 아무 의미 없는 말이 된다. 실질적인 조치들이 전제되어 있지 않으면 '안 돼'라는 말은 '힘없는 어른이 내뱉는 의미 없는 헛소리'에 불과하다. 더 나아가 '모든 어른은 무시해도 될 만큼 무능하고 나약하다'라는 생각으로 이어질 수 있다. 그런데 아이들이 알고 있는 거의 모든 것은 어른들에게서 배운 것이다. 그리고 그들도 결국에는 성인이 되어 같은 취급을 받게 된다. 따라서 이렇게 부정적으로 해석하는 것은 모두에게 바람직하지 않다. 어른을 무시하고 경멸하는 아이가 무엇을 기대하겠는가? 굳이 어른이 되어야 할 이유가 있겠는가? 결국 영원히 피터 팬으로 남을 것이다. 피터 팬은 모든 어른을 후크 선장이 변신한 것이라고 생각했다. 후크 선장은 폭압적이지만 죽음과 악어를 두려워하는 초라한 인물이었다. 폭력의 위협을 느끼지 않고 '안 돼'라고 말할 수 있는 유일한 경우는 문명인이 문명인에게 말할 때뿐이다.

'어린아이를 때리면 아이에게 폭력을 가르칠 뿐이다'라는 주장은 어떨까? 결론부터 말하면 이것 역시 잘못된 주장이다. 그 이유는 간단하다. 우선 '때리기(hitting)'는 유능한 부모의 훈육 행위에 대한 적절한 표현이 아니다. '때리기'가 물리적인 힘의 전 범위를 가리킨다면, 물방울과 원자 폭탄도 아무런 차이가 없게 된다. 규모에 대한 구분이 중요하다. 그에 못지않게 맥락 역시 중요하다. 아무런 이유 없이 못된 개에게 물렸을 때와 개가 씹고 있는 뼈를 빼앗아 개에게 할퀴었을 때는 분명히 차이가 있다. 규모와 맥락이 적절하게 균형을 이루어야 한다. 타이밍도 맥락에 포함된다. 세 살짜리 아이가 나무 블록으로 어린 여동생의 머리를 때리는 것을 보고 그 즉시 꿀

밤을 때린다면, 세 살짜리 아이라도 두 행위의 관련성을 깨닫고 다음에 그런 충동이 생길 때 조금이나마 망설일 것이다. 이 정도의 변화만으로도 충분히 긍정적이다. 세 살배기가 꿀밤을 한 대 맞았다고 다시는 여동생을 때리지 않겠다고 다짐하지는 않는다. 그럼 어떻게 해야 어린 여동생을 보호할 수 있을까? 훈육이 효과적이지 않으면 여동생은 꽤 오랫동안 오빠의 괴롭힘에서 벗어나기 힘들 것이다. 괴롭힘이 계속되는 이유는 당신이 부모로서 괴롭힘을 중단시킬 만한 조치를 취하지 않은 탓이다. 당신은 보고도 못본 체한 것이다. 먼 훗날 딸이 당신에게 항의하면, 당신은 십중팔구 '정말 그럴 줄 몰랐다'라고 변명할 것이다. 하지만 몰랐던 것은 알려고 하지 않았기 때문이다. 당신은 훈육의 책임을 등한시한 것이고, 자상한 모습을 계속 과시함으로써 그런 책임 회피를 정당화한 것이다. 《헨젤과 그레텔》에서 절묘하게 비유한 것처럼 달콤한 생강빵 집에는 어린아이를 집어삼키는 마녀가 숨어 있다!

그래서 이제 우리는 무엇을 어떻게 해야 할까? 무엇보다 효과적으로 훈육하겠다는 결심이 필요하다. 훈육 자체를 포기하지만 않으면 효과적이지 않아도 괜찮다. 잘못된 행위가 교정되지 않으면 아이는 훗날 사회에서 훨씬 가혹한 처벌을 받을 것이다. 훈육에 도움이 되는 몇 가지 효과적인 기법이 있다. 앞서 잠깐 언급한 '타임아웃'은 무척 효과적이다. 아이를 일시적으로 사회와 격리시키는 방법이다. 못된 짓으로 벌을 받던 아이가 화를 다스리자마자 또래들과 즉시 어울릴 수 있다는 점에서 특히 효과적이다. 화가 난 아이는 진정될 때까지 '생각하는 의자'나 '생각의 방'에 혼자 있어야 한다. 진정된 후에야 정상적인 환경으로 돌아가는 게 허용된다. 이는 아이가 스스로 분노를 억누르고 이겨 내야 한다는 뜻을 담고 있다. 이때 적용되는 규칙은 '네가 올바로 행동할 수 있으면 곧바로 우리와 어울릴 수 있다' 라는 것이다. 아이에게는 물론이고 부모와 사회에도 무척 좋은 규칙이다. 부모라면 아이가 자제력을 되찾았는지 그렇지 않은지를 어렵지 않게 구분 할 수 있을 것이다. 아이가 부모의 기분을 상하게 하는 잘못을 저질렀어도 반성하는 모습을 보이면 금세 기분이 풀릴 것이다. 만약 화가 안 풀린다면 아이가 반성할 생각이 없거나 당신이 분노 조절을 하지 못하고 있거나 둘 중 하나다.

만약 당신 자녀가 지독한 말썽꾸러기여서 계단에서나 방에서나 정신없 이 뛰어다닌다면, '생각하는 의자'에 앉힌 뒤 신체적 자유를 박탈하는 방법 을 결합할 수도 있다. 예를 들어 아이가 꼼지락대는 걸 멈추고 차분해질 때 까지 팔을 묶어 두는 식이다. 고통을 주려는 목적이 아니니 세게 묶을 필요 는 없다. 이런 방법마저 실패하면 체벌까지도 생각해야 한다. 경계를 자주 넘나드는 어린아이에 대한 체벌은 책임 있는 부모가 고려해야 할 훈육 행 위다. 그런데 이런 일반적인 처벌이 통하지 않는 아이들도 있다. 유난히 고 집스럽고 거칠고 모험적이어서 불량한 행위가 도를 넘어서는 아이들이다. 책임질 줄 아는 부모라면 이런 상황에 대한 대처 방법까지도 생각해야 한 다. 그렇지 않다면 직무 유기다. 궂은일을 다른 사람에게 맡기는 것이다. 안타깝게도 그 사람은 그 역할을 훨씬 추잡하게 수행할 것이다.

훈육 원칙의 재정리

첫 번째 훈육 원칙은 '중요한 최소한의 규칙만 남겨라'였고, 두 번째 원칙 은 '그 규칙을 적용할 때 최소한의 힘만 사용하라'였다. 도움이 될 만한 세 번째 원칙을 마저 알아보자. 세 번째 원칙은 '부모가 함께 노력해야 한다'

라는 것이다.[107] 육아는 힘들고 까다로운 일이다. 그래서 부모도 실수한다. 불면증, 허기, 격렬한 말다툼, 숙취, 직장에서의 불쾌한 사건 등은 그것 하나만으로도 판단과 행동에 커다란 영향을 미친다. 그런데 이런 일이 동시다발로 벌어지면 이성을 잃을 수 있다. 이럴 때 아이가 짜증을 내고 불평을 하면 아이와 부모는 '돌아오지 않는 다리'를 건널 확률이 더욱 높아진다. 이런 때일수록 의논할 사람이 있어야 한다. 엄마와 아빠가 힘을 합쳐야 한다. 그래야 갓난아이가 한 달 내내 밤 11시부터 이튿날 새벽 5시까지 울어도 누구 하나가 나가떨어지는 것을 막을 수 있다. 미혼모의 환경은 이와는 매우 다르다. 미혼모 대다수는 녹록하지 않은 현실에서도 충실하게 엄마 역할을 해내고 있다. 그들 중 상당수는 불운한 결혼 생활이나 여러 피치 못할 사정으로 아이와 단둘이 남기로 한 사람들이다. 모든 가정이 같은 모습일 수는 없다. 그렇다고 모든 가정을 다 정상적이라고 볼 수도 없다. 정상적이지 않은 가정도 분명히 있다.

네 번째 원칙은 심리학과 밀접한 관계가 있다. 부모는 자신들도 냉정하고 교만하고 원망하고 분노하고 기만하는 인간이라는 사실을 알아야 한다. 일부러 나쁜 엄마, 나쁜 아빠가 되려는 사람은 없다. 그런데 아이에게 부적절한 말과 행동을 하는 경우는 있다. 그 이유가 무엇일까? 인간에게는 선한 성향만큼이나 사악한 성향이 있지만 그런 점을 의도적으로 무시한다. 인간은 친절하고 사려 깊지만, 그만큼 공격적이고 이기적이기도 하다. 어떤 어른도 도발적인 아이에게 지배당하는 걸 좋아하지 않는다. 참을성 있고 자상한 부모라도 동네 슈퍼마켓에서 어린 아들의 못된 행동 때문에 마음이 상했다면 10분쯤 후에 아들이 칭찬받을 일을 했어도 냉랭하게 대할 것이다. 아들이 반항적인 행동으로 부모의 심기를 불편하게 하면 아무리 이타적인 부모라도 화를 내고 원망하게 마련이다. 그때는 진정한 처벌이 시작된다. 원망은 복수심을 낳는다. 그러면 자녀에 대한 관심과 사랑이 줄어든다. 아이의 발전을 위한 노력도 귀찮아진다. 미묘하게 자녀를 외면하기 시작한다. 이쯤 되면 가족 전쟁으로 치닫는 길로 들어선 것이다. 가족 전쟁은 남들 눈에는 잘 보이지 않는다. 지극히 정상적이고 사랑이 넘치는 가족처럼 보이지만 사실은 서로가 서로에게 지옥이 되어 가고 있는 것이다.

이처럼 많은 부모가 빈번하게 잘못 들어서는 길은 피해 가는 게 낫다. 부모가 자신의 한계를 진실로 인정한다면, 자녀의 잘못을 마냥 포용할 만한 역량이 안 된다는 것을 인정한다면 부모가 힘을 합쳐 적절한 훈육 전략을 세울 수 있다. 그러면 증오심으로 가족들이 물고 뜯는 수준까지 사태가 악화하지는 않을 것이다. 하지만 조심해야 한다. 폭력적인 가정은 어디에나 있다. 그런 가정에는 규칙도 없고, 잘못된 행동에 대한 한계도 없다. 부모는 어떤 원칙도 없이 닥치는 대로 주먹을 휘두른다. 그러면 아이들은 혼돈 속에서 살 수밖에 없다. 자녀가 내향적인 성격이라면 자신감을 완전히 짓밟힐 것이고, 강인한 성격이라면 반항하고 저항할 것이다. 오히려 처벌이 역효과를 내며 매우 안 좋은 결과로 이어질 수도 있다.

올바른 훈육을 위한 마지막 원칙은 '부모에게는 현실 세계의 대리인으로 행동할 의무가 있다'라는 것이다. 부모에게는 자녀의 행복을 보장하고 창의력을 키워 주며 자긍심을 북돋워야 할 책임이 있다. 또한 자녀를 바람직한 사회 구성원으로 키워야 할 의무가 있다. 부모가 이런 책임과 의무를 다할 때 자녀는 기회와 자존감과 안정감을 얻는다. 이런 과정이 개인적인 정체성을 찾는 것보다 중요하다. 높은 수준의 사회성이 갖춰진 후에야 개인의 정체성도 의미를 갖는다.

착한 아이와 책임을 다하는 부모

사회화 교육을 잘 받은 네 살짜리 아이는 단정하고 예의 바르다. 그렇다고 어리숙한 것은 아니다. 속임수에 잘 넘어가지 않고, 절대 호락호락하지 않다. 다른 아이들과 사이가 좋고, 어른들에게 칭찬을 받는다. 다른 아이들이 그 아이와 놀고 싶어 하고 그 아이의 관심을 받으려고 경쟁한다. 어른들도 진심으로 예뻐한다는 게 느껴진다. 그 아이를 기꺼이 세상에 소개하려고 애쓴다. 갈등과 책임을 피하려는 부모의 비겁한 양육보다 주변 사람들의 격려가 아이의 개성을 형성하는 데 더 큰 역할을 한다.

자녀가 언제 좋고 언제 싫은지 배우자와 솔직하게 상의해 보라. 배우자가 아니라면 아이를 잘 아는 사람과 의논해 보라. 아이에게 싫은 면이 있어도 죄책감을 가질 필요는 없다. 당신은 충분히 알곡과 쭉정이를 구분할 수 있고, 무엇이 선이고 무엇이 악인지도 알고 있다. 아이를 잘 키우려면 먼저 당신의 마음 상태를 정확하게 파악해야 한다. 내가 얼마나 옹졸한지, 무엇에 가장 많이 화가 나는지, 무엇을 가장 싫어하고 두려워하는지를 정확하게 알아야 다음 단계로 나아갈 수 있다. 그런 다음에는 자녀가 올바로 행동하도록 교육해야 한다. 당신에게는 자녀를 훈육할 책임이 있다. 그동안 저지를 수밖에 없던 실수에 대해서도 책임져야 한다. 어른이라도 잘못을 했으면 사과해야 하고, 더 나은 방법을 끊임없이 찾고 배워야 한다.

어쨌든 당신은 아이를 사랑한다. 못된 행동을 하는 아이가 미워질 때는 다른 사람들은 그 행동에 어떻게 반응할지 생각해 보라. 당신보다 당신 아이를 더 많이 배려하고 보살필 사람이 어디에 있겠는가. 그들은 당신 아이에게 훨씬 가혹한 벌을 줄 것이다. 그런 일이 일어나지 않도록 미리 대비해야 한다. 아이에게 바람직한 것과 그렇지 않은 것을 분명하게 알려 주어야 한다. 그래야 당신 자녀가 집 밖에서도 인정받는 사람으로 클 수 있다.

산만하게 행동하지 않고 주의를 집중하는 아이, 칭얼대지 않고 주변 사람들을 재미있게 해 주는 아이, 짜증 부리지 않고 신뢰감을 주는 아이는 어디를 가도 쉽게 친구를 사귄다. 어른들에게 예의 바르게 행동하고 그들의 말에 귀 기울인다. 선생님에게도 사랑받고, 주변 모든 어른에게 환영받는다. 당연히 부모에게도 큰 사랑을 받는다. 그런 아이는 냉혹하고 무자비한 적대적인 세계에서도 성공할 가능성이 크다. 분명한 규칙은 자녀 성장에 도움을 줄 뿐만 아니라 차분하고 합리적인 부모가 되는 데도 큰 역할을 한다. 사회성 발달과 심리적 성숙이 최적의 균형을 이룰 수 있도록 훈육과 처벌 원칙은 용서와 공정함의 바탕 위에 있어야 한다. 명확한 규칙과 적절한 훈육은 어린아이에게만 좋은 것이 아니다. 가정과 사회의 질서를 확립하고 유지하며 확장하는 데도 도움이 된다. 이때 질서는 지하 세계의 혼돈과 공포로부터 우리를 보호한다. 지하 세계는 모든 것이 불확실한, 불안과 절망이 지배하는 암울한 공간이다. 헌신적이고 용기 있는 부모가 자녀에게 줄 수 있는 가장 큰 선물은 올바른 훈육이다.

아이를 제대로 키우고 싶다면 처벌을 망설이거나 피하지 말라.

세상을 탓하기 전에 방부터 정리하라

←─────────────←

종교적인 문제

2012년 미국 동부 코네티컷주 뉴타운의 샌디훅 초등학교에서 한 청년이 총기를 난사해 학생 20명과 교직원 6명이 목숨을 잃었다. 그로부터 5개월 전 콜로라도주 소도시 오로라의 어느 극장에서는 또 다른 청년이 총기를 난사해 12명의 목숨을 앗아 갔다. 1999년 오로라 이웃 도시 리틀턴의 콜럼바인 고등학교에서는 두 학생이 무차별 총격을 가해 12명의 학생과 1명의 교사를 살해했다. 이 사람들을 종교적인 신념을 가진 자라고 표현하는 것은 적절하지 않다. 하지만 이들에게는 현실을 광신도처럼 바라봤다는 문제가 있었다. 콜럼바인 고등학교에서 총기를 난사한 두 살해범 중 한 사람은 다음과 같은 기록을 남겼다.[108]

인간은 보호해 줄 가치가 없다. 다 죽어 없어져야 할 존재일 뿐이다. 지구를 동물들에게 돌려주어야 한다. 동물들이야말로 지구의 주인이 될 자격이 있다. 더 이상 아무 의미도 없다.

이들은 존재 자체를 불공평하고 가혹한 것이라 생각한다. 특히 인간 존재를 경멸받아 마땅한 것이라 여긴다. 또 현실은 항상 뭔가 부족한 곳이라 생각하며, 현실의 심판자를 자처한다. 이들의 비판에는 한계가 없다. 앞의 살해범은 냉소적인 어조로 다음과 같이 덧붙였다.

역사를 되짚어 보면 나치는 유대인 문제에 관한 '최종적인 해법'을 생각해 냈다. …… 모두 죽여라. 무슨 말인지 모를 것 같아서 다시 말한다. '인류를 말살하라!' 한 사람도 남김없이.

이런 사람들이 경험한 세계는 불충분하고 사악한 곳이다. 그래서 이렇게 생각한다. '세상을 전부 부숴 버리겠어.' 이들에게는 어떤 일이 일어날까? 독일의 위대한 극작가 괴테는 희곡 《파우스트》에서 이 문제를 다룬다. 주인공인 학자 파우스트는 악마 메피스토펠레스에게 자신의 영혼을 넘겨주는 거래를 한다. 거래 대가로 파우스트는 지상에 사는 동안 원하는 모든 것을 얻는다. 이 작품에서 메피스토펠레스는 모든 존재의 영원한 적이다. 그는 자신의 신조에 대해 다음과 같이 설명한다.[109]

나는 항상 부정하는 영혼입니다!
부정하는 것은 지당합니다. 왜냐하면 생겨나는 모든 것은
반드시 멸망해야 하니까요.
그렇다면 차라리 아무것도 생겨나지 않는 편이 더 좋은 것입니다.
따라서 당신이 죄악이니 파괴니 부르는 것,
쉽게 말해서 악이라고 하는 모든 것이
내 본래의 영역입니다.

괴테는 이런 증오의 감정을 중요하게 생각한 것 같다. 1808년 《파우스트》 1부를 완성하고 20여 년이 지나서 쓴 2부에서도 메피스토펠레스의 입을 빌려 이런 감정을 표현만 약간 바꾸어 다시 한번 언급했다.[110] 증오가 복수심으로 가득한 인간의 파괴성을 구성하는 핵심 요소인 것은 사실이다.

메피스토펠레스처럼 생각하는 사람은 많다. 그렇다고 초등학교와 고등학교, 극장에서 무고한 사람들을 무지막지하게 살상한 범인들처럼 야만적으로 행동하지는 않는다. 현실에서든 상상에서든 불의를 경험할 때마다, 다른 사람들의 약삭빠른 술책에 당할 때마다, 아무 이유도 없이 우리에게 닥친 고통을 겪을 때마다, 인생에 의문을 제기하고 저주를 퍼붓고 싶은 유혹이 샘솟는다. 왜 선량한 사람들이 이처럼 끔찍한 고통을 받아야 할까? 이 세계는 원래 이렇게 잔악하고 살벌한 곳인가?

삶은 고단하다. 모두 삶의 고통을 운명으로 받아들여만 한다. 죽음도 피

할 수 없다. 때로는 의도적인 맹시, 잘못된 판단, 악의적 행동 같은 나의 잘못 때문에 고통이 찾아오기도 한다. 이런 경우는 고통을 자초한 것이라 덜 억울하다. 결국은 뿌린 대로 거두는 법이다. 맞는 말이긴 하지만 별로 위로가 안 된다. 고통을 겪는 사람이 행동을 바꾸면 그 후의 삶이 덜 비극적으로 전개되기는 할 것이다. 그러나 인간의 통제력은 제한되어 있다. 절망과 질병, 노화와 죽음은 우리가 만든 것이 아니다. 결국 우리가 나약한 이유는 우리 잘못이 아니다. 그럼 누구의 잘못일까?

병에 걸린 사람이나 혹은 병에 걸린 아이를 둔 부모는 '종교를 가져 볼까? 그 종교의 절대자에게 모든 것을 맡겨 볼까?' 하는 생각을 품는다. 세무 감사에 시달리는 사람들, 법적 소송이나 이혼 소송으로 삶이 망가진 사람들, 거대한 관료 체제의 덫에 걸린 사람들도 마찬가지다. 그렇다고 고통받는 사람들만 견디기 힘든 현실을 다른 사람 탓으로 돌리고 싶어 하는 것은 아니다. 위대한 작가 톨스토이도 작가로서 명성과 영향력이 정점에 있을 때 인간의 존재 가치에 대해 의문을 제기했다.[11]

내 상황은 참담했다. 합리적인 지식을 따르면 삶을 부인하는 것 외에 다른 길이 없다는 걸 알았다. 신앙에서도 이성을 부인하는 것 외에 다른 길은 없었다. 나에게 이성을 부인하는 것은 삶을 부인하는 것보다 더 불가능한 일이었다. 합리적인 지식에 따르면, 삶은 사악하고 사람들도 그렇다는 걸 알고 있다는 결론이 나온다. 따라서 군이 살 필요가 없음에도 사람들은 과거부터 줄곧 살아왔고 지금도 살고 있다. 나 자신도 삶이 무의미하고 사악하다는 걸 오래전에 알았음에도 지금까지 살아온 것처럼 말이다.

톨스토이는 이런 비관적 생각에서 벗어나려 엄청나게 노력해 몇 가지 방법을 찾아냈다. 첫 번째는 그런 문제를 아예 생각하지 않던 어린 시절의 무지함으로 회귀하는 것이고, 두 번째는 골치 아프게 생각할 것 없이 무작정 쾌락을 추구하는 것이었다. 세 번째는 삶에서 얻을 수 있는 것은 아무것도 없음을 이미 알고 있기에 사악하고 무의미한 삶을 계속 유지하는 것이었다. 톨스토이는 세 번째 방법을 나약함과 동일시하며 "이 범주에 속한 사람들은 죽음이 삶보다 낫다는 것을 알고 있지만, 이성적으로 행동할 힘도 없고 자살로 그 망상을 끝낼 힘도 없다"라고 말했다.

그는 네 번째이자 마지막 탈출 방법만이 '힘과 에너지가 넘치는' 방법이라고 생각했다. 네 번째 방법은 삶이 사악하고 무의미한 것이라고 깨닫는 순간 삶을 파괴하는 것이다. 톨스토이는 이런 생각을 숨김없이 드러냈다.

매우 강인하고 논리적으로 일관된 사람들만이 이렇게 행동한다. 삶은 결국 멍청한 장난에 불과하다는 것, 산 사람보다 죽은 사람에게 주어지는 축복이 더 크다는 것, 차라리 존재하지 않는 편이 낫다는 것을 깨닫고, 그들은 이 멍청한 장난에 작별을 고한다. 밧줄에 목을 매달거나 물속으로 뛰어들거나 심장에 칼을 박거나 달리는 기차에 뛰어드는 등 멍청한 장난을 끝낼 방법은 많다.

톨스토이의 비관도 아직 최고 단계까지 나아간 것은 아니었다. 삶의 멍청한 장난질이 단지 조용한 자살로만 마무리되는 것은 아니다. 살인과 대량 살상을 저지르고 자살하는 경우도 있다. 삶의 장난질에 대한 분풀이로는 가장 극악한 방식이다. 미국에서 2016년 6월을 기준으로 이전 1260일 동안 무려 천 건의 대량 살상 사건이 있었다. 3년 6개월 동안 엿새마다 다섯 건의 총기 사고가 일어난 셈이다. 범인을 제외하고 한 번의 사고에 평균 4명 이상이 사망했다.[112] 모두 '이해되지 않는다'라고 말한다. 그런데 정말 이해가 안 되는가? 톨스토이는 100년 전에 이미 그 이유를 알고 있었다. 《구약 성경》에 카인과 아벨 이야기를 쓴 저자들도 이미 2000년 전에 알고 있었다. 에덴동산 이야기 이후에 일어난 첫 사건이 바로 살인이었다. 그것도 단순한 살인이 아니라 형제 살해였다. 무고하고 이상적이고 선한 사람을 죽인 살인이었고, 우주의 창조자를 괴롭히려고 고의로 저지른 살인이었다. 요즘의 살인자들도 범죄 이유에 대해 같은 식으로 말한다. 우리는 살인이 특별할 것 없이 늘 벌어지는 일이라고 왜 말하지 못할까? 정곡을 찌르는 진실에 우리가 귀를 기울이지 않기 때문이다. 톨스토이처럼 심원한 정신세계를 지닌 작가조차 탈출구를 찾지 못했다. 그런 인물도 패배를 인정했는데, 평범한 우리가 삶의 장난을 감당할 수 있겠는가? 톨스토이는 한동안 갑자기 자살 충동이 들까 봐 총과 밧줄을 멀리 두고 지냈다.

삶의 진실을 받아들이면서도 세상을 향해 분노하지 않는 길은 정말 없는 걸까?

복수 혹은 변화

종교를 가진 사람이라면 하나님의 무관심과 부당한 처사에 절망해 절규할 것이다. 그리스도조차 십자가 앞에서 버림받은 기분을 느꼈다고 전해지지 않는가. 신을 믿지 않는 사람들은 운명을 탓하거나 우연의 잔인함을 한탄할 것이다. 삶의 고통이 자신의 성격적 결함 때문이라 생각하고 자신을 철저히 분석하는 사람도 있을 것이다. 이런 다양한 반응은 하나의 주제에 대한 변주곡이다. 겉으로 드러난 모습은 달라도 내면에 깔린 심리는 다르지 않다. 그 이유가 무엇일까? 왜 삶은 이렇게 고통스럽고 잔인할까?

어쩌면 이런 현상 자체가 정말 하나님의 역사(役事)일지 모른다. 신을 믿지 않는다면 무심한 운명의 장난이라 해도 좋다. 어떻게 생각하든 나름대로 타당한 이유가 있다. 그런데 당신이 그 장난의 피해자라면 어떻겠는가? 콜럼바인 고등학교 사건의 범인들이 남긴 기록에서 확인되듯이, 대량 살해범은 자신의 삶에 가해지는 고통이 심판과 복수를 정당화해 준다고 믿는다.[113]

나라면 마음속에 품은 생각을 배신하느니 차라리 죽음을 택하겠다. 따라서 이 무가치한 세상을 떠나기 전 내 눈에 아무짝에도 쓸모없어 보이는 사람, 특히 살 가치가 없는 사람을 다 죽여 버릴 것이다. 전에 나를 열받게 한 사람이 보이면 무조건 죽일 것이다. 다른 사람을 열 받게 했으면 그냥 넘어갈 수도 있겠지만 나는 아니다. 나는 나에게 잘못한 사람은 절대 잊지 않는다.

20세기의 범죄사에서 가장 극악무도한 범죄자로 꼽히는 살인범 칼 팬즈럼(미국, 아프리카, 유럽 등지에서 21명을 살해하고 1000여 명의 남성을 강간한 것으로 알려져 있다. 1928년에 체포되어 종신형을 받았으나 수감 기간에 교도관을 살해하여 1930년 사형당했다 — 옮긴이)은 소년 시절 사소한 범죄로 미네소타 소년원에 수감되었는데 그곳에서 모진 학대와 성폭행을 당했다. 소년원을 나온 그는 마음속에 맺힌 분노를 억누르지 못하고 절도와 방화, 성폭행 등 온갖 범죄를 저지르다 결국 희대의 연쇄 살인마가 되었다. 팬즈럼이 저지른 범죄는 확실한 의도가 있었고, 일관적이었다. 그는 불태워 없앤 집들의 가격을 계산해 보기도 했다. 처음에는 상처를 준 사람들에 대한 증오로 시작해 인류 전체를 증오하는 지경에 이르렀다. 팬즈럼은 온갖 범죄를 저지르고도 분이 풀리지 않았다. 그의 파괴성은 어떤 면에서는 신을 향한 분노의 표출이었는지도 모른다. 그렇게밖에는 달리 표현할 방법이 없다. 그는 물건을 훔치고 집에 불을 지르고 살인을 하면서 삶에 대한 분노를 표출했다. 팬즈럼은 다른 누군가에게 책임이 있는 것처럼 행동했다. 이런 점에서 카인과 아벨의 이야기와 비슷하다. 카인은 자신이 바친 제물을 하나님이 거부하자 고통과 분노에 휩싸인다. 그는 하나님에게 간절히 호소했지만 하나님은 받아들이지 않는다. 오히려 고통을 자초했다고 호통만 듣는다. 분을 참지 못한 카인은 하나님이 창조한 세계에 상처를 내기로 결심하고 하나님의 사랑을 독차지하던 아벨을 죽여 버린다. 아벨은 카인의 우상이었다. 카인은 성공한 동생 아벨을 질투했다. 카인이 아벨을 죽인 이유는 하나님을 의도적으로 괴롭히기 위해서였다. 카인과 아벨의 이야기는 사람들이 극단적인 복수심을 품으면 어떤 일이 일어나는지를 정확하게 보여 준다.

팬즈럼의 범죄는 어떤 말로도 변호할 수 없을 만큼 끔찍하고 잔혹했다. 그런데 그의 삶을 보면 그가 세상에 대한 극도의 적대감을 가진 이유가 이해 안 되는 것은 아니다. 팬즈럼이 직접 남긴 기록을 보면 그는 톨스토이가 네 번째 범주로 규정한 '강인하고 논리적으로 일관된 사람'이었다. 팬즈럼은 한결같으며 두려움을 모르는 건장한 행위자이고, 자신의 신념에 대한 확신을 가진 용감한 사람이었다. 법정에서 변호를 거부하고 사형을 요구했으며, 교수대에서도 교도관에게 빨리 집행하라며 욕을 했다. 끔찍한 학대를 당하며 성장한 사람에게 어떻게 타인에 대한 용서를 기대하겠는가. 말로 표현하기 힘들 만큼 끔찍한 고통을 받는 사람이 많다. 그들이 복수를 꿈꾸는 건 당연하다. 그런 일을 겪으면 복수는 도덕적으로 불가피한 행위로 여겨진다. 복수와 정의로운 행동이 다른 점은 무엇인가? 끔찍하고 잔인한 행위를 당하고도 용서한다면 오히려 비겁한 선택이 아닐까? 아니면 의지가 약한 게 아닐까? 이런 의문들이 나를 괴롭힌다. 하지만 많은 사람이 끔찍한 과거를 딛고 일어나 선한 사람으로 살아간다. 그런 사람들은 그야말로 인간을 넘어선 존재로 여겨진다.

　나는 그런 역경을 딛고 일어선 사람을 많이 만났다. 팬즈럼이 '학교'라고 일컫는 소년원에서 어린 시절을 보낸 어느 화가도 그중 한 사람이다. 그는 어린 시절 한꺼번에 홍역과 볼거리, 수두에 걸려 오랜 시간을 병원에서 보내다 퇴원하자마자 여섯 살 어린 나이에 가족에게 버림받고 소년원으로 들어갔다. 아무것도 모를 나이에 험한 곳에서 모진 학대와 무자비한 폭행, 굶주림에 시달렸다. 그는 걸핏하면 분노를 폭발하는 일그러진 청년으로 성장했고, 마약과 알코올에 빠졌다. 그리고 자기 파괴적인 행위를 서슴지 않았다. 하나님과 그 자신 및 예측할 수 없는 운명까지 모든 것을 혐오했다. 그러나 어느 순간 그 모든 것을 끊어 냈다. 술과 마약을 끊고, 세상에 대한 분노를 풀었다(아직도 조금은 남아 있다). 그리고 캐나다 원주민의 전통 예술 문화를 되살리는 일에 매달렸다. 자신과 비슷한 환경에서 자라는 많은 젊은이가 더 좋은 인생을 살 수 있도록 그들을 가르치고 지원하는 데 수고를 아끼지 않았다. 그는 삶의 과정에서 겪은 고난과 시련을 기억하려고 15미터 높이의 토템상을 만들었다. 지금은 보기 힘든 12미터 길이의 전통 통나무배도 만들었다. 또한 자신을 버린 가족을 한데 불러 모아 원주민 전통 축제를 열었다. 축제에서 수백 명과 함께 16시간 동안 춤을 추었다. 이 축제를 통해 가슴에 맺힌 한을 털어 내고 과거와 화해했다. 그는 선한 사람이 되기로 결심하고, 그 결심을 실천하는 데 필요한 불가능에 가까운 일을 해낸 것이다.

내가 만난 내담자 중에는 나쁜 부모 밑에서 자란 사람들이 더러 있었다. 한 여성 내담자는 어렸을 때 어머니를 여의고 할머니 밑에서 자랐다. 성질이 고약하고 겉모습에 지나치게 신경을 쓰는 할머니는 손녀를 모질게 대했다. 그 여성 내담자는 머리도 좋고 뛰어난 창의력과 풍부한 감수성을 지녔는데, 할머니는 그런 장점을 키워 줄 생각이 없었다. 그저 자신의 힘든 삶에 대한 원망을 손녀에게 쏟아 낼 뿐이었다. 아버지와는 그런대로 원만하게 지냈다. 하지만 아버지는 매일 술에 빠져 지내는 사람이었다. 결국 아버지 역시 일찍 세상을 떠나고 말았다. 그녀는 아버지가 세상을 떠나는 날까지 수발을 들어야 했다. 그녀에게는 아들이 하나 있었다. 하지만 과거의 분노를 아들에게 전혀 드러내지 않았다. 다행히 아들은 믿음직하고 성실한 청년으로 성장했다. 그녀는 자신의 환경적 결함을 아들에게 물려주지 않고 그 결함을 스스로 봉합하려 애썼다. 조상들의 죄를 답습하지 않은 것이다. 이런 극적인 변화는 얼마든지 일어날 수 있다.

모든 고통이 반드시 허무주의(가치와 의미와 희망에 대한 완전한 거부)를 낳는 것은 아니다. 정신적 고통이든 신체적 고통이든 지적인 고통이든 무엇이든 마찬가지다. 그런 고통은 항상 다양하게 해석될 수 있다.

니체의 말이다.[114] 이 말의 의미는 악을 경험한 사람은 악을 퍼뜨림으로써 악을 존속시키려는 경향이 있으나, 악을 경험함으로써 오히려 선을 학습할 가능성도 있다는 것이다. 괴롭힘을 당한 아이는 자신이 당한 대로 다른 사람을 괴롭힐 수도 있지만, 자신이 받은 고통을 통해 그런 학대가 잘못된 것임을 깨달을 수도 있다. 어머니에게 학대당한 사람은 그 경험을 통해 좋은 부모가 되는 게 중요하다는 사실을 깨우칠 수 있다. 실제로 어렸을 때 학대를 경험한 사람은 대부분 자녀를 학대하지 않는다. 이론적으로 입증된 사실이다. 간단한 산수로도 증명된다. 예를 들어 한 부모가 3명의 자식을 낳아 학대하고, 그 세 자녀가 각각 세 자녀를 두는 식으로 세대가 이어진다고 해 보자. 첫 세대에는 아동 학대자가 3명, 두 번째 세대에는 9명, 세 번째 세대에는 27명, 네 번째 세대에는 81명이 될 것이다. 세대가 내려갈수록 아동 학대자가 기하급수적으로 증가한다. 이런 식으로 20세대가 지나면 100억 명이 넘는 사람이 어린 시절 학대를 당한다는 결과가 나온다. 100억 명이면 현재 전 세계 인구를 훌쩍 넘어선다. 하지만 실제로는 세대가 내려갈수록 학대는 줄어들고 있다. 학대를 막으려는 조치들도 강화되고 있다. 이런 변화는 인간의 심성에서 선이 악을 지배한다는 증거인 셈이다.

복수심은 간혹 정당화되기도 하지만 생산적인 생각을 방해하는 요인이다. 미국 태생의 영국 시인 T. S. 엘리엇이 쓴 시극 《칵테일파티》는 이런 주제를 다룬다. 등장인물 중 한 사람이 칵테일파티를 즐기지 못한다. 그녀는 정신과 의사에게 자신의 비참한 삶을 하소연하며, 이 모든 불행이 자기 잘못 때문이었으면 좋겠다고 말한다. 정신과 의사는 의아해하며 이유를 묻는다.

"이 모든 게 내 잘못 때문이라면 내가 어떻게든 해 볼 수 있는 게 있다. 하지만 하나님 때문이라면, 현실 자체에 문제가 있어서 그런 거라면 결국 불행에서 벗어날 수 없다."

그녀는 오랫동안 진지하게 생각한 끝에 이런 결론에 이르렀다고 말한다.

하지만 현실의 구조 자체를 바꿀 수는 없을지 몰라도 인생은 바꿀 수 있다.

알렉산드르 솔제니친은 20세기 중반 악명 높은 소련의 강제 노동 수용소에 수감되었다. 삶의 조건에 대해 충분히 회의를 느낄 만한 상황이었다. 제2차 세계 대전 당시 최전선에서 소련군 포병 장교로 복무하던 그는 친구에게 스탈린을 비판하는 내용의 편지를 보냈다가 체포되어 죽도록 얻어맞은 후 수용소로 보내졌다. 그리고 수용소 안에서 암에 걸렸다. 세상을 원망하고 원한을 품을 만했다. 그의 삶을 불행의 수렁으로 밀어 넣은 장본인은 스탈린과 히틀러였고, 그들은 인류 역사에서 최악의 독재자였다. 솔제니친은 인생 대부분을 의미 없는 고된 노동에 헛되이 낭비했다. 그 과정에서 친구들과 지인들이 고통을 받으며 덧없이 죽어 가는 모습을 무력하게 지켜봐야 했다. 그 자신도 심각한 질병에 시달렸다. 솔제니친에게는 하나님을 원망하고 세상을 저주할 이유가 넘쳐흘렀다. 《성경》에서 가장 큰 시련을 겪은 인물인 욥조차 그처럼 가혹한 시련을 겪지는 않았다.

그러나 진실만을 바라보던 위대한 작가 솔제니친은 복수심과 파괴적 욕망에 매몰되지 않았다. 오히려 그는 두 눈을 크게 떴다. 섬뜩한 환경과 온갖 시련 속에서도 훌륭하게 처신하는 사람들을 만났다. 솔제니친은 그들의 행동을 관찰하며 분석했다. 그리고 자신에게 물었다. 나에게 닥친 재앙에 내 책임은 없는가? 책임이 있다면 이 모든 일이 어떻게 일어났는가? 그는 공산당을 무작정 지지하던 젊은 시절을 떠올렸다. 그리고 자신의 삶 전체를 되짚어 보았다. 수용소에서 남는 건 시간뿐이라 생각할 시간은 얼마든지 있었다. 과거에 내가 어떻게 잘못된 선택을 했는가? 잘못된 짓이란 걸 뻔히 알면서도 양심에 어긋난 행동을 얼마나 많이 했는가? 본심을 숨기고 거짓말을 한 적은 또 얼마나 많은가? 소련의 수용소라는 더러운 지옥에서 과거의 죄를 바로잡고 속죄하려면 어떻게 해야 하는가?

솔제니친은 과거의 삶을 세세한 부분까지 되짚어 가며 계속해서 질문을 던졌다. 지금부터라도 그런 실수를 중단할 수 있을까? 내가 과거에 한 실패 때문에 생긴 피해를 복구할 수 있을까? 그는 관찰하고 경청하는 법을 배우기 시작했고, 존경할 만한 사람들을 찾아냈다. 그들은 어떤 경우에도 정직함을 잃지 않는 사람들이었다. 솔제니친은 또한 자신을 조각조각 분해해서 뜯어보고 불필요하고 해로운 부분을 지워 내 새로운 인간으로 다시 태어났다. 그리고 이 모든 역경을 딛고 일어나 1973년 소련의 강제 노동 수용소를 고발한 《수용소 군도》를 썼다.[115] 《수용소 군도》는 꾸밈없는 진실에서 오는 강력한 도덕적 힘으로 써 내려간 격정적인 작품이다. 날카로운 진실의 목소리가 수백 쪽에 걸쳐 비명처럼 울려 퍼진다. 이 책은 소련에서는 당연히 금서가 되었다. 하지만 1970년대에 서구권으로 밀반입되어 여러 나라에서 출간되면서 엄청난 반향을 일으켰다. 솔제니친의 글은 공산주의 이데올로기의 권위에 심각한 타격을 입혔다. 그는 직접 키우고 가꾸었지만 쓰디쓴 열매만을 맛보게 해 준 나무줄기에 도끼를 찍은 셈이었다.

한 남자가 운명을 탓하지 않고 삶의 방식을 바꾸기로 결심했다. 그리고 공산주의라는 병적인 시스템의 폭정을 뿌리째 뒤흔들어 놓았다. 오랜 시간이 지나지 않아 공산주의는 완전히 붕괴했다. 솔제니친의 용기가 큰 역할을 했다. 이런 기적의 주인공은 또 있다. 바츨라프 하벨은 공산주의 치하에서 박해받은 작가였지만, 비폭력 혁명으로 공산주의 체코 정권을 무너뜨리고 체코슬로바키아의 마지막 대통령이 되었다. 체코와 슬로바키아가 분리된 후에는 다시 한번 체코 공화국의 초대 대통령으로 뽑혔다. 현대판 마하트마 간디였던 셈이다.

모든 것이 산산이 부서지다

위대한 정신은 현실을 탓하지 않는다. 삶을 혐오하지도 않고, 하나님을 원망하지도 않는다. 《구약 성경》의 히브리인(히브리인, 이스라엘인, 유대인은 밀접한 관련이 있지만 역사적으로 구분하면 차이가 있다. 히브리인은 고대 이집트 시나이반도에서 요르단강 서쪽에 이르는 가나안 지역에 사는 사람을 가리키는 말이었다. 열두 지파로 나뉜 히브리인은 이집트에서 탈출한 후 이스라엘이라는 일종의 연맹국을 형성하고 화합과 분열을 반복했다. 이후 이스라엘은 남북으로 분단되고, 남이스라엘의 유다 지파가 열두 지파 중 가장 강력한 세력을 형성하면서 훗날 유대인이 되었다 — 옮긴이)을 이런 관점에서 분석하는 것도 흥미롭다. 히브리인의 고난은 일정한 형식을 반복한다. 아담과 하와, 카인과 아벨, 노아의 방주, 바벨탑 등은 기원도 알 수 없는 아득한 옛날이야기다. 대홍수 이후에야 비로소 역사가 시작된다. 그 역사는 아브라함으로 시작된다. 아브라함의 후손들은 《구약 성경》의 히브리 민족이 된다. 이 때문에 《구약 성경》은 《히브리 성경》이라고도 한다. 히브리인은 야훼, 즉 하나님과 계약을 맺고 역사적인 모험을 시작한다.

하나님이 세운 인물의 지도 아래 히브리인은 사회를 조직하고 제국을 세운다. 재산이 늘고 삶이 풍요로워지면서 성공에 들뜬 채 오만과 교만에 빠진다. 타락할 대로 타락한 그들은 하나님과의 약속도 저버린다. 도덕적 의무를 망각한 채 권력에 집착하고, 심지어 다른 민족의 신을 섬기기까지 한다. 이때 선지자가 나타나 부패한 왕과 믿음을 잃은 국민을 호되게 비판하며 무자비한 심판의 날이 다가올 것이라고 경고한다. 하지만 그들은 선지자의 경고를 무시한다. 하나님은 약속을 지키지 않은 히브리 민족을 벌한다. 결국 이민족과의 전쟁에서 참혹하게 패하고 수백 년 동안 노예로 살아

간다. 히브리인은 불행이 자신들의 잘못에서 기인한 것이라 자책하며, 하나님의 말씀을 충실히 지키겠다고 다짐한다. 그들은 더 잘할 수 있었다고 회개하며 국가를 다시 일으켜 세운다. 히브리 민족은 이런 흐름을 반복하는 삶을 살아왔다.

삶이란 것이 그렇다. 우리는 안정적인 삶을 위해 체제를 세운다. 가족을 이루고 공동체를 형성하고 국가를 만든다. 이런 체제의 밑바탕이 되는 원칙을 정하고 믿음의 체계를 만든다. 처음에는 아담과 하와처럼 낙원과 같은 곳에서 순수한 믿음으로 살아간다. 그러나 성공이 계속되면 무사안일에 빠져 마땅히 해야 할 것들에 주의를 기울이지 않는다. 현재 가진 것을 당연하게 여기면서 어렵고 귀찮고 안 좋은 일에는 눈을 감아 버린다. 세상이 변하고 타락의 씨앗이 자라고 있음을 눈치채지 못한다. 그러면 어느 순간 모든 것이 무너져 내린다. 모든 것이 산산이 부서지는 것은 현실 세계의 잘못일까, 하나님의 잘못일까, 아니면 우리의 부주의 때문일까?

2005년 미국 남부를 강타한 허리케인 카트리나는 1200여 명의 목숨을 앗아 간 역대 최악의 자연재해로 기록되었다. 카트리나가 남긴 상처는 과연 자연재해 때문이었을까? 해수면보다 지면이 낮은 네덜란드는 제방을 쌓아 수해에 대비한다. 미국 역시 최악의 참사를 막을 기회가 있었다. 하지만 홍수 피해를 염려한 몇몇 사람의 경고는 번번이 무시당했다. 1965년 제정된 '홍수방지법'은 뉴올리언스 북쪽에 있는 폰차트레인 호수에 수위를 통제하는 제방 시스템을 갖출 것을 지시했다. 뉴올리언스는 루이지애나주에서 인구가 가장 많은 도시였다. 법령은 제방 시스템 개선 시한을 1978년으로 규정해 놓았지만 40여 년이 지난 후에도 전체 공정의 60퍼센트 정도만 완성되었을 뿐이다. 결국 이 호수가 넘쳐흐르며 뉴올리언스에서만 700

명이 목숨을 잃었다. 의도적 회피와 부패가 뉴올리언스라는 도시를 삼켜 버린 것이다.

허리케인은 인간의 힘으로는 어찌할 수 없는 자연재해다. 하지만 준비가 필요하다는 걸 뻔히 알면서도 준비하지 않은 인간의 잘못이 불필요한 피해를 키웠다. 각자가 제 역할을 하지 않은 것이다. "죄의 삯은 사망"(《로마서》 6장 23절)이다. 모든 것이 산산이 부서지면 히브리인은 항상 자신을 탓했다. 하나님의 선의를 의심하지 않고, 현실적 조건을 핑계 삼지 않았다. 재앙의 원인이 자기 잘못에 있다고 생각했다. 유별난 책임감이지만, 현실을 부정하고 삶의 조건을 탓하며 원한과 복수심에 매몰되는 것보다는 낫다.

당신이 지금 고통받고 있다면 그것은 당연한 것이다. 인간의 능력으로 할 수 있는 것이 별로 없고, 삶은 그 자체로 비극적이다. 하지만 그 고통이 더는 감당하기 어렵다고 느껴진다면, 그래서 그 때문에 비뚤어지고 있다면 진지하게 생각해 봐야 할 것이 있다.

당신 삶을 깨끗이 정리하라

당신 환경을 생각해 보자. 우선 작은 것부터 살펴보자. 당신은 자신에게 주어진 기회를 100퍼센트 활용해 왔는가? 직장에서 전력을 다해 일하고 있는가? 혹시 분노와 원망에 사로잡혀 맥없이 하루하루를 보내고 있지는 않은가? 형제와는 잘 지내고 있는가? 배우자를 존중하는가? 자식들을 애정으로 대하고 있는가? 건강과 행복을 파괴하는 나쁜 습관은 없는가? 당신에게 주어진 책임을 다하고 있는가? 친구와 가족에게 꼭 해야 할 말을 하는가? 주변을 더 좋은 곳으로 만들기 위해 하는 일이 있는가?

당신 삶을 깨끗이 정리했는가?

그렇지 않다면 지금부터라도 이렇게 해 보자. 당신이 옳지 않다고 생각하는 것들, 그것들을 중단하라! 오늘 당장 중단하라! 그 행동이 잘못된 것이라는 사실을 이미 알면서 그 행동을 합리화하는 데 시간을 낭비하지 말라. 그런 식의 합리화는 전혀 도움이 안 된다. 혼란을 키우고 실천을 방해할 뿐이다. 이유를 정확히 몰라도 무엇이 옳고 무엇이 그른지 정도는 알 수 있다. 자세히 설명할 수 없고 명확히 표현할 수는 없어도 무엇이 잘못되었는지는 직감할 수 있다. 우리는 복잡하기 이를 데 없는 존재여서 누구도 자신을 완벽하게 알 수 없다. 게다가 우리는 이해할 수 없는 지혜를 무시하려는 경향이 있다.

따라서 중단해야 한다는 생각이 조금이라도 들면 그냥 중단하라. 그 비겁하고 천박한 행동을 당장 중단하라. 당신을 나약하고 부끄럽게 만드는 것은 입에도 올리지 말라. 당신을 강인하게 만드는 생각만 하고, 당신에게 힘을 주는 말만 하라. 떳떳하게 말할 수 있는 것만 말하라.

다른 사람의 의견은 중요하지 않다. 오로지 당신의 판단이 행동의 기준이다. 세상이 정한 행동 기준을 따라야 할 필요는 없다. 그렇다고 당신이 속한 문화의 전통을 무시하지는 말라. 인생은 짧다. 전통이 오랜 시간에 걸쳐서 발견한 것들을 혼자서 알아낼 만한 시간은 없다. 과거로부터 이어져온 지혜는 어렵게 얻은 것이다. 전통과 문화 속에는 분명히 삶에 유익한 지혜가 있다.

자본주의나 정치권을 탓하지 말라. 당신의 적들을 욕하지 말라. 체제를 손봐야 한다고 말하기 전에 당신의 경험을 먼저 정리하라. 또 겸손한 마음을 가져라. 가정도 평화롭게 꾸려 가지 못하면서 어떻게 함부로 세상을 평가할 수 있겠는가. 당신의 양심과 이성이 시키는 일만 하라. 그리고 하루 동안 어떤 변화가 일어나는지 지켜보라. 몇 주가 지나면 또 어떤 일이 일어나는지 보라. 제대로 실천하면 마음속에서 생각하는 것들을 말할 수 있게 된다. 아내나 남편, 아이들이나 부모님에게 당신이 실제로 원하는 것과 필요한 것을 말하게 될 것이다. 또한 당신이 해야 하는데 하지 않은 일이 있다면 그 부분을 바로잡으려 할 것이다. 머릿속을 거짓으로 채우는 걸 중단하면 머릿속도 정돈되기 시작한다. 거짓 행동으로 삶을 왜곡하는 걸 중단하면 훨씬 더 나은 삶을 경험할 것이다. 그때쯤에는 조금 더 미묘하고 새로운 당신의 잘못이 드러난다. 그런 것이 있다면 역시 중단하라. 몇 개월 혹은 몇 년 동안 꾸준하게 하면 당신의 삶은 점점 단순해질 것이다. 판단력이 향상되면서 꼬이고 뒤틀린 과거 문제들도 정리된다. 냉소주의에서 벗어나 더욱 강인한 정신을 갖게 되고, 더욱 당당하게 미래를 열어 갈 것이다. 더는 삶을 쓸데없이 어렵게 만들지 않을 것이다. 그래도 인생의 비극은 피할 수 없다. 하지만 냉소와 기만으로 그 비극이 더 악화하는 것은 막을 수 있다.

그렇게 타락의 길에서 빠져나온 당신은 전보다 훨씬 더 강해져 있을 것이다. 인생의 피할 수 없는 비극에 좀 더 의연하게 대처할 수 있을 것이다. 비극을 그저 비극으로만 머물도록, 그 비극이 불지옥으로 변하지 않도록 자신을 조절하는 법도 알게 될 것이다. 당신의 불안과 절망, 원망과 분노가 처음에는 폭발 직전까지 가더라도 결국에는 점점 사라질 것이다. 당신은 여전히 나약한 존재지만, 맑아진 정신은 삶의 좋은 면을 발견할 것이다. 궁극적으로 당신은 누구보다 평화와 세상의 모든 선함을 지키는 강력한 힘이 될 것이다.

모두 각자의 삶에서 이렇게 하면 우리가 사는 세상은 더 이상 사악한 곳이 아니다. 그 후에도 자신부터 달라지려고 계속 노력한다면 인간의 삶에서 비극마저 사라질지도 모른다. 우리 모두 선한 삶을 살기로 한다면 세계가 어떤 모습으로 변할지 누가 알겠는가. 우리 모두 진실만을 말하고 높은 곳을 목표로 살아간다면 바로 이 타락한 지구에 영원한 천국을 세울 수 있을지 누가 알겠는가.

세상을 탓하기 전에 방부터 정리하라.

쉬운 길이 아니라
의미 있는 길을 선택하라

피할 수 있을 때 피하라

삶은 고통이다. 분명한 사실이고 반박할 수 없는 가장 기본적인 진실이다. 하나님이 아담과 하와를 낙원에서 쫓아내면서 그들에게 내린 저주이기도 하다.

> 또 여자에게 이르시되,
> 내가 네게 임신하는 고통을 크게 더하리니
> 네가 수고하고 자식을 낳을 것이며

너는 남편을 원하고 남편은 너를 다스릴 것이니라 하시고.

아담에게 이르시되,

네가 네 아내의 말을 듣고 내가 네게 먹지 말라 한 나무의 열매를 먹었은즉,

땅은 너로 말미암아 저주를 받고

너는 네 평생에 수고하여야 그 소산을 먹으리라.

땅이 네게 가시덤불과 엉겅퀴를 낼 것이라

네가 먹을 것은 밭의 채소인즉,

네가 흙으로 돌아갈 때까지 얼굴에 땀을 흘려야 먹을 것을 먹으리니

네가 그것에서 취함을 입었음이라.

너는 흙이니 흙으로 돌아갈 것이니라 하시니라.

– 〈창세기〉 3장 16~19절

저주를 극복하려면 어떻게 해야 할까?

가장 간단하고 명확하며 직접적인 해법은 무엇일까? 쾌락을 추구하라! 내적인 충동을 따르라! 지금 이 순간을 위해 살아라. 편한 것만 선택하라. 거짓말하고 기만하고 훔치고 속이고 조작하라. 들키지만 말라. 궁극적으로 아무런 의미도 없는 세계에서 우리가 노력한다고 뭐가 달라질까? 새삼스러운 의문은 아니다. 삶은 비극이고 고통이라는 사실은 오래전부터 즉각적이고 이기적인 쾌락을 좇는 삶에 대한 변명으로 사용되었다.

그들은 옳지 못한 생각으로 저희끼리 이렇게 말한다.

우리 삶은 짧고 슬프다.

인생이 끝에 다다르면 묘약이 없고

우리가 알기로 저승에서 돌아온 자도 없다.

우리는 우연히 태어난 몸,

뒷날 우리는 있지도 않았던 것처럼 될 것이다.

우리의 콧숨은 연기일 뿐이며

생각은 심장이 뛰면서 생기는 불꽃일 따름이다.

불꽃이 꺼지면 몸은 재로 돌아가고

영은 가벼운 공기처럼 흩어져 버린다.

우리의 이름은 시간이 지나면서 잊히고

우리가 한 일을 기억해 줄 자 하나도 없으리니

우리 삶은 구름의 흔적처럼 사라져 가 버린다.

햇살에 쫓기고

햇볕에 버티지 못하는 안개처럼

흩어져 가 버린다.

우리의 한평생은 지나가는 그림자이고

우리의 죽음에는 돌아올 길이 없다.

정녕 한번 봉인되면 아무도 되돌아오지 못한다.

자 그러니, 앞에 있는 좋은 것들을 즐기고

젊을 때처럼 이 세상 것들을 실컷 쓰자.

값비싼 포도주와 향료로 한껏 취하고

봄철의 꽃 한 송이도 놓치지 말자.

장미가 시들기 전에 그 봉오리들로 화관을 만들어 쓰자.

어떠한 풀밭도 우리의 이 환락에서 빠지는 일이 없게 하여라.

이것도 우리의 몫이고 저것도 우리의 차지니
어디에나 우리가 즐긴 표를 남기자.
가난한 의인을 억누르고
과부라고 보아주지 말자.
백발이 성성한 노인이라고 존경할 것 없다.
약한 것은 스스로 쓸모없음을 드러내니
우리 힘이 의로움의 척도가 되게 하자.

-〈지혜서〉* 2장 1~11절

쾌락은 순간적이고 덧없을 수 있지만 그래도 즐거운 것이다. 한때의 즐거움은 삶의 두려움과 고통에 견줄 만하다. 옛 속담이 말해 주듯이 인간은 이기적이기 때문에 모두 자기 일만 생각한다. 기회가 생길 때마다 얻을 수 있는 모든 것을 가지지 않을 이유가 있는가? 그렇게 살겠다고 마음먹지 않을 이유가 있는가?

그런데 더 설득력 있고 매력적인 대안은 과연 없을까?

조상들은 이런 의문들에 심오하고 세련된 답을 다양하게 내놓았지만, 우리는 아직도 제대로 이해하지 못하고 있다. 그 답들이 대체로 함축적이기 때문이다. 주로 종교적 의식과 신화의 형태로 남아 있고, 명확한 언어로는 표현되지 않았다. 우리는 지금 그 답들을 실행에 옮기고 이야기 형식으로 표현하고 있다. 하지만 분명하고 구체적인 공식으로 표현할 수 있을 정

---

* 개신교 《성경》의 《구약 성경》은 서른아홉 권, 가톨릭 《성경》의 《구약 성경》은 마흔여섯 권으로 구성되어 있다. 기원전 2세기경 히브리어를 그리스어로 번역한 '70인 역' 경전이 완성되었는데, 이것이 현재 《구약 성경》의 모태가 되었다. 여기에 히브리어본이 확인되지 않은 일곱 권이 있는데 〈지혜서〉는 그중 하나다. 개신교와 유대교는 히브리어본이 없는 일곱 권을 《외경》으로 분류하고, 가톨릭과 정교회는 《정경》으로 분류한다.

도로 똑똑해지지는 않았다. 우리는 여전히 무리 지어 살아가는 침팬지들이고 떼 지어 다니는 늑대들이다. 우리는 어떻게 행동해야 하고, 그 이유가 무엇이며, 누가 누구인지 알고 있다. 경험을 통해 그런 것들을 배웠다. 우리가 가진 지식은 다른 사람들과의 상호 작용을 통해 형성된 것이다. 그 과정에서 습관적인 절차와 행동 양식이 자연스럽게 자리 잡혀 다른 사람들이 대체로 어떻게 생각하고 행동하는지 예측할 수 있다. 그런데 습관적 절차와 양식이 어떤 이유에서, 어떤 과정을 거쳐 확립되었는지는 아무도 모른다. 그런 양식들은 오랜 시간을 거쳐 진화한 것이다. 아득한 옛날에는 누구도 그 습관적 행위가 어떠해야 한다고 명확히 규정하지 않았다. 다만 서로의 행동 양식에 대해 끊임없이 조언을 주고받았을 것이다. 그런데 그다지 멀지 않은 과거의 어느 날 정신을 차렸다. 우리는 이미 뭔가를 하고 있었지만, 그제야 비로소 우리가 무엇을 하고 있는지 의식하기 시작했다. 또 우리는 도구를 통해 생각을 표현하기 시작하고, 모방하고 극화하기 시작했다. 종교적 의식이란 것도 만들어 냈다. 그뿐만 아니라 경험을 바탕으로 이야기를 지어내고 연극을 꾸몄다. 살면서 관찰한 것, 깨달은 것을 이야기로 만들었다. 처음에는 행동에 스며들던 정보가 결국에는 이야기로까지 만들어진 것이다. 그러나 과거에는 물론이고 지금도 이 모든 것이 무엇을 의미하는지 정확히 모른다.

《성경》에서 에덴동산과 그곳에서의 추방을 다룬 설화도 우리의 집단 상상이 수천 년에 걸쳐 만들고 다듬어 낸 이야기다. 이 설화는 존재의 본질을 깊이 설명하고 있을 뿐 아니라, 그 본질을 적절히 개념화하고 거기에 어울리게 행동하는 방법까지 제시한다. 적어도 설화에서는 에덴동산 시절 인간은 자의식을 갖기 전까지 죄 없는 순수한 존재였다. 인류 최초의 부모 아담과 하와는 하나님 곁에서 그와 함께 걸었다. 그렇지만 그들은 뱀의 유혹에 넘어가 선과 악을 알게 하는 나무의 열매를 먹었다. 그리고 인간의 죽음과 나약함을 알게 되자 하나님을 외면했다. 그 결과 인간은 낙원에서 추방되고 죽음이 예정된 힘겨운 삶을 시작했다.

그 후 카인과 아벨의 이야기에서 제물이라는 개념이 처음 언급되고, 아브라함 시대를 거쳐 출애굽 시기에 이르기까지 꾸준히 발전한다. 힘겹게 살아가던 인류는 적절한 제물을 통해 하나님의 분노를 피하고 은총을 얻을 수 있다는 걸 알게 되었다. 하지만 제물로 하나님의 마음을 얻을 생각이 없는 사람들이나 제물을 바쳤음에도 불구하고 하나님의 마음을 얻지 못한 사람들은 분노를 못 이겨 살인마저 저지를 수 있다는 것도 알게 되었다.

만족 지연의 중요성

조상들은 제물을 희생시키며 이렇게 생각했을 것이다.

'현재 제 손에 있는 가치 있는 것을 포기할 테니 미래에 더 나은 것을 얻게 해 주십시오!'

하나님은 아담과 그 후손에게 원죄의 대가로 노동이라는 저주를 내렸다는 사실을 기억하는가? 아담은 자신의 존재에 근본적으로 내재한 제약을 깨달았다. 죽음을 피할 수 없는 연약한 존재라는 사실이다. 그런 깨달음은 자신의 미래를 발견한 것과 다를 바가 없다. 그 미래는 바로 죽음이다. 우리 모두의 미래이기도 하다. 그때가 너무 빨리 오지 않기를 바랄 뿐이다. 죽음은 노동을 통해 늦춰진다. 노동은 '나중'에 얻을 이익을 위해 '현재'를 희생하는 행위다. 추방이라는 극적인 사건 직후 제물이란 개념이 등장한 것도 이 때문인 듯하다. 제물과 노동은 본질적으로 차이가 없다. 제물과 노동은 인간에게만 존재한다. 동물도 노동하는 것처럼 보이지만 그것은 본능의 명령에 따르는 것이다. 비버가 댐을 쌓는 이유는 비버이기 때문이다. 그들은 본능적으로 댐을 쌓는다.

'아이고, 힘들다. 며칠 쉬면서 여자 친구랑 해변에 놀러 가고 싶네.'

비버는 이렇게 생각하지 않는다.

노동을 포함한 그런 희생은 심리학적 용어로 말하면 '만족 지연(delay of gratification)'이다. 사실 '만족 지연'이라는 용어는 심오한 의미가 담긴 희생이라는 행위를 표현하기에는 너무 세속적이다. 만족을 늦출 수 있다는 발견은 시간의 발견이었고, 시간의 발견은 인과 관계의 발견이었다. 자발적인 인간의 행위가 특정한 결과로 이어질 수 있다는 사실의 발견이었다. 까마득한 옛날에 이미 현실 세계를 상대로 흥정할 수 있다는 것을 알게 되었다. 지금 올바르게 행동하면 언젠가는 보상을 받을 수 있다. 충동을 자제하고 타인의 입장을 배려하면 아직 존재하지 않는 미래의 시간과 장소에서 보상을 받는다. 그래서 충동을 통제하고 관리함으로써 다른 사람이나 우리 자신의 미래에 악영향을 줄 만한 일을 하지 않는다. 사회도 이런 방식으로 틀을 잡아 왔다. 오늘의 노력이 내일의 발전으로 이어진다는 인과 관계의 발견이 사회 계약을 활성화했다. 사회 계약은 주로 사람들과의 약속 형태로 존재하는데, 이를 통해 오늘의 노동은 안정적으로 미래의 보상이 되어 돌아왔다.

'이해'는 말보다 행동으로 먼저 표현되는 경우가 많다. 어린아이는 '어머니'와 '아버지'가 무엇을 뜻하는지 말로는 잘 설명하지 못한다. 하지만 소꿉놀이를 통해 그 단어에 담긴 역할을 행동으로 보여 준다.[116] 하나님에게 제물을 바치는 의식은 만족 지연의 유용성이라는 개념을 정교하게 행동으로 옮긴 것이었다. 사냥에서 잡은 고기를 앉은자리에서 모두 먹어 치우는 대신 고기 일부를 따로 떼어 현재 존재하지 않는 누군가를 위해 제물로 바치는 의식을 행하기까지는 오랜 시간이 걸렸다. 무엇인가를 미래의 당신을 위해 따로 챙겨 두거나 다른 사람들과 공유하는 행위의 유용성을 터득하는 데는 시간이 걸린다. 다른 사람들과 무엇을 나누는 행위는 결국 훗날의 당신 자신과 공유하는 행위다. 미래를 생각하지 않는다면 이기적으로 눈앞에 보이는 것을 모두 먹어 치우는 게 훨씬 낫다. 만족 지연의 유용성을 깨닫고 그것을 개념화하려면 여러 단계를 거쳐야 한다. 단계마다 오랜 시간이 걸린다. 단기적 공유라는 첫 단계에서 미래를 위해 비축하는 다음 단계로 발전한다. 희생과 노동의 대가 역시 처음에는 단순한 기억이나 기록이라는 원시적인 단계에서 시작해 돈을 주고받는 단계를 거쳐, 궁극적으로는 은행과 그 밖의 여러 사회 기관과 시스템에 의해 보장받는 단계로 나아간다. 이런 여러 중간 단계를 거쳐 제물과 노동에 대한 현재의 관례와 견해가 만들어졌다.

우리 조상들은 허구적 이야기를 현실화하기도 했다. 그들은 운명을 지배하는 힘을 흥정과 거래가 가능한 영혼으로 의인화했다. 그리고 그 힘을 또 하나의 인간으로 보았다. 이런 의인화는 큰 효과가 있었다. 실제로 미래가 과거의 행동을 지켜보고 판단하고 평가하는 다른 사람들에 의해 좌우되기 때문이다. 높은 곳에 앉아 우리의 일거수일투족을 감시하고 기록했다가 사후 심판의 날에 펼쳐 보이는 하나님도 이런 의인화와 다르지 않다. 이로써 미래가 바로 심판하는 아버지라는 상징적이면서도 생산적인 믿음이 자리하게 되었다. 희생과 노동의 중요성을 일깨우는 의미 있는 출발점이었다. 하지만 그것만으로는 부족하다. 희생과 노동의 가치를 제대로 이해하려면 두 종류의 근본적이고 원형적인 의문에 대한 답을 구해야 한다. 두 의문은 모두 노동의 궁극적인 의미와 관계가 있다. 지금 무엇을 희생해야 하는가? 그리고 나중에 무엇을 얻을 수 있는가?

첫 번째 의문은 '무엇을 희생해야 하는가?'이다. 작고 단순한 문제 해결은 작은 희생으로 충분하다. 그러나 크고 복잡한 문제를 한 방에 해결하려면 더 크고 가치 있는 희생이 필요하다. 더 큰 희생은 쉽지 않지만 더 큰 효과를 기대할 수 있다. 예를 들어 의과 대학 과정을 성공적으로 마치려면 학부 시절에 술자리를 쫓아다니는 생활을 포기해야 한다. 술자리를 포기하는 것도 일종의 희생이다. 그러나 술자리에 개근하는 대학생보다 의사가 되는게 훨씬 낫다. 그래야 그 후에 찾아올 여러 곤란한 일을 피할 수 있다. 즉 미래를 위해서는 희생이 필요하고, 희생이 클수록 더 좋은 미래를 맞이할 확률이 높다는 것이다.

'희생으로 미래가 더 나아진다'라는 기본적인 원칙을 세웠으니, 두 번째 의문과 그와 관련된 여러 의문을 정리해 보자. 원칙을 확립했으면 구체화 과정이 필요하다. 원칙의 적용 범위를 정하고, 의미를 분명히 해야 한다. 따라서 희생으로 미래가 더 나아진다는 주장은 궁극적으로 무엇을 뜻하는지, 이 기본적인 원칙의 한계는 없는지에 대한 답을 찾아야 한다. 이에 대한 답을 찾으려면 다음과 같이 순서대로 묻는 게 합리적일 것이다.

'모든 희생 중에서 가장 크고 효과적인 희생, 즉 가장 이상적인 희생은 무엇일까?'

'가장 큰 희생을 바쳤을 때 미래는 얼마나 좋은 모습일까?'

앞에서 언급했듯이 《성경》에서 카인과 아벨은 그들의 부모 아담과 하와가 낙원에서 추방된 직후에 등장한다. 아담과 하와는 일반적인 방식으로 태어난 것이 아니라 하나님의 손으로 창조되었다. 그러므로 진정한 의미에서 최초의 인간은 카인과 아벨이다. 카인과 아벨은 에덴동산이 아니라 '역사' 속에서 살았다. 그들은 살기 위해 노동해야 했고, 하나님을 기쁘게 하기 위해 희생해야 했다. 제단을 쌓고 적절한 의식을 통해 하나님에게 제물을 바쳤다. 그러나 일이 복잡하게 꼬였다. 하나님은 아벨의 제물만 받기고, 카인의 제물은 받지 않았다. 이유는 분명하지 않다. 다만《성경》구절을 근거로 짐작해 보면 카인의 제물에는 진심이 담기지 않았던 것 같다. 카인이 바친 제물이 질적으로 저급했던 것일까? 어쩌면 카인이 마지못해 제물을 바쳤을 수도 있다. 하나님이 전혀 알려지지 않은 이유로 짜증을 냈을 수도 있다. 모든 희생이 질적으로 똑같을 수는 없으므로《성경》구절의 막연한 설명을 비롯해 이런 상상이 완전히 허무맹랑하다고 볼 수만은 없다. 실제로 최고의 희생을 바치더라도 더 나은 미래가 보장되지 않는 경우가 많다. 그 이유 역시 분명하지 않다. 왜 하나님은 희생과 제물을 바쳤음에도 기뻐하지 않을까? 하나님 마음을 기쁘게 하려면 무엇을 바꿔야 할까? 어려운 질문이다. 모두 이런 의문을 품고 있다. 이런 의문을 품고 있다는 사실조차 모르는 채.

의문을 품고 있다는 것은 그 문제를 생각하고 있다는 뜻이다.

우리는 즐거움을 뒤로 미룰 수 있고, 그것이 더 좋다는 걸 무척 어렵게 깨달았다. 만족 지연은 인간에게 근본적으로 내재해 있는 동물적 본능과 반대되는 것이다. 언제 무슨 일이 벌어질지 모르는 현실 세계에서는 즉각적인 만족이 더 중요하다. 문명이 지연된 보상을 보장할 수 있을 정도로 충분히 안정된 상황에서만 만족 지연이 효과를 발휘한다. 그래서 문제는 더 복잡해진다. 우리가 저축한 것이 모두 파괴되거나 도난당할 게 확실하다면 절약하고 저축할 필요가 없다. 늑대는 10킬로그램의 생고기를 한 끼에 먹어 치운다. 늑대는 '폭식은 건강에 안 좋으니 다음 주를 위해 좀 남겨 둬야 겠다'라고 생각하지 않는다. 그렇다면 사회 안정과 만족 지연이라는 두 목표를 동시에 이룬 방법은 무엇이었을까?

동물에서 인간으로 진화한 덕분 아니었을까? 이런 가정은 지나친 단순화인 데다 세부적인 면에서 오류가 있지만, 큰 맥락에서 틀린 말은 아니다. 발전적으로 진화한 첫 번째 이유는 먹을 것이 충분했기 때문이다. 특히 한번에 다 먹을 수 없는 매머드나 대형 초식 동물이 큰 역할을 했을 것이다 (실제로 인간은 매머드를 많이 잡아먹었다. 어쩌면 인간이 다 잡아먹었을지도 모른다). 몸집이 큰 동물을 잡으면 모든 사람이 배불리 먹은 후에도 일부가 남았을 것이다. 처음에는 우연히 남겨지지만, 어느 순간 '미래를 위한 저축'이 유용하다는 것을 알게 된다. 여기에서 희생의 의미를 어렴풋이 깨닫는다.

'지금 다 먹고 싶지만 조금 남겨 두면 나중에 굶주리지 않을 것이다.'

이런 생각은 다음 단계로 발전한다.

'다 먹지 않고 남겨 두면 나는 물론이고 나와 함께하는 사람들도 나중에 굶주리지 않을 것이다.'

여기에서 더 나아가 사회적 개념으로 확장된다.

'이 매머드는 혼자 다 못 먹어. 그렇다고 오래 저장하지도 못해. 다른 사람들하고 나눠 먹어야겠어. 그럼 그들도 매머드를 잡으면 나한테 좀 나눠 주지 않을까? 이제부터 내가 먹을 것만 챙기고 나머지는 나눠 줘야겠어. 나에게서 매머드 고기를 얻어먹은 사람들은 나를 믿을 거야. 그럼 앞으로도 계속 먹을 것을 교환할 수 있겠지.'

이런 식으로 '매머드'는 '미래의 매머드'가 되고, '미래의 매머드'는 '개인의 '평판'이 되었다. 복잡한 사회 계약도 처음에는 이렇게 출현했다.

공유는 당신이 소중하게 여기는 것을 공짜로 주고 아무것도 돌려받지 않는 행위가 아니다. 공유하지 않는 아이는 공유하는 걸 두려워한다. 공유한다는 것은 교환 과정을 시작한다는 뜻이다. 따라서 공유하지 않는 아이, 즉 교환하지 않는 아이는 친구를 사귀기 어렵다. 친구를 사귄다는 것은 일종의 교환 행위다. 100달러짜리 지폐에 등장하는 미국 건국의 아버지 벤저민 프랭클린은 '당신이 은혜를 베푼 사람보다 당신에게 호의를 베푼 사람이 당신에게 또다시 호의를 베풀 준비가 되어 있다'라는 옛 격언을 인용하며, 이사를 가면 새 동네 이웃에게 도움을 요청하라고 조언했다.[117] 그는 지나친 부탁이 아니라면 누군가에게 도움을 요청하는 게 사회적 상호 작용을 맺는 좋은 방법이라고 생각한 것이다. 새로 이사 온 사람의 부탁을 받는 것은 이웃에게 자신이 좋은 사람이라는 사실을 증명할 좋은 기회다. 채무 관계가 발생하므로 이웃 역시 나중에 도움을 요청할 수 있다고 생각한다. 그런 과정을 거치며 둘 사이의 친밀감과 신뢰가 쌓이게 된다. 이처럼 주고받는 과정을 통해 우리는 낯선 사람과 관계를 맺는 것에 대한 두려움과 망설임을 극복해 간다.

아무것도 갖지 않은 것보다 뭔가를 가진 게 좋다. 그런데 갖고 있는 것보다 아낌없이 공유하는 게 훨씬 좋다. 무엇보다 아낌없이 공유하는 사람으로 널리 알려지는 것이 가장 좋다. 공유하는 물건보다 '공유하는 사람'이라는 평판이 더 오래가며 더 큰 신뢰를 준다. 이로써 신뢰와 정직, 관용의 토대가 어떻게 만들어지는지 관찰할 수 있다. 이를 바탕으로 가장 기본적인 도덕률이 등장한다. 아낌없이 나눠 주는 사람은 훌륭한 시민, 선한 사람의 원형이다. 이런 과정을 통해 '음식을 남기는 것은 좋다'라는 단순한 생각이 어떻게 최고의 도덕률로 발전해 가는지 짐작해 볼 수 있다.

인간 사회는 다음과 같은 과정을 거치며 변화했을 것이다. 이야기와 역사가 글로 쓰이기 전 거의 무한에 가까운 시간이 있었을 것이다. 그동안 만족 지연과 교환이라는 떼려야 뗄 수 없는 두 관습이 천천히 생겨난다. 만족지연과 교환은 종교적 의식과 희생이라는 은유적 이야기를 통해 표현된다. 그 내용을 한마디로 정리하면 다음과 같다.

'하늘에는 모든 것을 보고 우리를 심판하는 절대자가 있는 것 같다. 우리가 소중하게 여기는 것을 포기하면 그분이 기뻐하실 것 같다. 우리가 그런 것을 포기하지 않으면 지옥문이 열릴 테니까 그분을 기쁘게 해 줘야 한다. 그러니 우리는 희생하고 공유하는 걸 습관화해야 한다. 그러면 모든 일이 원만하게 풀릴 것이다.'*

전통적인 관습과 설화가 이처럼 직설적으로 말하지는 않지만, 희생과 공유의 지혜를 담아 우리에게 전해져 오고 있다.

생각보다 행동이 먼저였다(우리도 한때는 동물이었고 동물은 행동할 뿐 생각하지는 못한다). 함축적이어서 인지되지 않는 가치가 먼저 있었다(생각보다 행동이 앞서고, 행동보다 가치 판단이 먼저다. 하지만 그 가치가 명시적으로 드러나지는 않는다). 수천수만 년 동안 사람들은 성공과 실패를 무수히 지켜보았다. 그리고 '성공한 사람은 만족을 뒤로 늦추고 미래와 거래한다'라는 결론을 내렸다. 이때부터 이와 관련한 생각들이 한층 분명한 이야기 형태로 나타나기 시작했다. 성공한 사람과 실패한 사람은 어떤 차이가 있는가? 성공한 사람은 희생한다! 성공한 사람은 희생할 줄 알기 때문에 모든 일이 순조롭게 풀

---

* '하늘'에 실제로 그런 절대자가 있든 없든 간에 이 말은 모두 진실이다.

린다. 그렇다면 우리가 생각해 낼 수 있는 가장 큰 희생은 무엇이고, 최고의 보상은 무엇일까? 이는 결코 쉬운 질문이 아니다.

다른 문화권의 신들처럼 서구 문화의 하나님도 제물과 희생을 요구한다. 그 이유에 대해서는 이미 살펴보았지만, 하나님은 때때로 그 이상을 원한다. 하나님은 단순한 제물이 아닌, 가장 사랑하는 것을 바치길 원한다. 하나님의 이런 요구는 아브라함과 이삭 이야기에서 가장 잘 드러난다. 하나님에게 사랑을 받은 아브라함은 아들을 간절히 원한다. 아브라함은 기다림에 지쳤다. 이미 나이가 너무 들어 버렸고, 아내 역시 임신 가능한 나이를 훌쩍 넘겼다. 하나님은 아브라함에게 기다리면 아들을 주겠다고 약속한다. 그리고 아브라함이 백 살이 되었을 때 기적적으로 이삭이 태어난다. 그런데 그로부터 몇 년 뒤 하나님은 아브라함에게 어린 아들 이삭을 제물로 바치라고 요구한다. 도무지 앞뒤가 맞지 않는 야만적인 요구였다. 다행히 이이야기는 해피엔딩이다. 아브라함의 조건 없는 순종을 확인한 하나님은 천사를 보내 아들 대신 숫양을 제물로 바치라고 한다. 결말은 다행스럽지만 풀리지 않는 의문이 남는다.

'하나님이 그처럼 인간의 한계를 시험하는 이유가 무엇일까? 하나님이 그렇게 무리한 요구를 하는 이유가 무엇일까?

'세상사가 항상 내 뜻대로 되는 게 아니다'라는 말에서 시작해 보자. 무심하게 진실을 말하고 있지만, 너무 뻔해서 과소평가된 말이기도 하다. 얼핏 들으면 현실 세계의 삭막한 속성, 질병과 굶주림, 수탈, 배신을 이야기하는 것 같지만, 그렇지 않다. 세상이 내 뜻대로 돌아가지 않는 것은 현실 세계 잘못이 아니기 때문이다. 오히려 개인적으로 현재 가장 소중히 여기는 그것이 가장 큰 원인이다. 왜 그럴까? 현실 세계에 대한 인식은 각자의 가치관에 따라 크게 달라진다(이 주제는 법칙 10에서 더 자세히 살펴보기로 하자). 따라서 눈에 들어오는 세계가 원하는 세계가 아니면 가치관을 점검해 봐야 한다. 지금 진실이라 믿고 있는 것을 버려야 한다. 모든 것을 내려놓아야 한다. 가장 소중히 여기는 것을 포기해야 한다. 그래야 현재에 안주하지 않고 당신이 목표로 하는 존재로 거듭날 수 있다.

출처는 불분명하지만 원숭이를 생포하는 법에 대한 오래된 이야기가 있다. 먼저 목이 좁은 큼직한 항아리를 준비한다. 항아리 입구는 원숭이가 겨우 손을 집어넣을 정도여야 한다. 원숭이가 항아리를 들고 달아나지 못하도록 돌을 넣어 무겁게 만든 다음 항아리를 원숭이가 자주 다니는 길에 둔다. 원숭이가 좋아하는 것을 항아리 안에 충분히 넣고 주변에도 뿌려 원숭이를 항아리 쪽으로 유인한다. 원숭이가 항아리로 다가와 좁은 입구로 손을 넣고 안에 든 것을 움켜쥐면 그것으로 끝이다. 원숭이는 주먹을 빼내지 못한다. 먹을 것을 잔뜩 쥐고 있기 때문이다. 원숭이가 지금 가진 것을 포기하지 않으면 손을 빼낼 수 없다. 하지만 원숭이는 주먹을 펴지 않는다. 이때 항아리와 원숭이를 느긋하게 집어 들면 원숭이 생포 과정은 마무리된다. 원숭이는 부분을 희생하지 않은 대가로 전체를 잃은 것이다.

소중한 것을 포기하면 미래의 번영이 보장된다. 소중한 것을 희생하면 절대자가 기뻐한다. 가장 소중한 것은 무엇이고, 최고의 희생물은 무엇일까? 최고의 제물을 바치겠다는 의지를 상징적으로라도 표현할 수 있을까? 제물이 고기라면 최고급 부위이고, 제물이 동물이라면 무리 중에서 가장 아끼는 동물이 최고의 제물이다. 당신의 소유물을 제물로 바쳐야 한다면 소유물 중에서 가장 소중히 여기는 것, 그것이 최고의 제물이다. 개인적인 의미가 커서 정말 포기하기 어려운 것, 그것보다 더 좋은 것이 뭐가 있을

까? 하나님이 아브라함에게 앞으로 태어날 모든 후손의 할례를 명령한 것
도 희생하는 삶에 대한 상징이었다. 부분을 희생하여 전체의 구원을 받을
수 있다는 뜻으로 해석할 수 있다. 그 너머에는 무엇이 있을까? 인간의 한
부분과 인간 전체의 관계는 무엇을 의미할까? 궁극적인 보상을 얻기 위한
궁극적인 희생은 어떤 식으로 이루어질까?

어린아이와 자아는 치열한 경쟁을 벌인다. 자식을 세상에 내놓은 어머니
의 희생은 미켈란젤로의 위대한 조각 〈피에타〉에서 완벽하게 표현되었다.
이 장의 앞부분 그림이 바로 그것을 묘사한 것이다. 미켈란젤로는 십자가
에 못 박혀 죽은 아들을 무릎 위에 올려 두고 바라보는 마리아의 슬픔을 표
현했다. 아들의 죽음은 '그녀의 잘못'이었다. 그녀를 통해 그리스도는 세상
이라는 거대한 무대에 들어섰다. 이 험한 세상에 아기를 내놓는 게 옳은 일
일까? 모든 어머니는 끊임없이 이런 의문을 제기한다. 그중 일부는 '아니
다!'라고 말한다. 그들에게도 나름대로 합당한 이유가 있다. 하지만 마리아
는 어떤 일들이 일어날지 모두 알고서도 '그렇다!'라고 답했다. 사실은 아
이를 세상에 내놓는 모든 어머니가 그런 결단을 내린다. 자발적인 결정이
라면 진정으로 용기 있는 행위다.

한편, 마리아의 아들 그리스도는 하나님과 세계에 자신을 제물로 바친
다. 그 과정에서 배신과 고문, 죽음이라는 관문을 거친다. 십자가에 매달린
그리스도는 절망에 빠져 "나의 하나님, 나의 하나님, 어찌하여 나를 버리셨
나이까"(《마태복음》 27장 46절)라고 절규한다. 이 이야기는 더 나은 것을 위
해 자신의 모든 것을 포기하는 사람, 즉 큰 뜻을 위해 목숨마저 제물로 바
치는 인물의 원형을 보여 준다. 죽음을 통해 하나님의 뜻을 온전하게 드러
냄으로써 고결한 삶의 표본이 된 것이다. 하나님을 위한 그리스도의 희생

은 세상을 위한 하나님의 희생이기도 하다. 이런 이유에서 그리스도의 죽음은 희생에 관한 원형적인 이야기라고 할 수 있다. 이보다 더 극단적인 상황을 상상할 수 없는, 상상의 한계에 놓인 이야기다. 이것이 바로 '원형'이라는 단어의 의미이고, 모든 '종교'의 핵심을 이루는 것이다.

고통과 아픔이 세계를 규정한다. 의심의 여지가 없다. 정도의 차이는 있지만 희생을 통해 고통과 아픔을 일시적으로 멈출 수 있다. 희생이 클수록 효과는 크다. 이에 대해서도 의심의 여지가 없다. 모두 인정하는 사실이다. 따라서 고통을 줄이고 싶은 사람, 존재의 흠결을 바로잡으려는 사람, 능력의 범위 안에서 최고의 미래를 끌어내려는 사람, 이 땅을 천국으로 만들려는 사람이라면 최고의 선을 위해 가장 소중한 것, 자신의 목숨을 포함한 모든 것을 기꺼이 희생할 것이다. 그런 사람은 결코 쉬운 길을 선택하지 않을 것이고, 아무리 험하고 힘들어도 의미 있는 길을 따를 것이다. 그런 사람들의 고결한 희생은 절망에 찌든 세상을 구원할 것이다.

그런데 도대체 이런 것이 가능할까? 개인에게 너무 무리한 것을 바라는 게 아닐까? 그리스도에게나 가능한 일 아닐까? 그리스도는 하나님의 아들이지 않은가. 우리에게는 그리스도보다 훨씬 덜 신화적이고, 덜 원형적인 다른 본보기가 필요하다. 고대 그리스 철학자 소크라테스는 어떤가. 소크라테스는 진리를 추구하고 사람들을 가르치는 데 평생을 바쳤다. 그런데 조국 아테네의 이익을 해쳤다는 이유로 재판을 받게 되었다. 정치적인 이유로 그를 고발한 사람들은 소크라테스에게 고향을 떠나면 문제 삼지 않겠다고 제안했다.[118] 그러나 위대한 철학자 소크라테스는 그런 회유를 이미 예견하고 있었고, 그들의 제안을 단칼에 거부했다. 그의 절친한 동료 헤르모게네스는 당시 소크라테스가 자신의 재판을 제외한 모든 주제에 대해서 평상시처럼 논의하는 것을 보고[119] 어떻게 그렇게 태평할 수 있느냐고 물었다. 소크라테스는 자신을 변호하려고 평생을 준비해 왔다고 대답하며 불가사의하고 의미심장한 말을 덧붙였다.[120] 공정한 방법으로든 부정한 수단으로든 무죄 판결을 받기 위한 전략을 세우려 하거나[121] 혹은 법정에서 취할 수 있는 행동을 머릿속에 그리는 것만으로도[122] 내면의 목소리 혹은 다이몬(고대 그리스 신화나 철학에서, 신은 아니지만 혼령, 정령, 귀신과 같은 영적인 존재를 가리키는 말—옮긴이)의 반대에 부딪힌다고 했다. 소크라테스는 법정에서도 그 목소리에 대해 언급했다.[123] 자신이 다른 사람들과 다른 점은 내면의 경고에 귀를 기울이려는 절대적인 의지라면서, 내면의 목소리가 반대하면 말을 멈추고 행동을 중단한다고 말했다.[124] 델포이 신전의 사제들도 소크라테스가 다른 누구보다 지혜로운 자라고 인정한 신들의 말을 전했다.[125]

소크라테스가 항상 신뢰하던 내면의 목소리는 탈출을 반대했다. 심지어 자기 변론마저 반대했다. 소크라테스는 내면의 목소리를 듣고 재판에 대한 생각을 바꿨다. 그는 재판을 저주가 아닌 축복으로 받아들이기로 했다. 헤르모게네스에게 다이몬의 목소리가 삶에서 탈출할 방법을 알려 주었다고 말했다. 노령의 번뇌와 질병의 아픔에[126] 시달리지 않으면서, 건전한 육체와 정신으로 선한 마음을 드러낼 수 있고,[127] 친구들에게 귀찮은 일거리를 남기지 않는 쉬운 방법이라고 했다.[128] 소크라테스는 피할 수 없는 운명을 의연하게 받아들이고 죽음에 대한 두려움을 떨쳐 냈다. 재판이 진행되는 동안이나 판결이 내려진 후,[129] 더 나아가 처형 과정에서도[130] 두려움에 떨지 않았다. 그는 자신의 삶이 넘치도록 충만하고 풍요로웠기에 감사하는 마음으로 내려놓을 수 있을 거라고 믿었다. 또한 재판을 삶을 정리할 기회이자 미래의 끔찍한 타락으로부터 탈출할 기회라고 생각했다. 자신에게 닥친 모든 사건을 신들에게서 받은 선물로 받아들인 것이다. 자신을 고발한 사람들에게 분노를 품지도 않았고 자신을 변호하려 하지도 않았다. 무고함을 주장하거나 숙명에 저항하려고 발버둥 치지 않았다. 소크라테스는 판사들에게 사람들이 자신을 죽이려는 이유를 차분하게 설명하고 독배를 들었다. 당당하게!

소크라테스는 쉬운 길을 거부했다. 쉬운 길을 선택하는 데 필요한 조작과 변명도 거부했다. 오히려 최악의 조건에서도 의미 있고 진실한 것을 추구하려는 마음가짐을 유지하는 길을 선택했다. 그로부터 2500여 년이 지난 지금까지 그의 결정은 모두의 기억에 남아 마음의 위안을 준다. 소크라테스의 일화는 우리에게 이제부터라도 거짓을 말하지 않고 양심의 목소리에 따라 산다면 어떤 위협 앞에서도 고결함을 지킬 수 있을 것이란 교훈, 용기 있게 최고의 이상을 추구하면 자신의 안전을 건사하겠다고 아등바등하는 것보다 결국에는 더 나은 안전과 힘을 얻게 될 것이란 교훈, 그리고 올바른 방향을 추구하며 충만하게 살아가면 죽음의 공포에서도 벗어날 수 있다는 삶의 깊은 의미를 가르쳐 준다.

이 모든 가르침이 정말 진실일까?

죽음과 노역과 악

인간은 자의식을 가진 유일한 존재다. 자의식 덕분에 인간은 스스로 나약하고 무능력한 존재라는 것, 그리고 죽음을 피할 수 없는 비극적인 존재라는 걸 알게 되었다. 이런 자의식은 필연적으로 고통을 야기한다. 그 고통으로 인해 이기적이고 즉각적인 만족을 중요시하는 생각, 즉 편의주의에 빠져든다. 인간의 힘으로 어찌할 수 없는 사회와 자연의 무자비한 횡포가 삶을 고통스러운 비극으로 만든다고 생각하는가? 사회와 자연은 사실 고통의 유일한 원인이 아니다. 심지어 주된 원인도 아니다. 악의 문제를 생각해 봐야 한다. 불확실함이 가득한 세상이 우리를 힘들게 하는 것은 사실이지만, 인간들의 비인간적인 행위가 훨씬 심각한 문제다. 이런 이유로 희생의 의미는 더욱 복잡해진다. 단지 가난과 죽음을 극복하기 위해 노동하고 희생하며 현재의 만족을 포기하는 것은 아니다. 그것은 악을 극복해야 하는 과제와도 관련이 있다.

다시 아담과 하와 이야기로 돌아가 보자. 우리 조상이 눈을 뜬 대가로 에덴동산에서 추방된 이후 그들의 후손, 즉 우리의 삶은 가혹해졌다. 낙원 이후 접어든 역사의 세계에서 인간을 기다리고 있는 것은 끔찍한 운명이었다. 괴테는 이 운명을 "인간의 창의력, 그리고 끝나지 않는 노역"이라고 표현했다.[131] 지금껏 살펴본 것처럼 인간은 일을 한다. 인간은 자신이 죽음과 질병을 피할 수 없는 나약한 존재라는 사실을 깨닫고 자기를 지키기 위해 일한다. 미래에 일어날 일을 알고 있다면 그것에 대비해야 한다. 그렇지 않으면 미래를 애써 부정하며 두려움에 빠져 살아야 한다. 따라서 더 나은 내일을 위해 오늘의 쾌락을 희생한다. 그러나 아담과 하와가 금지된 열매를 먹고 눈을 떴을 때 깨달은 것은 죽음과 노동의 필연성만이 아니었다. 축복이었는지 저주였는지 모르지만, 선과 악도 구분하게 되었다.

나는 이 이야기의 의미를 이해하기까지 수십 년이 걸렸다. 내가 찾아낸 교훈을 정리하자면 이렇다. 우리 자신이 나약하다는 사실을 인식하는 순간, 모든 인간이 나약하다는 것을 어렴풋이 깨닫는다. 두려움과 분노, 원망과 원한이 무엇인지 알고, 고통의 의미를 이해한다. 그런 감정이 내 안에서 어떻게 생기는지 깨우치면 다른 사람들에게도 그런 감정을 느끼도록 할 수 있다. 즉 자의식이 있어서 다른 사람들을 의도적으로 교묘하게 괴롭힐 수 있게 된 것이다. 아담과 하와의 두 아들, 카인과 아벨의 이야기에서 인간이 새로 알게 된 것들로 어떤 일이 벌어지는지가 드러난다.

인간은 처음 세상에 등장했을 때부터 신에게 제물을 바치는 법을 배웠다. 돌 제단을 만들어 집단의식을 치르고, 엄선한 동물이나 고기 중에서 가장 귀한 부위를 제물로 바쳤다. 그 제물은 불을 통해 영혼을 상징하는 연기로 바뀌어 하늘로 올라간다. 이런 식으로 만족 지연이란 개념을 극적으로 연출하면서 미래가 지금보다 나아지기를 바랐다. 하나님은 아벨의 제물을 받았고, 그 덕분에 아벨은 영화를 누렸다. 카인의 제물은 거절당했다. 카인은 극도의 분노와 질투로 불타올랐다. 당연한 반응이다. 희생하지 않았다는 이유로 버림받고 실패한다면 누구든 이렇게 반응하지 않겠는가. 카인은 원한과 앙심을 품기는 했지만 자신에게 잘못이 있다는 걸 알았다. 그래서 극단적으로 반발하지는 않았다. 만약에 카인이 현재의 쾌락을 실제로 포기했다면, 힘들게 일하고도 아무 보상을 얻지 못했다면, 노력했음에도 거절당한 것이라면 상황은 더욱 안 좋았을 것이다. 그랬으면 카인은 현재도 잃고 미래도 잃은 것이다. 무의미한 노동과 희생을 한 것이다. 그런 상황에서는 세상이 어둡게 느껴지고 영혼은 강렬하게 저항한다.

카인은 하나님의 거부에 분노한다. 하나님을 원망하고 비난한다. 하나님이 창조한 것들을 저주한다. 카인의 반응은 적절하지 않았다. 하나님은 모든 잘못이 카인에게 있다는 걸 분명히 지적한다. 뻔히 알면서도 의도적으로 죄를 범했기 때문에 그 대가를 치르는 것이라고 카인을 꾸짖는다.[132] 카인은 하나님에게 이런 대답을 듣고 싶은 게 아니었다. 하나님은 사과와 위로를 하기는커녕 오히려 호되게 질책했다. 카인은 마음의 상처까지 입는다. 하나님의 꾸중에 격분한 카인은 복수를 계획한다. 대담하게도 창조주에게 대항하기로 결심한 것이다. 무모한 선택이었다. 카인은 어떻게 해야 하나님에게 상처를 줄 수 있는지 알고 있었다. 결국 카인도 자의식을 지닌 인간이었다. 꾸중을 듣고 창피를 당하자 견디기 힘든 감정에 휩싸였다. 카인은 아벨을 무참히 살해한다. 아벨은 친동생이자 카인이 닮고 싶어 하던 이상적인 인물이었다. 카인은 자신과 모든 인류, 더 나아가 하나님까지 한 번에 궁지에 빠트리는 최악의 범죄를 저질렀다. 끔찍한 범죄를 통해 세상을 혼란으로 몰아넣으며 복수에 성공했다. 또 용납할 수 없는 삶의 변덕에 저항했고, 불합리한 삶의 조건에 근본적인 반감을 표시했다. 카인의 피를 물려받은 후예들은 더 사악해졌다. 카인은 실존적인 분노에 휩싸여 단 한 번 살인을 저질렀지만, 카인의 후손인 라멕은 한 번의 살인에서 멈추지 않는다. 라멕은 "나의 상처로 말미암아 내가 사람을 죽였고 나의 상함으로 말미암아 소년을 죽였도다. 가인(카인)을 위하여는 벌이 칠 배일진대 라멕을 위하여는 벌이 칠십칠 배이리로다"(《창세기》 4장 23~24절)라고 말한다. 〈창세기〉에서 "구리와 쇠로 여러 가지 기구를 만드는 자"라고 소개된 '두발가인(투발 카인)'은 《성경》적 계산에 따르면 카인의 7대손이다. 그는 최초로 전쟁 무기를 만든 인물이었다. 그리고 곧 대홍수가 닥친다. 사건들이 이런 순서로 배열된 것은 우연이 아니다.

악은 자의식과 함께 세상으로 들어온다. 하나님이 아담에게 내린 노역이라는 저주는 그것만으로도 감당하기 힘든 처벌이었다. 하와에게 내린 분만의 고통과 남편에게 의존하는 삶이라는 저주 역시 마찬가지다. 이런 처벌은 궁핍과 박탈, 폭력으로 점철된 삶의 비극을 암시한다. 그리고 누구도 질병과 죽음에서 벗어날 수 없다는 것을 의미한다. 이런 처참한 현실을 깨달으면 때로는 강직하고 용감한 사람들도 삶에 적대감을 갖는다. 하지만 인간은 온갖 비극을 참고 견딜 만큼 충분히 강하다.

나는 심리학과 교수와 임상 심리학자로 일하며 많은 사람을 만나면서 어떤 비극에도 흔들리거나 무너지지 않고 굳건히 삶을 지켜 내는 놀라운 광경을 수없이 목격했다. 인간은 지진과 홍수, 가난과 암 등 어떤 시련도 감당할 만큼 충분히 강하다. 그러나 세상이 주는 시련과는 차원이 다른 고통이 있다. 바로 인간의 악함이 만들어 내는 고통이다. 〈창세기〉에서 자의식 형성을 우주적 규모의 대재앙으로 그리는 것도 바로 이 때문이다. 에덴동산에서 영원히 쫓겨나 다시는 돌아갈 수 없으며 앞으로 태어날 모든 인간은 원죄를 안고 태어나게 된다는 점에서 우주적 규모의 재앙이었다. 그리고 무엇보다 선과 악을 구분하게 되었다는 점이 가장 큰 재앙이었다.

인간이 의도적으로 악한 짓을 하면 어떤 역경에도 흔들리지 않던 정신을 무너뜨릴 수 있다. 술에 취해 난동을 부린 남자 친구의 살기 어린 표정에 충격을 받아 외상 후 스트레스 장애에 시달리던 내담자가 있었다. 겁에 질린 그녀의 모습이 지금도 생생히 기억난다. "몹시 분하여 안색이 변한"(《창세기》 4장 5절) 그녀의 남자 친구 표정은 여자 친구를 해치려는 의식적인 욕망에서 나온 것이었다. 그녀는 나이에 비해 너무 순진했다. 오랫동안 외상성 신경증에 시달린 이유가 그런 순진함의 영향 때문이기도 했지만, 중요한 문제는 그것이 아니다. 중요한 것은 사악한 행위는 강인한 사람에게도 지워지지 않는 상처를 남길 수 있다는 사실이다! 이런 사악한 행위를 하는 이유는 무엇일까?

단지 삶이 힘들고 가혹해서 사악함이 드러나는 것은 아니다. 참담한 실패를 겪었다고 해서, 혹은 그로 인한 실망과 좌절이 크다고 해서 사람이 항상 사악해지는 것도 아니다. 그러나 희생과 노력이 계속해서 거부당하면 (제대로 된 노력이나 희생이 아니더라도) 상황이 달라진다. 이런 경우에는 뒤틀리고 일그러져 진짜 괴물처럼 변할 가능성이 크다. 의도적으로 사악한 짓을 저지르고, 자신과 다른 사람들을 괴롭히기 시작한다. 고통과 아픔을 주기 위해 어떤 짓도 마다하지 않는다. 어설픈 노력과 희생, 그런 희생을 거부하는 현실 혹은 절대자, 거부당했다는 분노와 원망, 좌절에 빠져 치밀어 오르는 복수심, 더 어설픈 희생과 반복되는 거부······. 이런 악순환의 고리가 완성된다. 악순환의 최종 정착지는 지옥이나 다름없는 곳이다.

영국 철학자 토머스 홉스의 말처럼 "삶은 지저분하고 야만적이다. 그리고 짧다". 그러나 악한 짓을 저지르는 인간의 속성 때문에 삶이 더욱 황폐해진다. 야만적인 면을 어떻게든 해결해야 한다. 이것이 삶의 본질적인 문제다. 무엇을 어떻게 희생하느냐를 고민하는 이유는 삶의 고통뿐만 아니라 사악함까지 줄이기 위해서다. 사악함은 고의적으로 최악의 고통을 유발한다. 카인과 아벨의 이야기는 적대적인 형제 관계, 영웅과 반영웅을 묘사한 원형적인 이야기다. 카인과 아벨은 인간의 양면성을 상징한다. 하나는 선을 지향하려는 마음이고, 다른 하나는 사악함에 끌리는 마음이다. 아벨은 진실을 추구하는 영웅이지만 결국 적대자인 카인에게 패배한다. 아벨은 하나님을 기쁘게 하는 데 성공했다. 하나님이 보기에 흡족한 일을 할 수 있는 사람은 극소수다. 아벨은 그야말로 불가능에 가까운 과업을 이룬 영웅이었다. 하지만 그 어려운 일을 해낸 아벨도 결국 인간의 사악함 앞에 무릎을 꿇었다. 아벨은 원형적인 미완성의 영웅이었다. 아벨은 순수하고 카인은 교활했을지도 모른다. 변명이나 이유는 중요하지 않다. 어떤 변명도 무의미하다. 하나님이 아벨의 제물을 흔쾌히 받았음에도 악의 문제는 해결되지 않았다. 수천 년이 지난 후 비로소 해결책이 나왔다. 악의 문제를 포괄적으로 다룬 해결책이다. 그리고 이번에는 영웅이 승리를 거두었다. 그 주인공은 바로 예수 그리스도다.

악에 맞서다

예수는 십자가에 못 박히기 전 성령에 이끌려 광야로 나가 "마귀에게 시험을 받았다"(《마태복음》 4장 1절). 이 이야기는 추상적으로 고쳐 쓴 카인의 이야기다. 앞에서 살펴본 대로 카인은 행복하지도 않고 만족하지도 못한다. 카인 자신은 나름대로 열심히 일한다고 생각하지만 하나님은 좀처럼 기뻐하지 않는다. 한편 아벨은 겉으로 보기에 충만하고 흡족한 삶을 산다. 수확은 항상 풍성하고, 많은 여성의 흠모를 받는다. 게다가 그는 진실로 선한 사람이다. 모두 아벨의 성품을 알고 있다. 아벨은 행운을 누릴 자격이 있다. 하지만 아벨을 미워하고 질투할 이유도 많다.

반면에 카인은 하는 일마다 잘 풀리지 않는다. 불행한 삶에 허우적대다 흉악한 생각을 품기 시작한다. 마음마저 삭막한 광야처럼 황폐해진다. 불운한 이유를 곰곰이 생각해 본다. 자신의 불운이 하나님의 배신 때문이라고 생각한다. 마음속에 원한을 품고 치밀한 복수의 환상에 빠져든다. 마침내 그의 오만함이 사탄의 우두머리 루시퍼를 능가할 만큼 극으로 치닫는다. 그는 '나는 아무 잘못도 없이 학대와 억압을 받고 있다. 이 세상은 잔인한 곳이다. 지옥이나 마찬가지다'라고 생각한다. 그리고 광야에서 만난 사탄의 유혹에 굴복한다. 영국 시인 밀턴의 표현을 빌리면, 카인은 상황을 최악으로 몰고 가는 온갖 짓을 벌인다.

악의가 이토록 깊어, 한 뿌리에서 뻗어 나온

인류를 희롱하였도다. 땅과 지옥을

뒤섞고 합쳐 ─ 위대한 창조자를 농락하는

모든 수작을 행하였도다.[133]

카인은 선에게 거절당한 것을 악에게서 얻기 위해 사탄의 손을 잡는다. 그리고 사악한 복수를 감행한다. 이 모든 것은 계획적이었다.

그리스도는 전혀 다른 길을 택한다. 그리스도가 사막에 머문 시기는 영혼이 어두운 밤처럼 삭막한 때였다. 인간이면 누구나 그런 시기를 지날 때가 있다. 모든 것이 허물어지고 주위에 아무도 남아 있지 않았을 때, 절망과 체념에 사로잡혀 허무주의 늪에 빠졌을 때, 우리는 인생의 어두운 밤을 맞이한다. 광야에서 40일 밤낮 동안 아무것도 먹지 못한 채 홀로 지낸다고 생각해 보라. 제정신을 유지할 사람은 아무도 없을 것이다. 이런 상황에서는 객관적인 세계와 주관적인 세계가 한꺼번에 무너져 내린다.

예수가 광야에서 보낸 40일은 상징적인 기간이다. 40일 혹은 40년은 《성경》에서 중요한 변화나 정화, 회개와 관련된 사건이 벌어지는 기간이다. 이스라엘 민족은 파라오의 폭정을 피해 이집트를 탈출한 뒤 40년간 사막을 떠돌았다. 그 기간에 모세는 십계명을 받기 위해 40일 동안 시나이산에서 보냈다. 그리고 그 40일 동안 백성들은 하나님을 배신하고 황금 송아지를 숭배하며 어리석은 짓을 일삼았다. 모세가 백성들의 죄를 용서해 달라고 간절히 기도한 기간도 40일이었다. 이 세상을 물바다로 만든 대홍수가 지속된 기간도 40일이었다. 40일은 인간이나 세상이 그 전과는 완전히 다른 모습으로 바뀔 수 있는 기간이다.

부정적인 생각, 혼란, 두려움으로 가득한 지하 세계의 일원이 되는 데도 40일이면 충분하다. 즉 40일은 자신의 사악함을 표면 위로 드러내 행동으로 옮길 수 있고 현실을 지옥으로 만들 수 있는 시간인 셈이다. 현실을 지옥으로 만든다는 것은 비유적인 표현이 아니다. 역사가 그것을 증명한다. 강제 수용소와 강제 노동, 피바람을 불러일으킨 병적인 이데올로기와 전체주의가 지배하던 20세기를 보라. 눈 하나 까닥 않고 수천 명을 죽인 강제 수용소의 간수도 결국 인간이었다. 강제 수용소는 예수의 사막 이야기가 진실에 가깝다는 걸 역사적으로 보여 주고 있다.

권위주의를 깊이 연구한 독일 철학자 테오도어 아도르노는 "아우슈비츠 이후 시(詩)는 사라져야 한다"라고 선언했다. 하지만 아도르노는 틀렸다. 시는 오히려 아우슈비츠를 주제로 삼아야 한다. 20세기는 인간의 파괴적인 본성이 가장 적나라하게 드러난 시기였다. 말로 표현할 수 없을 만큼 참혹하던 그 시대를 떠올리면 지금 우리가 이야기하는 보상받지 못하는 희생이라는 주제는 사소해 보인다. 하지만 두 문제는 서로 관련이 있다. 어느 한쪽이 해결되지 않으면 다른 쪽도 해결되지 않는다. 예수가 사막에서 사탄을 만난 사건에서 바로 이 문제를 깊이 있게 다루고 있다. 기독교에서는 예수가 십자가에 못 박혀 죽음으로써 인간들의 죄를 마치 자신의 죄처럼 대신 씻어 주었다고 생각한다. 이 생각이 이 사건의 의미를 이해하는 데 필요한 열쇠다. 고대 로마의 극작가 테렌티우스가 남긴 유명한 말이 있다.

"나는 인간이다. 따라서 인간에 대한 것은 그 어떤 것도 남의 일로 보지 않는다."

즉 예수와 사탄 사이에서 일어난 사건도 남의 일이 아닌 것이다.

항상 새롭게 느껴지는 위대한 정신 분석가 카를 융은 "어떤 나무도 뿌리를 지옥까지 뻗지 못하면 하늘나라까지 자라지 못한다"라고 말했다.[134] 이런 말을 들으면 당황스럽다. 위대한 정신 분석가가 오랫동안 사유한 끝에 내린 결론이라 더욱 그렇다. 추락하지 않고는 올라갈 수 없다니. 그래서 진정한 계몽이 그렇게 어려웠던 걸까? 그렇다면 어떤 사람이 하늘나라에 가겠다고 감히 나서겠는가. 당신이라면 사악하기 이를 데 없는 밑바닥의 존재를 만나고 싶겠는가? 콜럼바인 고등학교 총기 난사 사건의 주범 에릭 해리스는 급우들을 학살하기 바로 전날 다음과 같은 낙서를 남겼다.

"재밌다. 내가 이런 인간의 몸뚱이를 갖고 있고 언젠가는 죽을 거라는 사실을 알고 있다는 게. 모든 것에는 이처럼 하찮은 면이 조금씩은 있다."[135]

뿌리가 지옥까지 뻗어야 한다면 흉악범들의 이런 독백에도 의미가 있는 것일까? 과연 생각해 볼 가치가 있는 것일까?

그리스도는 사막에서 사탄을 만난다(〈누가복음〉 4장 1~13절, 〈마태복음〉 4장 1~11절). 이 이야기에는 '그리스도는 인간의 타락에 대한 책임을 개인적으로 떠안기로 결심한 존재'라는 뜻이 담겨 있다. 그리스도는 인간 본성의 약점을 파고드는 유혹에 기꺼이 맞서는 존재이며, 자신의 내면과 세상에 존재하는 악과 두려움 없이 맞서는 존재라는 것을 보여 준다. 추상적인 면이 있지만 전적으로 추상적인 이야기는 아니고, 순전히 지적인 문제를 다루는 것도 아니다. 심리적인 의미와 은유적인 의미를 함축하고 있다. 결코 가볍게 다루어질 만한 이야기가 아니다.

군인들이 외상 후 스트레스 장애에 시달리는 주된 이유는 목격한 사건 때문이 아니라, 그들이 저지른 행위 때문이다.[136] 전쟁터에는 많은 악령이 있고, 참전은 지옥문을 여는 행위다. 때때로 무엇인가가 슬금슬금 나타나 시골에서 농사짓던 순박한 청년을 홀린다. 청년은 어느새 괴물로 변해 끔찍한 짓을 저지른다. 여자들을 유린하고, 갓난아이들을 죽이며, 선량한 사람들을 학살한다. 양심의 가책을 느끼기는커녕 내면의 어두운 면은 오히려 그런 잔혹 행위를 즐긴다. 그가 결코 잊지 못하는 부분은 바로 자신의 이런 어두운 면이다. 시간이 흘러도 당시의 자신과 지금의 자신을 화합시킬 방법을 찾아내지 못한 채 엄청난 정신적 혼돈에 시달린다. 이런 결과는 조금도 놀라운 게 아니다.

역사적으로나 개념적으로 고대 이집트 신화의 호루스 신은 그리스도와 자주 비교된다.[137] 이집트 신화에서 호루스 신도 비슷한 시련을 겪기 때문이다. 매와 지혜의 눈으로 상징되는 호루스는 만물을 꿰뚫어 보는 신으로, 하늘을 다스린다. 호루스는 아버지 오시리스의 왕좌를 찬탈한 삼촌 세트에 맞선다.* 세트는 사막과 폭풍의 신으로, 땅을 다스린다. 호루스는 세트와 사투를 벌인 끝에 의식을 잃고 한쪽 눈을 잃는다. 만물을 꿰뚫어 보는 눈을 지닌 신 호루스가 한쪽 눈을 잃은 것이다. 그렇다면 미약한 인간이 같은 도전을 한다면 무엇을 잃을까? 인간도 한쪽 눈을 잃고 바깥 세계를 보는 데 어려움을 겪을까? 어쩌면 한쪽 눈을 잃는 대신 내면의 눈을 얻어 새로운 것을 이해하는 능력을 갖추게 될지도 모른다.

사탄은 희생의 거부를 상징한다. 교만과 양심, 기만, 의식적인 악의의 화신이자, 인간과 하나님, 삶에 대한 증오로 가득한 존재다. 사탄은 악이 무엇인지 잘 안다. 악한 걸 알면서도 더 악하게 행동한다. 파괴적 욕망에 사로잡혀 의도적이고 계획적으로 사악한 행위를 저지른다. 악의 원형 사탄은 선의 원형 그리스도를 유혹하고 파괴하려고 한다. 너무 힘들고 괴로운

---

* 세트(Set 혹은 Seth)는 사탄(Satan)의 어원이다. D. M. Murdock, *Christ in Egypt : The Horus-Jesus Connection*, Seattle, WA : Stellar House, p. 75 참조.

시간을 힘겹게 버티고 있는 인류의 구원자에게 다가가 모든 인간이 원하는 달콤한 제안을 한다.

사탄의 첫 번째 제안은 40일 동안 굶주린 그리스도에게 돌을 빵으로 바꿔 허기를 달래라는 것이었다. 그리스도는 사탄의 첫 번째 유혹에 이렇게 응답한다.

"사람은 빵으로만 살 것이 아니라, 하나님의 입에서 나오는 모든 말씀으로 살 것이다."

무슨 뜻일까? 극도로 굶주린 상황에서도 빵보다 중요한 것이 있다는 뜻이다. 다른 식으로 표현하면, '현재 굶주리고 있더라도 자신의 영혼을 배신한 사람에게 빵은 거의 소용이 없다'라는 의미다.* 그리스도는 당장 빵을 구해 금식을 끝낼 만한 능력을 지닌 존재다. 사탄은 그 사실을 잘 안다. 세상을 좌지우지할 힘을 지닌 그리스도에게 빵 하나쯤은 아무 문제도 되지 않는다. 그런데 왜 돌을 빵으로 바꾸지 않았을까? 돌을 빵으로 바꾸면 무엇을 잃고 무엇을 얻을까? 정신이 황폐한데 배를 채우는 것이 과연 무슨 의미가 있을까? 안타깝고 비참한 배부름이다. 그리스도는 고결한 목표를 세웠다. 굶주림을 영원히 해결하겠다는 목표다. 우리가 편의주의를 버리고 하나님의 말씀을 양식으로 삼기로 한다면 어떻게 되겠는가? 하나님은 한 사람 한 사람이 마음을 다해 일하고 희생하고 공유할 것을 요구한다. 하나님의 말씀을 충실히 따르면 이 땅에서 궁핍을 몰아내는 게 가능해진다. 이것이야말로 굶주림의 문제를 근본적으로 해결하는 방식이다.

---

* 녹록하지 않은 현실과 가난의 고통을 생각하면 비현실적인 표현이라고 비판할 독자들도 있을 것이다. 만약 그렇게 생각한다면 알렉산드르 솔제니친의 《수용소 군도》를 읽어 볼 것을 권한다. 극단적인 굶주림과 고통이 지배하는 상황에서도 윤리적인 행동이 필요한 이유를 생각해 보게 하는 작품이다.

복음서에는 빵과 삶에 대한 여러 사건이 나온다. 어떤 사건에서나 그리스도는 생명을 지켜 주는 음식을 끊임없이 제공해 주는 존재로 묘사된다. 물이 포도주가 되고, 수많은 사람이 적은 양의 빵과 물고기로 배불리 먹는 기적을 일으킨다. 이런 기적은 무엇을 뜻하는 것일까? 고결한 의미를 추구하는 삶이 가장 실리적인 삶의 방식이기도 하다는 뜻이다. 그리스도처럼 살면 나와 주변 사람들이 굶주리지 않을 것이라는 교훈을 문학적으로 표현한 것이다. 올바른 삶을 사는 사람들에게는 좋은 세계가 찾아온다. 따라서 올바른 삶이 빵이나 돈보다 낫다. 완벽한 인간의 상징 그리스도는 이렇게 첫 번째 유혹을 이겼다. 하지만 아직 두 종류의 유혹이 남아 있다.

첫 번째 유혹에 실패하자 사탄은 그리스도를 예루살렘 성전 꼭대기에 세우고 "네가 만일 하나님의 아들이어든 뛰어내리라. …… 그가 너를 위하여 그 사자들을 명하시리니, 그들이 손으로 너를 받들어 발이 돌에 부딪치지 않게 하리로다"(《마태복음》 4장 6절)라고 말했다.

하나님이 모습을 드러내 유일한 아들의 문제를 해결하고 악의 손아귀에서 구해 준다면 얼마나 좋겠는가. 하지만 삶은 그런 식으로 흘러가지 않는다. 하나님의 출현은 문학에서도 금기시하는 수법이다. '데우스 엑스 마키나'(deus ex machina : '기계 장치에서 나온 신'이라는 의미로, 고대 문학 혹은 연극에서 주인공이 곤경에 빠졌을 때 복선 없이 등장해 문제를 해결하는 절대적 요소─옮긴이)는 자주성과 용기, 운명과 자유 의지, 책임 의식을 조롱하는 장치일 뿐이다. 하나님은 무지몽매한 사람들을 무조건 지켜 주는 구조대원도 아니고, 경솔하게 요망한 마법을 부리는 마법사도 아니다. 하나님은 모습을 쉽게 드러내지 않는다. 유일한 아들의 간절한 절규에도 모습을 드러내지 않았다.

그리스도는 "주 너의 하나님을 시험하지 말라"(《마태복음》 4장 7절)라는 간결한 대답으로 두 번째 유혹을 물리친다. 그리스도는 아무런 생각도 없이 하나님에게 자신을 위해 개입해 달라고 부탁하지 않는다. 그리스도는 삶의 과정에서 일어난 일에 대한 책임을 외면하지 않는다. 하나님에게 존재를 입증해 보이라고 요구하지도 않는다. 하나님에게 살려 달라고 애원하지도 않고, 육체의 나약함을 해결해 달라고 간청하지도 않는다. 그런 개인적인 요청으로는 인간 전체가 안고 있는 문제를 근본적으로 해결하겠다는 목표를 이룰 수 없기 때문이다.

두 번째 유혹을 거절하는 장면에는 광기 어린 행동이 주는 위안을 거부한다는 뜻도 담겨 있다. 당시 그리스도가 처한 가혹한 상황에서 메시아라는 걸 입증해 보이라는 사탄의 속삭임은 뿌리치기 힘든 유혹이었을 것이다. 그리스도는 하나님의 아들임에도 불구하고 하나님의 우월성과 절대성을 과시하는 방식으로 구원을 얻고 생존을 도모하겠다는 생각을 거부한다.

마침내 가장 강력한 세 번째 유혹이 시작된다. 사탄은 그리스도에게 세상의 모든 나라를 눈앞에 펼쳐 보이며 지상에 존재하는 모든 나라와 인간을 지배할 기회를 주겠다고 말한다. 가장 높은 자리와 가장 강력한 권력을 약속한다. 인간이라면 누구나 가장 좋은 땅과 무엇이든 할 수 있는 힘을 원한다. 그런 힘이 있으면 욕망을 무제한으로 채울 수 있고 모두에게 존중받을 수 있다. 모든 것을 가진 편안한 자리를 마다할 사람은 거의 없다. 하지만 그것이 마냥 좋지만은 않다.

신분이 상승할수록 내면의 어둠이 모습을 드러낼 가능성도 커진다. 피와 약탈, 파괴에 대한 욕망은 권력욕에서 큰 몫을 차지한다. 인간이 단지 고통에서 벗어나려고 권력을 탐하는 것은 아니다. 궁핍과 죽음, 질병을 극복하려고 권력을 탐하는 것도 아니다. 권력은 복수를 가능하게 하고, 복종을 강요하고, 적을 부숴 버릴 수 있는 힘을 뜻한다. 카인에게 권력이 있었다면 아벨을 그렇게 죽이지는 않을 것이다. 죽이기 전에 상상할 수 있는 온갖 방법으로 아벨을 천천히 괴롭혔을 것이다. 그리고 그 후에는 다른 대상을 찾아냈을 것이다.

하지만 계급 구조의 최정점 위에는 또 다른 자리가 있다. 작은 성공에 만족해 그곳에 접근하려는 시도를 포기해서는 안 된다. 그곳은 지도에는 없지만 실제로 존재한다. 언젠가 지평선이 사방으로 끝없이 펼쳐진 광활한 땅이 나오는 꿈을 꾼 적이 있다. 나는 하늘에서 세상을 내려다보고 있었다. 다양한 모양의 유리 피라미드가 사방으로 보였다. 작은 피라미드, 커다란 피라미드, 여러 개가 겹쳐 있는 피라미드, 멀찌감치 떨어진 피라미드 등 그것은 마치 대도시의 빌딩숲 같았다. 각각의 피라미드에는 꼭대기를 향해 아등바등 기어오르는 사람으로 가득했다. 그런데 피라미드 꼭대기 위에도 뭔가가 있었다. 피라미드 위 높은 곳에서 모든 피라미드를 감싸 안고 있는 모양이었다. 그곳은 어떤 분란도 일으키지 않고 자유롭게 비행하려는 사람에게만 허락된 곳이었다. 특정한 집단이나 이념을 지배하려는 욕심을 버리고 모든 저급한 욕망을 초월한 사람에게 허락된 곳이었다. 무엇에도 구속받지 않은 채 자유를 누리고, 순수한 눈으로 세상을 관찰하며, 초연한 마음으로 정신을 가다듬고, 적절한 때와 장소를 기다리고 행동하는 사람 말이다. 《도덕경》에서는 이렇게 말한다.

성공하려 애쓰는 자는 실패를 하고
쥐고 놓지 않으려는 자는 놓치게 된다.
그러므로 무위의 성인은

무리하지 않기 때문에 실패가 없고

잡고 늘어지지 않기 때문에 놓치지 않는다.[138]

    세 번째 유혹에 담긴 의미는 올바른 삶을 살아야 한다는 것이다. 최고의 보상을 받으려면 즉각적인 만족과 본능적인 욕망을 거부해야 한다. 사탄이 달콤하고 매력적인 제안으로 유혹하더라도 흔들리면 안 된다. 삶은 원래 비극이다. 그래서 편의주의의 유혹을 거부하기 어렵다. 하지만 악은 우리의 삶을 재앙으로 만든다. 다소 평범한 희생도 삶의 비극을 그럭저럭 견제할 수 있다. 하지만 악을 이기려면 특별한 희생이 필요하다. 기독교는 오랫동안 그 특별한 희생을 설명하고 전하는 데 공을 들였으나 원하는 효과를 얻지 못했다. 왜 그랬을까? 삶의 비극을 극복하는 데는 최고의 선을 목표로 삼고 그것을 위해 모든 것을 희생하는 것보다 더 나은 방법은 없다. 그런데 왜 우리는 아직도 그 평범한 진리를 확신하지 못하는 걸까? 우리가 그 길을 제대로 이해하지 못하는 걸까? 아니면 우리도 모르는 사이 그 길에서 벗어난 것일까?

기독교와 그 문제점

융은 유럽의 지성이 물질세계를 연구하고 과학 기술 발전에 힘을 쏟게 된 이유가 기독교에 대한 실망 때문이라고 가정한다. 기독교가 영적인 구원을 강조하면서 현실의 고통을 제대로 해결하지 못했다는 것이다. 르네상스가 시작되기 3~4세기 전 이런 풍조가 절정에 달했다. 이 문제를 직접 해결해보려는 생각이 유럽인의 집단 심리에 자리를 잡았다. 처음에는 연금술 같은 신비주의 형태로 시작해 수백 년이 흐르면서 차츰 과학의 형태로 발전했다.[139] 물질의 성질과 변화 원리를 처음으로 진지하게 연구한 사람은 건강과 부, 장수의 비밀을 밝히고자 노력한 연금술사들이었다. 뉴턴도 유명한 연금술사 중 한 사람이었다.[140] 이 위대한 몽상가들은 교황청이 저주하는 물질세계에 비밀이 담겨 있을 것이라고 직감했다. 그 비밀을 캐내면 인간이 세속의 고통과 한계에서 벗어날 수 있으리라 여겼다. 그런 상상은 점점 확신으로 바뀌었고, 과학의 발전에 중요한 동력이 되었다. 그와 동시에 종교에서 자유로워진 사상가들이 물질 너머의 세계와 정신, 도덕과 윤리에 대해 철학적으로 사유하기 시작했다.

기독교는 불완전한 요소가 있었지만 실패한 것은 아니다. 오히려 불가능에 가까운 성취를 이루어 낸 종교다. 기독교 교리는 서구 역사상 처음으로 개인의 영혼을 강조했고, 노예와 주인, 평민과 귀족을 형이상학적으로 같은 선상에 올려놓았다. 기독교 교리로 모두 평등해진 것이다. 기독교는 하나님 앞에서는 모두 죄인이며, 왕조차 하나님의 자녀 중 하나일 뿐이라고 가르쳤다. 이런 가르침은 사람들이 오랫동안 알고 있던 상식과는 전혀 다른 것이었다. 기독교는 그 당시 기준으로는 매우 파격적인 논리를 내세웠다. 세속적인 권력과 명성은 신의 은총이 아니라고 주장한 것이다. 구원은 인간이 노력한다고 받을 수 있는 게 아니라는 것을 강조하며 파격적인 주장의 논리를 다듬었다.[141] 이런 교리는 한계가 있었지만, 왕과 귀족, 부자들이 도덕적으로 우월한 존재가 아님을 사람들의 머릿속에 각인시켰다. 긴 시간 동안 온갖 험난한 과정을 거쳐, 모든 개인은 원칙적으로 동등하다는 생각이 서구 사회의 기본 전제로 자리를 잡아 갔다. 물론 어디까지나 이론적으로 그렇게 인정했을 뿐 실제로 그런 생각이 잘 구현된 것은 아니었다. 지금도 여전히 갈 길이 멀다. 기독교의 가르침 덕분에 유럽에서는 혁명적인 변화가 일어났다. 노예에 기반을 둔 계급 사회, 즉 타인을 소유하고 지배하는 관습은 잘못되었다는 사실을 깨달은 것이다. 윤리적이고 종교적인 깨달음을 통해 스스로 개인과 사회를 재조직하는 길을 선택한 것이다. 인간의 본성을 생각해 보면 이런 변화는 그야말로 기적이었다.

노예를 부리는 사람 관점에서 노예 제도는 효용 가치가 상당히 크다. 강자는 '강자가 약자를 지배해야 한다'는 생각을 당연시한다. 노예 제도를 없애려면 그 사회의 모든 가치 체계를 송두리째 바꿔야 한다. 노예 소유주는 노예에게 권력을 행사함으로써 스스로 고귀한 존재가 되었다. 노예를 부리는 것이 도덕적으로 합당한 일이라고 생각했다. 이런 상황에서 기독교가 지극히 미천한 사람에게도 생득적 권리가 있다고 주장한 것이다. 더 나아가 군주와 국가에는 개인의 권리를 인정할 도덕적 책임이 있다고 압박했다. 인간을 노예로 씀으로써 노예 소유자는 노예보다 더 타락한 존재가 된다는 견해를 밝혔다. 이는 당시 사람들의 생각과 정반대되는 주장이었다. 지금 생각해 보면 너무 당연한 말이어서 그 당시 사람들이 얼마나 혼란스러워했을지 상상이 잘 안 된다. 하지만 역사 전체를 놓고 보면 노예제를 당연시한 기간이 압도적으로 길다. 지금은 주변 사람을 노예로 만들어 지배하려는 욕망이 설명의 대상이지만, 그 당시는 왜 노예 제도가 나쁜지를 설명하는 게 더 어려웠다.

그렇다고 기독교에 아무런 문제가 없었다는 말은 아니다. 다만 그런 문제들은 기독교가 심각한 문제를 해결한 후 나타난 것들이다. 기독교가 만든 사회는 그 이전 사회(예를 들면 고대 로마)보다 덜 야만적이었다. 기독교 사회에도 여전히 많은 야만적 관습이 있었다. 하지만 민중의 즐거움을 위해 노예를 굶주린 사자에게 던져 주는 행위가 옳지 않다는 것은 인정했다.

기독교는 유아 살해와 성매매를 반대했고, 여성도 남성만큼 소중하다고 주장했다(이에 대해서는 지금도 정치적으로 올바르게 표현할 방법을 찾고 있다). 기독교는 심지어 사회의 적들도 동등한 인간으로 대하라고 가르쳤다. 마지막으로 기독교는 교회와 국가를 분리함으로써 황제의 신격화를 끝냈다. 황제 역시 인간이며 더 이상 특별한 존재가 아니었다. 이 모든 것이 처음에는 불가능한 요구였다. 하지만 결국 모두 실현되었다.

그런데 기독교 혁명 이후 오랜 시간이 흐르면서 기독교가 해결한 어려운 문제들이 흔적도 없이 사라졌다(문제가 해결되면 사람들은 그런 문제가 있었다는 사실조차 잊어버린다). 그리고 기독교 교리로는 신속히 처리하기 어려운 문제만 남았다. 그 문제가 서구의 의식에서 핵심적인 위치를 차지하게 되었다. 성공 가도를 달려온 기독교도 인간을 괴롭히는 육체적이고 물질적인 고통을 완전히 해결해 주지는 못한 것이다. 그리고 그 문제는 과학의 발전을 자극했다.

자동차로 인한 대기 오염을 예로 들어 보자. 자동차가 처음 등장했을 때만 해도 대기 오염은 전혀 문제가 되지 않았다. 자동차가 해결한 문제가 당시 사람들에게는 더 중요했기 때문이다. 가난에 시달리는 사람은 이산화탄소를 신경 쓰지 않는다(그렇다고 이산화탄소 배출 수치가 무의미하다는 뜻은 아니다). 척박한 땅에서 죽도록 일하면서 겨우 입에 풀칠하는 신세라면 이산화탄소 수치를 따질 겨를이 없다. 실제로 트랙터가 발명되고 수억 명이 기아에서 해방되기 전까지 이산화탄소 수치는 무의미했다. 기독교 역시 이와 비슷하다.

19세기 말 니체가 등장할 때까지 기독교가 해결하지 못한 문제가 서구 사회의 핵심 과제였다.

니체는 자신을 "망치로 철학을 하는 사람"이라고 소개했다. 전혀 과장이 아니다.[142] 당시 기독교는 사회의 중심으로 떠오른 과학과의 갈등으로 크게 약화한 상태였다. 여기에 니체의 묵직한 비판을 얻어맞고 회복하기 어려운 상황이 되었다. 니체의 공격은 크게 두 방향으로 진행되었다. 첫째, 니체는 기독교가 정교하게 발전시켜 온 진리의 개념들에 대한 의혹이 제기되면서 결국 그것이 기독교 신앙의 기본적인 전제를 약화시키는 결과를 낳았다고 분석했다. 두 종류의 진리(이야기에 담긴 도덕적·영적 진리와 현실 세계의 객관적·과학적 진리)를 구분하지 않았기 때문에 벌어진 일이라고 반박할 수도 있지만, 그렇다고 니체의 논점이 흐려지는 것은 아니다. 기독교에 반대하는 현대 무신론자들도 이런 식으로 생각한다. 그들은 〈창세기〉의 창조를 객관적인 진실로 받아들이는 기독교 근본주의를 깎아내린다. 재미있는 점은 무신론자들이 사용하는 진리의 개념은 기독교 문화에서 수세기 동안 정교하게 다듬어진 것이라는 사실이다. 기독교의 핵심 전제들이 약화되자 기독교에 반하는 것들이 진실로 받아들여졌다. 융은 니체의 사상을 발전시켜 유럽은 계몽주의 시대에 기독교라는 꿈에서 깨어났다고 지적한다. 유럽에서 당연히 여기던 모든 것에 의문을 제기한 시기였다. 니체는《즐거운 지식》에 유럽 지성사를 바꾼 유명한 말을 남겼다.

"신은 죽었다! 신은 죽어 있다! 우리가 신을 죽인 것이다! 살인자 중 살인자인 우리는 이제 어디에서 위로를 얻을 것인가? 지금까지 세계에 존재하던 그 모든 것 가운데 가장 성스럽고 강력한 자가 지금 우리의 칼을 맞고 피를 흘리고 있다. 누가 우리에게서 이 피를 씻어 줄 것인가?"[143]

니체는 당시 유럽인이 진리로 여기는 것들을 바탕으로 생각하면 기독교 핵심 교리를 더 이상 신뢰할 수 없다고 말했다. 신랄한 비판이지만 니체의 두 번째 공격에 비하면 아무것도 아니다.

니체는 교회가 성장하는 동안 기독교는 도덕적 의무를 저버렸다고 비판하며, 2000년 가까이 유럽 사회를 지배해 온 기독교 사상에 망치를 휘둘렀다.

'그리스도의 희생을 통해서 인류가 구원을 받았다.'

이것이 기독교 핵심 교리다. 니체의 해석에 따르면, 이 교리는 그리스도가 죽음을 통해 인류의 죄를 구원했다고 믿는 자는 모두 도덕적 의무에서 해방된다는 뜻이 아니다. 구원의 책임을 구세주가 떠맡았기 때문에 인간은 특별히 할 일이 남아 있지 않다는 뜻이다.

니체는 바울과 훗날 마르틴 루터를 추종한 프로테스탄트가 교인의 도덕적 책임을 없애 버렸다고 여겼다. 그들은 '그리스도를 모방하는 삶'을 중요하지 않게 만들어 버렸다. 그리스도를 모방한다는 것은 기독교인에게 신성한 의무였다. 추상적인 교리에 집착하며 말로만 믿음을 떠벌리는 것이 아니라, 매 순간 구세주의 가르침을 실천해야 한다는 다짐이었다. 이는 삶의 모범을 스스로 현실에서 구현해 내는 것이었다. 융은 이를 영원불변한 양식에 살을 입히는 것이라고 표현했다. 니체는 《권력에의 의지》에 다음과 같이 적고 있다.

"기독교인은 예수가 명령한 행위를 한 번도 실천한 적이 없다. '믿음으로 의롭게 된다'라는 뻔뻔스러운 주장이 나온 이유는, 예수가 요구한 행위를 널리 천명할 용기와 의지가 교회에 없었기 때문이다."[144]

니체는 실로 비할 데 없이 가혹한 비판자였다.

그리스도가 십자가에 못 박혀 죽음으로써 세계를 구원했고, 구원은 현세가 아닌 내세를 위한 것이며, 구원은 노력과 노동을 통해 얻을 수 있는 것이 아니라는 기독교의 핵심 교리는 세 개의 결과로 이어졌다. 이들은 서로 영향을 주고받으며 강화된다. 첫째, 내세를 중요시하고, 세속적인 삶의 의미는 과소평가했다. 지금 여기에 존재하는 고통을 해결해야 할 책임을 회피해도 괜찮다는 뜻으로도 해석된다. 둘째, 구원은 이 땅에서 땀 흘리고 노력한다고 얻어지는 게 아니라서 현재 상태를 수동적으로 받아들이게 되었다. 마르크스가 종교를 민중의 아편이라 비판한 것도 이 때문이다. 셋째, 하나님의 아들이 중요한 일을 이미 모두 끝냈기 때문에 기독교인이 다른 도덕적인 의무를 받아들여야 할 이유가 사라졌다.

니체에게 큰 영향을 미친 도스토옙스키는 기독교 교리의 이런 문제점을 깊이 있게 다룬 작품을 썼다. 그는 대표작 《카라마조프가의 형제들》에서 무신론자인 주인공 이반의 입을 통해 '대심문관'에 관한 이야기를 전해 준다.[145] 그 내용을 짤막하게 정리하면 다음과 같다.

무신론자 이반은 수도원 수사가 되려는 막냇동생 알료샤의 결정이 마음에 들지 않는다. 이반은 알료샤에게 스페인에서 종교 재판이 진행될 때 그리스도가 재림한 이야기를 들려준다. 구세주의 재림으로 세상은 시끄러워진다. 그리스도는 병자를 치유하고 죽은 사람을 되살려 내는 기적을 보여 준다. 이 소식을 들은 대심문관은 그리스도를 체포해 교도소에 가둔다. 얼마 후 대심문관은 그리스도를 찾아가 "당신은 이제 필요 없는 존재"라고 말한다. 그리스도의 재림은 교황청에는 엄청난 위협이다. 대심문관은 그리스도에게 "당신이 인류에게 남긴 짐, 즉 진리와 믿음으로 살아야 한다는 짐은 인간이 떠맡기엔 너무 무겁다"라고 말한다. 대심문관은 교황청이 그 메시지를 희석시킴으로써 그리스도 추종자들에게 완벽한 존재가 되어야 한다는 부담을 덜어 주었다고 말한다. 아울러 신앙이란 굴레에서 벗어나는 방법과 사후 세계에 대한 희망까지 알려 주었다고 덧붙인다. 교황청은 그런 작업을 이미 수백 년 동안 꾸준히 해 왔기에 '인간이 모든 짐을 짊어져야 한다'고 설교한 사람의 재림이 전혀 필요하지 않다고 말한다. 그리스도는 아무 대꾸도 없이 대심문관의 말을 조용히 듣고만 있다. 마침내 대심문관이 떠나려고 일어서자, 그리스도는 그를 껴안고 입술을 맞춘다. 대심문관은 충격을 받아 낯빛이 하얗게 변한다. 그리고 교도소 문을 열어 놓은 채 떠난다.

당연한 말이겠지만, 이 이야기에는 깊은 의미가 담겨 있다. 탁월한 문학적 감각과 철학적 깊이가 없다면 이런 이야기를 만들어 낼 수 없다. 인류 역사에서 가장 위대한 소설가 중 한 사람인 도스토옙스키는 가장 민감하고 중요한 존재론적 문제를 용기 있고 대담하게 다루었다. 이 작품이 불러올 파장은 조금도 염두에 두지 않은 듯싶다. 도스토옙스키는 기독교인이었지만, 합리적인 무신론자들을 보잘것없는 허수아비로 묘사하지 않았다. 오히려 정반대였다. 《카라마조프가의 형제들》에서 무신론자 이반은 기독교 교리의 전제를 명쾌한 논리로 반박한다. 독실하고 지적인 알료샤도 이반의 주장에는 반론을 제기하지 못한다. 그렇다고 알료샤의 믿음이 흔들리지는 않는다. 도스토옙스키는 기독교가 합리성과 지성에 패배했다는 걸 알고 있었다. 그런 사실을 감추려고 하지 않았다. 자신의 믿음과 반대되는 주장을 공격하려고 억지를 부리지 않았고, 속임수나 풍자를 동원하지도 않았다. 오히려 말보다 행동을 우위에 둠으로써 중요한 문제에 대한 해결책을 제시했다. 소설의 결말에서, 수련 수도자로서 그리스도를 모방하는 실천적 삶을 사는 알료샤의 도덕적 선의가 이반으로 대표되는 현란하지만 허무주의적인 비판적 지성에 승리를 거둔다.

대심문관이 말한 교회는 니체가 강력히 비판한 바로 그 교회다. 그 당시 교회는 모든 것이 썩어 있었다. 저열하고 권위적이고 위선적이면서, 국가의 시종 노릇을 했다. 그 당시 교회는 아직도 기독교 비판자들의 비판을 받고 있다. 니체는 탁월한 능력을 지녔지만 분노를 조절하지 않았다. 내 생각에 도스토옙스키는 니체를 능가한다. 도스토옙스키의 문학이 니체의 철학을 넘어선다. 도스토옙스키의 대심문관은 기회주의적이고 냉소적이며, 이단자를 박해하고 고문하며 살인조차 마다하지 않는 잔인한 사람이다. 또한 거짓이란 걸 알면서도 눈 하나 깜빡하지 않고 뻔뻔스럽게 설교하는 위선자다. 도스토옙스키 소설에서 절대 선의 화신 그리스도는 그에게 입을 맞춘다. 대심문관은 교도소 문을 열어 놓은 채 떠나고, 덕분에 그리스도는 교도소를 탈출해 사형을 피한다. 도스토옙스키가 보기에 기독교는 아무리 부패했더라도 설립자를 지킬 만한 여지는 그럭저럭 유지하고 있었던 것이다. 서구 세계를 오랫동안 지배해 온 기독교 사상에는 근본적인 결함이 있음에도 현명하고 심원한 영혼을 지닌 도스토옙스키는 기독교가 전하는 지혜에 감사하는 마음을 가지고 있는 것처럼 느껴진다.

니체가 종교적 신앙, 특히 가톨릭교의 가치를 전적으로 부정하는 것은 아니다. 교조적인 기독교는 오랫동안 단 하나의 형이상학적 이론으로 모든 것을 설명하려는 태도를 고수해 왔다. 지적인 자유를 제한하는 교회의 오랜 전통은 절제와 자유의 미덕을 지닌 근대인의 출현을 위해 필요한 전제조건이었다. 니체는 《선악의 저편》에서 이렇게 말한다.

정신은 오랫동안 구속되어 있었다. …… 모든 것을 기독교적 방식에 따라 해석하고, 매사에 하나님을 발견하고 신앙을 정당화하려는 집요한 의지를 벗어날 수 없었다. 이처럼 강압적이고 독단적이며 엄격하고 부조리한 모든 것이 유럽의 지성을 훈련시키는 수단이었음은 분명한 사실이다. 그 덕분에 강인한 정신과 왕성한 호기심, 세련된 유연성을 갖게 되었다. 하지만 그 과정에서 회복하기 어려울 정도로 힘과 정신이 억눌리고 옥죄이며 파괴되었다는 것도 인정해야 한다.[146]

니체와 도스토옙스키는 자유와 행동에는 한계가 있어야 한다고 믿었다. 이런 이유로 교황청의 교조적인 독선의 필요성을 인정했다. 개인이 자유롭고 적법하게 행동하려면 엄격하고 일관적인 규율에 따라 파괴 직전까지 내몰릴 정도로 혹독하게 교육받아야 한다고 생각했다. 도스토옙스키는 교회가 아무리 부패했더라도 여전히 자비로운 면과 실용적인 가치가 있다고 믿었다. 또한 그리스도 정신과 세상을 창조한 하나님 말씀은 과거나 당시에나 여전히 교회 안에서 큰 힘을 발휘한다고 믿었다.

부모가 자녀를 올바르게 훈육하려면 잘못을 저질렀을 때 그 자리에서 즉각적으로 자유를 제재해야 한다. 부모는 자녀의 자유로운 표현에 제한을 두고, 건전한 사회 구성원으로서 역할을 할 수 있도록 유도해야 한다. 그러기 위해서는 자녀의 모든 잠재력을 일관된 방향으로 이끌어야 한다. 다양한 재능을 특정한 목적에 맞게 사용하게 함으로써 제약을 가할 수밖에 없고, 그래서 때로는 파괴자로 보이기도 한다. 하지만 그렇게 하지 않으면 자녀는 피터 팬처럼 영원히 어린아이로 남게 된다. 아이를 피터 팬으로 키우는 것은 도덕적으로 바람직하지 않다.

교황청이 장려한 '진리를 추구하는 정신'으로 인해 교황청 권위가 약해졌다. 결국에는 하나님의 죽음으로 막을 내렸다. 그러나 교황청이라는 교조적인 조직은 올바른 훈련을 위해 필요한 징계 조직이었다. 자유로운 정신을 기르려면 '자유롭지 않은 상태'를 경험해야 한다. 기독교 교리는 그런

'자유롭지 않은 조건'을 요구했다. 그러나 그 교리는 하나님과 더불어 사라졌다. 적어도 현대 서구인의 정신에서는 지워졌다. 신의 죽음 뒤에 죽음과 훨씬 더 가까운 것이 나타났다. 허무주의와 허무주의만큼이나 위험한 전체주의 유토피아에 대한 환상이 바로 그것이다. 공산주의와 파시즘에 대한 집단 공포는 신의 죽음에서 비롯된 것이었다. 도스토옙스키와 니체는 이런 비극을 예견했다. 특히 니체는 신의 죽음 이후에는 개개인이 각자의 가치관을 개발하게 되리라 예측했다. 그러나 심리학적 관점에서 이 예측은 설득력이 떨어진다. 융은 이에 대해 이렇게 말한다.

"우리는 각자의 가치관을 개발할 수 없다. 내가 믿는 것이라고 해서 영혼이 무작정 받아들이지는 않기 때문이다."

니체가 제기한 문제들을 깊이 연구한 덕분에 발견한 놀라운 진리였다.

우리는 다른 사람이 강요하는 전체주의에도 반발하지만, 우리 자신의 전체주의에도 저항한다. 우리는 자신에게 함부로 명령을 내릴 수 있는 능력자가 아니다. '내일부터 게으름을 피우지 않겠어'라고 굳게 결심해도 다음 날 여전히 빈둥거리는 자신을 발견한다. '오늘은 조금만 먹겠어'라고 아무리 다짐해도 폭식의 유혹을 떨치지 못한다. '이제부터는 술에 취해 실수하지 않겠다'라고 맹세하지만 여전히 실수는 반복된다. 이처럼 우리는 이성의 지시를 잘 따르지 않는다. 특히 이성이 어떤 이데올로기에 사로잡혀 있는 경우에는 더욱 그렇다. 나에게도 천성이 있고, 당신에게도 천성이 있다. 누구에게나 천성이 있다. 우리는 그 천성을 찾아내고, 그 천성과 한바탕 씨름을 벌여야 한다. 그런 후에야 자신과 타협할 수 있다. 당신은 정확히 어떤 사람인가? 그리고 어떤 사람이 되기를 바라는가? 문제의 본질을 알아야 그와 관련된 질문에 정확한 답을 할 수 있다.

의심, 순전한 허무주의를 넘어

니체가 등장하기 300년 전, 프랑스의 위대한 철학자 데카르트는 어떤 회의에도 흔들리지 않는 하나의 명제를 찾아내겠다는 지적인 여정을 시작했다. 데카르트는 존재의 확실한 초석을 찾아 나섰고, 마침내 역사상 가장 유명한 철학적 명제인 '나는 생각한다, 그러므로 나는 존재한다'를 발견했다. '생각하는 나', 즉 '자각하는 나'야말로 어떤 회의에도 흔들리지 않는 존재의 초석이라고 믿은 것이다. 그러나 '나'는 훨씬 오래전에 개념화된 것이었다. 수천 년 전 이집트 호루스 신의 만물을 꿰뚫어 보는 눈이 바로 '생각하는 나'였다. 호루스는 이집트 신화에서 부패한 국가를 바로잡은 위대한 신이었다. 호루스 이전에는 메소포타미아의 마르두크가 있었다. 눈이 얼굴 전체를 감싼 듯한 모양의 마르두크는 말로써 세상을 창조했다. 기독교 시대에는 '나'가 로고스, 즉 하나님의 말씀으로 바뀌어 혼돈에서 질서를 만들어 냈다. 따라서 데카르트는 로고스를 세속화한 것이다. 로고스를 '자각하고 생각하는 것'으로 바꿔 놓은 것뿐이다. '자각하고 생각하는 나'는 근대적 자아다. 그런데 근대적 자아는 정확히 무엇을 말하는 것인가?

근대적 자아는 인류를 공포로 몰아넣었다. 근대적 자아는 나치와 스탈린주의자로 세상을 활보했고, 아우슈비츠와 부헨발트, 다하우에 강제 수용소를 건설했으며, 소련에 정치범 수용소를 세운 악의 화신이었다. 함부로 입에 올릴 수 없을 만큼 엄청난 상처를 남겼다. 그 반대편에는 무엇이 있는가? 도대체 악의 상대자인 선은 무엇인가? 엄청난 악의 존재 덕분에 더 구체적이고 명료해졌을까?

생각하는 능력은 인간을 죽음을 이겨 내고 영원히 부활한 신과 비슷한 존재로 만들어 주었다. 과학 철학자로서 신비주의자와는 거리가 먼 카를 포퍼는 생각은 진화 과정을 논리적으로 연장한 것이라고 해석했다. 생각하는 능력이 없는 피조물은 본능에 따라 즉각적으로 행동하고 상황 변화에 맞게 행동하지 않으면 죽는다. 그러나 인간은 다르다. 인간은 생각을 통해 행동을 대신할 수 있다. 우리는 상상의 극장에서 무수한 아이디어를 만들어 낸다. 그 아이디어를 다른 아이디어와 비교하고, 현실에서 검증하며, 타당성을 확인한다. 부족하다고 판단되면 포기해도 상관없다. 포퍼는 "아이디어가 우리를 대신해 죽는다"라고 표현했다.[147] 아이디어를 내놓은 사람은 아이디어에 오류가 있더라도 아무런 제약 없이, 아무런 불이익 없이 다른 아이디어를 만들어 낼 수 있다. 결국 아이디어의 죽음에도 흔들리지 않는 우리 자신에 대한 믿음이 생각의 전제 조건인 셈이다.

물론 아이디어는 사실(fact)과 다르다. 사실은 그 자체로는 죽은 것이다. 사실에는 의식도, 권력 의지도 없다. 동기 부여도, 행동도 없다. 죽은 사실은 우리 주변에 넘쳐흐른다. 인터넷은 죽은 사실들의 묘지다. 그러나 우리 마음을 사로잡는 아이디어는 살아 있는 것이다. 그런 아이디어는 명확히 표현되기를 바라며, 이 세상에 나오고 싶어 한다. 심층 심리학자들, 특히 프로이트와 융은 인간의 정신을 아이디어의 전쟁터라고 규정했다. 어떤 아이디어든 추구하는 목표가 있고, 원하는 것이 있으며, 따르는 가치 체계가 있다. 아이디어가 목표로 삼은 것은 현재 상태보다 더 좋은 무엇이다. 아이디어는 도움을 주는 것과 방해하는 것, 그리고 관계없는 것으로 세계를 단순화한다. 아이디어는 중요한 것과 사소한 것을 구분한다. 아이디어는 사실이 아니라 인격이다. 마음속에 떠오른 아이디어는 사람을 자신의 아바타로 만들려고 하는 속성이 있다. 그 사람이 아이디어대로 행동하게끔 충동질한다. 간혹 이런 충동이 너무 강할 때는 자신을 죽이고 아이디어를 앞

세우는 경우도 있다. 이것은 잘못된 결정이다. 죽어야 할 것은 아이디어다. 아이디어의 아바타가 될 필요가 없다. 아이디어는 언제든 다른 아이디어로 대체할 수 있기 때문이다.

기독교적으로 말하면, 하나님과의 관계가 틀어졌을 때 그 관계를 회복하려면 가장 포기하기 어려운 것을 먼저 버려야 한다. 견딜 수 없는 부당한 고통이 변화를 요구한다면 가장 중요한 것부터 포기해야 한다. 지금 적절한 희생을 해야 더 나은 미래를 기대할 수 있다는 뜻이다. 인간을 제외한 어떤 동물도 이런 생각을 하지 못했다. 인간도 수십만 년의 시행착오를 거친 후에야 미래를 위해 현재를 희생하는 법을 배웠다. 그런 생각을 이야기로 꾸미는 데는 더 오랜 시간이 필요했다. 우리가 그 이야기를 평가하고 현실에 반영할 때까지 다시 엄청난 시간이 걸렸다. 이제야 비로소 이렇게 말할 수 있게 되었다.

'당신이 절제하며 현재보다 미래를 더 소중히 여기면 현재를 당신 의도대로 바꿀 수 있다.'

그렇다면 어떻게 해야 최선의 결과를 얻을 수 있을까?

1984년, 나는 데카르트와 같은 길을 걷기 시작했다. 하지만 당시에는 같은 길인지 전혀 알지 못했다. 인류 역사에서 위대한 철학자 중 한 사람으로 손꼽히는 데카르트와 어찌 감히 동질감을 가질 수 있겠는가. 다만 온갖 의혹에 사로잡혀 혼란스러웠다는 점은 비슷했다. 진화론의 핵심을 이해하게 되면서 어린 시절에 배운 기독교 교리에 완전히 흥미를 잃었다. 그 후로 나는 기독교 신앙의 기본적인 교리와 소망적 사고를 구분할 수 없었다. 기독교 신앙의 대안으로 사회주의에 잠깐 관심을 두었지만, 사회주의도 실체가 없는 공허한 구호에 불과하다는 사실을 곧 깨달았다. 위대한 작가 조지 오웰을 통해, 사회주의적 사고가 가난한 사람에 대한 진정한 배려에서 나온 것이 아니라, 부유한 사람에 대한 증오심에서 비롯되었다는 것을 알게 된 덕분이었다. 본질적으로 사회주의자는 자본주의자보다 더욱 자본주의적이었다. 사회주의자도 자본주의자 못지않게 돈을 신봉했다. 사회주의자는 여러 사람이 돈을 나누어 가지면 인류를 괴롭히는 문제가 사라질 것이라고 하지만, 전혀 그렇지 않다. 돈이 해결하지 못하는 문제도 많고, 돈 때문에 생기는 문제는 더 많다. 부자들도 이혼하고, 자녀들과 사이가 좋지 않으며, 존재론적 불안에 시달리고, 암과 치매에 걸린다. 게다가 누구에게도 사랑받지 못한 채 외롭게 죽기도 한다. 마약과 술에 중독되는 것도 돈의 저주 때문이다. 또한 권태는 의미 없는 인생을 사는 사람을 무섭게 짓누른다.

당시의 냉전 상황은 나에게 적지 않은 고통을 안겨 주었다. 냉전을 둘러싼 여러 문제가 내 뇌리에서 떠나지 않았다. 악몽에 시달리고, 광야에 내몰려 암울한 시간을 보내기도 했다. 세계가 크게 두 파당으로 갈려 서로 죽도록 싸우게 된 과정과 이유를 도무지 이해할 수 없었다. 두 시스템은 똑같이 독단적이고 부패하지 않았는가? 단지 견해 차이 때문에 이토록 극단적인 대치 상황이 벌어진 걸까? 가치 체계는 결국 권력의 포장에 불과한 것 아니었는가?

아니면 모두 미쳤던 것일까?

20세기에 도대체 무슨 일이 있었던 걸까? 도대체 무엇 때문에 수천만 명이 목숨을 잃어야 했는가? 도대체 왜 신념과 이데올로기에 무고한 사람들이 희생되어야 했을까? 귀족 계급과 부패한 종교적 믿음을 대체하겠다고 나온 공산주의와 파시즘이 우리 사회를 더욱 고통스러운 지옥으로 만든 이유는 무엇이었을까? 내가 아는 한 누구도 이런 의문에 만족스러운 대답을 내놓지 못했다. 나도 데카르트처럼 무수한 의혹에 시달리다가 반론의 여지가 없는 답을 찾아 나섰다. 내가 찾아낸 답을 뒷받침해 줄 확실한 이론적 토대를 마련하고 싶었다. 그런 의심이 이 연구의 출발점이었다.

언젠가 나는 아우슈비츠에서 벌어진 일들을 기록한 책을 읽은 적이 있다. 감독관들이 수감자들에게 약 50킬로그램의 젖은 소금 부대를 옮기라고 지시했다. 넓은 수용소 한쪽 끝에서 반대쪽 끝까지 짊어지고 간 후 다시 원래 자리로 돌아오는 일이었다. 수용소 입구에는 '노동이 너희를 자유롭게 하리라'라는 문구를 새긴 간판이 세워져 있었다. 여기에서 자유는 죽음을 의미했다. 언제 죽을지 모르는 두려움 속에서 뼈만 앙상하게 남은 수감자들에게 소금 부대를 옮기는 일은 악랄하고 무의미한 고문이었다. 그 책 덕분에 나는 무엇이 나쁜 행위인지 확실히 알게 되었다.

솔제니친은 20세기에 자행된 끔찍한 사건, 직장과 가족, 신분을 빼앗긴 채 비참하게 살던 수천만 명의 삶에 대한 깊은 사유를 담아낸 작품을 썼다. 《수용소 군도》의 한 부분에서 솔제니친은 뉘른베르크 재판(1945년 11월부터 10개월 동안 독일 뉘른베르크에서 열린 제2차 세계 대전 전범자들에 대한 재판으로, 24명이 기소돼 사형 12명, 종신형 3명, 징역형 4명, 무죄 3명의 결과가 나왔다 — 옮긴이)을 20세기의 가장 중대한 사건이라고 평가했다. '몇몇 행위는 본질적으로 너무 끔찍해서 인간의 본성과 충돌한다'라는 그의 결론은 시간과 공간을 넘어 맞는 말이다. '사악한 행위에 참가한 것은 어떤 변명으로도 용납되지 않는다'는 것이다. 인간성을 말살하고, 인간을 기생충보다 못한 존재로 취급하며, 개개인의 유무죄와 상관없이 무작정 고문하고 학살하는 짓은 변명의 여지 없이 어떤 경우에도 잘못된 것이다. 고통을 예술의 경지로 승화한다는 표현도 잘못된 것이다.

내가 무엇을 의심하지 않을 수 있겠는가. 현실 세계는 고통에 짓눌려 있다. 이 명제는 반박할 여지가 없다. 허무주의자의 회의로도 이 명제는 약화되지 않는다. 전체주의자도 이 명제를 지울 수 없다. 어떤 냉소주의자도 고통에 찌든 현실에서 탈출할 수 없다. 고통은 실재하는 것이다. 따라서 다른 사람에게 교묘히 고통을 가하는 행위는 잘못된 것이다. 이런 생각의 흐름이 내 믿음의 밑바탕이 되었다. 내 의식의 밑바닥과 내 모든 생각과 행위를 낱낱이 뜯어봤다. 그리고 나 자신에게도 나치의 수용소 교도관이나 수용소 군도의 인민 위원 혹은 지하 교도소에서 어린아이들을 괴롭히는 악당처럼 행동할 가능성이 있다는 사실을 깨달았다. 그제야 비로소 '세상의 죄를 대신 짊어진다'라는 말이 무슨 뜻인지 완전히 이해할 수 있었다. 인간이면 누구나 악한 행위를 할 수 있다. 인간이면 누구나 선하지 않은 것이 무엇인지 안다. 선하지 않은 것이 있다면, 선한 것이 있기 마련이다. 최악의 죄가 순전히 고통을 주려는 목적에서 다른 사람을 괴롭히는 짓이라면, 선은 그와 완전히 반대편에 있는 모든 것이다. 그런 잘못된 행위를 멈추게 하는 것이면 무엇이든 선이다.

의미, 혼돈과 고통에서 벗어나게 해 줄 해독제

이런 추론 끝에 나는 다음과 같은 기본적인 도덕률을 정리할 수 있었다. 높은 목표를 지향하라. 주의하고 집중하라. 고칠 수 있는 것이면 고쳐라. 현재의 지식에 교만하지 말라. 겸손한 마음을 가져라. 전체주의적 자만심은 무자비와 억압, 고문과 살상으로 나타나기 때문이다. 나의 부족함을 정확하게 인지하라. 나의 내면에 감추어진 비겁함과 악의, 원한과 증오를 인정하라. 남을 비판하기 전에, 세상의 잘못을 바로잡겠다고 나서기 전에 나의 잔혹한 심성을 살펴라. 어쩌면 세상이 잘못된 것이 아닐지도 모른다. 모든 책임이 나에게 있을지도 모른다. 내가 성공하지 못한 탓일 수 있다. 목표를 이루지도 못했으면서, 수많은 죄를 범했으면서 감히 하늘의 영광을 바라지 말라. 결국 나도 세상이 사악해지는 데 한몫 거든 것이다. 무엇보다, 거짓말하지 말라. 어떤 경우에도 거짓말하지 말라. 거짓말은 지옥으로 가는 지름길이다. 수백만 명이 목숨을 잃은 것은 나치와 공산주의의 거짓말 때문이었다.

인생의 필연적인 고통을 감안하면 불필요한 고통과 아픔을 줄이는 모든 행위는 선한 것이다. '불필요한 고통과 아픔을 줄이기 위해 최선을 다하겠다'라는 나의 신념은 이렇게 만들어졌다. 더 나은 삶이라는 목표에 부합하는 모든 생각과 행동을 도덕적 가치 체계의 가장 높은 곳에 놓은 것이다. 그 이유가 무엇일까? 불필요한 고통을 완화하지 않으면 어떤 결과가 닥치는지 알기 때문이다. 20세기가 바로 그 결과다. 20세기는 그야말로 지옥이었다. 지옥의 반대편에는 천국이 있다. 따라서 불필요한 고통과 아픔을 줄이는 모든 행위를 가치 체계의 최정점에 둔다는 것은 이 땅에 하나님 왕국을 세우겠다는 원대한 의지의 표현이다.

융은 그런 도덕적 가치 체계를 만드는 것이 필요하다고 생각했다. 생각이 제대로 정리되지 않아 내적으로 모순되더라도 상관없다. 융은 개개인이 도덕적 가치 체계의 최상위에 두는 것은 그가 가장 가치 있다고 믿는 것이고, 그것은 곧 그만의 신을 세우는 일이라고 생각했다. 그것은 모든 행동의 기준이고, 그가 가장 굳게 믿는 것이다. 인간의 행동은 인격의 반영이다. 정확하게 말해서 상반되는 두 인격 중에서 하나를 선택한 결과다. 예를 들어 셜록 홈스와 모리아티, 배트맨과 조커, 슈퍼맨과 렉스 루터, 찰스 프랜시스 재

비어와 마그네토, 토르와 로키 중 하나를 선택한 것이다. 아벨과 카인, 그리스도와 사탄 중 하나를 선택한 것이다. 이 땅에 낙원을 세우고 더 나은 삶을 사는 데 도움을 주는 일이라면 그리스도를 선택한 것이고, 삶을 파괴하고 불필요한 고통을 주는 일이라면 사탄을 선택한 것이다. 우리는 두 면을 다 가지고 있다. 누구도 벗어날 수 없는 삶의 근본적인 조건이다.

편의주의는 맹목적인 충동을 따르는 편협하고 이기적인 선택이다. 편의주의로 얻는 이익은 오래가지 않는다. 편의주의는 본능이 원하는 것을 얻으려고 자신을 속이는 행위다. 편의주의는 어떠한 고귀한 것도 고려하지 않는다. 유치하고 무책임하다. 편의주의를 분별력 있게 대체할 때 삶의 의미를 얻는다. 의미는 충동을 통제하고 조절할 때 생겨난다. 의미는 세계의 가능성과 세계의 가치 체계가 상호 작용할 때 생겨난다. 가치 체계가 더 나은 삶이라는 목표를 향할 때 생겨나는 의미는 삶을 지속하는 데 힘이 되어 준다. 의미는 혼돈과 고통에서 벗어나게 해 줄 해독제다. 의미로 인해 삶의 모든 순간이 중요해지고, 삶의 모든 순간이 나아질 것이다.

바르게 행동하면 심리적인 안정이 흐트러지지 않는다. 그로 인해 당신 자신은 물론 가족과 주변 사람들에게도 좋은 영향을 줄 수 있다. 그렇게 되면 당신을 둘러싼 모든 것이 당신이 지향하는 목표에 따라 일관된 의미를 지니게 된다. 모든 것이 서로 긍정적인 영향을 주고받는 선순환이 완성된다. 인생의 의미는 더욱 충만해진다. 의미는 경험으로만 느낄 수 있다. 단지 정보를 모으고 재현하는 감각으로는 알 수 없다. 의미는 편의주의보다 강하다. 의미는 언제나 모든 충동을 넘어선다. 그래서 보이지 않고 들리지 않지만 느껴지는 것이다.

불평등하고 고통스러운 삶은 아무리 원망해 봤자 바뀌지 않는다. 불필요한 고통과 아픔을 조금이나마 줄일 수 있는 길을 찾는 게 훨씬 의미 있는 삶이다. 거창하게 생각할 필요는 없다. 인생의 수고로움을 덜고 세상을 좋게 만들기 위해 해야 할 일은 많다. 하루를 시작하기 전 오늘 무엇을 할지 생각해 보라. 귀찮아서 오랫동안 미뤄 둔 서류 작업도 좋다. 어질러진 방을 깨끗하게 청소하는 것도 충분히 가치 있는 일이다. 가족들에게 건강하고 맛있는 음식을 만들어 주는 것도 훌륭한 일이다. 이 모두가 세상을 조금 더 좋게 만드는 일이다.

세상을 더 좋게 만드는 일을 가치 체계 가장 높은 곳에 두고 해야 할 일을 해 나가면 인생이 점점 충만해지는 것을 느끼게 된다. 이런 경험은 신의 은총도, 행복도 아니다. 이런 경험은 알게 모르게 망가뜨린 삶에 대한 속죄다. 비정상적인 삶에 진 빚을 갚는 것이고, 참혹하던 홀로코스트를 기억하는 것이며, 병들고 타락한 역사를 정화하는 것이다. 또한 언제든 지옥의 잠재적 시민이 될 수 있음을 겸허히 인정하고 기꺼이 낙원을 지키는 천사의 역할을 맡겠다는 다짐이기도 하다.

비유하자면, 편의주의는 모든 해골을 벽장에 감추는 것이다. 자신의 어두운 비밀을 감추는 짓이다. 당신이 카펫에 방금 흘린 피를 덮는 것이고, 마땅히 져야 할 책임을 회피하는 짓이다. 쉬운 길만 선택하는 편의주의는 비겁하고 천박하며 잘못된 것이다. 편의주의가 반복되면 사악한 면이 모습을 드러낸다. 편의주의는 당신의 저주를 다른 사람이나 미래의 당신에게 돌리는 것이다. 늘 쉬운 길을 택하려고 하는 당신 하나 때문에 당신의 미래, 그리고 이 세상 모든 사람의 미래가 더욱 암울해진다. 그래서 편의주의는 무조건 나쁘다.

편의주의적인 행동에는 신념도, 용기도, 희생도 필요하지 않다. 무엇을 생각하고 어떻게 행동하느냐에 따라 인생이 달라진다. 깊이 생각하지 않아도 알 수 있는 사실이다. 세상은 이런 행동과 생각이 모여서 만들어진다. 쉬운 길을 선택해서 원하는 것을 갖는 것보다, 어려운 길을 선택해서 의미 있는 것을 갖는 것이 훨씬 낫다. 그 이유는 간단하다. 우리가 진정으로 원하는 게 뭔지, 우리에게 정말 필요한 게 뭔지 우리는 잘 모르기 때문이다. 의미는 자연스럽게 다가오는 것이다. 높은 목표를 세우고 그것에 맞게 행동하면 의미는 저절로 모습을 드러낸다. 의미를 억지로 만들어 낼 수는 없다. 그것은 우리 자신의 속임수일 뿐이다. 의미를 찾았다는 것은 혼돈과 질서의 적절한 균형을 이루고 있음을 의미한다. 삶의 모든 요소가 최적의 상태에 놓여 있을 때 의미가 생겨난다.

편의적인 것은 일시적으로만 효과가 있다. 즉각적이고 충동적이며 제한적이다. 한편, 편의적인 것들도 높은 목표에 맞게 잘 선택하고 조절하면 의미 있는 것이 된다. 의미는 언어로 잘 표현되지 않는다. 언어보다 훨씬 강력한 느낌으로 다가온다. 베토벤의 교향곡 〈합창〉 중 절정 부분에서 흘러나오는 〈환희의 송가〉를 들어 보았는가. 오케스트라의 모든 악기가 제 역할을 충실히 해내고 절제된 합창 소리가 이에 더해지면서 절망부터 환희까지 인간의 모든 감정을 아우르는 위대한 작품이다. 〈환희의 송가〉는 아름다움이 결국 공허함을 누르고 승리한다는 것을 음악적으로 재현한 걸작이다. 인생의 의미 역시 이런 식으로 서서히 그러나 웅장하게 다가온다.

의미는 원자부터 세포와 기관, 개인, 사회와 자연 및 우주까지 '존재'의 다양한 층위의 기능들이 완벽한 조화를 이룰 때 자연스럽게 생겨난다. 각 층위의 움직임은 다른 모든 층위의 움직임과 좋은 영향을 주고받는다. 이런 식으로 과거와 현재와 미래가 한꺼번에 조화를 이룬다. 무의 세계를 뚫고 나와 햇살을 향해 열리는 장미꽃 봉오리처럼 의미는 깊은 심연에서 태어나 높은 곳을 향해 나아간다. 의미는 칙칙한 연못 바닥에서 시작해 맑은 물을 향해 조금씩 올라가다가 결국 수면 위에서 꽃을 피우는 연꽃에 비유된다. 활짝 핀 연꽃의 황금빛 수술은 완벽한 존재인 부처를 상징한다. 부처는 모든 말과 몸짓을 통해 신의 뜻을 드러내고, 연꽃은 바로 그런 부처가 전하는 삶의 의미를 우리에게 일깨운다.

의미는 주변의 모든 것이 하나의 고귀한 목표를 향해 움직일 때 생겨난다. 현재의 삶에 안주하지 않고 하루하루 더 나은 삶을 만들어 가겠다는 의지는 주변의 모든 것을 변화시킨다. 인간이 경험한 모든 고난과 역사의 모든 끔찍한 투쟁마저도 선하고 강력한 무엇인가를 성취하는 데 필요한 동력이 되어 줄 것이다.

의미는 혼돈과 질서의 궁극적인 균형이다. 한쪽에는 변화와 가능성으로 충만한 혼돈이 있고, 반대편에는 오염되지 않은 절제된 질서가 있다. 의미는 혼돈으로부터 새로운 질서를 만들어 낸다. 더 순수하고, 더 안정적이며, 더 생산적인 새로운 균형이 탄생한다. 의미는 한층 풍요로운 삶으로 향하는 길이다. 의미는 사랑과 진실만이 가득한 곳, 사랑과 진실 외에는 바랄 것이 없는 그런 곳으로 우리를 인도할 것이다.

쉬운 길이 아니라 의미 있는 길을 선택하라.

언제나 진실만을 말하라,
적어도 거짓말은 하지 말라

임상 수업 첫날의 기억

나는 캐나다 퀘벡주 몬트리올에 있는 맥길 대학에서 임상 심리학자 교육을 받았다. 교육 기간에 몬트리올의 더글러스 종합 병원에 나갈 일이 많았다. 그 병원에서 정신 질환자를 직접 상대하는 임상 교육을 받았기 때문이다. 더글러스 종합 병원은 정신 질환을 전문으로 다루는 초대형 병원이었다. 넓은 부지에 들어선 수십 동의 건물이 모두 더글러스 병원 것이었다. 다수의 건물이 지하 터널로 연결되어 있었다. 끝날 것 같지 않은 몬트리올의 추운 겨울로부터 의료인과 환자를 보호하기 위해서 만든 것이다. 한때 더글러스 종합 병원에는 수백 명의 정신 질환자가 입원해 있던 적도 있다. 그 후 좋은 치료제가 많이 개발되고 1960년대 말에는 탈시설화 운동까지 일어나 거주형 정신 병원이 거의 자취를 감추었다. '자유를 얻은' 환자들은 대체로 병원 밖에서 훨씬 더 어려운 삶을 살았다. 내가 교육받던 1980년대 초 더글러스 종합 병원에는 중증 환자만 남고 대다수가 퇴원한 상태였다. 환자들은 주로 병동을 연결하는 터널 곳곳에 설치된 자동판매기 주변에 모여 있었다. 그들이 모여 있는 모습은 다이앤 아버스(지체 장애인, 성적 소수자, 환자 등 남다른 면이 있는 인물 사진으로 유명한 미국 사진작가—옮긴이)가 찍은 사진이나 히에로니무스 보시(기괴하고 초현실적인 작품을 주로 그린 중세 네덜란드 화가—옮긴이)가 그린 그림처럼 보였다.

어느 날 나는 다른 학생들과 함께 병원 복도에 일렬로 서서 깐깐한 독일계 심리학자가 진행하는 임상 실습을 기다리고 있었다. 그때 장기간 입원으로 수척해진 한 환자가 우리 쪽으로 다가와 내 옆에 서 있던 여학생을 쳐다보며 어린아이처럼 천진난만하게 물었다.

"왜 여기에 서 있는 거예요? 뭐 하는 거예요? 나도 같이 갈 수 있어요?"

보수적이고 소심한 성격의 그 여학생은 곤란한 표정으로 나를 보며 "뭐라고 하지?"라고 나직이 물었다. 오랫동안 격리되어 생활한 사람에게서 뜻밖의 질문을 받고 당황한 것이었다. 나 역시 놀랐기 때문에 마땅히 할 말이 떠오르지 않았다. 우리는 거절이나 질책으로 해석될 만한 대답을 하고 싶지 않았던 것이다.

그날은 임상 교육을 받으러 더글러스 병원에 간 첫날이었다. 이런 상황에 대해서 어떤 언질도 받지 못했다. 한동안 멍한 상태에서 벗어나지 못했다. 정신 병원에서 조현병(환각, 망상, 환청 등 현실에 대한 인지 이상을 보이는 정신 질환으로, 과거에는 '정신 분열증'이라 불리다 2010년 바뀌었다 ―옮긴이) 환자가 상냥한 목소리로 함께해도 되느냐고 물어볼 거라고는 상상도 해 본 적 없었다. 전후 맥락을 고려하는 정상인들 사이의 자연스러운 대화는 기대할 수 없었다. 일반적인 사회적 상호 관계의 경계를 넘어서는 이런 상황에 적용할 만한 법칙이 있을까? 내가 할 수 있는 선택에는 무엇이 있을까?

급하게 머리를 굴려 봤다. 선택 가능성은 둘밖에 없었다. 하나는 모두의 체면을 살리는 방향으로 환자에게 적당히 에둘러 거절하는 것이고, 다른 하나는 정직하게 대답하는 것이었다. '우리 팀에는 8명밖에 들어올 수 없어요' 혹은 '우리는 곧 병원을 떠나야 해요'라는 대답은 첫 번째 범주에 속할 것이다. 이렇게 대답한다면 듣는 사람도 마음의 상처를 입지 않을 것이다. 우리와 환자의 역할이 다르다는 점이 드러나지도 않을 것이다. 하지만 이런 대답은 진실이 아니었다. 그래서 나는 그렇게 대답하지 않았다.

나는 그 환자에게 단도직입적으로 진실을 말했다.

"우리는 심리학을 공부하는 학생입니다. 선생님은 우리와 함께하실 수 없습니다."

이 대답은 환자와 우리가 서로 다른 상황에 놓여 있음을 강조한 것이었다. 또한 정교하게 다듬어진 선의의 거짓말보다 가혹한 대답이었다. 거짓말은 선의에서 하더라도 의도하지 않은 결과를 낳을 수 있다는 게 내 생각이었다. 내 대답에 환자는 마음에 상처를 입고 의기소침해졌지만 그 순간에 불과했다. 그는 내 말을 이해하고 곧 일상으로 돌아갔다. 그리고 그 일은 아무 일도 없던 것처럼 마무리됐다.

이 일이 있기 몇 년 전 나는 이상한 경험을 했다.[148] 폭력적인 강박 충동에 시달린 것이다. 다행히 행동으로 옮긴 적은 없지만 그 일을 통해 나 자신이 어떤 존재인지 거의 모르고 있다는 사실을 깨달았다. 그래서 내가 어떻게 행동하고 어떻게 말하는지를 자세히 관찰하기 시작했다. 나는 자신을 둘로 분리했다. 하나는 말하는 나, 다른 하나는 조금 떨어져 관찰하고 판단하는 나였다. 얼마 후 내가 하는 말 대부분이 진실이 아니라는 걸 알게 되었다. 진실을 말하지 않는 이유는 다양했다. 논쟁에서 승리하고 싶어서, 좋은 일자리를 얻고 싶어서, 주변 사람들에게 깊은 인상을 주고 싶어서, 원하는 걸 얻고 싶어서 크고 작은 거짓말을 했다. 세상을 비틀고 왜곡하여 그런 거짓말을 합리화했다. 그런 합리화도 다 가짜였다. 이런 사실을 깨달은 후 양심이 반박하지 않는 것만 말하려고 애썼다. 진실을 말하는 습관을 들이기 시작했다. 적어도 거짓말하지 않으려고 애썼다. 특히 내가 어떻게 해야 할지 모를 때 이런 습관은 무척 유용했다. 당신은 어떤 말을 해야 할지 모를 때 어떻게 하는가? 진실을 말하면 된다. 더글러스 병원 첫날 만난 환자에게 사실대로 말한 것도 이런 이유 때문이었다.

임상 심리학자가 된 직후 편집증(과도한 불안감이나 두려움으로 주변 사람이나 세상이 자신에게 해를 끼칠 것이라고 의심하는 심리 상태—옮긴이)에 시달리는 내담자가 나를 찾아왔다. 그는 위험해 보였다. 편집증 환자를 상대하는 건 까다로운 일이다. 편집증 환자는 자신이 비밀리에 활동하는 미스터리 집단의 표적이 되었다고 생각한다. 편집증 환자는 주변에서 벌어지는 모든 일에 과민하게 반응한다. 보통 사람이면 가볍게 넘길 비언어적 단서도 주의 깊게 분석한다. 사소한 일을 과도하게 해석하는 실수를 저지르는 것이다. 하지만 뒤섞인 동기와 판단과 거짓을 탐지하는 능력은 경이로울 정도로 뛰어나다. 편집증 환자의 마음을 열려면 그의 말을 잘 듣고 진실을 말해 줘야 한다.

나는 당연히 그 내담자에게 귀를 기울이고 진실을 말해 주었다. 그는 누군가에 대한 복수로 사람의 껍질을 벗기는 소름 끼치는 환상에 관해 이야기해 주었다. 그런 이야기를 들을 때마다 나는 나 자신이 그 이야기에 어떻게 반응하는지를 관찰했다. 그가 이야기하는 동안 나는 내 상상 속에서 어떤 생각과 이미지가 그려지는지에 주목했고, 내가 상상 속에서 본 것을 그에게 말해 주었다. 나는 그의 생각이나 행동을 통제하거나 다른 쪽으로 유도하려 애쓰지 않았다. 그저 그의 행동이 적어도 한 사람, 즉 나에게 어떤 영향을 미치는지에 대해 최대한 투명하게 알려 주는 데 신경을 썼다. 내가 신중히 관찰하고 꾸밈없이 대답했다고 해서 그의 말에 동요되지 않았다는 뜻은 전혀 아니다. 그의 이야기가 가끔 등골이 오싹해질 정도로 심각해지면 나는 그의 말과 행동이 잘못된 방향으로 가고 있으니 머지않아 심각한 문제가 생길 수 있다고 말해 주었다. 내 대답이 그를 기분 좋게 하지는 않았지만 내가 경청하고 정직하게 대응해서인지 그는 나에게 끊임없이 말했다. 그는 편집증 환자였을 뿐 어리석은 바보가 아니었다. 그는 자신의 행동이 사회적으로 받아들여지지 않는다는 걸 알았다. 예의 바른 사람도 자신의 비정상적인 환상에는 질겁할 가능성이 크다는 것도 알았다. 그는 나를 믿고, 내가 꾸밈없이 반응했기에 나에게 자신의 환상을 계속 털어놓았다. 결국 그런 신뢰가 없었다면 그를 더 깊이 이해할 수 없었을 것이다.

그의 문제는 은행 등 관료 조직에서 시작되었다. 그는 계좌 개설, 과태료 납부 등 비교적 단순한 업무를 처리하곤 했는데, 그런 곳에는 까다롭고 비협조적인 사람이 하나쯤 있게 마련이다. 그런 사람들은 제시한 신분증을 거부하거나 불필요한 이런저런 서류를 요구하며 번거롭게 한다. 관료 조직에서 절차를 중요시하는 것은 어느 정도 이해하지만, 때로는 자신의 작은 권력을 쓸데없이 과시하려는 욕심 때문에 일을 필요 이상으로 복잡하게 만드는 경우도 적지 않다. 그는 그런 상황에 매우 적절히 대응했고, 체면을 잃지 않으려고 애썼다. 그는 안전, 자유, 재산보다 체면을 더 중요시했다. 이런 논리에 따라 자신을 함부로 대하거나 무시하는 걸 조금도 용납하지 않았다(편집증 환자들은 흠잡을 데 없이 논리적이다). 절대 그냥 넘어가지 않았다. 융통성 없는 성격으로 인해 벌어진 일 때문에 판사의 금지 명령을 받은 적도 한두 번이 아니었다. 하지만 금지 명령은 애초부터 금지 명령이 필요 없는 사람에게만 효과가 있는 법이다.

"당신, 오늘 사람 잘못 건드렸어!"

그가 이런 상황에서 하는 말이다. 솔직히 말하면 나도 번거로운 행정 절차 때문에 짜증이 나면 이렇게 말하고 싶은 마음이 굴뚝같다. 하지만 웬만하면 그러려니 하고 넘어간다. 그런데 그는 속내를 있는 그대로 쏟아 낸다. 누군가에게 지옥문이 열리는 것이다. 그는 《노인을 위한 나라는 없다》에 나오는 악당처럼 군다. 그를 실수로라도 화나게 하면, 집요한 스토킹과 무시무시한 협박, 끝없이 쏟아지는 저주의 말을 각오해야 한다. 이런 사람에게는 거짓말을 하면 안 된다. 그래서 나는 그에게 진실만을 말했고, 그의 흥분은 조금씩 가라앉았다.

주정뱅이 폭주족 집주인

그즈음 아내 태미와 나는 작은 아파트에 세를 얻어 살고 있었다. 집주인 데니스는 한때 동네 폭주족 대장이었다. 아파트 건물 전체는 그의 부모 소유이고, 그는 우리 옆집에 살았다. 그의 여자 친구는 자해한 것으로 보이는 상처가 끊이지 않았다. 그런 상처는 경계선 성격 장애(비교적 가벼운 정신 질환인 신경증과 심각한 정신 질환인 정신증의 경계에 있다고 해서 붙은 이름으로, 극단적인 감정 기복을 보이고 자기 파괴적이며 충동적인 행동을 반복한다—옮긴이)의 특징이었다. 그녀는 우리가 그곳에 사는 동안 결국 자살하고 말았다.

우람한 몸집에 잿빛 수염을 기른 데니스는 프랑스계 캐나다인으로 천부적 재능을 지닌 아마추어 전기 기술자였다. 네온사인 간판 만드는 일을 했는데 예술적 감각이 뛰어났다. 심한 술버릇 때문에 옥살이를 한 후로 술을 멀리하려고 애썼다. 하지만 한 달에 한 번 정도는 온종일 술독에 빠져 지냈다. 그의 주량은 상상을 초월한다. 이틀 동안 쉰 병에서 예순 병의 맥주를 마시고도 멀쩡했다. 마침 그 무렵 나는 가족력이 알코올 의존증에 미치는 영향을 연구하고 있었다. 연구 대상자 중에는 매일 1리터의 보드카를 마시는 아버지 밑에서 자란 사람도 많았다. 이런 아버지들은 주류 판매점에서 월요일부터 금요일까지는 매일 한 병을 샀고, 일요일에 주류 판매점이 문을 닫기 때문에 토요일에는 두 병을 구입했다.

데니스는 작은 개를 키웠다. 술을 마시는 날이면 새벽 4시쯤에 그 개와 함께 뒷마당으로 나가 달을 보며 미친 듯이 울부짖었다. 가끔 우리 집을 찾아와 문을 두드릴 때도 있었다. 문을 열면 약간 비틀거리기는 했지만 말짱한 정신으로 꼿꼿하게 서 있었다. 그의 손에는 토스터나 전자레인지, 광고용 포스터가 들려 있었다. 데니스는 모아 놓은 돈을 몽땅 술을 사는 데 써 버리는 경우가 많았다. 사 놓은 술을 다 마시면 그런 물건을 팔아서 술 살 돈을 마련하려는 것이었다. 처음 몇 번은 물건을 사 주었다. 그런데 그런 일이 계속되자 태미가 앞으로 사 주지 말라고 했다. 아내가 데니스를 싫어해서 그런 건 아니었다. 다만, 내가 술에 취한 데니스와 물건을 두고 흥정하는 것도 불안하고, 그런 거래가 데니스에게 좋을 게 없다고 판단한 때문이었다. 태미의 말이 옳았다.

한때 폭주족 대장이었을 만큼 폭력적인 성향이 있는 거구의 사내가 만취해 새벽 4시에 문 앞에서 전자레인지를 팔아 달라고 한다면 도대체 어떻게 해야 할까? 편집증에 사로잡혀 상대방의 껍질을 벗기는 상상을 이야기하는 내담자를 상대하는 것보다 훨씬 어려운 문제였다. 하지만 해결책은 같았다. 진실을 말하는 것이었다. 그런데 여기서 말할 수 있는 진실이 뭘까? 진실이 무엇인지 알아야 진실을 말하지 않겠는가.

아내와 내가 그 문제로 대화를 나눈 후 얼마 지나지 않아 데니스가 다시 우리 집 문을 두드렸다. 그는 눈을 가느다랗게 뜨고 위협적인 눈빛으로 나를 쳐다보았다. '네가 무슨 생각을 하는지 다 알고 있다'는 표정이었다. 데니스는 몸을 앞뒤로 흔들며 토스터를 살 생각이 없느냐고 정중하게 물었다. 나는 욱하는 마음을 누르고 단도직입적이지만 조심스럽게 거절했다. 위선적인 속임수를 쓰지 않았다. 그 순간 나는 대학 교육을 받고 성공을 향해 나아가는 운 좋은 젊은이가 아니었다. 그 역시 혈중 알코올 농도 0.24퍼센트의 만취 상태로 오토바이 폭주를 즐기던 전기 기술자가 아니었다. 우리는 올바른 일을 해내려고 함께 노력하고 상대방에게 선의의 도움을 주려고 애쓰는 사람들이었다. 나는 그에게 술을 끊겠다고 약속하지 않았느냐고 말했다. 내가 돈을 계속 주면 본인에게 좋을 게 없고, 특히 밤늦게 술에 취해서 뭔가를 팔려고 오면 네가 아끼는 태미가 불안해한다고 덧붙였다.

데니스는 15초 정도 말없이 나를 뚫어지게 바라보았다. 한없이 긴 시간으로 느껴졌다. 그는 내 표정에 비웃음과 속임수, 경멸과 무시가 감추어져 있지는 않은지 살피는 듯했다. 하지만 나는 신중하게 생각한 끝에, 내 진심을 조심스럽게 선택한 단어들에 담아 꾸밈없이 전했을 뿐이다. 빠지면 죽는 위험천만한 늪지대를 드문드문 삐져나온 돌을 살짝살짝 밟으며 건넌 것이다. 데니스는 말없이 자기 집으로 돌아갔다. 만취한 상태였는데도 우리가 나눈 대화를 정확히 기억했다. 그 후로 그는 물건을 팔러 오지 않았다. 자라온 배경이 달라서 문화적 차이는 있었지만 우리의 관계는 그 전에도 그런대로 좋았다. 그리고 그 일이 있고 난 뒤로는 더욱 탄탄해졌다.

쉬운 길을 택하는 것과 진실을 말하는 것. 곤란한 상황을 벗어나기 위한 두 방법이라고 생각하는가? 아니다. 이 둘은 삶의 과정에 항상 함께하는 서로 다른 길이며, 완전히 다른 존재 방식이기도 하다. 어느 길을 선택하느냐에 따라 삶은 완전히 달라진다.

세상을 조작하라

의도를 전달하려는 목적으로 세상을 조작하는 언어를 사용할 수 있다. '정치적으로 행동하라'라는 말에는 그런 뜻이 담겨 있다. 이는 결국 정보 조작이다. 정보 조작은 비양심적인 마케팅 담당자와 판매원, 유혹하는 기술이 뛰어난 바람둥이, 선동에 집착하는 이상주의자, 대중의 관심을 원하는 광고업자, 전혀 다른 세상을 사는 정신 질환자의 특기다. 그리고 다른 사람들에게 영향을 미쳐 그들을 조종하려고 할 때 쓰는 수법이다. 대학생들이 자기 생각을 명확히 밝히고 제시하는 대신 교수의 입맛에 맞는 보고서를 쓸 때도 정보 조작이 자행된다. 원하는 것을 얻으려고 속내와 다른 사탕발림으로 남의 비위를 맞출 때도 이 수법을 쓴다. 세상을 조작하는 언어는 비열한 책략이고, 허위 구호이고, 거짓 선동이다.

이런 삶을 살면 뒤틀린 욕망에 사로잡히게 된다. 그 뒤틀린 욕망으로 옳지 않은 목표를 세우고, 그 목표를 이루기 위해 말과 행동을 정교하게 조작한다. 계산된 목표의 대표적인 예로는 이데올로기적 신념을 강요하기, 내가 옳다는 것을 증명하기, 유능하게 보이기, 서열의 상승, 책임 회피, 다른 사람 공을 가로채기, 승진과 진급, 다른 사람에게 주목받기, 모두의 호감 얻기, 피해자인 척하여 이익 챙기기, 냉소적 태도의 합리화, 반사회적 세계관의 합리화, 알면서 모르는 척하기, 약한 척하기, 성인군자처럼 말하기, 모든 잘못을 자녀 책임으로 돌리기 등이 있다. 이런 예들은 프로이트의 동료이던 오스트리아 심리학자 알프레트 아들러가 '인생의 거짓말(life-lie)'이라고 이름 붙인 것들이다.[149]

　인생의 거짓말은 인식과 생각, 행동으로 현실을 조작하려는 시도다. 그래서 욕망을 채우기 위해 미리 계획한 한정된 결과만 얻을 수 있다. 인생의 거짓말에 의존하는 삶은 의식적으로든 무의식적으로든 두 전제를 바탕으로 한다. 첫째, 현재의 지식으로 선별한 '좋은 것'들이 미래에도 계속 좋을 것이라는 전제다. 둘째, 현실 세계는 있는 그대로 두면 견디기 힘든 곳이 된다는 전제. 첫 번째 전제는 철학적으로 정당화될 수 없다. 지금 옳다고 생각해서 하는 행위가 미래에 틀린 것으로 판명될 수 있는 것처럼, 현재의 좋은 목표가 미래에는 의미 없는 목표로 변할 가능성이 있다. 두 번째 전제는 훨씬 더 나쁘다. 이 전제가 타당해지려면 두 조건을 충족시켜야 한다. 먼저, 현실 세계가 본질적으로 견딜 수 없는 것이어야 하고, 또 현실이 얼마든지 조작하고 왜곡할 수 있는 대상이어야 한다. 그런데 이 조건을 충족하려면 웬만한 교만과 확신으로는 불가능하다. 그것은 영국 시인 밀턴의 서사시 《실낙원》에 등장하는 사탄이나 할 수 있는 일이다. 합리성이란 능력은 자만심으로 변할 위험이 있다. '내가 아는 것은 무조건 옳다. 그러니 모두 알아야 한다'라고 생각하게 된다. 자만심으로 인해 자기가 가진 것들에 애착이 생기고, 애착이 심해지면 그것들을 절대적인 것으로 만들고 싶어진다.

나는 자기만의 유토피아를 정해 놓고 그 유토피아를 실현하겠다며 삶을 왜곡하는 사람을 숱하게 보았다. 진보주의자를 자처하던 어느 대학생은 시대의 유행을 따라 권위주의를 혐오하며 상상 속의 풍차를 무너뜨리겠다는 일념으로 20년을 분노 속에서 보냈다. 한 여성은 열아홉 살 때 쉰세 살이 되면 은퇴하겠다고 결심하고 그 목표를 이루기 위해 30년을 쉬지 않고 열심히 달렸다. 세상모르는 애송이 시절의 결심이라는 것은 전혀 의식하지 못했다. 열아홉 살 소녀가 쉰세 살 자아에 대해 무엇을 알겠는가. 그로부터 많은 시간이 지났지만 그녀는 여전히 은퇴 후의 에덴동산을 막연히 꿈꾸고 있다. 그녀는 자신의 처지를 직시하지 않는다. 그녀가 세운 목표가 잘못되었다면 그녀의 삶이 어떤 의미가 있겠는가. 그녀는 세상의 모든 골칫거리가 담긴 판도라 상자를 두려움 때문에 못 열고 있다. 하지만 그 상자 안에는 희망도 있다. 결국 그녀는 청소년기의 환상에 맞추려고 현재의 삶을 왜곡하고 있는 것이다.

처음에는 순수한 마음으로 세운 목표가 시간이 지나면서 음흉한 '인생의 거짓말'로 바뀐다. 언젠가 40대 내담자가 젊은 시절에 세웠다는 목표를 들려주었다.

"은퇴하면 한가로운 열대 해변에 앉아 햇살을 즐기며 마르가리타 칵테일을 마시고 싶습니다."

이런 목표는 계획이 아니다. 여행을 유혹하는 포스터에 불과하다. 마르가리타를 여덟 잔쯤 마시면 다음 날 숙취로 고생할 게 뻔하고, 3주 정도 지나면 심심해서 괴로울 것이다. 그렇게 1년을 보내면 지독한 무기력증에 빠질 것이다. 이런 목표는 지속 가능한 인생을 위한 것이 아니다. 이런 식의 지나친 단순화와 왜곡은 바로 이념적 지도자들의 특징이다. 그들은 자극적인 하나의 구호를 선택한다. '정부는 나쁘다', '이민은 나쁘다', '자본주의는 나쁘다', '가부장제는 나쁘다' 등이 바로 그런 것들이다. 그러고는 자신의 경험을 그럴듯하게 끌어들여 그 구호 하나로 모든 것을 설명할 수 있다고 억지를 부린다. 그들은 엉터리 이념에 도취해 자신들이 권력을 잡으면 세상을 바로잡을 수 있다고 믿는다.

인생의 거짓말에는 또 다른 근본적인 문제가 있다. 이 문제는 거짓말을 상황을 회피하기 위한 수단으로 사용할 때 나타난다. 잘못이라는 걸 뻔히 알면서 저지르는 죄를 '작위에 의한 죄'라고 한다. 그런데 잘못을 중단하는 조치를 취할 수 있음에도 방치하는 행위는 '부작위의 죄(태만죄)'라고 한다. 일반적으로 적극적인 범죄 행위를 소극적인 방치보다 더 심각한 잘못으로 판단하지만 꼭 그런 것만은 아니다.

아무 문제 없이 잘 산다고 말하는 사람이 있다고 해 보자. 그는 모두를 미소로 대하고, 다른 사람들의 부탁은 웬만하면 거절하지 않는다. 부당한 권위에 의문을 제기하지도 않고, 자기 생각을 표현하지도 않는다. 심지어 학대를 받아도 불평하지 않는다. 떼 지어 다니는 무리 속 물고기 한 마리처럼 눈에 띄지 않으려고 애쓴다.

하지만 은밀한 불안감이 마음의 한 귀퉁이를 갉아먹고 있다. 인간의 삶은 모두 그 자체가 고통이다. 그 사람도 고통스러울 수밖에 없다. 외롭고 쓸쓸하고 성취감도 없다. 자신을 감추는 습관이 삶의 의미마저 감춰 버린다. 결국 그는 다른 사람들에게 이용만 당한다. 즉 노예에 불과한 존재가 되는 것이다. 원하는 것도, 필요한 것도 얻지 못한다. 원하는 것을 얻으려면 속내를 드러내야 하기 때문이다. 따라서 그의 불안한 삶에 균형을 잡아줄 가치 있는 것은 아무것도 없다. 이런 현실 때문에 겉으로는 멀쩡해 보일

지라도 마음은 늘 아리다.

보호 시설이 규모를 줄일 때 가장 먼저 처리하는 대상은 시끄러운 말썽꾼이다. 그다음 희생자로는 눈에 띄지 않는 사람이 선택될 가능성이 크다. 숨는 사람은 중요하지 않은 사람이다. 중요한 존재가 되려면 남다른 역할을 해야 한다. 숨어도 질병과 광기, 죽음과 세금에서 벗어날 수는 없다. 더구나 다른 사람들로부터 숨는다는 것은 실현되지 않은 자아의 잠재력을 억압하고 감춘다는 뜻이기도 하다. 이것이 진짜 문제다.

다른 사람에게 당신의 진실한 모습을 드러내지 않으면 당신도 자신의 진짜 모습을 알 수 없게 된다. 당신이 누구인지 스스로 감춘다는 뜻이기도 하지만, 당신의 잠재력이 억눌려 발휘되지 않는다는 뜻이기도 하다. 개념적으로도 진실이지만 생물학적으로도 증명된 사실이다. 당신이 용감하게 탐험에 나서면, 미지의 것을 향해 자유 의지로 도전하고 새로운 정보와 지식을 얻을 것이고, 그 정보와 지식을 바탕으로 새로운 자아를 형성할 수 있게 된다. 이것이 개념적인 진실이다. 하지만 생물학적 증거는 더욱 확실하다. 어떤 유기체가 새로운 환경에 놓이면 중추 신경계에서 새로운 유전자들이 활성화한다는 것이 최근에 확인되었다. 새 유전자들은 새로운 단백질들의 유전 암호와 연결되고, 이 단백질들이 구성단위가 되어 뇌에 새로운 구조를 형성한다. 우리의 많은 부분이 생물학적으로 여전히 발생기 상태에 있다. 정체 상태에 머물러서는 안 된다는 뜻이다. 자기 생각을 당당히 말하고, 새로운 것에 도전하고, 어디라도 가야 한다. 그렇지 않으면 우리는 미완의 상태에서 벗어나지 못한다. 삶은 미완의 인간이 감당하기에는 너무 가혹하다.

당신이 직장 상사나 배우자, 혹은 부모님에게 '아니요'라고 해야 할 때

'아니요'라고 한다면, 누구에게라도 '아니요'라고 해야 할 때 '아니요'라고 하는 사람으로 거듭날 수 있다. 하지만 '아니요'라고 말해야 할 때 하지 못하면, 언제 어디서나 '알겠습니다'라고 말하는 사람으로 전락한다. 평범하고 선량한 사람들이 강제 수용소의 교도관처럼 끔찍한 짓을 아무렇지도 않게 하는 이유가 뭘까? '아니요'라는 대답이 간절히 필요한 순간에 그렇게 대답하지 못했기 때문이다.

속마음을 감추고 거짓을 말하며 가식적으로 행동하면 의지가 약해진다. 의지가 약한 사람은 역경을 이겨 내지 못한다. 역경은 삶의 과정에서 필연적인 것이다. 피하고 싶어도 피할 수 없다. 그 결과 해서는 안 될 선택을 하게 될 수도 있다.

냉소적이고 수준 낮은 철학은 왜곡으로 현실을 개선할 수 있다고 주장한다. 그런 철학은 진실과 거짓을 같은 것으로 판단하고, 둘 모두에 결함이 있다고 평가한다. 또 진실을 불충분한 것이라고 비난하고, 정직한 사람을 착각에 빠진 사람이라고 깎아내린다. 그래서 냉소적인 철학은 세상에 타락의 씨앗을 퍼뜨리고, 타락한 세상을 정당화한다.

미래에 대한 비전을 갖는 게 잘못이라는 뜻이 아니다. 그 비전을 이루기 위해 세운 계획이 잘못이라고 말하는 것도 아니다. 바람직한 미래에 대한 비전은 당연히 필요하다. 비전은 현재의 행동을 중요하고도 장기적이며 근본적인 가치와 연결해 준다. 현재의 행동에 의미와 중요성을 더해 주고 불확실성과 불안을 줄여 준다.

문제는 비전이 아니라 '의도적 무시'다. 의도적 무시는 최악의 거짓말이다. 교묘하게 이루어지고 쉽게 합리화된다. 의도적 무시는 조금만 주의를 기울이면 알 수 있다. 일부러 거부하는 것이고, 문을 두드리는 소리가 나는 데 문밖에 누군가 있다는 걸 인정하지 않는 것이다. 360킬로그램짜리 고릴라가 방 한가운데에 있고 집채만 한 코끼리가 카펫에 덮여 있으며 해골이 벽장 안에 있는데, 모른 척하는 것이다. 계획을 진행하는 동안 실수가 있었음을 인정하지 않는 것이다. 모든 게임에는 규칙이 있다. 하지만 가장 중요한 규칙 중 일부는 명확히 표현되지 않는 경우가 많다.

우리가 어떤 게임을 하기로 했다면 그 게임의 규칙을 받아들인다는 뜻이다. 이때 숨어 있는 규칙은 내가 하기로 한 그 게임이 '할 만한 가치가 있는 중요한 게임'이라는 것이다. 할 만한 가치가 없는 게임을 누가 하겠는가! 따라서 게임을 한다는 것은 그 게임의 가치를 인정했다는 뜻이다. 또 다른 숨어 있는 규칙은 게임을 하는 동안의 움직임은 승리에 도움이 되는 경우에만 유효하다는 것이다. 당신의 움직임이 승리에 도움이 되지 않으면 그 움직임은 잘못되거나 무의미한 것이다. 따라서 다른 움직임을 시도해야 한다. 이런 옛말이 있다.

'미친 사람만이 똑같은 일을 반복하면서 다른 결과를 기대한다.'

운이 좋으면 실패하더라도 새로운 방법을 시도함으로써 앞으로 나아갈 수 있다. 새로운 방법이 효과가 없으면 다른 방법을 시도하면 된다. 운이 따른다면 약간의 변화로도 충분하다. 따라서 작은 변화로 시작하고, 그 변화가 도움이 되는지 확인하면 된다. 하지만 때로는 가치 체계 전체가 잘못된 경우도 있다. 이런 경우에는 가치 체계 자체를 버리고, 완전히 다른 게임을 만들어야 한다. 이른바 혁명이 필요하다. 혁명에는 혼란과 두려움이 수반되기 때문에 가볍게 시작할 수 없지만, 꼭 필요할 때가 있다. 실수가 있으면 그 실수를 바로잡기 위한 희생이 필요하다. 큰 실수에는 큰 희생이 필요하다. 진실을 받아들인다는 것은 희생을 각오한다는 뜻이다. 이를테면 당신이 진실을 오랫동안 무시해 왔다면 위험할 정도로 잔뜩 빚을 졌다는 뜻이다.

자신을 똑똑하고 합리적이라고 자부하는 사람은 실수나 오류를 무시하고 싶은 유혹에 쉽게 빠진다. 그런 오류를 제대로 처리하지 않고 카펫으로 덮어 버리려고 한다. 덴마크 철학자 키르케고르가 시작한 실존주의 철학은 이런 존재 방식을 '비본래적(inauthentic)'인 것으로 이해했다. 비본래적인 사람은 자신의 인식과 행동이 개인적인 경험을 통해 틀렸다는 것이 입증되어도 그 방식을 고집한다. 따라서 그런 사람은 자기 목소리로 말하는 사람이 아니다.

'내가 원하는 것이 이루어졌는가? 아니다. 그 이유는 내 목표와 방법이 잘못되었기 때문이다. 아직도 내가 배워야 할 것이 많다는 뜻이다.'

이것이 본래적인 목소리다.

'내가 원하는 것이 이루어졌는가? 아니다. 그 이유는 세상이 불공정하기 때문이다. 사람들이 멍청해서 내 의도를 이해하지 못한 탓이다. 그들이 나를 시기하고 질투하기 때문이다. 내 잘못이 아니라 다른 사람과 환경 탓이다.'

이것은 비본래적인 목소리다. '그들을 끝내 버리겠어. 응징하겠어. 파괴하겠어'라고 생각하는 것과 크게 다르지 않다. 이해할 수 없는 야만적인 사건들은 이런 '비본래적'인 생각이 작용하여 일어난다.

이런 의도적 무시를 무의식이나 억압의 탓으로 돌릴 수는 없다. 누구든 거짓말할 때는 자신이 거짓을 말한다는 것을 알고 있다. 자기 행동이 어떤 결과로 이어졌는지 모르는 경우도 있고, 과거를 제대로 분석하지 않아서 자신에 대한 이해가 부족한 경우도 있다. 혹은 거짓말했다는 걸 망각하거나 그런 사실 자체를 의식하지 못하는 경우도 있다.

그러나 실수를 저지르고 그에 대한 책임을 회피하는 그 순간에는 그 사실을 분명히 의식한다. 그 순간에는 자신이 무슨 짓을 하고 있는지 안다. 결국 비본래적 개인들의 오류와 실수가 모이고 쌓이면 국가 역시 부패와 타락의 운명을 피하지 못한다.

권력욕이 강한 사람은 조직에서 새로운 규칙을 자주 만든다. 그런 규칙은 대체로 불필요하고 비생산적이다. 짜증을 유발하고, 일하는 사람의 즐거움과 의미를 빼앗아 간다. 사람들은 대체로 말해 봐야 입만 아프지 하며 넘어간다. 그러면 또 다른 규칙이 만들어진다. 처음부터 강력히 반발하지 않아서 그런 상황을 순순히 받아들이는 데 익숙해진 것이다. 게다가 이제는 반발할 용기도 없다. 당신의 상대는 지금껏 어떤 반대도 받지 않아서 더 강해지고, 조직은 더 부패한다. 조직의 성장은 정체되고, 억압은 심해진다. 처음부터 반대하지 않고 괜찮은 척하던 사람들도 이 사태의 공범이다. 왜 부당한 일에 반대하지 않는가? 왜 들고일어나지 않는가? 당신이 먼저 나선다면 당신처럼 숨죽이고 있던 사람들이 지지해 주지 않을까? 그런 사람이 없다면 혁명이 필요한 때인지도 모른다. 아니면 영혼이 타락할 위험에서 벗어나도록 다른 일자리를 찾는 게 나을 수도 있다.

"사람이 만일 온 천하를 얻고도 자기 영혼*을 잃으면 무엇이 유익하리요"(〈마가복음〉 8장 36절).

알렉산드르 솔제니친의 대표작 《수용소 군도》의 빛나는 업적 중 하나는 소련 강제 노동 수용소의 병리적 현상(그곳에서 수백만 명이 고통받았고 목숨을

---

* 한국어 《성경》에는 '목숨'으로 번역되어 있다.
　"사람이 만일 온 천하를 얻고도 자기 목숨을 잃으면 무엇이 유익하리요"(〈마가복음〉, 대한성서공회 개역개정 4판, 《성경전서》).
　"사람이 온 세상을 얻고도 제 목숨을 잃으면 무슨 소용이 있느냐"(〈마르코 복음서〉, 한국천주교주교회의, 《성경》).

잃었다)과 소련 국민의 거의 보편적 성향 사이에 존재하던 직접적인 인과 관계를 분석한 것이었다. 당시 소련 국민은 개개인의 일상적인 경험을 왜곡하고 국가가 주도하는 공포 분위기를 외면함으로써 이데올로기에 집착하는 공산주의 체제의 강압을 간접적으로 지원하는 성향이 있었다. 솔제니친의 폭로에서 확인되듯이, 이런 기만과 부정이 편집증적 대량 학살자 스탈린의 범죄를 부추기고 조장했다. 솔제니친은 진실, 그것도 강제 노동 수용소에서 직접 경험하며 힘겹게 알아낸 진실을 썼고, 소비에트 국가의 기만을 폭로했다. 솔제니친이 《수용소 군도》를 발표한 후 교육받은 사람이라면 그 누구도 공산주의 이데올로기를 옹호하지 않았다. 하지만 '스탈린이 한 짓은 진정한 공산주의가 아니었다'라고도 말하지 못했다.

나치 강제 수용소에서 살아남은 신경 생리학자 빅토어 프랑클은 이제 고전이 된 《죽음의 수용소에서》에서, "개개인의 기만적이고 거짓된 삶은 전체주의적 사회의 전조"라면서 사회 심리학적으로 유사한 결론을 내렸다. 프로이트도 '억압'이 정신 질환 발달에 큰 영향을 준다고 믿었다. 특히 진실을 억압하는 것과 거짓말은 정도의 차이만 있을 뿐 본질에서는 같다고 생각했다. 아들러도 거짓이 병을 유발한다는 걸 알았고, 카를 융 역시 도덕적 문제가 환자를 괴롭히고 그런 문제의 원인은 '진실하지 않음'이라는 것을 알았다. 이 사상가들은 모두 개인과 사회의 병리적 현상을 집중적으로 연구했고, '거짓말이 삶의 구조를 왜곡한다'라는 같은 결론에 도달했다. 거짓은 개인의 영혼만이 아니라 사회 전체를 타락시킨다. 개인의 타락이 결국에는 사회의 타락으로 발전하기 때문이다.

단순한 존재론적 시련이 배신과 기만 때문에 처절한 지옥으로 전락하는 걸 숱하게 보았다. 예를 들어 부모 중 한 사람이 불치병에 걸렸다고 해 보

자. 불치병은 힘겹지만 그럭저럭 관리할 수 있는 시련이다. 그런데 여기에 자식들의 갈등이 섞이면 감당하기 어려운 끔찍한 상황으로 돌변할 수 있다. 해결되지 않은 과거에 사로잡힌 자식들이 환자 머리맡에 악귀처럼 모여들어 서로에 대한 원망과 원한을 쏟아 낸다고 생각해 보라. 단순한 인생의 비극이 참혹한 지옥으로 변해 버린다.

부모가 실망과 고통으로부터 자식을 지켜 주겠다고 과잉보호하면 자식은 독립적으로 성장하기 어렵다. 자식은 부모의 품을 떠나지 않고, 덕분에 부모는 외로움에서 벗어날 수는 있다. 하지만 부모가 자식에 대한 책임과 의무를 회피하면, 병이 서서히 우리 몸을 잠식하는 것처럼 부모와 자식 모두 서서히 비극의 나락으로 떨어진다. 부모는 자식을 위해 헌신하는 순교자 행세를 하며 친구들의 동정심을 흡혈귀처럼 빨아먹는다. 한편, 부당하게 억압받았다고 믿는 자식은 방에 틀어박힌 채 자신을 비겁하고 무능력하다며 거부한 세상에 대혼란을 안겨 줄 상상으로 즐거워한다. 때로는 그런 대혼란이 실제로 일어나기도 한다. 그때마다 모두 '왜 그랬을까?'라고 의문을 품는다. 그 의문을 파고들면 답을 찾을 수 있는데 아무도 그렇게 하지 않는다.

물론 유복한 삶도 질병과 건강, 통제할 수 없는 재앙으로 왜곡되고 상처받고 뒤틀릴 수 있다. 암, 우울증, 조울증, 조현병 같은 질병은 개인이 직접 통제할 수 없는 생물학적 요인과 관계가 있다. 삶 자체에 내재한 어려움만으로도 우리는 약해지고 압도된다. 그런 고통이 감당할 수 있는 한계를 넘어서면 우리는 가장 약한 지점에서부터 산산이 부서진다. 가장 완벽한 삶도 이런 나약함에서 벗어날 수 없다. 다툼을 일삼는 가족은 신뢰와 헌신으로 뭉친 가족보다 무너진 폐허에서 다시 일어설 가능성이 적다. 기만과 거짓이 팽배한 개인과 가족, 사회는 선천적인 약점이나 자연 재앙이 아주 심각한 위기로 증폭될 가능성이 크다.

정직하게 말하고 행동해도 지상에 낙원을 세우려는 시도는 번번이 실패할 것이다. 하지만 정직함은 삶과 관련된 고통을 견딜 만한 수준으로 낮출 수 있다. 우리의 삶은 기본적으로 비극이다. 인간의 한계와 나약함 때문에 그 누구도 피할 수 없다. 그 비극은 우리가 존재하는 한 치러야 하는 대가일지도 모른다.

내가 아는 어느 노부부가 있었다. 아내가 치매에 걸렸는데 더 손쓸 수 없을 정도로 진행된 상태였다. 남편은 그 사실을 담담하게 있는 그대로 받아들였다. 아내의 병세가 악화할 때마다 자신을 그 상황에 맞춰 갔다. 그리고 필요할 때마다 도움을 청했다. 또 아내에게 닥친 비극을 부인하거나 외면하지 않았다. 오히려 그 비극을 품위 있게 받아들였다. 그녀가 병상에 누워 있는 동안 자식들이 자주 찾아와 어머니를 보살피고 아버지를 위로했다. 그들은 가족으로서 새로운 관계를 맺었다. 그들의 상실감은 여전히 존재했지만 그 일로 인해 그들은 더 단단해졌다.

지금은 성인이 된 내 딸은 어렸을 때 고관절과 발목이 으스러져 2년 동안 매일같이 극심한 통증에 시달렸다. 하지만 심리적으로 어떤 상처도 입지 않고 회복되었다. 남동생은 자발적으로 누나를 보살피고 부모를 위로했다. 그동안 정상적인 학교생활이 불가능하고 친구를 사귀는 데도 어려움이 많았지만 불평하지 않았다. 정신적으로 무너지지만 않으면 인간의 회복력은 상상을 넘어선다. 이때 주변 사람들의 사랑과 격려가 큰 힘이 된다. 하지만 비극에 기만이 더해지며 빚어지는 완전한 파국은 누구라도 견딜 수 없다.

우리 인간은 이성적이고 합리적인 존재로서 속이고, 조작하고, 획책하고, 기만하고, 왜곡하고, 축소하고, 호도하고, 배신하고, 얼버무리고, 부정하고, 생략하고, 변명하고, 과장하고, 모호하게 뒤섞는 능력이 거의 무한에 가깝다. 과학이 등장하기 전 도덕성의 본질을 연구하던 사람들은 인간의 그런 능력을 악마적이지만 긍정적인 것으로 여겼다. 그런 능력은 일종의 거쳐야 하는 과정이기 때문이다. 이런 과정을 통해 사안들의 합리성이 더 명확해지고 발전해 간다고 생각했다. 왜냐하면 합리성에는 지금 알고 있는 것을 절대적인 지위에 올려놓고 싶은 유혹에서 벗어나지 못한다는 약점이 있기 때문이다.

다시 한번 영국의 위대한 시인 밀턴의 도움을 받으면, 인간의 이런 습성에 담긴 뜻을 분명히 이해할 수 있다. 수천 년 동안 서구 세계는 기독교의 핵심 교리와 밀접한 관계가 있는 악의 본질에 대해 몽환적인 환상을 가지고 있었다. 그 환상에는 인간의 삶을 타락시키는 데 혈안이 된 적대적인 주인공이 등장한다. 밀턴은 이런 집단적 몽상의 진수를 정리하고 각색해서 표현하는 임무를 맡았다. '빛을 품은 자'라고 하는 사탄 루시퍼를 통해 그 몽상에 생명을 부여했다. 밀턴은 루시퍼의 원초적 유혹과 그 즉각적인 결과에 대해 다음과 같이 썼다.[150]

영광의 자리에 오르고자 힘쓴 나머지
크나큰 야망을 품고 반역하면
지존의 상제와 감히 같아지리라 믿었기에
하나님의 옥좌와 권세에 맞서
하늘에서 불경한 전쟁을 시작하고
헛되이 오만한 전투를 벌였도다.

저 전능하신 하나님은 천상의 하늘에서

무서운 추락과 파멸로 응징하고

그를 불붙여 바닥없는 지옥에 거꾸로 내던지셨나니

그는 그곳에서 끊을 수 없는 쇠사슬에 묶여

영원의 불길 속에서 살게 되었다.

이성적인 영혼 밀턴의 눈에 루시퍼는 하나님이 무(無)에서 만들어 낸 가장 경이로운 천사였다. 이 사실은 심리학적 관점으로 읽을 수 있다. 이성(reason)은 살아 있는 것이다. 이성은 우리 모두의 내면에 존재한다. 이성은 우리보다 먼저 존재한 것이며, 능력이 아니라 인격으로 이해해야 한다. 이성에는 고유한 목표가 있고, 유혹이 있으며, 약점이 있다. 이성은 어떤 정신보다 더 높이 날고 더 멀리 내다본다. 그러나 이성은 자신과 사랑에 빠진다. 더 큰 문제는 이성은 스스로 만들어 낸 것을 사랑한다는 점이다. 그것을 드높이고 절대적인 것으로 숭배한다. 따라서 루시퍼는 전체주의의 악령이다. 그렇게 드높아진 까닭에 천국에서 루시퍼는 지옥으로 내던져진다. 불가해한 존재, 최고의 선에 대한 저항은 필연적으로 지옥을 만들어 낸다.

다시 한번 강조하면, 합리성(rational faculty)은 자체의 고유한 능력과 그 능력으로 만들어 낸 것을 미화하고 싶은 유혹을 받는다. 그리고 합리성이 내세운 이론을 넘어서는 것은 아무것도 없고 합리성 바깥에는 아무것도 존재하지 않는다고 주장하고 싶은 유혹을 받는다. 다시 말해 합리성이 중요한 사실을 이미 빠짐없이 발견했다는 뜻이다. 합리성이 모르는 것은 중요하지 않은 것으로 치부한다. 그리고 삶의 한계에 대해 개개인의 용기 있는 도전이 필요하다는 걸 부정한다. 이것이 가장 중요하다. 그렇다면 무엇이 당신을 구해 줄 것이라 생각하는가? 전체주의자는 이렇게 말한다.

'이미 알고 있는 것들에 대한 믿음에 의지해야 한다.'

그러나 그런 믿음이 우리를 구해 주지는 못한다.

'우리를 구해 주는 것은 모르는 것으로부터 배우겠다는 의지다.'

우리를 구해 주는 것은 인간의 변화 가능성에 대한 믿음이다. 또한 가능한 자아실현을 위해 현재의 자아를 희생할 수 있다는 믿음이다. 전체주의자는 개개인이 삶에 대해 궁극적으로 책임져야 한다는 것을 부정한다.

전체주의는 '발견되어야 할 것은 이미 발견되었다'라고 생각한다. 이렇게 되면 모든 것이 계획대로 정확히 전개될 것이다. 완전한 시스템이 채택되면 모든 문제가 영원히 사라질 것이다. 밀턴의 위대한 시는 한 편의 예언이었다. 합리성이 기독교라는 잿더미에서 되살아나자, 전체주의 체제라는 거대한 위협이 뒤따랐다. 특히 공산주의는 억압받는 노동자에게보다는 지적인 오만함으로 항상 자신이 옳다고 확신하는 지식인에게 더 매력적이었다. 하지만 공산주의가 약속한 유토피아는 실현되지 않았다. 오히려 스탈린의 러시아, 마오쩌둥의 중국, 폴 포트의 캄보디아가 지옥으로 바뀌는 것을 목격했다. 하지만 그곳 국민은 동포를 배신하고, 직접 보고 겪은 일을 외면했다. 그 결과 수천만 명이 목숨을 잃었다.

소련에서 오래전에 유행하던 농담이 있다. 미국인이 죽어서 지옥에 갔다. 사탄이 직접 미국인에게 지옥을 구경시켜 주겠다고 나섰다. 커다란 가마솥을 지날 때 미국인이 안쪽을 슬쩍 들여다보았다. 많은 영혼이 뜨거운 아스팔트 반죽 안에서 허우적대며 울부짖고 있었다. 그들이 가마솥을 벗어나려고 발버둥 치면 주변에 앉아 있는 하급 악령들이 쇠스랑으로 그들을 다시 밀어 넣었다. 미국인은 큰 충격을 받았다. 사탄은 "이곳은 죄를 지은 영국인이 갇혀 있는 곳이다"라고 말했다. 지옥 순례는 계속되었다. 곧 사탄과 미국인은 두 번째 가마솥으로 다가갔다. 이번 가마솥은 더 크고 더 뜨거웠다. 미국인이 다시 안쪽을 들여다보았다. 이 가마솥에서는 베레모를 쓴 영혼들이 울부짖고 있었다. 여기에서도 악령들이 가마솥에서 도망치려는 영혼들을 쇠스랑으로 밀어 넣고 있었다. 사탄은 "이곳은 죄를 지은 프랑스인들이 갇혀 있는 곳이다"라고 말했다. 좀 떨어진 곳에 또 하나의 가마솥이 있었다. 훨씬 더 크고, 가까이 접근하기도 힘들 정도로 뜨거웠다. 하지만 사탄이 들여다보라고 집요하게 요구해 미국인은 그 가마솥으로 다가가 안쪽을 들여다보았다. 그곳 또한 영혼들로 가득했지만, 펄펄 끓는 아스팔트 반죽 아래로 가라앉아 거의 보이지 않았다. 때때로 빠져나와 가마솥을 벗어나려고 발버둥 치는 영혼들이 눈에 띄었다. 이상하게도 그 거대한 가마솥의 테두리에는 악령들이 앉아 있지 않았다. 하지만 어떤 영혼도 가마솥을 빠져나가지 못하고 금방 수면 아래로 사라졌다. 미국인이 물었다.

"여기에는 영혼을 밀어 넣는 악령이 없는 이유가 무엇입니까?"

그러자 사탄이 말했다.

"여기는 소련인들이 갇혀 있는 곳이다. 도망가려는 놈이 있으면 다른 놈들이 끌어내리지."

밀턴은 실수하고도 변하지 않는 완고함은 천국으로부터의 추방과 점점 깊어지는 지옥으로의 추락을 뜻할 뿐만 아니라, 구원에서도 배제되는 것이라고 믿었다. 사탄은 자신이 화해를 구하고 하나님이 화해를 받아들이더라도 자기는 어차피 변하지 않을 것이기 때문에 다시 반항할 거라는 사실을 알고 있다. 이런 교만한 완고함은 성령에게 범하는 용서할 수 없는 죄가 된다.

── 법칙 8

…… 잘 있거라, 영원한 기쁨이 숨 쉬는

행복의 땅이여! 공포여 만세!

황천이여 만세! 그리고 가장 깊은 지옥이여

그대여 새 주인을 맞이하여라. 시간으로도, 장소로도

변경될 수 없는 마음을 가지신 분이시다.[151]

내세의 환상을 노래한 시가 아니다. 정적(政敵)의 사후에 가해지는 고문을 묘사한 사악한 세계도 아니다. 추상적인 개념을 나열한 시지만, 관련된 대상보다 추상적인 개념이 훨씬 더 사실적인 경우도 많다. 지옥이 어떤 식으로든 존재한다는 믿음은 무척 오래되고 보편적인 것이다. 따라서 진실이라 할 수 있다. 지옥은 영원한 것이고 예로부터 항상 존재하던 것이다. 물론 지금도 존재하고 있다. 지옥은 혼돈에 휩싸인 지하 세계에서 가장 황량하고 절망적이고 악의적인 곳이다. 낙담하고 원한에 사무친 사람들이 영원히 갇혀 지내는 곳이다.

마음은 그 자신의 안식처, 마음 스스로가

지옥을 천국으로, 천국을 지옥으로 만들 수 있도다.[152]

……

여기서는 우리 편히 다스릴 수 있으리, 내 좋을 대로

다스리는 것이야말로 바람직한 일이니 지옥인들 어떠리

천국의 종보다는 지옥의 왕이 낫도다.[153]

거짓으로 말하고 행동하는 사람들이 지금 그곳, 지옥에 살고 있다. 분주한 도시의 거리를 잠깐 걸어 보라. 눈을 크게 뜨고 주의 깊게 관찰하면, 지금 그곳에 있는 사람들이 눈에 들어올 것이다. 그들은 당신이 본능적으로 피하게 되는 사람들이다. 가까이 다가서고 싶지 않은 사람들이다. 당신이 똑바로 바라보면 곧바로 화를 내거나 부끄러워하며 시선을 돌리는 사람들이다. 나는 길거리를 뒹구는 알코올 의존증 환자가 내 어린 딸 앞에서 부끄러워하며 얼굴을 돌리는 모습을 본 적이 있다. 그는 내 딸의 눈에 비친 자신의 처참한 상태를 차마 바라볼 수 없던 것이다.

기만은 우리를 견디기 힘든 수준 너머까지 비참하게 만든다. 기만은 인간의 영혼을 원망과 양심으로 채운다. 기만은 인간에게 참혹한 고통을 안겨 준다. 나치와 스탈린이 만든 죽음의 수용소, 그리고 그것을 훌쩍 넘어서는 괴물 마오쩌둥의 고문실과 집단 학살이 대표적인 예다. 기만은 20세기에만 수억 명을 죽였다. 기만은 문명 자체를 거의 죽음 직전까지 몰아넣었다. 기만과 거짓은 지금도 우리를 심각하게 위협하고 있다.

오직 진실만을 말해야 하는 이유

거짓된 말과 행동을 중단하기로 하면 어떻게 될까? 또 거짓을 멈춘다는 것은 대체 어떤 의미일까? 우리의 지식은 제한되어 있다. 최선의 목표와 최선의 수단이 무엇인지 확실히 판별할 수 없더라도 지금 이곳에서 결정을 내려야 한다. 목표와 야망은 행동에 필요한 시스템을 제공한다. 목표는 가야 할 길, 즉 현재에 대비되는 목적지를 알려 주고 모든 것을 평가할 수 있는 틀을 제공한다. 목표가 있어야 무엇이 진보인지 명확히 규정하고, 진보가 이루어질 때마다 자극받게 된다. 분명하고 의미 있는 목표는 불안감까지 줄여 준다. 거꾸로 말하면, 모호한 목표는 평온한 마음을 보장해 주지 못한다. 따라서 깊이 생각해 계획을 세우고, 지식의 한계를 받아들여야 한다. 살기 위해서라도 그렇게 해야 한다. 그럼 어떻게 해야 전체주의적 확신이란 유혹에 빠지지 않고 가치 있는 미래를 설계하고 바람직한 방향을 설정할 수 있을까?

전통의 힘을 빌리면 좋은 목표를 설정하는 데 큰 도움을 받을 수 있다. 무엇을 어떻게 해야 할지 확실히 결정할 수 없다면, 옛사람들이 한 대로 하는 것이 합리적이다. 예를 들면, 학업을 먼저 끝낸 후 일자리와 배우자를 찾고 가족을 이루는 게 합당하다. 문화도 그런 식으로 유지된다. 그러나 전통적인 목표를 세웠더라도 주의를 게을리할 수는 없다. 방향을 설정했더라도 그 방향이 잘못되었을 수 있다. 계획을 세웠더라도 그 계획이 잘못되었을 수 있다. 무지로 인해 잘못된 방향으로 끌려갈 수 있다. 당신의 내면에 밝혀지지 않은 오점이 있다면 큰 문제가 생긴다. 따라서 현재 알고 있는 것에 만족하지 말고 모르는 것과 친해져야 한다. 당신의 일거수일투족을 자세히 관찰해야 한다. 남의 눈을 가린 티끌을 나무라기 전에 당신의 눈을 가린 들보를 걷어 내야 한다. 이렇게 기백과 사기를 드높일 때 우리는 삶의 부담을 견뎌 내며 사회에 새로운 활력을 불어넣을 수 있다.

고대 이집트인들은 이미 수천 년 전 이런 관계를 알고 있었고, 그 관계를 이야기 형태로 남겨 놓았다.[154] 그들은 오시리스를 이집트라는 국가의 신화적인 설립자이자 전통을 수호하는 신으로 섬겼다. 하지만 오시리스는 사악하고 교활한 동생 세트에게 왕권을 빼앗기고 지하 세계로 추방된다. 이집트인들은 이 이야기에서, 시간이 지남에 따라 사회 조직이 경직되고 의도적 회피에 빠진다고 경고했다. 오시리스는 동생의 진짜 성격을 파악할 기회가 많지만 그때마다 외면했다. 세트는 기회를 엿보다가 마침내 적절한 때가 오자 오시리스를 토막토막 쪼개 왕국 곳곳에 던져 버렸다. 그리고 오시리스의 영혼을 지하 세계로 추방해 버렸다. 오시리스는 육신과 영혼을 되찾기가 어려워졌다.

다행히 오시리스는 혼자서 세트와 상대할 필요가 없었다. 이집트인들은 오시리스의 아들 호루스도 숭배했다. 호루스는 매의 형상을 하고 있다. 매는 모든 피조물 중 시력이 가장 뛰어나고, 법칙 7에서 언급했듯이 상형 문자에서 하나의 눈으로 상징된다. 호루스는 의도적으로 회피하는 관습에 사로잡힌 아버지와 달리, 만물을 꿰뚫어 보는 주의력의 신이었다. 주의력은 합리성과는 다르다. 호루스는 주의를 집중한 덕분에 삼촌인 세트의 사악함을 알아차렸다. 그리고 힘겨운 싸움 끝에 삼촌을 물리칠 수 있었다. 물론 세트는 호락호락 물러나지 않았다. 패배하기 직전 조카의 눈 하나를 뜯어냈다. 결국 호루스에게 패배한 세트는 추방되었다. 호루스는 잃어버린 눈을 되찾아 누구도 예상하지 못한 여정을 시작한다. 지하 세계로 달려가 아버지에게 그 눈을 전한 것이다.

이 이야기는 무엇을 뜻하는 것일까? 첫째, 악의는 신의 시력까지 훼손할 정도로 무시무시하다는 뜻이다. 둘째, 신중하고 세심한 아들은 아버지의 시력을 회복시킬 수 있다는 뜻이다. 문화는 과거 위대한 인물들의 헌신과 노력으로 세워졌지만, 현재는 항상 빈사 상태에 있다. 현재는 과거가 아니다. 현재와 과거의 차이에 비례하여, 과거의 지혜는 힘을 잃고 구식이 된다. 이런 변화는 시간의 흐름에 따른 결과이고 필연적이다. 사회와 사회적 지혜는 의도적 무시와 사악한 음모로 인해 쉽게 타락한다. 조상들이 남겨준 제도의 기능은 현재의 잘못된 행위, 즉 목표에서 벗어난 실수 때문에 더 빨리 약해진다.

우리 눈앞에 있는 것을 대담하게 직시하고, 그것에서 뭔가를 배우는 것은 전적으로 우리 책임이다. 눈앞의 것이 섬뜩하고 무서워서, 그 두려움으로 인해 우리 의식이 마비되고 상처를 입더라도 마찬가지다. 직시해야만 우리는 현재에 안주하지 않고 현재 알고 있는 것, 의지하는 것에 의문을 제기할 수 있다. 그만큼 직시는 중요하다. 직시는 개인에게 영향을 미치며 사회를 새롭게 한다. 이런 이유에서 한 인간의 가치는 그가 진실을 얼마나 용인할 수 있느냐에 따라 결정된다고 니체가 주장한 것 아니겠는가! 이미 알고 있는 것에 안주하기에는 아직 모르는 것이 너무 많다. 알려고 한다면 얼마든지 훨씬 좋은 것들을 알아낼 수 있다. 그러니 현재의 당신을 지키기 위해 미래의 당신을 희생하지 말라. 이미 확보한 안전을 위해 더 나은 것을 포기하지 말라. 더구나 당신이 초월적인 뭔가를 어렴풋이나마 보았다면 결코 그런 노력을 포기해서는 안 된다.

기독교 전통에서 그리스도는 로고스, 즉 하나님의 말씀과 동일시된다. 태초에 하나님의 말씀으로 혼돈이 질서로 변했다. 그리스도는 인간의 모습을 하고 이 땅에 내려온 하나님으로, 기꺼이 진리와 선과 하나님을 위해 자신을 희생했다. 그 결과 그리스도는 죽었다 다시 태어났다.

'혼돈으로부터 질서를 만들어 내는 로고스는 자신을 포함한 모든 것을 하나님에게 제물로 바친다.'

이 하나의 문장이 기독교 교리를 압축해 보여 준다. 물론 이해하기는 쉽지 않다. 사소한 것이라도 새로운 것을 배우면 작은 죽음이 뒤따른다. 새로운 지식이나 정보를 얻을 때마다 과거의 개념이 도전을 받고, 혼돈에 휩싸여 사라지며, 결국에는 더 나은 것으로 다시 태어난다. 간혹 그런 작은 죽음이 엄청난 충격으로 다가오기도 한다. 이런 경우에 회복이 무척 어렵다.

회복하더라도 완전히 다른 사람으로 변한다.

내 친구를 예로 들어 보자. 그는 수십 년을 함께한 아내의 불륜을 알게 되었다. 그런 사실을 용납할 수 없던 그는 깊은 우울증에 빠졌다. 지하 세계로 떨어진 것이다.

"우울증에 걸린 사람들한테 '훌훌 털고 잊어버려'라고 얘기했는데, 아무 것도 모르고 헛소리를 했던 거지."

나에게 이렇게 푸념하기도 했다. 나중에 그 수렁에서 빠져나오긴 했지만 많은 점에서 과거의 그가 아니었다. 어떤 의미에서는 더 현명하고 더 건강한 사람으로 변했다. 마라톤을 시작하고, 살을 20킬로그램이나 뺐다. 아프리카를 여행하며 킬리만자로산에 오르기도 했다. 그는 지옥으로의 추락을 극복하고 재탄생을 택했다.

야망을 품어라. 어떤 야망이 좋을지 확신이 서지 않더라도 상관없다. 더 높은 꿈은 지위나 권력보다 인격과 능력의 향상과 관계가 있다. 지위는 언제라도 잃을 수 있다. 하지만 인격은 어디에서나 당신과 함께한다. 올바른 인격을 기르면 어떤 역경이라도 이겨 낼 수 있다. 따라서 밧줄을 커다란 바위에 둘러매라! 커다란 돌을 당신 앞으로 옮겨 두고 안전망을 확보하라. 이제부터 한 걸음씩 앞으로 나아가며 주변을 자세히 관찰하라. 당신의 경험을 자신과 다른 사람들에게 최대한 명확하고 신중하게 전달하라. 이로써 당신은 목표에 효과적이고 효율적으로 다가갈 수 있을 것이다. 이 과정에서 절대 거짓말하지 말라. 특히 당신 자신에게는!

당신이 자신의 말과 행동에 주의를 기울인다면, 잘못된 행동을 하고 잘못된 말을 할 때마다 내적인 갈등과 나약함을 느끼는 법을 터득할 것이다. 이때의 느낌은 감각일 뿐 생각이 아니다. 나는 나 자신의 행동과 말에 주의를 기울이지 못할 때 내적으로 갈등하면서 가라앉는 듯한 느낌에 사로잡힌다. 커다란 신경 조직이 있는 명치끝이 아릿해진다. 이런 내적인 의기소침과 갈등을 느낀다는 것은 내가 거짓말을 하고 있다는 뜻이었다. 이런 느낌을 통해 내가 거짓말하는 때를 알 수 있게 되었다. 과거에는 이런 기만을 추적하는 데 상당히 오랜 시간이 걸렸다. 때로는 체면치레의 말을 하기도 했고, 때로는 당면한 주제에 대한 무지함을 감추려고도 애썼다. 때로는 다른 사람들의 말을 들먹이며 스스로 생각하는 책임을 회피하기도 했다.

어떤 목표를 추구할 때 주의를 집중하면 그 목표를 향해 전진할 수 있다. 그보다 중요한 것은 목표에 변화를 줄 수 있는 정보를 얻게 된다는 점이다. 전체주의자는 '현재의 꿈이 잘못된 것이면 어떻게 되는가?'라는 의문을 품지 않는다. 전체주의자는 자신의 꿈을 절대적인 것으로 여긴다. 따라서 그 꿈이 그에게 신이 되고 최고의 가치가 된다. 또한 그 꿈이 감정과 동기를 통제하고 생각까지 결정한다. 모든 사람이 각자의 꿈을 실현하려고 애쓴다. 이런 점에서 무신론자는 없다. 자신이 어떤 신을 섬기는지 아는 사람과 모르는 사람이 있을 뿐이다.

하나의 목표를 성취하기 위해 모든 것을 맹목적으로 쏟아부으면 자신과 세상을 이롭게 하는 다른 목표가 있다는 것을 알지 못한다. 진실을 말하는 사람이 아니라면 더 나은 목표를 찾을 기회를 잃을 가능성이 크다. 하지만 진실을 말하는 사람은 성장하면서 가치의 기준도 바뀐다. 당신이 몸부림치며 앞으로 나아갈 때 눈앞에 펼쳐지는 현실에서 기꺼이 배운다면 중요한 것에 대한 당신의 생각이 변할 것이다. 그래서 때로는 점진적으로, 때로는 급격하게 삶의 방향을 조절할 것이다.

당신이 부모의 뜻에 따라 공과 대학에 진학했다고 해 보자. 하지만 당신은 공학에 흥미가 없다. 적성에 맞지 않는 공부를 하는 까닭에 의욕도 안 생기고 성적도 엉망일 것이다. 마음을 다잡고 정신을 집중하려 애써도 효과가 없을 것이다. 당신의 영혼이 의지의 강요를 거부하기 때문이다. 그렇지 않으면 달리 어떻게 설명할 수 있겠는가. 그런데 왜 당신은 부모의 뜻을 따랐는가? 아마 부모를 실망하게 하고 싶지 않았을 것이다. 어쩌면 부모에게서 독립을 시도할 때 생길 갈등을 이겨 낼 용기가 부족했을 수도 있다. 부모의 판단이 항상 옳다는 어린아이 같은 믿음을 포기하기 싫었을 수도 있고, 당신보다 당신을 더 잘 아는 사람이 있고 세상에 대해 모든 것을 아는 사람이 있다는 믿음을 유지하고 싶었을 수도 있다. 이렇게라도 황량한 존재론적 외로움과 그에 수반된 책임으로부터 보호받고 싶었을 것이다. 이런 일은 무척 흔하다. 충분히 이해할 수 있는 상황이다. 그러나 공학자는 당신의 진정한 꿈이 아니기에 마음의 고통에서 벗어나지 못한다.

어느 날 당신은 참다못해 결단을 내리고 학교를 중퇴한다. 부모는 당신 결정에 크게 실망한다. 하지만 당신은 그런 상황을 감수하는 법을 배운다. 이제부터 당신은 모든 것을 혼자 판단하고 결정한다. 자기 판단에만 의존해야 하지만 전처럼 불안하지는 않다. 당신은 철학과를 선택한다. 당신은 과거의 실수에서 비롯된 짐을 받아들이고 독립적인 인간으로 성장해 간다. 부모의 바람을 거부함으로써 당신은 혼자 힘으로 모든 것을 개척해 나간다. 그러고는 부모가 늙어 당신 도움이 필요할 때 당신은 어엿한 성인으로 성장해 그들의 곁을 지켜 주게 된다. 당신만 승리한 것이 아니라, 부모도 승리한 셈이다. 이 승리는 당신이 진실을 선택함으로써 발생한 갈등의 대가로 얻은 것이다. 〈마태복음〉 10장 34절은 진실한 말의 중요성을 강조한 그리스도의 가르침을 전한다.

"내가 세상에 화평을 주러 온 줄로 생각하지 말라. 화평이 아니요, 검을 주러 왔노라."

진실이 밝혀질 때마다 항상 그 진실에 맞추어 살려면 삶의 방식에서 비롯되는 갈등을 받아들이고 해소해야 한다. 그 과정에서 당신은 분별력을 갖춘 책임감 있는 인간으로 조금씩, 때로는 크게 성장해 갈 것이다(작은 성장도 과소평가해서는 안 된다). 그러면서 당신은 더 지혜롭게 설정한 새로운 목표에 가까이 다가선다. 이 과정에서도 필연적인 실수를 발견할 때마다 바로잡으며 한층 지혜롭게 목표를 설정할 수 있다. 이렇게 경험을 통해 지혜를 축적해 가면 중요한 것에 대한 당신의 기준도 자리를 잡는다. 그 결과 당신은 방황을 끝내고 선(善)을 향해 똑바로 다가갈 수 있게 된다.

제대로 살아가면 삶과의 관계도 명료하고 깨끗하고 바람직해진다. 하지만 제대로 살지 못하면 길을 잃고 방황하게 된다. 어떤 것도 당신을 구해 주지 못한다. 무모한 저항, 음울한 생각, 기만이나 다름없는 반계몽적 회피는 전혀 도움이 되지 않는다. 제대로 산다는 것은 무엇인가? 그 답을 찾아 내려면 엄청난 위험을 감수해야 한다. 진실하게 살든지 거짓되게 살든지 그 결과를 직시하고, 스스로 결론을 내려 보라.

이것이 바로 '신념에 입각한 행동'이다. 키르케고르는 '신념에 입각한 행동'의 필요성을 역설했다. 해 보기 전에 아는 방법은 없다. 좋은 본보기가 있어도 사람마다 처한 상황이 달라서 소용없다. 누군가 본보기를 따라 성공했다면 그건 운 덕분이다. 따라서 답을 찾으려면 위험을 감수하는 수밖에 없다. 이렇게 위험을 감수하는 행위를 옛사람들은 '하나님의 의지를 향한 개인적인 의지의 희생'이라고 표현했다. 이것은 복종이 아니라 용기 있는 행위다. 바람이 당신의 배를 더 안전하고 좋은 항구로 데려갈 것이란 믿음에 입각한 행위이고, 더 나은 사람으로 변화함으로써 삶도 바로잡힐 것이란 믿음에 입각한 행위다. 위대한 탐험 정신이라고 부를 만하다.

어쩌면 신념에 입각한 행동은 이렇게 개념화하는 편이 더 나을 수 있다. 혼돈을 줄이고 삶을 명료하게 이해하려면 누구에게나 구체적이고 명확한 목표와 꿈이 필요하다. 그러나 그런 구체적인 목표는 다른 모든 목표를 가능하게 하는 초월적 목표에 종속되어야 한다. 초월적 목표는 다른 모든 목표를 생각하고 만들어 내는 방법이기 때문이다. 초월적 목표가 '진실하게 사는 것'이라 해 보자. '진실하게 사는 것'을 자세히 풀이하면 다음과 같다.

'명확히 규정된 세부 목표를 향해 성실하게 나아가라. 스스로 실패와 성공에 대해 기한을 정해 분명한 기준에 따라 평가하라. 다른 사람들이 당신의 행동을 이해하고 평가에 참여할 수 있다면 더욱 좋다. 당신이 진실하게 행동하고 말하는 동안 주변 세계와 당신의 영혼이 자연스럽게 움직이도록 내버려 두라.'

이런 초월적 목표는 실리적인 목표인 동시에 대담한 믿음의 표현이기도 하다.

삶은 고통이다. 부처도 분명히 그렇게 말했다. 기독교는 고통이란 감정을 십자가에 못 박힌 그리스도의 이미지로 형상화한다. 유대교 신앙도 고통에 대한 추억으로 가득하다. 삶은 곧 제약이란 등식은 피할 수 없는 실존적 진리다. 우리는 근본적으로 나약한 존재라서 신체의 쇠락을 피할 수 없고 사회적 심판과 경멸로 고통받는다. 그 고통이 섬뜩하고 무섭지만, 어떤 고통도 독자적으로는 세상을 타락의 늪으로 밀어 넣을 수 없고 지옥으로 바꿀 수도 없다. 그렇다면 나치와 마오쩌둥과 스탈린은 어떻게 세상을 타락의 늪으로 밀어 넣고 지옥으로 바꿀 수 있었을까? 히틀러가 강조한 것처

럼 그렇게 하려면 거짓말이 필요하다.[155]

큰 거짓말은 언제나 강한 신뢰를 얻는다. 대다수 국민은 의식과 의지의 차원보다 감성의 차원에서 더 쉽게 유혹되기 때문이다. 국민은 지극히 단순해서 작은 거짓말보다 큰 거짓말에 더 잘 속는다. 그들은 사소한 것들에 대한 작은 거짓말은 번질나게 해 대지만 큰 거짓말은 차마 하지 못한다. 그들 자신이 거대한 거짓을 조작할 생각을 꿈도 꾸지 못하기 때문에 다른 사람들이 진실을 터무니없이 왜곡할 것이라고 생각하지 않는다. 큰 거짓말이 거짓으로 입증되더라도 그들은 여전히 현실을 받아들이지 않고, 다른 이유가 있으리라 생각한다.

큰 거짓말을 하려면 먼저 작은 거짓말이 필요하다. 비유적으로 말하면, 작은 거짓말은 거짓의 아버지인 악마가 희생자를 낚으려고 사용하는 미끼다. 우리에게는 상상력이 있어서 다른 세계를 꿈꾸고 만들어 낼 수 있다. 인간에게 상상력은 창조력의 근원이다. 하지만 동전의 양면처럼 상상력에도 대응 관계에 있는 능력이 있다. 우리는 그 능력을 발휘해 자신과 다른 사람을 속여 세상을 실제와 다르게 믿고 행동하게 만든다.

왜 거짓말을 하지 말라는 것인가? 작은 이익을 얻기 위해서, 문제를 바로잡기 위해서, 사이좋게 지내기 위해서, 감정에 상처를 주지 않기 위해서 뭔가를 비틀고 왜곡하지 못할 이유가 있는가? 현실에는 끔찍한 면이 있다. 그렇다고 삶의 갈림길을 만날 때마다 현실의 험악한 얼굴을 정면으로 맞닥뜨려야만 할까? 현실을 직시하는 게 견디기 힘들 정도로 고통스럽다면 외면하지 못할 이유가 있을까?

그 이유는 간단하다. 모든 것이 무너져 내리기 때문이다. 어제 효과가 있었다고 해서 오늘도 효과가 있으리라는 법은 없다. 우리는 조상으로부터 국가와 문화라는 거대한 기계를 물려받았지만, 그 기계가 죽어 버렸다. 따라서 시대의 변화를 제대로 처리하지 못한다. 결국 살아 있는 것만이 시대의 변화에 대처할 수 있다. 우리가 눈을 크게 뜨면 고장 난 기계를 필요할 때마다 고쳐서 요긴하게 쓸 수 있다. 하지만 무슨 일이든 괜찮은 척하면 필요할 때 고칠 수가 없다. 그러면 어떤 것도 우리 의도대로 진행되지 않아 우리는 운명을 저주하게 된다.

모든 것이 무너져 내린다. 시간이 흐르면 모든 것이 분해되고 사라진다. 이는 인류의 가장 위대한 발견 중 하나다. 우리는 방관하고 회피하고 기만함으로써 많은 것의 붕괴를 앞당긴다. 관심과 배려가 없으면 문화가 퇴화하고 악이 만연하기 마련이다.

대부분의 거짓은 말보다 행동으로 표현된다. 게다가 우리가 거짓으로 행동할 때 진실이 무엇인지는 그다지 중요하지 않다. 거짓은 다른 모든 것과 연결된다. 하나의 거짓이 세계에 미치는 영향은 한 방울의 구정물이 1.5리터짜리 큰 병에 담긴 샴페인에 미치는 영향과 같다. 거짓은 그야말로 살아서 계속 꿈틀거린다.

거짓이 모여서 커지면 전 세계가 영향을 받는다. 큰 거짓도 작은 거짓들로 이루어지고, 그 작은 거짓은 더 작은 거짓들로 이루어진다. 결국 가장 작은 거짓이 큰 거짓의 출발점이다. 거짓은 사실에 대한 잘못된 진술만을 말하는 게 아니다. 인간을 사로잡으려는 모든 음모적 행위가 거짓이다. 무해하고 사소해 보이는 거짓의 겉모습, 거짓을 부추기는 약간의 교만, 거짓이 목표로 삼는 사소한 책임 회피, 이 모든 것으로 인해 거짓의 실체와 위험성이 교묘하게 감추어진다. 그리고 작은 거짓들이 가장 사악한 행위와 다를 바 없다는 사실 역시 감추어진다. 거짓은 세계를 타락시킨다. 그것이 거짓의 목적이다.

처음에는 하나의 작은 거짓으로 시작된다. 그리고 그 작은 거짓을 뒷받침하는 작은 거짓들이 보태진다. 그다음에는 그런 거짓에서 비롯된 부끄러움을 덮기 위해 생각의 흐름을 왜곡한다. 그 왜곡된 생각의 결과를 감추기 위해 더 많은 거짓이 동원된다. 필요할 때마다 거짓을 행하면서 거짓은 이제 습관이 된다. 거짓이 '무의식적인' 믿음과 행동으로 굳어지면 그야말로 최악이다. 거짓에 입각한 행동은 결국 의도한 결과를 얻지 못하고 추악한 경험으로 이어진다. 벽돌담이 뻔히 존재하는데도 그 담의 존재를 믿지 않고 몸을 던지면 크게 다치게 마련이다. 하지만 거짓으로 물든 영혼은 현실 세계가 벽돌담을 세웠다고 악담을 할 것이다.

거짓이 성공을 거두면 그 후에는 교만과 우월 의식이 따라온다(사실, 거짓으로 이룬 성공은 진정한 성공이 아니라서 위험한 상황으로 이어지게 마련이다. 모두 속임수에 넘어간 것처럼 보이면 '나를 제외하고 모두 멍청하다'라는 교만과 우월 의식에 빠지게 된다. '모두 어리석어서 나에게 속아 넘어간다. 따라서 나는 원하면 무엇이든 해낼 수 있다'라고 생각하는 것이다). 최종 단계에서는 '나는 절대자도 조작해낼 수 있다. 따라서 절대자는 존경받을 자격이 없다'라고 선언한다.

이것은 오시리스처럼 모든 것이 무너져 내리는 과정이다. 이런 식으로 개인과 사회도 악의적인 힘에 짓눌려 해체된다. 지하 세계의 혼돈이 홍수처럼 밀려와 지상 세계를 뒤덮는다. 그러나 아직은 지옥이 아니다.

지옥은 나중에 닥친다. 거짓으로 개인과 현실, 혹은 사회와 현실 간의 관계가 무너질 때 지옥이 찾아온다. 모든 것이 무너져 내리고 삶은 추락한다.

모든 것이 좌절과 실망으로 변하고 희망은 완전히 사라진다. 기만적인 사람은 카인처럼 필사적으로 제물을 바치는 척하지만 하나님을 기쁘게 하지 못한다. 그리고 삶이란 연극은 마지막 장으로 들어선다.

개인은 거듭되는 실패에 신음하며 황폐해진다. 실망과 실패가 중첩되면 근거 없는 환상에 사로잡힌다.

'세상이 나를 끝없이 괴롭히고 있어. 내가 실패하고 망가진 것은 세상 때문이야. 그러니까 복수해야 해. 나는 복수할 자격이 있어. 반드시 복수할 거야!'

이런 환상은 지옥으로 가는 관문이다. 그 관문을 넘어서면 삶에는 오로지 낯설고 섬뜩한 고통만이 남는다.

서구 세계의 전통에 따르면, 태초에 하나님은 말로써 혼돈을 질서로 바꾸었고, 남자와 여자가 모두 하나님의 형상대로 만들어졌다. 따라서 지금 우리도 말을 통해 혼돈을 질서로 바꾸고, 미래의 많은 가능성을 실재하는 과거와 현재로 바꾼다.

진실은 현실을 가장 살기 좋은 곳으로 만든다. 진실은 수천 년이 지나도 꿋꿋이 서 있는 건물을 세운다. 진실은 가난한 사람에게 음식과 옷을 주고, 국가를 부유하고 안전하게 만든다. 진실을 말할 때 무한히 복잡한 인간이 단순한 말로 환원된다. 그러면 인간은 서로 적이 아니라 동반자가 될 수 있다. 진실할 때 과거는 진정으로 지나간 것이 되고, 미래의 가능성을 활용할 수 있다. 진실은 결코 마르지 않는 최후의 천연자원이다. 진실은 어둠을 밝히는 빛이다.

진실을 보고, 진실을 말하라.

진실은 구호도 아니고 이데올로기도 아니다. 많은 사람이 공유하는 의견이라고 해서 진실이 될 수는 없다. 오히려 진실은 지극히 개인적이다. 당신의 진실은 당신이 처한 독특한 환경에 근거하고 있다. 오로지 당신만이 말할 수 있는 것이다. 당신의 개인적인 진실을 파악한 뒤 당신 자신과 다른 사람에게 신중히 그리고 명확하게 전달해 보라. 그러면 현재의 믿음 체계를 유지하면서도 확실한 안전과 풍요로운 삶을 누리게 될 것이다. 또한 이미 지나가 버린 과거에서 벗어나 더 나은 미래를 만들어 갈 수 있을 것이다.

진실은 삶의 깊고 깊은 원천에서 끊임없이 샘솟는다. 그래서 우리가 삶의 필연적인 비극에 맞닥뜨리더라도 영혼이 위축되거나 소멸하지 않는다. 삶의 비극에 복수하겠다는 섬뜩한 욕망을 피할 수 있는 것도 그 때문이다. 앞에서 말했듯이, 삶의 비극은 존재의 원죄다. 우리 모두 어떻게든 견뎌 내야 한다. 그래야 우리가 존재할 수 있다.

당신의 삶이 꿈꾸던 것이 아니라면 진실을 말하도록 노력해 보라. 당신이 어떤 이데올로기에 필사적으로 매달리거나 허무주의에 사로잡혀 나뒹굴고 있다면 진실을 말하도록 노력해 보라. 의욕이 없고 소외당하는 기분이 든다면, 혼돈에 휩싸이고 절망에 빠진 기분이라면, 진실을 말하도록 노력해 보라. 낙원에서는 모두 진실을 말한다. 바로 그래서 그곳이 낙원인 것이다!

언제나 진실만을 말하라. 적어도 거짓말은 하지 말라.

다른 사람이 말할 때는 당신이 꼭 알아야 할 것을 들려줄 사람이라고 생각하라

조언과 진실한 대화의 차이

심리 치료는 조언이 아니다. 조언은 상대방에게 '당신 문제는 너무 복잡하고 어려우니 그만 입을 닫고 사라져 주었으면' 하는 마음이 들 때 하는 것이다. '내가 너보다 지적으로 우월하다'고 느낄 때 하는 것이다. 그리고 애초부터 멍청하게 살지 않았다면 그런 멍청한 문제로 고생하지는 않았을 것이라고 말하고 싶을 때 하는 것이다. 심리 치료는 진솔한 대화다. 진솔한 대화는 미지의 세계를 탐험하는 것이고, 명료하게 표현하는 것이며, 기발한 전략을 세우는 것이다. 말을 하기도 하고 듣기도 하지만, 듣는 시간이 더 길다. 그냥 듣는 것이 아니라 경청한다. 경청은 주의를 집중해 듣는다는 뜻이다. 경청하는 모습을 보이면 상대방은 뜻밖의 것까지 말한다. 남들이 알아서 좋을 것 없는 문제까지도 털어놓는다. 때로는 그 문제를 어떻게 해결할지에 대해서도 말한다. 그의 해결 방법이 오히려 내 문제를 해결하는 데 도움이 될 때도 있다.

꽤 많은 사람과 심리 치료를 진행했지만 지금까지 한 번밖에 없던 특이한 경험을 한 적이 있다. 어느 날 여성 내담자가 하는 말을 무척 신중하게 듣고 있었다. 그녀는 이야기를 시작한 지 몇 분 되지도 않았는데, 자신은 마녀이고 마녀들 집회에 참여해 다른 마녀들과 함께 세계 평화에 대해 장시간 논의한다고 말했다. 그녀는 보수적인 회사에서 오래전부터 말단 직원으로 일하고 있었다. 그녀가 마녀일 거라고는 전혀 예상하지 못했다. 또 마녀 집회에서 세계 평화를 논의한다는 것도 전혀 몰랐다. 그녀의 고백을 어떻게 받아들여야 할지 몰라서 당황스러웠지만 매우 흥미로웠다. 흔히 만날 수 있는 사람은 아니었다.

심리 치료는 말하고 듣는 것이 거의 전부다. 내가 더 많이 말할 때도 있고, 더 많이 들을 때도 있다. 말 상대가 없는 내담자가 오면 많이 듣는다. 그런 사람 중 일부는 세상에 의지할 곳 하나 없는 외로운 사람들이다. 의외로 그런 사람이 꽤 많다. 그들이 늘 혼자 지내기에 우리가 만날 기회가 없었던 것이다.

외로운 사람들 외에 폭압적인 주변 사람들 때문에 고생하는 사람, 자기도취자, 술꾼, 트라우마에 사로잡힌 사람, 심한 피해 의식에 시달리는 사람 등과 대화할 때도 주로 듣는 편이다. 몇몇은 자기 생각을 말로 옮기는 데 어려움을 겪는다. 툭하면 옆길로 새는 사람도 있고, 똑같은 말을 지겹도록 반복하는 사람도 있다. 무슨 말인지 이해하기 어렵게 모호하게 말하는 사람도 있고, 아예 앞뒤가 안 맞는 이야기를 하는 사람도 있다. 이런 사람들의 말을 경청하기는 무척 어렵다. 주변 사람들에게 닥친 일로 힘겨운 시간을 보내는 사람들과 대화할 때도 주로 듣는 편이다. 치매에 걸린 부모나 병으로 고생하는 아이를 둔 사람들은 평소에 본인 문제를 터놓고 이야기할 기회가 거의 없다.

한때 몇 달 동안 심리 치료를 진행한 적이 있던 한 여성 내담자가 나를 다시 찾아왔다.* 간단한 예비 상담을 끝내고 치료 일정을 잡으려는데, 불쑥 이렇게 말했다.

"성폭행을 당한 것 같아요."

이런 말에는 어떻게 대응해야 하는지 판단하기가 쉽지 않다. 성폭행 사건에는 자주 나타나는 몇 가지 패턴이 있다. 특히 대부분은 술과 관련이 있다. 술은 정신을 몽롱하게 만든다. 전부는 아니지만 그 때문에 술을 마신다. 술은 자의식이 견디기 힘든 짐을 일시적으로 덜어 준다. 술에 취한 사람도 미래를 의식하지만 걱정하지는 않는다. 당장은 기분이 좋고 신이 난다. 내일이 없는 것처럼 그 시간을 즐긴다. 그런데 죽지 않는 한 내일은 찾아온다. 술에서 깨면 더 곤란한 처지에 놓인 자신을 발견하기도 한다. 의식을 잃고 무모한 사람들과 어울리다가 멀쩡할 때는 넘지 않을 선을 넘는다. 최악의 경우 성폭행 사건으로 이어지기도 한다.

나는 이런 사건에 그녀가 연루된 게 아닐까 생각했다. 그렇지 않으면 '같아요'라고 말하지는 않았을 것이다. 하지만 이야기는 그것으로 끝나지 않

---

* 관련자들의 사생활 보호를 위해, 전달하고자 하는 핵심적인 의미만 남기고 세세한 부분은 각색했다.

았다. 그녀가 이런 말을 덧붙였다.

"다섯 번!"

처음 한 말도 충격적이었지만, 덧붙인 말에는 머리가 아찔해졌다. 다섯 번이라니? 대체 무슨 일이 있었던 걸까?

그녀가 자초지종을 설명했다. 술집에 가서 서너 잔을 마셨다. 그때 어떤 남자가 말을 걸었고, 그 남자와 합석하게 되었다. 그녀의 집인지 그의 집인지 확실하진 않지만 어쨌든 함께 갔다. 결국 마지막은 성관계로 마무리되었다. 다음 날 아침 눈을 떴을 때 어떤 일이 있었는지 정확히 기억나지 않았다. 자신이 왜 그랬는지도 모르겠고, 남자가 어떻게 했는지도 확실하지 않았다. 아무것도 확실하지 않았다. 심지어 그런 일이 있었는지조차 확실하지 않았다.

사실 그녀는 생각 없이 사는 사람이었다. 어떤 면에서 보면 유령 같은 인간이었다. 그런데 하고 다니는 것을 보면 누가 봐도 전문가처럼 보였다. 자신을 그럴듯하게 포장할 줄도 알았다. 그런 능력 덕분에 교통 시설 건설과 관련한 정부 측 컨설팅 회사에 일자리를 얻었다. 사실 그녀는 정부, 컨설팅, 건설과 관련한 경험이 하나도 없었다. 심지어 이렇다 할 직업을 가져본 적도 없는 사람이었다. 기업이나 기업가에 대해서 아무것도 모르는데 지역 공영 라디오 방송국에서 소기업 관련 프로그램을 진행하기도 했다. 노후 걱정을 안 해도 될 만큼 상당한 출연료까지 받았다.

그녀는 무관심한 부모 밑에서 자랐다. 남자 형제가 4명 있었는데 그들도 그녀를 챙기지 않았다. 그녀에게는 과거에나 당시에나 친구가 없었다. 사귀는 사람도 없고, 변변한 말 상대도 없었다. 자아도 없었다. 스스로 생각하는 법도 몰랐다(이런 사람에게서 드물지 않게 나타나는 현상이다). 그녀는 경험을 통해 아무것도 배우지 못하는 사람이었다.

오래전 그녀의 취직을 도와준 적이 있다. 그녀에게 이력서를 써 둔 게 있느냐고 물었다. 있다고 해서 가져와 보라고 했다. 다음 상담 시간에 이력서를 가져왔다. 50쪽이나 되는 방대한 이력서였다. 이력서라기보다는 문서를 항목별로 분류한 서류철에 더 가까웠다. 작은 색종이를 끼워 각 항목을 구분해 놓았다. '내가 꾼 꿈', '내가 읽은 책' 등의 제목이 붙어 있었다. '내가 꾼 꿈'에는 그녀가 실제로 꾼 수십 가지의 꿈이 소개되어 있었고, '내가 읽은 책'에는 그때까지 읽은 책에 대한 간략한 내용 요약과 개인적인 평가가 정리되어 있었다. 그 두툼한 서류철이 미래의 사장님에게 보여 주려고 그녀가 작성한 이력서였다. 당신이 면접관이라면 밤에 꾼 꿈과 평생 읽은 책을 나열한 50쪽짜리 서류철을 이력서라고 내는 사람을 이해할 수 있겠는가? 그녀가 그런 이력서를 만든 이유는 따로 있다. 그녀는 자신에 대해서 아는 게 전혀 없었다. 다른 사람들이나 세상일에 대해서도 전혀 몰랐다. 그녀는 초점이 맞지 않은 채 상영되는 영화와도 같았다. 어떤 의미에서 그녀는 앞뒤가 맞아떨어지는 자신에 관한 이야기를 간절히 기다리고 있었는지도 모른다.

찬물에 설탕을 넣고 저으면 설탕이 녹는다. 찬물을 데우면 설탕을 더 많이 녹일 수 있다. 끓이면 훨씬 더 많은 설탕을 넣고도 쉽게 녹일 수 있다. 이렇게 끓인 설탕물을 천천히 식히면 더는 설탕을 녹일 수 없는 물이 된다. 이런 물을 과포화 용액이라고 한다. 과포화 용액에 설탕 한 숟가락을 추가로 넣으면 포화 상태에 있는 설탕이 급속히 결정을 이룬다. 질서의 회복을 간절히 바라는 요구처럼 여겨진다. 그 여성 내담자가 그런 상황이었다.

최근의 다양한 심리 치료 요법이 그녀 같은 사람에게 효과적인 이유도 여기에 있다. 혼란에 휩싸인 사람은 합리적으로 정돈된 해석 체계를 받아들이는 것만으로도 심리 상태가 질서를 회복하고 삶이 크게 나아진다. 삶의 이질적인 요소들이 절제된 방식으로 융합되는 것이다. 삶이 혼란스럽게 느껴지는 사람이라면, 즉 삶의 이질적인 요소들을 정리해 본 적이 없는 사람이라면, 프로이트나 카를 융, 알프레트 아들러나 칼 로저스 및 행동주의 심리학의 원칙에 따라 삶을 재정비할 수 있다. 그러면 적어도 삶이 앞뒤가 맞아떨어지며 합리적으로 이해된다. 이런 방법이 모든 문제를 해결해 주지는 않겠지만 분명히 도움이 되는 부분이 있을 것이다. 도끼로 자동차를 수리할 수는 없지만 나무를 벨 수는 있지 않은가! 그 정도도 대단하다.

내가 그 내담자를 만났을 무렵 언론에서는 '기억의 회복'이 화제였다. 특히 성폭행 사건과 관련되면서 논란이 격화되었다. 회복된 기억이 과거의 트라우마에 관한 진짜 이야기일까? 혹시 부주의한 심리 치료사가 의도적으로 또는 부지불식간에 영향을 미친 것은 아닐까? 그래서 온갖 문제에 대한 원인을 필사적으로 찾으려다 기억이 조작된 것은 아닐까? 진짜 있던 일에 대한 기억이 회복되는 경우도 있지만, 기억이 조작되는 경우도 적지 않다. 잘못된 기억이 나타나는 것은 흔한 일이다. 앞서 언급한 그 여성 내담자(이제부터 그 내담자를 'S'라고 하자) 역시 자신이 성폭행 피해자라는 것을 모호하고 불확정적으로 표현했다. 과거는 확정된 것으로 여겨지지만 실제로는 그렇지 않다. 과거의 사건은 기억을 정리하는 방식에 따라 완전히 바뀔 수 있다.

예를 들어, 이해가 잘 안 되고 지루한 사건이 이어지는 영화를 본다고 하자. 그런데 결말에서는 그런 사건들이 어우러지면서 잘 끝난다. 이런 결말은 앞서 본 모든 사건의 의미를 바꿔 놓는다. 결말을 기준으로 보면 사건들은 나름대로 제 역할이 있었다. 그런데 이번에는 손에 땀을 쥐는 흥미진진한 사건이 이어지는 영화를 본다고 치자. 90분 정도 지나면 슬슬 걱정되기 시작한다.

'굉장한 영화야. 그런데 사건이 너무 많아. 대체 어떤 식으로 끝내려고 하지? 깔끔하게 마무리되면 좋을 텐데.'

그런데 영화가 이야기를 하려다 만 것처럼 찜찜하게 끝나 버린다. 영화가 만족스럽지 않고 짜증이 난다. 영화를 보는 내내 재미있게 봤다는 사실을 망각한다. 현재는 과거를 바꿀 수 있고, 미래는 현재를 바꿀 수 있다.

과거를 기억할 때 우리는 과거의 일부만을 기억하고 나머지는 잊어버린다. 그런데 분명히 기억하는 것이나 망각한 것이나 중요도로 치면 같을 수 있다. 기억하는 것이라고 해서 중요한 것도 아니고, 잊어버렸다고 해서 안 중요한 것도 아니다. 우리가 현재 주변의 모든 것을 의식하지 못하는 것과 다를 바 없다. 결국 우리는 과거의 경험을 분류할 때, 일부를 선택해서 그 럴듯하게 짜 맞추고 나머지는 배제한다. 이런 선택과 배제는 객관적인 기준 없이 독단적으로 행해진다. 포괄적이지도 않고 객관적이지도 않다. 그렇게 할 수도 없다. 우리는 충분히 알지도 못하며, 충분히 인식하지도 못한다. 우리는 살아서 꿈틀거리는 생명체다. 그리고 주관적이다. 늘 관심사는 자기 자신이다. 기억은 과거를 어디까지 담고 있는가? 사건과 기억의 경계는 정확히 어디인가?

안타까운 일이지만 어린아이에 대한 성적 학대는 매우 흔하다.[156] 문제는 제대로 훈련받지 않은 심리 치료사가 더 흔하다는 사실이다. 학대를 당했다고 반드시 영향을 받지는 않는다.[157] 회복력은 사람마다 달라서 어떤 사람에게는 파멸적 영향을 미치는 사건이 어떤 사람에게는 대수롭지 않을 수 있다. 그런데 프로이트를 어설프게 공부한 심리 치료사들은 거의 모든 마음의 문제를 성적 학대로 생각하려는 경향이 있다. 그렇지 않으면 심리적으로 괴로워할 이유가 있겠느냐는 것이다. 따라서 어설픈 심리 치료사들은 뭔가를 찾아내려고 과잉 반응하고 편향되게 해석한다. 어떤 사건은 지나치게 과장하고, 어떤 사건은 경시한다. 자신들 이론에 맞게 사실을 가공하고 다듬는다.[158] 내담자에게 성폭행을 당했다는 확신을 심어 주며 기억해 내는 문제만 남았다고 설득한다. 그럼 내담자들은 기억을 해내고, 가해자를 비난한다. 그런데 그들이 기억해 내는 것이 실제로는 일어나지 않은 사건인 경우가 적지 않다. 무고한 사람을 비난하는 것이다. 심리 치료사의 이론이 비난받은 것은 아니니 심리 치료사에게는 다행이겠지만, 이로 인한 부수적 피해는 작지 않다. 자신의 이론을 지키려고 부수적 피해에 아랑곳하지 않는 사람이 많다.

S가 자신의 경험에 관한 이야기를 털어놓았을 때 나는 '회복된 기억'에 대해서 잘 알고 있었다. 그녀가 데이트 상대를 구하려고 독신 남녀가 모이는 술집에 자주 다니면서 남자들과 얽히는 일이 여러 차례 반복되었다고 말했을 때, 나는 여러 가능성을 떠올렸다.

'당신은 아무 생각 없이 되는대로 살고 있다. 인생이 너무 어둡고 혼돈 그 자체다. 동시에 열 사람의 인생을 사는 것 같다. 가자고 하는 사람이 있으면 묻지도 않고 아무나 따라갈 것 같다.'

당신의 삶이라는 무대에서 당신이 주인공이 아니라면 당신은 다른 누군가의 연극에 출연하고 있는 것이다. 그러니 음울하고 외롭고 비극적인 역할을 맡을 가능성이 크다. S가 자신이 당한 일을 털어놓은 후에도 나는 그녀의 맞은편에 앉아 이런 생각에 잠겼다.

'당신의 성적 욕망은 정상적이다. 완전히 혼자니까 성적 욕구를 채울 수가 없다. 그런데 당신은 남자를 두려워한다. 그리고 세상을 너무 모른다. 당신 자신에 대해서도 전혀 모르고 있다. 그냥 사건이 터지기를 바라고, 사건이 날 만한 곳을 서성대는 것이다. 그러다가 진짜 사건이 터진다. 그게 지금 당신 인생이다.'

내 생각은 계속되었다.

'당신은 좋은 남자를 만나고 싶은 마음도 있고, 계속 어린아이로 지내고 싶은 마음도 있다. 오빠들에게 두들겨 맞고 아버지에게 무시당하면서 자랐으니 남자들에게 복수하고 싶은 마음도 있다. 그런 생각을 하면 죄책감이 들고 부끄러운 마음도 생긴다. 그런데 한편으로는 짜릿한 쾌감도 든다. 당신은 도대체 누구인가? 지금까지 어떤 인생을 살았는가? 살아오는 동안 어떤 일이 있었나?

객관적인 진실이 무엇이었을까? 객관적인 진실을 알아낼 방법은 없다. 기억에 관한 한 애초에 객관적인 진실 같은 것은 없다. 객관적인 관찰자도 없다. 정확한 이야기도 없고 완결된 이야기도 없다. 그런 것들이 있을 리가 없고, 있을 수도 없다. 예나 지금이나 부분적인 설명과 단편적인 관점이 있을 뿐이다. 그래도 더 나은 설명과 관점은 있다. 기억은 객관적인 과거를 되살려 낸 것이 아니다. 기억은 도구다. 기억은 우리를 미래로 인도하는 과거의 안내자다. 당신이 과거에 나쁜 일이 있었다는 걸 기억하고 그 이유까지 떠올릴 수 있다면, 그런 나쁜 일이 다시 일어나지 않도록 조심할 것이다. 이것이 바로 기억의 목적이다. 기억은 단순히 '과거를 다시 생각해 내는 것'이 아니다. 기억은 안 좋은 사건이 반복해서 일어나는 걸 예방하는 도구다.

나는 다시 생각했다.

'당신의 삶을 얼마든지 단순하게 정리해 줄 수 있다. 당신이 성폭행을 당한 것 같다고 모호하게 말하는 것 자체가 바로 당신이 오랫동안 철저히 학대당했다는 증거다. 상대 남성에게는 당신이 멀쩡한 정신으로 성행위에 동의했다는 걸 입증할 법률상 의무가 있다. 동의 의사를 분명하게 밝히지 않았다면 명백히 불법적인 폭력 행위를 당한 것이니, 당신은 무고한 피해자다.'

그녀에게 이렇게 말해 줄 수도 있었다. 이 모든 추론이 진실일 가능성도 있었다. 그녀가 이 추론을 진실로 받아들였더라면 평생 그렇게 기억하며 살았을 것이다. 그녀는 새로운 역사와 새로운 운명을 얻고 새로운 사람이 되었을 것이다. 하지만 나는 다른 식으로도 생각했다.

'당신은 구제 불능의 사고뭉치다. 매일 인사불성 상태로 술집에서 빈둥거리며 자기 자신은 말할 것도 없고, 다른 사람까지도 위험에 빠뜨리고 있다. 정신 좀 차려라. 하룻밤 즐기려는 사람들이 모여 있는 술집에 혼자 가서 술을 그렇게 많이 마셨다는 건 애초에 그런 일이 일어나기를 바란 것이나 마찬가지다.'

니체의 표현을 빌려 철학적으로 말하면, 그녀는 '창백한 범죄자'였다. 창백한 범죄자는 순간적인 객기로 넘어서는 안 될 선을 넘었지만 그 행동에 대한 대가는 치르지 않으려는 사람을 가리킨다. 이 생각 역시 진실일 가능성이 있었다. 내가 이렇게 말했다면 그녀는 이 생각을 진실로 받아들였을 것이고, 평생 그렇게 기억했을 것이다.

내가 진보적인 이데올로기 신봉자라면 그녀에게 '당신은 피해자다'라고 말했을 것이고, 보수적인 이데올로기 신봉자라면 '당신은 부도덕한 사람이다'라고 말했을 것이다. 어느 이야기를 했더라도 그녀는 내 말에 전적으로 동의했을 것이고, 나와 그녀 모두 만족했을 것이다. 하지만 어느 쪽도 진실은 아니다.

혼자 힘으로 직접 생각해 보라

나는 아무 말도 하지 않고 듣는 쪽을 선택했다. 내가 공부한 바에 따르면, 경청은 내담자의 문제를 내담자에게서 빼앗지 않는 방법 중 하나였다. 나는 누군가의 삶을 구원해 주는 영웅이나 데우스 엑스 마키나(고대 문학 혹은 연극에서 주인공이 곤경에 빠졌을 때 복선 없이 등장해 문제를 해결하는 절대적 요소—옮긴이)가 되고 싶지 않았다. 그래서는 안 되고, 그럴 수도 없다. 따라서 나는 그녀에게 생각을 말해 달라고 부탁하고, 그녀의 말을 귀담아들었다. 그녀가 많은 이야기를 했다. 상담을 끝낸 후에도 그녀는 성폭행에 대해 여전히 확신하지 못했다. 나 역시 마찬가지였다. 삶이 매우 복잡하다는 것을 다시금 깨달았다.

특별한 것 하나를 정확히 이해하기 위해 때로는 우리가 세상을 이해하는 방식 전부를 바꿔야 할 때가 있다. '내가 성폭행을 당했는가?'라는 의문은 복잡한 문제다. 심지어 '다섯 번!'이라고 하지 않았는가. 이런 형태로 의문이 제기되었다는 사실 자체가 복잡한 문제라는 뜻이다. 머리 한 개가 잘리면 일곱 개가 더 생겨나는 신화 속 괴물 히드라처럼 의문 하나를 해결하면 또 다른 문제들이 꼬리를 물고 튀어나온다. S가 이 문제에 대한 생각을 정리하는 데는 20년도 부족했을지 모른다. 그녀의 말을 들어 줄 사람도 있어야 했는데 그녀 곁에는 그런 사람이 없었다. 나는 그녀의 심리 치료 과정을 시작했으나 주변 상황 때문에 끝마칠 수는 없었다. 처음 만났을 때보다 아주 조금 나아진 상태에서 치료 과정이 중단됐다. 그녀가 내 이론의 아바타가 되지 않은 게 다행이라면 다행이었다.

말을 한다는 것은 생각한다는 것이다. 우리는 생각해야 한다. 안 그러면 길을 잃고 헤매다가 웅덩이에 빠진다. 생각한다는 것은 앞으로 일어날 일을 머릿속으로 그려 보고 어떻게 행동할지를 계획하는 것이다. 그렇게 하면 해서는 안 될 어리석은 짓들을 알아낼 수 있다. 고통을 피할 수 있다. 우리가 생각하는 목적이 여기에 있다. 그러나 그 일을 혼자서 할 수는 없다. 우리는 모의실험을 통해 행동을 계획한다. 오직 인간만이 그렇게 한다. 인간이 그래서 똑똑한 것이다. 우리는 자신의 아바타를 만들어 상상의 세계로 보낸다. 그러고는 어떤 일이 일어나는지 지켜본다. 상상의 세계에서 아바타가 성공하면, 현실 세계에서 아바타처럼 행동하며 실제로 성공하기를 기대한다. 아바타가 실패하면, 그렇게 행동하지 않는다. 아바타가 상상의 세계에서 망하게 둔다. 우리까지 현실 세계에서 망할 필요는 없기 때문이다.

어린 남매의 대화를 예로 들어 설명해 보자. 동생이 "지붕 위에 올라가면 재미있지 않을까?"라고 말한다. 이 아이는 방금 자신의 아바타를 상상의 세계에 놓은 것이다. 그러자 누나가 반대하며 나무란다.

"멍청한 짓이야. 지붕에서 떨어지면 어떡해? 아빠가 보면 화내실걸?"

남동생은 누나의 말을 듣고 처음의 모의실험을 수정해 적절한 결론을 내린다. 그러면 상상의 세계에서 계획한 일은 미완으로 끝난다. 물론 아닐 수도 있다. 위험하지만 해 볼 만한 가치가 있다고 생각할 수도 있다. 이 경우에는 미처 생각하지 못한 위험 요인을 적용해 봤다는 점에서 상상의 세계가 더 정교해지고, 아바타도 더 현명해진다는 장점이 있다.

사람들은 자기가 생각한다고 생각하지만 그렇지 않다. 생각이라 여겨지는 것은 주로 자기비판이다. 진정한 경청과 마찬가지로 진정한 사고(思考)도 드물다. 생각하는 행위는 자기 목소리에 귀를 기울이는 것으로, 무척 어렵다. 진정으로 생각하려면, 당신은 동시에 적어도 두 사람 역할을 해야 한다. 둘의 의견이 충돌하도록 내버려 둬야 한다. 생각은 둘 이상의 서로 다른 세계관이 내면에서 하는 대화다. 예를 들어 세계관 1은 머릿속 가상 세계의 아바타라고 해 보자. 세계관 1은 과거와 현재, 미래에 대한 나름의 견해가 있고, 고유의 행동 방식이 있다. 세계관 2, 3, 4도 마찬가지다. 생각하는 행위는 이런 내적인 아바타들이 각자의 세계를 서로에게 표현하고 설명하는 과정이다. 생각할 때 허수아비 같은 보잘것없는 아바타들을 세워 둬서는 안 된다. 허술한 허수아비들의 논쟁은 생각이 아니라 사후 합리화일 뿐이다. 원하는 것을 두고 약한 적과 겨루는 것이므로 굳이 마음을 바꿀 필요가 없다. 자신을 선동하고 애매모호한 말로 현혹하는 것이다. 정해진 결론으로 증거를 합리화하려는 것이다. 한마디로 진실을 감추는 짓이다.

진정한 사고는 복잡하고 까다롭다. 진실하게 생각하려면 명료하게 말하고 신중하게 들어야 한다. 진실하게 생각하려면 갈등이 개입되기 마련이다. 그 갈등을 받아들여야 한다. 갈등에는 협상과 타협이 필요하다. 주고받는 법을 배우고, 전제를 수정해 생각의 방향과 세계관을 조절하는 법을 배워야 한다. 때때로 하나 이상의 아바타가 패배한다. 패배한 아바타는 제거된다. 아바타도 패배하거나 제거되는 걸 좋아하지 않는다. 의미 있는 아바타를 만드는 게 쉽지 않기에 하나하나가 소중하다. 아바타는 살아 움직이며, 살아남고 싶어 한다. 생존을 위한 투쟁도 마다하지 않는다. 아바타에게 귀를 기울이지 않으면 아바타는 내면 깊숙한 곳에서 악마로 변해 우리를 괴롭힐 것이다. 그래서 생각하는 행위는 정서적으로 괴롭고, 생리학적으로도 부담스럽다. 생각과 감정을 명료하고 정확하게 표현해야 이런 과정이 성공적으로 이루어진다. 생각하는 데 능숙하지 않다면 어떻게 해야 할까? 동시에 두 사람의 역할을 하는 데 어려움을 겪는다면 어떻게 해야 할까? 쉽다. 말을 하면 된다! 그러나 우리가 하는 말을 귀담아들어 줄 상대가 필요하다. 경청하는 사람은 협력자이기도 하지만, 적이기도 하다.

경청하는 사람은 조용히 당신의 말과 생각을 테스트한다. 경청하는 사람은 특정한 개인이 아니라 보편적 인류의 대리인 역할을 한다. 경청하는 사람은 군중을 상징한다. 군중이 항상 옳지는 않다. 하지만 '대체로' 옳고, '일반적으로' 옳다. 당신의 말에 모두 어리둥절한 반응을 보이면 다시 생각해 봐야 한다. 논란이 많은 의견이 때로는 옳을 때도 있다. 군중이 그 의견을 귀담아듣지 않아서 파멸에 이르기도 한다. 그런 사실을 잘 알고 있다. 따라서 우리 모두에게 자기 경험에서 얻는 진실을 용기 있게 말해야 할 도덕적인 의무가 있다. 그런데 새롭고 급진적인 것은 여전히 거의 틀린 것으로 판명된다. 그래서 일반적인 여론을 무시하고 거부할 때는 충분하고 확실한 이유가 있어야 한다. 여론은 곧 당신이 속한 문화다. 당신이 걸터앉은 거대한 떡갈나무다. 나뭇가지가 부러지면 추락한다. 생각보다 훨씬 아래로 떨어질지도 모른다. 당신이 지금 이 책을 읽고 있다면, 어떤 의미에서 특권을 누리는 사람이다. 글을 읽을 능력이 있고, 책을 읽을 시간도 있다. 당신이 지금 누리고 있는 것들은 지나간 시대의 수많은 사람이 희생하고 노력한 덕분이다. 그들이 누구인지는 모르지만 감사의 마음을 가져야 한다. 당신 뜻대로 세상을 끌어가고 싶다면, 그럴 만한 이유가 있어야 한다. 또 남과 다른 주장을 하려면 합당한 이유가 있어야 한다. 그 이유는 충분히 생각한 결과여야 한다. 그렇지 않으면 상당한 후폭풍을 감당해야 할지도 모른다. 이유가 아주 확실하지 않으면 다른 사람과 똑같이 행동하는 편이 낫다. 이미 난 길을 따라 걸으면 최소한 헤맬 필요는 없다. 길을 벗어나 광야를 걸으려면 고생을 각오해야 한다. 광야에는 도적 떼와 괴물이 있다.

옛날부터 전해지는 지혜는 그렇게 말한다.

경청하는 사람

경청하는 사람은 군중을 대표한다. 말없이 듣고만 있어도 상관없다. 말하는 사람에게는 누군가 자신의 목소리를 듣고 있다는 사실만으로도 충분할 수 있다. 이는 프로이트가 추천한 방법이다. 프로이트는 내담자를 긴 의자에 눕혀 천장을 바라보게 한 뒤 아무 생각이나 자유롭게 해 보라고 했다. 그리고 머릿속에 떠오르는 걸 빠짐없이 말하게 했다. 이것이 이른바 프로이트의 자유 연상법이다. 프로이트식 정신 분석가들이 자신의 개인적인 편견이나 의견이 내담자에게 전이되는 걸 피하려고 사용하는 기법이다. 프로이트는 이런 전이를 막으려고 내담자와 얼굴을 마주하지도 않았다. 자신의 감정 표현이 내담자의 자연스러운 생각의 흐름을 방해하는 걸 원하지 않은 것이다. 그는 해결되지 않은 문제가 부지불식간에 자신의 대답과 반응에 반영될까 봐 염려했다. 그런 염려는 타당한 것이었다. 프로이트는 자신이 내담자의 회복에 악영향을 미칠 수도 있다고 생각한 것이다. 그는 정신 분석가들에게 자신을 먼저 분석하라고 요구했다. 자신이 창안한 심리 분석 기법을 사용하는 정신 분석가들이 실수를 저지르지 않도록 먼저 각자의 맹점과 편견을 찾아내 제거하기를 바란 것이다. 프로이트의 이런 신중한 접근은 충분히 일리가 있었다. 어쨌든 그는 천재였다. 아직도 그를 언급하는 사람이 많은 것을 보면 확실히 그렇다.

프로이트가 권장한 내담자와 거리를 두는 접근법에도 단점은 있다. 심리 치료를 받으러 오는 사람 중에는 가까운 관계, 개인적인 관계를 바라는 사람이 많다. 그런 관계가 필요한 내담자도 있다(그러나 친밀한 관계에는 위험한 부분도 있다). 그래서 나도 프로이트 방법론 대신 대화법을 쓰고 있다. 요즘 임상 심리학자 대부분이 그렇듯이 말이다.

내담자가 내 반응을 관찰하는 것도 의미가 있다. 내담자가 불필요하게 영향받는 걸 피하기 위해 목표를 명확히 설정하고 그 목표에 맞는 반응만을 보인다. 내담자가 좋은 결과를 얻었으면 하는 마음에서 할 수 있는 모든 것을 시도한다. 나는 최선을 다한다(그래야 좋은 결과가 나온다). 내 개인적인 문제는 접어 두고 내담자에게 정신을 집중한다. 그와 동시에 내가 잘못 판단하는 것은 없는지 살핀다. 내가 생각하는 최선이 내담자의 생각과 다를 수 있다. 내가 일방적으로 결정할 수 없으므로 내담자와 상의하여 결정한다. 친밀한 관계의 위험을 낮추기 위해서는 무엇이 서로에게 좋을지 신중하게 결정해야 한다.

내담자는 말하고 나는 묵묵히 듣는다. 간혹 미묘하게 대응한다. 꼭 말로 하는 것은 아니다. 나는 내담자와 얼굴을 마주 보고 눈을 맞춘다. 서로 상대의 표정을 읽을 수 있다. 내담자는 자신의 말이 나에게 미친 영향을 확인할 수 있고, 나도 내 대응이 내담자에게 미친 영향을 확인할 수 있다.

한 내담자가 "난 아내가 싫습니다"라고 말했다고 하자. 일단 발설된 말은 당사자의 품을 떠난 것이다. 그 말은 이제 공중을 맴돈다. 마침내 내면의 지하 세계에서 빠져나와 모습을 드러낸 것이고, 혼돈의 상태에서 벗어나 구체화한 것이다. 이제 명확히 인식되기에 더는 쉽게 무시되지 않는다. 그렇게 '아내에 대한 미움'이 실재하는 것이 되었다. 내담자는 그렇게 말하고는 스스로 깜짝 놀란다. 내 표정에서도 놀라는 반응을 확인한다. 곧바로 수습에 나선다.

"아니, 내가 너무 세게 말했네요. 가끔 집사람이 미울 때가 있다고요. 집사람이 원하는 걸 솔직히 말하지 않으면 밉습니다. 어머니도 항상 그러셨거든요. 아버지는 어머니의 그런 태도를 정말 싫어하셨습니다. 솔직히 우리 모두 돌아 버릴 지경이었어요. 어머니 본인도 그런 자신의 태도에 답답하셨을 겁니다! 자상한 분이었지만 가슴에 맺힌 응어리도 많았어요. 아내가 어머니만큼 심각한 건 절대 아닙니다. 아내는 솔직하게 다 말하는 편이에요. 아주 가끔 그렇지 않을 때가 있는데, 그게 짜증 날 때가 있다는 말입니다. 어머니 때문에 하도 고생을 해서 그 영향이 큰 것 같아요. 그래서 사소한 일에도 지나치게 예민하게 반응하는 것 같습니다. 아버지가 어머니 때문에 힘들어 할 때 하신 행동을 내가 그대로 따라 하고 있는 겁니다. 이건 원래 내 모습이 아니에요. 아내에게는 아무런 잘못이 없습니다. 아내에게도 알려 줘야겠어요."

이런 고백을 통해, 나는 내담자가 예전에는 아내와 어머니를 명확히 구분하지 못했다는 걸 알게 된다. 또한 그가 아버지에게 무의식적으로 영향을 받았다는 점도 알게 된다. 내담자도 동시에 이런 사실을 깨닫는다. 이제 그는 조금이나마 안갯속에서 벗어나 성숙한 인간의 길로 들어선다. 자신의 인격에서 찢어진 작은 틈새를 발견하고 꿰매어 붙인다.

"유익한 상담이었습니다, 피터슨 박사님."

나는 고개를 끄덕여 화답한다. 이쯤에서 당신도 입을 다물고 고개를 끄덕일 수 있다면, 상당한 수준의 심리 치료사라 할 수 있다.

나는 말하지 않고 있을 때도 협력자인 동시에 적이다. 그런 양면적 상황을 피할 수 없다. 미묘한 표정 하나로도 내 반응이 내담자에게 전달되기 때문이다. 프로이트가 강조한 것처럼 침묵하고 있을 때도 의견을 전달하고 있는 셈이다. 그러나 상담을 할 때 늘 입을 다물고 있는 것은 아니다. 말을 해야 할 때가 있다. 말해야 할 때라는 걸 판단하는 기준은 무엇일까? 우선, 앞에서도 언급했듯이 마음을 가다듬고 적정한 목표를 세운다. 이 상담을 통해서 내담자가 조금이라도 나아지는 것이 목표다. 내 마음은 그 목표에 부응하는 쪽으로 움직인다. 그 목표를 성취하는 데 도움이 되는 치료적 대화에 반응하려고 애쓴다. 이때 나는 어떤 반응이 어떤 결과로 나타날 것인지 마음속에서 먼저 그려 본 후 반응을 보인다. 이것이 최우선적인 원칙이다. 예를 들어 설명해 보자. 내담자가 어떤 말을 하면 간혹 어떤 생각이나 환상이 머릿속에 문득 떠오른다. 그런 것들은 내담자가 조금 전에 언급한 것이거나, 그날 만난 다른 내담자가 한 말일 수도 있다. 그러면 무덤덤하게 그 생각을 내담자에게 말한다.

"당신이 조금 전에 그렇게 말했습니다. 그 말이 지금 머릿속에 떠오르는군요."

그때부터 우리는 그 문제를 논의하기 시작한다. 말하자면, 내 반응의 타당성을 알아내려는 것이다. 때로는 프로이트가 걱정한 것처럼 내 문제 때문에 그런 생각이 떠오른 것일 수도 있다. 그러나 때로는 다른 사람의 개인적인 이야기에 대한 긍정적인 관심에서 비롯된 반응일 수도 있다. 이런 반응은 충분히 의미가 있다. 때로는 교정적 효과도 있다. 흥미롭게도 교정되는 사람이 나 자신인 경우도 많다.

다른 사람들과 원만하게 지내서 나쁠 건 없다. 심리 치료사도 그런 다른 사람들 중 하나다. 좋은 심리 치료사라면 자기 생각을 우리에게 진실하게 말할 것이다(그의 생각을 진실하게 말하는 것과 그가 진실이라 생각하는 것을 말하는 것은 다르다). 그럼 우리는 적어도 한 사람의 솔직한 의견을 확보하게 된다. 누군가의 정직한 의견은 절대 사소하지 않다. 얻기 쉬운 것도 아니다. 그 솔직한 의견은 심리 치료 과정에서 가장 중요한 열쇠다. 두 사람이 서로 진실을 말하고 상대의 말을 경청한다고 생각해 보라.

경청의 기술

위대한 인본주의 심리학자 로저스는 경청의 본질을 이렇게 설명한다.

"우리는 거의 대다수가 경청하지 못한다. 우리에게는 경청하지 않고 섣불리 상대를 평가하려는 습성이 있다. 왜냐하면 경청이 너무 위험하기 때문이다. 경청하려면 무엇보다 먼저 용기가 필요하다. 그런데 우리에게 항상 용기가 있는 것은 아니다."[159]

로저스는 경청이 사람을 완전히 바꿔 놓을 수 있다고 말하면서 이렇게 덧붙였다.

"상대방의 말을 늘 경청하는데 바뀌는 게 없다고 말하고 싶은 사람도 있을 것이다. 그렇다면 당신의 경청은 내가 말하는 경청의 유형에 속하지 않을 가능성이 무척 크다."

로저스가 말하는 경청은 무엇일까? 그는 독자에게 간단한 실험을 해 보라고 제안한다.

"논의를 잠깐 중단하고 이런 규칙을 정해 보라. 의견을 말하고 싶은 사람은 앞사람이 말한 생각과 감정을 정확하게, 그 말을 한 당사자 마음에 들도록 간략히 정리한 후 자신의 의견을 말한다."

내 경우에는 이 규칙이 개인적인 면에서나 직업적인 면에서나 무척 유용했다. 나는 대화할 때 습관적으로 상대의 말을 요약해서 들려주고, 내가 제대로 이해했는지 묻는다. 내 요약을 상대방이 흔쾌히 인정할 때도 있고, 수정할 때도 있다. 드물지만 내가 완전히 잘못 이해할 때도 있다. 어떤 경우든 도움이 된다.

이렇게 상대의 말을 요약하는 대화법에는 이점이 많다. 첫째는 내가 상대의 말을 완전히 이해하게 된다는 것이다. 이 이점에 대해서 로저스는 이렇게 설명한다.

"상당히 쉬워 보이는가? 하지만 직접 해 보면 어떤 과제보다 어렵다는 사실을 깨닫게 될 것이다. 요약 기법을 통해 어떤 사람을 진정으로 이해하고, 그 사람의 개인적인 세계에 들어가 그가 삶을 바라보는 방식을 알게 되면, 당신 자신이 변화되는 위험에 빠질 수도 있다. 그의 방식대로 세상을 이해하게 되면서 당신의 사고방식과 성격이 변할 수도 있는 것이다. 이런 변화 가능성이 요약의 가장 놀라운 측면 중 하나다."

이보다 더 확실히 요약의 이점을 설명할 방법은 없을 듯하다.

둘째는 상대가 기억을 강화하고 활용하는 데 도움을 줄 수 있다는 점이다. 이런 상황을 생각해 보자. 한 내담자가 살면서 힘들던 시기를 두서없이 감정에 사무쳐서 장황하게 설명한다. 나는 그 내담자의 말을 중간중간 요약하며, 제대로 요약했는지 확인한다. 내담자의 설명이 점점 짧아진다. 그의 과거는 우리가 주고받은 형태로 내담자의 기억에 압축되어 저장된다. 이 기억은 많은 점에서 과거의 기억과 다르다. 운이 더해지면 '더 좋은' 기억이다. 이전보다 덜 부담스럽고, 쓸데없는 부분들은 지워지고 핵심만 남은 기억이다. 내담자는 기억을 정리하며 중요한 교훈도 얻는다. 과거에 일어난 사건의 원인과 결과를 요약함으로써, 미래에 있을지도 모를 비슷한 사건이 가져올 비극과 고통을 줄인다.

'그 사건의 전말은 ……이다. 그 이유는 ……이다. 그런 비극을 피하려면 나는 ……을 해야 한다.'

이쯤 되면 성공한 기억이다. 이것이 기억의 목적이다. 우리가 과거를 기억해야 하는 이유는 '정확한 기록'을 위해서가 아니라, 미래를 대비하기 위해서다.

요약의 세 번째 이점은 '허수아비 논법'(상대방의 견해를 실제와 다르게 왜곡하여 받아들여 자신에게 유리하게 이용하는 논법—옮긴이)의 약점을 극복할 수 있다는 것이다. 누군가 당신 의견에 반대하면, 그의 주장을 단순화하거나 조롱하거나 왜곡하고 싶은 유혹이 생긴다. 그런 유혹에 넘어가면 반대자를 꺾는 동시에 당신의 개인적인 위상을 부당하게 올린다. 하지만 상대방의 견해가 본질적으로 바뀌지 않았고, 당신의 승리가 부당하다는 점에서 더 큰 갈등으로 이어진다. 전혀 생산적이지 않다. 누군가의 주장을 요약할 때는 그 말을 한 당사자보다 더 명료하고 간결하게 표현할 수 있어야 한다. 공정성을 유지하면서 그 주장을 검토하고 요약한다면 그 주장에서 가치 있는 것을 찾아내 그 과정에서 뭔가를 배울 수 있을 것이고, 그 주장이 틀렸다는 판단이 들면 그 주장에 반대되는 당신의 견해를 정교하게 다듬어 더욱 강력한 주장을 펼칠 수 있을 것이다. 그러면 당신의 의견은 더욱 설득력을 얻게 된다. 또한 상대의 의견을 왜곡할 필요도 없어진다. 당신과 상대의 거리도 어느 정도는 메워진다. 역으로 당신이 공격받을 때도 큰 힘이 된다.

때때로 상대의 말에 담긴 진정한 의미를 알아내는 데 시간이 걸리는 경우가 있다. 주로 그 생각을 처음으로 표현했을 때가 그렇다. 어떤 생각을 처음 표현할 때는 막다른 골목길을 헤매거나 모순되고 터무니없는 주장을 하게 된다. 말하고 생각하는 행위가 기억보다 망각에 더 많이 관련되어 있기 때문이다. 이야기를 통해 정말 중요한 것들, 정말 기억해야 할 것들이 천천히 모습을 드러낸다. 특히 죽음이나 심각한 병처럼 감정이 개입되는 사건에 관한 대화를 할 때는 더욱 그렇다. 하지만 처음에는 중요하지도, 필요하지도 않은 것들이 주로 언급된다. 말하는 사람은 감정에 사무쳐서 사건 전체를 세세히 나열한다. 그런 과정을 거쳐야 이야기의 핵심, 즉 원인과 결과가 뚜렷이 정리되고 그 이야기에서 배워야 할 교훈이 무엇인지 알게 된다.

어떤 사람이 위조지폐가 섞인 100달러짜리 뭉치를 손에 쥐고 있다고 해 보자. 그 지폐들을 탁자 위에 펼쳐 놓고 하나씩 유심히 살펴보면 작은 차이가 보이고 진짜와 가짜를 구분할 수 있다. 이 방법은 어떤 문제를 해결하거나 중요한 정보를 전달하려는 사람의 말을 경청할 때 취해야 하는 접근법이다. 성격이 급해서, 아니면 진짜와 가짜를 구분하는 일이 귀찮아서 지폐 중 일부가 가짜라는 게 확인되자마자 지폐를 전부 버린다면, 알곡과 쭉정이를 구분하는 법을 영원히 배우지 못하게 된다.

섣불리 판단하지 않고 상대의 말을 경청하면, 상대는 자기 생각을 빠짐없이 솔직하게 전달한다. 놀랍고 이상하고 터무니없는 생각까지 꾸밈없이 털어놓는다. 아마 지루할 틈이 없을 것이다(대화가 지루하지 않으면 경청하고 있다는 증거다. 지루하면 경청하지 않고 있을 가능성이 크다).

영장류의 서열 싸움과 상황에 대처하는 지혜

말하는 행위가 모두 생각하는 행위는 아니다. 또한 모든 경청이 변화를 유도하는 것도 아니다. 앞서 살펴본 내용과는 전혀 다른 의도로 진행되는 대화와 경청도 많다. 그것들은 대체로 수준이 낮고 역효과와 위험한 결과로 이어진다. 대화를 서열 경쟁의 수단으로 이용하는 것도 그중 하나다. 대화를 통해 서열 구조에서 자신의 지위를 높이려고 시도하는 것이다. 예를 들어 한 사람이 최근에 있던 흥미로운 사건을 주제로 대화를 시작했다고 해 보자. 재미도 있고 중요한 정보도 있다. 그 이야기를 듣고 있던 사람은 왠지 자신이 그보다 하찮아 보인다. 그래서 그보다 더 화려하고 놀라운 주제를 생각해 낸다. 이런 대화는 순수하게 의견을 주고받는 것이 아니라 서열 싸움을 하는 것이다. 대화가 변질되면 당사자들은 금세 느낀다. 허위와 과장이 섞여 있음을 알기 때문에 양쪽 모두 어색해진다.

비슷한 유형으로, 어느 쪽도 상대방의 말을 경청하지 않는 경우가 있다. 한 사람이 말하는 동안 다른 한 사람은 다음에 할 말을 생각한다. 듣지 않기 때문에 다음 발언이 주제에서 어긋나는 경우가 많다. 따라서 대화가 원만히 흐르지 않고 삐긋거리다 중단되기 일쑤다. 누군가 재치 있는 말로 화제를 돌리지 못하면 한동안 침묵 속에서 어색하게 바라보다 멋쩍게 자리를 뜬다.

한편, 자기 생각을 강요하고 설득하려는 의도가 지배하는 대화도 있다. 이런 대화도 따지고 보면 서열 경쟁을 위한 것이다. 자기 생각이 절대적으로 옳다는 것을 전제로 하고 있어서 이데올로기적 성격이 강하다. 이런 유형의 대화에서 화자는 다른 관점을 지닌 사람을 깎아내리거나 조롱하고, 그렇게 하는 동안 자기에게 유리한 증거를 선별적으로 사용하며, 주장의 타당성을 청자들에게 각인시키려고 노력한다. 이런 대화의 목표는 지나치게 포괄적이고 단순한 세계관에 대한 지지를 얻는 것이다. 그리고 다른 가능성은 '생각하지 않는 것'이 옳은 길이라는 점을 알려 주려는 목적이 있다. 결국 이런 식으로 말하는 사람은 논쟁에서 승리해야 자신이 옳다는 게 확인되고 자신이 속한 진영의 가치도 입증된다고 믿는다. 당연한 말이겠지만, 그 사람은 그 진영에서 만족할 만한 지위에 있거나 그 진영의 가치관을 지지하는 성향일 가능성이 크다. 정치와 경제에 관련된 거의 모든 논쟁은 이런 식으로 전개된다. 대화 참가자들은 뭔가를 새롭게 배우거나 다른 이론을 받아들이지 않는다. 자신의 견해를 정당화하려고만 한다. 이런 이유에서 보수주의자나 진보주의자 가릴 것 없이 자신의 견해가 무조건 옳다고 믿으며, 극단적인 사람일수록 이런 믿음은 더 확고하다. 따라서 성향을 보면 대화의 결론을 예측할 수 있다. 하지만 그런 이데올로기적 믿음은 언제든지 깨질 수 있다.

지금까지 언급한 유형의 대화는 경청이 아니다. 경청은 한 번에 한 사람만 발언하고 상대방은 주의 깊게 듣는 것이다. 발언하는 사람에게는 어떤 사건에 대한 의견을 진지하게 개진할 기회가 주어진다. 다른 사람들은 그가 하는 말에 공감하는 반응을 보인다. 이런 대화가 중요한 이유는 화자가 사건을 설명하는 동안 마음속으로 그 사건을 정리하기 때문이다. 인간은 대화하며 머릿속을 정리한다. 매우 중요한 사실이다. 이야기를 들어 줄 사람이 없으면 정신이 망가진다. 모든 물건을 쌓아 두는 사람처럼 마음속에 있는 어떤 것도 정리하지 못한다. 정신 건강을 위해서라도 대화할 사람이 필요하다. 달리 말하면, 마음을 정리하려면 마을이 필요하다.

다른 사람의 반응을 활용해 복잡한 자아를 정상적으로 기능하게 한다면 건강한 정신을 지녔다고 할 수 있다. 정신 상태는 주변 사람들과의 관계에 크게 영향받는다. 따라서 적절하게 말하고 행동함으로써 다른 사람들과 원만한 관계를 유지하는 것이 매우 중요하다. 우리는 사회적 맥락 속에서 다른 사람들의 반응을 통해 말과 행동이 적절했는지를 판단한다. 예를 들어 내가 어떤 말을 했을 때 사람들이 흥미를 보일 수도 있고, 지루해할 수도 있다. 농담을 하면 웃을 수도 있고 냉담하게 반응할 수도 있다. 이런 반응을 통해 내 행동과 발언에 대해 돌아볼 수 있다. 다른 사람들 역시 그들의 말과 행동에 대한 내 평가에 영향을 받는다. 이런 식으로 우리는 서로가 서로에게 사회적으로 용인되는 것들에 대한 이상적인 기준을 제시하고 있는 것이다. 좋은 반응과 적대적인 반응을 통해 서로가 보상과 처벌을 주고받는다. 일부러 엇나가려는 사람이 아니라면 대체로 그 기준을 충족하려고 노력한다.

대화를 나누는 동안 청자의 공감은 화자에게 당신은 중요한 사람이며 발언 내용 역시 주의 깊게 들을 가치가 있음을 알려 준다. 그런데 남성과 여성이 어떤 특정한 문제를 놓고 대화할 때 서로 오해하는 경우가 있다. 남성은 대화를 시작하자마자 성급히 '문제를 바로잡으려 한다'는 이유로 비난받는다. 남성은 남성대로 불만이 있다. 남성의 특성상 문제를 효율적으로 해결하는 데 집중하는 경향이 있고, 여성도 그런 목적의 부탁을 자주 하기 때문이다. 그런데 문제를 해결하려면 당사자들이 대화를 통해 그 문제가 정확히 무엇인지 구체적으로 따져 봐야 한다. 이 책을 읽는 남성 독자들은 이 점을 염두에 두면 그런 갈등이 왜 생기는지 이해할 수 있을 것이다. 여성은 문제를 정확히 표현하는 걸 중요시한다. 그들은 먼저 자신의 말을 들어 주기를 바란다. 그래야 문제를 구체적으로 표현하고 서로 합의할 수 있기 때문이다. 그런 과정만으로도 그 문제가 무엇이든 해결하는 데 큰 도움이 된다. 따라서 남성들이 성급히 문제를 해결하려는 것은 그런 대화에서 빨리 벗어나고 싶다는 뜻으로 비칠 수 있다는 점도 생각해 봐야 한다.

대화의 또 다른 형태로는 강의가 있다. 강의도 대화의 한 형태다. 말은 주로 강사가 하지만 청중은 비언어적으로 강사와 교감한다. 자세와 표정을 통해 엄청난 규모의 비언어적 상호 작용이 일어난다. 이때는 주로 감정에 관련된 정보가 전달된다. 훌륭한 강사는 내용을 전달하는 데 그치지 않고 (내용 전달은 강연에서 크게 중요한 부분이 아닐 수 있다), 청중의 이해 수준에 맞게 전하고자 하는 내용과 관련한 여러 이야기를 들려준다. 반응을 보면 청중의 이해 수준을 짐작할 수 있다. 그런 이야기들을 통해 지금 전달하고자 하는 내용이 왜 중요한지를 설명하는 것이다. 그런 지식이 어떻게 생각과 행동을 바꾸고 세상을 새롭게 이해하는 데 영향을 주는지를 설명하는 것이다. 이런 부분들이 잘 전달되면 청중은 난관을 슬기롭게 극복하고 더 나은 목표를 향해 빠르게 나아갈 수 있다는 믿음을 갖게 된다.

훌륭한 강사는 청중에게 일방적으로 말하는 사람이 아니라, 청중과 함께 대화하는 사람이다. 그러려면 강사는 청중의 움직임, 태도, 소리 등 모든 반응을 잘 살피고 그것에 맞게 대응해야 한다. 청중을 뭉뚱그려서 관찰해서는 이렇게 할 수 없다. 훌륭한 강사는 몇 사람을 점찍고 그들의 반응을 살핀다.* 청중을 일방적으로 듣는 집단으로 보는 게 아니라, 함께 대화하는 개인으로 생각하는 것이다. 그들의 몸짓과 표정을 보고 그 반응에 맞춰 직접 대응한다. 이렇게 몇 마디를 던지고 강연 내용을 다듬은 다음, 상대를 바꿔 똑같은 과정을 반복한다. 이런 과정을 통해 청중 전체의 반응을 짐작하고, 그것에 따라 적절히 대응할 수 있다.

---

* 개인을 상대하듯이 말하는 전략은 메시지 전달에도 중요하지만, 많은 사람 앞에 설 때 생기는 긴장을 해소하는 데도 유용하다. 언젠가 강연할 기회가 생기면 한 사람, 혹은 몇 사람을 찍어서 그들을 상대로 말하는 전략을 사용해 보라. 강연대 뒤로 숨지 말라. 눈을 내리깔지 말고, 자신 없는 목소리로 옹얼거리지도 말고, 준비가 부족해서 죄송하다고 사과하지도 말라. 당신의 생각이 아닌 남의 생각이나 낡은 생각 뒤에 숨지 말라.

————— 법칙 9

지적 탐험을 위한 대화

마지막으로 살펴볼 대화 유형은 '지적 탐험을 위한 대화'다. 이 대화는 경청과 비슷한 유형에 속한다. 듣는 쪽과 말하는 쪽 모두에게 진정한 상호성이 요구된다. 이 대화에서는 모든 참여자가 자기 생각을 표현하고 정리할수 있다. 지적 탐험을 위한 대화에서는 모든 참여자의 공통적인 관심사를주제로 삼는 경우가 많다. 모두 그 문제를 풀려고 노력한다. 자기 의견이옳다고 주장하지 않는다. 또한 모두 대화를 통해 뭔가를 배우겠다는 자세로 참여한다. 이런 유형의 대화는 실질적인 철학과 고결한 생각을 형성하므로 더 나은 삶을 위한 바람직한 준비 과정이라 할 수 있다.

이런 대화에 참여하는 사람들은 자신의 인식을 체계화하고, 행동과 말의기준이 되는 사상에 대해 논의한다. 그들은 존재론적으로 자신들의 철학과밀접한 관계가 있다. 삶의 기준으로 받아들인 철학을 굳게 믿고 깊이 이해한다는 뜻이다. 또한 그들은 지적 탐험을 위한 대화를 하는 동안에는 질서보다 혼돈을 추구한다(그들이 추구하는 혼돈은 반사회적인 저항을 위한 것이 아니다). 경청과 관련되지 않은 대화는 기존 질서를 유지하려는 시도다. 하지만지적 탐험을 위한 대화는 미지의 것이 이미 알려진 것보다 성장하는 데 도움이 된다고 믿는 사람들이 참여한다.

당신의 삶이 완벽하지 않다면 지금 당신이 아는 것으로는 충분하지 않다는 뜻이다. 당신은 여전히 질병과 자기기만, 불행과 원망, 배신과 타락, 고통과 한계로 위협받고 있다. 결국 당신이 자신을 지키지 못하고 이 모든 것에 휘둘리는 이유는 무지하기 때문이다. 충분히 알게 되면 더 건강하고 도덕적인 삶을 기대할 수 있다. 고통을 줄이고, 악의와 사악함에 저항함으로써 승리를 거둘 수 있을 것이다. 또한 작은 이익을 위해 친구를 배신하지 않고, 부정한 거래도 하지 않을 것이다. 현재 지식으로는 당신은 완벽하지 않고 당신을 안전하게 지킬 수도 없다. 당신의 지식은 위험할 정도로 부족하다.

이런 현실을 받아들여야 상대를 억압하거나 설득하려 하지 않고 철학적으로 대화할 수 있다. 심리학적으로 말하면, 혼돈과 질서의 경계에서 이뤄지는 심원한 대화를 이해할 수 있다. 지적 탐험을 위한 대화에서는 상대의 개인적인 경험을 존중해야 한다. 대화 상대가 신중하게 생각한 끝에 진실한 결론에 도달했다고 가정해야 한다. 또한 그들이 얻은 결론 덕분에 우리의 고통과 수고를 적잖이 덜 수 있다고 믿어야 한다(다른 사람의 경험을 통해 더 빨리 덜 위험하게 배울 수 있다). 우리는 승리를 위해 전략을 꾸미는 대신 자신의 내면을 빈틈없이 돌아봐야 한다. 그렇게 하지 않으면, 우리는 이미 믿고 있는 것만 고집하며 그것을 기계적으로 반복하게 된다. 그러나 우리가 내면을 성찰하고 대화 상대의 말을 경청하면 깊은 내면에서 저절로 샘솟는 새롭고 독창적인 것을 말할 수 있게 된다.

대화하는 동안 당신 자신의 목소리에 귀 기울이는 것은 상대방의 말을 경청하는 것과 다를 바 없다. 화자가 새로운 정보를 전달할 때 어떻게 반응하는가? 그 정보가 당신에게 어떤 영향을 미쳤는가? 그 정보로 인해 당신의 내면은 무엇이 새로워졌는가? 그 정보가 당신의 인식을 어떻게 바꾸었는가? 그 정보를 근거로 어떤 새로운 의문을 품게 되었는가? 이런 의문들에 관한 생각을 상대방에게 솔직하게 말하면 상대방도 좋은 영향을 받는다. 이런 과정을 거치며 당신과 상대방은 함께 새롭고 넓고 나은 곳을 향해 나아간다. 당신과 화자가 과거의 믿음을 버려야 변화할 수 있다. 그럼으로써 낡은 껍질을 벗고 새로운 껍질을 얻게 된다.

지적 탐험을 위한 대화는 참여한 사람 모두 진심으로 듣고 말하며 진실을 구하려는 것이다. 그래서 중요하고 매력적이며 흥미롭고 의미가 있다. 이때 발견하는 의미는 당신 내면의 깊은 곳에서 보내는 신호다. 당신이 반드시 있어야 할 곳, 바로 질서와 혼돈의 경계에 서 있다는 증거다. 도교의 가르침에 따르면, '도(道)'의 길을 걷고 있는 것이다. 그곳에서 당신은 안심해도 좋을 만큼 안정적이고, 언제라도 변할 수 있을 만큼 유연하다. 그곳에서 당신은 새로운 정보를 받아들여 지식을 확장하고, 삶의 문제를 해결하며, 삶의 구조를 개선하고, 삶의 영역을 확장할 것이다. 도의 길을 걸을 때 당신의 존재를 이루는 요소들이 숭고한 목표를 이룰 방법들을 찾아낼 것이다. 위대한 음악을 들었을 때의 희열을 지적 탐험을 위한 대화를 통해서도 느낄 수 있다. 지적 탐험을 위한 대화를 통해 영혼들이 교감하는 세계로 들어설 수 있다. 그곳은 진실만이 존재한다. '정말 가치 있는 시간이었어. 서로를 진정으로 알게 되었어'라는 생각이 들 것이다. 경청하는 대화를 통해 모든 가면은 벗겨지고, 진실은 환히 밝혀진다.

그러니 당신 자신의 목소리에 귀를 기울이고 상대방의 말을 경청하라. 그러면 이미 알고 있는 것과 새로이 얻은 지식이 합쳐져 지혜로 변할 것이다. 그야말로 최상의 지혜가 아니겠는가! 고대 그리스 델포이 신전의 사제가 소크라테스를 칭송한 것도 바로 이 때문이었다. 소크라테스는 항상 진실을 추구하는 사람이었다. 델포이 신전의 사제가 소크라테스를 살아 있는 자 가운데 가장 지혜로운 자라고 선언한 이유는 소크라테스가 자신이 아무것도 모른다는 것을 알았기 때문이다.

당신이 꼭 알아야 할 것을 들려줄 사람이라 생각하고, 상대의 말을 경청하라.

분명하고 정확하게 말하라

쓸모없는 노트북

내 앞에 있는 노트북 컴퓨터를 보면 검은색의 얇은 철제 케이스가 눈에 들어온다. 자판도 보이고, 모니터도 보인다. 그런데 지금 보이는 것은 노트북 컴퓨터의 아주 일부에 불과하다. 그리고 지금은 비싼 컴퓨터 대접을 받고 있지만, 조만간 컴퓨터로서 기능을 다하고 거저 줘도 안 가져가는 쓰레기가 될 것이다.

모니터와 키보드, 마우스, 인터넷 등 모든 기능이 문제없이 잘 돌아가도 마찬가지다. 50년 정도 지나면 지금 노트북은 연금술 도구처럼 이상한 유물 취급을 받을 것이다. 요즘 노트북의 계산 성능은 인간을 달에 보낸 아폴로 계획의 모든 장비를 합친 것보다 강력하다. 그런데도 곧 다 버려질 것이라고 말하는 이유는 뭘까? 작고 빠르고 유용하고, 심지어 신분이 상승한 듯한 착각까지 일으키는 첨단 기계가 하루아침에 쓰레기가 될 것이라고 말하는 이유는 뭘까? 인간이 가지고 있는 지각 능력의 특성 때문이다. 인간의 지각 능력과 복잡한 세계가 드러나지 않게 상호 작용함으로써 노트북을 쓸모없는 물건으로 만들어 버릴 것이다.

노트북은 교향곡 악보의 음표 같은 물건이다. 거대한 전체에 속한 아주 작은 부분이다. 노트북이 성능을 발휘하려면 노트북 외에 필요한 것이 많다. 다른 여러 기술이 조화롭게 결합해야 제 기능을 발휘할 수 있다. 우선, 전력망에서 만들어져 들어오는 전기가 필요하다. 그뿐만이 아니다. 노트북을 제대로 쓰려면 무수히 많은 복잡한 시스템, 이를테면 물리적·생물학적·경제적·사회적 시스템들이 안정적으로 작동해야 한다. 노트북에 들어가는 수천 개의 부품을 만드는 공장들도 그중 하나다. 노트북 운영 체제는 그런 부품들을 제어해 여러 응용 프로그램을 돌린다. 그래픽 카드 기술은 인터넷에 콘텐츠를 올리는 사람들 요구에 맞춰 발전해 왔다. 노트북은 이처럼 각종 하드웨어와 소프트웨어, 콘텐츠, 이용자를 비롯한 여러 생태계와 끊임없이 소통하며 작동한다.

그런데 눈에 잘 띄지 않지만 이런 모든 것을 가능하게 하는 요소가 하나 남았다. 바로 '신뢰'라는 사회 계약이다. 따지고 보면 노트북에 전기를 연결할 수 있는 것도 신뢰라는 사회 계약 덕분이다. 신뢰는 안정적인 정치적·경제적 시스템을 뒷받침하는 구성원들의 암묵적인 약속이다. 전체 시스템과 구성원은 상호 의존적이다. 시스템은 구성원의 책임과 의무로 유지되고, 구성원은 시스템으로 안전과 질서에 대한 보장을 받는다. 부분과 전체의 상호 의존성은 제대로 작동하는 시스템에서는 겉으로 드러나지 않지만, 그렇지 않은 시스템에서는 확연하게 느껴진다. 부패하고 가난한 제3세계 국가에는 컴퓨터 작업을 할 수 있는 정교한 시스템이 없다. 발전소나 송전선 같은 전력 설비가 아예 없거나, 있어도 제대로 작동하지 않는다. 이런 곳에서는 전기 장치를 쓸 수 있으면 다행이고, 대개는 쓸모없는 애물단지가 된다. 시스템이 제대로 작동하지 않는 이유는 기술력이 없어서일 수도 있지만, 근본적으로는 신뢰가 없기 때문이다. 신뢰 부재는 부패한 사회의 전형적인 특징이다.

또 다른 비유를 들어 보자. 노트북 컴퓨터는 광활한 숲속의 어느 나무에 붙어 있는 나뭇잎과 같다. 나뭇잎은 가지에서 떨어질 때도 있다. 떨어진 나뭇잎은 잠시 독립된 개체로 인식된다. 하지만 몇 주 정도 지나면 바싹 말랐다가 썩어 없어진다. 나무가 없었으면 나뭇잎은 아예 존재하지도 않았을 것이고, 나무가 없으면 나뭇잎은 계속 존재할 수 없다. 노트북과 세계의 관계도 이와 비슷하다. 노트북의 기능은 대부분 여러 가지 외부 요인의 영향을 받는다. 그래서 외부적 요인이 바뀌면 노트북이 컴퓨터 노릇을 할 수 없게 된다.

우리가 사용하고 보고 듣고 만지는 거의 모든 것이 그렇다. 잘 드러나지 않을 뿐이다.

우리가 사물을 지각하는 과정

사물과 대상을 보고 판단하는 과정은 단순해 보이지만, 실은 그렇지 않다. 오랜 세월 진화한 인간의 지각 체계는 복잡한 세상을 단순하게 만드는 방법을 받아들였다. 그래서 사물을 그 자체로 인식하지 않고, 유용한 것 또는 방해되는 것 둘 중 하나로 구분하여 받아들인다. 이런 과정은 세계를 인식할 때 필요한 환원 과정이다. 무한에 가까운 복잡한 사물의 세계를 구체적인 목적에 맞게 변형하는 것이다. 이런 이유에서, 정확하게 지각할수록 실제와 인식의 괴리를 줄일 수 있다. 이는 사물 그 자체를 객관적으로 인식하는 것과는 전혀 다른 이야기다.

우리는 우리에게 가치 없는 개체에는 눈길을 주지 않는다. 그리고 눈에 들어온 모든 사물에는 의미를 부여한다. 우리는 그 의미를 직접 인식한다.[160] 계단을 보면 오르고, 문을 보면 지나가고, 의자를 보면 앉는다. 소파와 나무 그루터기는 객관적으로 볼 때 어떤 공통점도 없지만 의자라는 범주에 속한다. 돌멩이를 보는 것은 주워서 던질 수 있기 때문이고, 먹구름을 보는 것은 비를 뿌리기 때문이다. 사과를 보는 것은 먹을 수 있기 때문이고, 자동차를 보는 것은 올라타거나 피해야 하기 때문이다. 결국 우리는 도구와 방해물을 보는 것일 뿐 사물과 대상 자체를 보지는 않는다. 우리는 도구와 방해물을 직관적으로 구분한다. 우리의 욕구와 능력, 제한적인 지각력을 고려하면 세상을 도구와 방해물로 구분하는 지각 방식은 유용하지만, 실제 현실과의 차이가 생길 가능성이 있어 위험하기도 하다. 우리에게 세계는 이용하거나 극복해야 할 목적물일 뿐 아무런 맥락 없이 그 자체로 존재하는 대상이 아니기 때문이다.

평범한 대화를 할 때 우리는 상대방의 얼굴을 본다. 그들의 세포나 유전자를 보지 않고, 그들의 가족이나 친구, 카드 명세서나 통장 잔액을 보지도 않는다. 그가 과거에 뭘 했는지, 범죄 기록이나 학생 기록부를 들여다보지도 않는다. 지금, 이 순간에 드러난 그들을 볼 뿐 어제와 내일까지 고려하지는 않는다. 어제와 내일에 관련된 부분이 더 중요하다는 것을 알더라도 마찬가지다. 우리는 이런 식으로 세상을 관찰한다. 그렇지 않으면 세계의 복잡성에 압도되어 아무것도 하지 못한다.

우리는 세상을 관찰할 때 우리 계획과 행동에 적당히 들어맞고 우리가 그럭저럭 해낼 수 있는 것만 인식한다. 이런 식으로 우리가 살고 있는 세상을 살기에 적당한 곳으로 파악한다. 결국 세상을 다소 과격하게 기능적인 면만 단순화해서 인식한다. 그런데 문제는 그렇게 단순화한 세상을 세상 자체로 인식할 가능성이 크다는 점이다.

그러나 우리 주변의 대상들은 단순히 우리에게 인식될 목적으로 존재하지 않는다.* 사물들은 그 자체로 완전한, 개별적이고 제한적이며 독립적인 개체로 존재하지 않고, 서로 복잡하고 다차원적인 관계 속에서 존재한다. 그래서 목표를 정확하게 설정해야 한다. 그렇지 않으면 세상의 복잡성에 압도되어 아무것도 하지 못한다.

우리가 자기 자신이나 다른 사람을 인식할 때도 다를 바 없다. 피부라는 겉면이 자신과 세계를 나누는 경계라고 생각한다. 지각의 작동 원리상 그럴 수밖에 없다. 하지만 그 경계가 상황에 따라 수시로 변한다는 점은 잘 지각하지 못한다. 예를 들어 드라이버를 집어 들면 뇌는 자동으로 드라이버를 신체의 일부로 판단한다.[161] 실제로 드라이버는 신체 기관처럼 작동해 감각을 전달한다. 드라이버라는 확장된 신체 기관을 통해 구멍과 구석

---

* 자율적으로 작동하는 로봇을 만드는 데 처음에 예상한 것보다 오랜 시간이 걸린 이유다. 인간은 사물을 직관적으로 지각하고 맥락을 파악한다. 이를 인공적으로 구현하는 것은 매우 어려운 과제다. 인공 지능 개발 초창기에는 이 문제를 해결하지 못해 발전이 더뎠다. 지각 문제를 해결하지 않으면 추상적 사고의 알고리즘이 아무리 정교해도 단순한 일상적인 문제도 해결하지 못한다. 1980년대 후반부터 로드니 브룩스 같은 선구자들이 이 문제를 해결하려면 지각과 사고의 통합이 필수적인 선결 과제라는 것을 발견했고, 그 후 인공 지능 기술이 비약적으로 발전하게 되었다.

진 곳을 탐색하고, 그 상황에 맞게 대응한다. 게다가 우리가 지금 쥐고 있는 드라이버를 즉각 내 목적과 의도대로 사용할 수 있는 것으로 생각한다. 그렇지 않으면 도구를 자유자재로 사용하지 못한다. 훨씬 복잡한 상황에서 훨씬 복잡한 도구를 사용할 때도 같은 식으로 행동한다. 드라이버보다 훨씬 복잡한 자동차를 예로 들어 보자. 자동차에 올라타는 순간 자동차는 자동으로 우리 자신이 된다. 횡단보도 정지선에 멈춰 서 있는데 길을 건너던 보행자가 자동차 보닛을 주먹으로 내리쳤다고 해 보자. 우리는 그 공격을 자신에 대한 공격으로 받아들인다. 이런 해석이 항상 합리적인 것은 아니다. 하지만 자아를 자동차로 확대하는 과정이 없다면 운전 자체가 불가능할지도 모른다.

자아의 경계는 사물뿐만 아니라 다른 사람, 예를 들어 가족, 연인, 친구를 통해서도 확장된다. 어머니는 자식을 위해 자신을 희생한다. 한쪽 팔이나 다리보다 아버지와 아들, 혹은 아내와 남편이 더 필요한 존재인가? 다시 말하면, 어느 쪽을 잃는 게 더 나을까? 더 피하고 싶은 상황은 어느 쪽인가?

우리는 소설이나 영화를 보면서 이런 상황을 간접적으로 경험한다. 이야기 속 등장인물들이 겪는 승리와 위기, 비극을 내가 겪는 일처럼 받아들인다. 의자에 앉아 여러 가상 현실을 체험하면서 확장된 경계를 실험하고, 다양한 가능성을 모색하며 생각을 정리하고 행동 방향을 설정한다. 허구 세계에 몰입해 있는 동안 우리는 현실에 존재하지 않는다. 영화관이라는 마법의 공간에서 눈 깜빡할 사이에 환상 세계의 피조물로 변신한다. 어두컴컴한 영화관 화면에 등장하는 마녀와 영웅, 외계인과 흡혈귀, 사자와 요정, 나무 인형이 된다. 영화 속 주인공이 느끼는 모든 것을 느낀다. 특이하게도 결코 현실에서 일어나지 않았으면 하는 슬픔과 두려움, 공포의 경험도 영화관에서는 마다하지 않는다.

우리가 동일시하는 대상이 허구적 이야기의 주인공만은 아니다. 때로는 대결하는 집단을 동일시 대상으로 삼기도 한다. 당신이 좋아하는 스포츠 팀이 라이벌 팀과 경기할 때 어떤 일이 일어나는지 생각해 보자. 경기 마지막 순간 승리를 결정짓는 플레이가 나오면 모두 일제히 자리를 박차고 일어나 열광한다. 모든 사람의 복잡한 신경계가 눈앞에서 전개되는 경기에 맞추어져 있는 듯하다. 팬들은 응원하는 팀의 승패를 개인적인 문제로 받아들이고, 좋아하는 선수의 유니폼을 입고 다니며, 개인적인 일보다 응원하는 팀의 경기 결과에 더 흥분하고 실망한다. 이런 동일시는 생화학적 변화나 신경 생리학적 변화로도 나타난다. 승리와 패배를 간접적으로 경험할 때마다 경기에 '참여'하는 팬들의 테스토스테론 수치가 상승하거나 하락한다.[162] 이런 동일시 능력은 삶의 수준이나 교육 수준에 상관없이 모두에게서 나타난다.

국가와 개인의 관계 역시 이와 비슷하다. 개인에 따라 정도의 차이는 있지만, 나라는 객관적인 대상이 아니라 우리 자신과 다를 바 없는 동일시 대상이다. 나라를 지키려고 전쟁터에 나가 개인이라는 작은 자아를 희생하기도 한다. 인류 역사에서 나라를 위해 죽음을 불사하는 행위는 숭고하고 고결한 인간의 의무로 여겨졌다. 역설적으로 말하면, 죽음을 각오한 희생은 인간에게 내재한 공격성의 직접적인 결과가 아니라, 극단적인 사회성과 협력 정신의 결과다. 우리가 자아라는 한계를 벗어나 가족과 팀과 국가 같은 대상을 자기 자신과 동일시하면 협력이 쉬워진다. 이는 또 다른 강력한 내적 메커니즘인 자기 보호 본능의 영향 때문이다.

올바른 행동과 단순한 세계

현실 세계를 대충 파악해서는 서로 복잡하게 얽힌 혼돈의 정체를 이해할수 없다. 혼돈을 이해하려면 뇌의 거의 절반을 동원해야 한다. 그만큼 고도로 복잡한 행위다. 현실 세계에서는 모든 것이 움직이고 변한다. 일반적으로 하나의 독립된 단위는 더 작은 독립된 단위들로 구성되고, 더 큰 단위의 부분이 된다. 그런데 전체와 부분을 가르는 층위들의 경계는 명확하지 않고 객관적이지도 않다. 어떤 층위에 속한 단위들 사이의 경계 역시 모호하다. 그 경계들은 실용적이고 현실적인 관점에서 설정된다. 그 경계는 구체적이고 특정한 조건 아래에서만 타당하다. '완전하고 충분한 지각'이란 환상은 모든 것이 생각한 대로 진행되어야만 유지되고, 목적에 맞게 작동한다. 이런 상황에서는 우리가 현재 보고 있는 것만으로도 충분하기에 더 깊이 들여다봐야 할 필요성을 느끼지 못한다.

예를 들어, 평상시에 자동차를 운전하면서 설계 구조나 작동 원리를 생각하지는 않는다. 그런데 자동차가 잘 작동하지 않거나 사고를 당했을 때는 자동차 내부 구조, 즉 자동차에 숨어 있는 복잡성을 의식하게 된다. 단순한 기계 장치의 고장이지만 이런 비정상적인 상황을 처음 겪었을 때는 불안감이 생긴다. 심각한 사건이나 큰 사고를 당했을 때는 말할 것도 없다. 이런 불안감은 불확실성에서 비롯된다.

우리는 자동차를 객관적인 사물이나 대상으로 인식하지 않는다. 우리를 원하는 곳으로 데려다주는 도구로 인식한다. 자동차가 그런 목적에 부합하지 않을 때, 즉 기능을 멈췄을 때 사물로 인식한다. 가속 페달을 밟아도 나가지 않거나 사고가 나서 갓길로 옮겨야 할 때 비로소 '우리를 원하는 곳으로 데려다주는 도구'를 구성하는 수많은 부품이 눈에 보이고, 그것들을 이해하고 분석하려 시도한다. 차가 고장 나면 자동차의 복잡성에 대한 우리의 무지가 곧바로 드러난다.

이런 상황이 벌어지면 현실적으로는 우리가 원하는 곳에 가지 못한다는 결과로 이어지고, 심리적으로는 마음의 평화가 사라지는 결과로 이어진다. 자동차의 원래 기능을 되찾고 인식 체계를 단순화하려면 전문가의 힘을 빌려야 한다.

이런 상황에 놓이면 우리가 평상시에 못 보고 지나가는 게 많다는 사실을 깨닫는다. 그리고 우리가 모르는 게 많다는 점도 알게 된다. 물건이나 상황이 생각한 대로 돌아가지 않으면 전문적인 지식을 가진 사람을 찾게 된다. 그들이 기대와 현실의 괴리를 메워 주길 원한다. 자동차가 고장 났다는 것은 우리가 사회적 맥락의 불확실성에 직면하게 되었다는 뜻이다. 평상시에는 사회적 맥락이 눈에 잘 띄지 않는다. 자동차와 정비사가 더 큰 전체 중 일부라는 사실을 깨닫게 된다는 뜻이다. 자동차가 말썽을 부리면, 우리가 모르던 것들에 대해서 생각해 보게 된다. 차를 바꿀 때가 되었나? 차를 잘못 샀나? 부품이 불량인가? 정비사는 실력이 괜찮은가? 바가지를 씌우지는 않을까? 그러다가 생각이 다른 데로 뻗어 나가기도 한다. 도로가 요즘 너무 위험하지 않나? 내 운전 실력이 떨어졌나? 내가 운전에 집중을 못하는 건가? 너무 나이가 들었나? 아무 문제가 없을 때는 단순하게 보이는 세상이 무엇인가 제대로 작동하지 않으면 한없이 복잡해 보인다. 우리가 주변 사물이나 우리 자신에 대해서 얼마나 모르고 있는지가 분명하게 드러난다. 우리가 편하게 살기 위해 무시해 온 세상의 복잡함을 실감하게 되는 것이다. 바로 그때, 우리가 살던 정원에 예전부터 숨어 있던 뱀들이 꿈틀거리며 모습을 드러낸다.

세상이 올바로 움직여야 우리도 단순해질 수 있다

상황이 생각대로 돌아가지 않으면 그때까지 무시하던 것들이 도적처럼 들이닥친다. 상황을 정확하게 파악하지 않으면 우리를 지켜 주던 벽이 무너지고 혼돈이 모습을 드러낸다. 부주의하게 행동하고 그러려니 하고 넘어간 것들이 음흉한 뱀으로 변해 우리를 공격한다. 때로는 회복하기 어려운 치명상을 입히기도 한다. 그제야 비로소 확고한 의지, 정확한 목표, 세심한 주의가 필요했음을 깨닫게 된다.

성실하고 정직한 부인이 우연히 남편의 불륜 현장을 목격하게 되었다고 가정해 보자. 한동안 결혼 생활에는 아무 문제가 없었다. 남편은 다정하고 근면하며 믿음직한 사람이었다. 그녀는 결혼 생활이 굳건한 반석 위에 있다고 믿었다. 하지만 언젠가부터 남편이 배려심이 사라지고 무관심해졌다는 게 느껴졌다. 퇴근 시간도 점점 늦어졌다. 그녀가 조금만 잔소리를 해도 심하게 짜증을 부리고 화를 냈다.

그러던 어느 날, 남편이 시내 카페에서 다른 여자와 함께 있는 현장을 목격했다. 그 여자와 주고받는 행동이 모른 척하고 넘어갈 수준이 아니었다. 안타깝게도, 그녀가 남편에 대해 품은 과거의 인식이 제한적이고 부정확했다는 게 밝혀진 셈이다.

남편에 대한 그녀의 판단은 틀렸다. 그 결과로 어떤 일이 일어날까? 우선, 남편이 복잡하고 낯선 존재로 느껴진다. 여기까지는 문제의 절반에 불과하다. 배신의 여파로 그녀 자신에 대한 판단도 무너진다. 따라서 자기 자신도 낯설게 여겨진다. 결국 낯선 존재가 두 사람으로 늘어난다. 남편은 그녀가 평소에 생각하던 존재가 아니고, 그녀 자신도 마찬가지다. 그녀는 배신당한 아내로 전락한다. 더는 '사랑받는 아내이자 소중한 동반자'가 아니다. 그녀는 과거에도 그런 사람이 아니었는지도 모른다. 지나간 시간까지 모두 의심스러워졌다.

과거는 이미 지나간 시간이라서 변하지 않는다고 생각할지 모르겠지만 꼭 그렇지만은 않다. 과거는 확정된 시간이 아니다. 현재는 혼란스럽고 불확정적이다. 상황은 끊임없이 바뀐다. 그에 따라 미래 역시 전혀 예상하지 않은 방향으로 흐른다. 가려진 진실이 느닷없이 드러나면 오만 가지 생각으로 머릿속이 복잡해진다.

'내가 너무 착해서 속은 건가, 너무 멍청해서 속은 건가? 아무 문제 없는 결혼 생활이라고 생각했는데, 내가 뭘 잘못했나? 남편은 도대체 왜 그랬을까? 나에게 만족하지 못한 건가? 다른 여자의 유혹에 넘어간 건가? 애초부터 거짓말쟁이였나? 질이 나쁜 사람인가? 어떻게 그렇게 잔인할 수 있지? 다른 사람들도 다 잔인할까? 지금까지 결혼 생활은 다 뭐지? 나는 어떻게 그렇게 순진할 수가 있지? 다른 사람들도 이렇게 순진할까?'

그녀는 거울 속의 자신을 바라보며 묻는다.

'나는 대체 누구지? 어떻게 이런 일이 생긴 거지? 내가 맺은 인간관계 중에서 진실한 게 과연 있을까? 과거에는 진실했을까? 미래에는 어떤 일이 닥칠까?'

모든 것이 상상을 초월할 정도로 복잡하다. 모든 것이 서로 영향을 주고받는다. 우리는 인과 관계로 연결된 거대한 그물망에서 극히 일부만을 지각한다. 최대한 많은 것을 알아내려고 필사적으로 노력하지만, 알면 알수록 그물망은 더 커진다. 하지만 근본적인 문제가 터지면 보잘것없는 지각 능력의 밑천이 드러난다. 우리가 소중히 여기던 것이 모두 산산조각이 나고, 우리는 얼음이 되고 돌이 된다. 그때 우리는 무엇을 봐야 할까? 정확히 말해서, 우리가 보고 있던 것들이 충분하지 않았다는 사실을 깨달았을 때 어디로 눈을 돌려야 할까?

혼돈 속에서 무엇을 봐야 하는가?

세계무역센터 쌍둥이 건물이 무너진 후 세상은 어떻게 되었는가? 세상에 무엇이 남겨졌는가? 세계의 금융 제도를 떠받치고 있던 보이지 않는 기둥들이 흔들리고 무너진 이후, 그 폐허에서 어떤 괴물이 되살아났는가? 히틀러라는 국가 사회주의자의 광기와 르완다의 대학살에서 우리는 무엇을 보았는가? 눈앞에서 일어나는 사건을 도무지 이해할 수 없을 때, 또 우리가 어디에 있는지 감이 오지 않을 때, 우리가 누구인지도 모르겠고 이 세상이 어떻게 돌아가는지 도저히 모를 때 우리는 어디로 눈을 돌려야 할까? 우리는 이미 안다고 생각하는 것, 익숙하다고 느껴지는 것에는 눈길을 주지 않는다. 방해물도 마찬가지다. 이미 완전히 정복해서 정상적인 상태에 있지만 그래도 간혹 짜증을 유발하는 익숙한 방해물에도 우리는 눈길을 주지 않는다.

모든 것이 무너져 내릴 때 우리가 지각하는 것은 더 이상 질서의 상태에 있는 것이 아니다. 《성경》의 관점에서 보면 이 상태는 하나님의 말씀이 있기 전 '혼돈과 공허의 상태'이고 '깊은 심연'이다. 혼돈은 현실이라는 얄팍한 안전판 아래에 항상 도사리고 있다. 하나님은 이런 혼돈에서 말씀으로 질서를 끌어냈다(인간 역시 하나님의 말씀으로 그의 형상을 따라 지어졌다). 우리가 사물과 주변 세계를 지각하는 법을 배우는 것도 혼돈 덕분이다. 혼돈 속에서 순간순간 떠오르는 안정적인 것들에 반응하면서 지각의 메커니즘이 완성된다. 그렇다면 여기서 힌트를 구할 수 있지 않을까? 믿기지 않겠지만 모든 것이 무너져 내릴 때는 바로 그 혼돈을 똑바로 바라봐야 한다. 도대체 이 모든 것은 무엇을 뜻하는 걸까?

비상사태(emergency)와 창발(emergence)은 밀접한 관계가 있다. 창발은 알려지지 않은 현상(phenomenon)이 미지의 것에서 갑자기 떠오르는 것이다('phenomenon'은 '밝게 빛나다'라는 뜻의 그리스어 'phainesthai'에서 파생되었다). 창발은 심연의 동굴에서 영생의 삶을 사는 용이 잠에서 깨어 다시 나타나는 것이다. 창발은 어두운 심연에서 괴물들이 끊임없이 튀어나오는 지하 세계다. 무엇이 창발할지 모르는 상황에서 어떻게 해야 비상사태에 대비할 수 있을까? 무슨 일이 일어날지 알 수 없는 상황에서 어떻게 해야 재앙에 대비할 수 있을까? 그럴 때는 정신이 아니라 몸으로 시선을 돌려야 한다. 몸이 정신보다 훨씬 신속하게 반응하기 때문이다.

우리 주변의 것들이 무너져 내리면 지각은 사라지고 몸이 반응한다. 반사 반응은 아득히 먼 옛날, 수억 년 전부터 자동으로, 그리고 효율적으로 작동하게끔 진화해 왔다. 그 결과 생각과 지각이 제대로 작동하지 않는 긴급한 상황에서 우리를 보호해 준다. 긴급한 상황에서 몸은 모든 가능한 사태에 대비한다.[163] 먼저, 위험 상황을 지각하고 신체가 뻣뻣하게 얼어붙는다. 그리고 반사 반응이 서서히 감정으로 나타난다. 감정은 지각의 다음 단계다.

'무서운 일이 터진 것인가? 유익한 것인가? 맞서 싸워야 하는 것인가? 무시할 수 있는 것인가? 어떻게 해야, 그리고 언제 그 답을 알 수 있을까?'

당장은 알 수 없다. 이 단계에서 신체는 에너지 소모가 큰 대기 상태를 유지한다. 코르티솔(스트레스 상황에서 분비되는 호르몬으로, 신경계를 흥분시켜 혈압을 올리고 호흡을 가쁘게 하며 혈당을 높이고 면역 기능을 떨어뜨린다 — 옮긴이)

과 아드레날린(위기 상황에서 분비되는 호르몬으로, 뇌와 근육에 산소와 포도당 공급을 늘리고 심장 박동을 강화하며 동공을 확장하여 신체 능력을 일시적으로 향상시킨다—옮긴이)이 분비되어 심장이 빨리 뛰고 호흡도 가빠진다. 자신이 얼마나 무능하고 보잘것없는 존재였는지를 뼈저리게 실감하고 몸에 남아 있는 육체적·정신적 자원을 남김없이 쏟아붓는다. 최선의 상황을 기대하며 최악의 상황을 준비한다. 가속 페달과 브레이크를 동시에 밟고 있는 것이다. 비명을 지르거나 웃음을 터뜨린다. 혐오스러운 표정을 짓거나 겁에 질린 표정을 짓는다. 그리고 울부짖는다. 그런 뒤에야 비로소 혼돈을 분석하기 시작한다.

남편의 불륜을 목격한 아내는 혼란스러운 상태에 빠진다. 누구라도 붙잡고 하소연하고 싶기도 하고, 혼자서 조용히 있고 싶기도 하다. 머릿속에는 여러 가지 생각이 떠나지 않는다.

'무엇이 잘못된 것일까? 내가 용서받지 못할 짓이라도 한 것일까? 내가 지금까지 함께 살아온 그 남자는 대체 누구일까? 어떻게 나한테 이럴 수가 있나? 세상에 어떻게 이런 일이 있을 수 있나?'

이렇게 격분한 상태에서 그녀는 누구와 어떤 대화를 할 수 있을까? 어떻게 복수해야 분노를 삭일 수 있을까? 남편이 한 것처럼 그녀도 누군가를 만나야 할까? 분노와 고통 속에서도 한편으로는 새롭게 얻은 자유의 가능성을 생각하면 위안이 되기도 한다.

그녀가 든든한 안전망이라 생각하던 곳이 실제로는 안정되지도, 확실하지도 않은 곳으로 밝혀졌다. 그녀는 모래 위에 가정을 세우고 얇은 얼음판 위에서 살아온 것이다. 얼음판이 깨지며 그녀는 물속에 빠져 죽어 가고 있다. 감당하기 힘든 타격을 받아 견디기 어려운 분노와 슬픔으로 고통받는다. 배신감이 너무 커서 온 세상이 무너지는 것만 같다. 그녀는 어디에 있는 것일까? 두려움에 휩싸여 지하 세계에 있다! 그녀는 어쩌다가 지하 세계로 추락하게 되었을까? 지금 상태는 심층으로의 여정이자 초기 상태의 자각이다. 다시 태어나기 위한 준비 과정이고 잘잘못에 대한 반성이다. 감정이자 환상이다. 과거에 알던 익숙한 것들이 다시 단순하고 편안한 모습으로 돌아오기 전까지 반드시 거쳐야 할 심층적인 자각이다. 혼돈이 질서로, 즉 가능성이 현실로 바뀌기 전에 거쳐야 할 자각 과정이다.

'남편의 외도는 정말 예상하지 못한 것일까?'

그녀는 이렇게 자문하며 과거를 돌이켜 본다. 강하지는 않지만 경고 신호가 분명히 있었다. 그녀는 그 신호를 애써 외면했다. 그 신호를 무시한 데 대한 죄책감을 가져야 할까? 그녀는 신혼 시절 기억을 떠올린다. 항상 남편과 함께하며 매일 밤 사랑을 나눈 기억이 난다. 결혼 생활에 대한 기대치가 높았을까? 지난 6개월 동안에는 한 번이라도 사랑을 나누었나? 언제부터 두세 달에 한 번 정도로 줄었는가? 그녀가 존경하는 사람이라면 이런 상황을 견뎌 낼 수 있을까?

미국 그림책 작가 잭 켄트의 《용 같은 건 없어》라는 어린이 책이 있다. 내가 무척 좋아하는 책으로, 표면적으로는 단순한 이야기다. 언젠가 나는 토론토 대학 동창 모임에서 이 책의 한 부분을 읽어 주고, 그 안에 담긴 상징적 의미를 설명해 주었다.* 어느 날 아침, 빌리 빅스비라는 꼬마가 침대 발치에 앉아 있는 용을 발견한다. 고양이만 한 용은 사랑스러웠다. 빌리는 엄마에게 달려가 용이 나타났다고 이야기하지만, 엄마는 용 같은 건 없다고

---

* 해당 강연은 2002년 '우리 안의 용을 죽여라'라는 제목의 강연으로 캐나다 공영 방송 TVO(TVOntario)에서 처음 방영되었다. https://www.youtube.com/watch?v=REjUkEj10_0 참조.

말한다. 용은 점점 커지기 시작한다. 빌리의 팬케이크를 몽땅 먹어 치우고, 금세 집 전체를 가득 차지할 정도로 커진다. 용의 몸뚱이가 사방을 가로막아 청소도 제대로 할 수가 없다. 창문을 통해 들락거려야 해서 도무지 집안일이 끝나지 않는다. 그때 용이 집을 통째로 들고 떠나 버린다. 빌리의 아빠가 퇴근해서 돌아왔을 때는 집이 있던 자리가 이미 공터로 변한 뒤였다. 우체부가 아빠에게 집이 어디로 갔는지 알려 준다. 아빠는 용을 추적하기 시작한다. 도로에 널브러진 용을 발견하고 아빠는 용의 머리와 목으로 기어올라 아내와 아들을 만난다. 엄마는 여전히 용이 존재하지 않는다고 고집을 부리지만, 빌리에게는 충분한 증거가 있다.

"용은 분명히 있어요, 엄마."

그러자 용이 작아지기 시작해 다시 고양이만 한 크기가 된다. 마침내 모두 용은 존재하고, 고양이만 한 용이 거대한 용보다 사랑스럽다는 데 동의한다. 엄마가 눈을 껌뻑이며 풀이 죽은 목소리로 왜 조금 전에는 용이 그처럼 커졌는지 묻는다. 빌리가 속삭이듯 대답한다.

"아마 주목받고 싶었겠죠."

'혼돈은 조금씩 떠오른다.'

이런 교훈을 전하는 작품은 수없이 많다. 서로 원망하며 미워하는 마음이 천천히 쌓인다. 지저분한 것은 모두 양탄자 밑에 감춰지고, 용은 양탄자 밑에서 그 부스러기를 먹고 자란다. 느닷없이 위협적인 일이 닥치면 가정의 질서를 깨고 싶지 않아 누구도 진실을 말하지 않는다. 대신 모두 어둠 속에서 소곤거린다. 진실한 대화를 위해서는 불편한 감정을 인정해야 한다. 원망과 두려움, 외로움과 절망, 질투와 좌절, 증오와 권태를 인정하면 오히려 마음의 평화를 유지하기가 더 쉬워진다. 그러나 드러나지 않는 곳,

예컨대 빌리의 집이나 그와 비슷한 곳에서는 용이 자란다. 어느 날 용이 무시할 수 없는 거대한 크기로 나타나면 가정이 기초부터 흔들린다. 용은 불륜 사건일 수도 있고, 경제적인 어려움일 수도 있으며, 양육권 분쟁일 수도 있다. 결혼 생활 동안 조금씩 쌓인 악감정이 한꺼번에 폭발한다. 거짓말과 회피, 합리화 등으로 벽장 안에 숨겨 둔 문제들이 홍수처럼 한꺼번에 밀려들어 모든 것을 삼켜 버린다. 모두 짙은 먹구름을 알고 있었지만 아무도 배를 만들지 않아서 피해는 걷잡을 수 없다.

태만의 파괴력을 과소평가해서는 안 된다.

파경을 맞은 부부도 어쩌면 자신들의 문제에 대해 한두 번 혹은 수없이 많은 대화를 나누었을 것이다. 함께 살지만 심리적인 친밀감은 점점 약해졌을 것이다. 어쩌면 그들은 각자의 역할을 두고 다투었을지도 모른다. 수십 년 전부터 많은 가정에서 전통적인 가사 분담이 자유와 해방이란 이름으로 해체되었다. 하지만 그런 해체는 제약으로부터의 영광스러운 해방이 아니라, 혼돈과 갈등과 불안함을 남겼을 뿐이다. 폭정으로부터 탈출했다고 해서 곧바로 낙원에 도착하는 것은 아니다. 사막에서 목적 없이 헤매는 불행한 시간을 보내야 한다. 게다가 합의된 전통이 없을 경우(간혹 불편하고 비합리적인 제약으로 작용하기도 한다) 만만치 않은 세 종류의 선택지, 즉 노예화, 폭압, 협상만이 존재한다. 노예는 지시를 받은 대로만 행동한다. 어쩌면 책임질 필요가 없어 좋아할지도 모른다. 복잡한 문제도 지시에 따라 해결한다. 그러나 이는 일시적인 해결일 뿐이다. 머지않아 반발심이 생기기 때문이다. 한편 폭군은 노예에게 지시를 내린다. 복잡한 문제도 그런 식으로 해결한다. 이것도 일시적인 해결이다. 폭군은 노예에게 싫증을 내기 때문이다. 둘 사이에는 암울한 지배와 순종만 있을 뿐이다. 바람직한 인간 대 인간의 관계가 아니다. 누가 그런 식으로 죽을 때까지 살 수 있겠는가. 마지막 선택지인 협상을 위해서는 먼저 용이 존재한다는 사실을 양측이 솔직히 인정해야 한다. 용의 존재를 인정하기는 쉽지 않다. 용이 너무 작아서 힘이 없을 때도 마찬가지다.

어쩌면 파경을 맞은 부부도 자신들이 원하는 존재 방식을 더 정확하게 표현할 수 있었을 것이다. 그렇게 했더라면 혼돈의 홍수가 그들을 삼켜 버리는 일을 예방할 수 있었을 것이다. '어차피 변하지도 않을 텐데 싸워서 뭐 해' 하고 체념하는 대신 이혼을 강요하는 현실에 맞서 싸웠을 것이다. 결혼 생활에서 하찮고 사소한 문제는 없다. 싸울 만한 가치가 없는 것도 없다.

'좋을 때나 나쁠 때나, 부유할 때나 가난할 때나, 병들었을 때나 건강할 때나 함께하며 죽음이 우리를 갈라놓을 때까지 아끼고 사랑하겠습니다.'

이렇게 서약해 놓고 어느 순간부터 억지로 결혼 생활을 이어 가고 있다. 성혼 서약은 그렇게 어려울 때 마음을 다잡고 문제를 해결하겠다는 의미에서 하는 것이다.

'참을 수 있어'라고 생각한다면 다행이다. 그렇게 해야 한다. 하지만 아무리 굳은 결심도 만만치 않은 현실 앞에서는 쉽게 무너진다. 예를 들어 배우자의 경박한 웃음소리가 싫다고 해 보자. 배우자에게 이런 생각을 조심스럽게 꺼내면 불같이 화를 낼 것이다. 당연한 반응이다. 어쩌면 자제하고 침묵하는 게 나을지도 모른다. 하지만 다른 사람 앞에서도 요란하게 웃으면 남들에게 좋은 인상을 주기 어렵다. 다른 사람들은 그런 문제를 솔직하게 이야기하지 않는다. 따라서 고치는 게 여러모로 낫다. 당신 입장을 고수해야 한다. 진실을 이야기하려면 다툼을 피할 수 없다. 그 다툼은 궁극적인 평화를 목표로 하는 것이다. 하지만 그런 다툼이 피곤한 당신은 옳다는 확

—— 법칙 10

신에도 불구하고 침묵을 택한다. 따라서 어떤 진실도 밝혀지지 않고, 양탄자 아래의 괴물은 몸집을 조금 더 키운다.

성생활에 대해 불만이 있다고 해 보자. 이 문제를 처음부터 이야기했다면 큰 갈등을 피할 수 있었을지도 모른다. 물론 그런 대화가 쉬운 것은 아니다. 어쩌면 부인이 남몰래 강렬한 잠자리를 바랐을지도 모른다. 남편이 잠자리에서 폭력적이고 이기적인 사람이었을 수도 있다. 아니면 둘 다 그랬을 수도 있다. 싸워서라도 이 문제를 해결해야 할 가치가 있을까? 성생활이 우리 삶에서 그렇게 큰 부분을 차지하는가? 누구도 정확히 알 수 없다. 다만, 이런 문제를 거론하고 해결하려면 양쪽이 바닥까지 떨어지더라도 답이 나올 때까지 진솔하게 대화를 나누어야 한다(판을 깨려는 목적으로 대화를 시작해서는 안 된다. 또 상대에 대한 승리를 목적으로 삼아서도 안 된다. 그것은 진솔한 대화가 아니라 모두 다치는 전쟁일 뿐이다).

어쩌면 성생활이 문제가 아니었을지도 모른다. 남편과 아내의 흥미를 자극하는 공통 주제가 사라졌을 수도 있다. 부부 관계를 항상 생동감 넘치게 유지하는 것은 쉬운 일이 아니다. 따분한 일상으로 전락할 때까지 방치해 두는 게 더 쉽다. 살아 있는 것은 관심을 받지 못하면 죽기 마련이다. 삶은 인위적인 노력이 더해져야 유지된다. 어떤 커플도 지속적인 관심과 노력 없이는 완벽해질 수 없다. 당신이 완벽한 사람을 만났다면 더 불행해질 것이다. 당신은 그 사람만큼 완벽하지 않을 테고, 결국에는 상대가 그런 당신에게 실망해 떠나 버릴 테니까. 그래서 당신만큼 불완전한 사람을 만나야 한다. 그런 사람이 당신에게 필요하고 어울린다.

아내를 배신한 남편은 미숙하고 이기적인 사람일지도 모른다. 남편의 그런 이기심이 아내를 압도해서 그녀가 남편에게 강력하게 대응하지 못했을 수도 있다. 아니면 그녀는 자녀 교육 문제로 남편과 충돌하고 남편을 자녀의 삶에 관여하지 못하도록 했을지도 모른다. 그 결과 남편은 부담스럽던 책임을 피할 수 있었을 것이다. 한편, 부모의 싸움은 아이들 마음에도 분노를 키운다. 엄마와 아빠의 싸움을 몰래 지켜보던 아이들은 엄마의 원망에 영향을 받아 아빠와 점점 멀어졌을 것이다. 저녁 식사 분위기는 늘 냉랭하고 밥맛도 없다. 진실한 대화 없이 갈등의 골이 점점 깊어지며 부부 사이에 원망이 쌓여 간다. 둘 사이의 깊은 갈등의 골이 결혼 생활을 지탱해 주던 주변 인간관계마저 망가뜨리기 시작한다. 상대에 대한 존중이 어느새 경멸로 바뀌었지만 누구도 내색하지 않는다. 사랑도 이미 증오로 바뀌었다.

모든 것을 명료하고 분명하게 표현하면 보이지 않던 것들이 확연히 보이기 시작한다. 어쩌면 아내와 남편 모두 명확히 보고 이해하기를 바라지 않은 건지도 모른다. 그들은 의도적으로 모든 것을 모호하게 처리해 버렸다. 보고 싶지 않은 것을 안갯속에 감추었다. 여자는 남편을 떠남으로써 무엇을 얻었을까? 성생활이란 의무에서 벗어났다는 안도감이었을까? 친정어머니나 친구들에게 자신의 처지를 더 구슬프게 푸념할 수 있게 되었다는 점일까? 그녀에게는 이렇게 하소연하는 게 결혼 생활보다 더 큰 만족감을 줬을지도 모른다. 고결한 순교보다 더 가치 있는 게 무엇이 있겠는가.

"너무 불쌍한 여자야. 그런 끔찍한 남자와 이때까지 살다니. 이제부터라도 행복하게 살 자격이 있어."

사람들은 이런 식으로 말해 줬을 것이다. 어쩌다 보니 순교자의 삶을 선택하게 되었지만, 그녀에게는 삶의 기준이 될 만한 행복한 시간이었을 것이다.

어쩌면 그녀는 남편을 한순간도 좋아하지 않았을 수 있다. 아니, 남편이 아니라 남자를 좋아하지 않은 것일 수도 있다. 만약 그랬다면 왜 남자를 혐오하게 되었을까? 어머니의 잘못, 더 나아가 할머니의 잘못일지도 모른다. 그녀들의 행동을 흉내 내고, 곤경을 함께 견디며, 남자에 대한 혐오를 물려받았을 수 있다. 그래서 그녀는 아버지와 오빠 혹은 사회에 복수하고 있는 것일지도 모른다.

한편, 남편은 아내와의 성생활이 중단된 이후 무엇을 얻었을까? 아내가 순교자라는 것을 인정하는 척하고, 친구들에게는 격앙된 목소리로 불평을 늘어놓았을까? 아내가 잠자리를 거부해서 새로운 애인을 찾아 나설 수밖에 없었다고 변명했을까? 결혼하기 전 여성에게 번번이 퇴짜를 맞아서 쌓인 원망을 풀어야만 했다고 변명했을까? 아내가 자신에게 관심이 없어서 뚱뚱하고 게을러졌다고 변명했을까?

아내와 남편은 결혼 생활을 망가뜨림으로써 하나님(혹은 모든 혼돈을 정리할 수 있는 권능을 지닌 절대자)에게 복수하려 한 것일지도 모른다.

이런 문제와 관련해 변하지 않는 진실이 있다. 결혼 실패 원인에 대해 정확하게 짚고 넘어가지 않으면, 좋지 않은 방향으로 변질해 당사자들을 평생 괴롭힐 것이란 점이다. 그와 그녀, 우리가 아무것도 하지 않으면 이런 결과를 감수해야 한다. 대응도 대화도 하지 않고, 심사숙고하지도 않으며, 마음의 평화를 위해 노력하지도 않고, 어떤 책임도 떠안지 않는다면 이런 결과를 피할 수 없을 것이다. 혼돈을 질서로 바꾸려 노력하지 않고, 혼돈이 들불처럼 일어나 우리를 삼켜 버리기를 기다린다면, 재앙을 모면할 수 없을 것이다.

회피하면 미래가 필연적으로 암울해진다는 것을 알면서도 회피하는 이유는 무엇일까? 의견 충돌과 실수에는 어김없이 괴물이 숨어 있을 가능성이 있기 때문이다. 당신이 배우자와 다툰다는 것은 부부 관계가 끝을 향해 치닫기 시작했음을 의미할 수 있다. 또 당신이 나쁜 사람이라서 부부 관계가 끝나는 것일 수도 있다. 적어도 부분적으로 나쁜 면이 있을 것이다. 따라서 진정으로 문제를 해결하기 위해 말다툼을 하려면, 비참하고 위험한 가능성의 두 형태, 즉 혼돈과 지옥을 동시에 감수하겠다는 적극적인 의지가 필요하다. 혼돈은 모든 인간관계 혹은 삶 자체의 잠재적 유약성을 의미하고, 지옥은 당신과 배우자의 악의가 동시에 튀어나와 모든 것을 망가뜨릴 가능성을 의미한다. 어떤 회피에나 그럴듯한 핑계가 있지만, 그것은 무엇에도 도움이 되지는 않는다.

삶이 정체되고 혼탁해지는데도 막연하고 모호한 태도를 고집하는 이유가 무엇일까? 모호한 태도는 두려운 진실을 받아들일 용기가 부족할 때 숨을 곳을 제공해 준다.

예를 들어 당신은 당신 자신이 어떤 사람인지 잘 모른다. 나쁜 사람일 수도 있고, 부주의하고 무가치한 사람일 수도 있다. 당신이 어떤 사람인지 깊이 생각하지 않는다면 확실하게 알 수가 없다. 그러나 알고 싶지 않아서, 신경 쓰지 않는다고 해서 그런 것들이 사라지지는 않는다. 결국 회피는 당신의 실질적인 결함과 결점에 대해 분명히 파악해야 하는 책임을 막연한 가능성으로 남겨 두는 것에 불과하다.

현실을 정확히 파악하면 지배하고 장악할 수 있다. 그 정도까지는 아니더라도 최소한 정직한 사람이라는 평판을 얻을 수 있다. 그런데도 현실을 치밀하게 파악하지 않는 이유는 무엇일까? 잘못될 조짐이 느껴지고 의심가는 것이 있다면 어떻게 할 것인가? 그리고 그런 다음에는 무엇을 할 것인가? 모른 척하고 넘어가는 게 더 마음 편하지 않을까? 아무 문제가 생기지 않더라도 그래서는 안 된다. 골칫거리를 바로잡지 않고 무작정 물러서는 게 정말 좋은 선택이라고 생각하는가? 재앙의 불씨가 어둠 속에서 활활 타도록 방치하는 게 현명한 짓이라 생각하는가? 두려움과 불안함으로 마음 졸이며 사는 게 진정 나은 선택이라고 생각하는가? 오히려 칼을 갈며 철저히 준비하고 어둠 속을 꿰뚫어 보며 대담하게 맞서는 게 더 낫지 않겠는가? 당신이 깊은 상처를 입을 수 있다. 그럴 가능성이 크다. 그래도 삶은 어차피 고통이지 않은가. 그러니 그 상처에 맞서지 않았을 때 벌어질 일보다 치명적이지는 않을 것이다.

당신이 용기를 내지 않고 과감히 맞서 싸우지 않아서 문젯거리가 거대한 용이 되어 찾아온다면 감당하기가 쉽지 않을 것이다. 당신이 아무런 준비가 되어 있지 않을 때 정말 피하고 싶던 일이 일어날 것이다. 당신이 가장 두려워하는 것이 가장 강력한 힘을 확보했을 때 당신이 가장 약해진 틈을 타서 모습을 드러낼 것이다. 그럼 당신은 패할 수밖에 없다.

점점 넓게 소용돌이를 그리며 돌고 도는 까닭에
매는 조련사의 소리를 들을 수 없다.
모든 것이 무너져 내리고, 중심도 잡히지 않는다.
순전한 무질서가 세상을 뒤덮고,
핏빛에 얼룩진 바닷물이 풀리며, 사방에서
순수함의 의식을 삼켜 버린다.
선한 사람들은 확신을 상실하고
악한 사람들은 뜨거운 격정으로 가득하다.[164]

- 〈재림〉, 예이츠

문제를 명확히 규정하면 해결책을 구할 수 있는데도 그렇게 하지 않는 이유가 무엇일까? 문제를 규정한다는 것은 문제의 존재를 인정한다는 뜻이기 때문이다. 문제를 명확히 규정한다는 것은 당신이 친구나 연인으로부터 무엇을 원하는지 적극적으로 알아내겠다는 뜻이기 때문이다. 원하는 것을 얻지 못하면 그로 인해 심한 상처를 입을 수 있다. 그러나 그 과정에서 당신은 뭔가를 배울 것이고, 그렇게 얻은 교훈을 미래에 활용할 것이다. 아프다고 고통을 회피하면 끝없이 지속되는 절망과 막연한 실패에서 비롯된 만성적인 통증에 시달리며 소중한 시간을 덧없이 흘려보내야 한다.

그런데 왜 문제를 명확히 규정하지 않는 것일까? 성공을 규정하지 않으면 실패도 규정되지 않는다. 성공을 명확히 규정하면 성공이 불가능해질 염려가 있고, 실패를 규정하지 않으면 실패하더라도 상처를 받지 않으리라 생각하기 때문이다. 하지만 이런 등식은 성립하지 않는다. 실패를 인정하지 않아도 실패는 실패다. 순진하게 이 등식을 믿는다면 당신은 자신의 삶에 대한 끝없는 실망과 자기 비하, 그리고 세상을 향한 증오심을 떨쳐 내지 못할 것이다.

확실히 어떤 계시가 목전에 있다.
확실히 재림이 목전에 있다.
재림! 이 말이 나오기 바쁘게
세계정신에서 나온 거대한 형상이
내 시야를 어지럽힌다. 사막의 모래 어디에선가
사자의 몸과 사람의 얼굴을 가진 형상 하나가
태양처럼 공허하고 무자비한 눈빛을 띠며

허벅지를 느릿하게 움직일 때, 그 주위에는 온통

분개한 사막 새들의 그림자가 어른거린다.

어둠이 다시 내린다. 그러나 이제 나는 알고 있다.

돌 같은 잠의 스무 세기가 흔들 요람에 의해

악몽을 꾸도록 괴롭힘을 당하고 있음을.

그런데 어떤 사나운 짐승이 마침내 제시간이 되어

태어나려 베들레헴 쪽으로 웅크린 채 걸어오고 있는 것인가?

— 〈재림〉, 예이츠

믿었던 사람의 배신으로 절망에 빠진 그녀가 과거와 현재와 미래의 모든 모순에 맞서 싸우겠다고 결심하면 어떻게 되겠는가? 지금까지는 모든 문제를 회피해 온 까닭에 더 나약해지고 더 깊은 혼란에 빠졌다. 하지만 이제부터라도 엉망인 상황을 자세히 들여다보고 해결책을 모색한다면 어떻게 되겠는가? 어쩌면 그런 시도가 그녀를 거의 죽음으로 몰아넣을 수도 있다. 하지만 현재 상황은 죽음보다 더한 상황 아닌가. 절망에서 벗어나 다시 태어나려면 그녀는 무지와 위장된 평화라는 장막의 뒤에 위험하게 감추어 둔 현실을 신중하고 정확히 표현해야 한다. 또 모든 것이 무너져 내린 세계에서, 그녀는 자신에게 닥친 개인적인 재앙과 일반적인 삶의 조건을 세세하게 구분해야 한다. '모든 것'이 무너져 내린다는 말은 지나친 표현일 수 있다. 무너져 내린 것은 '특정한 것'들이지 모든 것이 아니다. 몇몇 인식 가능한 믿음이 무너졌고, 몇몇 특정한 행동이 잘못된 것이다. 무너지고 잘못된 것이 무엇일까? 어떻게 하면 그것들을 바로잡을 수 있을까? 그녀가 앞으로 더 나아질 수 있을까? 그녀가 모든 답을 알아내지 못하면 결코 굳건한 땅으로 되돌아오지 못할 것이다. 그녀는 정확한 생각과 정확한 발언을 통해 세상을 제자리로 되돌려 놓아야 한다. 자신의 말에 대한 믿음과 하나님의 말씀에 대한 신뢰도 필요할 것이다. 어쩌면 그냥 모든 것을 안갯속에 남겨 두는 게 나을 수도 있다. 그녀가 감당하기엔 너무 늦어 버렸을지도 모른다. 그녀의 너무 많은 부분이 여전히 밝혀지지 않은 채로 남아 있다. 어쩌면 아무런 힘도 남아 있지 않을 테니까.

좀 더 일찍 용기를 내어 속마음을 정직하게 표현했더라면 이 모든 혼돈에서 벗어났을지도 모른다. 낭만적인 삶이 시들기 시작할 때 그녀가 곧바로 자신의 불행을 솔직히 말했으면 어떻게 되었을까? 그런 문제가 그녀를 처음 괴롭힌 때가 정확히 언제였을까? 한편, 낭만적인 삶이 시들해졌는데도 그녀가 전혀 괴롭지 않았다면, 그래서 그런 마음을 남편에게 정확히 전달하고 함께 고민했다면 어떻게 되었을까? 남편이 그녀의 살림살이 방식을 경멸한다는 사실을 직시했다면 어떻게 되었을까? 그녀가 아버지와 사회에 대한 원한을 품고 있었고, 그런 마음이 인간관계에도 악영향을 미친다는 사실을 깨달았다면 어떻게 되었을까? 그래서 그녀가 이 모든 것을 바로잡았다면 어떻게 되었을까? 그럼 그녀는 건전하고 강한 여자로 거듭날수 있었을까? 어려운 문제를 회피하는 경향도 크게 줄어들었을까? 또한 자신은 물론이고 가족과 사회를 위해서도 적극적으로 봉사하게 되지 않았을까?

그녀가 장기적인 평화와 진실을 위해 당시의 갈등을 가감 없이 받아들였다면 어떻게 되었을까? 결혼 생활에서 일어난 작은 충돌들을 미소로 넘기거나 말없이 견디지 않고, 불안정의 증거로 여기고 관심 있게 지켜봤다면 어떻게 되었을까? 그랬더라면 그녀는 달라지고 남편도 달라졌을 것이다.

그들은 여전히 공식적으로나 정신적으로 부부일 것이다. 둘 다 신체적으로나 정신적으로 훨씬 더 젊어 보일 것이다. 가정도 더욱더 튼튼한 기반 위에 다시 세워졌을 것이다.

모든 것이 무너져 내리고 혼돈이 얼굴을 드러낼 때 우리는 말을 통해 혼돈을 바로잡고 질서를 다시 찾을 수 있다. 정확하게 말하면 어떤 것이든 분류하고 정돈해서 원래의 자리로 되돌려 놓을 수 있다. 그와 동시에 새로운 목표를 세우고, 그 목표를 향해 나아갈 수 있다. 협상을 통해 합의에 이르면, 공동의 목표를 향해 함께 나아갈 수도 있다. 하지만 아무렇게나 불분명하게 말하면, 어떤 것도 모호한 수준을 벗어나지 못한다. 목표도 명확하게 표현되지 않아서 불분명하다. 불확실성의 안개가 걷히지 않는 한 세상을 헤쳐 나가기 위한 협상은 불가능하다.

영혼과 세계

우리가 인간으로서 최고 수준의 삶에 이르면, 영혼과 세계는 언어를 통해 체계화되고, 언어를 통해 연결된다. 생각하지 못한 일이 일어나면 세상은 지금까지 알던 것과는 전혀 다른 모습을 드러낸다. 그러면 삶은 제자리를 잃고 방황하게 된다. 뭔가 잘못되었으면 생각과 행동만이 아니라 인식 자체에 문제가 없는지 살펴야 한다. 어떤 오류가 발생했다는 것은 혼돈이 목전에 닥쳤다는 징조다. 그런 혼돈은 뱀처럼 우리를 혼란에 빠뜨리고 마비시킨다. 그러나 이런 와중에도 용은 몸집을 키워 간다. 명확히 이해되지 않는 끔찍한 혼돈으로 붕괴된 상태에서도 새롭고 긍정적인 질서의 가능성은 존재한다. 그 가능성을 실현하기 위해서는 명료한 생각과 용기 있는 결단이 필요하다.

문제에서 탈출하려면 먼저 문제 자체를 인정해야 한다. 문제를 빨리 인정할수록 문제에서 탈출할 수 있는 시간이 빨라진다. '나는 불행하다'라고 인정하는 것은 문제 해결을 위해 바람직한 출발점이지만, '나에게도 불행할 권리가 있어'라고 푸념하는 것은 여전히 미심쩍은 생각을 떨치지 못하고 있는 것이기에 바람직하지 않다. 어쩌면 현재 상황에서 당신의 불행은 당연할 수 있다. 물론 합리적인 사람이라면 만족스럽지 못한 현재 상황을 더 나은 미래를 위한 동력으로 삼는다. 그런 게 아니라면 성숙하지 못해서 징징거리는 게 아닐까? 두 가능성을 같은 수준에 두고 따져 봐야 한다. 당신은 정확하게 어느 정도로 미숙한가? 미숙함은 이론적으로 바닥이 없는 무덤이다. 그러나 미숙함을 인정하면 누구나 미숙함을 바로잡고 채울 수 있다.

우리는 복잡하게 뒤얽힌 혼돈을 분석하고, 우리 자신을 포함해 모든 것의 특성을 정확하게 규정해야 한다. 이런 과정을 통해 창의적으로 생각하고, 서로의 생각을 교환하며, 세계를 끊임없이 새롭게 만들어 가야 한다. 우리는 외부 세계의 영향을 받아 긍정적으로 변화하는 동시에 자신의 힘으로 외부 세계의 변화를 이끌어 내야 한다. 이런 과정은 매우 어렵지만 반드시 넘어서야 한다. 그렇지 않으면 더 감당하기 어려운 상황을 맞게 된다.

앞에서 살펴본 부부의 사례에서, 남편은 직장이 싫어서 항상 피곤하고 화난 상태였는지도 모른다. 그래서 저녁 식탁에서 아내와의 대화에 시큰둥하고 방황한 것일 수도 있다. 왜 직장을 싫어했을까? 아버지가 그에게 맞지 않는 직업을 강요했고, 심성이 모질지 않아서 아버지의 요구를 거부하지 못한 것일 수 있다. 한편, 아내는 노골적으로 불만을 드러내는 게 무례하다고 생각해 남편의 무관심을 참고 견뎠을지도 모른다. 또 아내는 아주

어렸을 때 화내는 아버지를 보고 공격적인 주장은 도덕적으로 옳지 못하다는 생각을 하게 되었을 수도 있다. 자신이 강하게 의견을 내세우면 남편의 사랑을 잃을지 모른다고 생각했을 수도 있다. 이런 모든 가능성을 정리하고 분류하기는 무척 어렵다. 그러나 문제를 진단하고 고치지 않으면 망가진 기계 장치는 영원히 제대로 돌아가지 않을 것이다.

알곡과 쭉정이

정확한 표현은 정밀한 구분을 가능하게 한다. 정확하게 표현하면, 실제로 일어난 끔찍한 사건과 일어날 수 있었지만 실제로는 일어나지 않은 모든 가능한 사건을 구분할 수 있다. 예를 들어, 당신이 극심한 통증을 느끼고 잠에서 깼다고 해 보자. 어쩌면 죽을병에 걸렸을 수도 있다. 손쓸 수 없는 고통스러운 질병으로 천천히 죽어 가고 있을지도 모른다. 그런데도 당신이 의사에게 그 통증에 대해 정확하게 표현하지 않으면 어떤 질병이 당신을 괴롭히는지 알 방법이 없다. 당신이 진단을 위한 대화, 즉 정확하게 표현하는 행위를 회피했기 때문에 문제를 해결할 기회가 아예 사라져 버린 것이다. 한편, 당신이 의사에게 증상을 정확하게 전달하면 여러 질병 중 하나를 특정할 수 있다. 운이 좋다면 아무것도 아닌 증상으로 판명될 수도 있다. 심각한 질병이라 해도 최소한 상황을 반전시킬 기회가 생긴다. 정확성이 비극 자체를 제거하지는 못하지만 긍정적인 방향으로 바꿔 놓을 기회를 제공할 수는 있다. 그리고 상황을 최악으로 만들어 버리는 악마를 쫓아낼 수는 있다.

숲에서 나는 소리를 들었는데 눈으로 확인하지 못했다면 그것이 호랑이인지 악어인지 알 수가 없다. 호랑이나 악어와 아무런 관계가 없는 소리일 수도 있다. 주변을 잘 살펴보면 작은 다람쥐가 낸 소리라는 것을 알아낼 수도 있다(실제로 내 지인 중 다람쥐가 낸 소리에 혼비백산하며 도망간 사람도 있다). 숲에는 온갖 기이한 것이 산다. 때로는 그 기이한 것이 다람쥐처럼 전혀 두려워할 필요가 없는 것일 수도 있다. 하지만 자세히 살펴보지 않으면, 그 기이한 것이 어느 순간 용으로 변한다. 당신은 용과 맞서는 전설의 기사가 아니다. 당신은 사자를 맞닥뜨린 생쥐이고, 늑대의 눈빛에 온몸이 마비된 토끼에 불과하다. 숲에는 다람쥐만 있는 게 아니다. 때로는 정말 무시무시한 것이 나타나기도 한다. 그러나 아무리 무시무시한 것도 상상이 만들어 낸 것에 비하면 아무것도 아니다. 상상에서는 감히 맞설 엄두조차 안 나던 무서운 것도 막상 현실에서 맞닥뜨리면 그럭저럭 이겨 낼 수 있는 것이 많다.

예상하지 못한 일을 당해도 웬만한 것은 충분히 버텨 낼 수 있다. 뜻밖에 닥친 일이라는 이유로 책임을 회피하면 현실 자체가 지속 불가능할 정도로 큰 혼돈에 빠질 것이다. 혼돈은 점점 확대되어 모든 질서와 미래와 감각을 삼켜 버릴 것이다. 현실을 무시하면 머지않아 지하 세계를 지배하는 혼돈의 여신이 나타날 것이다. 눈을 부릅뜨고 보지 않으면 가짜 현실과 실제 현실 사이가 점점 벌어져 결국 우리는 그 틈새에 빠지고 그 결과는 참담할 것이다. 현실을 무시하면 혼란과 고통의 심연에 빠져 허우적댈 수밖에 없다.

당신이 과거에 무엇을 했고, 지금은 무엇을 하고 있으며, 어디를 향해 가고 있는지를 자신에게, 또 다른 사람에게 말할 때는 매우 신중해야 한다. 적절한 단어를 찾아내고, 그 단어들로 올바른 문장을 만들고, 그 문장으로 올바른 단락을 구성해야 한다. 과거는 정확한 언어로 핵심을 포착했을 때 온전하게 되살아난다. 눈앞의 현실을 명료하게 서술해야 현재가 미래를 방해하지 않는다. 현재를 제대로 정리하지 않고 방치하면 미래가 혼탁하고 불쾌한 모습으로 나타날 가능성이 크다. 신중하게 생각하고 정확한 언어로 말하면, 우리는 존재 가치가 정당화되는 빛나는 운명을 맞이할 수 있다. '만물을 꿰뚫어 보는 눈'과 '하나님의 말씀'은 정확한 말로써 혼돈에서 질서를 창조해 낸다.

꼬마 괴물들을 양탄자 밑에 감추지 말라. 그 괴물들이 양탄자 밑에서 새끼를 치고, 어둠 속에서 점점 커진다. 그리고 당신이 전혀 예상하지 못할 때 어둠에서 뛰쳐나와 당신을 삼켜 버린다. 그러면 당신은 미덕과 명료함의 세계에서 멀리 떨어진, 혼란과 고통만 가득한 지옥으로 떨어진다. 용기 있게 진실을 말할 때 현실은 단순해지고 깨끗해지며 명확히 규정되어 삶이 편안해진다.

우리가 어떤 사물을 정확한 언어로 표현하면 복잡하게 서로 연결된 전체에서 떨어져 나와 쉽게 지각할 수 있는 대상으로 변한다. 이런 식으로 주변을 단순화하면 모든 것이 명확하고 유용한 것으로 변한다. 그러면 복잡성으로 인해 생기는 불안이나 불확실성에 압도되지 않고, 주변의 것들을 활용하며 살아갈 수 있다. 반면에 모든 것을 애매모호하게 방치하면 무엇이 무엇인지 전혀 구분할 수 없다. 모든 것이 서로 혼란스럽게 뒤섞이면서 세상은 통제할 수 없을 정도로 복잡해진다.

대화할 때는 주제를 의식적으로 명료하게 규정해야 한다. 특히 까다로운 문제를 두고 대화할 때는 더욱 그렇다. 그렇지 않으면 대화의 주제가 '모든 것'이 된다. 이런 무분별한 대화는 바람직하지 않다. 실제로 부부간의 대화가 중단되고 끊어지는 이유도 대부분 너무 많은 이야기를 하기 때문이다. 과거에 일어난 문제, 지금 존재하는 문제, 훗날 닥칠 수 있는 문제 등 여러 문제가 주제로 오르며 대화가 말다툼으로 변한다. 한 번에 '모든 것'을 논의할 수 있는 사람은 아무도 없다. 생산적인 대화를 하려면 다음과 같이 해야 한다.

'나를 불행하게 하는 건 정확히 ……이다. 따라서 대안으로 내가 원하는 것은 정확히 ……이다. 당신이 나에게 줄 수 있는 것은 정확히 ……이다. 이렇게 한다면 당신과 내가 더는 불행하지 않을 것이다.'

이렇게 말하려면 먼저 다음과 같이 생각해야 한다.

'정확히 무엇이 잘못되었는가? 정확히 내가 원하는 것은 무엇인가?'

당신은 이렇게 정리한 내용을 솔직히 털어놓음으로써 혼돈에서 질서의 세계를 끌어내야 한다. 불행과 혼돈에서 벗어나려면 정확하고 정직하게 말해야 한다. 움츠리고 숨는다면 당신의 어두운 내면에 숨어 있는 작은 용이 거대한 용으로 변해 당신을 단숨에 삼켜 버릴 것이다.

당신이 지금까지 어떤 삶을 살았는지 알아내야 한다. 그래야 지금 당신이 어디에 있는지 알 수 있다. 당신이 지금 어디에 있는지 정확히 알지 못하면, 어디에나 있을 수 있다는 뜻이다. '어디에나' 있다는 것은 지독히 나쁜 곳에 있을 수도 있다는 말이다. 거듭 말하지만, 당신이 지금까지 어떤 삶을 살았는지 알아내야 한다. 그렇지 않으면 당신이 목표로 삼는 곳에 이를 수 없다. A 지점에서 B 지점으로 가려면 어떻게 해야 하는가? 먼저 A 지점에 있어야 한다. 그렇지 않으면 A 지점에서 B 지점으로 갈 수 없다.

당신의 목표도 정확히 알아내야 한다. 그 방향으로 움직이지 않으면 목표에 도달할 수 없다. 정처 없이 방황해서는 한 걸음도 앞으로 나아갈 수 없다. 실망과 좌절이 있을 뿐이다. 불안하고 불행해서 주변 사람들과 어울리기도 쉽지 않다. 원한과 복수심까지 더해지면 상황은 걷잡을 수 없이 악화한다.

당신의 의도를 말로 표현해 보라. 그래야 당신이 의도하는 바를 명확히 알아낼 수 있다. 당신이 말한 대로 행동하라. 그래야 어떤 일이 일어날지 알아낼 수 있다. 주의를 기울여 관찰하라. 당신의 잘못에 주목하고, 그 잘 못들을 정확하게 말로 표현하고 바로잡으려고 노력하라. 이렇게 할 때 각 자의 삶에서 의미를 발견할 수 있고, 삶의 비극으로부터 우리를 지켜 낼 수 있다. 그렇지 않으면 우리가 어떻게 삶의 비극에서 벗어날 수 있겠는가.

삶의 혼돈을 직시하고 정면으로 맞서라. 혼돈의 바다를 정조준하라! 목 적지를 명확히 설정하고, 그 목적지로 향하는 길을 지도에 표시하라. 당신 이 원하는 것을 정확히 말하라. 당신이 어떤 사람인지 주변 사람들에게 있 는 그대로 알려라. 주의 깊게 관찰하며 앞으로 나아가라. 항상 솔직하게!

분명하고 정확하게 말하라.

아이들이 스케이트보드를 탈 때는 방해하지 말고 내버려 두어라

위험과 정복

내 연구실이 있는 토론토 대학 예술과학부 건물(시드니 스미스 홀) 서쪽에서 아이들이 스케이트보드를 타던 때가 있었다. 나는 가끔 멈춰 서서 그 모습을 구경하고는 했다. 그곳에는 스케이트보드 타기에 좋은 얕은 계단이 길게 뻗어 있었다. 그 계단은 도로에서 현관까지 이어졌고, 계단 양옆에는 철제 튜브로 된 난간이 설치되어 있었다. 지름이 6센티미터, 길이는 6미터 정도 되는 난간이었다. 보드를 타는 아이는 대부분 사내아이였다. 겁 없는 꼬마들은 계단 위쪽에서 15미터쯤 뒤로 물러서서, 보드에 한쪽 발을 얹고 미친 듯이 속도를 높여 난간을 향해 미끄러져 나갔다. 난간에 부딪히기 직전 허리를 숙여 한 손으로 보드를 잡고 난간 위로 뛰어올라, 난간을 타고 계단 아래까지 미끄러져 내려가 멋지게 착지했다. 때로는 중심을 잃고 넘어져 고통스럽게 나뒹굴기도 했다. 성공하든 실패하든 아이들은 곧바로 그 위험한 놀이를 다시 시작했다.

그 놀이를 멍청한 짓이라고 생각하는 사람도 있을 것이다. 그럴지도 모른다. 그런데 한편으로는 대담무쌍한 도전이기도 했다. 나는 그 꼬마들이 정말 대단하다고 생각했다. 격려의 표시로 등을 두드려 주고 칭찬의 박수를 보내고 싶었다. 물론 위험한 놀이였다. 그런데 위험하다는 게 그 놀이의 핵심이었다. 그들은 위험을 이겨 내고 싶어 한 것이다. 그 친구들은 보호대도 하지 않았다. 보호대를 하면 더 안전하겠지만, 그랬으면 위험이란 요소가 크게 줄었을 것이다. 그들은 안전하게 타는 데는 관심이 없었다. 더 멋지고 능숙해지려고 애를 썼다. 그런데 우리를 진정으로 안전하게 해 주는 것은 능숙함이다.

나는 그 꼬마들처럼 놀 생각이 없다. 하고 싶어도 할 수가 없다. 유튜브에서 건설용 타워 크레인을 스파이더맨처럼 맨손으로 올라가는 사람들을 본 적이 있는데, 나에게는 있을 수 없는 일이다. 사실 나는 높은 곳을 좋아하지 않는다. 오히려 7500미터 상공까지 올라가는 비행기를 타는 것은 괜찮다. 실제로 비행기를 직접 몰기도 한다. 탄소 섬유로 만든 곡예용 비행기를 여러 번 탔고, 수직으로 급상승했다가 자유 낙하를 하듯 떨어지는 고난도 기술인 해머헤드 롤(hammerhead roll : 비행기 궤적이 내리꽂히는 망치처럼 보인다고 해서 붙은 이름－옮긴이)까지 시도해 보았다. 높이 올라가도 무섭지는 않지만 신체적으로나 정신적으로 무척 힘든 기술이다(해머헤드 롤은 비행기가 더 올라가지 않을 때까지 수직으로 올라갔다가 다시 수직으로 급강하하는 기술이다. 낙하하면서 제때 수평 비행으로 옮기지 못하면 위험한 상황에 빠질 수도 있다). 어쨌든 나는 스케이트보드는 못 탄다. 특히 난간에서 탄다는 생각은 꿈에도 해 본 적 없다. 물론 타워 크레인을 기어오르지도 못한다.

시드니 스미스 홀 동쪽 계단은 세인트조지 스트리트로 연결된다. 그쪽 계단에는 무릎 높이쯤 되는 콘크리트 화단을 설치해 놓았다. 이 화단이 도로 쪽으로 경사로처럼 이어져 있었다. 꼬마들은 때때로 이곳 화단 턱 위에서 스케이트보드를 타기도 했다. 아니면 건물 근처 조각상 주위에 있는 콘크리트 구조물을 무대로 삼을 때도 있었다. 그런데 그 위험한 놀이는 오래가지 못했다. 스케이트보드 스토퍼라는 손바닥만 한 철제 돌출물을 콘크리트 가장자리를 따라 60~90센티미터 간격으로 설치했기 때문이다. 구조물 훼손을 막으려고 설치한 그 장치를 처음 보았을 때, 나는 몇 년 전 토론토에서 큰 논란이 된 사건 하나가 생각났다. 초등학교 개교 보름 전 토론토 전역에서 놀이터 시설물이 몽땅 사라진 사건이었다. 관련법이 바뀌어 놀이시설 안전 보험이 의무로 지정되었기 때문이다. 놀이터는 충분히 안전하고 법률 적용 대상도 아니었는데 놀이터까지 통째로 철거해 버렸다. 아무튼 아이들은 1년 이상 놀이터 없이 지내야 했다. 그 기간에 용감한 아이들은 학교 옥상에서 위험천만하게 어슬렁거리며 놀고, 얌전한 아이들은 흙장난으로 무료함을 달랬다.

내가 철거된 놀이터를 '충분히 안전하다'고 말한 이유는, 놀이터를 너무 안전하게 만들면 아이들이 그곳에서 아예 놀지 않거나 의도하지 않은 방법으로 놀기 때문이다. 아이들에게는 약간 위험한 놀이터, 즉 도전 의식을 자극하는 놀이터가 필요하다. 인간은 위험을 최소화하는 데 크게 관심이 없다(물론 아이들도 인간이다). 그보다는 위험을 최대한 활용하려고 한다. 인간은 운전하고, 걷고, 사랑하고, 즐기고, 욕망을 채우고, 끊임없이 한계에 도전하며 발전한다. 인간은(그리고 아이들은) 너무 안전하면 다시 위험해지고 싶어 한다.[165]

특별한 제약이 없고 환경이 받쳐 주면 인간은 도전적인 삶을 선택하는 경향이 있다. 성공하는 경험이 쌓이면 자신감이 생기고 혼돈에 맞설 만한 힘이 길러진다. 이렇게 성장하는 것이다. 정도의 차이는 있지만 인간에게는 위험을 즐기려는 본성이 있다. 미래에 얻게 될 것을 기대하며 현재에 충실할 때 자극을 받고 활력을 얻는다. 그런 게 없으면 나무늘보처럼 무력하게 하루하루를 살게 된다. 과잉보호에 익숙해지면 위험한 상황이 느닷없이 나타났을 때 맥없이 무너진다.

스케이트보드 스토퍼를 보면 마음이 좋지 않다. 스케이트보드 스토퍼가 없었으면 조각상을 둘러싼 콘크리트 보호대가 흉하게 망가졌겠지만, 철제 돌출물을 듬성듬성 박아 놓은 지금 모습도 흉하기는 마찬가지다. 화단에도 철제 돌출물이 불규칙한 간격으로 설치되어 있다. 보드를 타던 아이들이 남겨 놓은 상처에 흉측한 철제 보호대가 더해져 그러잖아도 멋없던 화단이 더 음울해져 버렸다. 이런 광경은 건축업자나 공무원이 시민을 존중하지 않을 때 흔히 나타난다. 교도소, 정신 병원, 강제 노동 수용소에나 어울릴 법한 음흉한 기운이 아름다운 조각상과 꽃으로 꾸며 놓은 일상의 공간을 더럽히고 있다.

어떤 해결책이 과격하고 보잘것없으면 그 해결책의 정당성을 무리한 거짓말로 꾸며 낸다. 과격한 해결책은 무리한 거짓말로 이어진다. 그래야 정당성을 인정받을 수 있으니까.

성공과 원한

프로이트와 융 같은 심층 심리학자나 그들의 선구자인 니체를 읽으면, 모든 것에는 어두운 면이 있다는 사실을 알게 된다. 프로이트는 꿈에 잠재된 함축적인 의미를 깊이 파고들어, 꿈이 부적절한 욕망의 표현이라는 결론을 내렸다. 한편 융은 사회적으로 용인된 행위에는 반드시 그와 반대되는 사악한 짝, 혹은 무의식적인 그림자가 있다고 믿었다. 니체는 '원한'이 이타적인 행동을 자극하고 모든 것을 완전히 공개적으로 드러낼 때도 있다고 분석했다.[166]

인간이 복수심으로부터 구원받는 것, 나에게는 이것이 최고의 희망에 이르는 다리이며, 오랜 폭풍우 끝에 뜨는 무지개다. 그러나 평등을 주장하는 타란툴라('거대한 독거미'를 뜻하는데, 니체는 당시의 평등주의자를 독거미에 비유했다 - 옮긴이)들은 다른 식으로 말할 것이다.

"우리의 복수심으로 폭풍우를 일으켜 세상을 집어삼키는 것이 곧 우리의 정의다."

그들은 또 "우리는 우리와 평등하지 않은 모든 자에게 복수하고 모욕을 줄 것이다"라고 굳게 맹세하고 "이제부터 '평등에 대한 의지'가 미덕의 이름이 되어야 하고, 우리는 권력을 가진 모든 것에 대항해 목청을 높일 것이다!"라고 선언할 것이다. 그대, 평등의 설교자들이여, 무력감에서 오는 폭군의 광기가 그대들 안에서 평등을 외치지만, 폭군이 되려는 그대들의 은밀한 욕망을 미덕의 말로 위장하는 것일 뿐이다.

영국의 위대한 문학가 조지 오웰도 이런 현상을 꿰뚫어 보고 있었다. 그는 사회주의적 성향의 작가지만, 1937년에 발표한 《위건 부두로 가는 길》에서 상류층에 속한 영국 사회주의자들을 매섭게 비판했다. 이 작품 전반부에 1930년대 영국 광부들의 처참한 상황이 사실적으로 묘사되어 있다.[167]

몇몇 치과 의사는 내게 산업 지대에서는 서른 살을 넘긴 사람이 이에 문제가 없으면 비정상이라고 알려 주었다. 위건에서는 많은 사람이 치아는 가능하면 일찌감치 없애 버리는 게 낫다고 말했다. 한 여인은 '이는 곧 불행'이라고도 말했다.

위건 부두의 광부는 지하 4.5킬로미터까지 걸어 내려간다. 탄광 통로의 높이를 생각하면 '기어 내려갔다'가 더 적합한 표현이다. 너무 어두워서 아무것도 보이지 않아 머리를 부닥치고 등을 긁히기 일쑤다. 그렇게 바닥에 도착한 후에는 7시간 30분 동안 등골이 부러지도록 일한다. 그 후에는 다시 똑같은 통로를 기어 올라온다. 오웰은 "하루의 시작과 끝은 등산이었다"라고 비유했지만, 광부들이 통로에서 기어 다니는 시간은 노동 시간에 포함되지 않았다.

《위건 부두로 가는 길》을 펴낸 레프트 북클럽은 매달 한 권의 책을 엄선해 출간하는 사회주의적 성향의 출판사였다. 광부들의 개인적인 상황을 직접 다룬 이 책의 전반부를 읽고 나면, 가난한 노동자들에게 동정심을 느끼지 않을 수 없다. 오웰이 자세히 묘사한 처참한 삶의 현장을 읽고도 냉정함을 유지할 수 있다면 괴물이 틀림없다.

얼마 전까지만 해도 탄광의 상황은 지금보다 훨씬 열악했다. 젊은 시절에 막장에서 기어 다니며 석탄 통을 옮기던 여인 중 대다수는 어린 나이에 목숨을 잃었다. 그들은 임신했을 때도 막장일을 중단하지 않았다.

책 후반부에서 오웰은 시선을 다른 문제로 돌린다. 불평등한 처우로 고통받는 사람들이 그렇게 많은데도 영국에서 사회주의가 호응을 얻지 못하는 이유에 대해 분석한다. 오웰은 말쑥하게 차려입고 안락의자에 앉아 철학을 논하며 가난한 자들에 대한 연민과 부당한 사회에 대한 경멸을 이야기하는 사회 개혁자들이 번지르르한 말과는 달리 가난한 사람들을 좋아하지 않는다고 분석했다. 그들은 부자들이 싫었을 뿐이다. 그들은 원한과 시기심을 연민과 정의로 위장했다. 무의식적 측면에서 보면 오늘날 상황도 크게 다르지 않다. 프로이트와 융, 니체와 오웰을 너무 열심히 읽어서인지 나는 누군가 '나는 이것을 찬성해!'라고 강하게 주장하면 그 사람이 반대하는 것은 무엇인지 궁금해진다. 불평하고 비판하고 설득하려는 사람들에게도 똑같은 의문이 든다.

나는 정신 분석에도 수술이 있다면 가장 강력한 수술 도구를 만든 사람은 융이라고 생각한다.

'누군가의 행동이 도저히 이해되지 않을 때는 행동의 결과를 유심히 관찰해 그 동기를 유추해 보라!'

이 말은 심리학에서 가장 예리한 메스다. 그런 만큼 조심스럽게 사용해야 한다. 상처 부위를 너무 깊이 도려낼 수 있다. 이 메스를 잘 활용하면 많은 것을 밝혀낼 수 있다.

화단과 조각상 보호대에 스케이트보드 스토퍼를 설치함으로써 도전적인 청소년들이 재미를 잃었고, 아름다움도 사라졌다. 어쩌면 스케이트보드 스토퍼를 설치한 목적이 바로 이것이었는지도 모른다. 누군가 다른 사람들을 위해 숭고한 원칙에 따라 행동하겠다고 주장하더라도 그 사람의 동기가 진실하다고 믿을 이유는 없다. 더 나은 세상을 만들겠다는 의욕에 불타는 사람이라고 해서 반드시 다른 사람들을 변화시키는 데 관심이 있는 것은 아니다. 그런 관심이 있는 사람이라면 먼저 자신부터 그가 말하는 방향으로 변화해야 한다. 고난도의 위험한 기술을 연습하려는 스케이트보더를 집으로 돌려보낸 철제 보철물의 이면에는 반인간적인 음험한 정신이 깃들어 있다는 생각이 든다.

다시 내 친구, 크리스에 대해서

법칙 3에서 소개한 내 친구 크리스는 극도의 자기 비하로 정신이 온전하지 못했다. 특히 죄책감이 그를 괴롭혔다. 앨버타주 최북단 지역에서 초등학교와 중학교 시절을 보낸 그는 페어뷰에 정착하기 전까지 전학을 자주 다녔다. 옮겨 가는 학교마다 늘 원주민 아이들과 싸움이 났다. 평균적으로 원주민 아이들이 백인 아이들보다 거칠고 까다로웠다(그들 나름의 이유가 있었다). 나도 그들을 겪어 봐서 잘 안다.

초등학교 시절 러네이 헥이라는 친구가 있었다.* 그는 캐나다 원주민과 유럽계 백인 혼혈이었는데, 나와는 문화적으로 상당히 달랐다. 그의 옷이 약간 더 더럽고, 말과 행동이 더 거칠었다. 나는 한 학년을 건너뛰어 또래보다 몸집이 작았다. 러네이는 몸집이 크고 영리하고 잘생긴 친구였다. 또래보다 힘도 셌다. 6학년 때 우리는 같은 반이었고, 담임 선생님은 우리 아

---

* 사생활 보호를 위해 이름과 사건을 조금 바꾸었다.

버지였다. 어느 날 러네이가 수업 중에 껌을 씹다가 아버지에게 들켰다.

"러네이, 껌 뱉어라. 되새김질하는 소처럼 보이는구나."

아버지가 나무랐다. 나는 낄낄거리며 "러네이는 소!"라고 중얼거렸다. 러네이가 그 말을 듣고 나를 쏘아보며 나지막이 말했다.

"피터슨, 끝나고 보자. 너 오늘 죽었어."

사실 그날 아침 러네이와 나는 저녁에 동네 영화관에서 영화를 보기로 약속했다. 아무래도 그 약속은 자동으로 취소된 것 같았다. 그날은 시간이 쏜살같이 지나가는 느낌이었다. 위협과 고통이 기다리고 있다는 생각에 순간순간이 불안하고 초조했다. 러네이는 나를 가볍게 쥐어박고 끝낼 기세가 아니었다. 수업이 끝나자마자 나는 도망갈 수 있을까 싶어 학교 밖 자전거 거치대까지 전속력으로 뛰어갔다. 그런데 러네이가 나보다 먼저 도착해 있었다. 우리는 자전거들을 중간에 두고 서로 빙빙 돌았다. 20세기 초 무성영화 〈키스톤 캅스(Keystone Cops)〉의 한 장면 같았다. 내가 계속 빙빙 도는 한 러네이는 나를 잡을 수 없었다. 하지만 영원히 그러고 있을 수는 없는 노릇이었다. 잘못했다고 사과했지만 러네이는 분을 풀지 못했다. 그는 자존심에 상처를 입었고, 나에게 앙갚음하고 싶어 했다.

나는 쪼그려 앉아 자전거 뒤에 몸을 감추고 러네이의 표정을 살폈다.

"러네이, 소라고 놀려서 미안해. 그만 싸우면 안 될까?"

러네이가 천천히 나에게 다가왔다. 나는 다시 사정했다.

"러네이, 내가 잘못했어. 정말이야. 아직도 너랑 영화 보러 가고 싶어."

단순히 상황을 모면하기 위한 말은 아니었다. 진심이었다. 그렇지 않았다면 러네이가 끝장을 봤을 것이다. 다행히 러네이가 걸음을 멈추었다. 그러고는 나를 뚫어지게 바라보다가 눈물을 터뜨렸다. 잠시 후 러네이는 뒤

돌아서서 어딘가로 달려갔다. 원주민과 백인의 관계를 상징적으로 보여 주는 사건이었다. 그 후로 우리는 영화관을 함께 간 적이 없다.

내 친구 크리스는 원주민 아이들과 주먹다짐을 벌였지만 강력히 반격하지는 않았다. 크리스는 정당방위마저 도덕적으로 옳지 않다고 생각했는지 맞서 싸우기보다는 일방적으로 맞는 쪽을 택했다. 훗날 크리스는 그 이유를 이렇게 설명했다.

"우리가 그들 땅을 빼앗았잖아. 우리가 잘못한 거야. 그들이 화내는 건 당연해."

시간이 흐르며 크리스는 조금씩 세상에서 멀어졌다. 그렇게 된 데는 그의 죄책감이 큰 역할을 했다. 그는 남성성과 남성적 행위를 깊이 증오했다. 학교에 다니고, 직장에 나가고, 여자 친구를 사귀는 행위 등을 북아메리카의 식민지화, 냉전 시대의 섬뜩한 핵 대치, 지구 환경의 훼손 등과 본질적으로 다르지 않다고 생각했다. 불교 관련 서적들을 탐독한 그는 현재의 세계 상황에 비추어 보면 자기 존재에 대한 부정이 윤리적으로 필요하다고 생각했다. 그리고 다른 사람들도 이런 생각을 가져야 한다고 믿었다.

대학생 때 한동안 크리스와 함께 산 적이 있다. 어느 날 밤, 우리는 함께 동네 술집에 갔다. 집으로 돌아오던 길에 크리스는 길가에 주차된 자동차 사이드 미러를 잇따라 부수기 시작했다. 내가 놀라서 말렸다.

"그만해, 크리스. 자동차 주인을 괴롭혀서 좋은 게 뭐야?"

크리스는 인간의 광적인 행위가 모든 것을 망가뜨리고 있고, 자동차는 그런 인간 행위의 일부이기에 망가뜨려야 한다고 대답했다. 나는 정상적인 삶을 사는 사람들에게 그런 식으로 복수한다고 나아지는 것은 아무것도 없다고 반박했다.

몇 년 후 내가 몬트리올에서 대학원에 다니던 어느 날 크리스가 불쑥 찾아왔다. 특별한 목적이 있어서 온 것은 아니었다. 그는 당시 방황하고 있었다. 크리스는 나에게 도움을 청했고, 결국 몬트리올의 우리 집에서 함께 살기로 했다. 당시 나는 결혼해서 아내 태미와 돌이 갓 지난 딸 미카일라와 함께 살고 있었다. 태미도 페어뷰 출신이라 크리스와 잘 아는 사이였다(크리스는 그 전에 태미와 친구 이상의 관계를 원했다). 그래서 상황이 훨씬 더 복잡해졌는데, 당신이 생각하는 그런 방향은 아니다. 그는 언젠가부터 남자를 증오하기 시작하더니 결국에는 여자까지 혐오하게 되었다. 교육을 거부하고, 출세와 욕망도 경멸했다. 줄담배를 피우고, 직장도 갖지 않았다. 그가 여자에게 관심이 없는 게 이상한 일은 아니었다. 그는 항상 냉소적이었다. 나는 그가 선택한 길이 더 큰 파멸을 자초하는 것이라고 생각해 그를 설득하려고 애썼다. 크리스가 조금 더 유연해지기를 바랐고, 삶다운 삶을 살았으면 했다.

크리스가 저녁 식사를 준비하는 날이었다. 태미가 집에 도착했을 때 아파트에 연기가 자욱했다. 햄버거가 프라이팬에서 불타고 있었다. 크리스는 무릎을 꿇고 앉아 난로를 수리하는 중이었다. 태미는 크리스의 속셈을 훤히 알고 있었다. 일부러 저녁 식사를 태우는 중이었다. 그는 자기가 저녁 식사를 준비해야 한다는 게 못마땅했다. 우리는 가사를 합리적으로 분배했고 그도 잘 알고 있었지만, 여자 역할을 하는 게 싫었던 것이다. 그래서 저녁 식사를 일부러 태우고 그럴듯한 변명거리를 만들려고 난로를 수리하는 척한 것이었다.

태미가 크리스에게 뭐 하는 거냐며 따져 묻자 그는 모르는 척했다. 하지만 크리스는 사실 위험할 정도로 화가 난 상태였다. 그는 자신이 누구보다 똑똑하다고 믿었는데 태미가 자기 속을 훤히 꿰뚫어 보자 자존심에 큰 상처를 입은 것이다. 일촉즉발의 상황이었다.

이튿날 태미와 나는 동네 공원으로 산책을 하러 나갔다. 영하 35도의 지독히 추운 날이었다. 바람도 심하게 불고 안개까지 짙게 껴서 산책할 날씨는 결코 아니었지만, 가능하면 집에서 멀리 도망가고 싶었다. 태미는 크리스와 사는 게 너무 힘들다며 투덜거렸다. 우리는 공원으로 들어갔다. 헐벗은 가지들이 축축한 잿빛 하늘을 향해 을씨년스럽게 뻗어 있었다. 피부병에 걸렸는지 꼬리털이 다 빠진 검은 다람쥐 한 마리가 온몸을 부들부들 떨며 나뭇가지를 꼭 쥐고 거센 바람을 견디고 있는 모습이 보였다. 저 녀석은 이 추위에 둥지에서 나와 무엇을 하는 것일까? 다람쥐는 부분적으로 동면하는 동물이라 겨울에도 따뜻하면 밖으로 뛰쳐나온다. 그러고 보니 곳곳에서 다람쥐가 눈에 띄었다. 공원 어디에나 다람쥐가 있었다. 모두 꼬리와 몸뚱이 부분에 듬성듬성 털이 빠져 있었고, 하나같이 부들부들 떨며 나뭇가지를 붙잡고 바람을 견뎠다. 우리 둘을 제외하면 인간의 흔적은 어디에도 없었다. 그 추위에 산책을 나온 것은 터무니없는 짓이었다. 주변에 아무도 없는 게 당연했다. 어떤 의미에서 우리는 하나님이 연출한 부조리극을 공연하고 있었다. 얼마 후 태미는 며칠 동안 다른 곳에서 지내기로 하고 딸을 데리고 나갔다.

그해 크리스마스 무렵 남동생 부부가 우리 집을 방문했다. 동생도 크리스를 알고 있었다. 동생 부부와 크리스는 몬트리올 시내를 구경하겠다며 외투를 입었다. 크리스는 어두운색 외투를 입고, 검은 털모자를 썼다. 모자가 얼굴 전체를 거의 덮었다. 키가 매우 크고 호리호리한 그는 허리가 약간 굽은 것처럼 보였다. 그래서 내가 농담으로 "크리스, 연쇄 살인범 같은데!"라고 말했다. 셋이 시내 구경을 끝내고 돌아왔는데 크리스의 기분이 영 언짢아 보였다. 그의 영역에 행복한 신혼부부라는 낯선 사람들이 침범해 있었다. 그것이 그의 상처에 뜻하지 않게 소금을 뿌린 셈이었다.

그래도 그럭저럭 기분 좋게 저녁 식사를 했다. 대화도 즐겁게 이어지는 등 그날 밤은 별일 없이 지나갔다. 그러나 나는 잠을 잘 수 없었다. 뭔가 잘 못됐다는 느낌이 가시지 않았다. 새벽 4시, 나는 더는 견딜 수가 없어 침대에서 기어 나왔다. 크리스의 방 문을 조용히 두드리고는 대답을 기다리지 않고 곧장 문을 열고 들어갔다. 내가 예상한 대로 크리스는 자고 있지 않았다. 침대에 누워 천장을 바라보고 있었다. 그의 옆에 앉았다. 나는 크리스를 잘 알았다. 그가 살인적인 분노를 누그러뜨릴 수 있도록 이야기를 나눴다. 그러고 나서 침대로 돌아가 잠들었다. 이튿날 아침 동생이 나를 한쪽으로 살그머니 데려가더니 물었다.

"어젯밤에 무슨 일 있었어? 나 한숨도 못 잤어. 뭐가 문제야?"

나는 동생에게 크리스의 상황이 좋지 않다고 말해 주었다. 그렇다고 네가 운이 좋아서 목숨이 붙어 있는 거라고 말하지는 않았다. 사실, 우리 모두 그날 죽었을지도 모른다. 카인의 후예가 우리 집에 함께 살고 있었지만 다행히 아무런 일도 생기지 않았다.

크리스에게는 매우 독특한 체취가 있었다. 죽음의 기운이 감돌던 그날 밤, 나는 체취의 작은 변화를 알아챈 것인지도 모른다. 그는 자주 샤워했지만 수건과 시트에 그 냄새가 남았다. 그 냄새까지 완전히 씻어 내는 건 불가능했다. 그 냄새는 조화를 이루지 못한 몸과 마음의 부산물이었다. 나와 크리스 모두를 알고 지내던 한 여성 사회 복지사도 그런 냄새에 익숙하다고 말한 적이 있다. 그녀와 함께 일하던 사회 복지사들도 대놓고 말은 하지 않았지만 그 냄새에 대해 잘 알고 있었다. 그들은 그 냄새를 '부적격자의 냄새'라고 불렀다.

그러고 나서 얼마 뒤 나는 박사 후 과정을 마쳤다. 태미와 나는 몬트리올에서 보스턴으로 이주했고, 곧 둘째 아이를 낳았다. 가끔 크리스와 나는 전화로 안부를 확인했다. 한번은 크리스가 보스턴으로 찾아오기도 했다. 모든 것이 원만하게 풀렸다. 그는 자동차 부품 회사에 일자리를 구했고, 하루하루 나아지려고 애썼다. 그때만 해도 좋아지는 것 같았는데 안타깝게도 그 상태가 오래가지는 않았다. 크리스는 내 앞에 다시 나타나지 않았다. 크리스에게서 다시 전화를 받은 것은 거의 10년이 흐른 뒤였다. 그의 마흔 살 생일 전날 밤이었다. 당시 나는 토론토에 살고 있었다. 크리스는 내게 반가운 소식을 전해 주었다. 그가 쓴 단편 소설이 실린 모음집이 곧 출간된다는 소식이었다. 그 소식을 나에게 전해 주고 싶었던 것이다. 크리스는 예전부터 훌륭한 단편 소설을 종종 썼다. 나는 그의 습작들을 빠짐없이 읽고, 치열하게 토론했다. 크리스는 훌륭한 사진작가이기도 했다. 그에게는 창의적이고 예리한 눈이 있었다.

다음 날, 크리스는 낡은 픽업트럭을 몰고 덤불숲으로 들어갔다. 그리고 고무관을 배기구에서 트럭 앞 좌석까지 연결했다. 크리스가 담배를 피우며, 깨진 앞유리를 멍하니 바라보면서 죽음의 순간을 기다리는 모습이 지금도 내 눈앞에 뚜렷이 그려진다. 그의 시신은 몇 주 후에야 발견되었다. 나는 그의 아버지에게 전화를 걸어 소식을 알렸다. 크리스의 아버지는 "아이고, 불쌍한 내 새끼" 하며 흐느꼈다.

얼마 전, 나는 근처 대학에서 열린 테드 엑스(TEDx : 세계적인 강연 행사인 테드의 소규모 지역 행사 ─옮긴이) 행사에 강연자로 초청을 받았다. 첫 강연자로 나선 어떤 교수는 어디에나 설치할 수 있는 지능형 화면을 연구하는 사람이었다. 그 놀라운 연구 업적 덕분에 강연에 초청되었는데 그는 그것에 관해서는 거의 언급하지 않고, 인간이 지구 생존에 얼마나 위협적인 존재인지에 관해서만 이야기했다. 그도 인간을 혐오하는 사람이었다. 크리스처럼 깊이 빠져들지는 않았지만, 끔찍한 생각만큼은 다르지 않았다.

그는 중국에 있는 엄청난 규모의 최첨단 공장을 느린 장면으로 스크린에 띄웠다. 하얀 작업복을 입은 수백 명의 노동자가 조립 라인에 로봇처럼 서서 부품을 구멍에 끼워 넣고 있었다. 그는 자신과 아내가 아이를 하나만 낳기로 한 이유에 관해 설명했다. 윤리적인 사람이라면 이런 결정을 진지하게 고민해야 한다고 덧붙였다. 그가 신중하게 결정했다는 점은 의심하지 않지만, 그것은 어디까지나 본인의 개인적인 상황에만 해당하는 결정이다 (인간을 혐오하면서 아이는 왜 낳았는지 궁금하다).

당시 청중 중에는 중국계 학생이 많았는데 그의 도덕적 훈계에 시큰둥한 반응을 보였다. 그들의 부모가 마오쩌둥의 무시무시한 문화 혁명과 한 자녀 정책을 어떻게 넘겼는지 생각하고 있었을까? 혹시 그 공장들 덕분에 얻게 된 자유와 놀랍도록 향상된 생활 수준을 생각하고 있던 것은 아닐까? 강의가 끝난 후 이어진 질문 시간에 중국 학생 2명이 실제로 그런 논지의 질문을 했다.

그 교수가 자신의 생각이 어떤 결과를 낳을지 알았다면 다시 생각했을까? 그랬으면 좋았겠지만 그는 고집을 꺾지 않았을 것이다. 어쩌면 그도 자신의 생각이 어떤 결과로 이어질지 알았지만 모른 척하는 걸지도 모른다. 아니면 어떤 결과가 나오든 나 몰라라 하는 것일 수도 있다. 비극적인 결과를 알면서 일부러 부추겼는지도 모른다.

자칭 인류의 심판자들

지구가 인간을 충분히 감당할 수 있다는 주장이 나온 지는 그리 오래되지 않았다. 《멋진 신세계》를 쓴 올더스 헉슬리의 할아버지이자, 다윈의 진화론을 강력히 지지한 생물학자 토머스 헉슬리가 영국 의회에서 인류가 대양을 고갈시킨다는 건 불가능하다고 주장한 때가 1800년대 말이었다. 헉슬리는 대양의 생식 능력은 인간의 잔학한 포식성과 비교가 안 될 만큼 어마어마하게 크다고 생각했다. 레이철 카슨이 살충제 DDT의 폐해를 고발한 《침묵의 봄》을 발표해 환경 운동을 촉발한 후로 50년이 조금 지났을 뿐이다.[168] 50년! 그 정도는 아무것도 아니다! 지구의 시간으로 보면 하루도 지나지 않았다.

우리는 이제 막 생명의 그물(Web of Life)을 이해하는 데 필요한 개념적 도구와 기술을 갖게 되었지만 아직 완벽하지는 않다. 그러니 지금까지 저지른 파괴적 행위에 대해서 정상 참작의 여지가 있다. 우리는 뭐가 더 좋은지 몰랐을 뿐이다. 뭐가 더 좋은지 알았을 때는 그걸 실현할 능력이 없었다. 세상이 살기 편해졌다고 하지만 우리의 삶은 여전히 쉽지 않다. 불과 얼마 전까지만 해도 대다수의 인간이 굶주림과 질병에 시달리고 글을 읽을 줄 몰랐다.[169] 지금도 여전히 인간의 평균 수명은 100년이 채 안 된다. 가족 중 적어도 한 사람은 질병으로 고통받고 있다. 그렇지 않다면 대단한 행운이다. 하지만 머지않아 우리는 모두 예외 없이 질병과 싸워야 한다. 인간은 나약하기에 최선의 상황을 만들려면 온갖 고난을 견디며 엄청나게 노력해야 한다. 인간이 자연을 괴롭히는 것보다 자연이 인간을 더 괴롭히는 게 사실이다. 그러니 우리에게 한숨 돌릴 시간을 좀 줘도 괜찮을 것 같다.

누가 뭐라 해도 인간은 놀라운 피조물이다. 인간에게 필적할 만한 피조물은 없고, 우리에게 어떤 한계가 있는지 아무도 모른다. 우리에게 전 지구적인 규모의 책임이 있다는 것을 이제야 깨달은 것이다. 얼마 전까지만 해도 과거에는 상상도 못할 일이었다. 이 글을 쓰기 몇 주 전 유튜브에서 우연히 두 편의 동영상을 보았다. 하나는 1956년 올림픽 체조 도마 경기에서 금메달을 딴 선수의 동영상이고, 다른 하나는 2012년 같은 종목에서 은메달을 딴 선수의 동영상이었다. 같은 종목이라고는 하지만 전혀 다른 운동처럼 보였다. 1950년대 사람들이 미국 체조 선수 매케일라 머로니가 2012년 런던 올림픽 도마 경기에서 펼친 연기를 봤으면 외계인으로 생각했을 것이다. 프랑스 군대의 장애물 훈련에서 파생한 스포츠 파쿠르 또는 프리 러닝을 하는 사람을 보면 정말 놀랍다(파쿠르나 프리 러닝은 도심의 구조물이나 장애물, 지형지물을 장비 없이 맨몸으로 이동하는 스포츠다－옮긴이). 나는 이런 동작들을 편집한 동영상을 볼 때마다 감탄한다. 3층 높이의 건물에서 뛰어내리고도 멀쩡하다. 위험하지만 짜릿하다. 고층 건물을 오르는 사람의 담력은 숨이 멎을 정도다. 익스트림 산악자전거, 프리스타일 스노보드, 15미터 높이 파도 위에서 타는 서핑 등 다 마찬가지다. 물론 스케이트보드도 그렇다.

법칙 6에서 언급한 콜로라도주 콜럼바인 고등학교에서 총기를 난사한 범인들이나 테드 엑스에서 강연한 교수도 내 불운한 친구 크리스처럼 인류를 심판받아야 할 대상으로 생각했다. 그들은 훨씬 극악무도한 방법을 택했다. 콜럼바인의 두 살인범 중 하나인 에릭 해리스는 인간을 실패하고 타락한 동물로 생각했다. 이런 전제를 받아들이면, 필연적으로 매우 위험한 결론으로 이어진다. 영국의 동물학자 데이비드 애튼버러가 주장하듯이 인간이 지구의 전염병 같은 존재라면,[170] 로마 클럽(1968년 지구의 미래와 환경 문제에 대한 해법을 찾기 위해 이탈리아 사업가 아우렐리오 페체이의 주도로 설립된 전 세계 지식인·정치인·사업가 모임—옮긴이)이 주장하듯이 인간이 지구의 암적인 존재라면, 그것을 영원히 제거하는 자는 지구를 구한 영웅이 될 것이다.[171] 그리고 자신의 엄격한 도덕적 원칙을 실천하기 위해 결국에는 자기까지 제거하고 말 것이다. 원한에 사로잡힌 다중 살인범 중 스스로 목숨을 끊는 예가 많은 것도 이 때문이다. 자살로써 자신에게 주어진 인류 말살의 임무를 종료하는 것이다.

요즘 세상에 유대인, 흑인, 이슬람교도, 영국인이 없다면 삶의 조건이 더 나아질 것이라고 함부로 말할 수 있는 사람은 없다. 그런 말을 대놓고 하면 큰 곤란을 겪게 된다. 그런데 인구가 줄어야 지구가 더 나아질 것이라는 주장이 고결하게 받아들여지는 이유는 무엇일까? 이런 주장 뒤에 숨어 대재앙이 닥치기를 은밀히 바라는 사람들이 있다. 사회의 편견에 맹렬히 저항하는 사람들이 인류를 비난해야 한다는 의무감에 사로잡힌 것처럼 보이는 이유는 무엇일까?

나는 대학생들, 특히 인문학을 전공하는 대학생들이 자칭 지구를 지킨다는 사람들에게 철학적으로 공격받아 정신적으로 괴로워하는 모습을 자주 보았다. 특히 젊은 남자에게 가해지는 충격은 더 크다. 가부장제 혜택을 누리는 수혜자로서 그들의 업적은 노력하지 않고 얻은 것으로 치부된다. 야망 때문에 지구를 망치는 약탈자이자 비뚤어진 성 문화 지지자로서 잠재적 성범죄자 취급을 받는다. 그들은 환영받지 못하는 존재가 되어 버렸다. 중학교와 고등학교, 대학교 단계에서 남자들의 학업 성취도는 낮다. 아들이 열다섯 살 때 학교 성적에 관해 이야기를 나눈 적이 있다. 아들은 '남자치고는' 그럭저럭 잘 해내고 있다고 대답했다. 나는 그게 무슨 의미냐고 물었다. 녀석은 원래 여자가 남자보다 성적이 좋지 않느냐며, 당연한 걸 왜 묻느냐는 듯한 표정으로 나를 바라봤다. 이 글을 쓰는 동안 발행된 《이코노미스트》 표지 기사가 마침 '더 약한 성(The Weaker Sex)'이었다. 이 기사가 말하는 더 약한 성은 여성이 아닌 남성이었다. 요즘 대학교 3분의 2 이상 학과에서 여학생 비율이 50퍼센트를 넘는다는 내용의 기사였다.

현대 세계에서는 남자아이들이 고통받고 있다. 부정적으로 말하면 여자아이보다 남자아이가 더 반항적이고, 긍정적으로 말하면 더 독립적이다. 이 때문에 대학 미만의 교육 기관에서 남자가 고통받는다. 일반적으로 남자아이가 여자아이보다 덜 상냥하고, 불안증과 우울증에 걸릴 확률은 더 낮다(상냥함은 동정심과 감정 이입, 갈등 회피 등과 관련된 성격 요인이다).[172] 적어도 사춘기가 지난 후에는 그렇다.[173] 남자아이의 관심사는 주로 사물을 향하고, 여자아이의 관심사는 주로 인간을 향하는 경향이 있다.[174] 놀랍게도 이런 차이는 생물학적 요인의 영향이 크다. 양성평등을 가장 강력하게 추진해 온 스칸디나비아 국가를 보면 남녀 차이가 생물학적 요인에서 비롯된다는 사실이 뚜렷하게 드러난다. 양성 차이가 사회적 요인 때문에 형성되었다고 주장하는 사람들이 기대하던 것과는 완전히 다른 결과다. 양성 차이는 사회적 산물이 아니다. 논쟁 주제가 아니다. 데이터가 입증한다.[175]

남자아이는 경쟁을 좋아하고 순종을 싫어한다. 특히 청소년기에는 반항적 성향이 뚜렷이 드러난다. 이 시기 남자아이들은 가족의 품에서 벗어나 독립적인 인간으로 살고 싶다는 충동에 사로잡힌다. 이런 행동은 권위에 대한 도전과 유사한 행동이다. 학교는 1800년대 말에 순종을 가르치려는 목적으로 설립되었다.[176] 강인한 정신력과 뛰어난 능력을 보여 주는 학생이라도 도발적이고 대담한 행동은 용납되지 않는다. 물론 남자아이들이 위축된 데는 다른 요인들도 작용한다. 예를 들어, 여자아이는 남자아이의 놀이에 참여할 수 있지만, 남자아이는 여자아이의 놀이에 쉽게 참여하지 못한다. 그 이유가 무엇일까? 여자아이는 남자아이와 경쟁해서 승리하면 칭찬을 받는다. 저도 별로 피해가 없다. 하지만 남자아이가 여자아이를 이겨서 칭찬받는 일은 거의 없다. 행여나 여자아이에게 지기라도 하면 망신을 당한다. 열 살짜리 동갑 남자아이와 여자아이가 치고받고 싸웠다고 해 보자. 남자아이가 싸움에서 이기면 여자와 싸우는 한심한 녀석이 된다. 먼저 싸움을 걸었다는 의심도 받는다. 만약에 싸움에서 지면 그야말로 인생의 위기가 찾아온다. 여자에게 두들겨 맞은 남자라는 낙인이 찍히기 때문이다.

여자아이는 자체의 계급 구조에서 승리를 경험한다. 다시 말해, 여자아이들끼리의 경쟁에서 승리를 경험한다. 그리고 남자아이들과의 경쟁에도 부담 없이 참여할 수 있다. 이때의 승리 경험은 덤이다. 하지만 남자아이는 남자아이들끼리 하는 경쟁에만 참여한다. 남자아이가 여자아이들이 주로 참여하는 경쟁 분야에 끼어들면 양쪽 모두에게 공격받는다. 남자아이들에게서는 남자답지 못하다는 평판을 듣고, 여자아이들에게서는 남자로서의 매력이 없다는 평판을 듣는다. 여자아이들이 이런 남자아이와 친구로 잘 지내는 경우는 있지만 이성으로서 매력을 느끼는 경우는 별로 없다. 여자아이는 일반적으로 지위 경쟁에서 승리한 남자아이에게 매력을 느낀다. 게다가 남자는 여자와 경쟁할 때는 남자끼리 경쟁할 때보다 힘을 많이 쓰지 않는다. 남자아이는 전력을 다해 경쟁할 수 없고, 그렇게 하지도 않는다. 따라서 남자아이가 경쟁에서 승리할 방법은 확실하지 않다. 그런 이유로 남자아이들은 여자아이들이 주로 참여하는 경쟁 분야를 피한다. 대학, 특히 인문대가 여성들만의 무대로 변해 가는 것이 진정 바람직할까?

대학뿐만 아니라 교육계 전반 상황은 기본적인 통계 수치로 드러난 것보다 훨씬 더 심각하다.[177] 이른바 스템 프로그램(STEM program은 science, technology, engineering, mathematics의 머리글자를 따 지은 이름이다 — 옮긴이)이라고 하는 과학·기술·공학·수학 분야를 제외하면, 여학생과 남학생 비율이 많이 왜곡된다.[178] 보건학과 행정학, 심리학, 교육학의 여성 전공자 비율은 80퍼센트에 이른다. 이 학과들은 대학 전체 개설 학과의 4분의 1에 해당한다. 게다가 이런 격차가 급속히 증가하는 추세다. 이런 현상이 이어지면 15년 이내에 대부분 학과에서 남자를 찾아보기 힘들어질 것이다. 남자에게는 결코 좋은 소식이 아니다. 재앙에 가까운 소식이다. 그러나 여성에게도 좋은 소식이 아니다.

일과 결혼

고등 교육을 받은 여성은 연애 상대를 구하기가 점점 어려워진다. 그래서 잠깐 만나다가 헤어지는, 안정적이지 않은 관계가 늘어난다. 성 해방 관점에서는 진보라고 볼 수도 있는 현상이지만, 나는 그렇게 생각하지 않는다. 오히려 여성에게도 바람직한 일이 아니라고 생각한다.[179] 안정적인 남녀 관계는 남성이나 여성 모두에게 매우 중요하다.

퓨 리서치 센터(Pew Research Center)가 열아홉 살부터 서른다섯 살까지 여성을 대상으로 조사한 결과에 따르면, 성공적인 결혼이 인생에서 가장 중요한 요인 중 하나라고 응답한 여성 비율은 1997년 28퍼센트에서 2012년 37퍼센트로 증가했다.[180] 30퍼센트 이상 증가한 셈이다.* 한편, 결혼이 중요하다고 꼽은 남성 비율은 35퍼센트에서 29퍼센트로 17퍼센트가량 감

---

* (37-28)÷28=9÷28=32퍼센트.

소했다.* 이 기간에 열아홉 살 이상 기혼자 비율은 꾸준히 감소했다. 1960년에는 거의 4분의 3이었지만 지금은 절반으로 줄었다.[181] 그리고 서른한 살부터 예순 살까지 한 번도 결혼하지 않은 성인 중 결혼을 원하지 않는다고 대답하는 비율은 남성이 여성보다 세 배 이상 높다(27퍼센트 대 8퍼센트).

일이 사랑이나 가족보다 중요하다는 생각은 도대체 어디서 나온 걸까? 대형 로펌에서 주당 80시간씩 일하며 고액 연봉을 받으면 인생의 중요한 것들을 희생할 만한 가치가 있는 걸까? 가치가 있다면 그 이유는 무엇인가? 어떤 대가를 치르더라도 승리를 바라는, 극도로 경쟁적인 사람은 소수에 불과하다(그들 중 대부분은 남자이며, 성격 지수에서 상냥함 지수가 낮다). 또 일할 때 재미를 느끼는 사람도 소수에 불과하다. 대부분의 사람은 그렇지 않다. 각종 고지서를 감당할 만한 정도의 경제적 여유가 있으면, 돈이 많다고 삶이 훨씬 나아지는 것도 아니다. 게다가 유능한 고소득 여성들의 배우자도 대부분 유능한 고소득자일 확률이 높다. 이런 상황은 여성에게 더욱 큰 영향을 미친다. 퓨 리서치 센터 조사 결과를 보면 배우자를 구하는 미혼 여성 80퍼센트 정도가 좋은 직장을 가진 남성을 최우선 순위에 두고 있지만, 그런 직장을 가진 남성은 50퍼센트에도 미치지 못한다.

최상급 법률 회사에 소속된 여성 변호사는 대부분 30대에 퇴사한다.[182] 미국 200대 법률 회사에서 지분 파트너(등기 이사-옮긴이) 가운데 여성 비율은 15퍼센트 정도다.[183] 법률 회사에서 일하는 여성 변호사 수는 증가했지만, 지분 파트너 비율은 15년 동안 그다지 변하지 않았다. 법률 회사가 여성의 성공을 막았기 때문이 아니다. 성별에 상관없이 탁월한 인재는 항

---

* (35−29)÷35=6÷35=17퍼센트.

상 부족하다. 법률 회사는 그런 인재를 어떻게든 붙잡아 두고 싶어 한다.

여성이 법률 회사를 떠나는 가장 큰 이유는 일과 삶의 균형을 원하기 때문이다. 로스쿨과 인턴 과정을 마치고 현장에서 변호사로 몇 년 동안 일하다 보면 서서히 관심이 다른 데로 향한다. 이런 변화는 대형 법률 회사에서는 공공연한 사실이지만 공개적으로 밝히지는 않는다. 최근에 나는 맥길대학 한 여성 교수가 법률 회사 여성 변호사들을 대상으로 하는 강연을 들은 적이 있다. 그녀는 부족한 보육 시설과 '성공에 대한 남성적 정의' 때문에 여성이 일을 중단할 수밖에 없다고 말했다. 나는 강연장에 있던 여성 대부분을 알고 있었다. 그들과 함께 그 문제에 대해 오래전부터 꾸준히 논의해 왔다. 그들에게 여성 교수가 언급한 조건들은 전혀 문제가 되지 않았다. 그들은 경제적 여유가 있는 사람들이었다. 그들은 가사 도우미와 베이비시터를 고용한다. 그 밖에 가정 운영에 필요한 것들을 이미 외부에서 조달하고 있다. 성공을 결정하는 것은 시장의 판단이지, 함께 일하는 남성이 아니라는 걸 그들도 분명히 알았다. 예컨대 당신이 시간당 650달러(약 70만 원)를 받는 토론토의 일류 변호사라고 해 보자. 일본에서 어느 고객이 토요일 새벽 4시에 전화를 걸면 당신은 그 전화를 받을 것이다. 아기에게 젖을 먹인 후 다시 잠자리에 들었더라도 전화를 받을 것이다. 전화를 받지 않으면 야심만만한 뉴욕의 어느 변호사가 기꺼이 그 전화를 받을 것이기 때문이다. 성공과 실패를 결정하는 것은 시장이다.

대학 교육을 받은 남자가 줄어들면 결혼이나 연애를 원하는 여성이 상대를 구하는 데 문제가 생긴다. 여성은 경제적으로 비슷하거나 상위에 있는 남성과 결혼하려는 성향이 있다. 이런 성향은 어떤 문화권에서나 똑같다.[184] 그런데 퓨 리서치 센터 조사 결과를 보면 남성은 다르다. 그들은 지위가 동등하거나 낮은 여성과 결혼할 의향을 보인다. 다만, 남성은 나이가 어린 배우자를 선호한다. 경제 수준이 높은 여성이 경제 수준이 높은 남성을 선호하면서 중산층 공동화 현상도 증가하고 있다.[185] 미국에서 노동 가능 연령대에 속한 남성 6명 중 1명은 실업 상태다. 고임금 제조업에서 남성이 차지하는 비율이 줄어들면서 결혼은 부자들만 할 수 있는 것이 되었다. 결혼이라는 억압적인 가부장적 제도가 이제는 사치가 되어 버렸다는 점이 아이러니하다.

왜 상당수 여성이 좋은 직장을 가진 남자, 특히 자신보다 지위가 높은 남자를 배우자로 원할까? 여성이 아이를 갖게 되면 활동에 제약이 생긴다는 게 주요 원인 중 하나다. 이런저런 제약을 받는 여성에게는 자신과 아이를 부양할 능력을 지닌 사람이 필요하다. 이런 선택은 생물학적 요인에서 비롯되었지만, 무척 합리적인 대처 방식이다. 자녀를 키우는 일도 어려운데 자신이 돌봐야 할 남성을 고를 이유는 없지 않은가. 이런 관점에서 직장이 없는 남자는 바람직한 대안이 아니다. 미혼모 역시 바람직한 선택이 아니다. 아버지가 없는 가정에서 자란 아이가 가난하게 사는 비율은 일반적인 경우보다 네 배나 높다. 이 말은 그런 아이 엄마도 가난에서 벗어나기 어렵다는 뜻이다. 아버지가 없는 아이는 마약 중독과 알코올 의존증에 노출될 확률도 높다. 한쪽이 친부나 친모가 아닌 부모와 함께 사는 아이에 비하면, 친부모와 함께 사는 아이는 불안증과 우울증에 걸릴 확률이나 범죄에 연루될 가능성이 적다. 결손 가정에서 성장한 아이의 자살 비율도 약 두 배 높다.[186]

대학에서 '정치적 공정함'(성별, 인종, 민족 등에 대해 편견이 담긴 표현을 쓰지 말자는 사회 운동-옮긴이)이 강화됨으로써 문제가 더욱 심각해졌다. 학교에서 평등을 강조할수록 억압에 저항하는 목소리가 더욱 커졌고, 남성에 대한 왜곡도 심해졌다. 대학에서 가르치는 거의 모든 학문이 남성에게 적대적이다. 게다가 포스트모더니즘과 신마르크스주의 영향력이 큰 분야에서는 학생들에게 서구 문화는 백인 남자들이 만든 억압적 구조라고 가르친다. 여성과 그 밖의 집단을 지배하고 배척할 목적으로 만든 것이며, 오로지 지배와 배척을 통해 성공적 지위를 얻었다고 주장한다.[187]

가부장제에 대하여

문화는 억압적 구조로 존재한다. 예로부터 항상 그렇게 존재해 왔다. 문화는 근본적이고 보편적이며 실존적인 현실이다. 과거로부터 물려받은 것이고, 케케묵은 것이며, 때로는 의도적으로 무시하는 것이다. 지금 살아 있는 자들이 되살리거나, 고치거나, 처박아 두거나 결정해야만 한다. 문화는 우리가 사회에 적응하는 과정에서 우리를 정해진 틀에 가두고 여러 잠재적인 능력을 무용지물로 만든다. 하지만 그에 대한 보상도 크다. 우리가 사용하는 단어는 모두 조상들이 남긴 선물이다. 우리가 하는 생각은 모두 과거에 우리보다 똑똑한 누군가 이미 한 것들이다. 우리를 둘러싼 유무형의 모든 환경 역시, 특히 서구 사회의 경우에는, 조상이 남긴 선물이다. 덜 부패한 정치·경제 제도, 과학 기술, 부, 수명, 자유, 풍족한 환경, 기회 등이 여기에 해당한다. 문화는 한 손으로는 무엇인가를 빼앗지만, 조건이 맞으면 다른 손으로 더 많은 것을 준다. 문화의 억압적 요소만을 강조하는 것은 단순하고 위험하다. 문화가 비판의 대상이 되어서는 안 된다는 뜻은 아니다(지금까지 책 전체 내용에서 이런 부분이 분명하게 전달되었기를 바란다).

이번에는 억압에 대해서 생각해 보자. 어떤 서열 구조에나 승자와 패자가 있다. 승자는 서열 구조의 정당성을 옹호하고, 패자는 서열 구조의 부당함을 비판할 가능성이 크다. 그러나 공동체 내에서 특정한 목표를 집단적으로 추구할 때는 서열 구조가 형성된다. 목표가 무엇이든 잘하는 사람과 못하는 사람이 있기 때문이다. 또한 추구하는 목표는 삶의 의미를 지속적으로 확인시켜 준다. 우리는 가치 있는 목표를 성취했을 때 삶의 깊이와 흥미를 더해 주는 거의 모든 감정을 경험한다. 결과에 따라 서열화가 필연적으로 뒤따른다. 절대적인 평등을 추구하려면 가치 체계를 희생해야 하고, 그러면 삶의 목표로 삼을 만한 것이 사라질 것이다. 복잡하고 정교한 문화가 이미 많은 사람이 참여할 수 있는 수많은 게임을 만들어 놓았다는 사실에 주목하는 편이 나을 것이다. 치밀하게 구조화한 문화 덕분에 우리에게는 다양한 분야에서 자기만의 방식으로 승리할 길이 열려 있다.

문화가 남성의 창조물이라는 생각도 왜곡된 것이다. 문화는 상징적·신화적·원형적 관점에서 남성적이다. 그래서 문화가 '가부장적'이라는 주장을 쉽게 받아들인다. 그러나 문화는 남성의 창조물이 아니라 인류의 창조물로 보는 것이 더 합리적이다. 백인 남성이 현재의 문화가 형성되는 데 큰 역할을 한 것은 사실이지만, 그렇다고 문화 전체를 백인 남성의 창조물로 보는 것은 옳지 않다. 유럽 문화가 세계에서 가장 지배적인 문화라는 점을 인정하더라도 그 기간은 고작 400년 정도에 불과하다. 문화는 아주 오랜 시간에 걸쳐서 만들어진다. 아무리 적게 잡아도 최소한 수천 년이 걸린다. 진화의 시간을 고려하면 400년이라는 기간은 찰나에 불과하다. 1960년대와 페미니스트 혁명 이전에 여성이 예술·문학·과학 분야에 큰 발자국을 남긴 것은 아니지만, 여성 역시 인류 진보에 없어서는 안 될 역할을 했다. 여성은 무대 뒤에서 생산 활동에 참여했고, 남자를 낳아 길렀으며, 남자를 활용하는 역할을 맡아 왔다.

이렇게 생각해 보는 것은 어떨까? 인류 역사에서 남성과 여성은 가난과 궁핍의 공포에서 해방되기 위해 힘을 합해 싸워 왔다고 생각하는 것이다. 여성은 남성보다 신체적으로 약하고 아이를 낳아야 한다는 제약이 있어 그 투쟁 기간에 불리한 처지일 수밖에 없었다. 돌이켜 보면 20세기 전까지 남녀 모두 빈곤과 질병, 불결한 위생, 기아, 폭정, 무지에 짓눌려 살아왔다. 서구 세계에서도 대다수가 요즘 가치로 환산하자면 하루에 1달러 이하의 돈으로 살아야 했다. 여성은 월경이라는 불편한 생리 현상, 원하지 않는 임신, 출산으로 인한 사망이나 신체 변화, 자녀 양육에 대한 부담 등을 견뎌 내야 했다. 피임약 발명을 비롯해 기술 혁명 이전 대부분 사회에서 남자와 여자를 법적으로나 현실적으로 다르게 다룬 것은 여성에게 생리적으로 가해지는 추가적인 부담 때문인 듯하다. 따라서 남성이 여성을 억압했다는 가정을 당연한 말로 받아들이기 전에 적어도 이런 점들을 고려해야 하지 않을까 싶다.

내가 보기에, 이른바 가부장제 억압은 남성과 여성이 가난과 질병, 힘든 일에서 해방되기 위해 무구한 시간 동안 함께 시도한 불완전한 집단행동이었다. 인도의 평범한 용접공 아루나찰람 무루가난탐의 사례는 눈여겨볼 만하다. 무루가난탐은 아내가 더러운 걸레를 생리대로 사용하는 걸 보고 마음이 좋지 않았다. 아내는 무루가난탐에게 위생적인 생리대를 살 돈이면 온 가족이 우유를 충분히 마실 수 있다고 말했다. 그 후 무루가난탐은 이 문제를 해결하려고, 이웃들의 표현을 빌리면, 미친 사람처럼 14년을 보냈다. 어머니와 아내조차 말리지 못할 만큼 광적으로 집착했다. 그가 만든 견본 생리대를 사용해 줄 여성이 주변에 없어 돼지 피와 방광으로 시험했다. 이런 광인인 행동으로 그가 어떻게 인기와 지위를 얻었는지는 자세히 모르겠지만, 그가 발명한 값싼 생리대는 각 지역 여성 단체에서 제작해 인도 전역에 배포되고 있다. 그 생리대를 사용하는 여성들은 과거에 경험하지 못한 자유를 누리게 되었다. 고등학교를 낙제한 발명가 아루나찰람 무루가난탐은 2014년 시사 주간지《타임》의 '세계에서 가장 영향력 있는 100인' 중한 사람으로 선정되었다. 나는 값싼 생리대를 발명하려던 무루가난탐의 동기가 개인적인 이익을 위한 것이라고는 생각하지 않는다. 그의 이런 노력도 가부장제의 일환이었을까?

1847년 영국의 외과 의사 제임스 영 심프슨은 마취제 에테르를 사용하여 기형 골반을 지닌 여성의 분만에 도움을 주었다. 그 후에는 에테르 대신 효능이 더 좋은 클로로포름을 사용했다. 클로로포름의 도움을 받아 태어난 첫 아기에게 '애니스티저'(Anaesthesia : '마취'라는 뜻 — 옮긴이)라는 이름을 붙였다. 1853년쯤 클로로포름은 그 효능을 인정받아, 빅토리아 여왕이 일곱 번째 아이를 분만할 때 사용했을 정도다. 무통 분만 방법은 금세 사방으로 전해졌다.

"내가 네게 임신하는 고통을 크게 더하리니, 네가 수고하고 자식을 낳을 것이며……."

〈창세기〉3장 16절에서 하나님이 여성에게 내린 형벌에 저항하는 데 따르는 위험을 경고하는 사람이 없지는 않았다. 남성 중에도 마취를 거부하는 사람이 적지 않았다. 젊고 건강하며 용기 있는 남자라면 마취가 필요 없다는 것이었다. 하지만 이런 저항은 별다른 호응을 얻지 못했다. 마취는 급속도로 퍼져 나갔고 저명한 종교인들도 마취를 권장하고 나섰다.

최초의 실용적인 삽입용 생리대인 탬팩스(Tampax)는 1930년대에 등장했다. 미국의 정형외과 의사 얼 하스는 종이 관에 넣은 압축 솜을 질 내부에 고정하는 형태의 생리대를 발명했다. 당시 생리대의 단점을 크게 개선한 제품이었다. 1940년대 초에는 약 25퍼센트의 여성이 탬팩스를 사용했고, 30년 후에는 70퍼센트가 사용했다. 요즘 탬팩스는 흡수력이 뛰어나고 접착력이 좋아 잘 고정되어서 여성 5명 중 4명이 사용한다. 나머지는 패드 형태의 생리대를 사용한다(1970년대에 사용하던 생리대는 허리띠로 어설프게 고정하는 두꺼운 기저귀 형태였다). 무루가난탐과 심프슨과 하스는 여성을 억압했는가, 해방시켰는가? 피임약을 발명한 미국의 내분비학자 그레고리 굿윈 핑커스는 어떤가? 불편한 삶을 개선하려고 노력한 그들이 억압적인 가부장제에 이바지했다고 할 수 있을까?

　문화를 남성의 억압에서 비롯된 산물이라고만 가르치는 이유가 무엇일까? 이런 가정에 매몰되어 교육과 사회사업, 미술사와 젠더 연구, 문학과 사회학, 더 나아가 법학까지 많은 학문이 남성을 억압자로 다루고, 남성의 활동을 파괴적인 것으로 가르친다. 그 학문들은 급진적인 정치 행동을 직접 부추기고 있으며, 정치 행동을 교육과 뚜렷이 구분하지 않는다. 그 학문들의 근거가 되는 사회 규범들을 기준으로 봐도 급진적이다. 예컨대 오타와 칼턴 대학의 폴린 주잇 여성학 및 젠더학 연구소는 행동주의를 자신들에게 위임된 명령의 하나로 규정하고 있다. 또 온타리오주 킹스턴에 있는 퀸스 대학의 젠더학과는 '사회적 변혁을 위한 행동주의 이론과 방법론을 페미니스트와 인종 차별 반대자와 동성애자에게 가르친다'라고 선언하고 있다. 이 선언은 대학 교육의 주요 목적이 정치 참여라는 입장을 지지한다.

포스트모더니즘과 마르크스의 광범위한 영향력

여성학과 젠더 연구의 핵심 철학은 여러 학문에서 가져온 것이다. 특히 마르크스주의적 인문학자들에게서 큰 영향을 받았다. 그중 대표적인 학자가 1930년대 비판 이론을 주창한 독일 철학자 막스 호르크하이머다. 그의 사상을 간략히 요약하는 것은 지나친 단순화의 덫을 피할 수 없지만, 호르크하이머는 자신을 마르크스주의자로 규정했다. 호르크하이머는 개인의 자유와 자유 시장이라는 서구 사회의 원칙들이 불평등과 지배, 착취에 짓눌린 서구 사회의 진상을 가리는 가면이라고 믿었다. 그는 지적인 활동이 현상을 이해하는 데 머물러서는 안 되고 사회 변혁으로 이어져야 한다고 주장했다. 그런 활동을 통해 인류를 노예 상태에서 해방시키기를 바랐다. 호르크하이머와 그가 속해 있던 프랑크푸르트학파 동료 사상가들은 독일과 미국에서 서구 문명을 전면적으로 비판하며, 서구 문명의 변화를 목표로 삼았다.

최근에는 프랑스 철학자 자크 데리다의 영향이 두드러졌다. 데리다는 1970년대 말 유행하기 시작한 포스트모더니즘의 선도자였다. 그는 자신의 사상을 급진적 마르크스주의라고 표현했다. 마르크스는 역사와 사회를 경제로 환원하여 분석했고, 문화를 가난한 사람에 대한 부자의 억압으로 보았다. 마르크스주의가 소련과 중국, 베트남과 캄보디아 등지에서 현실 정치를 장악하면서 경제적 자원은 폭압적으로 재분배되었다. 사유 재산이 박탈되고 농촌 사람들은 공동 농장에서 강제로 일해야 했다.

그 결과는 어떻게 되었을까? 수천만 명이 죽고, 수억 명이 억압에 시달렸다. 공산주의 경제 시스템은 썩을 대로 썩어 오래 지속될 수 없었다. 세상은 양쪽으로 갈라져 지루하고 위험한 냉전에 돌입했다. 공산주의 사회에 속한 시민들은 거짓말에 속아 가족을 배신하고 이웃을 밀고했다. 그래서 비참하게 살면서도 어떤 비판도 함부로 할 수 없었다.

이상주의적 지식인들은 마르크스 사상에 매료되었다. 크메르 루주

(Khmer Rouge : 1968년 설립된 캄보디아 공산당의 무장 군사 조직. 1975년부터 4년간 캄보디아 정권을 잡아 '킬링 필드'라는 이름이 붙은 집단 학살을 자행했다. 베트남과의 전쟁에서 1979년 정권을 잃고 이후 반군 세력으로 남아 있다가 1999년 완전히 와해되었다―옮긴이)의 공포 정치를 설계한 주역 중 하나인 키우 삼판은 프랑스 소르본 대학에서 수학·경제학 박사 학위를 받은 뒤 캄보디아로 돌아와 1970년대 중반 행정부 수반이 되었다. 그는 1959년 발표한 박사 학위 논문에서 캄보디아 도시에 거주하는 비농민들의 활동은 비생산적이라고 주장했다. 은행가와 관료, 기업가의 활동이 사회에 아무런 보탬이 되지 않는다는 주장이었다. 농업과 소기업, 수공업만이 진정한 가치를 생산하며 도시민은 여기에 기생하는 존재라고 생각했다. 프랑스 지식인들은 키우 삼판의 생각을 우호적으로 평가하며 박사 학위를 수여했다. 캄보디아로 돌아온 그는 자신의 이론을 실행에 옮길 기회를 얻었다. 크메르 루주는 캄보디아 도시에 살던 주민들을 농촌으로 이주시켰다. 은행이 문을 닫고, 화폐 사용이 금지되었으며, 모든 시장이 폐쇄되었다. 캄보디아 국민 4분의 1이 농촌에서 일하다 죽음을 맞았다. 그야말로 캄보디아 전역이 '킬링 필드(killing field)'로 바뀌었다.

잊지 않기 위하여 : 이념에는 결과가 따른다

제1차 세계 대전 이후 공산주의자들이 소련을 세웠을 때, 사람들은 소련의 새로운 지도자들이 이상향으로 제시한 집산주의의 꿈을 실현할 수 있다고 믿었다. 그도 그럴 것이 19세기 말의 부패한 사회 질서가 결국 제1차 세계 대전의 참호전과 대량 학살로 이어졌기 때문이다. 빈부 격차가 극단적으로 심해지고, 대부분의 사람은 오웰이 묘사한 것보다 더 참혹한 환경에서 노예처럼 일했다. 러시아 혁명 이후 레닌이 쏟아 낸 공포 발언이 서구 사회에 전해졌지만, 먼발치에서 레닌의 행동을 평가하기에는 한계가 있었다. 당시 러시아는 군주제 이후 혼돈에 빠진 상태였으나 산업은 광범위하게 발전했다. 얼마 전까지 농노이던 사람들에게 재산이 재분배되었다. 사람들이 희망을 품을 만한 소식이었다. 1936년 스페인 내란이 일어나자, 소련과 멕시코는 민주 공화주의자들을 지원했다. 민주 공화주의자들은 겨우 5년 전 세워져 허술하기 그지없는 민주주의 정권을 전복하고, 독일 나치당과 이탈리아 파시스트당의 지원을 받은 민족주의자들에 맞서 싸웠다.

미국과 영국 등 중립을 선언한 국가의 인텔리겐치아(지식 노동에 종사한 사회 계급 혹은 계층-옮긴이)는 크게 실망했다. 수많은 외국인이 국제 여단(International Brigades)의 일원으로 민주 공화주의자 편에서 싸우려고 스페인으로 몰려들었다. 오웰도 그들 중 한 사람이었다. 헤밍웨이는 기자 신분으로 스페인에서 활동하며 공화주의자들을 지원했다. 정치적 사건에 관심이 많던 미국과 캐나다, 영국의 청년들은 말보다 행동으로 신념을 증명해야 한다는 도덕적 의무를 느낀 것이다.

이 때문에 소련에서 거의 동시에 일어난 사건들은 별다른 주목을 받지 못했다. 1930년대 대공황 기간에 소련의 스탈린주의자들은 '쿨라크(kulak)', 즉 러시아 부농들을 시베리아로 강제 이주시켰다. 공산주의자 관점에서 보면, 쿨라크는 주변 사람들을 약탈해 부를 축적한 집단이라서 그런 파국적 운명을 맞는 게 당연했다. 부는 억압을 뜻하고, 사유 재산은 도적질을 뜻했다. 공평한 분배가 이루어져야 할 때가 온 것이었다. 3만 명 이상의 쿨라크가 재판 없이 총살당하고, 더 많은 수의 쿨라크가 원한에 사무친 이웃에게 죽임을 당했다. 시기심과 원한에 사로잡힌 사람들은 공산주의 집단화라는 고결한 이상을 앞세워 쿨라크들을 무자비하게 죽였다.

쿨라크는 '인민의 적'이었다. 더러운 거품, 해충, 쓰레기, 탐욕스러운 돼지였다. 당과 소비에트 집행 위원회의 동원령에 따라 도시민들을 시골로 강제 이주시킨 한 간부는 "우리는 쿨라크로 비누로 만들 것이다"라고 주장하기도 했다. 쿨라크는 발가벗긴 채 길거리로 내몰리고, 두들겨 맞아 가며 자신의 무덤을 팠다. 여자들은 성폭행을 당했다. 그들의 재산은 '회수'되었다. 그들이 살던 집에서 서까래와 천장 들보가 뜯겨 나가고, 모든 것을 도난당했다. 많은 곳에서 쿨라크가 아닌 농민들이 저항했다. 특히 여성들은 박해받는 가족들을 지키려고 온몸을 던졌다. 그러나 그런 저항은 헛된 몸부림에 불과했다. 죽지 않은 쿨라크는 주로 한밤중에 시베리아로 추방되었다. 기차는 지독히 추운 2월에 출발했다. 황량한 타이가(시베리아에 발달한 침엽수림─옮긴이)의 주거 환경은 처참했다. 많은 사람, 특히 어린아이들이 장티푸스와 홍역, 성홍열로 목숨을 잃었다.

'기생적'인 쿨라크는 대체로 가장 유능하고 근면한 농부였다. 어떤 분야에서든 소수가 생산의 대부분을 책임진다. 농업도 다르지 않다는 게 입증되었다. 소련 농업 생산량이 곤두박질쳤다. 입에 풀칠하기에도 부족한 생산량이었지만 그마저도 강제로 수거되어 도시로 옮겨졌다. 시골 사람들은 처형의 위험을 무릅쓰고 추수가 끝난 들판에 나가 굶주린 가족을 위해 바닥에 떨어진 이삭을 주웠다. 1930년대에 소련의 곡창 지대인 우크라이나에서만 600만 명이 아사했다. 하지만 소련 체제를 선전하는 포스터에는 "자기 자식만을 먹이는 행위는 야만적 행위다"라고 쓰여 있었다.

이런 잔혹 행위에 관한 소문에도 불구하고 서구 지식인들은 여전히 공산주의에 대해 호의적이었다. 그 와중에 더 큰 사건이 터졌다. 제2차 세계 대전이 일어나고, 소련은 히틀러, 무솔리니, 히로히토에 맞서 서구 국가들과 손을 잡았다. 하지만 눈을 부릅뜨고 소련 공산주의의 만행을 감시하는 사람들이 있었다. 영국 언론인 맬컴 머거리지는 1933년 초 《맨체스터 가디언》에 소련의 소농민 몰락을 다룬 연속 기사를 발표했다. 오웰은 스탈린 치하에서 어떤 일이 벌어지고 있는지 정확히 알고 그 사실을 세상에 널리 알렸다. 1945년 그는 소련을 풍자하는 소설 《동물 농장》을 발표했다. 소설 출간을 막으려는 엄청난 방해 공작을 이겨 내야 했다. 하지만 소련의 잔혹함을 신랄하게 비판해야 할 많은 지식인이 의도적으로 눈과 귀를 막았다. 특히 프랑스가 그랬다. 프랑스 지식인들은 소련에 대한 비판을 금기시하다시피 했다.

20세기 중반 프랑스에서 가장 유명하던 철학자 사르트르는 정식 당원은 아니지만 공산주의자였다. 1956년 소련이 헝가리를 침공했을 때 소련을 맹렬히 비난했으나 여전히 마르크스주의를 옹호했다. 소련이 '프라하의 봄'이라고 하는 체코슬로바키아의 민주화 운동을 무자비하게 탄압한 1968년에야 소련과 최종적으로 절교를 선언했다.

그로부터 오랜 시간이 지나지 않아 알렉산드르 솔제니친의 《수용소 군도》가 출간되었다. 앞에서도 자세히 살펴봤지만 이 책은 공산주의의 도덕적 신뢰성을 철저하게 무너뜨렸다. 서구 사회에 먼저 전해지고, 곧 소련에까지 퍼졌다. 책은 지하에서 암암리에 유통되어 구하기가 어려웠다. 러시아인들은 그 희귀한 책을 손에 넣으면 밤을 새워 읽고 다음 사람에게 넘겨주었다. '자유 라디오'(소련 붕괴 이전에 뮌헨에 본부를 두고 소련의 잔혹 행위를 고발하던 방송국—옮긴이)는 러시아어로 그 책을 읽어 주는 방송을 내보냈다.

솔제니친의 주장에 따르면, 소비에트 체제는 폭압과 강제 노동 없이 존속할 수 없었다. 소비에트 체제의 씨앗은 레닌 시대에 과도하게 뿌려졌다. 레닌이 죽고 오랜 시간이 지난 후에도 서구 공산주의자들은 여전히 그를 옹호했다. 소비에트 체제는 개인과 기관의 끝없는 거짓말로 지탱되었다. 따라서 소비에트 체제 지지자들이 집요하게 주장하는 것처럼 소비에트 체제의 죄악이 단순히 개인숭배에 원인이 있던 것은 아니다. 솔제니친은 소비에트 체제의 정치범에 대한 광범위한 학대, 부패한 사법 제도, 대량 학살을 상세히 기록했고, 그런 잔혹함이 일시적인 일탈이 아니라 공산주의 철학의 근원적인 모습이라는 사실을 처절할 정도로 자세히 고발했다. 《수용소 군도》가 발간된 후로는 누구도 공산주의를 옹호할 수 없었다. 심지어 공산주의자조차도.

그런데도 마르크스주의가 지식인, 특히 프랑스 지식인을 사로잡은 매력이 완전히 사라지지는 않았다. 그 매력이 바뀌었을 뿐이다. 적잖은 지식인이 공산주의의 실상을 있는 그대로 받아들이지 않았다. 사르트르는 솔제니친을 '위험 분자'라고 비난했다. 데리다는 돈이란 개념을 권력이란 개념으로 교묘하게 바꾸며 자기도취에서 빠져나오지 않았다. 서구 지식인 사회에서 정점을 차지하며 좀처럼 뉘우치지 않던 마르크스주의자들은 이런 언어적 속임수로 자기의 세계관을 고집스럽게 유지했다. 사회는 더 이상 부자가 가난한 사람을 억압하는 곳이 아니었다. 힘을 가진 소수가 모든 시민을 억압하는 곳이었다.

데리다의 주장에 따르면, 계급 구조에는 그 구조의 혜택을 누리는 수혜자만 포함되고 나머지 사람들, 즉 억압받는 사람들은 배척된다. 그의 다른 주장들에 비하면 이 주장도 그다지 급진적으로 여겨지지 않는다. 예컨대 데리다는 분열과 억압이 언어로 고착화한다고 주장했다. 세계를 단순화하고 이용하기 위해 편의적으로 사용하는 범주로 고착화한다는 것이다. '여성'은 남성이 여성을 배제할 때 이익을 얻는 대상으로만 존재한다고 주장했고, '수컷과 암컷'은 다양한 무리로 이루어진 집단에서 구성원들이 생물학적 성별이 불분명한 소수를 배제할 때 이익을 얻는 대상으로만 존재한다고도 주장했다. 또 과학은 과학자에게만 이익이고, 정치는 정치인에게만 이익이라고도 주장했다. 데리다 관점에서, 계급 구조는 배제해야 할 사람들이, 그들을 억압할 때 이익을 얻기 때문에 존재하는 것이다. 이렇게 부당하게 이익을 얻은 수혜자들은 나날이 번창한다.

데리다는 '텍스트 바깥에는 아무것도 없다(There is nothing outside the text)'로 번역되는 'Il n'y a pas de hors-texte'라는 유명한 말을 남겼다(훗날 그는 이런 말을 한 적이 없다고 밝혔다). 데리다의 지지자들은 이 번역이 잘못되었다며 '바깥 텍스트는 없다(There is no outside-text)'가 되어야 한다고 주장한다. 어느 쪽으로 번역하더라도 '모든 것이 해석이다'라는 뜻과 크게 다르지 않다. 그래서 데리다의 저서 자체가 해석에 따라 달라지는 듯하다.

엄격히 말하면 이런 포스트모더니즘 철학에는 허무주의적이고 해체적인 속성이 있다. 포스트모더니즘은 범주화라는 행위 자체를 의심한다. 오로지 권력 관계만으로 현상을 이해하려고 한다. 다른 기준으로 사물을 구분할 수 있다는 생각을 부정한다. 그렇다면 남성과 여성의 생물학적 차이는 어떻게 설명할 것인가? 남녀 차이가 생물학적 요인의 영향을 크게 받는다는 사실을 증명하는 여러 분야의 수많은 과학적 문헌이 있음에도 불구하고, 데리다를 비롯해 포스트모더니즘 마르크스주의자들은 과학이 과학계 정점에 있는 사람들에게만 이익을 주는 또 하나의 권력 게임에 불과하다고 주장한다. 사실은 없고 해석만 있다. 계급적 위치와 명성은 능력과 역량의 결과가 아니던가? 이때의 기술과 역량은 그것에서 이익을 얻는 사람들에 의해서 결정된다. 이를 통해 다른 사람들을 배제하고, 이기적으로 이익을 챙긴다.

데리다의 주장이 맞는 부분도 있다. 그래서 호응을 얻고 퍼져 나갔을 것이다. 권력은 인간을 행동하게 만드는 여러 요인의 하나다. 사람은 위로 올라가기 위해 경쟁하고, 서열 구조에서 현재의 위치에 신경을 쓴다. 그러나 권력이 인간을 움직이게 하는 유일한 요인, 혹은 가장 중요한 요인은 아니다. 한편, 우리는 모든 것을 알 수 없기에, 모든 관찰과 발언은 무엇을 고려하고 무엇을 포기하느냐에 달라진다(이 점에 대해서 법칙 10에서 폭넓게 다루었다). 그렇다고 '모든 것은 해석에 불과하다'라는 주장이나, '범주화는 단지 배척일 뿐'이라는 주장이 정당화되는 것은 아니다. 단 하나의 인과 관계로 모든 것을 해석할 수는 없다. 그런 해석을 제시하는 사람을 경계해야 한다.

눈앞에 드넓게 펼쳐진 땅이 여행자에게 어떻게 여행해야 하는지 말해 주지 않는 것처럼, 사실도 그것이 왜 사실인지 스스로 이유를 밝히지 않는다. 아주 단순해 보이는 현상이라도, 그것을 인식하고 상호 작용하는 방법은 무수히 많다. 그렇다고 모든 해석이 모두 유효하지는 않다. 어떤 해석은 당신에게 피해를 주고, 어떤 해석은 당신을 사회와 충돌하도록 유도한다. 오랫동안 지속되지 못하는 해석도 있고, 우리를 원하는 곳으로 인도해 주지 못하는 해석도 있다. 우리가 다른 사람들과 조화롭게 협력하고 생산적으로 경쟁할 때 드러나는 해석도 있다. 우리가 좋지 않은 전략을 포기할 때 드러나는 해석도 많다. 해석의 수는 거의 무한에 가깝고, 이 말은 곧 문제 역시 무한에 가깝다는 말이다. 그러나 유효한 해결책은 무척 제한적이다. 해결책도 무한에 가깝게 있다면 삶이 훨씬 수월해졌겠지만 현실은 그렇지 않다.

몇몇 분야에서는 나도 그들의 문제의식에 동의한다. 예를 들어 불평등한 분배가 사회의 안정을 위협한다고 생각하며, 그에 대한 증거도 충분하다고 생각한다. 그렇다고 그 문제에 대한 완벽한 해법이 있다는 뜻은 아니다. 부작용 없이 부를 재분배하는 방법은 아무도 모른다. 서구 사회가 지금까지 여러 방법을 시도해 보았다. 스웨덴은 평등 정책을 가장 강력하게 시행하고 있다. 미국은 정반대 길을 걷는다. 자본주의에 대한 제약을 최소화하면 부가 새롭게 창조되어 사회 전체가 더 부유해진다고 가정한다. 이런 시도의 결과를 일률적으로 받아들이기는 힘들다. 국가마다 역사와 지리적 조건, 인구 규모와 종족의 다양성 등 처한 상황이 다르기에 직접적인 비교는 거의 불가능하다. 그러나 유토피아적 평등이란 이름으로 재분배를 강제하는 것은 바람직한 해결책이 아니라는 점만은 분명하다.

대학이 점점 사기업으로 변해 가는 현상도 큰 문제라고 생각한다. 나는 경영학을 가짜 학문이라 여기며, 정부가 때로는 정의의 수호자 역할을 맡아 필요한 규칙을 정하고 집행하는 심판자가 되어야 한다고도 생각한다. 하지만 우리 사회가 기존 문화의 파괴를 목표로 교육자와 기관에 공공 기금을 지원해야 한다고는 생각하지 않는다. 물론 이런 사람이나 기관도 자기 의견을 개진하고, 합법적인 범위 내에서 행동할 권리가 있다. 하지만 공공 기금을 지원받을 만한 합리적 권리는 없다.

급진적인 학문은 오류가 많은 이론과 방법론을 근거로 내세우며 집단적 정치 행동이 도덕적 의무라고 주장한다. 이것도 문제지만 더 심각한 문제는 따로 있다. 그런 학문의 핵심적인 주장들, 예컨대 '서구 사회는 병적으로 가부장적이다', '여성을 억압한 것은 남성이지 천성이 아니라는 게 역사의 교훈이다', '모든 계급 구조는 권력에 근거하고 배척을 목표로 한다'라는 주장들을 뒷받침하는 구체적인 증거가 전혀 없다는 사실이다. 계급이 존재하는 이유는 많다. 타당한 이유도 있고 터무니없는 이유도 있지만, 진화론적으로 말하면 계급은 아득히 먼 옛날부터 존재했다. 갑각류도 수컷이 암컷을 억압하는가? 갑각류 계급도 위아래가 뒤집혀야 하는가?

건강하게 돌아가는 사회에서는 '능력'이 사회적 지위를 결정하는 기본 요인이다. 지위를 결정하는 것은 능력과 역량과 실력이지, '힘'이 아니다. 개인적인 경험으로도 확인되고, 보편적인 현상에서도 확인되는 사실이다. 뇌종양에 걸려 수술을 받아야 할 사람이 공정성을 지켜야 한다며 최고의 실력을 지닌 외과 의사를 연봉이 많다는 이유로 거부하겠는가? 서구 사회에서 성공 가능성을 가장 정확하게 예측하는 지표는 지능과 성실성이다. 지능은 인지 능력이나 지능 검사로 측정되는 것이고, 성실성은 근면함과 유순함으로 대표되는 성격 특성이다.[188] 물론 예외는 있다. 성공한 기업가나 예술가 중에는 성실성보다 개방성이 두드러지는 경우도 있다.[189] 개방성도 성실성이나 지능 못지않게 중요한 자질이다. 그러나 개방성은 언어 지능과 창의력과도 관계가 있어 상관관계가 전혀 없는 예외라고는 할 수 없다. 엄격한 사회 과학적 기준에 따라 여러 분야에서 조사가 진행되었는데 이런 성격 특성의 예측 정확성은 매우 높다. 성격 검사와 인지 검사를 활용하면, 평균보다 유능한 사람을 고용할 확률이 50퍼센트에서 85퍼센트로 올라간다. 사회 과학적 연구 결과로 분명히 확인되는 사실이다(사회 과학은 냉소적인 평론가들이 평가하는 것보다 엄정하고 실질적인 학문이고, 따라서 이런 연구 결과의 의미는 가볍지 않다). 따라서 편향된 주장을 가르치는 것은 사실과 다른 것을 세뇌하는 것이다. 우리는 아이들에게 지구가 평평하다고 가르치지 않는다. 남성과 여성의 본성이나 계급의 속성에 대해서 객관적으로 입증되지 않은 이데올로기적 이론을 가르쳐서도 안 된다.

과학이 권력의 역학 관계에 따라 왜곡될 수 있다는 지적은 타당하다. 그런 왜곡을 경계해야 한다. 과학적 증거도 과학자를 포함해 힘을 지닌 사람이 결정하는 경우가 많다. 과학자도 인간이다. 인간도 바닷가재만큼 힘과 권력을 좋아한다. 과학이나 해체주의가 권력만 추구한다는 뜻은 아니지만, 권력을 비판하는 해체주의자들도 자신의 견해가 널리 알려지는 걸 좋아하고, 자신들이 속한 분야에서 꼭대기에 앉으려고 노력한다. 그런데 왜 그런 주장을 고집할까? 왜 모든 것을 힘의 관점에서만 해석하려고 할까? 힘만이 모든 것을 결정한다고 해야 그들이 힘을 사용하는 것도 정당화되기 때문은 아닐까? 그들은 외적인 증거나 방법론, 논리, 일관성에 대한 필요성을 막무가내로 사용한다. '텍스트 밖의 것'이라는 개념도 제약 없이 사용한다. 그런 무소불위 도구를 사용해 의견을 말하고, 힘을 얻는다. 그리고 의견의 확실성을 주장하기 위해 그 힘을 사용한다. 남성과 여성의 차이는 모두 사회적으로 구축된 것이란 포스트모더니즘의 몰상식한 주장도, 그 주장에 담긴 도덕적 명령을 파악하면 충분히 이해되는 정상적인 주장으로 변한다. 그 주장은 결국 '모든 결과가 공정해질 때까지 사회를 변화시켜야 하고 편견을 제거해야 한다'라는 도덕적 명령을 말하는 것이다. 그러나 그런 주장은 '모든 결과가 공정해지면 좋겠다'라는 바람에서 비롯된 것이지, '사회 변화와 편견의 제거가 정의롭다'라는 믿음에 근거한 것은 아니다. 결과의 불평등은 모든 악의 근원이기 때문에 결과의 불평등이 없어져야 마땅하다고 생각하는 것이다. 따라서 남성과 여성의 차이도 사회적으로 구축된 것이어야만 한다. 그래야 제거할 수 있기 때문이다. 그렇지 않으면 평등에 대한 열망은 지나치게 급진적인 것이 되고, 평등주의는 지나치게 선동적인 구호가 되어 버린다. 따라서 논리의 순서를 뒤집으면 평등 이데올로기를 감출 수 있다. 이런 진술이 곧장 이데올로기의 내적인 모순으로 이어진다는 사실은 결코 언급하지 않는다. 예를 들어, 남녀의 차이는 사회적으로 구축된 것이라고 하면서, 성전환 수술을 원하는 사람은 여성의 몸에 갇힌 남성, 혹은 남성의 몸에 갇힌 여성이라고 인정한다. '사회적 성별과 생물학적 성별이 논리적으로 동시에 진실일 수 없다는 사실'은 무시하거나 과학과 논리는 억압적인 가부장 시스템의 일부일 뿐이라며 합리화한다.

모든 결과가 평등할 수 없다는 것은 자명하다. 결과의 평등을 주장하려면 무엇보다 먼저 결과를 정확하게 측정하고 평가하는 작업이 필요하다. 동일한 지위에 있는 사람들의 임금을 비교하는 건 어렵지 않다. 하지만 이마저도 시기에 따른 노동 수요의 변화, 고용 시기 등의 변수를 고려하면 문제가 복잡해진다. 그뿐 아니라 재직 기간, 승진 비율, 사회적 영향 등 임금 비교에서 고려해야 할 주요 요인은 매우 많다. '동일 노동 동일 임금'이라는 원칙을 현실에 적용하면 임금 비교가 더 복잡해진다.

'어떤 노동이 동일하다는 걸 누가 결정하는가?'

누구도 명확히 대답할 수 없는 질문이다. 시장이 존재하는 이유가 그 때문이다. '여성도 남성과 동일한 임금을 받아야 한다'라는 주장을 수용한다고 해 보자. 그렇다면 흑인 여성도 백인 여성과 동일한 임금을 받아야 한다. 맞는 말이다. 그렇다면 임금은 인종의 여러 변수에 따라서도 조절되어야 하는가? 어느 수준까지 맞춰야 할까? 그런데 인종을 구분하는 범주는 과연 '실질적'인 것인가?

미국 국립 보건원에서 인종을 어떻게 구분하는지 살펴보자. 국립 보건원은 아메리칸 인디언, 알래스카 원주민, 아시아인, 흑인, 히스패닉, 하와

이와 태평양 섬 원주민, 백인으로 인종을 구분한다. 그런데 아메리칸 인디언만 해도 부족이 오백 개가 넘는다. '아메리칸 인디언'은 어떤 기준으로 같은 범주에 있다고 여기는 것일까? 아메리칸 인디언의 한 종족인 오세이지족은 연평균 소득이 3만 달러지만, 토호노 오툼족의 연평균 소득은 1만 1000달러에 불과하다. 이런 차이에도 불구하고 백인의 연평균 소득에 미치지 못해서 두 부족은 똑같이 억압받는 것일까?

'집단 정체성(group identity)은 개개인의 단계까지 분해될 수 있다.'

몇 번이고 강조하고 싶을 만큼 중요한 말이다. 모든 개인은 고유한 존재다. 사소한 차이가 아니다. 모든 영역에서 완전히 다르고, 이런 다름은 무시할 수 없는 의미를 지니고 있다. 집단 정체성은 이런 다양성을 정확히 포착해 낼 수 없다.

포스트모더니즘 마르크스주의자들은 이런 복잡성을 제대로 논의한 적이 없다. 그들의 이데올로기적 접근법은 특정 주장을 북극성처럼 고정시켜 두고, 모든 것을 그 주장을 중심으로 회전하게 짜 맞춘다. 남성과 여성의 모든 차이가 사회화의 산물이라는 주장은 어떤 면에서 옳다는 게 증명되지도 않고, 틀렸다는 게 증명되지도 않는다. 문화는 집단과 개인에게 영향을 미칠 수 있어 얼마든지 실질적인 변화를 일으킬 수 있기 때문이다. 서로 다른 가정에 입양된 일란성 쌍둥이를 연구한 결과에 따르면, 문화적 요인의 영향으로 지능 지수도 달라진다. 소득 수준이 3 표준 편차 증가할 때 지능 지수는 15포인트(혹은 1 표준 편차) 상승하는 것으로 나타났다.[190] 15포인트는 고등학생 평균 지능과 대학생 평균 지능의 차이에 해당한다.[191] 일란성 쌍둥이라도 태어나자마자 헤어져서 한 사람은 하위 15퍼센트의 가난한 가정에서 성장하고, 한 사람은 상위 5퍼센트의 부유한 가정에서 성장하면 지능 지수가

— 법칙 11

15포인트만큼 차이가 날 수 있다는 뜻이다. 최근에는 교육 수준에 따라 비슷한 결과가 나온다는 것도 입증되었다.[192] 하지만 소득 수준과 교육이 구체적으로 어떤 영향을 미치는지에 대해서는 아직 확인된 바가 없다.

이런 연구 결과를 미루어 볼 때 남녀의 선천적인 차이를 의도적으로 최소화할 수 있다고 추정할 수 있다. 그렇다고 후천적으로 성별을 선택할 수는 없다. 평등 이데올로기에서도 그런 선택은 존재할 여지가 없다. 남자와 여자가 성별을 자유롭게 선택해서 자발적으로 행동해도 평등한 결과는 나오지 않을 것이기 때문이다. 그러면 그들은 그런 선택 자체가 문화적 편견에 의한 것이라고 주장할 것이다. 그들이 보기에 남녀의 차이가 존재하는 곳에서는 모두가 억압과 세뇌의 피해자다. 그래서 그 차이를 바로잡아야 하는 도덕적 의무를 짊어져야 한다. 예를 들어 양성평등을 강조하는 스칸디나비아 남성이 양육에 관심이 많지 않다면 양육에 대해 교육을 시킬 것이다. 그런 식의 논리라면 공학에 관심이 없는 스칸디나비아 여성은 공학 교육을 받아야 한다.[193] 이런 식의 접근이 과연 바람직할까? 그 한계는 어디에 두어야 할까? 역사적으로 이런 식의 접근이 합리적인 한계점을 넘어서 비극으로 이어지는 경우도 많았다. 마오쩌둥의 무자비한 문화 혁명이 대표적인 예다.

소녀처럼 자라는 소년들

'남자아이들이 여자아이들처럼 사회화하면 세상이 더욱 나아질 것'이라는 주장은 어느덧 사회 구성주의 이론(social constructionism)의 핵심 원리의 하나가 되었다. 이런 이론은 두 가정을 전제로 한다. 첫째, 인간의 공격성은 학습되는 행동이라는 가정이다. 둘째, 특정한 사례를 거론하며 '남자아이들도 전통적으로 여자아이들이 사회화한 방식을 통해 온유함과 감수성, 보살핌과 배려, 협력과 미학적 감각 등 사회적으로 긍정적인 자질을 길러 주어야 한다'라고 가정한다. 이런 이론을 주장하는 사상가들은 '남성이 전통적으로 여성에게 권장되던 행동 기준을 그대로 받아들여야 공격성이 줄어들 것'이라고 생각하는 듯하다.[194]

이런 생각은 잘못된 게 하나둘이 아니어서 어디부터 바로잡아야 할지 모를 지경이다. 우선, 공격성이 학습된다는 생각은 잘못된 것이다. 공격성은 선천적으로 존재하는 것이다. 방어적 공격성과 약탈적 공격성은 생물학적 회로에 이미 잠재되어 있다.[195] 이는 기본적인 생물학적 조건이다. 피질이 완전히 제거된 동물들에게도 공격성은 남아 있다. 대뇌 피질은 뇌에서 가장 큰 영역을 차지하고 있으며, 가장 최근에 진화한 부분이다. 이런 사실은 공격성이 뇌의 가장 기본적인 부분에서 담당하는 생득적 특성이라는 점을 암시한다. 공격성은 배고픔과 목마름, 성욕과 같은 기본적인 생리적 기능과 함께 뇌 가장 깊숙한 곳에 자리 잡고 있는 것이다.

이 이론을 뒷받침하듯이 세 살배기 남자아이 가운데 일부(약 5퍼센트)는 상당히 공격적인 기질을 타고난다. 그 아이들은 다른 아이들을 발로 차고 깨물고 때리며, 장난감을 빼앗는다. 하지만 이런 아이들도 대부분 네 살쯤 되면 사회화한다.[196] 하지만 여자아이처럼 행동하라고 배워서 변하는 것은 아니다. 오히려 남자아이들은 그들만의 방식으로 공격적인 성향을 세련된 행동 방식으로 통합하는 방법을 배운다. 공격성은 남보다 뛰어나고 경쟁력을 발휘하며 승리하려는 욕망의 바탕이 된다. 더 나아가 명예욕이나 도덕성의 기저를 이루기도 한다. 결단력 역시 공격성의 친사회적인 모습이다. 유아기가 끝날 즈음에도 공격적인 기질을 세련되게 다듬지 못한 아이는 주변에서 환영받지 못한다. 나이가 들면 그런 공격적 성향이 사회적으로 도움이 되지 않는다. 게다가 또래들에게 배척될 확률이 높아서 사회화 기회가 더욱 줄어들고, 결국에는 외톨이로 남게 된다. 또 그들이 성장하면 반사회적 행동을 할 가능성이 크다. 그렇다고 공격적 성향이 아무런 효용성이나 가치가 없다는 뜻은 아니다. 적어도 자신과 가족을 지키는 데는 공격적 성향이 필요하다.

지나친 연민의 문제점

나에게 심리 상담을 받은 여성 내담자의 대다수는 충분히 공격적이지 않기 때문에 직장과 가정에서 곤란을 겪는다. 이런 내담자들에게는 원만성(연민과 공손함)과 신경증(불안증과 감정적 고통)이란 여성적 특성이 뚜렷하게 나타난다. 이럴 때 인지 행동 치료에서 자주 쓰는 치료법은 '적극적인 주장 훈련(assertiveness training)'이다.[197] 공격적이지 않은 여성(드물게 남성도 있다)은 다른 사람에게 휘둘릴 가능성이 크다. 이들은 대체로 순진하고, 주변 사람들을 마치 곤경에 처한 어린아이처럼 대하는 경향이 있다. 협력이 모든 사회적 관계의 기초라고 생각하며 갈등을 피하려고 애쓴다. 인간관계 및 직장에서 문제에 정면으로 맞서는 걸 피한다. 따라서 항상 다른 사람을 위해 희생하는 편이다. 희생은 사회적으로 가치 있는 행동으로 여겨지지만, 이런 성향의 사람들에게는 역효과를 낳는 일이 많다. 지나치게 상냥한 사람은 다른 사람을 위해 노력하는 정도가 과해서 자기 권리를 제대로 지키지 못한다. 다른 사람도 자기처럼 생각하리라 가정하고, 자기 배려가 당연히 보답받을 것이라 기대한다. 기대한 보답을 못 받아도 아무 말도 하지 않는다. 인정해 달라는 요구도 하지 않아서 제대로 인정받는 경우도 드물다. 이런 성격은 항상 억압된 상태에 있고, 원한이 쌓여서 어두운 면이 느닷없이 나타나는 경우가 많다.

나는 지나치게 상냥한 사람들에게 원한 감정에 주목하라고 이야기한다. 원한은 유해하지만 무척 중요한 감정이다. 원한이 형성되는 이유는 두 종류밖에 없다. 하나는 의도적이든 그렇지 않든 이용당한 경우이고, 다른 하나는 책임을 회피하고 성장을 거부하는 경우다. 만약 당신 마음에 원한이 쌓이면 그 이유를 찾아보라. 당신이 신뢰하는 사람과 그 문제에 대해 상의하는 것도 좋은 방법이다. 누군가에게 부당하게 푸대접을 받은 기분인가? 당신 잘잘못을 가감 없이 따져 본 후에도 당신이 부당한 대우를 받을 이유가 없다고 확신한다면, 누군가 당신을 이용하고 있는 게 분명하다. 그럴 때는 당신의 입장을 강력하게 주장해야 한다. 그것이 자기를 지키기 위한 도덕적 의무다. 상관이나 배우자, 자녀나 부모에게도 맞서야 할 때는 정면으로 맞서야 한다. 누군가를 비판해야 할 때는 잘못된 행위에 대한 세 개 이상의 증거를 찾아서 스스로 비판의 정당성을 입증하는 게 좋다. 이렇게 하면 상대가 당신의 주장에 반박하더라도 논리적으로 재반박할 수 있다. 즉석에서 네 개 이상의 변명거리를 생각해 낼 사람은 거의 없다. 당신이 흔들리지 않으면 상대는 화를 내거나 소리치거나 도망칠 것이다. 아니면 눈물을 흘릴 수도 있다. 눈물은 비판받는 사람에게 유용한 반응이다. 비판하는 사람에게 마음의 부담을 주고 죄책감을 유발할 수 있다. 화가 나서 눈물이 흐르는 경우도 있다. 이럴 때는 대부분 얼굴이 붉어진다. 상대방에게서 이네 개의 반응이 나왔음에도 당신이 주장을 굽히지 않고 완강히 버틴다면, 상대방의 관심을 끄는 데 성공한 것이다. 그러면 더는 당신을 만만하게 보지 않을 것이다. 이런 것이 진정한 충돌이다. 유쾌하지도 편하지도 않은 상황을 감수해야 한다.

이런 상황에서 원하는 게 무엇인지 정확히 파악하고, 원하는 것을 명확히 표현할 준비를 해 두어야 한다. 상대방에게 과거에 한 일, 지금 하는 일을 구구절절 늘어놓기보다는 원하는 것을 정확히 전달하는 게 낫다. '그들이 나를 사랑한다면 무엇을 해야 하는지 알 거야'라고 생각할 수 있는데, 이런 생각은 원한의 목소리다. 상대방에게 악의를 품기 전 상대방의 무지함을 탓하라. 누구도 당신이 무엇을 원하고, 당신에게 무엇이 필요한지 정확하게 알 수 없다. 어쩌면 당신 자신도 잘 모를 수 있다. 당신이 원하는 게 정확히 무엇인지 찾아보라. 생각보다 쉽지 않음을 깨달을 것이다. 상대방은 당신에 대해서 더 모른다. 따라서 당신이 원하는 것들을 정리한 다음 그들에게 요구하는 게 낫다. 가능하면 작고 합리적인 것부터 부탁하라. 다만, 당신이 충분히 만족을 느낄 만한 것이어야 한다. 해결책에 초점을 두어야 효과적인 대화를 진행할 수 있다.

상냥하고 유순한 사람들은 갈등을 싫어하고, 다른 사람들에 대한 분노와 원망을 삭인다. 그들은 과도하게 희생하고, 그에 대한 보상이 없는 이유를 이해하지 못한다. 또 유순하고 고분고분하고 독립적이지 못하다. 제안하고 타협하는 사람에게 쉽게 동조하며, 자기 생각을 고집하지 않고, 우유부단하며, 마음이 쉽게 바뀐다. 겁도 잘 먹고 상처도 잘 받는다. 위협과 위험에 대한 불안이 커서 독립하려고도 하지 않는다. 지나치게 상냥한 성격은 의존성 성격 장애(dependent personality disorder)로 발전하기도 한다.[198] 의존성 성격 장애는 반사회적 성격 장애(antisocial personality disorder)의 대척점에 있는 장애다. 반사회적 행위의 반대가 도덕적이고 고결한 행위로 나타나면 좋겠으나 실제로는 그렇지 않다. 의존성 성격 장애는 자주 '오이디푸스적 어머니(Oedipal Mother)' 양상으로 나타난다. 이 역시 범죄에 버금가는 파괴력을 가지고 있다.

오이디푸스적 어머니(아버지도 이 역할을 하지만 상대적으로 드물다)는 자식에게 '난 오직 너만을 위해 산다'라고 말한다. 그리고 실제로 자식을 위해 어떤 일이든 한다. 아이의 구두끈을 묶어 주고, 먹을 것도 잘게 잘라 준다. 자식이 부부의 잠자리에 번질나게 기어드는 것도 허락한다. 성관계를 원하지 않을 때 무리 없이 상황을 바꾸는 방법이기도 하다.

이러한 오이디푸스적 어머니는 자식에게 악마의 거래를 제안하는 것이나 다름없다.

'나를 떠나지 마라. 그 대가로 내가 너를 위해 어떤 일이든 하겠다. 네가 나이 들어도 어른스러워지지 않는다면 무가치하고 서러운 존재가 되겠지만, 어떤 책임도 질 필요가 없다. 너의 모든 잘못은 다른 사람 탓일 것이다.'

이것이 거래 내용이다. 자식은 이런 거래를 받아들일 수도 있고, 거부할 수도 있다. 선택은 자식에게 달려 있다. 과잉보호로 가장 먼저 망가지는 것은 아이의 정신이다. 과잉보호는 이제 막 자라난 영혼을 황폐하게 만든다.

오이디푸스적 어머니는 동화 《헨젤과 그레텔》에 나오는 마녀와 같다. 헨젤과 그레텔에게 계모가 생겼다. 계모는 두 아이가 너무 많이 먹어서 가족이 굶주린다고 생각해, 남편에게 두 아이를 숲에 버리라고 요구한다. 남편은 아내 말대로 두 아이를 깊은 숲속에 버린다. 헨젤과 그레텔은 숲속에서 굶주리며 방황하다가 과자로 지어진 집을 발견한다. 너무 완벽하면 의심해 봐야 하지만, 헨젤과 그레텔은 나이도 어리고 지칠 대로 지친 상태라 다르게 생각할 여력이 없다.

헨젤과 그레텔이 그 집으로 들어가자, 한 노파가 따뜻하게 맞아 준다. 두 아이가 원하는 것은 무엇이든 들어줄 것처럼 대한다. 노파는 아이들에게 원 없이 먹게 한다. 아이들은 아무것도 할 필요가 없다. 그러나 그렇게 두 아이를 극진히 보살핀 까닭에 노파 자신은 굶주린다. 노파는 헨젤을 우리 안에 가두고 살을 찌운다. 노파는 헨젤이 살이 쪘는지 확인하러 오곤 했는데, 그때마다 헨젤은 낡은 뼈다귀를 꺼내 보이며 아직 살이 찌지 않은 것처럼 눈이 나쁜 노파를 속인다. 더 기다릴 수 없던 노파는 애지중지 보살피던 헨젤을 요리해 먹으려고 커다란 솥을 준비한다. 한편, 그레텔은 노파가 방심하는 순간을 노려 노파를 솥에 밀어 넣는다. 헨젤과 그레텔은 곧장 도망쳐 아버지를 찾아간다. 자신의 사악한 행동을 뼈저리게 후회하던 아버지는 두 아이를 반갑게 맞이한다.

헨젤과 그레텔의 이야기에서 마녀는 '무서운 어머니(Terrible Mother)'를 상징한다. 인간은 세상을 어머니, 아버지, 자식이 등장하는 하나의 이야기로 생각하는 경향이 있다. 전반적으로, 여성성은 문화와 창조와 파괴의 범위 밖에 존재하는 미지의 것을 상징한다. 여성성은 어머니의 보호하는 품인 동시에 시간의 파괴적인 요소이고, 아름답고 순수한 어머니인 동시에 늪에 사는 심술궂은 노파다. 무서운 어머니는 상징적인 여성성의 어두운 측면을 의미한다. 그런데 1800년대 말 스위스의 인류학자 요한 야코프 바흐오펜은 이런 원형적 존재를 객관적이고 역사적인 실체와 혼동하여, 인류가 역사에서 어떤 발달 단계를 거쳐 왔다고 주장했다.

그의 주장을 요약하면, 무질서와 혼돈이 지배하는 최초의 상태 이후 역사의 첫 단계는 '모권 사회'였다.[199] 여성이 권력을 쥐고 지배적인 위치를 차지하는 사회다. 집단혼에 가까운 다자간 사랑(polyamory)과 상대를 가리지 않는 혼음이 성행하여, 아버지가 누구인지 확실하지 않았다. 두 번째인

'디오니소스적 단계'는 전환 단계로, 모권 사회 기반이 뒤집혀 권력이 남성에게 넘어간다. 세 번째는 지금도 계속되는 '아폴로적 단계'다. 가부장제가 지배하고, 한 여성이 한 남성에게만 속하는 단계다. 바흐오펜의 사상은 역사적으로 뒷받침할 만한 증거가 없었지만 몇몇 집단에 큰 영향을 미쳤다. 1980년대와 1990년대 고고학자 마리야 김부타스는 여신과 여성 중심의 평화로운 문화가 한때 신석기 유럽의 특징이었다고 주장해 명성을 얻었다.[200] 김부타스는 그런 문화가 침략적이고 호전적인 계급 문화로 대체되었고, 현대 사회의 기초가 되었다고 주장했다. 한편 미국의 예술사학자 멀린 스톤은《하느님이 여자였던 시절》에서 똑같은 주장을 펼쳤다.[201] 이런 원형적이고 신화적인 개념들이 훗날 여성 운동과 1970년대 페미니즘의 모권에 대한 신학적 연구의 기준이 되었다. 신시아 엘러는《원시 모권제의 미신》에서 이런 생각들을 '고결한 거짓말'이라며 신랄하게 비판했다.[202]

이런 논의가 벌어지기 수십 년 전 융은 이미 원시 모권제에 관한 바흐오펜의 생각이 역사적 사실이 아니라 심리학적 상상이라는 것을 알았다. 그는 바흐오펜의 발달 단계는 상상으로 빚어낸 환상을 외부 세계에 투영하는 것이라고 분석했다. 우주가 별자리와 신들로 채워지는 과정과 다를 바가 없다는 것이다. 융의 제자 에리히 노이만은《의식의 기원과 역사》와《위대한 어머니 여신》에서 융의 분석을 더욱 깊이 파고들어, 남성성으로 상징되는 의식의 발현 과정을 추적했다.[203][204] 그리고 그것을 여성성으로 상징되는 육신(모체, 모성)의 기원과 비교했다. 프로이트의 오이디푸스적 양육 이론을 더욱 포괄적인 원형 모델에 포함시켰다. 노이만과 융은 의식은 항상 남성성으로 상징되며 빛을 향해 위로 올라가려고 발버둥 치는 것이라고 생각했다. 의식의 발달에는 나약함과 죽음에 대한 깨달음이 수반되기에 고통과 불안이 뒤따른다. 의식은 무의식의 단계로 돌아가서 존재론적 부담을 떨쳐 버리려는 유혹을 끊임없이 받는다. 이런 병적인 욕망을 받아들이도록 의식을 유혹하는 것이 과잉보호다. 지나친 보호는 깨달음과 명확한 표현, 합리성과 자기 결정, 강점과 능력의 발전을 방해하고 의식을 압박한다. 프로이트의 관점에서 보면 이런 과잉보호는 오이디푸스적 악몽이다. 신속히 올바른 사회적 관계로 바꿔 가야 하는 것이다.

'무서운 어머니'는 유구한 역사를 지닌 오래된 상징이다. 무서운 어머니는 현존하는 가장 오래된 기록문인 메소포타미아의 창조 서사시 《에누마 엘리시》에서 티아마트의 모습으로 나타난다. 용의 모습을 한 티아마트는 만물의 어머니로, 신과 인간 모두의 어머니다. 티아마트는 알려지지 않는 혼돈이며, 온갖 형태를 빚어내는 모체다. 티아마트는 자식들이 아버지를 죽이고 그 시신을 먹으려 하자 자식들을 없애기로 한다. '무서운 어머니'는 무심한 무의식을 상징한다. 자각과 깨달음을 추구하려는 정신을 사방이 막힌 자궁에 안주하도록 유혹한다. 이때 남성은 여성에게 매력을 느낄 때와 비슷한 감정을 느낀다. 언제든지 자신이 거부당할 수 있다는 두려움을 느낀다. 여성에게 거부당하는 것만큼 자의식을 자극하고 용기를 꺾고 허무주의적 감정과 증오심을 일으키는 것은 없다.

'무서운 어머니'는 많은 동화에, 심지어 성인들을 위한 이야기에도 자주 등장한다. 동화 《잠자는 숲속의 공주》에서 무서운 어머니는 음울한 본성을 상징하는 사악한 여왕이다. 디즈니 애니메이션에서는 이 여왕이 말레피센트로 나온다. 오로라 공주의 부모는 딸의 세례식에 사악한 말레피센트를 초대하지 않는다. 왕과 왕비는 파괴적이고 위험한 세계로부터 딸을 온전히 보호함으로써, 딸이 세상사에 휘말리지 않고 곱게 성장하기를 바란다.

그 보상은 무엇일까? 사춘기에도 오로라 공주는 자의식을 갖지 못한다. 남성성을 상징하는 왕자는 그녀를 부모로부터 떼어 냄으로써 그녀를 구한다. 여성성의 어두운 면 때문에 지하 교도소에 은밀하게 갇힌 그녀의 의식을 구하는 것이다. 왕자가 사악한 여왕을 거세게 몰아붙이면 여왕은 '혼돈의 용'으로 변한다. 왕자는 진실과 믿음으로 사악한 여왕을 물리치고 공주를 찾아낸다. 왕자의 입맞춤으로 공주는 잠에서 깨어나 눈을 뜬다.

디즈니가 2013년 발표한 애니메이션 〈겨울왕국〉은 여성을 구해 줄 남성은 필요 없다는 반론을 제기하는 영화다. 이 반론은 맞을 수도 있고 틀릴 수도 있다. 어쩌면 자식을 원하는 여성에게만 남성이 필요한지도 모르겠다. 하지만 여성의 의식도 무의식 상태에서 깨어날 필요가 있다는 것만은 분명하다. 앞에서 말했듯이 의식은 상징적으로 남성적이다. 질서와 로고스 역시 마찬가지다. 왕자는 사랑하는 연인을 의미하기도 하지만, 여성 자신의 각성과 명료한 정신, 강인한 독립심을 상징하는 것일 수도 있다. 이런 것들은 실질적으로나 상징적으로나 남성적 특성이다. 남성은 평균적으로 여성보다 상냥하지도 않고 관념적이지도 않아 불안증과 정서적 고통에 상대적으로 더 강하다. 다시 한번 말하자면, 이런 남녀 차이는 양성평등 정책을 가장 강력하게 펼치는 스칸디나비아 국가에서도 뚜렷하게 확인되는 현상이고, 이런 현상을 분석해 보면 남녀 차이가 크다는 것을 확인할 수 있다.

남성성과 의식의 관계는 디즈니의 다른 애니메이션 〈인어 공주〉에서도 상징적으로 묘사된다. 여주인공 에어리얼은 여성적이면서 독립심도 강하다. 트리톤 왕은 에어리얼을 사랑하지만 또한 딸의 강한 독립심 때문에 걱정이 많다. 그는 문화와 질서, 알려진 세계를 상징하는 존재다. 이는 억압적인 법을 집행하는 폭군이라는 뜻이기도 하다. 질서는 항상 혼돈과 대립한다.

트리톤에게는 우르술라라는 적이 있다. 우르술라는 무서운 여자다. 촉수가 달린 문어이고, 고르곤(머리카락이 뱀으로 되어 있는 괴물—옮긴이)이며, 히드라(머리가 아홉 개 달린 뱀—옮긴이)다. 우르술라는 애니메이션 〈잠자는 숲속의 공주〉에서 용이자 여왕인 말레피센트처럼 원형적 범주에 속하는 등장인물이다(〈백설 공주〉에서 늙은 여왕, 〈신데렐라〉에서 트리메인 부인, 〈이상한 나라의 앨리스〉에서 붉은 여왕, 〈101마리 달마티안〉에서 크루엘라 드 빌, 〈생쥐 구조대〉에서 마담 메두사, 〈라푼젤〉에서 마더 고델 등이 이런 존재다).

에어리얼은 난파된 배에서 에릭 왕자의 목숨을 구해 주고 그에게 마음을 빼앗긴다. 우르술라는 에어리얼에게 목소리를 포기하면 사흘 동안 인간이 되게 해 주겠다고 꼬드긴다. 하지만 목소리가 없는 에어리얼은 에릭 왕자와 어떤 관계도 맺지 못할 것이란 걸 우르술라는 잘 알고 있었다. 말하는 능력을 상실한다는 것은 로고스와 하나님의 말씀을 잃고 무의식 상태에서 영원히 바닷속에 있어야 한다는 것을 의미한다.

에어리얼이 에릭 왕자와 하나가 되지 못하자 우르술라는 에어리얼의 영혼을 커다란 함에 가둔다. 그 함에는 반(半)존재들이 꼬깃꼬깃 접힌 채 갇혀 있지만, 우르술라의 우아한 여성성으로 위장되어 있다. 트리톤 왕이 찾아와 딸을 돌려 달라고 요구하자, 우르술라는 그에게 딸을 대신해 인질이 되라고 요구한다. 애초에 가부장제의 유익한 면을 대변하는 왕을 제거하는 것이 우르술라의 계획이었던 것이다. 그 결과 에어리얼은 풀려나지만 트리톤은 무력한 옛 자아의 모습으로 전락한다. 하지만 그보다는 트리톤에게 신적인 힘을 주던 삼지창이 우르술라에게 넘어갔다는 사실이 더 중요하다.

우르술라를 제외한 모든 사람에게는 천만다행으로, 에릭 왕자가 작살을 들고 돌아와 지하 세계의 사악한 여왕과 맞선다. 우르술라가 당황한 틈을 노려 에어리얼이 공격하자 우르술라는 〈잠자는 숲속의 공주〉의 말레피센트처럼 무시무시하게 커진다. 우르술라가 거대한 폭풍을 일으켜 해저에 가라앉은 침몰선들을 끌어 올린 뒤 에어리얼을 죽이려 하자, 에릭 왕자가 난파선에서 부러진 돛대를 뽑아 들어 우르술라를 들이받는다. 그리고 트리톤을 비롯해 억류되어 있던 많은 영혼이 풀려난다. 마법의 힘을 되찾은 트리톤은 딸을 인간으로 변화시킨다. 마침내 에어리얼은 에릭 왕자와 함께 지낼 수 있게 된다.

이런 이야기들이 하고자 하는 바를 요약하면, 한 여인이 완전해지기 위해서는 남성적 의식과 관계를 맺고 무서운 세계에 맞서야 한다는 것이다 (무서운 세계가 어머니의 모습으로 표현되는 경우도 많다). 한 남자가 여자의 성장을 어느 정도까지 도울 수 있지만, 한 사람에게 지나치게 의존하는 것은 모두에게 좋지 않다.

개인적인 예를 들어 보자. 유년 시절 친구들과 종종 소프트볼을 했다. 남자와 여자가 뒤섞여 놀았다. 어색하게나마 서로에게 관심을 품고, 또래 집단에서의 서열을 크게 의식할 나이였다. 친구 제이크와 내가 투수 마운드 근처에서 서로 밀치며 막 주먹다짐을 하려는데 마침 어머니가 저만치 지나갔다. 어머니는 우리가 싸우고 있다는 걸 알았지만 모른 체했다. 하지만 어머니가 굉장히 신경 쓰고 있음을 짐작할 수 있었다. 코피가 터지고 눈가에 멍이 들지는 않을까 걱정했을 것이다. 그만하라고 소리치거나 싸움을 말리고 싶었을지도 모른다. 그러나 어머니는 그렇게 하지 않았다. 몇 년 후 내가 더 커서 아버지에게 대들고 반항할 때마다 어머니는 이렇게 말했다.

"집이 너무 편하면 안 돼. 네가 독립할 생각조차 안 할 테니까."

어머니는 마음씨가 고운 사람이었다. 인정 많고 협조적이며 상냥했다. 이런 성품 때문에 주변 사람들에게 휘둘리는 일이 적지 않았다. 어머니는 자녀들이 어느 정도 성장한 후 직장으로 돌아갔지만 남자들과 경쟁하는 게 쉽지 않다는 걸 절감했다. 그래서 때로는 원한을 품기도 했다. 게다가 아버지는 원하는 것이 있으면 언제라도 행동하는 성향이 강했기 때문에 그런 원망이 아버지와의 관계에서 표출되기도 했다. 그런데도 어머니는 오이디푸스적 어머니가 아니었다. 어머니는 남들에게 가혹하게 보이더라도 자녀들에게 독립심을 키워 주는 쪽을 선택했다. 어머니는 감정적으로 아프더라도 항상 올바른 길을 선택했다.

우리는 더 강해져야 한다

나는 젊어서 캐나다 중부에 있는 서스캐처원주 초원에서 철로 건설 작업 인부로 한여름을 보낸 적이 있다. 그곳에서 일하는 남자는 누구나 신고식 비슷한 과정을 거쳤다. 처음 보름 동안 원래 있던 다른 일꾼들의 온갖 괴롭힘을 견뎌야 했다. 그들 대다수는 북부의 크리족 원주민이었다. 크리족은 평소에는 조용하고 무던하지만, 술에 취하면 쉽게 흥분하며 예민한 반응을 보였다. 그곳에서 일하던 크리족 노동자들도 그들의 친척이나 친구들처럼 교도소를 한두 번 안 다녀온 사람이 없었다. 백인 체제의 폐해라 여겨 부끄럽게 생각하지도 않았다. 게다가 겨울에는 교도소가 더 따뜻하고, 식사도 때맞춰 잘 나오니 그들로서는 그리 나쁠 게 없었다. 언젠가 크리족 원주민에게 50달러를 빌려주었는데, 그는 돈을 갚는 대신 캐나다 서부 지역의 철로를 뜯어 만든 한 쌍의 북엔드(세워 놓은 책을 받쳐 주는 도구 - 옮긴이)를 주고 거래를 끝냈다. 나는 그 북엔드를 지금도 소중히 보관하고 있다. 그 북엔드가 50달러보다 더 나았다.

새내기 일꾼이 오면 원래 있던 일꾼들이 약간은 모욕적인 별명을 붙여 주는 게 관례였다. 그들은 나에게 '하우디 두디'(Howdy Doody : 1947년부터 1960년까지 방영된 어린이 인형극의 주인공으로, 붉은색 머리에 카우보이 옷을 입고 있다-옮긴이)라는 별명을 붙여 주었다. 지금도 왜 그 별명을 붙였는지 이해가 되지 않는다. 나는 그 별명을 생각해 낸 사람에게 이유를 물어보았다. 그가 웃으며 이렇게 말했다.

"네가 하우디 두디랑 하나도 안 닮아서."

노동자들은 신랄하고 모욕적인 어법을 사용하면서도 무척 재미있게 말한다. 그들은 때로는 순전히 재미로, 때로는 서열 싸움에서 점수를 얻기 위해 상대를 희롱하고 조롱한다. 상대가 사회적으로 압력을 받으면 어떻게 반응하는지 살피기 위해 괴롭히고 희롱하기도 한다. 이는 동료가 될 자격이 있는지를 확인하는 성격 평가의 일부다. 이런 신고 절차를 잘 넘기고 일원으로 인정받으면 불필요한 괴롭힘이 사라진다. 모두 동등한 관계에서 각자 할 일에 집중한다. 배관 작업을 하고 석유 채굴장과 벌목장에서 씨름하는 등 힘들고 위험하고 더러운 일들을 견디는 것이다.

나는 철로 건설 일을 시작한 지 얼마 지나지 않아 '하우디 두디'에서 '두디'를 떼고 '하우디'로 불렸다. 작은 변화였지만 그 멍청한 인형과 연결되던 끈이 끊어지고, '안녕'이란 인사말이 되어 좋은 변화라고 생각했다. 내 뒤에 온 사람은 그다지 운이 좋지 않았다. 그는 색깔이 화려한 도시락 상자를 갖고 다녔다. 다른 사람들은 다들 갈색 종이봉투를 들고 다녀서 그런 도시락 상자를 들고 다니는 건 큰 실수였다. 멋지고 새롭기는 했지만 지나치게 눈에 띄었다. 어머니가 주는 대로 받은 것처럼 보였다. 그의 별명은 '도시락'이 되었다. 도시락은 명랑한 성격이 아니었다. 그는 비판적이고 반항적이며 무뚝뚝했다. 게다가 모든 일에서 남 탓을 했다. 걸핏하면 화를 냈지만 그렇다고 이해력이 빠른 것도 아니었다.

도시락은 자신의 별명을 받아들이지 않았고, 업무에도 잘 적응하지 못했다. 도시락이라는 별명을 들을 때마다 화를 내고 짜증을 부렸다. 짓궂은 농담을 받아들이지 못했다. 당연히 동료들과 사이가 좋을 리 없었다. 현장 인부에게는 치명적인 결함이었다. 사람들은 사흘 정도 그를 지켜보다 그 후에는 별명을 부르는 정도를 넘어서 본격적으로 괴롭히기 시작했다. 그는 일하면서도 항상 짜증을 부렸다. 어느 날 철로 주변에 약 70명의 동료가 멀리 400미터까지 흩어져 있었다. 갑자기 작은 자갈 하나가 어디에선가 날아와 그의 안전모에 맞고 떨어졌다. 정통으로 맞아 둔탁한 소리가 들렸다. 주변 동료들이 말없이 흐뭇한 미소를 지었다. 도시락은 이를 장난으로 받아들이지 못했다. 그러자 이번에는 큰 돌멩이가 날아왔다. 도시락은 다른 일에 몰두했는지 돌멩이를 피하지 못했다. 딱! 돌멩이가 그의 머리에 정확히 떨어졌다. 그는 불같이 화를 냈지만 누구도 위로해 주지 않았다. 오히려 조용한 웃음이 철로를 타고 퍼져 나갔다. 그렇게 며칠이 지났지만 도시락은 변하지 않았고, 결국 훈장처럼 멍을 안은 채 사라졌다.

남자들은 함께 일할 때 행동 기준을 서로에게 강요한다. 당신에게 할당된 일을 해내라. 당신에게 주어진 임무를 충실히 해내라. 항상 깨어 있고 집중하라. 칭얼대거나 짜증 내지 말라. 항상 동료를 옹호하라. 알랑거리지 말고 고자질하지 말라. 어리석은 규칙의 노예가 되지 말라. 아널드 슈워제네거도 이런 불후의 명언을 남겼다.

"지질한 남자가 되지 말라."

의존적인 남자가 되지 말라, 절대로.

작업반 일원으로 인정받기 위해 거쳐야 하는 희롱은 일종의 시험이다.

'너는 강한가? 너는 유쾌한 성격인가? 너는 자격이 있는가? 너는 믿을 만한가? 이 시험을 통과하지 못하면 너는 떠나야 한다. 간단하지 않은가? 네가 떠나도 우리는 미안해하지 않는다. 우리는 너의 자기애를 참아 줄 생각도 없고, 너에게 할당된 일을 대신 하고 싶지도 않다.'

수십 년 전 보디빌더인 찰스 애틀러스가 만화 형태로 만든 유명한 광고가 있었다. '맥을 남자로 만들어 준 수치심'이란 제목의 그 광고는 남자아이들이 보는 거의 모든 만화책에 게재되었다. 만화 주인공 맥은 해변에 담요를 깔고 매력적인 여성과 함께 앉아 있다. 불량배가 지나가며 그들의 얼굴에 모래를 날린다. 맥이 반발하자, 덩치가 훨씬 큰 불량배가 맥의 팔을 잡고 말한다.

"가만있어. 까불면 얼굴을 묵사발로 만들어 버릴 테니까. …… 뼈다귀밖에 없는 놈이 까불고 있어."

불량배는 이렇게 맥에게 모욕을 주고 떠난다. 맥은 여자 친구에게 "좋아! 나도 덩치를 키우겠어!"라고 말한다. 하지만 여자 친구는 "괜히 고생하지 마, 약골아"라고 맥을 조롱한다. 맥은 집으로 돌아오자마자 빈약한 자기 몸을 한탄하며 애틀러스의 보디빌딩 프로그램을 산다. 맥은 곧 건장한 몸을 갖게 된다. 이듬해 다시 해변을 찾아간 맥은 그 불량배를 만나 얼굴에 주먹을 날린다. 여자 친구가 맥의 팔에 매달리며 말한다.

"맥! 넌 정말 남자야!"

이 광고가 유명한 이유는 인간의 성 심리를 일곱 토막의 만화로 꾸밈없이 요약하고 있기 때문이다. 나약한 청년은 자의식에 사로잡혀 자신을 부끄럽게 생각한다. 그런 남자가 어디에 쓸모가 있겠는가. 그는 다른 남자들에게 짓눌리고, 여자 친구에게 무시당한다. 하지만 분노에 사로잡혀 속옷 차림으로 과자를 먹으며 비디오 게임에 몰두하지 않는다. 그 대신 프로이트의 동료 심리학자 알프레트 아들러가 말한 '보상 환상'(compensatory fantasy : 열등감이 사라진 모습을 상상해 보는 것으로, 아들러는 열등감을 만회하려고 노력하는 과정에서 인격이나 생활 양식이 형성되어 간다고 생각했다—옮긴이)을 실행에 옮긴다.[205] 이런 환상의 목적은 소망 충족이 아니라 바람직한 길을 찾는 것이다. 맥은 자신의 초라한 몸을 심각하게 의식하며 강한 몸을 만들어야겠다고 결심한다. 결심만 하는 것이 아니라 그것을 실천에 옮긴다. 그는 자신의 현재 상태를 초월할 수 있다고 확신하며, 새로운 몸을 만들기 위한 모험의 주인공이 된다. 모험에 성공한 맥은 해변으로 돌아가 불량배의 얼굴에 주먹을 날린다. 맥은 승리를 거둔다. 맥의 여자 친구도 승리를 거둔다.

남성은 일반적으로 누군가에게 의존하는 것을 편하게 받아들이지 않는 속성이 있다. 이는 여성에게는 명백한 이점으로 작용한다. 앞에서 언급했듯이, 일하는 여성이 결혼하지 않는 이유 중 하나는 무능력한 남편을 돌봐야 하는 상황을 원하지 않기 때문이다. 결혼해서 아이가 생기면 남편 도움이 있어도 엄청난 에너지가 필요한데, 아이를 보면서 무능력한 남편까지 챙길 수는 없다. 물론 양육이 꼭 여성에게 주어진 역할의 전부는 아니다. 한편, 남성은 여성과 자녀를 돌봐야 한다. 이 역시 남성에게 주어진 역할의 전부는 아니다. 여성은 아이를 돌봐야 해서 남성을 챙길 여력이 없다. 남성은 아기가 아니다. 그래서 남성은 의존적이어서는 안 된다. 남성이 의존적인 남성을 경멸하는 이유도 그 때문이다. 사악한 여성은 아들을 의존적으로 키우고, 의존적인 남성을 용인하며 그런 남성과 결혼도 할 수 있겠지만, 깨어 있는 여성은 오로지 깨어 있는 남성을 배우자로 원한다. 이 사실을 잊어서는 안 된다.

애니메이션 〈심슨 가족〉에서 호머 심슨의 악동 아들 바트의 또래 집단에 불량 학생 넬슨 먼츠가 필요한 이유도 바로 여기에 있다. 불량 학생들의 대장 넬슨이 없다면, 불만이 많고 화를 잘 내는 밀하우스, 자기애에 빠져 사는 우등생 마틴 프린스, 초콜릿을 입에 달고 다니는 나약한 독일계 아이들, 유아기를 못 벗어난 랠프 위검 같은 아이로 학교가 가득 찰 게 뻔하다. 넬슨 먼츠는 단순히 불량배라고만 볼 수 없다. 강인하고 독립적이며 잘못을 보면 바로잡으려고 하는 아이다. 미성숙하고 애처로운 행동의 경계를 정하고 그 경계를 넘어서는 행위를 응징한다. 〈심슨 가족〉 작가들이 대단한 점은 넬슨을 단순히 구제 불능의 불량 학생으로 묘사하지 않았다는 사실이다. 넬슨은 무능한 아버지에게 버림받고, 지저분하고 게으른 어머니에게 방치된 아이다. 이런 점을 고려하면 상당히 괜찮게 행동하는 편이다.

부드러움과 무해함만이 의식적으로 받아들일 수 있는 유일한 미덕이 되면, 강인함과 지배력이 무의식적인 매력을 발산하기 시작한다. 남성이 여성화되는 극한 상황에 내몰리면 냉혹하고 파시스트적인 정치 이데올로기에 더욱 관심을 갖게 된다.

〈아이언맨〉 시리즈를 제외하고 할리우드가 최근에 제작한 가장 파시스트적인 영화로 평가되는 〈파이트 클럽〉은 이런 끌림을 완벽하게 보여 주는 사례다. 미국에서 도널드 트럼프를 지지하는 세력이 급속도로 확산한 것도 이런 현상의 일부다. 훨씬 섬뜩하지만 네덜란드, 스웨덴, 노르웨이 같은 중도적인 진보 국가에서 극우 정당이 부상하는 현상도 다를 바 없다.

남성은 강해져야 한다. 남성이 강한 남성을 요구하고 여성도 강한 남성을 원하기 때문이다. 그러나 강인함을 키우는 사회적 과정에는 필연적으로 가혹하고 모멸감을 주는 단계가 포함된다. 하지만 대부분의 여성은 그런 과정을 좋게 보지 않는 듯하다. 적잖은 여성이 아들을 최대한 오래 옆에 두고 싶어 한다. 반면에 남성을 좋아하지 않고 남성이 소용없다고 생각하더라도 순종적인 짝으로 두고 싶어 하는 여성도 적지 않다. 이런 성향의 여성은 자신에 대해 연민을 품는 경우가 많다. 이런 자기 연민의 은밀한 쾌락을 과소평가해서는 안 된다.

남성은 자신을 채찍질하고 상대를 채찍질함으로써 강해진다. 지금도 마찬가지지만, 내가 10대였을 때 여자아이보다 남자아이가 자동차 사고를 당하는 경우가 훨씬 많았다. 그 이유가 무엇이었을까? 남자아이들은 밤마다 밖으로 나가 빙판으로 뒤덮인 주차장에서 자동차를 제자리에서 회전시키는 묘기를 연습했기 때문이다. 또 짧은 거리를 전력으로 질주했고, 길 없는 산길을 수백 미터까지 운전해 올라가기도 했다. 몸싸움은 다반사였고, 수업을 빼먹거나 선생님에게 말대답하며 반항하기도 했다. 석유 채굴장에서 일할 수 있을 만큼 덩치도 커지고 힘도 세졌는데 화장실에 가기 위해 허락을 받으려고 손을 드는 게 싫어서 학교를 그만둔 아이들도 있었다. 한겨울에 꽁꽁 얼어붙은 호수에서 오토바이 경주를 하는 것도 역시 남자아이들이었다. 스케이트보드를 타거나 타워 크레인 혹은 고층 건물을 오르는 일, 프리 러닝 같은 위험한 짓을 하며 자신의 능력을 과시하는 쪽도 거의 언제나 남자아이였다.

이런 과정이 한계를 넘어 극단으로 흐르면, 남자들은 의식하지 못하는 사이에 반사회적 행동에 빠져들기도 한다. 이 모든 것이 여성보다 남성에게 더욱 자주 있는 일이다. 그렇지만 대담성과 용기의 표현이 항상 범죄적인 성향을 띠는 것은 아니다.[206]

자동차로 제자리에서 회전하던 아이들은 자동차의 성능, 운전자로서의 능력, 통제할 수 없는 상황에서 자신의 제어 역량을 시험해 보려는 것이었다. 또 선생님에게 말대답하는 행위는 권위에 저항하며, 선생님에게 정말로 권위가 있는지, 위기가 닥쳤을 때 믿고 신뢰할 수 있는 사람인지 확인해 보려는 것이었다. 학교를 중퇴한 10대 남자아이들은 영하 40도의 매서운 추위에도 석유 채굴장에서 일을 했다. 교실에서는 더 나은 미래가 기다리고 있다고 가르치지만, 많은 10대 남자아이를 교실 밖으로 몰아낸 것은 유약함이 아니라 강인함이었다.

건강한 여성은 소년이 아닌 남자를 원한다. 건강한 여성은 다투고 씨름할 만한 상대를 원한다. 여성은 강해지면 더 강한 배우자를 원한다. 똑똑한 여성은 더 똑똑한 남성을 원한다. 여성은 식탁에 새로운 것을 올려 줄 남성을 원한다. 그래서 강하고 똑똑하고 매력적인 여성은 짝을 찾기가 어렵다. 어느 연구 논문의 표현을 빌리면, "소득과 교육, 자신감과 지능, 지배력과 사회적 지위에서 자신보다 더 높은 남자"라는 생각이 들 만큼 자신을 압도하는 남성이 주변에 많지 않기 때문이다.[207] 따라서 소년이 남성이 되려고 애쓸 때 방해하는 시대 풍조는 여성의 편도 아니고, 남성의 편도 아니다. 어린 여성이 자립하려고 할 때도 이런 시대 풍조가 '안 돼! 너무 위험해!'라며 독선적인 목소리를 높일 것이다. 실패와 질투, 원한과 파괴를 조장하는 반인륜적 풍조가 아닐 수 없다. 진정으로 인간의 편에 선다면 누구도 그런 풍조에 동조하지 않을 것이다. 더 나은 세상을 목표로 하는 사람이라면, 누구도 그런 풍조에 맥없이 사로잡히지 않을 것이다. 강한 남자가 위험하다고 생각한다면, 약한 남자가 무엇을 할 수 있는지 곰곰이 지켜본 뒤 최종적인 판단을 내리기 바란다.

아이들이 스케이트보드를 탈 때는 방해하지 말고 내버려 두어라.

길에서 고양이와 마주치면
쓰다듬어 주어라

개에게도 똑같이 해 주어라

이 장을 시작하기 전에 내가 아메리칸 에스키모를 키운다는 사실을 밝혀 두고 싶다. 아메리칸 에스키모는 스피츠의 여러 변종 중 하나로, 원래 이름은 독일 스피츠다. 제1차 세계 대전이 터지고 독일이 원수의 나라가 되면서 아메리칸 에스키모로 이름이 바뀌었다. 전형적인 늑대처럼 뾰족한 얼굴, 똑바로 선 귀, 길고 굵은 털, 동그랗게 말린 꼬리가 특징이다. 새하얀 털에 귀여운 얼굴이어서 인기가 많은 품종이다. 게다가 똑똑하기까지 하다. 딸이 우리 집 개에게 '시코'라는 이름을 지어 주었다. 이누이트어로 '얼음'이라고 한다. 시코는 온갖 재주를 굉장히 빨리 배운다. 지금은 나이를 꽤 먹었지만 요즘도 뭔가를 가르쳐 주면 금세 배운다. 얼마 전 열세 살이 된 시코에게 새로운 재주를 가르쳤다. 이제 시코는 발을 내밀어 악수할 줄도 알고, 코 위에 간식을 올려놓고 균형을 잡을 줄도 안다. 시코가 그런 재주를 자랑스러워하는지는 잘 모르겠다.

딸 미카일라가 열 살일 무렵 아이를 위해 시코를 키우기로 했다. 시코가 새끼였을 때는 정말 귀여웠다. 작은 코와 귀, 동그란 얼굴과 큰 눈, 어색하게 뒤뚱거리는 모습을 보고 있으면 돌봐 주고 싶은 마음이 절로 들었다.[208] 시코는 특히 미카일라의 마음을 완전히 사로잡았다. 미카일라는 원래 동물을 좋아하는 아이였다. 턱수염 도마뱀, 도마뱀붙이, 볼비단구렁이, 카멜레온, 이구아나, 플레미시 자이언트 토끼 등 다양한 동물을 길러 봤다. '조지'라고 이름 붙인 플레미시 자이언트 토끼는 키가 80센티미터에 몸무게가 10킬로그램이나 나갔는데 집 안 살림살이를 죄다 갉아 먹고 걸핏하면 도망쳐서 애를 먹었다. 미카일라가 이렇게 많은 동물을 돌아가며 키운 이유는 알레르기 반응 때문이었다. 운명이었는지 시코는 털이 많이 빠지는데도 미카일라에게 아무런 피해를 주지 않았다.

시코에게는 별명이 쉰 개 정도 있는데(직접 세어 봤다) 하나같이 감상적이다. 그 별명에는 녀석에 대한 우리 가족의 애정과 녀석의 못된 버릇에 대한 실망이 반영되어 있다. 나는 거품이란 별명이 가장 마음에 들고, 생쥐, 털뭉치, 귀염둥이도 나쁘지 않다고 생각한다. 아이들은 좀도둑과 찍찍이란 별명을 가장 많이 사용했고, 킁킁이, 못난이, 콧방귀라는 별명도 가끔 사용했다. 미카일라가 요즘 좋아하는 별명은 눈사람이다. 특히 시코를 한참 만에 만날 때 깜짝 놀란 듯한 목소리로 그 별명을 부르며 효과를 극대화한다.

시코는 '#JudgementalSikko'라는 인스타그램 계정도 가지고 있다.

내가 고양이에 관한 이야기로 시작하지 않고 우리 집 강아지 이야기를 먼저 꺼낸 이유는 사회 심리학자인 헨리 타이펠이 밝혀낸 '최소 집단 정체성(minimal group identification)' 때문이다.[209] 타이펠은 수많은 점이 반짝이는 모니터 앞에 조사 대상자들을 앉혀 놓고는 그들에게 점의 개수를 추정해 보라고 했다. 그리고 조사 결과를 바탕으로 대상자들을 과대평가한 집단, 과소평가한 집단, 정확하게 평가한 집단, 부정확하게 평가한 집단으로 나눈 뒤 그들에게 어느 집단에 속하는지 알려 주었다. 그런 다음 조사 대상자들에게 돈을 나눠 주면서 자기가 속한 집단을 무시하고 돈을 다른 사람들에게 나눠 주라고 했다. 나눠 주는 사람은 돈을 가질 수 없고 모두 나눠 주어야 했다.

대상자들은 돈을 자신과 같은 집단에 속한 사람에게 더 많이 나눠 주었다. 이 결과를 통해 타이펠은 사람은 자신과 같은 집단에 속한 구성원에게 편향성을 보인다는 사실을 발견했다. 동전을 던져 앞뒤를 알아맞히는 임의적인 실험으로 집단을 나눌 때에도 다를 바 없었다.

타이펠의 연구가 밝혀낸 것은 인간은 사회적이면서 동시에 반사회적이라는 사실이다. 우리는 소속 집단 구성원을 좋아하기에 사회적이고, 다른 집단 구성원을 좋아하지 않기에 반사회적이다. 상반된 두 측면이 동시에 나타난다는 점에서 이 주제에 대한 학계의 관심은 끊이지 않았다. 이 주제는 복잡한 상황을 어떻게 최적화할 것인가 하는 문제와 관련이 있다. 둘 이상의 요인이 모두 중요하지만 다른 것을 축소하지 않고는 어떤 것도 최대화할 수 없을 때 최적화 문제가 발생한다. 예를 들어 협력과 경쟁을 생각해 보자. 협력과 경쟁이 충돌할 때 이런 문제가 발생한다. 협력과 경쟁은 모두 사회적으로나 심리적으로 바람직한 것이다. 협력은 안전과 안심, 단합을 위해 필요하고, 경쟁은 성장과 지위 향상을 위해 필요하다. 하지만 어떤 집단의 규모가 너무 작으면 그 집단은 권력이나 영향력이 없어 다른 집단의 공격을 막을 수 없다. 그런 집단의 구성원이 된다는 것은 그다지 유익하지 않다. 한편, 어떤 집단이 너무 크면 정상에 오를 가능성이 줄어들고 성공하기가 어렵다. 우리는 본능적으로 집단에 소속되어 보호받기를 원하므로 성공할지 말지는 운에 맡기고 우선은 어떤 집단에든 소속되려 한다. 그래도 서열 구조에서 위로 올라갈 가능성은 얼마든지 있다. 시간이 지남에 따라 집단의 성장이 곧 자신의 성장과 이어지고 집단이 실패하면 유리할 것이 없다는 점을 깨닫고 점점 집단과 자신을 동일시하게 된다.

　여하튼 고양이에 관한 이야기를 우리 집 강아지 이야기로 시작한 이유는 타이펠이 말한 최소 집단 패러다임을 피하고 싶었기 때문이다. 그렇지 않았다면 이 장의 제목에 고양이만 언급하고 개를 포함하지 않았다는 이유로 많은 독자가 나에게 반감을 품었을 것이다. 나도 개를 좋아하기에 그런 반감을 원하지 않는다. 따라서 길에서 개와 마주치면 쓰다듬어 주는 독자들이 나를 미워하지 않았으면 한다. 나도 길거리에서 개와 마주치면 쓰다듬어 준다. 정말이다. 고양이 이야기를 기대했는데 개 이야기만 해서 언짢은 독자들, 특히 고양이를 사랑하는 독자들에게도 용서를 빌고 싶다. 고양이는 더 중요한 순간에 등장할 테니 양해를 바란다. 지금은 다른 문제부터 살펴보자.

존재의 고통과 한계

삶이 고통이라는 것은 앞에서도 언급했듯이 모든 주요 종교에서 공통으로 가르치는 내용이다. 구체적인 표현이 다를 뿐이다. 불교는 그런 교리를 직접 가르치고 기독교는 십자가로 보여 준다. 유대인은 오랫동안 고통을 견뎌 온 조상들의 행적을 기리며 기억한다. 삶이 고통이라는 생각이 보편적인 종교적 교리로 받아들여지는 이유는 인간이 본질적으로 나약하기 때문이다. 우리는 감정적으로나 육체적으로 쉽게 상처 입고 잘 망가진다. 누구도 노화와 죽음에서 벗어날 수 없다. 인생에서는 이런 암울한 일이 끊이지 않고 일어난다. 이런 악조건 속에서 우리가 어떻게 해야 제대로 살 수 있을지 고민하는 것은 당연하다.

최근 한 여성 내담자를 상담했는데, 그녀는 5년 동안 암 투병하는 남편 수발을 들었다. 부부는 한마음으로 용기 있게 그 기간을 견디고 완치 판정을 받았다. 그런데 얼마 후 암이 전이되어 살날이 많지 않다는 소식을 들었다. 어떤 끔찍한 일을 당해서 겨우 버텨 내고, 그래서 몸과 마음이 아직 충분히 회복되지 않은 상태에서 나쁜 소식을 들으면 그 충격을 감당하기 어렵다. 비극이 유난히 부당하게 여겨지고, 실낱같은 희망마저 사라져 버린다. 정신적 외상으로 발전하는 경우도 많다.

나는 내담자와 함께 철학적이고 추상적인 문제뿐만 아니라 구체적인 문제까지 깊이 상의했다. 특히, 인간의 나약함과 삶의 비극성에 대해 내가 나름대로 정리한 생각을 들려주었다.

내 아들 줄리언은 어느덧 스무 살이 훌쩍 넘었다. 내 눈에는 지금도 귀여운데 네 살 때가 가장 예뻤던 것 같다(아들이 이 글을 읽으면 분명히 좋아할 것 같다). 줄리언 덕분에 나는 어린아이의 유약함에 대해 생각할 기회가 많았다. 네 살배기는 잘 넘어지고 쉽게 다친다. 개에게 물릴 수도 있고 고양이에게 할큄을 당할 수도 있다. 녀석은 잔병치레가 잦아 걸핏하면 고열에 시달리곤 했다. 열이 너무 높아서 의식이 혼미해질 때도 많았다. 줄리언이 환각을 볼 정도로 상태가 심해지면 나는 녀석과 함께 찬물로 샤워를 하며 열을 식혀 주었다. 녀석은 그런 와중에도 샤워실을 벗어나려고 나와 씨름하기도 했다. 아이가 아플 때, 그리고 해 줄 수 있는 게 별로 없을 때 인간 존재의 근본적인 한계를 절실하게 깨닫는다.

줄리언보다 1년 정도 먼저 태어난 미카일라에게도 이런저런 문제가 있었다. 딸아이가 네 살 때 목말 타는 걸 좋아해서 목말을 태우고 이리저리 돌아다니곤 했다. 그런데 어느 날부터인가 목말에서 내려놓으면 바닥에 주저앉아 울어 댔다. 그래서 목말 태우기를 중단했다. 사소한 문제가 조금 있었지만 그것으로 문제가 완전히 해결된 듯했다. 그런데 아내 태미가 미카일라의 걸음걸이에 문제가 있는 것 같다면서 목말과 관계있는 듯하다고 말했다. 나는 원인이 뭔지 짐작조차 하지 못했다.

미카일라는 성격이 명랑해서 함께 지내기에 편안한 아이였다. 아이가 생후 14개월쯤 되었을 때 우리는 보스턴에 살고 있었다. 어느 날 장인과 장모를 모시고 시내에서 1시간 정도 떨어진 바닷가 케이프 코드로 여행을 갔다. 태미가 두 분과 주변을 산책하는 동안 나와 미카일라는 자동차 앞 좌석에 나란히 앉아 기다렸다. 딸아이는 의자를 뒤로 젖히고 누워서 햇살을 즐겼다. 종알거리는 소리가 들려 몸을 기울여 뭐라고 하는지 들어 보았다.

"행복, 행복, 행복, 행복, 행복."

미카일라는 그렇게 혼잣말로 중얼거렸다.

그런데 일곱 살 무렵부터 미카일라는 점점 생기를 잃기 시작했다. 아침에 일어나는 것을 힘들어 하고 행동도 부쩍 느려졌다. 함께 걸을 때도 항상 뒤처졌다. 발이 아프고 신발이 맞지 않는다며 투덜거렸다. 신발을 열 켤레

넘게 사 줘 봤지만 편한 신발을 찾지 못했다. 학교에서는 별문제 없이 행동했다. 그런데 집에 돌아와 엄마를 보면 눈물을 터뜨렸다.

보스턴에서 토론토로 이사 온 지 얼마 안 된 때라서 이사가 원인이 아닌가 생각하기도 했다. 그런데 미카일라는 좀처럼 나아지지 않았다. 계단을 한 번에 하나씩 밟고 오르내리며 할머니처럼 행동하기 시작했다. 그래서 손을 잡아 주면 투덜거렸다. 오랜 시간이 지난 후 아이가 지나가는 말로 물었다.

"어렸을 때 아빠랑 '꼬마 돼지' 노래 부르면서 발가락 장난을 치면 발이 엄청 아팠는데, 원래 그렇게 아픈 거예요?"

조금 일찍 알았다면 좋았을 텐데.

미카일라를 동네 병원에 데려갔다.

"간혹 성장통을 심하게 앓는 아이가 있는데, 정상적인 겁니다. 걱정되면 물리 치료를 받아 보는 것도 좋을 것 같습니다."

우리는 의사의 조언을 따랐다. 물리 치료사가 딸아이 뒤꿈치를 살짝 돌려 보려 하는데 뒤꿈치가 돌아가지 않았다. 좋은 징조가 아니었다. 물리 치료사가 말했다.

"소아 류머티즘성 관절염 같습니다."

듣고 싶은 대답이 아니었다. 우리는 그 물리 치료사가 마음에 들지 않고 진단을 믿을 수 없어 다시 동네 병원을 찾아갔다. 그 병원의 다른 의사가 우리에게 미카일라를 아동 전문 병원에 데려가라고 했다.

"응급실로 데려가십시오. 그러면 류머티즘 전문의에게 신속하게 진료를 받을 수 있을 겁니다."

그리고 딸아이가 관절염을 앓고 있다는 사실을 다시 한번 확인했다. 물리 치료사의 진단이 맞았다. 무려 서른일곱 군데 관절에 문제가 있었다. 정확한 병명은 다관절성 소아 특발성 관절염이었다. 발병 원인은 알 수 없다고 했다. 치료법은 문제가 되는 관절을 모두 인공 관절로 교체하는 수술을 하는 것이라고 했다.

대체 하나님은 무슨 생각으로 이런 세상을 만들었을까? 행복을 중얼거리던 순박한 어린 여자아이에게 이런 가혹한 시련을 주다니! 하나님을 믿는 사람이나 그렇지 않은 사람이나 근본적으로 제기할 수밖에 없는 의문이다. 법칙 7에서 도스토옙스키의 위대한 소설 《카라마조프가의 형제들》을 언급하며 다룬 쟁점이기도 하다. 도스토옙스키는 삶의 적절성에 대한 의문을 이반이라는 인물을 통해 토해 낸다. 잘생기고 세련된 이반은 수도원의 수련 수사 알료샤의 형이자 가장 큰 적이다.

"내가 하나님을 인정하지 않는 것은 아니다. 이 말을 이해하겠지. 나는 하나님이 창조했다는 세계, 이 하나님의 세계를 인정하지 않고, 하나님이 이 세계를 창조했다는 데에도 동의하지 않는다."

이반은 부모에게 벌을 받아 밤새 추운 옥외 변소에 갇혀 있던 어린 소녀에 관한 이야기(도스토옙스키가 당시 신문에서 발췌한 이야기)를 알료샤에게 들려준다.

"딸이 밤새 울어 대는데 부모라는 작자가 편히 잠자는 모습을 너라면 그냥 바라볼 수 있겠니? 그 어린 소녀는 영문도 모르는 채 닭똥 같은 눈물을 흘리며 꽁꽁 얼어붙은 작은 가슴을 두드리면서 '온유하신 예수님'에게 이 끔찍한 곳에서 자기를 구해 달라고 기도했을까? …… 알료샤, 만약 그 어린 소녀를 죽도록 괴롭혀서, 그러니까 그 소녀가 옥외 변소에서 얼어 죽어야 이 세상이 궁극적으로 완전한 평화를 얻는다는 약속이 있다면, 너는 그 약속을 받아들이겠니?"

알료샤는 고개를 저으며 나지막이 대답했다.

"아니요, 그렇게 못할 것 같아요."[210]

알료샤라면 하나님이 너그럽게 허락한 것도 행하지 않았을 것이다.

줄리언이 네 살 때 이 문제와 관련해 내가 깨달은 점이 있다.

'나는 내 아들을 사랑한다. 이제 네 살이고, 귀엽고 사랑스럽다. 이 녀석이 행여나 다칠까 봐 마음 편할 날이 없다. 내게 전지전능한 힘이 있다면 어떻게 해야 할까? 지금 1미터밖에 안 되는 키를 6미터로 늘리면 아무도 줄리언을 밀어 쓰러뜨리지 못하겠지. 뼈와 살은 티타늄으로 바꾸는 거야. 그러면 어떤 정신 나간 녀석이 줄리언의 머리에 장난감을 던져도 걱정할 게 없겠지. 머리에는 컴퓨터를 심어야겠어. 어디 가서 다쳐도 다른 것으로 교체할 수 있게. 그러면 간단하게 문제가 해결되겠구먼!'

그러나 그렇게 한다고 해결될 문제는 없다. 그런 바람이 불가능하기 때문만은 아니다. 줄리언을 인위적으로 강하게 만드는 것은 줄리언을 파괴하는 것과 다를 바 없다. 줄리언은 네 살배기 자아를 잃고 강철처럼 단단하고 차가운 로봇이 된다. 로봇 같은 줄리언은 줄리언이 아니다. 사람이 아니라 괴물에 가깝다. 결국, 누군가를 진정으로 사랑한다는 것은 그 사람의 한계를 있는 그대로 받아들이는 것이다. 줄리언이 병에 걸리지 않고, 고통받지 않으며, 불안감에 시달리지 않는 존재라면 귀엽지도 않고 사랑스럽지도 않을 것이다. 나는 줄리언을 한없이 사랑하는 까닭에 녀석이 나약하더라도 본래 모습대로 있는 게 더 낫다는 결론을 내렸다.

하지만 미카일라의 경우에는 냉정함을 유지하기가 어려웠다. 병세가 더 나빠져 나프록센과 메토트렉사트라는 약을 먹기 시작했다. 나프록센은 진

통제이고 메토트렉사트는 류머티즘 치료제인데, 매우 독한 약이었다. 게다가 전신 마취 상태에서 팔목, 어깨, 발목, 팔꿈치, 무릎, 고관절, 손가락, 발가락, 힘줄에 코르티솔 주사를 맞아야 했다. 이런 주사제가 일시적으로 도움을 주었지만, 증상은 점점 심해졌다.

어느 날, 아내가 미카일라를 동물원으로 데려가 휠체어에 태우고 돌아다녔다. 그런데 그날 딸아이 상태가 너무 안 좋았다. 의사가 프레드니손이라는 약을 써 보자고 했다. 프레드니손은 코르티코스테로이드계 약물로, 오래전부터 염증 치료제로 사용되었지만 부작용이 심했다. 특히 얼굴이 심하게 부었다. 어린 여자아이에게 이런 부작용은 관절염보다 나을 게 없었다. 의사가 새로운 약을 알려 주었다. 당시에는 성인에게만 처방되는 약이었다. 미카일라는 캐나다에서 에타너셉트(자가 면역 질환을 위해 특별히 개발된 생물학적 약제)로 치료를 받은 최초의 어린이가 되었다. 집에서 놓는 주사제였는데 처음 몇 번은 실수로 처방받은 것보다 열 배나 많은 양을 투여했다. 다행히 미카일라의 상태가 빠르게 호전됐다. 동물원에 다녀오고 나서 몇 주 뒤에는 친구들과 축구를 할 정도가 되었다. 아내는 그해 여름 내내 딸아이가 뛰어다니는 모습을 흐뭇한 미소로 바라봤다.

우리는 미카일라가 자신을 책임지는 사람으로 성장하기를 바랐다. 딸아이를 자극하는 가장 효과적인 수단은 돈이었다. 시키지도 않았는데 돈을 벌겠다고 어릴 때 읽던 책들을 집 앞에 펼쳐 놓고 행인들에게 팔 정도였다. 어느 날 저녁 나는 미카일라를 옆에 앉혀 놓고, 주사를 직접 놓으면 50달러를 주겠다고 말했다. 돈을 좋아하는 아홉 살 아이에게 50달러는 상당히 큰돈이었다. 미카일라는 허벅지 옆에 주사를 놓고 35분 동안 고민하다가 결국 직접 주사를 놓았다. 그다음에는 20달러를 약속했는데 10분 만에 주사를 놓았다. 세 번째에는 10달러를 걸었고, 5분 만에 끝났다. 한동안 주사를 직접 놓는 대가로 10달러를 줬다. 일종의 거래였다.

몇 년 후 미카일라의 관절염 증상이 완전히 사라졌다. 의사는 우리에게 약을 조금씩 줄여 보자고 제안했다. 실제로 사춘기가 되면 소아 특발성 관절염에서 벗어나는 아이가 적지 않다. 그 이유는 아직 밝혀지지 않았다. 미카일라는 주사제 대신 알약으로 된 메토트렉사트를 먹기 시작했다. 4년 동안 아무 문제가 없었다. 그런데 어느 날 팔꿈치가 아프다며 고통을 호소했다. 서둘러 병원에 데려갔다. 주치의의 조수가 "관절염 증상이 나타난 곳은 한 곳밖에 없습니다"라고 말했다. '한 곳밖에 없다'라는 진단은 전혀 위안이 되지 않았다. 두 곳이나 한 곳이나 똑같았다. 한 곳도 전혀 없는 것보다는 많았다. 관절염 증상이 한 곳에서 나타났다는 것은 관절염이 잠시 중단되었을 뿐 완전히 낫지 않았다는 뜻이었다. 진단을 듣고 미카일라는 한 달 동안 낙심한 채 지냈다. 하지만 곧 무용 교습을 받기 시작하고, 집 앞 공터에서 친구들과 공놀이도 했다.

이듬해 딸아이는 고등학교 2학년이 되었다. 그해 9월 주치의가 암울한 소식을 전했다. MRI 영상을 보니 고관절 퇴화 현상이 진행되고 있다고 했다. 주치의는 미카일라가 서른 살 전에 고관절을 인공 관절로 교체하는 수술을 받아야 한다고 했다. 에타너셉트의 기적이 일어나기 전에 손상이 이미 진행된 것일까? 그로부터 몇 주 후 딸아이는 학교 체육관에서 공놀이를 하다 고관절이 삐끗했는지 걸을 때마다 절뚝거렸다. 통증도 점점 심해지기 시작했다. 주치의가 심각한 얼굴로 말했다.

"넙다리뼈 일부가 이미 죽은 것 같습니다. 당장 인공 관절로 교체해야 합니다."

한 여성 내담자가 남편의 깊어 가는 병에 대한 고민을 털어놓았다. 우리는 얼굴을 마주 보고 앉아 무너지기 쉬운 삶과 비극적인 현실 및 죽음의 유령이 불러오는 허무주의에 대한 이런저런 생각을 주고받았다. 그녀는 그런 상황에 빠진 모든 사람이 어김없이 하는 질문을 던졌다.

"왜 하필이면 내 남편이? 왜 나에게 이런 시련이?"

나는 아들을 생각하며 깨달았던 점을 이야기해 주었다. 인간의 나약함과 비극적인 삶에 대해서 그보다 적절한 대답은 없다고 생각했다. 유대교에서 예로부터 전해지는 율법에 관한 문답이 있다.

"전지전능하고 어디에나 존재하는 절대자를 상상해 보십시오. 그런 절대자에게 없는 게 있다면 무엇이겠습니까?"[211]

그에게 없는 것은 바로 한계다.

만약 당신이 이미 모든 것이고 어디에도 있다면, 굳이 가야 할 곳도 없고 굳이 뭔가 되려고 목표로 삼을 것도 없을 것이다. 과거에 존재할 수 있던 모든 것이 결국에는 존재하고, 과거에 일어날 수 있던 모든 사건이 결국에는 일어난다. 이런 이유에서 하나님이 인간을 창조했다는 해석도 있다. 한계가 없으면 어떤 이야기도 없으며, 어떤 이야기도 없으면 삶이 없다. 이런 논리적 추론의 도움을 받아 나는 삶의 취약함이란 문제를 나름대로 해결할 수 있었고, 내 여성 내담자도 이런 추론으로 도움을 받았다. 그렇다고 이런 추론의 중요성을 지나치게 과장하고 싶지도 않고, 이렇게 추론하면 모든 것이 원만하게 받아들여진다고 주장하고 싶지도 않다. 내가 미카일라의 끔찍한 질병을 완전히 떨쳐 내지 못했듯이, 그 여성 내담자도 여전히 남편을 괴롭히는 암과 싸우고 있다. 그러나 존재와 한계는 불가분하게 연결되어 있다는 점을 인정하기 위해 기억해야 할 가르침이 있다.

서른 개의 바큇살이 하나의 바퀴통으로 모여도

그 가운데가 비어 있어야만

바퀴로서 쓰임새가 있다.

진흙을 빚어 그릇을 만들어도

그 가운데가 비어 있어야만

그릇으로서 쓰임새가 있다.

문과 창문을 내어 방을 만들더라도

그 가운데가 비어 있어야만

방으로서 쓰임새가 있다.

그러므로 있음의 이로움은

없음의 작용에서 나오는 것이다.[212]

이런 깨달음은 대중문화에서도 발견된다. 배트맨과 함께 DC 코믹스(마블 코믹스와 함께 미국 만화 시장의 80퍼센트가량을 차지하는 만화책 출판사―옮긴이)를 대표하는 주인공 슈퍼맨은 이런 깨달음을 아주 상징적으로 보여 준다. 슈퍼맨은 1938년 제리 시걸과 조 슈스터가 창조해 낸 만화 주인공이다. 초창기 슈퍼맨은 지금 우리가 아는 만큼 강하지 않았다. 자동차, 기차, 커다란 배를 번쩍 들거나 기차보다 빨리 달리는 정도였다. 높은 건물을 한 번에 뛰어넘을 정도였지 하늘을 자유롭게 나는 모습은 없었다. 하지만 그 후 40년 동안 슈퍼맨의 힘은 점점 세졌다. 1960년대 말에는 빛보다 빨리 날고, 엄청나게 멀리 떨어진 곳의 소리를 들으며, 사물을 꿰뚫어 보는 시력까지 갖추었다. 눈에서는 모든 것을 파괴하는 강력한 광선이 나오고, 숨결로 사물을 얼리고 태풍을 만들어 냈다. 심지어 행성도 움직일 수 있었다.

핵폭발에도 슈퍼맨은 아무런 영향을 받지 않고, 설령 어디를 다치더라도 금세 치료되었다. 한마디로 슈퍼맨은 천하무적 난공불락의 존재였다.

그러자 이상한 일이 일어났다. 슈퍼맨이 권태를 느끼기 시작한 것이다. 능력이 향상되면서 흥미로운 이야기를 생각해 내는 게 어려워졌다. DC 코믹스는 1940년대부터 이런 문제에 부닥쳤다. 그래서 '슈퍼맨이 크립토나이트라는 물질에서 발산되는 방사선에는 힘이 약해진다' 라는 설정으로 그 문제를 극복했다. 크립토나이트는 산산이 부서진 슈퍼맨의 고향 행성에서 만들어진 물질이다. 그 후 슈퍼맨의 힘을 약하게 하는 크립토나이트 변종이 스무 개 이상 생겨났다. 녹색 크립토나이트에서 나오는 방사선은 슈퍼맨의 힘을 약하게 하고, 피폭량이 한계를 넘어서면 죽을 수도 있었다. 붉은 크립토나이트 영향을 받으면 비정상적으로 행동하고, 적록색 크립토나이트 영향을 받으면 몸이 변형되었다. 한때 뒤통수에 제3의 눈이 생기기도 했다.

슈퍼맨 이야기를 흥미진진하게 유지하며 독자를 붙잡아 두려면 다른 요령도 필요했다. 1976년 슈퍼맨은 다른 회사 슈퍼히어로인 스파이더맨과 대결을 벌인다. 〈슈퍼맨과 어메이징 스파이더맨〉은 DC 코믹스가 스탠 리의 마블 코믹스와 최초로 합작한 작품이었다. 스파이더맨은 아이언맨, 헐크, 캡틴 아메리카 등과 함께 마블 코믹스를 대표하는 인기 캐릭터지만 능력은 슈퍼맨에 못 미쳤다. 마블 코믹스는 슈퍼맨과 힘의 균형을 맞추려고 스파이더맨의 능력을 키웠다. 그로 인해 스파이더맨의 정체성이 사라져 버렸다. 스파이더맨은 거미의 힘을 갖고 있어서 스파이더맨이다. 그런데 무리하게 다른 능력을 붙여서 스파이더맨은 매력을 잃고, 이야기 전체가 망가졌다.

1980년대 무렵 슈퍼맨은 치명적인 데우스 엑스 마키나(고대 문학 혹은 연극에서 주인공이 곤경에 빠졌을 때 복선 없이 등장해 문제를 해결하는 절대적 요소－옮긴이) 함정에 빠져 있었다. 전지전능한 신이 느닷없이 나타나서 곤경에 처한 주인공을 구원하는 고대 그리스와 로마 이야기처럼 슈퍼맨 이야기에서 무리한 설정이나 전개가 남발했다. 요즘에도 독자들이 합리적으로 이해할 수준을 넘어 엉뚱한 기적이나 무리한 설정으로 주인공이 위기를 벗어나는 이야기가 많다. 마블 코믹스도 설정이 꼬이면 이런 식으로 땜질하곤 했다. 예를 들어 〈엑스맨〉 캐릭터 중 하나인 라이프가드는 목숨이 위태로운 상황에서는 무엇으로든 변할 수 있는 능력이 있었다. 라이프가드는 이야기가 깔끔하게 풀리지 않을 때 자주 등장하는 인물이다. 다른 분야에도 많다. 예컨대 인기 소설가 스티븐 킹의 1978년 작 《스탠드》는 신이 직접 사악한 등장인물들을 없애는 것으로 끝을 맺는다. 한편, 1978년부터 13년간 방영된 인기 드라마 〈댈러스〉는 아홉 번째 시즌 전체를 꿈이라고 설정한 뒤 사고로 죽은 남자 주인공을 되살렸다. 주인공의 장례식 장면에서 눈물까지 흘린 팬들은 배신감을 크게 맛보았다. 팬들은 이런 식으로 전개되는 이야기를 좋아하지 않는다. 속은 느낌이 들어서다. 흥미로운 이야기에는 논리적으로 일관된 제약 조건이 설정되어 있다. 이 흐름이 논리적이고 일관되면 독자들은 기꺼이 이야기에 몰입한다. 작가는 암묵적으로 처음의 설정과 구성을 지키겠다고 독자와 약속한다. 작가가 약속을 어기고 속임수를 쓰면 팬들은 짜증이 난다. 책을 불태우거나 텔레비전을 던져 버리고 싶은 생각이 들 만큼 화가 날 때도 있다.

　　슈퍼맨도 이런 문제를 겪고 있었다. 1980년대 슈퍼맨은 신과 다름없을 만큼 강해져서 인기가 바닥을 쳤다. DC 코믹스는 마블 코믹스에서 활동한

작가 존 번을 영입해 슈퍼맨 시리즈를 전면적으로 수정했다. 외계에서 온 가장 강력한 존재라는 설정만 남기고 과도한 능력은 모두 제거했다. 다시 태어난 슈퍼맨은 행성을 들어 올리지 못하고, 수소 폭탄을 함부로 다루지도 못했다. 또 햇빛으로 에너지를 얻는 것으로 설정해 뱀파이어와는 반대로 밤에 약해졌다. 한편, 적들에게는 더 강력한 능력을 만들어 주었다. 슈퍼맨에게 합리적인 범위 내에서 한계를 부여한 것이다. 무엇이든 할 수 있는 슈퍼히어로는 영웅이 아니다. 대적할 만한 상대도 없고, 위험에 빠지지도 않으며, 변화하지도 않는다. 그래서 특별한 존재가 아니다. 감탄하고 우러러볼 이유가 없다. 합리적으로 이해받는 존재가 되려면 한계가 있어야 한다. 왜냐하면 모든 존재는 변화하기 때문이다. 변화하지 않는 것은 아무것도 없다. 더 나은 것으로 변화하든, 아니면 단지 다른 것으로 변화하든 모든 것은 변화한다. 변화한다는 것은 한계가 있다는 것이다. 완벽한 것은 변하지 않을 테니 말이다.

한계의 의미는 충분히 이해가 간다.

하지만 그런 한계에서 비롯되는 고통은 어떻게 해야 하는가? 삶의 한계가 삶 전체를 파괴할 정도로 극단적인 모습으로 나타날 수도 있다. 도스토옙스키는 〈지하로부터의 수기〉에서 주인공의 입을 통해 이런 생각을 전한다.

"세계사에 관해서 무슨 말이든 해도 좋다. 생각나는 대로 아무 말이나 지어서 해도 좋다. 하지만 할 수 없는 말이 딱 하나 있다. 세계사가 합리적이라고는 절대 말할 수 없다. 그렇게 말하면 첫마디를 꺼내기가 무섭게 할 말이 없을 것이다."[213]

괴테의 《파우스트》에서도 메피스토펠레스는 하나님의 창조론을 명확히 반박한다. 몇 년 후 발표된 《파우스트》 제2부에서 메피스토펠레스는 자신

의 신조를 약간 다른 형태로 되풀이하며 핵심을 강조한다.[214]

> 지나갔다고! 어리석은 말이로다. 어째서 지나갔단 말이냐?
> 지나간 것과 순수한 무(無)는 완전히 같은 것이다.
> 영원한 창조가 무슨 소용이 있단 말인가!
> 창조된 것은 모두 무로 돌아가기 마련인데.
> '지나갔다!'라는 말에 무슨 뜻이 있는가?
> 본래부터 없던 것이나 마찬가지인데.
> 그런데도 마치 무엇이 있기나 한 것처럼 뱅뱅 돌고 있구나.
> 그래서 나는 오히려 '영원한 허무'를 좋아한단 말이다.

꿈이 무너지거나 결혼 생활이 끝난 사람, 혹은 가족 중 누군가 치명적인 질병에 신음하는 사람이면 이 말을 이해할 수 있을 것이다. 현실이 이처럼 견디기 힘들게 흘러가는 이유는 무엇일까? 도대체 현실은 왜 이렇게 존재해야만 하는가?

콜럼바인 고등학교에서 총기를 난사한 범인들이 간접적으로 말했듯이, 어쩌면 아예 존재하지 않는 편이 더 나을지 모른다. 어쩌면 절대자 자체가 없는 편이 훨씬 나을지 모른다. 존재하지 않는 게 낫다고 생각하는 사람들은 자살을 생각하고, 절대자가 없는 게 낫다고 생각하는 사람들은 극악무도한 것을 생각한다. 모든 것을 파괴하고 없애 버려야 한다는 생각에 사로잡힌다. 대량 학살, 심지어 그보다 더 악한 짓도 생각해 낸다. 가장 어두운 곳에도 항상 더 어두운 구석이 있기 마련이다. 이런 생각의 흐름은 충분히 이해가 된다. 행동으로 옮기지는 않더라도 그런 결론을 내리는 사람들의 심정도 납득이 간다. 바로 그 점이 정말 끔찍한 것이다. 합리적인 사람이라면 고통받는 자녀를 보며 어떤 생각을 하겠는가? 가슴이 아프지 않을 수가 없다. 합리적인 사람이 아니라 마음이 따뜻하고 여린 사람이라고 하는 게 더 정확한 표현일지도 모르겠다. 선한 하나님이라면 어떻게 이런 세상이 존재하도록 허락할 수 있겠는가.

충분히 할 수 있는 생각이다. 하지만 중대한 결함이 있다. 이런 생각이 행동으로 옮겨지면 그러잖아도 나쁜 상황이 최악의 상황으로 변한다. 삶이 고통스럽다는 이유로 삶을 증오하고 경멸하면 삶 자체가 더욱 힘들어질 뿐이다. 이런 증오와 경멸은 삶의 비극에 맞서는 자세가 아니다. 어떤 선한 의지도 담겨 있지 않다. 오직 고통을 위한 고통을 만들어 내겠다는 욕망만 있을 뿐이다. 이런 욕망이 악의 정수다. 이렇게 생각하는 사람은 언제라도 대혼란을 일으킬 수 있다. 대부분 그럴 만한 힘이나 수단이 없겠지만, 때로는 스탈린처럼 핵 단추를 손에 쥔 사람도 있다.

비극적인 삶을 피할 수 없다면 어떤 형태로든 논리적으로 타당한 대안이 있을까? 말라리아모기, 전쟁터에 총을 들고 나가 싸우는 아이들, 퇴행성 신경 질환이 만연한 세상 등이 진정 정당화될 수 있을까? 19세기였다면 정당화될 수 있다고 생각했을지도 모른다. 그때는 20세기에 전체주의적 공포 행위가 수천만 명을 학살하기 전이었으니까. 홀로코스트, 스탈린의 숙청, 파멸적 결과를 초래한 마오쩌둥의 대약진 운동이 뭔지 모를 때였으니까.[215] 나도 '생각'만으로 이런 의문에 대한 답을 구할 수 있을 거라고는 믿지 않는다. 생각은 하면 할수록 깊은 구렁텅이로 빠져든다. 톨스토이도 생각의 늪에서 빠져나오지 못했다. 역사상 그 누구보다 이런 문제를 진지하게 고민한 니체 역시 생각만으로는 이 의문에 정확한 답을 내놓지 못했을 것이다. 그러나 지극히 암울한 상황에서 생각에 의지할 수 없다면 무엇에 의지할 수 있을까? 어쨌든 생각은 인간이 가진 최고의 능력 아닌가?

꼭 그렇지는 않다. 생각이 엄청난 힘을 지닌 것은 사실이지만 생각을 대신하는 것들이 있다. 삶이 실존적으로 견딜 수 없는 것으로 밝혀지면 생각은 붕괴되어 흔적조차 남지 않는다. 이런 상황, 즉 실존적으로 견디기 힘든 상황에 필요한 것은 생각이 아니라 '깨달음'이다. 내가 고통스러운 순간에 깨달은 점은 다음과 같은 것이었다.

'누군가를 진정으로 사랑한다는 것은 그 사람의 한계에도 불구하고 사랑하는 게 아니라, 바로 그의 한계 때문에 사랑하는 것이다.'

물론 사랑은 복잡한 것이다. 당신이 모든 결함과 사랑에 빠질 필요는 없다. 결함을 받아들이고 인정하면 그것으로 충분하다. 또 삶을 더 낫게 만들려는 노력을 중단할 필요도 없다. 그런 노력을 하지 않으면 고통을 방치하는 것이다. 그러나 삶을 개선하는 데에는 분명히 한계가 있다. 그 한계를 넘어서면 인류의 희생이 뒤따를 수도 있다. '삶에는 한계가 필요하다'라는 것을 인정하더라도 부모님이 아직 건강하시고, 자식들은 잘 자라고 있으며, 결혼 생활이 행복하다면 굳이 골치 아픈 생각을 길게 하기는 싫을지도 모른다. 그러나 비극은 분명히 찾아온다.

험난한 인생의 바다를 현명하게 항해하는 법

미카일라는 극심한 고통으로 수많은 밤을 뜬눈으로 지새워야 했다. 우리 아버지가 가끔 방문했는데, 아파하는 손녀딸을 보고는 당신이 드시던 타이레놀 3를 먹이곤 했다. 타이레놀 3에는 아편 성분인 코데인이 들어 있어서 잠시나마 잠들 수 있었다. 하지만 그것도 오래가지 못했다. 미카일라의 주치의는 딸아이가 아무리 아파해도 진통제를 주지 않았다. 그는 어린 여자아이에게 아편제를 처방한 적이 있는데, 그 아이가 아편에 중독되어 곤란을 겪은 적이 있어서 그 후로 다시는 그런 실수를 하지 않겠다고 다짐했던 것이다. 주치의가 미카일라에게 "이부프로펜은 먹어 봤니?"라고 물었다. 딸아이는 그때 의사도 모르는 게 있다는 것을 알게 되었다. 미카일라에게 주로 해열제로 쓰이는 이부프로펜을 먹으라는 것은 굶주린 사람에게 빵 부스러기를 던져 주는 것과 같았다.

결국 우리는 다른 의사를 찾아 나섰다. 새로운 의사는 미카일라의 증세를 신중하게 듣더니 타이레놀 3를 처방해 주었다. 우리 아버지가 가끔 건네주던 약이었다. 코데인이 들어간 약을 처방한다는 것은 매우 위험한 일이다. 의사들은 아편제 처방에 엄청난 압박을 받기 때문에 어린아이에게는 처방하지 않는 게 원칙이다. 타이레놀 3는 효과가 있었지만 충분하지 않았다. 결국 말기 암 환자들이 먹는 옥시콘틴 진통제를 먹기에 이르렀다. 강력한 마약 성분이 들어 있는 옥시콘틴은 미카일라의 통증을 잡았지만, 다른 문제가 생겼다. 그 약을 먹은 지 일주일쯤 지난 뒤 아내가 딸아이를 데리고 외출을 했다. 그런데 미카일라가 술에 취한 것처럼 발음이 어눌해지고 고개를 제대로 들지 못했다. 좋지 않은 징조였다.

호스피스 전담 간호사이던 형수가 옥시콘틴에 리탈린을 추가해 보라고 조언해 주었다. 리탈린은 주의력 결핍 과잉 행동 장애가 있는 아이들이 주로 먹는 각성제 성분의 약이었다. 리탈린을 복용하자 미카일라의 정신이 다시 또렷해지면서 통증도 좀 줄어들었다. 그러나 곧이어 통증이 더 심해졌다. 제대로 서 있지 못하고 쓰러지는 일도 자주 있었다. 딸아이는 고관절이 아파서 계단을 오르지 못했다. 에스컬레이터가 작동되지 않는 지하철역에서는 남자 친구가 안고 지하철 계단을 올랐다. 그런 일이 한두 번이 아니었다. 그때마다 택시를 타고 집에 왔다. 미카일라에게 지하철은 너무 힘겨운 교통수단이 되어 버렸다. 그해 3월 딸아이에게 작은 스쿠터를 사 주었다. 너무 위험하지 않을까 고민했지만, 이동의 자유가 사라지는 것보다는 덜 위험하다고 판단했다. 미카일라는 임시 운전 교습 시험을 통과해서 낮에는 스쿠터를 타고 다녔다. 몇 달 뒤 정식 운전면허를 받았다.

그해 5월 미카일라는 결국 고관절을 인공 관절로 대체했다. 원래 0.5센티미터 차이가 나던 두 다리의 길이도 인공 관절 수술을 하면서 맞추었다. 엑스레이에 검게 보이는 부분이 있어 뼈가 죽어 있다고 생각했는데, 검은 부분은 그림자가 진 것이었다. 다행히 뼈에는 이상이 없었다. 할아버지, 할머니, 이모가 찾아와 미카일라를 위로해 주었다. 며칠 동안은 별다른 문제가 없었다.

수술 직후 딸아이는 성인 재활 센터 병동에 입원했다. 미카일라는 병동에서 나이가 가장 어렸다. 나이가 가장 많은 환자와 예순 살 정도 차이가 났다. 방을 함께 쓰는 환자는 나이가 많고 몸이 쇠약해 화장실에 가는 대신 이동 변기를 사용했다. 신경증이 심했는지 밤에도 불을 끄지 못하게 하고 문도 열어 두어야 했다. 게다가 간호사 사무실이 바로 옆에 있어서 비상벨이 끊임없이 울리는 등 항상 시끌벅적했다. 그러잖아도 잠이 부족한데 도저히 잠을 잘 수 없는 병실이었다. 오후 7시 이후에는 방문객의 출입도 허용되지 않았다. 그런데도 재활 센터 병동에 입원한 이유는 물리 치료를 편하게 받기 위해서였다. 하지만 물리 치료사도 휴가 중이었다. 미카일라가 당직 간호사에게 병실을 옮겨 달라고 요청했다. 간호사는 병실 호수를 확인하고 피식 웃기만 할 뿐 아무런 조치도 취하지 않았다. 그곳에서 딸아이에게 도움을 준 사람은 병원 청소부가 유일했다. 그가 나서서 미카일라를 다른 병실로 옮겨 주었다.

딸아이는 재활 센터에서 6주 동안 지낼 계획이었는데 3일 만에 나왔다. 휴가 간 물리 치료사가 복귀했을 때는 이미 재활 센터 계단을 무리 없이 오르내리고 다른 동작을 하는 데도 큰 문제가 없었다. 미카일라가 재활 센터에서 지내는 동안 나는 딸아이가 안전하게 다닐 수 있게끔 집 안 곳곳에 난간을 설치했다. 난간 설치를 마치자마자 미카일라를 집으로 데려왔다. 미카일라는 통증을 잘 참았고, 수술 과정도 무리 없이 견뎌 냈다. 하지만 그 끔찍한 재활 센터는 딸아이에게 정신적으로 큰 상처를 남겼다.

미카일라는 퇴원하고 나서 한 달 뒤 오토바이 운전 교습소에 정식으로 등록했다. 이제 합법적으로 스쿠터를 몰고 다닐 수 있었다. 당연히 우리 모두 걱정했다. 혹시라도 스쿠터를 타는 동안 고통이 찾아와서 넘어지면 어떻게 하지? 사고라도 나면? 교습소에 등록한 첫날 미카일라는 진짜 오토바이로 연습을 했다. 진짜 오토바이는 무거웠다. 딸아이는 몇 번이나 오토바이를 넘어뜨렸다. 마침 어떤 교육생이 주행 연습장에서 세게 넘어져 뒹구는 장면을 본 미카일라는 얼굴이 하얗게 질렸다. 둘째 날, 전날 본 장면이 머릿속에서 지워지지 않았는지 딸아이가 교습소 가는 걸 두려워했다. 아예 침대에서 일어나려 하지 않았다. 우리는 한참 대화를 나누었다. 엄마가 교습소에 태워다 줄 테니 교습소에 도착할 때까지 두려움이 사라지지 않으면 그냥 돌아오는 것으로 합의를 보았다. 다행히 교습소로 가는 동안 딸아이는 용기를 되찾았다. 마침내 면허증을 받는 날, 교습생 모두 미카일라를 박수로 격려해 주었다.

얼마 후 미카일라의 오른쪽 발목 관절에 문제가 생겼다. 관절염이 재발

해 극심한 고통이 찾아왔다. 의사들은 큰 뼈들을 하나로 이어 붙이면 고통을 줄일 수 있다고 했다. 그런데 그렇게 하면 발목을 쓸 수 없을 뿐만 아니라 작은 뼈들까지 나빠질 수 있었다. 움직일 일이 많지 않은 노인들이 고통을 줄이기 위해서 선택하는 마지막 치료법이었다. 10대 환자가 덜컥 선택할 치료법은 결코 아니었다. 당시는 발목 인공 관절 치환술이 막 개발되었을 때다. 인공 관절 수술을 해 달라고 요청하니 대기자가 많아 3년을 기다려야 한다고 했다. 발목 관절염 통증은 3년을 참고 견딜 만한 수준이 아니다. 매일, 매시간 뼈가 부러지는 정도의 고통을 견뎌야 한다. 미카일라의 발목 통증은 고관절 통증보다 훨씬 심했다. 통증이 심한 밤이면 딸아이는 견디다 못해 실신하기도 했다. 어떤 방법으로도 미카일라를 진정시킬 수 없었다. 딸아이가 거의 한계에 이르렀다는 걸 직감했다. 조금만 참으라는 위로조차 무책임한 소리로 들렸을 것이다.

우리는 몇 달 동안 필사적으로 온갖 대체 장치를 찾아 적합성을 조사했다. 조금이라도 수술을 빨리 받을 수 있는 곳을 찾아 인도, 중국, 영국, 코스타리카, 플로리다주 등 온갖 곳을 조사했다. 온타리오주 보건부에 도움을 요청했는데 그들이 큰 도움을 주었다. 캐나다 전역을 뒤져 밴쿠버에서 수술 일정이 맞는 전문의를 찾아냈다. 마침내 11월에 인공 관절 수술을 받았다. 수술 후 미카일라는 극도의 통증에 시달렸다. 석고 붕대가 뼈와 맞댄 피부를 심하게 압박했기 때문이다. 병원에서 옥시콘틴을 처방해 주었는데 통증이 크게 가시지 않았다. 미카일라의 옥시콘틴 내성 수준이 꽤 높아진 탓이었다.

통증이 그럭저럭 가라앉은 후 퇴원했다. 아편제도 줄이기 시작했다. 옥시콘틴의 진통 효과는 확실했다. 하지만 미카일라는 삶이 우울해지는 기분이라며 그 약을 좋아하지 않았다. 옥시콘틴은 마약인 만큼 줄일 수 있으면 줄여야 한다. 딸아이는 오래지 않아 옥시콘틴을 완전히 끊었다. 옥시콘틴을 끊는다는 게 쉬운 일은 아니었다. 몇 개월 동안 극심한 고통을 견뎌야 했다. 밤이면 식은땀과 개미가 피부 속에서 기어 다니는 듯한 스멀거림에 시달렸다. 미카일라에게 즐거움이라는 감정이 아예 사라져 버린 것 같았다. 아편제를 끊는 과정에서 겪는 금단 증상들이었다.

그 기간에 나머지 가족들은 정신없이 살았다. 인생에 큰 불행이 찾아온다고 해서 일상에서 할 일이 사라지는 것은 아니다. 항상 하던 일은 해야만 하고, 최대한 정상적인 일상을 유지해야 한다. 어떻게 하면 그럴 수 있을까? 우리가 터득한 비결을 소개하면 다음과 같다.

큰 질병이나 위기 상황에 놓였을 때는 그 문제에 관해 대화하고 생각할 시간을 따로 정해 둔다. 그리고 매일 정해 놓은 그 시간에만 그 문제에 관해 상의한다. 정해 놓은 시간 외에는 그 문제에 관해 언급하지도 않고 생각하지도 않는다. 그런 문제가 우리에게 미치는 영향을 제한하지 않으면 지치기 마련이고, 결국에는 모든 것이 망가진다. 온종일 고민한다고 해서 더 나아지지 않는다. 힘을 아껴야 한다. 질병이나 큰 위기는 한두 번의 전투로 끝나지 않는다. 언제 끝날지 모르는 전쟁이다. 전쟁은 수많은 전투로 이루어진다. 최대한 평상심을 유지해야 한다. 그래도 불쑥 걱정이 떠오르는 건 어쩔 수 없다. 그럴 때마다 매일 예정된 시간에 그 문제로 걱정하지 않느냐고 다독거린다. 그러면 걱정을 떨쳐 내는 데 어느 정도 도움이 된다. 뇌에서 불안을 담당하는 부분은 계획의 세부 내용보다 계획이 있는지 없는지에 더 큰 영향을 받는다. 계획이 있다는 것만으로도 불안감이 크게 줄어든다. 그리고 가능하면 질병이나 위기에 관해 생각하는 시간을 저녁이나 밤에 잡지 말라. 숙면에 방해가 된다. 잠은 정말 중요하다. 잠을 편히 못 자면 모든 게 힘들어진다.

상황이 순조롭게 돌아가면 다음 달이나 다음 해에 뭘 할지 계획을 세우고, 5년 뒤나 10년 뒤 맞이할 장밋빛 미래를 꿈꿀 수도 있다. 그러나 악어에게 다리를 물린 순간에는 미래에 대한 계획은 아무 소용이 없다. 어떻게든 그 상황을 벗어나야 한다. 인생의 힘든 순간을 겨우 지나오면서 내가 터득한 비결 하나는 시간 단위를 아주 짧게 끊어서 생각하는 것이다. 다음 주를 어떻게 보내야 할지 막막하면 우선 내일만 생각하고, 내일도 너무 걱정된다면 1시간만 생각한다. 1시간도 생각할 수 없는 처지라면 10분, 5분, 아니 1분만 생각한다. 사람은 상상 이상으로 강인하다. 지금 눈앞에 놓인 문제를 마주할 용기만 낸다면 생각보다 더 많은 것을 견딜 수 있다. 힘들고 어려울 때일수록 아주 사소한 아름다움을 볼 수 있어야 한다. 그래야 원하는 것이 이루어지지 않았을 때 인생이 완전히 망가지는 걸 막을 수 있다.

그래서 예수님도 제자들에게 이렇게 가르친 게 아닐까?

그러므로 내일 일을 위하여 염려하지 말라.
내일 일은 내일이 염려할 것이요, 한 날의 괴로움은 그날로 족하니라.

— 〈마태복음〉 6장 34절

이 구절은 '내일을 걱정하지 말고 현재에 충실하라'라는 가르침으로 해석되지만, 사실 그것보다는 더 심오한 의미를 담고 있다. 이 구절은 산상 수훈의 일부이므로 산상 수훈의 맥락에서 해석해야 한다. 산상 수훈은 '하지 말라'라고 하는 모세의 십계명을 '하라'라는 규범적 명령으로 집약하고 있다. 그리스도는 제자들에게 하나님의 천국과 진리를 믿으라고 명령한다. 최고의 선을 자기 의지로 받아들이겠다는 결단이고, 용기 있는 행동이다. 피노키오를 만든 목수 제페토처럼 높은 목표를 세워라. 간절한 마음으로 올바르게 행동하라. 운이 좋아서 하늘의 뜻과 일치하면 하루하루 집중할 수 있다. 신중하게 행동하라. 당신이 통제할 수 있는 것들을 정돈하라. 무질서한 것을 정비하고, 고장 난 것을 수선하라. 이미 좋은 것은 더 좋게 만들어라. 신중하게 행동하면 인간은 무엇이든 해낼 수 있다. 인간은 무척 강인하다. 인간은 고통과 상실을 견뎌 내고 살아남을 수 있다. 그러나 어떤 역경에도 굴복하지 않고 인내하려면 절대자의 선한 면을 볼 수 있어야 한다. 그 선한 면을 보지 못하면 삶의 방향을 완전히 상실할 수 있다.

다시 개와 고양이 이야기

개는 사람과 비슷하다. 개는 사람의 친구이자 충실한 동반자다. 길들어지고 사회적이며 위계질서를 따른다. 개는 가족 서열 밑바닥에서도 즐거워한다. 관심을 받는 만큼 충성과 존경과 사랑으로 보답한다. 한마디로 개는 위대하다.

하지만 고양이는 무엇과도 비교할 수 없는 독특한 동물이다. 사회적이지도 않고, 일시적인 경우를 제외하면 위계질서를 따르지도 않는다. 완전히 길들어지지도 않는다. 재롱을 부리지도 않고, 자기만의 방식으로 친근감을 표시한다. 개는 주인 말을 잘 따르지만, 고양이는 스스로 결정한다. 고양이는 자기만의 이유로 인간과 자발적으로 교감하는 듯하다. 내가 보기에 고양이는 자연 그 자체이자, 가장 순수한 형태의 존재다. 인간을 무심하게 바라보며 이해한다는 듯한 표정을 지으면, 인간보다 우월한 존재라는 느낌마저 든다.

길에서 고양이와 마주치면 여러 가지 일이 일어난다. 나는 멀리서 고양이가 보이면 장난을 걸고 싶어진다. 크게 휘파람을 불어 주의를 끌면 깜짝 놀란 고양이가 털을 부풀리며 옆으로 돌아서서 실제보다 더 커 보이려고 한다. 그들의 진지한 반응을 보면 웃음이 난다. 깜짝 놀라는 고양이의 모습은 정말 사랑스럽다. 그리고 깜짝 놀란 자기 모습에 자존심 상해하며 당황해하는 모습도 사랑스럽다. 그렇게 첫인사를 나누고 나면 쓰다듬어 주고 싶어서 허리를 굽혀 고양이를 부른다. 어떤 때는 휙 달아나 버리고, 어떤 때는 나를 완전히 무시한다. 그것이 고양이다운 반응이다. 가끔은 고양이가 나에게 다가와 내 손에 얼굴을 들이밀면서 좋아할 때도 있다. 때로는 콘크리트 바닥에 몸을 뒤집고 누워 등을 활처럼 휘기도 한다. 하지만 이런 자세에서도 손을 물거나 할퀴기도 한다.

우리 집 건너편에는 '진저'라는 이름의 고양이가 산다. 침착한 성격에 아주 예쁘게 생긴 샴고양이다. 진저는 5가지 성격 특성(신경성, 외향성, 친화성, 성실성, 개방성) 중 신경성 지수가 낮다. 불안, 두려움, 정서적 고통을 잘 느끼지 않는다는 뜻이다. 개들에게 괴롭힘을 당하지도 않는다. 우리 개 시코와는 절친한 사이다. 가끔 진저를 부르면 꼬리를 높이 세우고 종종걸음으로 길을 건너온다. 자발적으로 올 때도 있다. 그러고는 시코 앞에서 등을 바닥에 대고 눕는다. 시코는 꼬리를 흔들며 반겨 준다. 진저가 가끔 우리 쪽으로 와서 30초 정도 머물다 갈 때도 있다. 그러면 뭔가 뜻밖의 행운이 찾아온 기분이 든다. 기분 좋은 날이라면 기분이 더 좋아지는 선물이고, 안 좋은 날이라면 잠깐 한숨 돌릴 수 있는 시간이다.

아무리 안 좋은 날이라도 주의를 기울이면 그런 작은 기쁨의 순간을 발견할 수 있다. 귀여운 여자아이가 발레복을 입고 길에서 춤추는 모습을 볼 수도 있고, 우연히 들른 카페에서 정성껏 내린 향긋한 커피를 맛볼 수도 있다. 찾아보면 기분 좋은 행운은 얼마든지 있다. 좋아하는 일을 하며 10~20분을 보내도 좋다. 그렇게 고단한 삶을 잠시 잊고 긴장을 풀 수 있다. 나는 〈심슨 가족〉을 1.5배 속도로 보는 걸 좋아한다. 아무 생각 없이 낄낄거리다 보면 금세 기분이 좋아진다.

길을 걷다가 고양이와 마주치면, 존재의 경이로움이 삶에서 피할 수 없는 고통을 보상해 준다는 것을 잠시나마 떠올려 볼 수 있지 않을까?

길에서 고양이와 마주치면 쓰다듬어 주어라.

덧붙이는 글

법칙 12를 다 쓰고 얼마 지나지 않아 미카일라의 담당 의사에게서 연락이 왔다. 발목 인공 관절을 제거하고 발목을 유합하는 수술을 하는 게 좋겠다고 했다. 발목을 절단해야 한다는 뜻이었다. 인공 관절 수술 후 딸아이는 8년 동안이나 고통에 시달리고 있었다. 그렇다고 움직임이 크게 나아진 것도 아니었다. 가장 안 좋았을 때에 비하면 모든 면에서 조금이나마 나아진 것은 사실이었다. 나흘 후 미카일라는 우연히 새로운 물리 치료사에게 치료를 받게 되었다. 영국 런던에서 발목을 전문으로 하는 치료사였다. 듬직한 체구에 힘도 좋고 세심한 사람이었다. 그는 두 손으로 미카일라의 발목을 잡고 약 40초 동안 지그시 누르고는 발을 앞뒤로 움직여 보라고 했다. 딸아이는 어긋난 뼈가 제자리를 찾은 느낌이라고 했다. 거짓말처럼 미카일라를 괴롭히던 통증이 순식간에 사라졌다. 딸아이는 의사 앞에서 한 번도 울지 않았는데 그날은 눈물을 글썽였다. 무릎도 똑바로 펴졌다. 지금 미카일라는 오래 걸어도 아파하지 않는다. 맨발로 주변을 돌아다니기도 한다. 수술한 다리의 종아리 근육도 회복되었다. 인공 관절로 교체한 부분도 훨씬 자연스럽게 움직인다. 올해 미카일라는 결혼하고 딸을 낳았다. 그 딸에게 돌아가신 외할머니 이름을 따서 '엘리자베스'라는 이름을 지어 주었다.

　모든 것이 좋다.

　지금만큼은.

선물로 받은 라이트펜으로 무엇을 쓸까?

2016년 말 나는 친구를 만나러 캘리포니아 북쪽으로 여행을 갔다. 저녁 시간을 함께 보내고 있는데 그가 재킷에서 펜을 꺼내 뭔가를 끄적거렸다. 펜 끝에 작은 LED 등이 달려 어두운 곳에서도 글을 쓰는 데 문제가 없었다. 그 순간에는 '참 별것이 다 나오는구나'라고 생각했다. 그런데 문득 라이트펜에 관심이 갔다. 상징적이고 형이상적인 의미가 있다는 생각이 들었기 때문이다. 우리는 인생이 어디로 향하는지도 모르는 채 어둠 속을 걷는다. 빛으로 쓴 글이 미래로 향하는 길을 밝혀 줄 것 같았다. 나는 친구에게 펜을 받아 글을 좀 끄적거려 보다가 선물로 주면 안 되겠느냐고 물었다. 그는 흔쾌히 그러라고 했다. 다른 어떤 선물을 받을 때보다 기뻤다.

'이제 어둠 속에서도 세상을 밝히는 글을 쓸 수 있게 되었다!'

물론 진짜로 그런 글을 써야 의미가 있다. 그래서 진지하게 '새로 생긴 라이트펜으로 무엇을 하면 좋을까?' 생각해 보았다. 《신약 성경》에 이 질문과 밀접하게 관련된 구절이 있다. 내가 예전부터 자주 생각하던 구절이다.

구하라, 그리하면 너희에게 주실 것이요

찾으라, 그리하면 찾아낼 것이요

문을 두드리라, 그리하면 너희에게 열릴 것이니

구하는 이마다 받을 것이요

찾는 이는 찾아낼 것이요

두드리는 이에게는 열릴 것이니라.

– 〈마태복음〉 7장 7~8절

얼핏 보면 이 구절은 하나님에게 은혜를 간구하는 마법의 기도문으로 여겨진다. 그러나 하나님은 소망을 쉽게 들어주는 신이 아니다. 법칙 7(쉬운 길이 아니라 의미 있는 길을 선택하라)에서 보았듯이, 그리스도는 광야에서 사탄에게 유혹을 받을 때도 아버지 하나님에게 섣불리 은총을 구하지 않았다. 절망에 빠진 사람들의 기도가 매일 응답을 받는 것도 아니다. 그러나 간청이 적절한 방법으로 표현되지 않았기 때문에 응답받지 못하는 것일 수 있다. 또 실패하거나 큰 잘못을 저지를 때마다 하나님에게 물리적 법칙을 깨뜨리고 우리를 도와 달라고 간구하는 것 자체가 부당한 일이다. 말 앞에 수레를 매달 수 없듯이, 문제를 마법적인 방법으로 해결해 달라고 할 수는 없다. 오히려 문제를 해결할 강한 의지와 올바른 성품, 지치지 않는 힘을 기르기 위해 무엇을 해야 하는지 묻는 편이 더 낫다. 아니면 진리를 볼 수 있는 눈을 달라고 하는 게 더 낫다.

아내와 나는 30년 동안 함께 살면서 의견이 충돌할 때가 한두 번이 아니었다. 심각하게 다툰 적도 적지 않다. 화목하던 결혼 생활이 뭔가 알 수 없는 이유로 깨지기 시작하면 그 균열을 대화만으로는 쉽게 봉합할 수 없었다. 그때마다 우리는 감정과 분노가 지배하는 말다툼의 덫에서 빠져나오지 못했다. 우리는 그런 상황이 닥치면 대화를 즉시 중단하고 잠시 떨어져 생각할 시간을 갖자고 합의를 보았다. 말다툼이 한창일 때 물러서기는 쉽지 않았다. 잘잘못을 따지고 승패를 가리고 싶은 욕망에 사로잡히곤 했다. 그러나 통제할 수 없는 지경으로까지 치닫는 위험을 감수하는 것보다는 훨씬 나았다.

우리는 혼자만의 시간을 보내며 각자 다음과 같은 질문에 대해 생각해 보기로 했다.

'우리가 다툰 문제에 내가 잘못한 점은 없었나? 지극히 작은 부분이나 간접적인 부분이라도 내가 잘못한 게 없었을까? 우리 각자가 실수한 부분은 없었나?'

그러고는 생각이 정리되면 차분한 마음으로 다시 얼굴을 맞대고 앉아 "내가 잘못한 것은……" 하면서 반성의 결과를 주고받았다.

이런 질문을 당신 자신에게 할 때 중요한 점은 당신이 답을 진정으로 원해야 한다는 것이다. 또 답을 진정으로 원할 때의 문제는, 그 답이 당신 마음에 들지 않을 수도 있다는 것이다. 말다툼할 때는 누구나 자신이 맞고 상대방이 틀렸기를 원한다. 희생하고 변해야 할 사람은 상대방이지 내가 아니다. 누구나 이렇게 생각한다. 만약 내가 틀렸고 내가 변해야 할 사람이라면 과거에 대한 기억, 현재를 살아가는 방법, 미래에 대한 계획 등을 다시 고민해 봐야 한다. 그 결과를 바탕으로 더 나아지기로 결심하고, 구체적인 방법을 생각해 내야 한다. 그리고 그 생각을 실천해야 한다. 이 모든 것이 힘들고 고단한 과정이다. 새로운 깨달음을 얻고 새로운 행동을 습관으로 만들려면 반복적인 실천이 필요하다. 물론 아무런 노력도 하지 않고 되는 대로 사는 게 더 쉽다. 진실이 무엇인지 신경 쓰지 않고 알게 되더라도 무시하며 사는 게 훨씬 쉽다.

이때 옳은 사람이 되기를 원하는지, 평화를 원하는지 결정해야 한다.[216] 당신이 옳다고 계속 주장할지, 상대방의 이야기를 경청하고 협상할지를 결정해야 한다. 당신이 옳다고 해서 마음의 평화가 찾아오는 것은 아니다. 당신이 옳으면 상대는 틀린 것이 된다. 그럼 상대는 패배를 인정해야 한다. 이런 상황이 반복되면 결혼 생활은 끝나고 말 것이다. 설령 끝나지는 않더라도 빨리 끝내고 싶을 만큼 삐걱거릴 것이다. 평화를 바란다면 잘잘못을 따지기보다는 답을 찾는 데 집중해야 한다. 그래야 아집에서 벗어날 수 있다. 이것이 협상의 전제 조건이다. '당신 자신을 도와줘야 할 사람처럼 대하라'라는 법칙 2를 진정으로 따르는 것이다.

자신에게 이런 질문을 던진 뒤 수치스러운 답이 나와도 겸허하게 받아들이겠다는 자세로 답을 찾으면, 과거 어느 시점의 어리석고 잘못된 행동이 마음 깊은 곳에서 떠오른다. 그러면 상대방에게 멍청하게 행동한 이유를 설명하고 진심으로 사과하면 된다. 상대방도 당신과 똑같이 잘못을 사과할 것이다. 그러면 두 사람은 다시 대화를 시작할 수 있다.

어쩌면 진정한 기도란 이렇게 묻는 것일지도 모른다.

'내가 무엇을 잘못했습니까? 이 모든 것을 바로잡으려면 내가 어떻게 해야 합니까?'

당신은 섬뜩한 진실에도 마음의 문을 열어 두어야 한다. 당신이 듣고 싶지 않은 진실이라도 기꺼이 받아들여야 한다. 당신 스스로 결함을 바로잡겠다고 결심하고 결함을 찾아내기 시작하면 온갖 새로운 생각과 만나게 된다. 그런 생각들은 양심과 나누는 대화이고, 어떤 점에서는 하나님과 의논하는 것이다.

이런 관점에서 '새로 생긴 라이트펜으로 무엇을 하면 좋을까?'라고 물은 것이다. 진정 답을 원하는 마음으로 그렇게 물었다. 나는 답을 찾아 나섰다. 나의 내면에서 서로 다른 자아가 나누는 말에 귀를 기울였다. 그리고 진지하게 생각했다. 법칙 9(다른 사람이 말할 때는 당신이 꼭 알아야 할 것을 들려줄 사람이라고 생각하라)에서 이야기한 것처럼 경청했다. 법칙 9는 누구에게나 적용될 수 있다. 나 자신에게도 해당한다. 질문한 사람도 나고, 대답하는 사람도 나였다. 그러나 두 존재는 같은 존재가 아니다. 답이 무엇일지는 나 자신도 몰랐다. 나는 답이 내 상상의 무대에 등장하기를 기다렸다. 단어들이 진공에서 용솟음치기를 기다렸다.

우리가 생각해 내는 것에 어떻게 우리가 놀랄 수 있을까? 우리가 모르는 것을 우리가 어떻게 생각할 수 있을까? 새로운 생각은 어디에서 생겨나는 것일까? 새로운 생각은 누가 생각해 내는 것일까?

내가 받은 라이트펜은 어둠 속에서도 세상을 밝히는 글을 쓸 수 있는 도구였다. 나는 그 펜으로 최선의 성과를 내고 싶었다.

'뭘 쓰면 좋을까?'

생각하자마자 하나의 답이 떠올랐다.

'네가 영혼에 새기고 싶은 말을 써 보라.'

나는 이 생각을 종이에 적었다. 약간 감상적이기는 해도 나쁘지 않다는 생각이 들었다. 자신감이 붙어서 더 어려운 과제에 도전해 보기로 했다. 까다로운 질문을 하고 그 답을 구해 보기로 했다. 물론 당신도 똑같이 해 볼 수 있다. 내가 가장 먼저 한 질문은 '내일 나는 무엇을 할 것인가?'였고, 내가 구한 답은 '가장 짧은 기간에 해낼 수 있는 최선의 것'이었다. 만족스럽고 도전할 만한 가치가 있는 답이었다. 야심 가득한 목적과 최고의 효율을 결합한 답이었다. 두 번째 질문도 같은 맥락이었다. '내년에는 무엇을 할 것인가?'였고, 답은 '내가 내일 하는 것보다 모든 면에서 더 나은 것'이었다. 꽤 멋진 답이었다. 첫 질문에 대한 답에서 표현된 야망이 자연스럽게 확대되었다는 생각이 들었다. 나는 친구에게 선물로 받은 펜으로 진지하게 글쓰기 실험을 하고 있다고 말했다. 그때까지 쓴 질문과 대답을 읽어 주었더니 그도 공감해 주었다. 기분이 좋았다. 계속 글을 써야겠다는 의욕이 생겼다.

다음 질문으로 첫 단계를 마무리했다.

'인생을 어떻게 살 것인가?'

내가 찾은 답은 '파라다이스를 목표로 삼고, 오늘에 집중할 것'이었다. 나는 이 답이 무엇을 뜻하는지 잘 알고 있었다. 디즈니의 애니메이션 〈피노키오〉에서 목수 제페토가 별에게 소원을 빌 때의 마음과 같은 것이다. 목각 인형을 조각하는 할아버지 제페토는 일상의 근심에 찌든 세속적인 세계에서 반짝이는 별들을 바라보며, 마음속에 깊이 간직하고 있던 소원을 빌었다. 그가 조각한 목각 인형이 자신에게 연결된 끈을 끊어 내고 진짜 남자아이로 변하기를 바랐다. 법칙 4(당신을 다른 사람과 비교하지 말고, 오직 어제의 당신하고만 비교하라)에서 보았듯이, 이런 바람은 산상 수훈의 핵심적인 메시지이기도 하다. 산상 수훈을 다시 한번 인용해 보자.

또 너희가 어찌 의복을 위하여 염려하느냐.

들의 백합화가 어떻게 자라는가 생각하여 보라.

수고도 아니하고 길쌈도 아니하느니라.

그러나 내가 너희에게 말하노니,

솔로몬의 모든 영광으로도 입은 것이 이 꽃 하나만 같지 못하였느니라.

오늘 있다가 내일 아궁이에 던져지는 들풀도 하나님이 이렇게 입히시
거든

하물며 너희일까 보냐, 믿음이 작은 자들아.

그러므로 염려하여 이르기를,

무엇을 먹을까 무엇을 마실까 무엇을 입을까 하지 말라.

이는 다 이방인들이 구하는 것이라.

너희 하늘 아버지께서 이 모든 것이 너희에게 있어야 할 줄을 아시느니라.

너희는 먼저 그의 나라와 그의 의를 구하라.

그리하면 이 모든 것을 너희에게 더하시리라.

– 〈마태복음〉 6장 28~33절

산상 수훈에 담긴 뜻은 무엇일까? 상황을 정확히 판단하라는 뜻이다. 그
러고 나서 오늘에 집중하라는 뜻이다. 선함과 아름다움, 진실에 시선을 고
정하고, 매 순간 문제에 집중하라는 뜻이다. 땅 위에서 부지런히 일하면서
도 목표는 끊임없이 하늘에 두고, 현재에 충실하면서도 미래를 지향해야
한다는 뜻이다. 그래야 현재와 미래를 완벽하게 만들 수 있다.

시간 활용에 대한 질문과 답을 해결하고 인간관계로 넘어갔다. 질문과
답을 쓰고 친구에게 읽어 주었다.

'아내와 어떻게 지내야 할까? 아내를 성모처럼 대하라. 그러면 아내도 세
상을 구원해 줄 영웅을 낳을 것이다.'

'딸과 어떻게 지내야 할까? 뒤에서 든든히 후원하고 경청하고 지켜 주고
정신을 단련시키고, 엄마가 되고 싶어 하면 훌륭한 선택이라고 격려하라.'

'부모님과는 어떻게 지내야 할까? 그분들의 인내와 고통이 자신의 행동

으로 보상받도록 하라.'

'아들과는 어떻게 지내야 할까? 진정한 하나님의 아들이 되라고 용기를 북돋워 주어라.'

'아내를 성모처럼 공경한다'는 게 무슨 뜻일까? 단순히 자녀의 어머니라는 수준을 넘어 어머니라는 역할에 담긴 신성한 의미에 주목하고, 그 역할을 지원한다는 뜻이다. 이 진리를 망각한 사회는 생존할 수 없다. 히틀러의 어머니는 히틀러를 낳고, 스탈린의 어머니는 스탈린을 낳았다. 그들의 관계에서 잘못된 것이 있었을까? 신뢰를 쌓는 데는 어머니의 역할이 특히 중요하다.[217] 아이들은 어머니를 본보기로 삼을 가능성이 크다. 히틀러와 스탈린의 경우, 그들의 어머니가 맡은 역할을 남편과 아버지, 사회가 제대로 평가하지 않았을 수 있다. 당시는 어머니의 역할이 얼마나 중요한지, 어머니와 아이의 관계가 얼마나 중요한지 잘 알지 못했다. 여성이 제대로 대우받지 못하면 어떤 아이를 낳겠는가. 세계의 운명은 앞으로 태어날 아기들에게 달려 있다. 그 아기들은 작고 유약하며 힘없는 존재지만, 때가 되면 말과 행동을 통해 혼돈과 질서의 균형을 잡아 갈 것이다.

'딸을 후원해 준다'라는 말은 무슨 뜻일까? 딸이 무엇이든 대담하게 시도해 보려 할 때 용기를 북돋워 주고 격려한다는 뜻이다. 딸이 자신이 여성이란 사실을 진정으로 감사하게 하라는 뜻이기도 하다. 이는 또한 가족을 이루고 자녀를 낳는 일의 중요성을 인정한다는 뜻이다. 개인적인 야심을 이루고 경제적으로 성공하는 것보다 가족을 이루고 아이를 기르는 일의 가치를 더 낮게 보고 무시하는 마음을 버려야 한다. 성모와 아기 예수, 즉 어머니와 아기가 함께하는 모습이 신성하게 보이는 데는 이유가 있다. 그 모습을 공경하지 않는 사회, 즉 어머니와 아기의 관계를 중요하게 생각하지 않는 사회는 생존할 수 없다.

'부모의 인내와 고통이 헛되지 않도록 행동하라.'

이 말은 나보다 앞서 산 모든 사람의 수고와 노력, 희생을 기억하고, 그들이 이루어 낸 모든 발전에 고마움을 느끼며, 그들이 보기에 부끄럽지 않게 행동하라는 뜻이다. 앞 세대의 엄청난 희생이 없었다면 지금 우리가 누리는 것도 없을 것이다. 우리의 조상은 뭔가를 이루어 내기 위해 문자 그대로 목숨을 걸었다. 우리는 그런 사실을 기억하며, 그들의 희생이 헛되지 않도록 해야 한다.

'아들에게 진정한 하나님의 아들이 되라고 용기를 북돋워 주어라'라는 말은 무슨 뜻일까? 아들이 올바르게 행동하기를 바라고, 그렇게 행동할 때 힘껏 뒷받침해 주라는 뜻이다. 세속적인 것들을 초월한 선함을 위해 목숨까지 바칠 각오로 헌신하는 아들이 되기를 바라며, 그런 결단을 높이 평가하고 지원하겠다는 약속이다.

나는 인간관계에 관련한 질문을 이어 나갔다. 답은 곧바로 떠올랐다.

'낯선 사람을 어떻게 대해야 할까? 그 사람을 집에 초대하고 형제처럼 대하라. 그럼 그가 우리와 하나가 되지 않겠는가.'

낯선 사람에게 믿음의 손을 내밀면 그의 선한 면이 화답할 것이라는 뜻이다. 모르는 사람에게도 신성한 호의를 베풀어 평화로운 삶을 만들어 가겠다는 뜻이기도 하다.

'추락한 영혼은 어떻게 대해야 할까? 진심을 담아 조심스럽게 구조의 손길을 내밀어라. 하지만 함께 진창에 빠지지는 말라.'

이 답은 법칙 3(당신에게 최고의 모습을 기대하는 사람만 만나라)에서 다룬 내용의 요약이다. 또한 돼지에게 진주를 던져 주지 말고, 당신의 사악함을 미덕으로 위장하지 말라는 명령이기도 하다.

'세상과는 어떻게 지내야 할까? 자신이 존재하는 게 존재하지 않은 것보다 더 나을 수 있도록 행동하라.'

우리가 쓰러지거나 망가지는 이유가 실존적 삶의 비극 때문이 아니라는 의미다. 세상의 불확실함에 믿음과 용기로 당당하게 맞서라는 뜻이다. 법칙 1(어깨를 펴고 똑바로 서라)의 핵심이기도 하다.

'학생들을 어떻게 가르쳐야 할까? 자신이 진정으로 중요하게 생각하는 것을 그들과 공유하라.'

이 질문과 답은 법칙 8(언제나 진실만을 말하라. 적어도 거짓말은 하지 말라)을 압축적으로 정리한 것이다. 스스로 지혜로운 사람이 되는 것을 목표로 삼고, 그렇게 얻은 지혜를 말로 정리하며, 그 말을 정성을 다해 알리라는 뜻이다. 이 내용은 다음의 질문과도 밀접한 관계가 있다.

'망가진 국가를 어떻게 해야 할까? 진실의 말로 신중하게 차근차근 고쳐나가라.'

이 질문과 답의 중요성은 지난 몇 년 동안 더욱 분명해졌다. 우리는 극단적으로 분열되어 혼돈의 늪으로 추락하고 있다. 재앙을 피하려면 각자가 진실을 앞세워야 한다. 자신의 이데올로기를 합리화하는 허술한 논거와 자신의 야망을 실현하려는 비열한 책략은 버리고, 누구라도 보고 평가할 수 있도록 진실을 완전히 발가벗겨 드러내며, 공통점을 찾아 모두 함께 전진하라는 뜻이다.

'아버지 하나님을 위해 무엇을 할 수 있을까? 더 위대한 것을 위해 자신이 아끼는 모든 것을 희생하라.'

죽은 나뭇가지는 태워 없애야 한다. 그래야 새로운 생명이 잉태되고 성장할 수 있다. 법칙 7(쉬운 길이 아니라 의미 있는 길을 선택하라)에서 자세히 다루었듯이, 이 질문과 답은 카인과 아벨의 이야기에 담긴 무서운 교훈과 관련이 있다.

'거짓말하는 사람은 어떻게 대해야 할까? 그에게 자신의 속내를 털어놓을 기회를 주어라.'

법칙 9(다른 사람이 말할 때는 당신이 꼭 알아야 할 것을 들려줄 사람이라고 생각하라)가 이 경우에도 적용된다. 《신약 성경》에서 적절한 구절을 찾으면 다음과 같다.

그들의 열매로 그들을 알지니
가시나무에서 포도를, 또는 엉겅퀴에서 무화과를 따겠느냐.
이와 같이 좋은 나무마다 아름다운 열매를 맺고
못된 나무가 나쁜 열매를 맺나니,
좋은 나무가 나쁜 열매를 맺을 수 없고
못된 나무가 아름다운 열매를 맺을 수 없느니라.
아름다운 열매를 맺지 아니하는 나무마다 찍혀 불에 던져지느니라.
이러므로 그들의 열매로 그들을 알리라.

― 〈마태복음〉 7장 16~20절

법칙 7에서도 지적했듯이 썩은 것을 찾아내서 도려낸 후에야 건강한 것을 그 자리에 심을 수 있다. 법칙 7과 법칙 9는 다음 질문과 답을 이해하는 데도 필요하다.

'현명한 사람은 어떻게 대해야 할까? 그 사람을 깨달음의 진정한 구도자

로 대하라.'

완전히 깨우친 사람은 없다. 더 많은 것을 깨달아 가는 사람만 있을 뿐이다. 제대로 된 삶은 무엇인가가 되어 가는 과정이지 정체된 상태가 아니다. 어딘가로 향하는 여정이지 도착점이 아니다. 진정으로 바람직한 삶은 확실함을 갈구하는 삶이 아니라, 새로운 깨달음으로 이미 알던 것들을 꾸준히 바꿔 가는 삶이다. 여기에서 법칙 4(당신을 다른 사람과 비교하지 말고, 오직 어제의 당신하고만 비교하라)의 중요성이 입증된다. 현재 상태보다 변화 가능성을 항상 우위에 두어라. 지속적인 변화와 개선을 위해서는 당신의 부족함을 인정하고 받아들여야 한다. 자신의 부족함을 인정하는 것은 어렵고 고통스럽다. 하지만 변화를 위해서는 필요하다.

여기까지 적으니 다른 주제가 떠올랐다. 인생을 대하는 마음가짐에 대해서 생각해 보기로 했다.

'내가 지금 가진 것이 하찮다는 생각이 들면 어떻게 해야 할까? 아무것도 갖지 못하고도 감사하는 마음으로 사는 사람들을 기억하라.'

지금 내가 가진 것의 목록을 작성해 보라. 장난스럽게 표현한 법칙 12(길에서 고양이와 마주치면 쓰다듬어 주어라)를 생각해 보라. 내가 발전하지 못하는 이유는 기회가 없어서가 아니라 가진 것을 제대로 활용하지 않기 때문이다. 내가 가진 것을 하찮게 여길 정도로 교만하기 때문이다. 이때 필요한 것은 법칙 6(세상을 탓하기 전에 방부터 정리하라)이다.

최근에 나는 이런 문제들을 두고 한 젊은이와 대화를 나누었다. 그는 가족의 품을 떠난 적이 없고, 고향을 벗어난 적도 없다. 하지만 토론토까지 달려와 내 강연을 듣고 우리 집에 와서 나를 만났다. 그는 철저히 고립된 삶을 살면서 불안감에 시달렸다. 나와 만났을 때도 처음에는 거의 입을 열지 않았다. 그는 나와 만난 이후 달라지기로 결심했다. 식당에서 접시 닦는 일로 사회생활을 시작했다. 그 일을 어떻게 생각했는지는 모르겠지만 그는 맡은 일에 최선을 다했다. 그는 자신을 받아 주지 않는 세상에 분노했다. 하지만 생각을 바꿔 어떤 기회든 겸손히 받아들이기로 했다. 자신에게 주어지는 기회를 통해 새로운 지혜를 얻을 수 있다고 믿었다. 지금 그는 독립해 살고 있다. 게다가 많지는 않지만 돈도 조금 모았다. 직접 땀을 흘려 번 돈이었다. 부모의 그늘에 있었으면 누리지 못할 삶이었다. 이제 그는 세상에 뛰어들어 역경에 맞서고 갈등을 극복하며 조금씩 성장해 가고 있다.

남을 아는 자는 지혜롭고,
자신을 아는 자는 현명하다.
남을 이기기 위해서는 힘이 있어야 하고,
자신을 이기기 위해서는
도(道)가 있어야 한다.
많은 물질을 가진 자는 부유하지만,
자신이 충분히 갖고 있다는 걸 아는 사람은
도(道)와 하나가 된 사람이다.
자신의 자리를 잃지 않는 사람이 오래가고,
죽어도 잊히지 않는 자가 오래 사는 것이다.[218]

그 청년은 아직 불안감을 완전히 떨쳐 내지는 못했지만 점점 단단해지고 있는 것만은 확실하다. 현재의 길을 계속 걷는다면 오래지 않아 지금보다 훨씬 유능하고 훌륭한 인물로 성장할 것이다. 작은 기회도 소중히 여기고 하찮은 성공에도 감사하는 마음을 가졌기에 가능한 변화였다. 사뮈엘 베케트의 부조리극 《고도를 기다리며》에는 언제 올지 모르는, 심지어 존재하는지도 확실치 않은 고도를 덧없이 기다리는 사람들이 나온다. 작은 기회를 잡고 변화의 가능성을 기대하는 것이 하염없이 고도를 기다리는 것보다 낫다. 분노와 원망에 사로잡혀 세상을 탓하는 것보다 내가 할 수 있는 일에 최선을 다하고 변화를 기대하는 것이 훨씬 낫다.

'탐욕에 사로잡히면 어떻게 해야 할까? 받는 것보다 주는 것이 더 낫다는 걸 기억하라.'

세상은 약탈해야 할 보물 창고가 아니라, 공유하고 교환하는 광장이다(여기에 다시 법칙 7이 적용된다). 나눈다는 것은 더 좋은 상황을 만들기 위해 당신이 할 수 있는 일이다. 인간의 선의는 상대방의 나눔에 반응한다. 그런 행동을 지지하고 모방한다. 따라서 나눔이 이곳저곳에서 이루어진다면 세상의 모든 것이 나아지고, 더 나은 미래가 열릴 것이다.

'환경을 보호하려면 어떻게 해야 할까? 살아 있는 물을 찾아 그 물로 지구를 깨끗이 씻어라.'

이 질문과 답은 갑자기 떠올랐다. 법칙 6(세상을 탓하기 전에 방부터 정리하라)과 가장 밀접한 관련이 있는 질문인 것 같다. 어쩌면 환경 문제는 과학적인 관점에서 접근하면 제대로 이해하지 못할지도 모른다. 오히려 심리적인 관점에서 접근하는 것이 환경 문제를 해결하는 데 더 도움이 된다고 생각한다. 주변을 깔끔하게 정리하고 정돈하는 사람이 늘면 그들이 주변 세상에 대해서도 더 많은 책임을 떠안을 것이고, 그렇다면 더 많은 문제가 해결될 것이다.[219] 도시를 지배하기보다 시민 정신을 지배하는 것이 더 확실하다는 게 일반적인 통념이다. 내부의 적보다 외부의 적을 진압하는 게 더 쉽다. 궁극적으로 환경 문제는 심리적인 문제일 수 있다. 자신과 주변을 정돈하면 세상을 위해서도 똑같이 할 수 있을 것이다. 하기야 심리학자가 다른 생각을 어떻게 하겠는가.

다음으로는 위기와 상실에 대응하는 방법에 대해 생각해 봤다.

'적이 성공하면 어떻게 해야 할까? 지금보다 약간 더 높은 목표를 세우고, 적의 성공에서 얻은 교훈에 감사하라.'

이와 관련해서 역시 〈마태복음〉에 좋은 가르침이 있다.

또 네 이웃을 사랑하고 네 원수를 미워하라 하였다는 것을 너희가 들었으나,

나는 너희에게 이르노니,

너희 원수를 사랑하며 너희를 핍박하는 자를 위하여 기도하라.

이같이 한즉 하늘에 계신 너희 아버지의 아들이 되리니,

이는 하나님이 그 해를 악인과 선인에게 비추시며

비를 의로운 자와 불의한 자에게 내려 주심이라.

– 〈마태복음〉 5장 43~45절

정확히 해석하면 무슨 뜻일까? 적의 성공에서 배우고, 적의 비판을 경청하라는 뜻이다(법칙 9). 그래야 적의 비판과 항의로부터 더 나은 미래를 위해 내가 배워야 할 교훈을 얻을 수 있기 때문이다. 나를 반대하는 사람들과 함께 성공하는 세계를 만들겠다는 목표를 세우자. 내가 목표로 삼은 그 세계에는 당연히 나도 포함되지 않겠는가!

'마음은 조급한데 몸은 피곤할 때는 어떻게 해야 할까? 자신을 향한 도움

의 손길을 감사하는 마음으로 받아들여라.'

이 질문과 답에는 이중적인 의미가 있다. 첫째는 개인의 한계를 인식하라는 뜻이고, 둘째는 가족과 친구와 지인만이 아니라 낯선 사람의 도움도 감사하는 마음으로 받아들일 줄 알아야 한다는 의미다. 인간이라면 피곤함과 조급함을 피할 수 없다. 해야 할 일은 많고 시간은 부족하다. 그렇다고 혼자 안달복달할 필요가 없다. 책임을 나누고 서로 협력함으로써, 생산적이고 의미 있는 작업을 함께하고 있다는 느낌을 공유해 보라.

'늙을 수밖에 없는 운명을 어떻게 극복해야 할까? 젊은 시절의 잠재력을 원숙한 인품으로 대체하라.'

이 질문과 답은 법칙 3에서 다룬 우정의 문제, 그리고 법칙 7에서 다룬 소크라테스의 재판과 죽음에 관한 이야기와 관계가 있다.

'우리가 지금까지 살아온 삶을 돌이켜 보면, 삶에는 한계가 있다는 게 완벽하게 입증된다'라는 말로 요약할 수 있을 듯하다. 아무것도 없는 젊은이는 순전히 잠재력만으로 중장년이 이루어 낸 성과에 맞설 수 있다. 이런 대조적인 차이가 어느 한쪽에 반드시 불리한 것인지는 분명하지 않다. 아일랜드의 위대한 시인 예이츠는 "늙은이는 단지 보잘것없는 것, 막대기에 걸친 누더기일 뿐. 만약 영혼이 손뼉 치며 노래하지 않는다면, 조각조각 떨어지는 육신의 옷을 위해 더 크게 노래하지 않는다 ……"[220]라고 노래하지 않았는가.

'내 아이가 나보다 먼저 세상을 떠난다면 어떻게 해야 할까? 다른 사랑하는 사람들을 안아 주고 그들의 고통을 치유해 주어라.'

죽음은 삶의 과정에서 필연적이기 때문에 죽음 앞에서 강해질 필요가 있다. 이런 이유에서 나는 학생들에게 '사랑하는 사람을 잃고 슬픔에 빠진 사람들이 믿고 의지할 수 있는 사람'이 되라고 이야기해 준다. 역경에 굴복하지 말고 강해져라! 훌륭한 목표라는 생각이 든다. 이런 목표는 골칫거리가 없는 삶을 바라는 목표와는 완전히 다른 것이다.

'인생에 재앙이 닥치면 어떻게 해야 할까? 바로 다음의 움직임에 관심을 집중하라.'

홍수는 시시때때로 우리를 덮친다. 대재앙은 항상 우리 주변에 있다. 이런 이유에서 노아의 이야기는 원형적이다. 법칙 10(분명하고 정확하게 말하라)에서 다루었듯이, 모든 것이 혼돈에 빠지고 불확실해지면 당신에게 남은 유일한 방법은 지금 가진 것을 바탕으로 높은 곳에 목표를 두고 순간순간에 집중하는 것이다. 그렇게 하지 못하면 위기의 순간을 극복할 수 없고, 결국 하나님의 도움을 기다려야 한다.

그날 밤 내가 생각한 질문과 답 중 가장 어려웠던 것은 역시 자녀의 죽음이었다. 어떤 의미에서 자녀의 죽음은 최악의 재앙이다. 그런 비극을 겪으면 많은 인간관계가 허물어지는 후유증이 뒤따른다. 하지만 그런 비극을 겪었다고 해서 모든 인간관계가 무너져야 하는 것은 아니다. 오히려 내가 경험한 바로는 가까운 사람이 죽었을 때 남은 가족들의 결속력이 더욱 강해지는 경우가 많았다. 그들은 그 전보다 서로 의지하고 함께하며 도와주려고 더 많이 노력했다. 그 덕분에 무너진 삶의 의지를 적잖이 되찾았다. 우리는 아픔을 서로 보듬어 주며 삶의 비극에 함께 맞서야 한다. 밖에서는 북풍한설이 몰아치더라도, 가족의 품은 따뜻하고 안락한 거실이 되어야 한다.

사랑하는 사람의 죽음을 겪으면 인간의 나약함과 유한함에 대해 더욱 깊이 알게 된다. 두려움과 아쉬움도 커진다. 하지만 깨달음도 얻는다. 사랑하는 사람의 죽음을 슬퍼하는 사람들은 남아 있는 사람들의 소중함을 다시금 느낀다. 언젠가 나는 80대가 된 부모를 뵐 수 있는 날이 며칠이나 남았는지 계산해 본 적이 있다. 어머니와 아버지 댁을 1년에 두 번 정도 정기적으로 방문한다. 그때마다 대체로 한두 주를 함께 지낸다. 또 틈날 때마다 전화로 안부를 묻는다. 80대인 사람의 남은 수명은 평균적으로 10년 이하다. 운이 좋아도 내가 부모를 만날 기회가 스무 번도 남지 않은 것이다. 막상 그렇게 생각하니 등골이 오싹해졌다. 그 덕분에 부모를 만나는 기회를 당연하게 생각하는 마음을 버리게 되었다.

그다음으로 생각한 질문과 답은 인품에 대한 것이었다.

'믿음이 없는 형제에게는 뭐라고 말해 줘야 좋을까? 지옥에 떨어진 사람들의 왕은 삶의 무능한 심판자다.'

나는 세상을 바로잡는 가장 좋은 방법은 법칙 6(세상을 탓하기 전에 방부터 정리하라)에서 다루었듯이, 나 자신부터 바로잡는 것이라고 믿는다. 그 밖의 방법은 개인이 감당하기 어렵다. 무지와 능력 부족으로 더 큰 피해를 유발할 수 있다. 하지만 괜찮다. 현재 위치에서도 할 수 있는 게 많다. 개인적인 결함은 세상에 부정적인 영향을 미친다. 당신이 알게 모르게 지은 죄가 사태를 악화시킨다. 냉소적이고 무기력한 태도는 고통을 줄이고 갈등을 해소하는 방법을 배울 여력마저 빼앗는다. 이런 마음가짐은 좋지 않다. 세상에 대한 희망을 포기해야 할 이유, 분노하고 원망하며 복수할 기회를 노려야 할 이유만 늘어 갈 뿐이다.

희생을 거부하고, 자신의 내면을 솔직하게 드러내지 않으며, 진실을 말하지 않을 때 우리는 점점 약해진다. 약해진 상태에서는 인생의 비극 앞에 쉽게 무너진다. 자신에게는 물론이고 다른 사람에게도 도움이 되지 않는다. 약해진 상태에서는 실패하고 고통받기가 쉽다. 영혼마저 회복할 수 없게 망가진다. 삶은 원만하게 흘러갈 때도 힘들다. 내가 약해지면 삶은 최악의 상황으로 흘러간다. 그렇게 되면 삶은 영원히 헤어날 수 없는 지옥이 된다. 이런 지옥은 앞에서 언급한 죄들이 쌓여 만들어진다. 불운한 영혼을 덮치는 끔찍한 고통의 원인은 알면서도 범한 잘못, 배신과 기만, 부주의, 비겁한 회피, 의도적인 무시 등이다. 고통의 원인이 자신에게 있음을 알게 되면 삶 자체를 저주하게 마련이다. 아무리 저주해도 삶이 정당화되는 것은 아니다. 이런 이유에서 지옥에 떨어진 사람들의 왕은 삶의 무능한 심판자다.

어떻게 해야 우리는 좋을 때나 나쁠 때나 평화로울 때나 소란스러울 때나 한결같이 믿음직한 사람으로 성장할 수 있을까? 지옥에서 고통받으며 비참하게 살아가는 사람들을 멀리하려면 어떻게 해야 할까?

내 질문은 계속됐다. 내가 던지는 질문과 답 모두 이 책에서 다룬 법칙들과 관계가 있었다.

'정신력을 강화하려면 어떻게 해야 할까? 거짓말을 하지 말라. 당신이 경멸하는 짓을 하지 말라.'

'몸을 함부로 다루지 않으려면 어떻게 해야 할까? 영혼을 위해서만 사용하라.'

'곤란한 문제는 어떻게 처리해야 할까? 삶의 길로 향하는 관문이라고 생각하라.'

'가난한 사람의 곤경을 보면 어떻게 해야 할까? 그의 상심한 마음을 다독거려 줄 만한 적절한 예를 생각해 내라.'

'사람들의 칭찬에 우쭐해지면 어떻게 해야 할까? 허리를 펴고 당당히 서서 자신에 대한 진실을 말하라.'

나는 지금도 그 라이트펜을 갖고 있다. 하지만 그 후로는 아무것도 쓰지 않았다. 당시 기분이 되살아나고 뭔가가 내면에서 샘솟으면 다시 시작할지도 모르겠다. 그때의 기분까지 되살리지는 않았지만, 당시의 질문과 답은 이 책을 적절히 마무리하는 데 도움을 주었다.

이 책이 당신에게도 도움이 되었으면 좋겠다. 이 책을 통해 이미 알고 있지만 마음속 깊이 묻어 두고 있던 것들을 돌이켜 봤기를 바란다. 내가 여기서 다룬 과거의 지혜가 당신에게 힘이 되었기를 바란다. 그 지혜가 당신의 내면을 환히 밝혀 주었기를 바란다. 당신이 앞으로 세상을 올바르게 살아가고, 가족 문제를 해결하고, 우리 사회에 평화와 번영을 안겨 줄 수 있기를 바란다. 법칙 11(아이들이 스케이트보드를 탈 때는 방해하지 말고 내버려 두어라)에서 말한 대로 당신이 보살펴야 할 사람들을 너무 완벽하게 보호하려 하지 말고 그들 스스로 할 수 있게끔 힘을 주고 용기를 북돋워 주기를 바란다.

마지막으로 독자 여러분 모두의 행운을 빌며, 여러분도 다른 사람들의 행운을 빌어 주는 사람이 되기를 바란다.

당신에게도 라이트펜이 있다면 무엇을 쓰겠는가?

감사의 글

나는 이 책을 쓰는 동안 그야말로 '격동의 시간'을 보냈다. 그러는 동안 내 편에 서서 협력을 아끼지 않은, 유능하고 믿을 만한 사람을 과분할 정도로 많이 만났다. 하나님에게 감사할 따름이다. 특히 아내 태미에게 감사의 말을 전하고 싶다. 이 책을 쓰는 동안에도 우리 삶에서는 크고 작은 일이 끊임없이 터졌다. 태미는 거의 50년 동안 가장 소중한 친구이던 사람답게 정직과 안정, 지원과 도움, 조직과 인내의 절대적인 기둥 노릇을 해 주었다. 딸 미카일라와 아들 줄리언, 아버지와 어머니도 내 곁에서 진실한 관심을 보여 주었다. 복잡한 쟁점에 대해서는 뜨겁게 논쟁을 벌이면서 내가 생각을 정리하고 적절한 표현을 찾아내는 데 많은 도움을 주었다. 뛰어난 컴퓨터칩 설계자인 매제 짐 켈러와 언제나 신뢰감을 주는 대담무쌍한 누이 보니에게도 고맙다는 말을 전하고 싶다. 보데크 셈베르크와 에스테라 베키에르의 오랜 우정은 정말 소중한 것이었다. 윌리엄 커닝엄 교수의 막후 지원에도 큰 도움을 받았다. 노먼 도이지 박사가 '해설'에 기울인 정성과 노력은 내 상상을 초월한 것이었다. 그와 그의 아내 캐런이 끊임없이 베풀어 준 따뜻한 우정에 우리 가족 모두 깊이 감사할 따름이다. 랜덤하우스 캐나다의 편집자 크레이그 피예트와 함께 일한 것도 나에게는 큰 즐거움이었다. 세세한 부분도 놓치지 않는 그의 뛰어난 능력 덕분에 한결 절제되고 균형잡힌 책이 나올 수 있었다.

이 책의 원고가 완결되기 직전에 친구이자 소설가인 그레그 허위츠가 《고아 엑스》를 발표했다. 그는 자신의 작품에서, 내가 정리한 인생의 법칙들을 활용해 그 법칙들의 잠재적 가치를 인정해 주었다. 내가 이 책을 쓰고 편집하는 동안에도 허위츠는 헌신적이고 날카로운 비판자 역할을 마다하지 않았다. 불필요한 구절들을 과감히 잘라 내고 기본적인 궤도를 유지하는 데는 그의 도움이 절대적이었다. 허위츠는 삽화가 이선 밴 스키버를 추천해 주기도 했다. 스키버는 각 장의 도입부에 멋진 삽화를 그려 주었다. 기발한 발상과 적절한 음영을 결합한 그의 삽화에 경의를 표하며, 그의 뛰어난 솜씨에 감사의 말을 전하고 싶다.

끝으로 에이전트인 샐리 하딩과 그녀와 함께 일하는 쿠크맥더미드 직원들에게도 감사의 말을 전하고 싶다. 샐리가 없었다면 이 책은 결코 쓰이지 못했을 것이다.

해설

노먼 도이지
의학 박사, 토론토 대 정신 의학과 교수
컬럼비아 대 정신분석연구센터 연구 교수
《기적을 부르는 뇌》 저자

인간은 천성적으로 법칙을 좋아하지 않는다. 《성경》에서도 십계명이 새겨진 돌판을 품에 안고 산에서 내려온 모세가 이스라엘 백성들의 타락한 모습을 보고 실망했다고 하지 않았는가. 당시 이스라엘 사람들은 400년 동안 파라오의 노예로 살며 그의 폭압적인 지배에 시달리고 있었다. 모세는 그들을 노예 상태에서 벗어나게 해 주었지만, 그들은 그 후 40년 동안 사막의 척박한 환경과 싸워야 했다. 마침내 온갖 구속에서 해방된 그들은 고삐 풀린 망아지처럼 자제력을 잃은 채 황금 송아지 우상을 세우고 그 주변을 빙글빙글 돌며 춤을 추는 등 타락한 모습을 보여 주었다.

삶에 필요한 법칙은 앞으로도 존재하겠지만 너무 많지 않기를 바랄 뿐이다. 우리는 법칙에 대해 양면적인 태도를 보인다. 법칙이 유익하다는 것을 인정하더라도 마찬가지다. 당신이 활달한 성격이라면, 혹은 훌륭한 인품을 갖춘 사람이라면, 법칙이 삶을 스스로 만들어 간다는 자부심을 모욕하는 제약으로 느껴질 수 있다. 왜 다른 사람들이 만든 법칙을 따라야 하나? 그런데 우리는 다른 사람들이 정한 법칙을 따른다. 하나님이 모세에게 준 것은 10가지 '제안'이 아니라 '계명', 즉 명령이었다. 얽매이는 것을 싫어하는 자유로운 사람은 누구도 나에게 이래라저래라 명령할 수 없다며 반발할 것이다. 설령 그 명령이 자신에게 유익한 경우라도 마찬가지다. 그러나 황금 송아지를 우상으로 섬겼다는 이야기는 법칙이 없으면 우리는 욕망의 노예가 된다'라는 사실을 떠올리게 한다. 욕망의 굴레에서 자유로울 사람은 없다.

사실 황금 송아지 이야기에는 더 많은 의미가 함축되어 있다. 적절한 통제 없이 마음대로 하게 두면 우리는 곧바로 목표를 낮추고 자기에게 도움이 되지 않는 수준 낮은 것을 추구하는 경향이 있다는 것이다. 따라서 우리는 이런저런 법칙을 정해 눈높이를 올리고 수준을 유지하려고 한다. 이런 법칙이 없으면 문명이 어떻게 타락하는가를 옛사람들도 알고 있었다는 사실이 《구약 성경》에서 분명히 드러난다.

하지만 《성경》은 법칙과 규칙을 나열한 법전이 아니다. 《성경》은 극적인 이야기를 통해 우리에게 법칙이 필요하다는 점을 설명한다. 법칙을 이야기에 담아내면 이해하기가 더 쉬워진다. 조던 피터슨 교수도 비슷한 방법으로 12가지 인생의 법칙을 다양한 분야에 대한 지식이 함축된 이야기에 담아 전한다. 그는 최고의 법칙은 우리를 제약하는 것이 아니라 목표를 이루는 데 도움을 주고 더욱 충만하고 자유로운 삶을 살게 해 준다고 설명한다.

내가 조던 피터슨 교수를 처음 만난 것은 2004년 9월 12일이었다. 장소는 우리 둘 다 알고 지내던 텔레비전 방송국 프로듀서 보데크 셈베르크와 내과 전문의 에스테라 베키에르의 집이었다. 그날은 보데크의 생일이었다. 보데크와 에스테라는 폴란드계 이민자로, 소련의 절대적인 영향력 아래에서 어린 시절을 보냈다. 그들이 유년 시절을 보낸 폴란드는 표현의 자유가 엄격하게 제한된 사회였다. 체제에 대한 언급은 물론이고 사회적이고 철학적인 의문조차 제시할 수 없는 분위기였다.

그날 우리는 자유롭고 편안한 마음으로 대화를 즐겼다. 지켜야 할 법칙이 있다면 '속마음을 터놓고 말하라' 정도였을 것이다. 정치와 예술 등 다양한 주제에 대한 솔직하고 진지한 이야기가 오갔다. 보데크는 자기 생각을 거침없이 쏟아 냈고, 에스테라는 카랑카랑한 목소리로 주변 사람들과 자유로이 의견을 나누었다. 진지했지만 무거운 분위기는 아니었다. 호탕한 웃음과 함께 자유롭고 신나게 진실한 말들을 주고받으며 즐거운 저녁 시간을 보냈다. 보데크와 에스테라처럼 억압에서 벗어난 동유럽 사람들과 함께할 때는 솔직함이 활력을 더해 준다.

보데크는 지식인 사냥꾼이다. 사회적으로 영향을 미칠 만한 잠재력 있는 지식인, 카메라 앞에서 진실을 말할 수 있는 지식인을 찾아다닌다. 그런 사람을 종종 모임에 초대하는데 그날은 내가 몸담은 토론토 대학 심리학과 교수 조던 피터슨을 데려왔다. 지성과 감성을 겸비한 지식인이란 점에서 우리 모임에 딱 들어맞는 사람이었다. 보데크는 조던 피터슨 교수를 카메라 앞에 세운 최초의 프로듀서였다. 어떤 주제에도 막힘없이 말하는 그의 모습을 보고 학생을 찾아 나선 선생님 같았다고 했다. 피터슨 교수가 카메라를 좋아하고 카메라도 그를 좋아하게 된 데는 보데크의 열의가 큰 역할을 했다.

그날 오후 마당에 놓인 커다란 테이블 주위에 평소처럼 낯익은 입담꾼들이 둘러앉았다. 그런데 카우보이 부츠를 신고 앨버타주 사투리로 끊임없이 떠들어 대는 낯선 사내가 유독 신경 쓰였다. 그는 한자리에 앉아 끊임없이 중얼거렸다. 나는 성가신 벌레 때문에 계속 옮겨 다녔는데 우리 모임에 새로 가입한 회원이 흥미로워서 자리를 떠나지는 않았다. 그가 바로 조던 피터슨이었다.

그는 가벼운 이야기를 하다가 느닷없이 심원하기 이를 데 없는 질문을 던지는 이상한 습관을 갖고 있었다. 그날 처음 만난 사람이 대부분이었을 텐데 그는 "보데크와 에스테라를 어떻게 알게 됐습니까?", "옛날에 양봉을 한 적이 있어서 지금도 양봉에는 익숙합니다" 등의 가벼운 대화를 하다가 갑자기 진지한 주제로 넘어가곤 했다. 피터슨은 박식했지만 학식을 뽐내는 현학자라는 인상을 주지는 않았다. 그에게는 얼마 전에 배운 새로운 것을 다른 사람들에게 알려 주려는 어린아이 같은 열정이 있었다. 어린아이들이 그렇듯이 그는 흥미로운 뭔가를 찾아내면 다른 사람들도 재미있어 할 것이라고 생각하고 격앙된 어조로 말을 쏟아 냈다.

조던 피터슨은 결코 '괴짜'가 아니었다. 전통과 관습을 중요하게 생각하는 사람이었다. 또 과거에는 하버드 대학에서 학생들을 가르친 신사이기도 했다. 모두의 관심사를 흥미진진하게 이야기하는 재주가 있어서 다들 진지한 표정으로 그의 말을 경청했다. 학문적 깊이가 있는 내용을 편안하고 쉽게 말하는 사람과 함께하자 우리도 덩달아 자유로워지는 기분이었다. 피터슨의 생각은 무척 역동적이었다. 그는 입으로 생각하는 사람처럼 말이 빨랐다. 그의 생각을 따라가려면 뇌가 엄청나게 빨리 움직여야 할 것 같았다. 일반적인 학자와 달리 피터슨은 자신의 견해를 반박하거나 잘못을 지적해 주는 걸 좋아했다. 자리를 박차고 일어나거나 징징대지 않고 소탈하게 "그렇군요!"라고 대답하고는 생각에 잠겼다. 뭔가를 간과한 경우에는 고개를 저으며 자신의 실수를 인정하고 웃음을 보였다. 그리고 미처 보지 못한 다른 면을 보게 해 준 상대에게 고마워했다. 그에게는 대화가 문제를 해결하는 하나의 과정이었다.

피터슨에게는 또 다른 특이한 면이 있었다. 진지한 대화를 좋아하는 지식인치고는 매우 실리적이라는 점이었다. 영업 관리, 가구 제작(직접 제작한 가구도 많았다), 집 설계와 인테리어 등 실용적인 분야에 대해서도 아는 게 많았다. 그뿐 아니라 소수 민족 학생들의 학교 중퇴를 예방하는 온라인 글쓰기 프로그램을 진행하기도 했다.

나는 캐나다 중서부의 대초원에서 어린 시절을 보내며 잔뼈가 굵은 사람들을 좋아한다. 그들은 혹독한 기후 속에서 자연을 벗 삼아 살아가기에 자연을 잘 안다. 직접 뭔가를 만들어 생활에 보탬을 주기도 한다. 그들 중에는 온갖 역경을 이겨 내고 독학으로 대학에 진학한 사람이 많다. 그들에게는 아무런 특권이 없어서 자기 힘으로 삶을 일구고, 몸을 움직이는 걸 좋아하며, 이웃을 소중하게 생각한다. 피터슨 역시 중서부 출신답게 어떤 식으로든 누군가에게 도움을 주고 싶어 했다.

우리는 금세 친구가 되었다. 문학을 사랑하는 정신과 의사이자 정신 분석 전문의인 내가 그에게 끌린 이유는 자명하다. 그는 위대한 고전을 통해 배우는 사람이다. 혼이 담긴 러시아 소설과 철학 및 고대 신화를 소중한 유산으로 생각했다. 그는 또한 성격과 기질을 통계학적 관점에서 연구했고, 신경 과학에 대해서도 공부했다. 행동주의 심리학자로 훈련받았지만 정신 분석에도 조예가 깊었다. 꿈과 원형, 어린 시절의 갈등이 성인이 되어서까지 지속되는 이유, 존중과 합리화가 일상적인 삶에서 차지하는 역할 등을 깊이 연구했다. 그는 연구 중심인 토론토 대학 심리학과에 재직하면서도 상담을 중단하지 않은 유일한 교수라는 점에서 학계의 '아웃라이어'이기도 하다.

피터슨의 집을 처음 방문했을 때 나는 그가 아내 태미와 함께 꾸며 놓은 보금자리를 보고 충격을 받았다. 지금까지 본 중산층 가정과는 너무 달랐기 때문이다. 공예품, 가면, 추상화도 인상적이었지만, 소련의 사회주의적 사실주의자들이 그린, 레닌을 비롯한 초기 공산주의자 초상화들에서 눈을 뗄 수가 없었다. 소련의 혁명 정신을 찬양한 그림들이 모든 벽과 천장, 심지어 욕실까지 가득 채우고 있었다. 소련이 붕괴되고 대부분의 세계가 안도의 한숨을 내쉴 때 피터슨은 오히려 이 선전물을 구입하기 시작했다. 그가 전체주의에 공감해서 그런 그림들을 수집한 것은 아니었다. 그를 포함해 모두가 잊고 싶어 하는 것, 유토피아라는 이름으로 수억 명이 살해된 비극을 잊지 않기 위해 모은 것이다.

인류를 파괴한 망상으로 장식된 오싹한 집 안 분위기에 익숙해지는 데는 시간이 필요했다. 그러나 그 느낌은 그의 특별한 아내, 태미 덕분에 곧 가라앉았다. 태미는 피터슨의 범상치 않은 예술 취향을 이해하고 지지했다. 그 그림들은, 선의 이름으로 악행을 범하는 인간의 자기기만에 대한 피터슨의 관심을 방문객에게 알려 주는 표지판이었다.

'인간은 어떻게 자신을 속이는가? 그리고 어떻게 해야 그런 자기기만에서 벗어날 수 있을까?'

피터슨 못지않게 나도 관심이 많은 문제였다. 우리는 악행을 범하는 인간의 심리, 타인을 파괴하는 데서 얻는 환희에 대해 논의하며 3~4시간을 보내기도 했다. 이는 17세기 영국 시인 밀턴이 《실낙원》에서 묘사하며 널리 알려진 문제이기도 하다.

부엌에 앉아 차를 마시며 그런 이야기를 나누는데, 사방에 가득한 오싹한 예술품들 때문에 마치 지하 세계에 온 것처럼 느껴졌다. 그가 모은 예술

품들은 좌우로 단순화된 이데올로기에 얽매이지 않고 과거의 잘못을 되풀이하지 않으려는 그의 진지한 탐구열을 시각적으로 증명하는 것이었다. 섬뜩한 초상화의 영혼들이 맴도는 듯한 부엌에서 차를 마시며 가족 문제나 최근에 읽은 책에 관한 이야기를 나눈다고 특별할 것은 없었다. 어떤 면에서 이 세상은 과거와 조금도 달라지지 않았는지도 모른다.

조던 피터슨은 1999년 출간한 첫 책 《의미의 지도》에서 세계 신화의 보편적 주제를 깊이 통찰하며 모든 문화권이 신화를 만들어 내는 이유를 자세히 설명했다. 신화는 우리가 태어나자마자 내던져진 혼돈의 세계를 이해하고 궁극적으로는 그 세계의 지도를 그릴 수 있게 해 준다는 그의 의견에 나도 공감했다. 이 혼돈의 세계는 물리적 세계든 정신세계든 우리에게 전혀 알려지지 않았지만 반드시 가로질러 가야만 하는 전인미답의 영역이다. 《의미의 지도》는 진화론과 신경 과학, 융과 프로이트, 니체와 도스토옙스키, 솔제니친, 미르체아 엘리아데, 에리히 노이만, 장 피아제, 노스럽 프라이, 빅토어 프랑클 등의 위대한 저작들을 넘나든다. 삶에서 이해할 수 없는 상황에 직면할 때마다 경험하는 원형적 상황을 인간과 인간의 두뇌가 어떻게 다루는가를 광범위한 관점에서 다루고 있다. 특히 원형적 상황이 진화와 DNA, 뇌, 머나먼 옛날부터 구전되는 이야기 등에 근원을 두고 있다는 걸 입증한 데 이 책의 탁월함이 있다. 옛날이야기들이 지금까지 살아남은 이유가 미지의 세계를 극복하는 방향을 제시하기 때문이라는 것이 분명하게 드러난다.

조던 피터슨의 두 번째 책 《12가지 인생의 법칙》은 많은 장점이 있지만 그중 하나를 꼽는다면 《의미의 지도》에 대한 입문서 역할을 한다는 것이다. 《의미의 지도》는 전문적인 지식이 없는 사람에게는 다소 까다롭고 복잡한 책이다. 인간은 유전자와 경험이 각자 다르지만 미지의 세계를 맞닥뜨릴 수밖에 없다는 점에서는 모두 같다. 인간은 미지의 세계를 맞닥뜨리면 혼돈에서 질서로 옮겨 가려고 시도한다. 《의미의 지도》는 그런 주제를 근본적인 관점에서 다룬 책이다. 그런 점에서 《의미의 지도》에 근거하고 있는 '12가지 인생의 법칙'은 보편성을 띠고 있다고 할 수 있다.

피터슨은 냉전이 최고조에 달하던 때 10대 시절을 보냈다. 인류가 자신의 정체성을 지키겠다는 핑계로 지구를 날려 버리려고 하던 시절이었다. 이런 시대에 대한 고뇌에서 《의미의 지도》가 시작되었다. '정체성'이 대체 무엇이기에 사람들이 '정체성'을 위해 모든 것을 희생하려고 하는 걸까? 그는 그 이유가 무엇인지 알아내고 싶었다. 이데올로기가 대체 무엇이기에 다양한 형태의 전체주의 체제들이 하나같이 자국민을 살해하는 만행을 저지르는지도 알아내고 싶었다. 조던 피터슨은 《의미의 지도》와 《12가지 인생의 법칙》을 통해 이데올로기를 가장 경계해야 한다고 말한다. 누가 어떤 목적에서 이데올로기를 들먹이든지 달라지는 것은 없다.

이데올로기는 과학이나 철학으로 위장하지만, 사실은 복잡한 세상을 설명하고 세상을 완벽하게 만들 해결책에 대한 교조적인 주장에 불과하다. 이데올로그(이데올로기를 주장하는 사람―옮긴이)는 혼돈에 빠진 자신의 내면도 제대로 해결하지 못하면서 '세상을 더 좋은 곳으로 만드는 법'을 안다고 주장한다(이데올로기가 그들에게 부여하는 '전사'라는 정체성이 그런 혼돈을 뒤덮고 은폐해 버린다). 이데올로그의 이런 태도는 오만이다. 이 책에서 제시한 법칙 중 '세상을 탓하기 전에 방부터 정리하라'에서 이 문제를 다루고 있다. 피터슨은 그 법칙을 실행할 실질적인 방법을 제시한다.

이데올로기는 진정한 지식이 아니다. 이데올로그가 정권을 장악하면 언제나 위험하다. '나는 모든 것을 알고 있다'라는 오만한 접근 방식으로는 존재의 복잡성을 감당할 수 없기 때문이다. 게다가 이데올로그들은 그들이 고안해 낸 사회적 이념이 설득력을 제대로 발휘하지 못하면, 자신들의 잘못을 반성하지 않고 모두에게 책임을 돌린다. 토론토 대학 사회학과 교수를 지낸 저명한 사회학자 루이스 퓨어는 《이데올로기와 이데올로그》라는 책에서 이데올로기는 종교적인 이야기를 대체한다고 주장하지만 실제로는 설화적이고 심리적인 면을 탈색해 재구성한 것에 불과하다고 말했다. 예컨대 공산주의는 이스라엘 자손이 이집트에서 겪은 이야기를 차용한다. 그 이야기에도 노예화한 계급과 부유한 박해자가 있고, 외국에서 박해자들과 함께 살다가 결국에는 노예들을 약속의 땅(유토피아, 프롤레타리아 독재)으로 인도하는 레닌 같은 지도자가 있지 않은가.

이데올로기를 정확히 이해하기 위해 조던 피터슨은 소련의 강제 노동 수용소만이 아니라, 홀로코스트와 나치즘까지 광범위하게 연구했다. 나는 피터슨을 만나기 전까지, 유럽의 유대인에게 일어난 참극에 가슴 아파하며 어떻게 그런 참극이 일어날 수 있었는지 이해하려고 깊이 연구한 우리 세대의 사람을 만난 적이 없다. 나도 이 문제를 깊이 연구한 적이 있다. 우리 아버지는 아우슈비츠에서 살아남은 분이었다. 또 할머니는 극악무도한 나치 의사 요제프 멩겔레에게 목숨을 잃을 뻔하기도 했다. 할머니는 나이 많은 사람들 쪽으로 가라는 그의 지시를 따르지 않고 젊은 사람들 틈에 슬쩍 끼어든 덕분에 아우슈비츠에서 살아남았다. 또 먹을 것을 주고 머리 염색약을 얻어 늙어 보이지 않게 염색한 덕분에 가스실을 피할 수 있었다. 한편 할아버지는 마우트하우젠 수용소에서 살아남았지만, 풀려나기 직전 딱딱한 음식을 성급히 삼키다가 기도가 막혀 사망하고 말았다. 내가 이렇게 과거사를 밝히는 이유는, 우리가 친구 사이가 되고 몇 년 후 피터슨이 표현의 자유에 대해 고전적 자유주의 관점에서 입장을 표명했을 때 '완고한 우익 인사'라는 비난을 받았기 때문이다. 그들의 무책임한 비난에 대한 분노를 억누르며 피터슨을 대신해 변명하고 싶다. 나와 같은 비극적인 가족사를 지닌 사람들은 우익의 편협성을 탐지해 내는 능력이 뛰어나다. 그리고 이해심과 선의를 지닌 사람, 불의에 맞서 싸우는 용기를 지닌 사람을 알아볼 수 있다. 내 눈에는 조던 피터슨이 그런 사람으로 보였다.

나는 나치즘과 전체주의 및 편견의 기원을 이해하려는 현대 정치학의 방향이 마음에 들지 않았다. 그래서 무의식과 투사, 정신 분석, 집단 심리의 퇴행성, 정신 의학과 뇌에 대한 연구로 정치학 연구의 부족한 부분을 보충해 왔다. 피터슨도 비슷한 이유에서 정치학에만 의존하지 않았다. 우리는 관심사가 비슷했지만 그렇다고 '답'까지 일치한 것은 아니었다. 그러나 제기하는 '의문'은 거의 언제나 일치했다.

우리가 항상 암울한 문제만을 다루며 우정을 쌓은 것은 아니었다. 나는 동료 교수들의 강의를 참관하는 취미가 있다. 물론 피터슨 교수 강의도 자주 들었다. 그의 강의실은 항상 학생으로 꽉 들어차 빈자리가 없었다. 그는 능숙한 재즈 연주자처럼 청중의 마음을 사로잡는 탁월한 강연자다. 어떤 사상을 믿느냐 믿지 않느냐에 따라 목숨이 위태로워질 수 있다는 그의 이야기를 듣고 있으면 설득당할 수밖에 없다. 피터슨은 여러 과학적 연구를 체계적으로 요약하고 정리하는 솜씨가 뛰어났다. 학생들이 자신의 현재와 미래에 대해 깊이 사색하도록 이끄는 데도 명수였다. 그는 상담 현장에서 직접 경험한 생생한 사례를 인용하고, 자신의 사례, 심지어 자신의 약점까지도 솔직하게 드러내며, 진화와 뇌, 종교적 설화 간의 관련성을 증명했다. 리처드 도킨스 같은 사상가들의 영향으로 요즘 학생들은 진화와 종교를 완전히 대립하는 것으로 여긴다. 하지만 피터슨은 길가메시(고대 메소포타미아의 전설적인 왕 - 옮긴이)부터 부처의 생애까지, 또 이집트 신화부터 《성경》까지 고대의 이야기에 담긴 심리적 진실과 지혜를 이해하는 데 진화론이 얼마나 유용한지 학생들에게 설득력 있게 보여 주었다. 그는 미지의 세계를 향한 영웅의 모험담이 뇌의 진화와 관련된 보편적 진리를 반영한다는 점을 객관적으로 설명해 주었다.

무엇보다 피터슨은 대학 교육에서 좀처럼 다루지 않던 '삶은 고통이다'라는 단순한 진리를 학생들에게 환기해 주었다. 삶이 고통이라는 것은 부처부터 《성경》의 저자들까지 옛 현인은 모두 알고 있었다. 사실 이 정도는 삶에 시달리는 성인이라면 누구나 알고 있는 진실이다. 당신이나 당신과 가까운 사람이 고통받고 있다면 슬픈 일이다. 하지만 안타깝게도 그런 일들은 전혀 특별한 사건이 아니다. 우리가 고통받는 이유가 단지 정치인들이 우둔하고 시스템이 부패했기 때문만은 아니다. 또 어떤 사건의 피해자라서 고통받는 것도 아니다. 우리가 고통을 감당해야 하는 이유는 인간으로 태어났기 때문이다. 지금 당장은 고통 없이 사는 사람도 5년, 10년 내에 고통을 경험할 가능성이 크다. 어린아이를 양육하는 것도 힘들고, 일도 힘들다. 노화와 질병과 죽음도 당사자와 주변 사람들을 힘들게 한다. 피터슨은 사랑하는 사람의 도움 없이, 또 위대한 심리학자들의 지혜나 뛰어난 통찰 없이 완전히 자신의 힘만으로 양육하고 일하기는 훨씬 힘들다는 걸 입증해 보였다. 그가 학생들을 겁준 것은 아니었다. 오히려 학생들은 그의 솔직한 강의에 안도했다. 그들도 마음속으로는 피터슨의 주장이 진실이라는 걸 알고 있기 때문이다. 하지만 피터슨의 주장이 본격적으로 공론화된 적은 없다. 그 이유는 무엇일까? 고통에 대해 언급하지 않는 게 자식들을 보호하는 일이라고 착각한 것이다. 인생은 고통이라는 사실을 외면하는 게 자신의 삶을 보호하는 것이라고 믿은 것이다.

이 책에서 피터슨은, 정신 분석학 관점에서 영웅 신화를 탐구한 오스트리아의 오토 랑크처럼 영웅 신화를 다룬다. 랑크는 프로이트 뒤를 이어, 영웅 신화가 많은 문화에서 유사하다는 점에 주목했다. 카를 융, 조지프 캠벨, 에리히 노이만 등 위대한 심리학자 중에는 영웅 신화에 관심을 둔 사람이 많았다. 프로이트는 신경증을 설명하려고 오이디푸스처럼 실패한 영웅의 이야기에 초점을 맞추었지만, 피터슨은 승리한 영웅들에 주목했다. 거의 모든 영웅 신화에서 영웅은 미지의 세계에 들어가 엄청난 위험을 무릅쓰고 새로운 도전을 감행한다. 그 과정에서 영웅은 자신의 일부를 파괴하거나 포기한다. 그래야 다시 태어나 시련을 이겨 낼 수 있기 때문이다. 이것을 가능하게 하는 것은 용기다. 그런데 용기는 심리학 강의실이나 교과서에서 거의 다루어지지 않는다. 최근에 피터슨은 표현의 자유를 옹호하며, 정부가 시민들에게 정치적 견해의 표명을 강요하는 '표현의 압력(forced speech)'에 반대함으로써 무척 위험한 상황에 직면했다. 그는 잃어버릴 것이 많았고, 그 역시 그런 현실을 알고 있었다. 하지만 조던 피터슨과 태미는 용기를 내 그 위험에 정면으로 맞섰다. 이 책에서 제시한 법칙을 몸으로 실천한 것이다.

내가 처음에 알던 조던 피터슨은 그저 흥미로운 사람이었다. 그런데 이 책의 법칙들을 따라 살면서 점점 더 유능하고 자신감 넘치는 사람으로 성장해 갔다. 이 책을 쓰고 그 규칙들을 다듬는 과정에서 그는 강요된 표현, 즉 표현의 압력에 반대하는 입장을 취하게 되었다. 그 사건을 겪는 동안 피터슨은 삶에 대한 이런저런 생각과 법칙들을 인터넷에 올렸다. 이제 그와 관련된 동영상을 모두 합한 조회 수는 1억 회를 넘어섰다. 피터슨의 생각과 법칙이 네티즌의 공감을 불러일으켰다는 증거 아니겠는가.

인간은 법칙과 규칙을 싫어한다. 그런데 법칙을 나열하고 강요하는 그의 강연에 많은 사람이 호응하는 이유는 뭘까? 피터슨의 카리스마가 큰 역할을 했을 것이다. 온라인으로 대중의 의견을 폭넓게 듣고 싶어 하는 그의 마음도 영향을 미쳤을 것이다. 그가 자신의 의도를 설명한 첫 유튜브 동영상 조회 수는 순식간에 수십만 회를 기록했다. 그러나 사람들이 피터슨의 강연을 계속 경청하는 이유는 다른 데 있다. 그의 강연이 말로 표현하기 힘든 모호하고 심원한 욕구를 채워 주기 때문이다. 또한 우리 모두 법칙으로부터 자유로워지기를 바라지만 한편으로는 조직화된 체계를 추구하기 때문이기도 하다.

요즘 많은 젊은이가 법칙, 적어도 지침을 갈구하는 데는 그만한 이유가 있다. 적어도 서구 세계에서 밀레니얼 세대(1980년대에서 2000년대 사이에 태어난 세대—옮긴이)는 지금 특별한 역사적 상황을 겪고 있다. 그들은 학교에서 서로 모순되는 두 도덕 개념을 동시에 배운 첫 세대다. 이런 모순된 교육 때문에 때때로 방향 감각을 상실하거나 불확실성에 시달렸다. 더구나 그들이 가지고 있었는지도 몰랐던 그들의 소중한 재산을 빼앗기고 말았다.

두 개념 중 하나는 도덕적 가치는 상대적이라는 것이다. 상대주의적 도덕성을 '개인적인 가치 판단'이란 이름으로 가르친다. '상대적'이라는 표현은 어떤 것도 절대적으로 옳거나 절대적으로 잘못된 것은 아니라는 뜻이다. 따라서 도덕성과 그와 관련된 법칙들은 개인적인 의견이나 우연에 불과한 것이고, 민족성과 가정 교육, 당사자가 태어난 문화나 역사적 순간 같은 특정한 체제에 따라 달라진다. 또한 좋든 싫든 당사자가 통제할 수 없는 상황에서 비롯된 결과다. 이런 논거와 신념에 따라 근본적인 문제들도 종교와 부족, 민족과 종족에 따라 다르다고 가르친다. 오늘날 포스트모더니스트들은 한 집단의 도덕성은 다른 집단을 지배하려는 힘의 행사에 불과하다고 주장한다. 당신의 도덕적 가치, 더 나아가 당신이 속한 사회의 도덕적 가치가 임의적인 것에 불과하다면, 다르게 생각하고 다른 배경을 지닌 사람들에게 관용과 아량을 보이는 게 마땅하다. 이처럼 관용을 강조하는 게 무엇보다 중요하므로 상대에 대한 '도덕적 판단'은 최악의 성격적 결함 중 하나다.* 우리는 무엇이 옳은지 그른지도 모르고, 무엇이 좋은지도 모르기 때문에 '성인들이 젊은이에게 어떻게 살아야 한다고 조언하는 것은 부적절하다'라고 말하는 것이다.

이런 시대 분위기 영향으로 '밀레니얼 세대'는 과거 세대들에게 삶의 방향을 제시해 준 '실천적 지혜'를 전혀 교육받지 못한 채 자랐다. 밀레니얼 세대가 역사상 최고의 교육을 받았다고 말하지만, 실제로는 지적으로나 도덕적으로 방치된 세대라고 말하는 편이 더 정확할 것이다. 나와 조던 피터슨 세대의 상대주의자들이 밀레니얼 세대의 교수가 되어 인류가 수천 년

---

* 프로이트가 '일방적인 판단에서 자유로운' 문화와 학파와 제도가 형성되는 데 기여한 바가 크다고 주장하는 학자들이 있지만, 이는 잘못된 것이다. 프로이트가 정신 분석가들에게 내담자의 말을 경청할 때 비판하거나 도덕적 판단을 내리지 말라고 권고한 것은 사실이다. 그러나 이러한 권고는 내담자가 편안한 마음으로 속내를 털어놓게 하려는 목적이었지, 문제를 축소하라는 것은 아니었다. 상담자가 너그러운 자세를 보일 때 내담자는 억눌린 감정과 소망, 부끄러운 반사회적 충동까지 성찰할 수 있다. 또 내담자는 무의식에 잠재된 양심에 따라 도덕적 판단을 내리고, '사소한 실수'도 가혹하게 비판하며, 무의식적 죄책감이 자기 비하와 우울증, 불안증으로 발전했다는 사실을 깨닫는다. 그런 점에서 상담자의 너그러운 반응이 성공적인 결과를 유도한 것은 사실이다. 하지만 프로이트는 우리가 비도덕적인 동시에 도덕적인 존재라는 걸 입증했다. 상담 치료 과정에서 '판단의 금지'는 편견에서 해방되는 강력한 기법이며 전략이다. 우리가 자신을 더 잘 이해하려고 할 때 필요한 이상적인 마음가짐이다. 그러나 하나의 문화권이 하나의 거대한 집단 치료장이 되기를 바라는 일부 학자들의 주장과는 달리 프로이트는 우리가 판단도 하지 않고 도덕적 기준도 없이 평생을 살 수 있다고 주장한 적이 없다. 프로이트가 《문명 속의 불만》에서 주장한 요점은 '제약적인 법칙과 도덕성이 존재하는 경우에만 문명이 발흥한다'라는 것이다.

동안 축적한 지식을 과거의 낡은 유산으로 치부해 버렸다. 이제는 더 이상 '관련이 없는 것'이고, '억압적인 것'이라며 무시했다. 상대주의자들의 이런 전략은 엄청난 성공을 거두었다. '미덕'이란 단어마저 시대에 뒤떨어진 표현으로 들리고, 그 단어를 사용하면 시대의 흐름에 맞지 않는 도덕주의적이고 독선적인 사람으로 여겨진다.

미덕에 대한 연구가 옳고 그름과 선악을 따지는 도덕성에 대한 연구와 완전히 똑같지는 않다. 고대 그리스의 위대한 철학자 아리스토텔레스는 미덕을 삶에서 행복으로 이어질 가능성이 가장 큰 행동 방식이라고 정의했다. 반면에 악덕은 행복으로 이어질 가능성이 가장 적은 행동 방식으로 정의했다. 또 아리스토텔레스 설명에 따르면 미덕은 항상 균형을 목표로 지향하며 악덕이라는 극단을 피하는 것이다. 미덕과 악덕을 다룬 아리스토텔레스의 저작 《니코마코스 윤리학》은 추측에 의존한 고담준론이 아니라, 경험과 관찰을 바탕으로 인간에게 가능한 행복의 종류에 관해 다룬 책이다. 미덕과 악덕의 차이에 대한 '판단력'을 기르는 것은 시대를 초월하는 지혜를 쌓는 첫걸음이다.

반면에 현대 상대주의는 삶을 사는 방법의 잘잘못을 따지는 것이 불가능하다고 주장한다. 상대주의에 따르면, 진정으로 선한 것도 없고 진정한 미덕도 없다. 모든 것이 상대적이기 때문이다. 따라서 상대주의에서 '미덕'에 가장 가까운 개념은 '관용'이다. 관용만이 다양한 집단의 사회적 결속을 보장하고, 서로를 해치는 상황으로부터 우리를 지켜 줄 것이라 생각한다. 페이스북을 비롯한 여러 형태의 소셜 미디어에는 자신이 얼마나 관용적이고 개방적이며 동정적인가를 모두에게 과시하면서 비슷한 사람들이 모여들기를 기다리는 사람이 많다. 하지만 우리가 스스로 도덕적이라고 말하는 것은 자화자찬에 불과하다. 미덕의 과시는 미덕이 아니다. 미덕의 과시는 우리 사회에 가장 만연한 악덕일 수 있다.

누군가의 관점이 무지하고 앞뒤가 맞지 않을 때, 그 관점에 대해 관용적인 태도를 보이지 않는 것은 잘못이 아니다. 그런데 절대적으로 옳고 그른 것이 없는 세계에서 타인의 관점에 대한 불관용은 무조건 잘못된 것으로 치부된다. 이런 생각은 위험하다.

많은 사람이 상대주의가 만들어 놓은 진공 상태, 즉 혼돈을 더 견디지 못하고 있다는 게 밝혀지고 있다. 혼돈은 우리 삶에 필연적으로 존재하는 것이지만 현대의 도덕적 상대주의로 인해 더욱 악화한다는 사실도 드러나고 있다. 도덕적 기준이 없다면, 또 각자의 삶에서 목표로 삼을 만한 이상적인 목표가 없다면, 우리가 제대로 살아갈 수 없다는 점도 분명해졌다(상대주의적 관점에서는 이상도 다른 모든 가치와 마찬가지로 '상대적'인 것이기에 이상을 위해 다른 것을 굳이 희생할 이유가 없다). 상대주의 영향으로 허무주의와 자포자기에 빠진 사람도 늘었다. 그 반작용으로 모든 것에 대한 답을 알고 있다고 주장하는 맹목적인 이데올로그들이 목소리를 높이고 있다.

전혀 성격이 다른 가르침이 밀레니얼 세대에게 홍수처럼 퍼부어졌다. 밀레니얼 세대는 지금까지 쓰인 위대한 고전을 공부하려고 인문학 강의를 신청한다. 그런데 강의에서는 단순한 이데올로기로 그런 책들을 공격한다. 상대주의자는 무엇이든 불확실하다고 말한다. 이데올로그는 반대로 모든 것을 이해하는 단 하나의 방법만이 있다고 주장한다. 타인의 잘못된 점을 속속들이 알고 있어 그런 잘못을 어떻게 처리해야 하는지도 꿰뚫고 있는 것처럼 가르친다. 이런 분위기 속에서는 상대주의적 사회가 일으킨 문제를 진지하게 고민하는 사람이 오히려 가장 무능한 사람처럼 여겨진다.

현대의 도덕적 상대주의에는 많은 원인이 있다. 역사를 배운 덕분에 시대마다 도덕률이 달랐던 걸 알고 있다. 대양을 건너고 지구의 곳곳을 탐험하며, 다른 대륙의 부족들이 각자의 사회에 적합한 도덕률을 따른다는 것도 알게 되었다. 윤리와 법칙에 대한 종교적 기반을 약화하는 데는 과학도 상당한 역할을 했다. 유물론적 사회 과학에서는 세계가 사실(fact : 누구나 관찰할 수 있어 객관적이고 실재하는 것)과 가치(value : 주관적이고 개인적인 것)로 나뉘고, 따라서 사실에 대해 먼저 합의하면, 언젠가는 과학적 윤리 규약을 개발할 수 있다고 말한다. 게다가 유물론적 사회 과학은 가치가 사실보다 덜 실질적이라고 전제하며 '가치'를 이차적인 것으로 취급했다. 뜻하지 않게 도덕적 상대주의에 기여한 셈이다. 그러나 우리가 사실과 가치를 쉽게 구분할 수 있으리란 발상 자체가 순진한 것이다. 가치에 대한 관점에 따라 주목하는 것이 달라지고, 심지어 사실로 여겨지는 것까지 달라지는 경우가 적지 않기 때문이다.

사회마다 법칙과 도덕률이 다르다는 것은 고대 사람들도 알고 있었다. 이런 깨달음에 대한 당시의 반응과 요즘의 반응(상대주의와 허무주의와 이데올로기)을 비교해 보는 것도 흥미로울 듯하다. 고대 그리스인들은 인도를 비롯해 여러 지역을 항해하며 법칙과 도덕률과 관습이 지역마다 다르다는 점을 깨달았다. 옳고 그른 것에 대해서는 조상의 가르침에 근거를 두고 설명한다는 것도 알게 되었다. 하지만 그리스인들은 상대주의적 절망으로 반응하지 않고, 철학이란 새로운 학문을 탄생시켰다. 예컨대 소크라테스는 모순되고 충돌하는 도덕률에서 잉태하는 불확실성에 사로잡혀 허무주의자나 상대주의자 혹은 이데올로그가 되지 않고, 그런 차이에 대해 객관적으로 추론할 수 있는 지혜를 추구하며 일생을 바치겠다고 결심했다. 소크라테스는 철학의 탄생에 큰 도움을 주었다. '미덕이란 무엇인가?', '어떻게 해야 올바른 삶을 살 수 있을까?', '정의란 무엇인가?' 같은 근본적인 의문을 제기하며 평생을 보냈다. 다양한 접근법을 고찰하며 어느 접근법이 더욱더 논리적이고 인간의 본성에 부합하는가를 따져 보았다. 이는 이 책에 생명을 더해 준 질문들이기도 하다.

고대인들은 삶의 방법에 대한 생각이 종족마다 다르다는 걸 깨달았지만, 당혹해하거나 체념하지 않았다. 오히려 그런 깨달음을 통해 인간을 더욱 깊이 이해했고, 어떤 삶을 살아야 할지에 대해 긍정적이고 합리적인 설명을 생각해 냈다. 아리스토텔레스도 마찬가지였다. 아리스토텔레스도 도덕률의 차이에 낙담하지 않았다. 법칙과 관습이 지역마다 다르지만, 어떤 지역에서나 예외 없이 인간은 법칙과 규칙과 관습을 만드는 성향을 지녔다고 주장했다. 이런 주장을 현대적으로 표현하면, 모든 인간은 생물학적 특징에 의해 도덕성과 뗄 수 없는 존재이고, 따라서 인간은 어디에 있든지 법칙과 규칙을 체계적으로 만들어 낸다는 것이다. 그러므로 인간이 도덕을 의식하지 않고 살아갈 수 있다는 생각은 환상에 불과하다.

우리는 법칙과 규칙을 만들어 내는 동물이다. 우리가 도덕적 동물이란 사실을 고려하면, 도덕률을 지나치게 단순화하는 현대 상대주의가 우리에게 어떤 영향을 미치겠는가? 결국 우리는 스스로 인간이기를 포기하고 전혀 다른 존재로 살려고 하는 것이나 다름없다. 상대주의는 자신을 속이는 가면이다. 관용을 부르짖는 상대주의자의 벤츠를 열쇠로 긁어 보라. 그러면 상대주의라는 가면과 급진적 관용이란 외투가 순식간에 벗겨지는 걸 볼 수 있을 것이다.

피터슨은 과거의 윤리를 깨끗이 지워 내고 자신의 법칙을 제시하려고 하지 않는다. 현대 과학에 기반한 윤리가 아직 갖추어지지 않았기 때문이다. 수천 년간 축적된 지혜를 단순히 미신이라 묵살하고 인간의 위대한 도덕적 성취를 무시하는 오만을 부리지 않는다. 인간이 보존하는 게 낫다는 생각에 수천 년 동안 지켜 온 책들, 그리고 모든 것을 지워 버리는 긴 시간을 견뎌 내고 살아남은 이야기들에, 우리가 지금 아는 것들을 결합하고 통합하는 게 훨씬 낫기 때문이다.

역사적으로 합리적인 길잡이가 항상 그랬듯이 조던 피터슨도 겸손한 모습을 보인다. 그는 인간의 지혜가 자신으로부터 시작된다고 주장하지 않는다. 오히려 그 자신이 길잡이들에게 먼저 도움을 청한다. 진지한 주제를 다루고 있지만, 각 장의 제목에서 짐작할 수 있듯이 너무 무겁지 않게 풀어 가려고 노력했다. 그는 삶에 필요한 모든 법칙을 빠짐없이 다루었다고 주장하지 않는다. 그가 이해하는 범위 내에서 심리학적 문제를 폭넓게 다루어 보려고 애썼다고 말할 뿐이다.

하지만 이 책 제목을 '안내서'가 아니라 '법칙'이라고 한 이유는 실제로 이 책의 12가지 항목이 삶을 위한 법칙이기 때문이다. 이 책을 관통하는 가장 중요한 법칙이 있다면 당신의 삶에 스스로 책임져야 한다는 것이다.

편향적 이데올로기에 사로잡힌 사람들로부터 개인의 권리에 대해 귀에 딱지가 앉도록 들은 세대라면, '책임'이라는 말에 거부감을 가질 것이다. 밀레니얼 세대는 과보호 속에서 위험으로부터 멀리 떨어져 자랐다. 하지만 피터슨은 그들이 인간의 회복력을 과소평가한 교육 때문에 바보 취급을 받았다고 분노한다. 밀레니얼 세대 중에는 누구에게나 감당해야 할 궁극적인 책임이 있다는 피터슨의 메시지를 기꺼이 받아들인 이도 많았다. 피터슨 말대로, 충만한 삶을 살고자 한다면 세상을 원망하기 전 자신부터 변하겠다고 결심해야 하고, 그런 후에야 더 큰 목표를 올바로 세울 수 있기 때문이다. 밀레니얼 세대의 이런 반응에 피터슨과 나는 큰 감동을 받았다.

조던 피터슨이 제시하는 인생의 법칙들은 때때로 까다롭게 느껴진다. 하지만 우리는 시간이 지날수록 점점 성장하여 새로운 한계를 개척해 나갈 수 있어야 한다. 성장하려면 미지의 세계에 과감히 발을 들여놓아야 한다. 현재의 한계를 넘어서려면 이상을 신중하게 선택해서 추구해야 한다. 그 이상은 당신이 언제라도 도달할 수 있는 경계 너머에 있는 것이어야 한다.

우리가 세운 이상적인 목표를 달성할 수 있을까? 불확실하다. 그런데도 그 이상을 달성하려고 애써야 하는 이유는 뭘까? 그렇게 하지 않으면 삶의 의미가 있음을 확신할 수 없기 때문이다.

이상하게 들리겠지만, 우리 모두 깊은 내면에서는 누군가의 판단을 바라고 있기 때문인지도 모른다.

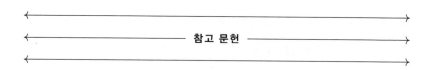
프롤로그

1   Solzhenitsyn, A. I. (1975). *The Gulag Archipelago 1918~1956: An experiment in literary investigation* (Vol. 2). (T. P. Whitney, Trans.). New York : Harper & Row. p. 626.

법칙 1

2   바닷가재에 대해 진지하게 생각해 보고 싶다면 Corson, T. (2005). *The secret life of lobsters: How fishermen and scientists are unraveling the mysteries of our favorite crustacean*. New York : Harper Perennial을 참조할 것.

3   Schjelderup-Ebbe, & T. (1935). *Social behavior of birds*. Clark University Press. Retrieved from http://psycnet.apa.org/psycinfo/1935-19907-007에서 검색. Price, J. S., & Sloman, L. (1987). "Depression as yielding behavior : An animal model based on Schjelderup-Ebbe's pecking order." *Ethology and Sociobiology*, 8, 85~98을 참조할 것.

4   Sapolsky, R. M. (2004). "Social status and health in humans and other animals." *Annual Review of Anthropology, 33*, 393~418.

5   Rutishauser, R. L., Basu, A. C., Cromarty, S. I., & Kravitz, E. A. (2004). "Long-term consequences of agonistic interactions between socially naive juvenile American lobsters (Homarus americanus)." *The Biological Bulletin, 207*, 183~187.

6   Kravitz, E. A. (2000). "Serotonin and aggression : Insights gained from a lobster model system and speculations on the role of amine neurons in a complex behavior." *Journal of Comparative Physiology, 186*, 221~238.

7   Huber, R., & Kravitz, E. A. (1995). "A quantitative analysis of agonistic behavior in juvenile American lobsters *(Homarus americanus L.)*". *Brain, Behavior and Evolution, 46*, 72~83.

8   Yeh S-R, Fricke RA, Edwards DH (1996) "The effect of social experience on serotonergic modulation of the escape circuit of crayfish." *Science, 271*, 366~369.

9   Huber, R., Smith, K., Delago, A., Isaksson, K., & Kravitz, E. A. (1997). "Serotonin and aggressive motivation in crustaceans : Altering the decision to retreat." *Proceedings of the National Academy of Sciences of the United States of America, 94*, 5939~5942.

10 Antonsen, B. L., & Paul, D. H. (1997). "Serotonin and octopamine elicit stereotypical agonistic behaviors in the squat lobster *Munida quadrispina (Anomura, Galatheidae).*" *Journal of Comparative Physiology A: Sensory, Neural, and Behavioral Physiology, 181*, 501~510.

11 Credit Suisse (2015, Oct). *Global Wealth Report 2015*, p. 11. https://publications. credit-suisse.com/tasks/render/file/?fileID=F2425415-DCA7-80B8-EAD989AF-9341D47E에서 검색.

12 Fenner, T., Levene, M., & Loizou, G. (2010). "Predicting the long tail of book sales : Unearthing the power-law exponent." *Physica A: Statistical Mechanics and Its Applications, 389*, 2416~2421.

13 de Solla Price, D. J. (1963). *Little science, big science*. New York : Columbia University Press.

14 Wolff, J. O. & Peterson, J. A. (1998). "An offspring-defense hypothesis for territoriality in female mammals." *Ethology, Ecology & Evolution, 10*, 227~239에서 이론화되었고, Figler, M. H., Blank, G. S. & Peek, H. V. S (2001). "Maternal territoriality as an offspring defense strategy in red swamp crayfish *(Procambarus clarkii, Girard).*" *Aggressive Behavior, 27*, 391~403은 그 이론을 갑각류에도 일반화했다.

15 Waal, F. B. M. de (2007). *Chimpanzee politics: Power and sex among apes*. Baltimore, MD : Johns Hopkins University Press; Waal, F. B. M. de (1996). *Good natured: The origins of right and wrong in humans and other animals*. Cambridge, MA : Harvard University Press.

16 Bracken-Grissom, H. D.; Ahyong, S. T., Wilkinson, R. D., Feldmann, R. M., Schweitzer, C. E., Breinholt, J. W., Crandall, K. A. (2014). "The emergence of lobsters : Phylogenetic relationships, morphological evolution and divergence time com-

parisons of an ancient group." *Systematic Biology, 63*, 457~479.

17 간략한 요약은 Ziomkiewicz-Wichary, A. (2016). "Serotonin and dominance." In T. K.
     Shackelford & V. A. Weekes-Shackelford (Eds.). *Encyclopedia of evolutionary psycho-logical science*, DOI 10.1007/978-3-319-16999-6_1440-1. https://www.research-gate.net/publication/310586509 Serotonin and Dominance에서 검색.

18 Janicke, T., Häderer, I. K., Lajeunesse, M. J., & Anthes, N. (2016). "Darwinian sex
     roles confirmed across the animal kingdom." *Science Advances, 2*, e1500983. http://
     advances.sciencemag.org/content/2/2/e1500983에서 검색.

19 Steenland, K., Hu, S., & Walker, J. (2004). "All-cause and cause-specific mortality by
     socioeconomic status among employed persons in 27 US states, 1984~1997." *Ameri-can Journal of Public Health, 94*, 1037~1042.

20 Crockett, M. J., Clark, L., Tabibnia, G., Lieberman, M. D., & Robbins, T. W. (2008).
     "Serotonin modulates behavioral reactions to unfairness." *Science, 320*, 1739.

21 McEwen, B. (2000). "Allostasis and allostatic load implications for neuropsychophar-macology." *Neuropsychopharmacology, 22*, 108~124.

22 Salzer, H. M. (1966). "Relative hypoglycemia as a cause of neuropsychiatric illness."
     Journal of the National Medical Association, 58, 12~17.

23 Peterson J. B., Pihl, R. O., Gianoulakis, C., Conrod, P., Finn, P.R., Stewart, S. H.,
     LeMarquand, D. G. Bruce, K. R. (1996). "Ethanol-induced change in cardiac and
     endogenous opiate function and risk for alcoholism." *Alcoholism: Clinical & Experi-mental Research, 20*, 1542~1552.

24 Pynoos, R. S., Steinberg, A. M., & Piacentini, J. C. (1999). "A developmental psy-chopathology model of childhood traumatic stress and intersection with anxiety dis-orders." *Biological Psychiatry, 46*, 1542~1554.

25 Olweus, D. (1993). *Bullying at school: What we know and what we can do*. New
     York : Wiley-Blackwell.

26 앞의 책.

27 Janoff-Bulman, R. (1992). *Shattered assumptions: Towards a new psychology of trau-ma*. New York : The Free Press.

28 Weisfeld, G. E., & Beresford, J. M. (1982). "Erectness of posture as an indicator of
     dominance or success in humans." *Motivation and Emotion, 6*, 113~131.

29 Kleinke, C. L., Peterson, T. R., & Rutledge, T. R. (1998). "Effects of self-gener-

ated facial expressions on mood." *Journal of Personality and Social Psychology, 74,* 272~279.

법칙 2

30 Tamblyn, R., Tewodros, E., Huang, A., Winslade, N. & Doran, P. (2014). "The incidence and determinants of primary nonadherence with prescribed medication in primary care : a cohort study." *Annals of Internal Medicine, 160,* 441~450.

31 이 부분에 대해서는 Peterson, J. B. (1999). *Maps of meaning: The architecture of belief.* New York : Routledge에서 자세히 다루었다.

32 Van Strien, J. W., Franken, I. H. A. & Huijding, J. (2014). "Testing the snake-detection hypothesis : Larger early posterior negativity in humans to pictures of snakes than to pictures of other reptiles, spiders and slugs." *Frontiers in Human Neuroscience, 8,* 691-697. 일반적인 논의에 대해 더 깊이 알고 싶다면 Ledoux, J. (1998). *The emotional brain: The mysterious underpinnings of emotional life.* New York : Simon & Schuster를 참조할 것.

33 이 문제를 다룬 고전적인 저서 Gibson, J. J. (1986). *An ecological approach to visual perception.* New York : Psychology Press를 참조할 것. Floel, A., Ellger, T., Breitenstein, C. & Knecht, S. (2003). 말과 행동의 관계에 대한 문제는 "Language perception activates the hand motor cortex : implications for motor theories of speech perception." *European Journal of Neuroscience, 18,* 704~708을 참조할 것. 행동과 인식의 관계를 일반적인 관점에서 다룬 연구는 Pulvermüller, F., Moseley, R.L., Egorova, N., Shebani, Z. & Boulenger, V. (2014). "Motor cognition－motor semantics : Action perception theory of cognition and communication." *Neuropsychologia, 55,* 71~84를 참조할 것.

34 Flöel, A., Ellger, T., Breitenstein, C. & Knecht, S. (2003). "Language perception activates the hand motor cortex : Implications for motor theories of speech perception." *European Journal of Neuroscience, 18,* 704~708; Fadiga, L., Craighero, L. & Olivier, E (2005). "Human motor cortex excitability during the perception of others' action." *Current Opinions in Neurobiology, 15,* 213~218; Palmer, C. E., Bunday, K. L., Davare, M. & Kilner, J. M. (2016). "A causal role for primary motor cortex in perception of observed actions." *Journal of Cognitive Neuroscience, 28,* 2021~2029.

35 Barrett, J. L. (2004). *Why would anyone believe in God?* Lanham, MD : Altamira Press.

36 이 문제를 다룬 연구서는 Barrett, J. L. & Johnson, A. H. (2003). "The role of control in attributing intentional agency to inanimate objects." *Journal of Cognition and Culture, 3*, 208~217이 추천할 만하다.

37 이 부분에 관련해서는 C. G. Jung의 가장 뛰어난 제자이자 동료이던 Neumann, E. (1955). *The Great Mother:An analysis of the archetype.* Princeton, NJ : Princeton University Press를 강력히 추천하고 싶다.

38 https://www.dol.gov/wb/stats/occ_gender_share_em_1020_txt.htm

39 Muller, M. N., Kalhenberg, S. M., Thompson, M. E. & Wrangham, R. W. (2007). "Male coercion and the costs of promiscuous mating for female chimpanzees." *Proceedings of the Royal Society (B), 274*, 1009~1014.

40 소개팅 사이트 OkCupid의 분석을 통해 얻은 흥미로운 통계 자료에 대해서는 Rudder, C. (2015). *Dataclysm:Love, sex, race & identity.* New York : Broadway Books을 참조하기 바란다. 이런 사이트 분석에서도 확인되듯이, 소수가 압도적 다수로부터 관심을 받는다. 파레토 분포에 대한 또 하나의 증거라고 할 수 있다.

41 Wilder, J. A., Mobasher, Z. & Hammer, M. F. (2004). "Genetic evidence for unequal effective population sizes of human females and males." *Molecular Biology and Evolution, 21*, 2047~2057.

42 Miller, G. (2001). *The mating mind:How sexual choice shaped the evolution of human nature.* New York : Anchor.

43 Pettis, J. B. (2010). "Androgyny BT." In D. A. Leeming, K. Madden, & S. Marlan (Eds.). *Encyclopedia of psychology and religion* (pp. 35~36). Boston, MA : Springer US.

44 Goldberg, E. (2003). *The executive brain:Frontal lobes and the civilized mind.* New York : Oxford University Press.

45 고전적인 연구서 Campbell, D. T. & Fiske, D. W. (1959). "Convergent and discriminant validation by the multitrait-multimethod matrix." *Psychological Bulletin, 56*, 81~105를 참조할 것. Wilson, E. O. (1998). *Consilience:The unity of knowledge.* New York : Knopf에서도 유사한 주장이 확인된다. 우리에게 다섯 감각이 있는 이유도 이 때문이다. 덕분에 우리는 세상을 '오각형 방향'으로 관찰하고, 각 방향으로 인식한 결과를 동시에 교차 점검할 수 있다.

46 Headland, T. N., & Greene, H. W. (2011). "Hunter-gatherers and other primates as prey, predators, and competitors of snakes." *Proceedings of the National Academy of Sciences USA, 108,* 1470~1474.

47 Keeley, L. H. (1996). *War before civilization: The myth of the peaceful savage.* New York : Oxford University Press.

48 "선과 악을 가르는 경계가 국가와 국가, 계급과 계급, 정당과 정당을 구분하는 게 아니라, 모든 인간의 마음을 통과하고 있다는 게 조금씩 밝혀졌다. 그 경계는 움직인다. 시간이 지남에 따라 우리 안에서 움직인다. 사악함으로 가득한 마음에도 약간의 선함이 마지막 보루처럼 유지된다. 반면에 지극히 선한 마음에서도 …… 사악함이 완전히 근절되지는 않는다. 그 후로 나는 세계 모든 종교의 진리를 이해하게 되었다. 요컨대 종교들은 인간의 내면에 도사린 사악함과 싸우는 것이다. 이 세상에서 악을 완전히 몰아내는 건 불가능하다. 그러나 인간의 내면에 자리 잡은 사악함을 줄이는 것은 가능하다." Solzhenitsyn, A. I. (1975). *The Gulag Archipelago 1918-1956: An experiment in literary investigation* (Vol. 2). (T. P. Whitney, Trans.). New York : Harper & Row, p. 615.

49 내가 알기로 이 주제를 다룬 최고의 저작은 언더그라운드 만화가 로버트 크럼을 다룬 다큐멘터리 〈크럼(Crumb)〉이다. 감독은 테리 츠비고프, 배급은 소니 픽처스 클래식이었다. 이 다큐멘터리는 원한과 기만, 인간에 대한 증오, 성에 대한 수치심, 탐욕스러운 어머니와 폭압적인 아버지에 대해 많은 것을 말해 준다.

50 Bill, V. T. (1986). *Chekhov: The silent voice of freedom.* Allied Books, Ltd.

51 Costa, P. T., Teracciano, A. & McCrae, R. R. (2001). "Gender differences in personality traits across cultures : robust and surprising findings." *Journal of Personality and Social Psychology, 81,* 322~331.

52 Isbell, L. (2011). *The fruit, the tree and the serpent: Why we see so well.* Cambridge, MA : Harvard University Press; see also Hayakawa, S., Kawai, N., Masataka, N., Luebker, A., Tomaiuolo, F., & Caramazza, A. (2011). "The influence of color on snake detection in visual search in human children." *Scientific Reports, 1,* 1~4.

53 네덜란드 화가 헤이르트헨의 〈성모와 아기 예수〉는 중세의 악기를 배경으로 성모 마리아와 아기 예수 및 뱀이 그려진 대표적인 예다. 이 그림에서 아기 예수는 지휘자 역할을 한다.

54 Osorio, D., Smith, A. C., Vorobyev, M. & Buchanan-Smieth, H. M. (2004). "Detection of fruit and the selection of primate visual pigments for color vision." *The Ameri-*

can *Naturalist, 164*, 696~708.

55 Macrae, N. (1992). *John von Neumann: The scientific genius who pioneered the modern computer, game theory, nuclear deterrence, and much more.* New York:Pantheon Books.

56 Wittman, A. B., & Wall, L. L. (2007). "The evolutionary origins of obstructed labor : bipedalism, encephalization, and the human obstetric dilemma." *Obstetrical & Gynecological Survey, 62*, 739~748.

57 다른 설명으로는 Dunsworth, H. M., Warrener, A. G., Deacon, T., Ellison, P. T., & Pontzer, H. (2012). "Metabolic hypothesis for human altriciality." *Proceedings of the National Academy of Sciences of the United States of America, 109*, 15212~15216을 참조하기 바란다.

58 Heidel, A. (1963). *The Babylonian Genesis: The story of the creation.* Chicago : University of Chicago Press.

59 Salisbury, J. E. (1997). *Perpetua's passion: The death and memory of a young Roman woman.* New York : Routledge.

60 Pinker, S. (2011). *The better angels of our nature: Why violence has declined.* New York : Viking Books.

61 Nietzsche, F. W. & Kaufmann, W. A. (1982). *The portable Nietzsche.* New York : Penguin Classics (Maxims and Arrows 12).

법칙 3

62 Peterson, J. B. (1999). *Maps of meaning: The architecture of belief.* New York : Routledge, p. 264.

63 Miller, G. (2016년 11월 3일). Could pot help solve the U. S. opioid epidemic? Science. http://www.sciencemag.org/news/2016/11/could-pot-help-solve-us-opioid-epidemic에서 검색.

64 Barrick, M. R., Stewart, G. L., Neubert, M. J., and Mount, M. K. (1998). "Relating member ability and personality to work-team processes and team effectiveness." *Journal of Applied Psychology, 83*, 377~391; 아이에게 미치는 영향에 대해서는 Dishion, T. J., McCord, J., & Poulin, F. (1999). "When interventions harm : Peer groups and problem behavior." *American Psychologist, 54*, 755~764를 참조할 것.

65 McCord, J. & McCord, W. (1959). "A follow-up report on the Cambridge-Somerville youth study." *Annals of the American Academy of Political and Social Science, 32*, 89~96.

66 https://www.youtube.com/watch?v=jQvvmT3ab80 (《심슨 가족》, 시즌 23, 에피소드 3)

67 칼 로저스는 건설적인 성격 변화가 일어나기 위한 6가지 조건을 대략적으로 제시했다. 두 번째 조건이 상대의 '부조화 상태'였다. 개략적으로 말하면, 뭔가가 잘못되어, 변해야 한다는 걸 알아야 한다는 것이다. 이에 대해서는 Rogers, C. R. (1957). "The necessary and sufficient conditions of therapeutic personality change." *Journal of Consulting Psychology, 21*, 95~103을 참조할 것.

법칙 4

68 Poffenberger, A. T. (1930). "The development of men of science." *Journal of Social Psychology, 1*, 31~47.

69 Taylor, S. E. & Brown, J. (1988). "Illusion and well-being : A social psychological perspective on mental health." *Psychological Bulletin, 103*, 193~210.

70 sin이란 단어는 '과녁을 벗어나다'를 뜻하는 그리스어 άμαρτάνειν (hamartánein)에서 파생되었다. 함의된 뜻으로는 판단의 오류, 치명적인 결함 등이 있다. http://biblehub.com/greek/264.htm을 참조할 것.

71 Gibson, J. J. (1979). *The ecological approach to visual perception*. Boston : Houghton Mifflin을 참조할 것.

72 Simons, D. J., & Chabris, C. F. (1999). "Gorillas in our midst : Sustained inattentional blindness for dynamic events." *Perception, 28*, 1059~1074.

73 http://www.dansimons.com/videos.html

74 Azzopardi, P. & Cowey, A. (1993). "Preferential representation of the fovea in the primary visual cortex." *Nature, 361*, 719~721.

75 http://www.earlychristianwritings.com/thomas/gospelthomas113.html을 참조할 것.

76 Nietzsche, F. (2003). *Beyond good and evil*. Fairfield, IN : 1st World Library/Literary Society, p. 67.

법칙 5

77 http://www.nytimes.com/2010/02/21/nyregion/21yitta.html

78 Balaresque, P., Poulet, N., Cussat-Blanc, S., Gerard, P., Quintana-Murci, L., Heyer, E., & Jobling, M. A. (2015). "Y-chromosome descent clusters and male differential reproductive success : young lineage expansions dominate Asian pastoral nomadic populations." *European Journal of Human Genetics, 23*, 1413~1422.

79 Moore, L. T., McEvoy, B., Cape, E., Simms, K., & Bradley, D. G. (2006). "A Y-chromosome signature of hegemony in Gaelic Ireland." *American Journal of Human Genetics, 78*, 334~338.

80 Zerjal, T., Xue, Y., Bertorelle, G., Wells et al. (2003). "The genetic legacy of the Mongols." *American Journal of Human Genetics, 72*, 717~721.

81 Jones, E. (1953). *The life and work of Sigmund Freud* (Vol. I). New York : Basic Books. p. 5.

82 '고결한 야만인'이란 개념에 대한 간략한 설명은 https://www.britannica.com/art/noble-savage를 참조할 것.

83 이에 대해서는 Roberts, B.W., & Mroczek, D. (2008). "Personality trait change in adulthood." *Current Directions in Psychological Science, 17*, 31~35에 잘 정리되어 있다.

84 이 문제를 철저히 경험에 근거해서 진행한 연구로는 Olweus, D. (1993). *Bullying at school: What we know and what we can do*. Malden, MA : Blackwell Publishing이 믿을 만하다.

85 Goodall, J. (1990). *Through a window:My thirty years with the chimpanzees of Gombe*. Boston : Houghton Mifflin Harcourt.

86 Finch, G. (1943). "The bodily strength of chimpanzees." *Journal of Mammalogy, 24*, 224~228.

87 Goodall, J. (1972). *In the shadow of man*. New York : Dell.

88 Wilson, M. L. et al. (2014). "Lethal aggression in Pan is better explained by adaptive strategies than human impacts." *Nature, 513*, 414~417.

89 Goodall, J. (1990). *Through a window:My thirty years with the chimpanzees of Gombe*. Houghton Mifflin Harcourt, pp. 128~129.

90 Chang, I. (1990). *The rape of Nanking*. New York : Basic Books.

91 United Nations Office on Drugs and Crime(2013). *Global Study on homicide*. 살인율에 대한 연구는 https://www.unodc.org/documents/gsh/pdfs/2014_GLOBAL_

HOMICIDE_BOOK_web.pdf를 참조할 것.

92 Thomas, E. M. (1959). *The harmless people*. New York : Knopf.

93 Roser, M. (2016). *Ethnographic and archaeological evidence on violent deaths*. https://our-worldindata.org/ethnographic-and-archaeological-evidence-on-violent-deaths/에서 검색.

94 앞의 책과 Brown, A. (2000). *The Darwin wars: The scientific battle for the soul of man*. New York : Pocket Books을 참조할 것.

95 Keeley, L. H. (1997). *War before civilization: The myth of the peaceful savage*. Oxford University Press, USA.

96 Carson, S. H., Peterson, J. B. & Higgins, D. M. (2005). "Reliability, validity and factor structure of the Creative Achievement Questionnaire." *Creativity Research Journal, 17*, 37~50.

97 Stokes, P. D. (2005). *Creativity from constraints: The psychology of breakthrough*. New York : Springer.

98 Wrangham, R. W., & Peterson, D. (1996). *Demonic males: Apes and the origins of human violence*. New York : Houghton Mifflin.

99 Peterson, J. B. & Flanders, J. (2005). Play and the regulation of aggression. Tremblay, R. E., Hartup, W. H. & Archer, J. (Eds.). *Developmental origins of aggression*. (pp. 133~157). New York : Guilford Press; Nagin, D., & Tremblay, R. E. (1999). "Trajectories of boys' physical aggression, opposition, and hyperactivity on the path to physically violent and non-violent juvenile delinquency." *Child Development, 70*, 1181~1196.

100 Sullivan, M.W. (2003). "Emotional expression of young infants and children." *Infants and Young Children, 16*, 120~142.

101 B. F. Skinner Foundation : https://www.youtube.com/watch?v=vGazyH6fQQ4를 참조할 것.

102 Glines, C. B. (2005). "Top secret World War II bat and bird bomber program." *Aviation History, 15*, 38~44.

103 Flasher, J. (1978). "Adultism." *Adolescence, 13*, 517~523; Fletcher, A. (2013). *Ending discrimination against young people*. Olympia, WA : CommonAction Publishing.

104 de Waal, F. (1998). *Chimpanzee politics: Power and sex among apes*. Baltimore : Johns Hopkins University Press.

105 Panksepp, J. (1998). *Affective neuroscience: The foundations of human and animal*

emotions. New York : Oxford University Press.

106 Tremblay, R. E., Nagin, D. S., Séguin, J. R., Zoccolillo, M., Zelazo, P. D., Boivin, M.,
. . . Japel, C. (2004). "Physical aggression during early childhood : trajectories and
predictors." *Pediatrics, 114*, 43~50.

107 Krein, S. F., & Beller, A. H. (1988). "Educational attainment of children from sin-
gle-parent families : Differences by exposure, gender, and race." *Demography, 25*,
221 ; McLoyd, V. C. (1998). "Socioeconomic disadvantage and child development."
The American Psychologist, 53, 185~204 ; Lin, Y.-C., & Seo, D.-C. (2017). "Cu-
mulative family risks across income levels predict deterioration of children's general
health during childhood and adolescence." *PLOS ONE, 12(5)*, e0177531. https://
doi.org/10.1371/journal.pone.0177531 ; Amato, P. R., & Keith, B. (1991). "Parental
divorce and the well-being of children : A meta-analysis." *Psychological Bulletin, 110*,
26~46.

법칙 6

108 에릭 해리스의 일기 : http://melikamp.com/features/eric.shtml

109 Goethe, J. W. (1979). *Faust, part one* (P. Wayne, Trans.). London : Penguin Books. p.
75.

110 Goethe, J. W. (1979). *Faust, part two* (P. Wayne, Trans.). London : Penguin Books.
p. 270.

111 Tolstoy, L. (1887~1983). *Confessions* (D. Patterson, Trans.). New York : W. W.
Norton, pp. 57~58.

112 The Guardian, *1000 mass shootings in 1260 days: this is what America's gun crisis looks
like*, 2016년 6월 14일. https://www.theguardian.com/us-news/ng-interactive/2015/
oct/02/mass-shootings-america-gun-violence에서 검색.

113 에릭 해리스의 발언, https://schoolshooters.info/sites/default/files/harris_jour-
nal_1.3.pdf

114 Kaufmann, W. (1975). *Existentialism from Dostoevsky to Sartre*. New York : Meridi-
an, pp. 130~131에서 인용.

115 Solzhenitsyn, A.I. (1975). *The Gulag Archipelago 1918-1956:An experiment in literary
investigation* (Vol. 2). (T.P. Whitney, Trans.). New York : Harper & Row를 참조할 것.

법칙 7

116 Piaget, J. (1932). *The moral judgement of the child*. London : Kegan Paul, Trench, Trubner and Company; Piaget, J. (1962). *Play, dreams and imitation in childhood*. New York : W.W. Norton and Company도 참조할 것.

117 Franklin, B. (1916). *Autobiography of Benjamin Franklin*. Rahway, New Jersey : The Quinn & Boden Company Press. https://www.gutenberg.org/files/20203/20203-h/20203-h.htm에서 검색.

118 크세노폰의 《소크라테스 회상록》, 제23장. http://www.perseus.tufts.edu/hopper/text?doc=Perseus%3Atext%3A1999.01.0212%3Atext%3DApol.%3Asection%3D23 에서 검색.

119 같은 책, section 2.

120 같은 책, section 3.

121 같은 책, section 8.

122 같은 책, section 4.

123 같은 책, section 12.

124 같은 책, section 13.

125 같은 책, section 14.

126 같은 책, section 7.

127 같은 책.

128 같은 책, section 8.

129 같은 책.

130 같은 책, section 33.

131 Goethe, J. W. (1979b). *Faust, part two* (P. Wayne, Trans.). London : Penguin Books. p. 270.

132 《성경》구절의 유익한 주석에 대해서는 http://sbiblehub.com/commentaries를 참조할 것. 특히 이 구절에 대해서는 http://biblehub.com/commentaries/genesis/4-7.htm을 참조할 것.

133 "For whence/ But from the author of all ill could spring/ So deep a malice, to confound the race/ Of mankind in one root, and Earth with Hell/ To mingle and involve, done all to spite /The great Creator?" Milton, J. (1667). *Paradise Lost*, Book 2, 381~385. https://www.dartmouth.edu/~milton/reading_room/pl/book_2/text.shtml에서 검색.

134 Jung, C. G. (1969). *Aion: Researches into the phenomenology of the self* (Vol. 9 : Part II, Collected Works of C. G. Jung) : Princeton, N. J. : Princeton University Press. (chapter 5).

135 http://www.acolumbinesite.com/dylan/writing.php

136 Schapiro, J. A., Glynn, S. M., Foy, D. W. & Yavorsky, M. A. (2002). "Participation in war-zone atrocities and trait dissociation among Vietnam veterans with combat-related PTSD." *Journal of Trauma and Dissociation, 3,* 107~114; Yehuda, R., Southwick, S. M. & Giller, E. L. (1992). "Exposure to atrocities and severity of chronic PTSD in Vietnam combat veterans." *American Journal of Psychiatry, 149,* 333~336.

137 Harpur, T. (2004). *The pagan Christ: recovering the lost light.* Thomas Allen Publishers를 참조할 것. 이 문제는 Peterson, J. B. (1999). *Maps of meaning: The architecture of belief.* New York : Routledge에서도 다루어졌다.

138 Lao-Tse (1984). *The tao te ching.* (1984) (S. Rosenthal, Trans.). 64장 무리하게 만들어 더하지 않는다. https://terebess.hu/english/tao/rosenthal.html#Kap64.

139 Jung, C. G. (1969). *Aion: Researches into the phenomenology of the self* (Vol. 9 : Part II, Collected Works of C. G. Jung) : Princeton, N. J. : Princeton University Press.

140 Dobbs, B. J. T. (2008). *The foundations of Newton's alchemy.* New York : Cambridge University Press.

141 〈에베소서〉 2장 8~9절. "너희는 그 은혜에 의하여 믿음으로 말미암아 구원을 받았으니 이것은 너희에게서 난 것이 아니요 하나님의 선물이라. 행위에서 난 것이 아니니 이는 누구든지 자랑하지 못하게 함이라." 〈로마서〉 9장 15~16절에서도 비슷한 생각이 읽힌다. "모세에게 이르시되 내가 긍휼히 여길 자를 긍휼히 여기고 불쌍히 여길 자를 불쌍히 여기리라 하셨으니, 그런즉 원하는 자로 말미암음도 아니요, 달음박질하는 자로 말미암음도 아니요, 오직 긍휼히 여기시는 하나님으로 말미암음이니라."

142 Nietzsche, F. W. & Kaufmann, W. A. (1982). *The portable Nietzsche.* New York : Penguin Classics. Contains, among others, Nietzsche's *Twilight of the idols and the anti-Christ: or how to philosophize with a hammer.*

143 Nietzsche, F. (1974). *The gay science* (Kaufmann, W., Trans.). New York : Vintage, pp. 181~182.

144 Nietzsche, F. (1968). *The will to power* (Kaufmann, W., Trans.). New York : Vintage, p. 343.

145 Dostoevsky, F. M. (2009). *The grand inquisitor.* Merchant Books.

146 Nietzsche, F. (1954). Beyond good and evil (Zimmern, H., Trans.). In W. H. Wright (Ed.), *The Philosophy of Nietzsche* (pp. 369~616). New York : Modern Library, p. 477.

147 "우리 추측, 우리 이론이 우리를 대신해 죽도록 합시다. 우리가 서로 죽이지 않고, 우리 이론을 죽이는 방법은 지금이라도 배울 수 있습니다. …… 우리가 서로 죽이지 않고, 합리적인 비판으로 우리 이론, 우리 의견을 제거하는 마음가짐, 즉 과학적이고 합리적인 마음가짐이 승리하는 날을 볼 수 있다면, 그것은 유토피아적 꿈을 넘어서는 것입니다." 영국 케임브리지 대학의 다윈 칼리지에서 행한 강연. http://www.information-philosopher.com/solutions/philosophers/popper/naturalselection_and_the_ emergence of_mind.html을 참조할 것.

법칙 8

148 이와 관련된 경험들은 Peterson, J. B. (1999). *Maps of meaning: the architecture of belief*. New York : Routledge에서 자세히 소개하고 있다.

149 Adler, A. (1973). "Life-lie and responsibility in neurosis and psychosis : a contribution to melancholia." In P. Radin (Trans.). *The practice and theory of Individual Psychology*. Totawa, N. J. : Littlefield, Adams & Company.

150 Milton, J. (1667). *Paradise Lost*. Book 1 : 40~48.
https://www.dartmouth.edu/~milton/reading_room/pl/book_1/text.shtml을 참조할 것.

151 Milton, J. (1667). *Paradise Lost*. Book 1 : 249~253.
https://www.dartmouth.edu/~milton/reading_room/pl/book_1/text.shtml을 참조할 것.

152 Milton, J. (1667). *Paradise Lost*. Book 1 : 254~255.
https://www.dartmouth.edu/~milton/reading_room/pl/book_1/text.shtml을 참조할 것.

153 Milton, J. (1667). *Paradise Lost*. Book 1 : 261~263.
https://www.dartmouth.edu/~milton/reading_room/pl/book_1/text.shtml을 참조할 것.

154 이에 대해서는 Peterson, J. B. (1999). *Maps of meaning: The architecture of belief*. New York : Routledge에서 자세히 다루었다.

155 Hitler, A. (1925/2017). *Mein kampf* (M. Roberto, Trans.). Independently Published, pp. 172~173.

법칙 9

156 Finkelhor, D., Hotaling, G., Lewis, I. A. & Smith, C. (1990). "Sexual abuse in a national survey of adult men and women : prevalence, characteristics, and risk factors." *Child Abuse & Neglect, 14*, 19~28.

157 Rind, B., Tromovitch, P. & Bauserman, R. (1998). "A meta-analytic examination of assumed properties of child sexual abuse using college samples." *Psychological Bulletin, 124*, 22~53.

158 Loftus, E. F. (1997). "Creating false memories." *Scientific American, 277*, 70~75.

159 Rogers, C. R. (1952). "Communication : its blocking and its facilitation." *ETC:A Review of General Semantics, 9*, 83~88에서 인용.

법칙 10

160 이 쟁점에 대한 고전적인 논문으로는 Gibson, J. J. (1986). *An ecological approach to visual perception*, New York : Psychology Press를 추천한다. 말과 행동의 상관관계에 대해서는 Floel, A., Ellger, T., Breitenstein, C. & Knecht, S. (2003). "Language perception activates the hand motor cortex : implications for motor theories of speech perception." *European Journal of Neuroscience, 18*, 704~708을 참조할 것. 행동과 말의 전반적인 관계에 대해서는 Pulvermüller, F., Moseley, R. L., Egorova, N., Shebani, Z. & Boulenger, V. (2014). "Motor cognition -motor semantics : Action perception theory of cognition and communication." *Neuropsychologia, 55*, 71~84를 참조할 것.

161 Cardinali, L., Frassinetti, F., Brozzoli, C., Urquizar, C., Roy, A. C. & Farnè, A. (2009). "Tool-use induces morphological updating of the body schema." *Current Biology, 12*, 478~479.

162 Bernhardt, P. C., Dabbs, J.M. Jr., Fielden, J. A. & Lutter, C. D. (1998). "Testosterone changes during vicarious experiences of winning and losing among fans at sporting events." *Physiology & Behavior, 65*, 59~62.

163 이에 대해 전부는 아니지만 일부는 Gray, J. & McNaughton, N. (2003). *The neuropsychology of anxiety:An enquiry into the functions of the septal-hippocampal system*. Oxford : Oxford University Press에 자세히 설명되어 있다. Peterson, J. B. (2013). "Three forms of meaning and the management of complexity." In T. Proulx, K. D. Markman & M. J. Lindberg (Eds.). *The psychology of meaning* (pp. 17~48). Washington, D.

C. : American Psychological Association ; Peterson, J. B. & Flanders, J. L. (2002). "Complexity management theory : Motivation for ideological rigidity and social conflict." *Cortex, 38*, 429~458도 참조할 것.

164 Yeats, W. B. (1933) The Second Coming. In R.J. Finneran (Ed.). *The poems of W. B. Yeats: A new edition*. New York : MacMillan, p. 158.

법칙 11

165 Vrolix, K. (2006). "Behavioral adaptation, risk compensation, risk homeostasis and moral hazard in traffic safety." *Steunpunt Verkeersveiligheid*, RA-2006-95를 참조해서 정리했다. https://doclib.uhasselt.be/dspace/bitstream/1942/4002/1/behavioraladaptation.pdf에서 검색.

166 Nietzsche, F. W. & Kaufmann, W. A. (1982). *The portable Nietzsche*. New York : Penguin Classics, pp. 211~212.

167 Orwell, G. (1958). *The road to Wigan Pier*. New York : Harcourt, pp. 96~97.

168 Carson, R. (1962). *Silent spring*. Boston : Houghton Mifflin.

169 http://reason.com/archives/2016/12/13/the-most-important-graph-in-the-world를 참조할 것.

170 http://www.telegraph.co.uk/news/earth/earthnews/9815862/Humans-are-plague-on-Earth-Attenborough.html을 참조할 것.

171 "The Earth has cancer, and the cancer is man." Mesarović, M. D. & Pestel, E. (1974). *Mankind at the turning point*. New York : Dutton, p. 1. 이런 생각은 Gregg, A. (1955). "A medical aspect of the population problem." *Science, 121*, 681~682, p. 681에서 처음 제기되었고, Hern, W. M. (1993). "Has the human species become a cancer on the planet? A theoretical view of population growth as a sign of pathology." *Current World Leaders, 36*, 1089~1124에서 심도 있게 다루어졌다. 로마 클럽에 대해서는 다음을 참조할 것. King, A. & Schneider, B. (1991). *The first global revolution*. New York : Pantheon Books, p. 75 : "인류의 공통된 적은 인간이다. 우리를 하나로 단결시켜 줄 새로운 적을 찾는 과정에서, 오염, 지구 온난화, 물 부족, 기아 등이 적합하다는 결론에 이르렀다. 이런 위험이 발생한 원인은 인간의 간섭에 있다. 마음가짐과 행동의 변화를 통해서만 극복할 수 있는 위험이다. 따라서 인류의 진정한 적은 인류 자신이다."

172 Costa, P. T., Terracciano, A., & McCrae, R. R. (2001). "Gender differences in per-

sonality traits across cultures : robust and surprising findings." *Journal of Personality and Social Psychology, 81*, 322~31; Weisberg, Y. J., DeYoung, C. G., & Hirsh, J. B. (2011). "Gender differences in personality across the ten aspects of the Big Five." *Frontiers in Psychology, 2*, 178; Schmitt, D. P., Realo, A., Voracek, M., & Allik, J. (2008). "Why can't a man be more like a woman? Sex differences in Big Five personality traits across 55 cultures." *Journal of Personality and Social Psychology, 94*, 168~182.

173 De Bolle, M., De Fruyt, F., McCrae, R. R., et al. (2015). "The emergence of sex differences in personality traits in early adolescence : A cross-sectional, cross-cultural study." *Journal of Personality and Social Psychology, 108*, 171~85.

174 Su, R., Rounds, J., & Armstrong, P. I. (2009). "Men and things, women and people : A meta-analysis of sex differences in interests." *Psychological Bulletin, 135*, 859~884. 이런 차이에 대한 신경 발달학적 관점에 대해서는 Beltz, A. M., Swanson, J. L., & Berenbaum, S. A. (2011). "Gendered occupational interests : prenatal androgen effects on psychological orientation to things versus people." *Hormones and Behavior, 60*, 313~317을 참조할 것.

175 Bihagen, E. & Katz-Gerro, T. (2000). "Culture consumption in Sweden : the stability of gender differences." *Poetics, 27*, 327~3409; Costa, P., Terracciano, A. & McCrae, R. R. (2001). "Gender differences in personality traits across cultures : robust and surprising findings." Journal of Personality and Social Psychology, 8, 322~331; Schmitt, D., Realo. A., Voracek, M. & Alli, J. (2008). "Why can't a man be more like a woman? Sex differences in Big Five personality traits across 55 cultures." *Journal of Personality and Social Psychology, 94*, 168~182; Lippa, R. A. (2010). "Sex differences in personality traits and gender-related occupational preferences across 53 nations : Testing evolutionary and social-environmental theories." *Archives of Sexual Behavior, 39*, 619~636.

176 Gatto, J. N. (2000). *The underground history of American education:A school teacher's intimate investigation of the problem of modern schooling.* New York : Odysseus Group.

177 대학생의 과반이 여성인 이유에 대해서는 Statistics Canada : http://www.statcan. gc.ca/pub/81-004-x/2008001/article/10561-eng.htm을 참조할 것.

178 예컨대 Hango. D. (2015). "Gender differences in science, technology, engineering,

mathematics and computer science (STEM) programs at university." *Statistics Canada*, 75-006-X를 참조할 것. http://www.statcan.gc.ca/access_acces/alternative_alternatif.action?l=eng&loc=/pub/75-006-x/2013001/article/11874-eng.pdf에서 검색.

179 나만 이렇게 생각하는 것은 아니다. 대표적인 다른 학자로는 Hymowitz, K.S. (2012). *Manning up:How the rise of women has turned men into boys*. New York : Basic Books 가 있다.

180 http://www.pewresearch.org/fact-tank/2012/04/26/young-men-and-women-differ-on-the-importance-of-a-successful-marriage/를 참조할 것.

181 http://www.pewresearch.org/data-trend/society-and-demographics/marriage/를 참조할 것.

182 이 문제는 주류 언론에서 광범위하게 다루었다. https://www.thestar.com/life/2011/02/25/women_lawyers_leaving_in_droves.html; http://www.cbc.ca/news/canada/women-criminal-law-1.3476637; http://www.huffingtonpost.ca/andrea-lekushoff/female-lawyers-canada_b_5000415.html을 참조할 것.

184 Jaffe, A., Chediak, G., Douglas, E., Tudor, M., Gordon, R. W., Ricca, L. & Robinson, S. (2016) "Retaining and advancing women in national law firms." *Stanford Law and Policy Lab, White Paper* : https://www-cdn.law.stanford.edu/wp-content/uploads/2016/05/Women-in-Law-White-Paper-FINAL-May-31-2016.pdf에서 검색.

184 Conroy-Beam, D., Buss, D. M., Pham, M. N., & Shackelford, T. K. (2015). "How sexually dimorphic are human mate preferences?" *Personality and Social Psychology Bulletin, 41*, 1082~1093. 순전히 생물학적 요인의 결과로 짝에 대한 여성의 선호도가 어떻게 변하는지에 대해서는 Gildersleeve, K., Haselton, M. G., & Fales, M. R. (2014). "Do women's mate preferences change across the ovulatory cycle? A meta-analytic review." *Psychological Bulletin, 140*, 1205~1259를 참조할 것.

185 Greenwood, J., Nezih, G., Kocharov, G & Santos, C. (2014). "Marry your like : Assortative mating and income inequality." *IZA discussion paper No. 7895*를 참조할 것. http://hdl.handle.net/10419/93282에서 검색.

186 이 음울한 문제에 대한 연구는 Suh, G. W., Fabricious, W. V., Parke, R. D., Cookston, J. T., Braver, S. L. & Saenz, D. S. "Effects of the interparental relationship on adolescents' emotional security and adjustment : The important role of fathers." *Developmental Psychology, 52*, 1666~1678에 나온다.

187 Hicks, S. R. C. (2011). *Explaining postmodernism: Skepticism and socialism from Rousseau to Foucault.* Santa Barbara, CA : Ockham' Razor Multimedia Publishing. http://www.stephenhicks.org/wp-content/uploads/2009/10/hicks-ep-full.pdf에서 pdf 파일을 구할 수 있다.

188 Higgins, D. M., Peterson, J. B. & Pihl, R. O. "Prefrontal cognitive ability, intelligence, Big Five personality, and the prediction of advanced academic and workplace performance." *Journal of Personality and Social Psychology, 93,* 298~319.

189 Carson, S.H., Peterson, J. B. & Higgins, D. M. (2005). "Reliability, validity and factor structure of the Creative Achievement Questionnaire." *Creativity Research Journal, 17,* 37~50.

190 Bouchard, T. J. & McGue, M. (1981). "Familial studies of intelligence : a review." *Science, 212,* 1055~1059; Brody, N. (1992). *Intelligence.* New York : Gulf Professional Publishing; Plomin R. & Petrill S. A. (1997). "Genetics and intelligence. What's new?" *Intelligence, 24,* 41~65.

191 Schiff, M., Duyme, M., Dumaret, A., Stewart, J., Tomkiewicz, S. & Feingold, J. (1978). "Intellectual status of working-class children adopted early into upper-middle-class families." *Science, 200,* 1503~1504; Capron, C. & Duyme, M. (1989). "Assessment of effects of socio-economic status on IQ in a full cross-fostering study." *Nature, 340,* 552~554.

192 Kendler, K. S., Turkheimer, E., Ohlsson, H., Sundquist, J. & Sundquist, K. (2015). "Family environment and the malleability of cognitive ability : a Swedish national home-reared and adopted-away cosibling control study." *Proceedings of the National Academy of Science USA, 112,* 4612~4617.

193 이에 대한 OECD의 의견은 'Closing the gender gap : Sweden'을 참조할 것. 이 자료가 소개하는 통계 자료에 따르면, 교육에서는 소녀가 소년보다 유리하고, 보건 분야에서는 여성이 압도적인 다수를 차지하는 반면, 컴퓨터 과학에서는 남성이 다수를 차지하고 있다. https://www.oecd.org/sweden/Closing%20the%20Gender%20Gap%20-%20Sweden%20FINAL.pdf에서 검색.

194 Eron, L. D. (1980). "Prescription for reduction of aggression." *The American Psychologist, 35,* 244~252 (p. 251).

195 Peterson, J. B. & Shane, M. (2004). "The functional neuroanatomy and psychopharmacology of predatory and defensive aggression." In J. McCord (Ed.). *Beyond empir-*

icism: Institutions and intentions in the study of crime. (Advances in Criminological Theory, Vol. 13) (pp. 107~146). Piscataway, NJ : Transaction Books을 참조할 것. Peterson, J. B. & Flanders, J. (2005). "Play and the regulation of aggression." In Tremblay, R.E., Hartup, W. H. & Archer, J. (Eds.). *Developmental origins of aggression*. (Chapter 12; pp. 133~157). New York : Guilford Press에서도 이 문제가 언급되었다.

196 Tremblay, R. E., Nagin, D. S., Séguin, J. R., et al. (2004). "Physical aggression during early childhood : trajectories and predictors." *Pediatrics, 114*, 43~50에서 자세히 다루었다.

197 Heimberg, R. G., Montgomery, D., Madsen, C. H., & Heimberg, J. S. (1977). "Assertion training : A review of the literature." Behavior Therapy, 8, 953~971; Boisvert, J.-M., Beaudry, M., & Bittar, J. (1985). "Assertiveness training and human communication processes." *Journal of Contemporary Psychotherapy, 15*, 58~73.

198 Trull, T. J., & Widiger, T. A. (2013). "Dimensional models of personality : The five-factor model and the DSM-5." *Dialogues in Clinical Neuroscience, 15*, 135~46; Vickers, K. E., Peterson, J. B., Hornig, C.D., Pihl, R. O., Séguin, J. & Tremblay, R. E. (1996). "Fighting as a function of personality and neuropsychological measures." *Annals of the New York Academy of Sciences. 794*, 411~412.

199 Bachofen, J. J. (1861). *Das Mutterrecht: Eine untersuchung über die gynaikokratie der alten welt nach ihrer religiösen und rechtlichen natur*. Stuttgart : Verlag von Krais und Hoffmann.

200 Gimbutas, M. (1991). *The civilization of the goddess*. San Francisco : Harper.

201 Stone, M. (1978). *When God was a woman*. New York : Harcourt Brace Jovanovich.

202 Eller, C. (2000). *The myth of matriarchal prehistory: Why an invented past won't give women a future*. Beacon Press.

203 Neumann, E. (1954). *The origins and history of consciousness*. Princeton, NJ : Princeton University Press.

204 Neumann, E. (1955). *The Great Mother: An analysis of the archetype*. New York : Routledge & Kegan Paul.

205 예컨대 Adler, A. (2002). Theoretical part I~III : The accentuated fiction as guiding idea in the neurosis. In H. T. Stein (Ed.). *The collected works of Alfred Adler volume 1: The neurotic character: Fundamentals of individual psychology and psychotherary (pp. 41-85)*. Bellingham, WA : Alfred Adler Institute of Northern Washington, p. 71을

참조할 것.

206 Moffitt, T. E., Caspi, A., Rutter, M. & Silva, P. A. (2001). *Sex differences in antisocial behavior: Conduct disorder, delinquency, and violence in the Dunedin Longitudinal Study.* London : Cambridge University Press.

207 Buunk, B. P., Dijkstra, P., Fetchenhauer, D. & Kenrick, D. T. (2002). "Age and gender differences in mate selection criteria for various involvement levels." *Personal Relationships, 9*, 271~278.

법칙 12

208 Lorenz, K. (1943). "Die angeborenen Formen moeglicher Erfahrung." *Ethology, 5,* 235~409.

209 Tajfel, H. (1970). "Experiments in intergroup discrimination." *Nature, 223,* 96~102.

210 Dostoevsky, F. (1995). *The brothers Karamazov* (dramatized by David Fishelson). Dramatists Play Service, Inc., pp. 54~55에서 인용. http://bit.ly/2ifSkMn에서 검색.

211 〈심슨 가족〉 시즌 13, 제16화 '호머의 수상한 치료제'에서 호머가 말했듯이, 창조주조차 먹을 수 없을 정도로 부리토를 뜨겁게 조리하는 것은 능력다운 능력이 아니다.

212 Lao-Tse (1984). *The tao te ching.* (1984) (S. Rosenthal, Trans.). 11장 비어 있어 쓰일 수 있다. https://terebess.hu/english/tao/rosenthal.html#Kap11

213 Dostoevsky, F. (1994). *Notes from underground/White nights/The dream of a ridiculous man/The house of the dead* (A. R. MacAndrew, Trans.). New York : New American Library, p. 114.

214 Goethe, J. W. (1979). *Faust, part two* (P. Wayne, Trans.). London : Penguin Books. p. 270.

215 Dikotter, F. *Mao's great famine.* London : Bloomsbury.

에필로그

216 Peterson, J. B. (2006). Peacemaking among higher-order primates. In Fitzduff, M. & Stout, C. E. (Eds.). *The psychology of resolving global conflicts: From war to peace. In Volume III, Interventions (pp. 33~40).* New York : Praeger를 참조할 것. https://

www.researchgate.net/publication/235336060_Peacemaking_among_higher-order_ primates에서 검색 가능.

217 Allen, L. (2011). Trust versus mistrust (Erikson's infant stages). In S. Goldstein & J. A. Naglieri (Eds.). *Encyclopedia of child behavior and development* (pp. 1509~1510). Boston, MA : Springer US를 참조할 것.

218 Lao-Tse (1984). *The tao te ching.* (1984) (S. Rosenthal, Trans.). 33장 도(道)는 사라지지 않고 영원하다. https://terebess.hu/english/tao/rosenthal.html#Kap33에서 검색.

219 보이얀 슬랏의 예를 생각해 보라. 이 네덜란드 청년은 20대 초반이지만, 바다의 오염도를 정확히 측정할 수 있고 어떤 바다에서나 사용할 수 있는 장치를 발명했다. 진정한 환경주의자다. https://www.theoceancleanup.com/을 참조할 것.

220 Yeats, W. B. (1933). Sailing to Byzantium. In R. J. Finneran (Ed.). *The poems of W. B. Yeats: A new edition.* New York : MacMillan, p. 163.

옮긴이 **강주헌**

한국외국어대학교 불어과를 졸업하고, 같은 대학교 대학원에서 석사 및 박사 학위를 받았다. 프랑스 브장송 대학교에서 수학한 후 한국외국어대학교와 건국대학교 등에서 언어학을 강의했으며, 2003년 '올해의 출판인 특별상'을 수상했다. 현재 전문 번역가로 활동하고 있으며, 뛰어난 영어와 불어 번역으로 정평이 나 있다. '펍헙(PubHub) 번역 그룹'을 설립해 후진 양성에도 힘쓰고 있다. 《습관의 힘》, 《1등의 습관》, 《잭 웰치의 마지막 강의》, 《문명의 붕괴》, 《촘스키, 누가 무엇으로 세상을 지배하는가》, 《재레드 다이아몬드의 나와 세계》, 《제3의 성공》, 《생각의 해부》 등 100여 권의 책을 번역했고 《기획에는 국경도 없다》, 《번역은 내 운명》(공저)을 썼다.

12가지 인생의 법칙

초판 1쇄 발행 2018년 10월 30일
40만 부 기념 에디션 1쇄 발행 2023년 2월 10일
40만 부 기념 에디션 6쇄 발행 2024년 10월 30일

지은이 조던 B. 피터슨
옮긴이 강주헌

발행인 강수진
편집인 성기훈
마케팅 이진희

디자인 석운디자인
교정 신윤덕
그림 이선 밴 스키버 Ethan Van Sciver
주소 (04075)서울특별시 마포구 독막로 92 공감빌딩 6층
전화 마케팅 02-332-4804 편집 02-332-4809
팩스 02-332-4807
이메일 mavenbook@mavenbook.co.kr
홈페이지 www.mavenbook.co.kr
발행처 메이븐
출판등록 2017년 2월 1일 제2017-000064

Korean translation copyright © 2018 Maven
ISBN 979-11-90538-53-4 03180